Günter Brakelmann
Helmuth James von Moltke
1907–1945

Günter Brakelmann

Helmuth James von Moltke
1907–1945

Eine Biographie

Verlag C. H. Beck

Mit 60 Abbildungen

Frontispiz: Helmuth James von Moltke, Kohlezeichnung von 1931

Der Abdruck des Briefes Helmuth James von Moltkes an seine Kinder
auf den Seiten 365–390 erfolgt mit freundlicher Genehmigung
von Freya von Moltke.

2., durchgesehene Auflage. 2007

© Verlag C. H. Beck oHG, München 2007
Satz: Kösel, Krugzell
Druck und Bindung: Ebner & Spiegel, Ulm
Gedruckt auf säurefreiem, alterungsbeständigem Papier
(hergestellt aus chlorfrei gebleichtem Zellstoff)
Printed in Germany
ISBN 978 3 406 55495 7

www.beck.de

Für Ingrid Brakelmann

Inhalt

Abkürzungen und Zitierweise

Alle Zitate werden in heutiger Schreibweise wiedergegeben. Fremdsprachige Zitate wurden, wenn nicht anders angegeben, von Karin Schemmann übersetzt.

Br. 1   Günter Brakelmann: Der Kreisauer Kreis. Chronologie, Kurzbiographien und Texte aus dem Widerstand, 2. Auflage, Münster 2004

Br. 2   Günter Brakelmann: Die Kreisauer: Folgenreiche Begegnungen. Biographische Skizzen zu Helmuth James von Moltke, Peter Yorck von Wartenburg, Carlo Mierendorff und Theodor Haubach, 2. Auflage, Münster 2004

DB   Dorothy von Moltke: Ein Leben in Deutschland. Briefe aus Kreisau und Berlin 1907–1935, eingeleitet, übersetzt und herausgegeben von Beate Ruhm von Oppen, München 1999

Doss.   Dossier. Kreisauer Kreis. Dokumente aus dem Widerstand gegen den Nationalsozialismus. Aus dem Nachlaß von Lothar König S. J., herausgegeben und kommentiert von Roman Bleistein, Frankfurt am Main 1987

Dp   Alfred Delp: Gesammelte Schriften, 5 Bde., herausgegeben von Roman Bleistein, Bd. IV: Aus dem Gefängnis, Frankfurt am Main 1985

MB   Helmuth James von Moltke: Briefe an Freya 1939–1945, herausgegeben von Beate Ruhm von Oppen, 3. Auflage, München 2005

MBF   Freya von Moltke/Michael Balfour/Julian Frisby: Helmuth James Graf von Moltke 1907–1945, Berlin 1984

RN   Ger van Roon: Neuordnung im Widerstand. Der Kreisauer Kreis innerhalb der deutschen Widerstandsbewegung, München 1967

RV   Helmuth James Graf von Moltke. Völkerrecht im Dienste der Menschen. Dokumente, herausgegeben und eingeleitet von Ger van Roon, Berlin 1986

SB   «Spiegelbild einer Verschwörung». Die Opposition gegen Hitler und der Staatsstreich vom 20. Juli 1944 in der SD-Berichterstattung, 2 Bde., herausgegeben von Hans-Adolf Jacobsen, Stuttgart 1984

UF   Ursachen und Folgen. Vom deutschen Zusammenbruch 1918 und 1945 bis zur staatlichen Neuordnung Deutschlands in der Gegenwart, herausgegeben und bearbeitet von Herbert Michaelis und Ernst Schraepler, Bde. IX–XVII, Berlin 1964–1972

Wh   Wilhelm Ernst Winterhager Der Kreisauer Kreis. Porträt einer Widerstandsgruppe, Berlin 1985

Vorwort

«Ich bin wie ein stiller Sämann übers Feld gegangen, und das eben will man nicht. Der Samen aber, den ich gesät habe, wird nicht umkommen, sondern wird eines Tages seine Frucht bringen, ohne dass irgendjemand wissen wird, woher der Same kommt und wer ihn gesät hat.» Diesen Satz schrieb Helmuth James von Moltke am 24. Oktober 1944 in der Tegeler Haft rund drei Monate, bevor er am 23. Januar 1945 als Mitwisser des gescheiterten Attentats vom 20. Juli 1944 und wegen «Defätismus» hingerichtet wurde. Hat der von ihm ausgestreute Same Frucht gebracht? Es ist nicht die Aufgabe der vorliegenden Biographie, diese Frage zu beantworten. Aber wer der stille Sämann war und was er gesät hat, das soll Gegenstand dieses Buches sein.

Helmuth James von Moltke ist als Initiator und Motor des Kreisauer Kreises bekannt, in dem sich Vertreter unterschiedlichster gesellschaftlicher Gruppen zusammenfanden, um über die Zukunft Deutschlands nach einem – hoffentlich – verlorenen Krieg nachzudenken. Als Rechtsanwalt hat er sich für viele Opfer des Nationalsozialismus, insbesondere jüdische Mitbürger, eingesetzt. Als Völkerrechtler in einer Behörde des «Dritten Reichs», dem Amt Ausland/Abwehr im Oberkommando der Wehrmacht, hat er sich darum bemüht, mit völkerrechtlichen Gutachten so viele unmenschliche, völkerrechtswidrige Befehle wie möglich zu durchkreuzen. Über den Widerstand Helmuth James von Moltkes gegen das nationalsozialistische Regime hat erstmals eine Biographie von Michael Balfour und Julian Frisby umfassend Auskunft gegeben, die 1972 in den USA und einige Jahre später in einer Bearbeitung durch Freya von Moltke auch in Deutschland erschienen ist und die vor allem wichtige Dokumente zum Leben Moltkes versammelt. Das Leben auf dem Gut Kreisau hat Freya von Moltke in ihren 1997 veröffentlichten *Erinnerungen an Kreisau* in liebevoller Weise beschrieben. Seit der ersten Biographie sind zahlreiche weitere Dokumente zum Leben Helmuth James von Moltkes und zum Kreisauer Kreis bekannt geworden. Die Forschung zum deutschen Widerstand hat viele neue Erkenntnisse gewonnen. Es schien mir daher an der Zeit, erneut das Leben Helmuth James von Moltkes nachzuzeichnen und den Motiven für seinen unerschrockenen Widerstand nachzugehen. Den zwei

Meter großen eloquenten, charmanten, kosmopolitischen, souveränen und offenen Helmuth James von Moltke haben alle, die mit ihm zu tun hatten, Freunde und Gegner, als einen faszinierenden Charakter erlebt. Wenn es gelingt, wenigstens einen Teil dieser Faszination auch den Lesern dieser Biographie zu vermitteln, ist eine wichtige Aufgabe dieses Buches erfüllt.

Sternstunden meiner intensiven Beschäftigung mit dem Kreisauer Kreis waren für mich die Begegnungen mit der inzwischen über neunzig Jahre alten, in den USA lebenden Freya von Moltke, der Frau von Helmuth James. Ich traf sie mehrfach im Rahmen der Forschungsgemeinschaft 20. Juli in Kreisau. Ihr durfte ich eine erste Fassung des Manuskripts zur kritischen Durchsicht schicken, sie hat mich engagiert und sachkundig beraten und korrigiert. Freya von Moltke fühle ich mich in Respekt und Dankbarkeit verbunden. Unsere gemeinsame Hoffnung ist, dass der deutsche Widerstand gegen Diktatur und Terror für uns heute und zukünftig die Verpflichtung stärkt, sich für personale Grundrechte und soziale Gerechtigkeit einzusetzen – in Deutschland, in Europa und weltweit.

Bei vielen weiteren Personen habe ich mich zu bedanken, die hier nicht alle genannt werden können. Sibylle Brakelmann hat mir bei der Herstellung des Manuskripts unschätzbare Dienste geleistet. Renate Lotz-Rimbach, Ulrich Kabitz, Ferdinand Schlingensiepen und Ekkehard Klausa haben das Manuskript kritisch gelesen und nicht mit Kürzungs- und Verbesserungsvorschlägen gespart. Ulrich Nolte, Andrea Hemminger und Angelika von der Lahr vom Verlag C. H. Beck haben mir überzeugend gezeigt, was Zusammenarbeit sein kann. Dank gebührt auch der Übersetzerin der englischen Texte, Karin Schemmann.

Seit den ersten Tagen meines Berufes als Theologe und Historiker hat mich meine Frau seit bald fünfzig Jahren mit großem Verständnis und mit notwendiger Kritik begleitet. Es ist kaum ein Abend vergangen, an dem wir nicht über die Tagesproduktion diskutiert hätten. Ihr widme ich diese Biographie über einen Menschen, der uns beide nicht mehr losgelassen hat.

Bochum, im Dezember 2006   *Günter Brakelmann*

1. Creisau (1907–1925)

Preußische Tradition und englische Lebensart

Ein kleines Dorf in Niederschlesien war der Geburtsort Helmuth James von Moltkes: Creisau, ab 1930 Kreisau. Der Ort liegt etwa fünfzig Kilometer südwestlich von Breslau und sieben Kilometer südöstlich der Kreisstadt Schweidnitz inmitten der hügeligen Vorfelder des Eulengebirges. Im Nordosten erhebt sich der sagenumwobene Berg Zobten.

In die Geschichte ging Creisau erstmals mit Helmuth von Moltke ein. Diesem Urgroßonkel und Namensvetter von Helmuth James von Moltke hatte der preußische König Wilhelm I. 250 000 Taler als Dotation für seine Verdienste im preußisch-österreichischen Krieg von 1866 gewährt. Dafür kaufte Helmuth von Moltke am 1. August 1867 die Rittergüter Creisau, Nieder-Grädlitz und Wierschau, die er 1868 zum Familienfideikommiss Creisau machte.[1] 1870 wurde er in den Grafenstand erhoben und mit dem Titel eines Generalfeldmarschalls ausgezeichnet. Als der preußische König ihm nach dem Krieg von 1870/71 anstelle einer erbetenen Geldspende fünf erbeutete französische Kanonen überließ, stiftete er sie der dortigen evangelischen Kirche. Aus dem ehemaligen Kriegsgerät wurden drei Glocken gegossen. Die größte trug den Namen des Feldmarschalls mit der von ihm selbst verfassten Inschrift: «Gegossen aus französischem Geschütz, durch deutsche Tapferkeit 1870/71 dem Feind entrissen, von Kaiser Wilhelm durch Schenkung an den Feldmarschall Grafen von Moltke dem Friedensgeläut zur Ehre Gottes geweiht.»

1876 wurden in Creisau mit finanzieller Unterstützung des Feldmarschalls neben der evangelischen Volksschule eine Sparkasse für Schulkinder und eine Schulbibliothek eingerichtet. Nach dem Tod seiner Frau Marie Burt (1826–1868) ließ er 1869 auf einem Hügel bei Creisau eine Grabkapelle errichten, die er selbst entworfen hatte und die auch ihm als letzte Ruhestätte dienen sollte. Als er am 25. April 1891 starb, wurde er im Beisein Kaiser Wilhelms II. in dem Mausoleum auf dem Kapellenberg beigesetzt.

In Creisau lebte der Feldmarschall überwiegend im Sommer, den Winter verbrachte er in seiner Dienstwohnung in Berlin. Das in unmittelbarer

Generalfeldmarschall Helmuth von Moltke
(1800–1891), der Urgroßonkel Helmuth
James von Moltkes

Schloss Creisau, um 1895

Nähe zum Gutsbetrieb gelegene Schloss ließ er umbauen und mit einem Ziegeldach versehen. Zu beiden Seiten des Flusses Peile wurde ein Park angelegt. Große Gewinne hat der Feldmarschall aus der Landwirtschaft jedoch nicht gezogen. Creisau gehörte mit seinen rund vierhundert Hektar nicht zu den großen Gütern in Schlesien. Die Lebensführung des Generalstabschefs war äußerst spartanisch.

Der Feldmarschall war der Typ des gelehrten Soldaten. Er interessierte sich besonders für die Geschichte. In der englischen Sprache war er durch die Ehe mit einer Engländerin so zu Hause, dass er die *Geschichte des Niedergangs und des Verfalls des Römischen Reiches* von Edward Gibbon (1776 ff.) ins Deutsche übersetzen konnte. Lange Auslandsreisen brachten ihn in viele Länder, die er in Aufsätzen und Büchern beschrieb. Er liebte Literatur und Musik; an gesellschaftlichen Festen und Empfängen nahm er nur widerwillig teil. Sich in der Natur allein aufzuhalten und sie zu beobachten waren für den «großen Schweiger» die Höhepunkte seines Landlebens. Sprichwörtlich waren sein Fleiß, seine Disziplin, sein einfaches Leben, sein lebenspraktischer Realismus, aber auch seine soziale Verantwortlichkeit und seine Gebundenheit in protestantischer Tradition. Moltke war Mitglied des Preußischen Herrenhauses und des Reichstags, wo er in die außenpolitischen und vor allem militärpolitischen Debatten eingriff. Den zeitgenössischen Pazifismus lehnte er ebenso ab wie einen zu seiner Zeit aufkommenden aggressiven Nationalismus und Imperialismus und warb für sein Konzept einer verantwortlichen Friedenspolitik.[2] Mit der Person und mit dem Geist dieses berühmtesten Moltke musste sich jeder Nachfahre auseinandersetzen. Sein Urgroßneffe Helmuth James hat seinen gedruckten und archivierten Nachlass später gründlich gelesen. Er strebte zwar selbst nie eine militärische Laufbahn an, schätzte aber den Charakter und die Bildung dieses Vorfahren sehr.

Erbe von Creisau wurde nach dem Tod des Feldmarschalls 1891 Wilhelm von Moltke (1846–1905), ein Sohn seines Bruders Adolf. Ihm folgte 1905 dessen Sohn Helmuth von Moltke (1876–1939), der Vater von Helmuth James.

Die Südafrikanerin Jessie Rose Innes (1850–1943) besuchte auf einer Europareise 1902 mit ihrer Tochter Dorothy (1884–1935) Dresden. Aufgrund einer Zeitungsannonce der Gräfin Ella von Moltke (1856–1924), in der sie «zahlenden Gästen» Ferien in ihrem Schloss anbot, sofern sie Bridge spielen konnten, fuhren sie nach Creisau. Ella von Moltke, geborene Gräfin von Bethusy-Huc, war die Frau des Majoratsherrn auf Creisau, Wilhelm Graf von Moltke. Mutter und Tochter lernten auf diese Weise

Hochzeit von Dorothy Rose Innes und Helmuth von Moltke in Pretoria, 1905

das Schloss, das Gut und die Umgebung von Creisau kennen. Dorothy und der junge Helmuth von Moltke verliebten sich. Als im Januar 1905 Wilhelm von Moltke gestorben war, reiste sein Sohn und Nachfolger Helmuth nach London, um Jessie und James Rose Innes um die Hand ihrer einzigen Tochter Dorothy zu bitten. Helmuth erreichte trotz Bedenken der Eltern sein Ziel. Am 18. Oktober 1905, am Hochzeitstag der Eltern der Braut, fand die Hochzeit in Pretoria in der südafrikanischen Provinz Transvaal statt. Dorothys Vater war dort als Justizminister und zuletzt als Oberster Richter der Südafrikanischen Union tätig. Er genoss in Südafrika sowie in Großbritannien hohes fachliches und persönliches Ansehen.[3] Rechtlich und moralisch war er ein Mann mit festen Grundsätzen. Seine Tochter liebte er sehr und konnte ihren frühen Tod 1935 nie ganz verwinden. Dorothys Mutter hatte zwar ebenfalls strenge moralische Auffassungen, konnte aber auch ein Auge zudrücken. Die Liebhaberin von Gärten war immer optimistisch gestimmt. Nach dem Tod ihrer Tochter übertrug sie ihre ganze Liebe auf die Enkelkinder und half, wo sie nur konnte. Beide Großeltern dachten politisch liberal und waren den Prinzipien der Emanzipation verpflichtet. Der Rechtsstaat war für sie ein hohes Gut. Der Großvater kämpfte für die Rechtsgleichheit aller Menschen, die Großmutter engagierte sich in der nationalen und internationalen Frauenbewegung.

Nachdem Dorothy «Herrin» auf Creisau geworden war, wechselte sie wöchentlich Briefe mit ihren Eltern in Südafrika. In Abständen von mehreren Jahren besuchten Jessie und James Rose Innes Deutschland und Creisau. Zwischendurch reiste Dorothy zu ihren Eltern nach Südafrika, Ende 1912 sogar mit der ganzen Familie und zwei Kindermädchen. Ihre Briefe, die sie vom 5. April 1907 bis zum 11. November 1934 geschrieben hat, zeigen eine Frau, die bewusst und aufmerksam die politische Situation in Deutschland miterlebte. Innerhalb des deutschen Adels, in den sie eingeheiratet hat, war sie als liberale, kosmopolitisch denkende Demokratin und Anhängerin der internationalen Frauenrechtsbewegung eine Ausnahme.

Dorothys Mutter war zu Besuch in Creisau, als das erste Kind der Moltkes am 11. März 1907 im Erkerzimmer des Schlosses geboren wurde. Anfang April fand im Feldmarschallzimmer die Taufe statt. Den Taufspruch für ihr erstes Kind hatte die Mutter ausgesucht: «Denn ich bin gewiss, dass weder Tod noch Leben, weder Fürstentümer und Gewalten, weder Gegenwärtiges noch Zukünftiges, noch keine andere Kreatur mag uns scheiden von der Liebe Gottes, die in Christus Jesus ist.» (Römer 8,38 f.) Unter den

*Dorothy von Moltke mit ihrem
ersten Sohn, Helmuth James, 1907*

*Dorothy von Moltke mit ihrem
Vater, Sir James Rose Innes,
und ihrer Schwiegermutter, Ella
von Moltke, 1914*

Gästen der Tauffeier befand sich auch ein weiterer Helmuth von Moltke (1848–1916), ein Neffe des Feldmarschalls, der von 1906 bis zu seiner Ablösung nach der Marneschlacht 1914 Chef des Generalstabs war. Die Familie drängte darauf, dem neuen Moltke auf Creisau den traditionellen Vornamen Helmuth zu geben. Einmütig fügten die Eltern den Vornamen seines südafrikanischen Großvaters James hinzu. Preußische Tradition und englische Lebens- und Denkart sollten sich später im Träger dieses Vornamens verbinden. Er bekam in den folgenden Jahren vier Geschwister: 1909 kam Joachim Wolfgang (genannt Jowo), 1911 Wilhelm Viggo (genannt Willo), 1913 Carl Bernhard (genannt C. B.) und 1915 Asta Maria im Creisauer Schloss zur Welt.

Ein kleiner Junker

Über die Kindheit und Jugend Helmuth James von Moltkes wissen wir am meisten aus seiner autobiographischen Schilderung dieser Zeit, die er Ende Januar und Anfang Februar 1944 in der Haft für seine beiden kleinen Söhne von sechs und zwei Jahren, Helmuth Caspar und Konrad, schrieb und die am Ende dieses Buches vollständig wiedergegeben ist (MBF 9–28). Hinzu kommen die zahlreichen Briefe Dorothys an ihre Eltern.

Als kleiner Junker war Helmuth James im Schloss von Dienern umgeben. Die Männer des Reit- und Fahrdienstes prägten sich fest seiner Erinnerung ein. Die «Mamsell» hatte das Sagen in Küche und Haus. Kindermädchen gingen der «Herrin» bei der Erziehung der fünf Geschwister zur Hand. Von besonderer Bedeutung, aber nicht immer geliebt, waren die Hauslehrerinnen, die die Kinder bis zum Eintritt in die Höhere Schule unterrichteten. Der kleine Helmuth James musste vor allem Gedichte auswendig lernen, hatte aber große Lücken in den Grundfächern. Das zeigte sich beim Wechsel in das Schweidnitzer Gymnasium. Nur mit Mühe schaffte er die Versetzungen. Ein guter Schüler wurde er nie. Allerdings erhielt er früh profunden Englischunterricht, zunächst durch die englische Nurse, Miss Chalmers, später, als diese zu Beginn des Ersten Weltkriegs Creisau verlassen musste, durch seine Mutter, die sich aus Südafrika englische Literatur für ihre Kinder schicken ließ.

Prägend war vor allem das Gut mit seinen vielen Menschen in verschiedenen Funktionen. Helmuth James hielt sich gerne in dem Park auf, der sich an dem kleinen Fluss Peile entlangzog und in dem «Gipsfiguren nach antiken Vorbildern» aufgestellt waren. Er liebte die Gärten und die Treibhäuser, aus denen täglich frisches Gemüse und Blumen kamen. Alle

Moltke-Kinder hatten einen eigenen kleinen Garten, dessen Früchte sie an ihre Mutter verkaufen durften. Häufig besuchte Helmuth James den Kapellenberg mit dem kleinen Mausoleum, der Grabstätte des Feldmarschalls und seiner Frau, und den kleinen Friedhof unterhalb des Mausoleums, auf dem weitere Mitglieder der Großfamilie begraben waren. Er erlebte die Welt der Landwirtschaft mit ihrer Feldarbeit, Forstwirtschaft und Tierhaltung. Das Leben im Rhythmus der Natur und das Bewusstsein, von ihr abhängig zu sein, ließen früh den Sinn für das Werden und Vergehen erwachen. Aber auch die Freude an den Formen und Farben in der Natur stellte sich früh ein. Selbst wenn er schon als Kind öfter mit den Eltern und der Kinderfrau in Berlin war: Das Leben auf dem Land blieb sein Zuhause. Hier bekam er als Fünfjähriger ein eigenes Pony mit kleinem Wagen. Hier

Helmuth von Moltke mit seinen Söhnen Joachim Wolfgang, Wilhelm Viggo und Carl Bernhard vor Schloss Creisau

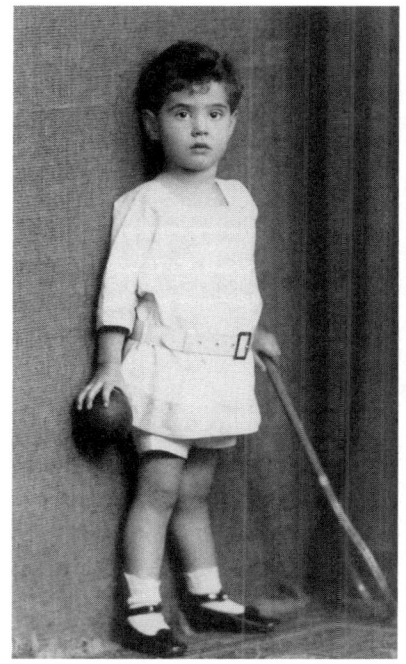 

Helmuth James von Moltke, um 1911   Helmuth James von Moltke, um 1912

lernte er reiten, kutschieren und schießen. Von hier aus wurden Tagesritte und Autofahrten in die weitere Umgebung unternommen. Hier half er wie die anderen Schuljungen gegen Entgelt bei der Ernte und beim Heuein-fahren. Hier ging er zum Konfirmandenunterricht beim Gräditzer Pfarrer mit dem er «stets große Disputationen» führte.

Schon als Kind hatte sich Moltke in dem ein paar hundert Meter vom Schloss entfernt auf einer Anhöhe gelegenen sogenannten Berghaus be-sonders wohl gefühlt. Hier residierte Tante Luise, eine Schwester des Großvaters. Zu seiner Großmutter väterlicherseits entwickelte er dagegen nie ein engeres Verhältnis. Ihre egozentrische Lebensführung und die Art ihres Charakters waren ihm fremd. Hin und wieder spielte er aber mit ihr Bridge. In bester Erinnerung behielt er seinen Großonkel Ludwig von Moltke, der im nicht weit entfernten Wernersdorf, das auf dem Weg nach Breslau lag, auf einem weiteren vom Feldmarschall erworbenen Landsitz saß und regelmäßig zur Kirsch- und Erdbeerzeit von der Creisauer Familie besucht wurde. Als er starb, wurde auch er auf dem Kapellenberg beigesetzt. Das Gut übernahm sein Neffe Hans Adolf von Moltke, der im Auswärtigen Amt Karriere machte, von 1931 bis 1939 Botschafter in Warschau war und 1943 als Botschafter in Madrid starb.

1911 und 1912, als sich seine Eltern für mehrere Monate in den USA aufhielten, wohnte der kleine Helmuth James längere Zeit im Berghaus und beteiligte sich intensiv an der Vorbereitung der Weihnachtsfeiern. Weihnachten war für ihn wie für alle in Creisau ein Höhepunkt des Jahres. Für die Armen des Ortes gab es im Berghaus Bescherungen, für die Spielschulkinder in der Spielschule, für die Hofleute im Schloss, und für die Familie fanden zwei Feiern statt, eine im Schloss und eine im Berghaus. Besondere Höhepunkte waren im Winter Theateraufführungen, bei denen Jung und Alt mitwirkten. Helmuth James führte wegen mangelnder schauspielerischer Begabung Regie.

Die Welt des Militärischen, die durch das Mausoleum des Feldmarschalls ohnehin immer latent präsent war, brach 1913 in die Landidylle ein. Rund um Creisau fand ein großes «Kaisermanöver» statt, das Helmuth James vom sogenannten Feldherrenhügel im nahe gelegenen Ludwigsdorf aus beobachten konnte. Der südafrikanische Großvater, der mit seiner Frau im Sommer 1913 in Creisau zu Gast war, bekam Gelegenheit zu einem Gespräch mit dem österreichischen Generalstabschef Conrad von Hötzendorf. Ein Jahr später, zu Beginn des Ersten Weltkriegs im August 1914, erlebte Helmuth James den Abschied seines Vaters, der bis 1919 Dienst in der Etappe in Polen tat und während des Krieges nur selten nach Hause kam. Die allgemeine Kriegsbegeisterung, den Nationalismus und die karitative Arbeit konnte er im Schloss und im Dorf beobachten. Trotz des Gutsbetriebs gab es während des Krieges weniger zu essen. Das Brot wurde mit Sägemehl angereichert. Zucker war knapp, das Petroleum für die Beleuchtung musste gespart werden. Erst 1918 kam der elektrische Strom auch nach Creisau.

1915 war Helmuth James mit der Mutter für einige Wochen in der Berliner Mietwohnung der Moltkes. Während dieses Aufenthalts konnte er seinen Vater zu einer Sitzung des Preußischen Herrenhauses begleiten, wo er seinem Großonkel Helmuth von Moltke, dem Chef des Stellvertretenden Generalstabs, begegnete. Der Aufenthalt in Berlin ist bezeichnend, denn der beständige Wechsel zwischen Hauptstadt und Creisau sollte bis zu Moltkes Verhaftung sein Leben begleiten.

Die prägende Person für Helmuth James von Moltke war seine Mutter, «die Mami», wie sie in seinem Bericht an seine Kinder heißt. Sie war der Mittelpunkt des familiären und gesellschaftlichen Lebens im Schloss, sie war die wichtigste Bezugsperson für ihre Kinder. Dagegen war das Verhältnis zum Vater eher zwiespältig und distanziert. Für seine Frau und ihre besondere Situation als bürgerliche Ausländerin inmitten des deutschen Landadels brachte dieser nicht immer das notwendige Verständnis auf. Der Sohn hielt ihn im Rückblick für einen Egoisten, der dabei aber «weich, gutmütig und voller freundlicher Gedanken» war. Doch der Vater konnte auch cholerisch und hart sein. Helmuth James führte diesen widersprüchlichen Charakter auf seine Jugend zurück. Er wurde «unterdrückt, verzogen» und hatte viel Geld, «ohne es verdient zu haben». Was er später getan und erreicht habe, verdanke er seiner Frau: «Alle seine Launen, all seinen Missmut hat sie abgefangen und gemildert und so erreicht, dass die schroffen Seiten dieses schwierigen Mannes immer von ihr verdeckt waren.» (MBF 24)

Beide Moltkes waren schon im Kaiserreich Außenseiter unter den Großgrundbesitzern Schlesiens. Sie unterwarfen sich nicht den gesellschaftlichen Zwängen ihrer adeligen Nachbarn und hielten Distanz zum aristokratisch-feudalen Lebensstil sowie zum konservativen Denken ihrer Standesgenossen. In einer Mischung aus Sorge und Sympathie schrieb Dorothy am 3. Mai 1910 an ihre Eltern:

Und der Y. T. [Young Teuton] entwickelt sehr liberale Ansichten, die ihm den Ruf eines ziemlichen Narren und Parias einbringen! Selbstverständlich macht es uns nicht viel aus, denn wir wissen, dass es eine Menge intelligente und gute Leute gibt, denen solche Ansichten das Natürlichste von der Welt sind und die sie nicht wie hierzulande, als hochverräterisch ansehen. Und jemand muss die Mauer der Traditionen und Vorurteile einreißen und die Luft der Freiheit hereinlassen, sodass sich *Individualitäten* (etwas, was beim «*Adel*» in Deutschland sehr fehlt) entwickeln können. Aber das ist manchmal eine nicht sehr angenehme Aufgabe! Zum Glück sind wir (wie in vielen anderen Dingen in unserem Leben) wirklich eines Sinnes in all diesen Kämpfen, was vielleicht unsere größte Stütze ist. (DB 22 f.)

Helmuth von Moltke trat als einer der wenigen seiner Klasse in Schlesien 1920 der Deutschen Volkspartei, der Partei Gustav Stresemanns, bei, die die Weimarer Republik anerkannte. Er dachte wie seine Frau: «Es bleiben der Welt nur zwei Möglichkeiten: ein echter Völkerbund oder dass

Deutschland ständig Pläne schmiedet, seine alte Macht wiederzuerlangen, und es ist gar keine Frage, was für die Menschheit klüger und besser ist. Ich gehöre zur Bewegung für den Völkerbund, die im Vaterland sehr aktiv ist.» (DB 62) Und am 1. September 1920 bekannte sie: «Jeden Tag werde ich weniger imperialistisch und nationalistisch, aber dafür pazifistischer.» (DB 66)

Dorothy kämpfte zusammen mit ihrer Schwägerin und Freundin Ete von Trotha für die rechtliche und faktische Gleichberechtigung der Frauen. Sie war Mitglied eines regionalen Frauenvereins und der Vereinigung Deutscher Staatsbürgerinnen. Im Mai 1923 nahm sie an einem internationalen Frauenkongress in Rom teil. Hier traf sie mit ihrer Mutter und anderen Bekannten aus der internationalen Frauenbewegung zusammen.

Für die Launen ihres Mannes hatte Dorothy durchaus Verständnis. Am 21. März 1911 schrieb sie an ihre Eltern:

Dieses Leben eines Junkers ist nichts für Leute, die so jung sind wie wir, und besonders für Helmuth bietet es nicht annähernd genug Betätigungsfeld für seine Energie – eine Frau kann sich im Allgemeinen besser beschäftigen als ein Mann, und das macht vieles leichter für sie. Es sollte mich nicht wundern, wenn Helmuth eines Tages eine Arbeit in einer Stadt aufnehmen und Creisau nur noch als Sommerhaus benutzen würde. (DB 27)

Die Ehefrau war froh, dass ihr Mann sich intensiv in die Arbeit für die Christian Science stürzte. Diese aus den USA kommende spirituelle Heilungsbewegung hatte in Deutschland zahlreiche Stützpunkte, so auch in Breslau und Schweidnitz.[4] Seine junge Frau ließ sich schnell für die Christliche Wissenschaft gewinnen und wurde zusammen mit Ete von Trotha für die Bewegung aktiv. Von August 1911 bis März 1912 reiste das Ehepaar Moltke nach Boston, dem Hauptsitz der Christian Science. Dorothy half dort ihrem Mann, das Grundlagenwerk der Gründerin Mary Baker Eddy (1821–1910) *Science and Health with Key to The Scriptures* (erschienen 1890, 1894, 1901 und 1906) ins Deutsche zu übertragen. Auch Ulla Oldenbourg, eine Freundin der Familie, war hieran beteiligt. Die Übersetzung mit dem parallelen englischen Text erschien 1912 unter dem Titel *Wissenschaft und Gesundheit mit Schlüssel zur Heiligen Schrift*.

Bemerkenswert ist, dass die Eltern nie versuchten, ihre Kinder für die Christliche Wissenschaft zu gewinnen. Alle Kinder wurden landeskirchlich getauft und konfirmiert. Helmuth von Moltke selbst ist als «Kompatron», das heißt als Patron sowohl der evangelischen als auch der katholischen Gemeinden, von Grädiz und Creisau nie aus der evangelischen

Dorothy von Moltke mit ihren Eltern und ihren Kindern Helmuth James, Joachim Wolfgang, Wilhelm Viggo, Carl Bernhard und Asta Maria in Holland, 1919

Helmuth James, Wilhelm Viggo und Joachim Wolfgang auf dem Schulweg nach Schweidnitz, um 1921

Dorothy von Moltke mit ihren fünf Kindern vor Schloss Creisau, um 1919

Landeskirche ausgetreten. Überhaupt ist ein besonderer religiöser Einfluss von Vater und Mutter auf Helmuth James und seine Geschwister nicht nachzuweisen, weder im Sinne der Christlichen Wissenschaft noch im Sinne einer gelebten evangelischen Frömmigkeit mit Andachten, Gebeten, Gesang oder gemeinsamer Gottesdienstbesuchen.

So hatte Helmuth James auch kein ausgeprägtes Verhältnis zum christlichen Glauben und zur evangelischen Kirche. Er gehörte keiner religiösen Jugendgruppe an, wie er auch keine Bindungen zur Jugendbewegung unterhielt. Die besondere Religiosität seiner Eltern, ihr spezifisches Jesusverständnis oder ihre Überzeugung von einem engen Zusammenhang zwischen Glaube und Gesundheit hat er nie kritisiert. Am meisten überzeugte ihn noch die praktische Frömmigkeit seiner Eltern. Religion war auf Creisau Privatsache, und jeder respektierte den Glauben der anderen.

Ungeliebte Schulen

1916 kam Helmuth James zusammen mit seinem Vetter Carl Dietrich von Trotha auf das Gymnasium in Schweidnitz. Mit diesem Cousin, der mit seiner Mutter und den Geschwistern in Creisau und ab 1916 in Schweidnitz wohnte, verbrachte er den größten Teil seiner Kindheit und Jugend. Bis Ostern 1921 fuhr er bei jedem Wetter zunächst allein und dann mit seinen Brüdern mit einem schnellen Apfelschimmel vor einem zweirädrigen Wagen in die Schule nach Schweidnitz.

1919 reiste Dorothy von Moltke mit ihren fünf Kindern und zwei Bediensteten quer durch Deutschland nach Holland, um ihre Eltern nach langen Jahren der Trennung wiederzusehen. Bei der Rückkehr hatten die Wirren der Nachkriegszeit Creisau eingeholt. Freikorps-Leute unter General von der Goltz hatten sich auf dem Gut einquartiert, um den Anschluss Oberschlesiens an Polen zu verhindern. Auf einer nahe gelegenen Bahnstation half Helmuth James, an die in Sonderzügen zur Abstimmung über Oberschlesien am 20. März 1921 reisenden stimmberechtigten Deutschen Essen und Getränke auszuteilen.

Eine Zwischenetappe in der schulischen Laufbahn war ein Aufenthalt im Landerziehungsheim Schondorf am Ammersee ab 1923. Um ihn nicht «verbauern und verschlesiern» zu lassen, schickten ihn die Eltern in diese Schule, von deren moderner pädagogischen Prinzipien sie beeindruckt waren. «Ich glaube, es wird für den Jungen ganz herrlich sein» (DB 73), schrieb Dorothy an ihre Eltern. Aber weit gefehlt: Für Helmuth James wurde der Aufenthalt zu einer Katastrophe. Im Rückblick war für ihn hiermit «meine eigentliche Kindheit zu Ende, jene schöne Zeit, die mir nachträglich wie vergoldet erscheint, wie ein unerschöpflicher Born von Liebe und anhänglichen Gedanken, von Erinnerungen mit Heimatgefühlen» (MBF 27). Der «Landheimgeist» war völlig konträr zu dem bisher Erlebten und Eingeübten. Dort herrschten Heuchelei und Hohlheit. Mit der Mehrheit der Mitschüler gerieten er und eine kleine gleichgesinnte Gruppe von zehn Mitschülern in harte Konflikte. Am Ende stand die «Hordenkeile», bei der ein Trommelfell platzte. Der bisher behütete Junge erlebte die ersten harten Widerstände gegen den im Elternhaus eingeübten Geist. Er war aber nicht bereit, sich dadurch verbiegen zu lassen. Lieber ließ er sich schlagen und räumte mit den Gleichgesinnten das Feld. Unter ihnen war Carl Deichmann aus Köln, der Bruder seiner späteren Frau.

Auf eigenen Wunsch verbrachte Moltke die letzten Schuljahre von 1923 bis zum Abitur 1925 auf dem Realgymnasium in Potsdam, wo er bei den Verwandten Magnus Freiherr von Mirbach und Frau Margarethe, geborene von Moltke, wohnte. In diesem Haus wurde vorrangig Französisch gesprochen. Moltke selbst lernte diese Sprache nur unvollkommen. Die Schule spielte in diesen beiden Jahren nicht die Hauptrolle. Er war viel in Berlin und nahm dort am kulturellen Leben teil. Moltke las, was ihn interessierte, und kümmerte sich nicht viel um den schulischen Kanon. Das war durchaus auch im Sinne der Eltern. Dorothy von Moltke lobte in ihren Briefen nach Südafrika mehr den Charakter ihres Sohnes als besondere schulische Leistungen:

Der Junge war für uns Ostern eine große Freude; in vieler Hinsicht ist er noch ein Kind, aber so zuverlässig, so stetig, und er hat ein goldenes Herz. Er ist ein großer Leser und hat für sein Alter erstaunlich viel gelesen. Sein Verhältnis zu seinem Vater und umgekehrt ist höchst erfreulich. Der Y. T. [Young Teuton] ist sehr stolz auf ihn, sie sind große Freunde, und der Junge bewundert und versteht seinen Vater sehr gut. Dabei ist er sehr modern und gehört geistig zur heutigen Jugend mit ihren europäischen Ansichten – sehr interessant zu beobachten. Ich kann es nicht abwarten, bis Dad ihn kennen lernt, denn ich bin sicher, dass er ihn sehr lieb gewinnen und viel Freude an seinem Enkel haben würde. (DB 97)

Der Realgymnasiast Helmuth James von Moltke verfolgte in den Jahren 1923 bis 1925 die politische Szene in Berlin und Deutschland mit wachen Augen und Ohren. Über die verworrene und teils chaotische Lage musste er sich nicht in der Zeitung informieren, sondern er sah auch aus nächster Nähe, wie der politische Radikalismus von links und rechts gegen die erste deutsche Republik verantwortungslos gewütet hat. Er erlebte aber auch mit, wie die Weimarer demokratische Mitte sich durch eigenes Versagen schwächte. Was Klassen- und Interessenkämpfe sind und welche zerstörerischen Kräfte in ihnen walten, hat er nicht durch sozialwissenschaftliche Lektüre gelernt, sondern durch unmittelbare Beobachtung. Die Straßen und Plätze der Stadt sahen die Umzüge und Kundgebungen der politischen Gegner. Straßen- und Saalschlachten, Überfälle mit Verletzten und Toten gehörten zum Bild einer in unversöhnlichen Gegensätzen denkenden «politischen Kultur». Das Fehlen eines liberalen und demokratischen Umgangs- und Redestils war eine Erfahrung, die für Moltkes spätere politische Entwürfe bedeutsam werden sollte.

Der Schüler lernte einen Vertreter der American Press Association kennen, den er bei Theaterbesuchen und Interviews begleitete, um zu dolmetschen. Im Umgang mit ihm frischte er seine Englischkenntnisse so auf, dass er bald perfekt zweisprachig war. Die Schule am Morgen ließ er über sich ergehen, gelernt hat er an den Nachmittagen und Abenden in Berlin. Dass er sein Abitur bestand, verdankte er einem Referat über «Napoleon und England» in der mündlichen Prüfung. Der sozialdemokratische Oberschulrat Hardtke war so beeindruckt, dass er ihm die anderen Prüfungen erließ.[5] Auf einem Bild der Abiturklasse sieht man Moltke zusammen mit Prinz Louis Ferdinand von Preußen und mit Prinz Wilhelm von Preußen. Aber zu beiden Hohenzollern suchte er weder während seiner Schulzeit noch später Kontakt. Dieses «Herrscherhaus» war ihm von Jugend an fremd. Die Schule gab als Berufswunsch des Abiturienten «Landwirt» an.

Schon in der Zeit vor dem Abitur am 20. März 1925 stand die Frage der Zukunft des Jungen auf der familiären Tagesordnung. Natürlich dachte man für den späteren Erben von Creisau zunächst an eine dreijährige landwirtschaftliche Elevenausbildung. Aber die Schulzeit in Potsdam und Berlin hatte ihm die ersten tieferen Einblicke in die Politik gegeben, und der Wunsch, politisch tätig zu sein und Deutschland zu neuer Stabilität in Politik und Ökonomie zu führen, wurde schon am Ende der Schulzeit sein Leitmotiv. Das entsprach einem Wunsch seiner Mutter, die sich viel von ihren Söhnen erhoffte: «Meine drei kleinen Söhne – ich träume davon, dass sie sich eines Tages als Segen für die Welt erweisen.» (DB 29) Und im Dezember 1913 träumte sie weiter:

Es ist ein merkwürdiger Gedanke, dass Ihr – durch die Söhne – eine große Rolle bei der Entstehung eines liberaleren Deutschlands haben könntet, das wiederum ein großer Faktor in der Geschichte der immer größer werdenden friedlichen Verständigung unter den Nationen sein wird, einer neuen Definition des Wortes «Patriotismus». Und so greifen die Räder ineinander – wie klein der Mensch ist und wie unendlich groß! (DB 39)

Als Moltke sein Studium der Rechts- und Staatswissenschaften begann, stand ihm schon vor Augen, dass es immer von einem politischen Engagement begleitet sein würde. Doch pflegte er weiterhin auch andere Interessen: Literatur, Theater und Geschichte. Dieses Nebeneinander von Engagement und Kontemplation sollte auch sein weiteres Leben bestimmen.

2. «Ich fühle mich verpflichtet» (1925–1929)

Studium in Breslau und Berlin

Vor dem Abitur hatte sich der Oberstufenschüler um ein Stipendium der Cecil-Rhodes-Stiftung in Oxford beworben. Er wurde nicht berücksichtigt, sodass er sich zum Sommersemester 1925 zum Studium der Rechts- und Staatswissenschaften in seiner schlesischen Heimatuniversität Breslau einschreiben ließ.[1] Zu dieser Zeit waren die Großeltern aus Südafrika für ein halbes Jahr zu Besuch in Creisau. Das Verhältnis des Enkels zu ihnen wurde damals noch inniger und vertrauensvoller. Das zeigen seine späteren Briefe an sie.

Das Sommersemester in Breslau war kaum mit ernsthaften Fachstudien angefüllt. Falls er überhaupt dort war, hörte er Vorlesungen über Geschichte und Politikwissenschaft. In Breslau begann, was er 1926 in Berlin und 1927 in Wien fortsetzen sollte: ein sehr eigenständiges Studium. Im September 1926 schrieb er in einem Lebenslauf:

Meine Universitätsstudien stellen ein ziemliches Durcheinander dar, weil ich die Absicht habe, möglichst lange zu studieren, und darum an verschiedenen Stellen zugleich angefangen habe. Bei meinem juristischen Studium interessiert mich hauptsächlich die geschichtliche Seite. Bis jetzt habe ich römisches Recht, Rechtsgeschichte und die Hälfte des deutschen bürgerlichen Rechts gehört. Daneben Geschichte, neuere und neueste, hauptsächlich Sozialgeschichte und Geschichte des Sozialismus. Außerdem habe ich in der von Dr. Simons geleiteten Hochschule für Politik Vorlesungen über verschiedene Gebiete der Politik gehört. Neben diesen Interessen Geschichte, Rechtswissenschaft und Politik habe ich zwei Semester mich mit Zeitungswesen beschäftigt und an dem Berliner Institut gearbeitet. Ein allgemeines Interesse für Literatur ist in den letzten zwei Jahren wegen meiner günstigen Beziehungen zu Malerei und Kunstgeschichte hinter diesen beiden zurückgetreten. (RV 42)

Der Student Moltke hat die Rechtswissenschaft von Anfang an auch als geschichtliche und politische Wissenschaft verstanden. Was ihn interessierte, war nicht nur die Auslegungstechnik des geltenden Rechts, sondern seine Weiterentwicklung im Dienst eines liberalen und sozialen Gemeinwesens. Es war nicht das Interesse an gesammelter Gelehrsamkeit, das

Helmuth James von Moltke, vermutlich auf dem Dach der Schwarzwaldschule in Wien, um 1927/28

ihn trieb, sondern das Interesse, reflektiertes Wissen für gezielte politische und gesellschaftliche Veränderungen einzusetzen. Das war aber keineswegs verbunden mit einem Desinteresse an theoretischen Grundsatzfragen normativer Rechtsbegründung und ethisch verantworteter Rechtsanwendung. Im Gegenteil: Gerade weil er mithilfe des Rechts die Elemente der personalen Freiheit und der sozialen Gerechtigkeit verankern und vertiefen wollte, waren für ihn rechtsphilosophische Vorentscheidungen, religiös oder naturrechtlich begründete Normen und Kriterien unabdingbar. Entsprechend befasste er sich von Anfang an auch mit theoretischer Rechtsgeschichte und mit Fragen normativer Rechtsbegründung. Sein Großvater dürfte ihm als Jurist und Politiker bei der Anlage seines Studiums vor Augen gestanden und ihn wohl auch beraten haben. Jedenfalls gab ihm der Enkel in späteren Briefen immer wieder Rechenschaft über sein Studium und erbat kritischen Rat.

Nach dem einsemestrigen Schnupperstudium in Breslau ging der Student nach Berlin, wo er bei Ulla Oldenbourg wohnte. Er kam in eine ihm wohl vertraute Stadt zurück mit einem vielfältigen Angebot an Vorlesungen, Seminaren und Vortragsreihen. Er besuchte, was ihn interessierte. Das nötige Examenswissen holte er sich beim Repetitor. Bei aller Umtriebigkeit, Neues und sehr Verschiedenes kennen zu lernen, arbeitete er gleichzeitig systematisch und ergebnisorientiert und schrieb die für ihn wichtigsten Erkenntnisse thesenartig auf. Vor allem interessierte sich der junge Adelige für die Geschichte des deutschen und europäischen Sozialismus. Mit dem SPD-Landrat von Waldenburg, Karl Ohle, traf er sich in Creisau, um mit ihm über ein mögliches Praktikum im Landratsamt zu sprechen. Selbst an einer Vortragsreihe in der Berliner Sowjetischen Botschaft über die Theorie des Kommunismus sowie an einem großen Empfang zur Jahresfeier der kommunistischen Revolution nahm er teil. Er befand sich in einer politischen Orientierungsphase und wollte möglichst authentisch die politisch-weltanschaulichen Angebote seiner Epoche kennen lernen. In dieser Zeit befasste er sich auch mit der Paneuropa-Idee des Grafen Coudenhove-Kalergi (1894–1972). Dieser hatte 1923 die Programmschrift *Paneuropa* herausgebracht und war ein Pionier des europäischen Einigungsgedankens. Im Spektrum der damaligen deutschen Parteienlandschaft und in den Mechanismen einer parlamentarischen Demokratie kannte Moltke sich bald hervorragend aus. Besonders die auf europäische Verständigung angelegte Außenpolitik Stresemanns fand seine Zustimmung. Den Locarno-Vertrag von 1925 hielt er für einen Meilenstein in der deutsch-französischen Verständigungspolitik. Der Eintritt

Helmuth James von Moltke in Grundlsee im Hotel «Seeblick», Sommer 1928

Deutschlands in den Völkerbund war seiner Ansicht nach für eine gewalt-
freie Lösung von Konflikten unter den Nationen unabdingbar.

Es fällt auf, dass aus seiner ersten Berliner Studentenzeit keine Namen
von Professoren auftauchen, die für ihn besonders wichtig gewesen wären.
Seine Lernstätte war vor allem das moderne Berlin. Das außeruniversitäre
Leben war ihm immer näher als die Gelehrtenwelt. Moltke hatte Kontakte
zu vielen «Leuten aus der jüngeren Generation im Auswärtigen Amt und
in Regierungskreisen», die im Gegensatz zu den Reaktionären von einem
«liberalen und europäischen Geist» bestimmt waren (DB 155). Der politisch engagierte Student suchte besonders die Nähe zu Menschen, die
etwas von Außenpolitik verstanden. Schon jetzt fand er hier Nachwuchs-
kräfte, die den von alten kaiserlichen Beamten bestimmten Geist zugunsten einer Option für ein anderes Europa aufbrechen wollten.

Auf diese Weise entstand ein eigener Berliner Bekanntenkreis. Moltke
hatte die Begabung, Kontakte zu knüpfen, ohne sich anzubiedern. In der
Tat war der schlanke, hochgewachsene Mann nicht der schnelle Freund,
schon gar nicht der Kumpel.

Im Schwarzwaldkreis

Das wichtigste Ereignis während seiner Berliner Zeit war die Begegnung
mit Eugenie (Genia) Schwarzwald (1872–1940), die im Berliner Schloss im
sogenannten Apothekerflügel eine Gemeinschaftsküche der Österreichischen Freundeshilfe (1923–1927) eingerichtet hatte, in der auch Studenten gut und preiswert essen konnten. Die aus Galizien stammende Jüdin
hatte in Zürich promoviert und lebte in Wien. In Österreich war sie nicht
nur als Pädagogin und Schulreformerin bekannt, sondern auch als eine sozial engagierte Bürgerin. Sie hatte schon vor dem Ersten Weltkrieg ein pri-
vates Schulsystem für Mädchen von der Volksschule bis zum Abitur aufgebaut. Während des Krieges hatte sie eine Reihe von Sozialeinrichtungen ins
Leben gerufen: Gemeinschaftsküchen, Tagesheime, Land- und Ferienheime
für Kinder und Erwachsene. Sie galt mit ihrem unermüdlichen Einsatz für
Menschen in Not als große Wohltäterin. Es gab einen Verein Schwarzwald'scher Schulanstalten und ein Schwarzwald'sches Wohlfahrtswerk.[2]

Eugenie Schwarzwalds Wiener Wohnhaus war ein Treffpunkt von jungen Talenten und bereits bekannten Größen aus dem Kulturleben der kaiserlichen und später republikanischen Hauptstadt. 1921 richtete sie am
Grundlsee im Salzkammergut das Sommerheim «Seeblick» als Erholungs-
und Begegnungszentrum ein. Hier trafen sich Frauen und Männer aus ganz

verschiedenen Berufen und politischen Lagern, aus verschiedenen Nationen und mit unterschiedlichen Religionen und Weltanschauungen. Dichter und Schriftsteller wie Jakob Wassermann, Carl Zuckmayer, Bertolt Brecht, Karl Kraus, Robert Musil, Elias Canetti, Egon Friedell und Hugo von Hofmannsthal waren in der Wiener Josephstädterstraße und im «Seeblick» zu Gast. Hinzu gesellten sich der Architekt Adolf Loos, der das Haus der Schwarzwalds entworfen und eingerichtet hatte, ferner der Musiker Arnold Schönberg, der Maler Oskar Kokoschka, der junge Philosoph Karl R. Popper, der Staatsrechtslehrer Hans Kelsen und viele andere aus der österreichischen Intellektuellen- und Künstlerszene. Die Schriftstellerinnen Maria Lazar, Alice Herdan, Karin Michaelis aus Dänemark und die amerikanische Journalistin Dorothy Thompson, die Schauspielerin Helene Weigel und zahlreiche weitere Persönlichkeiten haben sich in diesem internationalen «Schwarzwaldkreis» getroffen und sich in die Diskussionen, Lesungen, Spiel-, Musik- und Liederabende eingebracht. Es entstanden Kontakte und Freundschaften, die lange währten und sich in den kommenden Krisenzeiten bewähren sollten.

Eugenie Schwarzwald, kurz «Fraudoktor» genannt, lud nach einem kurzen Kennenlernen im März 1926 den neunzehnjährigen Jurastudenten nach Wien und zur Sommertagung an den Grundlsee ein. Er fuhr im Sommer in die österreichische Hauptstadt, wo er auch den Bank- und Finanzexperten Hermann Schwarzwald (1871–1941) kennen lernte. Dieser Jurist war Sektionschef im Finanzministerium, zuständig für Kredit- und Währungsangelegenheiten. Er galt in der Finanzwelt als herausragender Experte, im Freundes- und Bekanntenkreis als sehr gebildeter und kluger Gesprächspartner. 1923 wurde er Präsident der Anglo-Austrian Bank. Seiner Frau stand er stets mit Rat und Tat zur Seite.

In Wien und am Grundlsee zeigte sich endgültig, dass der junge Moltke in der liberalen und demokratischen Welt angekommen war. Ihm präsentierte sich eine Lebensweise und Kultur, die in starkem Kontrast zum deutschnationalen Klima stand. Er erlebte hier im Kleinen das Modell für ein humanes Europa ohne imperialistische Ansprüche und ideologischen Zwang. In toleranter Atmosphäre entwickelten sich Dialoge zwischen Christen und Juden, zwischen religiös-kirchlich gebundenen Menschen und Atheisten verschiedenster Prägung. Dass geistiger und kultureller Pluralismus, wertgebundene Toleranz und offene Mitmenschlichkeit das Zusammenleben in Freiheit ermöglichen, das zeigte ihm der Schwarzwaldkreis. Er fand hier in einem größeren Zusammenhang, was in seinem Elternhaus bereits angelegt war.

Helmuth James von Moltke als Student in Wien, um 1928

Gleichzeitig entfernten ihn diese Erfahrungen weiter von seiner Herkunft. Als er mit Bekannten noch im selben Jahr den letzten deutschen Kaiser und damit den Hauptrepräsentanten der alten Gegenwelt im holländischen Doorn besuchte, wurde ihm bewusst, wie groß seine Distanz zu dem politisch-gesellschaftlichen System, dem seine Vorfahren selbstlos und erfolgreich gedient hatten, inzwischen geworden war. Dorothy schrieb am 17. September 1926: «Hat Euch der Junge etwas über seinen Besuch in Doorn erzählt? Er fand den Kaiser jämmerlich, seine Frau netter – sie hat sogar [Emil] Ludwigs Buch über Wilhelm II. gelesen – und die ganze Veranstaltung äußerst lächerlich und ohne Beziehung zur Wirklichkeit, das heißt, er benimmt sich noch so, als ob er das Vaterland beherrschte.» (DB 126) Helmuth James von Moltke dachte auch später in wirren Zeiten nicht an eine Restauration der Hohenzollern-Dynastie. Das historisch-politische Versagen des Kaisers und der ihn umgebenden Eliten war für ihn überdeutlich.

Die Erlebnisse in Wien und am Grundlsee bei den Schwarzwalds und ihrem Kreis haben Helmuth James so fasziniert, dass er im Wintersemester 1926/27 für ein Jahr an die Wiener Universität wechselte. So konnte er seine Kontakte vertiefen und neue knüpfen. Das Haus der Schwarzwalds, in dem er zeitweilig auch wohnte, wurde für ihn ein wichtiger Ort der Begegnungen und Gespräche. Von Bedeutung sollte besonders die Bekanntschaft mit zwei Frauen werden: der dänischen Schriftstellerin Karin Michaelis (1872–1950), der ältesten und besten Freundin der «Fraudoktor», und der amerikanischen Journalistin Dorothy Thompson (1894–1961), die 1927 von Wien nach Berlin zog. Durch Letztere kam er auch in Kontakt mit dem Berliner Korrespondenten der *Chicago Daily News*, Edgar Mowrer, und dessen Frau.

Während seines Wiener Studiums entwickelte Moltke ein engeres Verhältnis zu dem Staats- und Völkerrechtler Hans Kelsen (1881–1973) und dem Völkerrechtler Alfred Verdross (1890–1980). Bei Kelsen hörte er «Allgemeine und Österreichische Staatslehre», bei Verdross «Verfassung und Tätigkeit des Völkerbundes». Schon in Wien begann die allmähliche Hinwendung des Jurastudenten zu den beiden Schwerpunkten Staats- und Völkerrecht. Aber er besuchte auch die nationalökonomischen Vorlesungen von Othmar Spann. Hinzu kam eine Vorlesung über die Philosophie von Kant bis Hegel bei Robert Reininger.[3]

Nach den beiden Wiener Semestern kehrte Moltke im Winter 1927/28 nach Breslau zurück. Zuvor hatte er in den Osterferien 1927 bei Karl Ohle im Landratsamt Waldenburg ein verwaltungsjuristisches Praktikum absolviert. In den niederschlesischen Industrieorten Waldenburg, Neurode und Landeshut gab es in den zwanziger Jahren große ökonomische und soziale Probleme. Lange Arbeitszeiten bei niedrigen Löhnen, Kurzarbeit und schließlich Dauerarbeitslosigkeit machten die Industriearbeiter und ihre Familien immer ärmer und hoffnungsloser. Die Wohnverhältnisse waren zum Teil katastrophal. Besonders die Arbeiterjugend, die ohne berufliche Perspektiven leben musste, drohte physisch und moralisch zu verwahrlosen.[4]

Der Jurastudent Moltke, der jeden Tag mit einem kleinen Motorrad nach Waldenburg fuhr, lernte die Situation der Menschen in dem schon traditionell unterentwickelten Kohle- und Textilrevier genau kennen. Der Niedergang erschütterte und beunruhigte ihn zutiefst. Er entdeckte vor der Haustür von Creisau nicht nur den Verfall der Industriewirtschaft, sondern beobachtete auch die Auflösung der sozialen Kultur ganzer Bevölkerungsgruppen. Für eine Hilfsaktion versuchte Moltke darum, engagierte junge Menschen mit Frauen und Männern der älteren Generation, die politische und gesellschaftliche Verantwortung trugen, zusammenzubringen. Die Vorbereitung und Durchführung einer von der Öffentlichkeit beachteten Initiative erforderten ein Netz von Akteuren und Sympathisanten. Moltkes Talent, Menschen aus verschiedenen politischen Lagern und aus unterschiedlichen gesellschaftlichen Institutionen anzusprechen und für ein gemeinsames Arbeitsvorhaben zu gewinnen, sollte sich hier zum ersten Mal entfalten, ebenso sein Organisationstalent.

Ein wichtiger Informant über die reale soziale Lage der Berg- und Textilarbeiter in Waldenburg war der Landrat Ohle. Neben der Kooperation mit ihm bemühte sich Moltke um die Mitarbeit von Leuten, die in Schlesien und darüber hinaus Einfluss hatten. Außerdem suchte er den Kontakt mit einer «unpolitischen Jugendvereinigung», die die «Spezialpropaganda» für eine Hilfsaktion übernehmen sollte. Den Kontakt vermittelte sein Vetter Carl Dietrich von Trotha. Dieser war Mitglied der Schlesischen Jungmannschaft, die zur Deutschen Freischar gehörte und gerade 1925 das Boberhaus in Löwenberg als Heimvolkshochschule übernommen hatte.[5] Einen weiteren Aktivisten aus der studentischen Schlesischen Jungmannschaft lernte Moltke in Breslau kennen: den aus Dresden stammenden Horst von Einsiedel. Dieser schrieb später in einem Brief an einen Freund:

Eugen Rosenstock-Huessy
(1888–1973)

Eines Tages tauchte ein Vetter C. D. v. T.s auf der Bildfläche auf. Ein Mensch, dem ich mich zum ersten Mal sehr unterlegen fühlte. Beinahe zwei Jahre jünger als ich, eben erst zwanzig Jahre alt, kennt vom Kaiser an und Hindenburg sämtliche Politiker Europas bis zu Löbe und Loucheur. Er ist ungeheuer klug und weltgewandt, tüchtig und wirklich imponierend. Natürlich spricht er mit allen Menschen in einer gewissen weltmännischen Art und Weise, und da liegt auch seine Grenze. Aber da er gar nicht Anspruch auf mehr erhebt [...], so schadet dies nun nichts. Dieser Graf M. hat den Plan, eine großzügig angelegte Hilfsaktion für den Waldenburger Bezirk in das Leben zu rufen. Wie Du weißt, ist Waldenburg das sozial rückständigste Gebiet Europas.[6]

Moltke trug seinen Plan im Beisein von Einsiedel dem Breslauer Professor Eugen Rosenstock vor. Der 1888 in einer jüdischen Familie geborene Rechtshistoriker, Philosoph und Soziologe war seit 1923 an der Universität Breslau tätig. Über sein Fachgebiet hinaus hatte er sich einen Namen als Vertreter der freien Erwachsenenbildung gemacht, unter anderem durch die Gründung einer «Akademie für Arbeit» in Frankfurt am Main, und trat für eine Verbindung von Erwachsenenbildung und Jugendbewegung ein.[7] Einsiedel und Trotha waren Studenten dieses charismatischen Denkers und Praktikers, der sich gerne auf eine Kooperation mit seinen beiden Studenten und mit Moltke einließ. Einsiedel und Trotha waren es, die einen ersten schriftlichen Entwurf für ein Arbeitslager vorlegten. Er dürfte im Großen und Ganzen den Intentionen von Rosenstock und Moltke entsprochen haben. Dieser Entwurf enthielt die wesentlichen Elemente der späteren drei Schlesischen Arbeitslager der Jahre 1928 bis 1930:

I. Wir brauchen die Zusammenarbeit auch gegnerisch eingestellter Kräfte; kirchliche, kulturelle, völkische und wirtschaftliche Gegensätze trennen unser Volk. Parteigruppen regieren heute in Staat, Stadt und Dorf.
So unterbleibt die Lösung sachlicher Aufgaben, die für unser Volk lebenswichtig sind. Die Lösung dieser Aufgaben liegt jenseits aller Gegensätze im Volk, und trotzdem wird sie verhindert, da die Menschen infolge der Gegensätze nicht zur Zusammenarbeit gelangen. Solche sind: Gestaltung einer industriellen Lebensordnung für Arbeiter, Meister, Ingenieure und Unternehmer, vor allem eine gesunde Nachwuchserziehung; Ausgleich der Gegensätze zwischen Stadt und Land.
Die Lösung dieser Aufgaben hätte auch wirtschaftliche Folgen: Erziehung qualitativ hoch stehender Arbeiter und verständiger Ingenieure, Verhinderung der Landflucht und damit der Einstellung polnischer Wanderarbeiter, Erhöhung des Reallohnes durch Beseitigungen der Reibungen zwischen Stadt und Land, z. B. Rationalisierung des Lebensmittelhandels und der Milchlieferungen.
Unsere Aufgabe ist es, die menschlichen Voraussetzungen für diese sachliche Arbeit zu schaffen. Die Einzelnen im Volk müssen einander kennen und achten lernen. Die natürliche Gruppenbildung darf nicht verhindert werden. Oft werden die Menschen einander nur kennen lernen, oft auch Freude darüber empfinden, dass in anderen Gruppen Menschen sind, deren Art sie anerkennen müssen, vielleicht werden sie sich auch schon zu praktischer Arbeit vereinen. Die praktische Arbeit will nicht Gegensätze verwischen, sondern aus der Unzahl falscher Gegensätzlichkeit die Menschen zusammenfassen, die ihrer Art nach zusammengehören.
II. Träger. Die Notwendigkeit solcher Arbeit wird anerkannt. Nur fehlen Menschen, die die Einzelnen zusammenführen. Diese können aus dem Bereich der Jugendbewegung hervorgehen. Durch die Jugendbewegung sind die natürlichen Gesetze des menschlichen Zusammenlebens wieder aufgedeckt worden. Man fragt hier zuerst nach dem menschlichen Werte des Einzelnen, dann erst nach seiner politischen und konfessionellen Einstellung.
III. Weg. Jeder Einzelne muss in einer solchen Arbeit groß werden. Den Zugang dazu bietet ihm das Volkshochschulheim, soweit es nicht von wirtschaftlichen, konfessionellen oder politischen Gruppen getragen wird, die Freizeit und – hoffentlich – das Arbeitslager.
In den Arbeitslagern vereinigen sich die Achtzehn- bis Fünfundzwanzigjährigen eines Volkes aus allen Ständen, um einige Wochen miteinander zu leben.

Dreifach sind die Formen des Zusammenkommens: Spiel und Sport, körperliche Arbeit, geistige Übungen. In den geistigen Übungen sollen gemeinsam Fragen besprochen werden, die den Einzelnen in seiner täglichen Arbeit bedrängen, in der körperlichen Arbeit wird durch ihre verbindende Kraft eine Sicherung gegen Theoretisieren eingeschaltet. Wer mit den Alterskameraden aus den verschiedenen Ständen des Volkes zusammengelebt hat, wird später in seinem Beruf nicht so leicht volksfremd werden. In dem gemeinsamen natürlichen Leben eines Lagers werden nur die geistigen Dinge aufgenommen, die lebenswahr sind, nur die Dozenten ernst genommen, die sich einzufügen vermögen in einen Kreis. Die Lebenserzählung anderer Stände (hier viel mehr als bei der Werkarbeit) bietet die notwendige Ergänzung zur Bücherweisheit. Alle die Menschen, die auf einem Lager zusammen gewesen sind, werden später in ihrem Beruf als Erwachsene einander gegenüberstehen. Sollte dann nicht bessere Zusammenarbeit möglich sein, als es jetzt ist?

Auf das Arbeitslager müssen wir auch die Erwachsenen holen, zu denen wir Vertrauen haben. Wir besprechen mit ihnen alle wichtigen Fragen ohne Rücksicht auf ihre Parteiangehörigkeit. (Dann werden auch die Erwachsenen untereinander leichter zur Zusammenarbeit kommen!) Mit den Wesentlichsten aus Schlesien haben wir durch das Treffen schon Verbindung.[8]

Dieses erste Positionspapier der beiden jungen Breslauer Studenten aus dem Umfeld von Rosenstock wurde nach einem Vorgespräch über die Bildung eines Arbeitskreises am 14. September 1927 auf Schloss Creisau verfasst, dem vom 15. bis 18. September ein Gespräch im Boberhaus über die Gründung einer Löwenberger Arbeitsgemeinschaft folgte. Nach einem weiteren Treffen in Creisau am 18. und 19. September, an dem die Breslauer Professoren Eugen Rosenstock und Gerhart von Schulze-Gaevernitz, der Privatdozent Hans Peters sowie die Studenten Moltke, Trotha und Einsiedel teilnahmen, wurden die Gründungsvorbereitungen abgeschlossen.[9] Die Zahl der Gespräche im September 1927 zeigt die Intensität und Sorgfalt, mit denen man die gemeinsame Aufgabe anging. Ein Konsens im Grundsätzlichen schloss Differenzen in konzeptionellen und organisatorischen Einzelfragen nicht aus.

In den Sommermonaten zuvor waren die Studenten durchs Land gefahren und hatten nach möglichen Mitstreitern für die Idee und Organisation eines Arbeitslagers gesucht. Moltke selbst versuchte, Freunde und Bekannte aus dem Schwarzwaldkreis für die Waldenburger Aktion zu gewinnen. Auf seine Bitte hin hatte Karin Michaelis für die *Vossische Zeitung* eine Sozialreportage über die Waldenburger Verhältnisse geschrieben, die Moltke in anderen in- und ausländischen Zeitungen und im Radio veröffentlichen wollte. Karin Michaelis hat nach dem Krieg noch einmal über ihren Besuch in Waldenburg in einer dänischen Zeitung berichtet:

Die Bergleute wohnten in kleinen nassen Häusern mit Rissen in den Wänden. In jeder Wohnung – jeder einzelnen Wohnung – waren ständig Kinder oder Erwachsene, die im Bett lagen und auf ihren schweren Tod warteten. Jede Familie hatte Kinder auf dem Friedhof liegen, und die Kinder, die wir sahen, waren so blass, dass es nur eine Frage von Monaten zu sein schien, bis auch sie sich zu Bett legen mussten, um den Tod zu erwarten.

Über ihren jungen Freund Helmuth merkte sie an:

Helmuth hatte sich als erste richtige Aufgabe im Leben gesetzt, das Los der Bergleute zu verbessern, aber wohin er auch mit seinen Klagen und Vorschlägen zur Verbesserung kam, stieß er entweder auf Widerstand oder Gleichgültigkeit (RV 61 f.)

Moltke kämpfte verbissen um öffentliche Unterstützung für sein Projekt Er bemühte sich darum, Prominente aus Literatur, Wissenschaft, Politik und Wirtschaft als Mitstreiter zu gewinnen. In einem Brief vom 6. August 1927 bat er Karin Michaelis, für ihn ein gutes Wort bei Gerhart Hauptmann im nahe gelegenen Agnetendorf einzulegen und um einen Besuchstermin zu bitten. Durch sie ermuntert, schrieb Moltke schließlich selbst am 13. August 1927 an Hauptmann und bat um seine Unterstützung. Hauptmann scheint nicht unmittelbar reagiert zu haben. Jedenfalls schrieb Schultze-Gaevernitz am 22. September 1927 an den ihm bekannten Dichter der *Weber* und bat ihn, sich von Moltke über die Aktion berichten zu lassen und ins Kuratorium der Löwenberger Arbeitsgemeinschaft einzutreten:

Es handelt sich um den Aufbau eines Kuratoriums, welches durch seine Unterorgane die Notstände im Industrie-Gebiet zwischen dem Landeshuter Kamm und der Eule, Ihrem alten Webergebiet, wissenschaftlich und publizistisch behandeln soll, in engster Fühlung mit den Trägern des Wirtschafts- und Geisteslebens des genannten Gebiets. In diesem Kuratorium darf selbstverständlich Ihr Name als der gewichtigste und klangvollste aller lebenden Schlesier nicht fehlen. (RV 49)

Aus einem Dankesbrief von Moltke am 25. August 1927 an den Berliner Korrespondenten der *Frankfurter Zeitung*, Bernard von Brentano, der ebenfalls einen Artikel über das Waldenburger Gebiet geschrieben hatte, geht hervor, dass das Kuratorium bis dahin folgende prominente Namen umfasste: Karin Michaelis, Eugenie Schwarzwald, Gerhart von Schultze-Gaevernitz, Eugen Rosenstock und den Schriftsteller Hermann Stehr. Willy Hellpach aus Heidelberg und Gerhart Hauptmann rechnete er noch «in loserer Beziehung» dazu (RV 48 f.).

In diesen Sommer fiel auch ein Besuch Moltkes bei dem Dichter Carl Zuckmayer in Henndorf. Hier lernte er zwei Sozialdemokraten der jüngeren Generation kennen, die später im Kreisauer Widerstandskreis eine große Bedeutung gewinnen sollten: Carlo Mierendorff und Theodor Haubach. Beide waren enge Studien- und Gesinnungsfreunde von Zuckmayer, der in seinen Erinnerungen über diese Begegnung schrieb:

Es war in unserer Henndorfer Frühzeit, im Sommer 1927. Da begegneten sich in der «Wiesmühl» zum ersten Mal meine deutschen sozialistischen Freunde, Carlo Mierendorff und Theodor Haubach, auch der tapfere Schweizer Sozialist Joseph Halperin, mit einem jüngeren, erst kurz vorher durch die verehrte Lehrerin und Schuldirektorin meiner Frau, Dr. Eugenie Schwarzwald, zu uns gestoßenen Freund: dem Grafen Helmuth James von Moltke. Moltke, seiner Tradition und Erziehung gemäß eher christlich-konservativ gebunden, war damals schon dem Sozialismus zugeneigt, während die deutschen Jung-Sozialisten sich lebhaft für die Gedankengänge und Konzepte der englischen Jung-Konservativen interessierten. Bei dieser Zusammenkunft, in den Gesprächen dieser Nacht kündigte sich bereits an, was später als «Kreisauer Kreis» in die Geschichte des deutschen Widerstands gegen Hitler einging.[10]

Dass Moltke Zuckmayer, der damals in Deutschland zu den bekanntesten Schriftstellern gehörte und für seine linksdemokratische Orientierung bekannt war, auch für das Kuratorium gewinnen wollte, lässt sich nicht beweisen, aber es ist wahrscheinlich. Was hätte ihn sonst nach Henndorf getrieben? Literarische Interessen waren es jedenfalls nicht. Moltke wandte sich auch an Heinrich Brüning, der für den Wahlkreis 7 (Breslau) als Zentrumsabgeordneter im Reichstag saß. In Berlin stattete er dem preußischen Kultusminister Carl Heinrich Becker einen Besuch ab. Bei beiden warb er um ideelle und materielle Unterstützung für das beabsichtigte Arbeitslager. Selbst den Reichspräsidenten von Hindenburg bat Moltke um eine Geldspende für das Lager, die er tatsächlich auch erhielt.

Nach diesen intensiven Vorbereitungen wurden endlich Ende September persönliche Einladungen verschickt. Geladen wurde zu einer «Begegnung vom 27. bis 30. Oktober 1927 in Löwenberg, im Volkshochschulheim der Schlesischen Jungmannschaft. Thema: Die Notstände im Landeshuter, Waldenburger, Neuroder Revier». Unterschrieben hatten Hans Dehmel, Horst von Einsiedel und Helmuth von Moltke (RV 50 f.).

Inzwischen war als weiterer Partner die Deutsche Schule für Volksforschung und Erwachsenenbildung unter ihrem Leiter Robert von Erdberg hinzugekommen, der besondere Arbeitsbeziehungen zu Rosenstock unterhielt. Eugen Rosenstock und Werner Picht hatten für ihn die Programmschrift «Im Kampf um die Erwachsenenbildung» geschrieben. Als es zur Begegnung in Löwenberg und schließlich zur Gründung der Löwenberger Arbeitsgemeinschaft kam, war keiner der 68 Teilnehmer unvorbereitet. Auf Einladung der Jugend fanden sich Unternehmer aus dem Bergbau, der Textil- und Porzellanindustrie, Mitglieder der Handelskammer, Behördenvertreter (Regierungspräsidenten und Landräte), Gutsbesitzer, Gewerkschaftssekretäre aller Richtungen, Hochschullehrer, Pädagogen, Vertreter von Jugendorganisationen sowie evangelische und katholische Pfarrer ein. Eine Versammlung ähnlicher Zusammensetzung hatte es in Niederschlesien noch nie gegeben. Der Tagungsleiter Rosenstock verstand es, die vorgetragenen Informationen und Reflexionen zu einem Handlungskonzept für die zukünftige Arbeit zu verbinden. Man gründete eine Löwenberger Arbeitsgemeinschaft, die «wissenschaftliche, sozialpädagogische und publizistische Aufgaben» erfüllen sollte, und bildete verschiedene Ausschüsse. Zentral wurde der Gedanke eines «Arbeitslagers» als Ort der Begegnung von jungen Männern aus der akademischen Welt, der Welt der Industriearbeit und der Landwirtschaft.

Vom 14. März bis zum 1. April 1928 trafen sich rund hundert «sozialistische und christliche Jungarbeiter, Jungbauern und Studenten» zum ersten Schlesischen Arbeitslager im Boberhaus in Löwenberg.[11] Nach bündischer Weise gab es einen klaren Tagesplan und eine Lagerordnung, die für alle verpflichtend waren. Gemeinsame körperliche Arbeit und «geistige Übungen» waren die beiden Pole, um die herum sich das übrige Lagerleben mit Singen, Musik, Theaterspielen und spontanen Diskussionen gruppierte. Das große Hauptthema hieß: «Unter welchen Voraussetzungen kann in Deutschland eine gesunde Lebensform in der Industriewirtschaft gefunden werden?»

Eugen Rosenstock sprach in seiner Vortragsreihe über «Lebensalter der Wirtschaft». Er machte deutlich, dass die Sozial- und Kulturgeschichte immer auch als Gesellschaftsgeschichte zu verstehen ist, und analysierte den Stand der Jäger, Soldaten, Bauern, Handwerker und vor allem der modernen Industriearbeiterschaft. Der andere Hauptreferent war Adolf Reichwein, der Leiter der Volkshochschule in Jena war und gerade ein Buch über *Die Rohstoffwirtschaft der Erde* herausgebracht hatte. Sein Thema war «Die Abhängigkeit der deutschen Volkswirtschaft von der Weltwirtschaft». Der klassische Vortragsstil wurde bewusst durchbrochen und durch spontane Beiträge der Teilnehmer ergänzt, die ihre eigenen Erfahrungen mit dem bestehenden System einbrachten. Trotz der offen angesprochenen Differenzen rauften sich die Lagerteilnehmer zur Formulierung von Leitsätzen zusammen, die sie am elften Lagertag bei einer «Führerbegegnung» etwa siebzig herausragenden Persönlichkeiten Schlesiens (Großgrundbesitzer, Landwirte, Arbeitervertreter, Unternehmer, Geistliche, Pädagogen, Hochschullehrer, Verwaltungsbeamte) vortrugen. Darin wurden folgende Vorschläge gemacht:

1. Die werktätige Jugend wünscht Erziehungsformen, die es ermöglichen, ihrem Streben nach persönlicher und sachlicher Bildung nicht nur durch Belehrung, sondern auch durch tätige Mitarbeit am Schulleben (Arbeitsgemeinschaft) gerecht zu werden.
   Die Tätigkeiten der Fortbildungsschulen sollen in diesem Sinne auf alle jugendlichen Arbeiter ausgedehnt werden. [...]
   Neben dieser schon bestehenden staatlichen Schulform sollen weitere Möglichkeiten wie Volkshochschulen, Freizeitheime, örtliche Heime für die Arbeit der Jugendgruppen, die dem Arbeiter eine sinnvolle Nutzung seiner Freizeit gestatten, geschaffen und gefördert werden.
2. Die Urlaubsverhältnisse in Industrie und Landwirtschaft bedürfen einer durchgreifenden Regelung.
3. Für Freizeiten zwischen jungen Arbeitern und Bauern sind vonseiten des Staates im Rahmen des allgemeinen Volksbildungswerkes Mittel bereitzustellen, vonseiten der Wirtschaft angemessene Lebensbedingungen zu schaffen. [...]
4. Für die jungen Erwerbslosen, die in ihrem Jugendleben am stärksten gefährdet sind, da sie gegen ihren Willen aus einem geordneten Arbeitsdasein herausgerissen wurden, muss ganz besonders durch Einrichtung von Volkshochschulen und öffentlichen Lehrwerkstätten gesorgt werden. Gerade für sie ist die fruchtbare Nutzung ihrer unfreiwilligen Muße von entscheidender Bedeutung.
5. Den im Betrieb Tätigen soll jährlich ein Urlaub von vier Wochen dadurch ermöglicht werden, dass sie zeitweise durch Arbeitslose, die gleichfalls im jugendlichen Alter stehen, ersetzt werden. [...]
6. Die hier versammelte Jugend sieht es als eine Notwendigkeit an, dass Zusammenkünfte wie dieses Lager regelmäßig abgehalten werden. Denn nur so kann eine gegenseitige Kenntnis der verschiedenen Lebensformen im Volke vermittelt und ein späteres, fruchtbares Zusammenarbeiten vorbereitet werden.[12]

Moltkes Beitrag lag vorrangig in der Entwicklung der Idee eines Arbeitslagers, in seiner Vorbereitung durch publizistische Aktionen, in den vielen Gesprächen mit möglichen Kombattanten aus Politik und Gesellschaft und in den konzeptionellen und organisatorischen Diskussionen mit seinen Freunden in der Schlesischen Jungmannschaft sowie mit den Breslauer

Professoren, die über ihre universitäre Tätigkeit hinaus an der freien Erwachsenenbildung Interesse hatten. Auch für die hochkarätige Zusammensetzung eines Kuratoriums wendete er viel Zeit und Arbeit auf. An
dem Lager selbst hat er nicht teilgenommen. Doch fuhr er mit seinen Eltern zur «Führerbegegnung».

Auch die beiden folgenden Schlesischen Arbeitslager bereitete Moltke
mit vor und besuchte sie auch sporadisch. Das zweite Lager vom 7. bis
27. März 1929 hatte als Thema «Die Entvölkerung Schlesiens». An einer
Diskussion über «Die Bedeutung der Arbeitslager für Berufsberater und
Leiter von Volkshochschulen» nahmen unter anderem Adolf Loewe und
Peter Graf Yorck von Wartenburg teil. Martin Gauger schrieb einen Bericht über dieses Arbeitslager.[13] Das dritte Arbeitslager fand im März 1930
unter dem Motto «Die Gefährdung der jungen Generation durch die Um-
schichtung der Berufe» statt, und ein Sonderthema war die «Die Gefährdung des jungen Akademikers». Außer Rosenstock referierten unter anderem der Agrarwissenschaftler Friedrich Christiansen-Weniger und der in
der Jugendbewegung engagierte Deutschlandfreund Rolf Gardiner aus
England.[14]

Sieht man sich die Liste der Teilnehmer, Referenten und Gäste an, so
finden sich Namen von Personen, die später mit Moltke im Widerstand
zusammenarbeiteten: Carl Dietrich von Trotha, Horst von Einsiedel,
Adolf Reichwein, Peter Yorck von Wartenburg, Theodor Steltzer, Hans
Peters, Hans Lukaschek, Otto Heinrich von der Gablentz, Martin Gauger
und Friedrich Christiansen-Weniger. Die Schlesischen Arbeitslager gehören damit in die Vorgeschichte des späteren sogenannten Kreisauer
Kreises. Eugen Rosenstock und Adolf Loewe waren für viele Jüngere Lehrer und ältere Freunde. Ihr geistiger Einfluss auf die späteren Kreisauer war
bedeutend. Beide mußten 1933 frühzeitig aus Deutschland emigrieren.[15]
Rosenstock nannte sich von da an Rosenstock-Huessy (nach seiner schweizer Ehefrau Margret Huessy). Er sollte viele Jahre später noch eine besondere Rolle für Freya von Moltke spielen, die 1960, nach dem Tod Margrets,
zu ihm nach Norwich im US-Bundesstaat Vermont zog und dreizehn Jahre
lang, bis zu seinem Tod im Jahr 1973, mit ihm zusammenlebte.

Ein junger Gutsherr

Natürlich fragt man sich, warum Moltke an den Lagern, die ihm so wichtig waren, nur sporadisch teilnahm. Der Grund waren große wirtschaftliche Schwierigkeiten des Gutsbetriebs Creisau. Die deutsche Landwirt-

Schloss Creisau, 1926

schaft war insgesamt in eine tiefe Krise geraten. Auch in Creisau musste man vor Weihnachten 1927 Landarbeiter entlassen. Die landwirtschaftlichen Produkte erzielten schlechte Preise. Aus der Sicht der Banken war Creisau nicht mehr kreditwürdig. Es drohte der Bankrott. Noch mehr als sonst musste gespart werden. Selbst das Wohnen im eigenen Schloss mit den Kosten für Heizung, Elektrizität und Dienstboten wurde trotz konsequenter Sparsamkeit zu teuer. Anfang des Jahres 1928 zog die Familie deshalb mit reduziertem Personal in das wesentlich kleinere Berghaus. Aber man richtete es sich so wohnlich ein, dass es bald die eigentliche Heimat der Familie von Moltke wurde. Nur den finanziellen Zuwendungen durch Dorothys südafrikanische Eltern war es zu verdanken, dass der Grundbedarf für das tägliche Leben und die Ausgaben für die Schulbesuche der Kinder gesichert waren. Um angelaufene Schulden zu bezahlen, verkaufte man alte Möbel, Silber, zwei Bilder Franz von Lenbachs und Briefe aus dem Nachlass des Generalfeldmarschalls. Aber diese ökonomische Misere änderte, wie Moltke später im Februar 1944 aus der Haft an seine beiden Söhne schrieb, nichts an der «friedlichen, zufriedenen, glücklichen Atmosphäre des Hauses» (MBF 25).

Große Sorgen machte sich Dorothy allerdings um ihren Mann und das Schicksal des Betriebs. Am 9. Februar 1928 schrieb sie nach Südafrika:

Der Y. T. [Young Teuton] hat eine sehr hektische Zeit in Geldsachen und ist von all dem sehr erschöpft. Es ist alles äußerst kompliziert, mit einem Kammergericht, einem Kuratorium und einem Vormund für den Jungen, der vor jedem Schritt seine Zustimmung geben muss. Nichts kann endgültig geändert werden (Aufhebung des Fideikommisses etc.) bis zum 21. Geburtstag des Jungen, und inzwischen müssen Zwischenkredite beschafft werden. Wie ermüdend das alles ist. Der Junge ist drei Tage für seinen Vater in Berlin gewesen, der einfach zu erschöpft war, die Reise zu unternehmen. Das trägt nicht zu strengem Studium bei, aber der Y. T. war wirklich nicht imstande zu gehen. Aber sonst geht es uns gut, und wir leben uns wunderbar in unserem kleinen Haus ein. (DB 135)

Der Vater Helmuth war auf Dauer weder der Führung eines hoch verschuldeten Gutes noch seiner konsequenten Entschuldung gewachsen. Dem studierenden und reisefreudigen Sohn fiel eine Mitverantwortung zu, und er zögerte keinen Augenblick, sie zu übernehmen. Er wollte unter allen Umständen verhindern, dass Creisau unter den Hammer kam, und kämpfte in den nächsten Jahren um die Existenzgrundlage seiner Eltern und Geschwister. Am 29. März 1928 – kurz nach seinem einundzwanzigsten Geburtstag am 11. März – wurde der Rechtscharakter von Creisau als Fidei-

Berghaus, Blick auf die Veranda mit dem lesenden Helmuth James von Moltke, um 1938

kommiss durch «Familienschluss» in Berlin aufgehoben. Damit wurde man in der Vermögens- und Finanzpolitik beweglicher.

Vater Helmuth war nur noch selten in Creisau. Er war leidenschaftlich für die Christliche Wissenschaft tätig. Im Mai und Juni 1928 vertrat er sie auf der «Pressa» in Köln, und nach seiner Wahl in das Publikationskomitee der Christlichen Wissenschaft nahm er sich als hauptamtlicher Mitarbeiter eine Wohnung in Berlin. Seine Frau hat dies – wenigstens vor ihren Eltern – verständnisvoll und klaglos hingenommen. Auch vonseiten des ältesten Sohnes sind keine kritischen Äußerungen über den Weggang des Vaters und seinen Berufswechsel vom Gutsbesitzer zum Journalisten und Heilpraktiker einer christlichen Sekte überliefert. Der Vater vollzog am 14. Oktober 1929 den letzten Schritt und erteilte seinem ältesten Sohn die Generalvollmacht für die Verwaltung des Besitzes Creisau. Als Zweiundzwanzigjähriger noch ohne abgeschlossenes Jurastudium und ohne landwirtschaftliche Lehre übernahm er die Funktionen seines Vaters. Erbe von Kreisau und berechtigt, den Grafentitel zu tragen, wurde er allerdings erst zehn Jahre später nach dem Tod seines Vaters am 27. März 1939. Als der Inspektor des Gutes, Mau, Ende September 1929 plötzlich verstarb und eine völlig zerrüttete Landwirtschaft zurückließ, wurde der neue Verwalter, Adolf Zeumer, seine Hauptstütze in der Zeit der aufkommenden Wirtschaftskrise mit Millionen von Arbeitslosen und Hunderttausenden von Pleiten in der Landwirtschaft. Moltke lernte den Umgang mit Banken und Behörden, mit Rechtsanwälten und Gerichten. Auch ein vertieftes Verständnis für die praktischen Probleme des landwirtschaftlichen Alltags und die Fähigkeit zu betriebswirtschaftlichen Entscheidungen erwarb er mit der Zeit. Wie klar er ökonomisch analysieren und argumentieren konnte, zeigt eine von ihm verfasste Eingabe an die Gläubiger vom 19. November 1929 mit der Überschrift: «Über die Ursachen der augenblicklicher Schwierigkeiten der Rittergüter Creisau, Nieder-Gräditz und Wierischau und den gegenwärtigen Stand» (RV 57 ff.). Moltke rang mit den Gläubigern um einen Vergleich, um den drohenden Konkurs abzuwenden.

Wie unsicher und aufregend das Leben in dieser Zeit für die Familie war, illustriert ein Brief von Dorothy an ihre Eltern vom 28. Dezember 1929:

Die Lage ist so: Der Junge hat den Gläubigern – 2 Banken, ein landwirtschaftliches Konsortium und 5 oder 6 große Firmen für Futter, Kunstdünger etc. – einen Plan vorgelegt, wie die Dinge auf eine gesunde Grundlage gestellt werden können. Alle haben mündlich zugestimmt, aber bevor es schriftlich vereinbart war, hat sich eine Bank umentschlossen und unzählige Schwierigkeiten gemacht. Das bedeutet Zahlungsunfähigkeit, denn wenn sie auf sofortiger Zahlung bestehen, müssen wir in die Liquidation gehen. Der Direktor in Breslau war halsstarrig. So waren der Y. T. [Young Teuton] und der Junge gestern 3 Stunden bei der Zentrale in Leipzig und fanden eine viel bessere Aufnahme. Jetzt hoffen wir, dass die Zentrale genug Druck auf Breslau ausüben kann, obgleich es eigentlich schon fast zu spät ist. Denn es ist sechs Wochen her seit der Zustimmung zum Plan des Jungen. Es ist so ärgerlich, denn *alle* anderen Gläubiger wollen den Konkurs vermeiden. (DB 163)

Creisau schien finanziell am Ende zu sein. Dorothys Trost:

Selbst wenn wir in die Liquidation gehen, erwarten wir nicht, dass das den Verlust von Creisau bedeutet, da es höchst schwierig, fast unmöglich ist, gerade jetzt Käufer zu finden, und Creisau mit der Peile und der unglücklichen Lage des Schlosses wird wahrscheinlich niemanden reizen. Die Gläubiger haben dem Jungen die Aufgabe übertragen, sich um alles zu kümmern, und er bekommt 10 Pfund den Monat und Deputat, und so hat er im Moment sein Auskommen. (DB 164)

Und noch einmal fuhren Vater und Sohn am Ende des Jahres nach Leipzig und erreichten, dass die Entscheidung des Breslauer Direktors aufgehoben wurde. Für Dorothy «ein kleiner Triumph» (DB 164). Nach vielen Irritationen und zeitweiligen Rückschlägen gelang es schließlich, im Laufe des Januar und Februar 1930 eine Lösung zu finden: Die sieben Gläubiger bildeten mit den Moltkes zusammen eine GmbH. Die Moltkes erhielten die Möglichkeit, die Aktien der anderen Anteilseigner zu kaufen, wenn der Betrieb wieder rentabel würde. Die Familie bekam ein Deputat in Form von Nahrungsmitteln aus dem Betrieb, und Dorothy erhielt für Haushaltsausgaben jährlich 4000 Reichsmark, die die alte Moltke-Stiftung an ihren Mann zahlte. Im Klartext hieß das: Die gräfliche Familie verlor das Letztbestimmungsrecht über den Gutsbetrieb Creisau, der vom jungen Moltke aber zusammen mit dem Inspektor im Auftrag der Gesellschaft weiterhin geleitet wurde. Alles Weitere hing von «guten Ernten, gerechten Preisen und der größten Sparsamkeit» ab. Diese aufreibende Aktion in der Jahreswende 1929/30 hatte ihren Preis: «Der Junge arbeitet 10 bis 12 Stunden am Tag, einschließlich Sonntag, und es ist nervenzermürbende Arbeit. Zum Glück isst und schläft er gut, aber er ist dünn wie ein Brett, der liebe Kerl. Der Y. T. fährt morgen nach Berlin ab. Er hat im vergangenen Jahr 28 Pfund abgenommen!» (DB 164 f.)

Den größten Einfluss auf Moltkes Entwicklung zu einer Person mit freiheitlichen und sozialen Überzeugungen hatte auch am Ende der zwanziger Jahre ohne Zweifel seine Mutter. Mit ihr suchte er den Dialog. Und mit seinen südafrikanisch-britischen Großeltern, besonders mit dem Großvater, unterhielt er einen freundschaftlichen Briefkontakt. In seinen

Briefen an «Granny» und «Daddy» überwand er auch seine ihm sonst eigene Zurückhaltung, über sich selbst zu reden.

Das Berghaus hat neben Verwandten, Nachbarn und Freunden auch viele auswärtige Gäste gesehen. Zu den ersten Besuchern zählten im Februar 1928 Dorothy Thompson und der Schriftsteller Sinclair Lewis, der 1930 den Nobelpreis für Literatur erhalten sollte. Im Juni 1928 kamen Edgar Mowrer und seine Frau Lilian, beide exzellente Kenner der deutschen Szene. Mowrer schrieb später das 1933 in New York erschienene Buch *Germany puts the Clock Back*, Lilian verfasste Kritiken für verschiedene anglo-amerikanische Zeitungen. Zur Aufstockung der Haushaltskasse gab es auch «zahlende Gäste» in Kreisau. So war Julian Frisby, der spätere englische Mitbiograph von Moltke, von Mai bis November 1931 und Ende Juli 1934 ein gern gesehener Gast mit gärtnerischen Fähigkeiten. Im Sommer 1936 kam Michael Balfour, ebenfalls ein Mitverfasser der ersten Moltke-Biographie, mit seiner Frau nach Kreisau.

Moltke begleitete nach dem ersten Schlesischen Arbeitslager im April 1928 auf Bitten des Landeshauptmanns von Schlesien eine Gruppe von amerikanischen Journalisten, die über die politischen und ökonomischen Probleme im Grenzland Schlesien berichten wollten. Im Februar 1931 machte er mit Dorothy Thompson und Mowrer eine ähnliche Reise von Breslau nach Oppeln. Er unternahm weiterhin alles, um die Probleme seiner schlesischen Heimat im In- und Ausland bekannt zu machen.

Reisen und Pläne

In einem Brief vom 6. September 1928 an seine Großeltern berichtete Moltke im Einzelnen über seine vorausgegangenen Reisen im Juli und August (RV 65 ff.). Er begründete, warum er sich als der «tatsächliche Gründer der Organisation» (gemeint ist die Löwenberger Arbeitsgemeinschaft mit ihrem ersten Arbeitslager) aus der Arbeit zurückgezogen habe. Er sei zu der Überzeugung gelangt, dass die Arbeitsgemeinschaft von Leuten zu führen sei, die einen eigenen Beruf hätten und ihn auch wirklich ausübten. Er habe anderen Mitarbeitern Platz machen wollen. Das bedeute aber nicht, dass er sich nicht mehr als Repräsentant der Löwenberger Arbeitsgemeinschaft verstehe. In der Tat: Wo er war, warb er für ihre politischen und pädagogischen Konzepte, die weithin die eigenen blieben.

Moltke erzählte dann von einem Besuch am 5. Juli beim deutschen Konsulat in Kattowitz. Er musste feststellen, dass die deutsche Arbeit im polnischen Teil Oberschlesiens von Berlin aus und nach Berliner Muster zentral geleitet wurde. Es fehle jede Eigeninitiative der deutschen Oberschlesier. Aus seiner Sicht wäre eine konstruktive Mitarbeit der Deutschen, die nach dem Ersten Weltkrieg Bürger des polnischen Staates geworden waren, jedoch weit besser gewesen, als sich derart abzukapseln und auf eine Revision der Kriegsergebnisse zu setzen. Denn er war der festen Überzeugung, dass ein konsequentes Nationalstaatsprinzip die Probleme der Zukunft nicht mehr lösen könnte. Der Rahmen und der Raum für eine Zusammenarbeit der Völker und Staaten war für ihn ein vereinigtes Europa. Der spätere Europa-Gedanke der Kreisauer war bei Moltke schon in den Anfängen seines politischen Denkens präsent. Von Kattowitz aus ging es weiter nach Pless, dem früheren Hauptquartier des Kaisers im Ersten Weltkrieg. Er lobte die Schönheit der Anlage und die netten Menschen dort.

Von größerer Wichtigkeit als der Besuch von Stätten vergangener Größe war für ihn ein Zusammentreffen mit dem kommunistischen Bauernführer Stepan Radić in Agram, den er schon zwei Jahre zuvor durch Vermittlung von Eugenie Schwarzwald kennen gelernt hatte. Für ihn war Radić «der große Führer für alle Bauern auf dem Balkan und im Osten, ein Mann der Zukunft». Genau einen Monat nach dem Gespräch mit Moltke wurde er erschossen. Moltkes Kommentar: «Ich glaube, für Europa war dies der denkbar größte Verlust.»[16] Denn Moltke suchte nach einer gesamteuropäischen Lösung der Land- und Bauernfrage – und zwar in allen politischen Lagern. Die ländliche Struktur, wie er sie aus Ostdeutschland kannte, konnte für ihn nicht das Vorbild für andere Agrarländer in Europa sein. Vor allem das Modell des Großgrundbesitzes mit seinen technischökonomischen Defiziten und seiner Ungleichheit im Sozialen wie im Kulturellen hatte sich seiner Ansicht nach überlebt.

Von Agram aus führte ihn ein langer Weg nach Heidelberg, um «einer Diskussion über die Probleme Ostdeutschlands beizuwohnen». Vom 14. bis 16. Juli versuchte er in Gesprächen mit Universitätsleuten «eine Verbindung zwischen dem intellektuellen Geist von Heidelberg und unseren Ostproblemen, die wirklich viel Geist und Intellekt brauchen», herzustellen. Das Ergebnis: Arnold Bergsträsser und Paul Steinmetz sollten Vorlesungen über Ostdeutschland halten. Zehn Mitarbeiter der Löwenberger Arbeitsgemeinschaft sollten dabeisein, und im März 1929 sollte dann eine Abschlussdiskussion stattfinden.

Mitte Juli ging es wieder zu den Schwarzwalds an den Grundlsee. Von dort schrieb er am 18. Juli einen Brief an seinen Mentor Rosenstock, um ihn für die Heidelberger Tagung zu gewinnen. Die Konferenz fand vom 25. bis 28. April 1929 in Heidelberg unter dem Titel «Universität und

Volkshochschule» statt.[17] In der ersten Sitzung sprach unter anderem Karl Jaspers über «Die Stellung der Universität im sozialen Körper». An der Diskussion beteiligten sich Oscar Hammelsbeck und Martin Buber. In der zweiten Sitzung hielt Wilhelm Flitner zu der Frage «Wie ist Volksbildung möglich?» einen Vortrag. Unter der Leitung von Rosenstock kam es zu einer kontroversen Debatte, vor allem über die Frage einer proletarischen Bildungsarbeit.

Die beiden Vettern Moltke und Trotha beschäftigte weiterhin die Ausweitung der zumeist städtischen Volkshochschulen auf das flache Land. Hilfreich war für sie das gerade 1929 erschienene Buch *Die deutsche Volkshochschulbewegung* von Paul Steinmetz. Auch Begegnungen mit kompetenten Pädagogen und Erziehungswissenschaftlern haben dazu beigetragen, dass Moltke die moderne Erwachsenenbildung als Teil der Bildungspolitik begriff.[18]

Doch zurück zu Moltkes Rundreise im Sommer 1928, die ihn vom Grundlsee nach Marienbad führte. Dort traf er sich vom 19. bis 22. Juli zu Gesprächen mit dem preußischen Kultusminister Carl Heinrich Becker. Becker war für ihn «einer der besten Männer in Deutschland». Stolz notierte er in einem Brief an die Großeltern: «Wir verbrachten drei Tage mit guten langen und für mich sehr gewinnreichen Gesprächen.» (RV 67) Dass dieser Minister sich in seinem Urlaub so viel Zeit nahm, um mit einem jungen Mann wie Moltke zu reden, lässt darauf schließen, dass er ihn für einen ungewöhnlichen, politisch begabten Studenten hielt. Bedenkt man, dass Moltke ein Jahr später in Waldenburg mit dem Reichspräsidenten Paul von Hindenburg und mit dem Innenminister Carl Severing und bei anderer Gelegenheit mit dem niederschlesischen Reichstagsabgeordneten Heinrich Brüning gesprochen hat, so lässt das auf eine gewisse selbstbewusste Unbekümmertheit im Umgang mit den Spitzen der Politik schließen.

Am 23. Juli war Moltke wieder zurück am Grundlsee, fuhr aber nach drei Tagen zu den Salzburger Festspielen. Beeindruckt hat ihn hier der *Jedermann* von Hugo von Hofmannsthal. Am 8. August kehrte er nach Creisau zurück und bereitete sich auf sein juristisches Staatsexamen vor, das er im März 1929 in Breslau ablegte. Im Herbst desselben Jahres war er für einige Wochen Volontär in der Statistischen Abteilung der Berliner Handelsgesellschaft.

In einem Brief an seine Großeltern berichtete Moltke von seinen weiteren Plänen. Er wollte Polnisch und «ein klein bisschen von den Balkarsprachen» lernen, weil ich glaube, dass Schlesien und Wien die beiden Zentren sind, von denen aus Deutschland und Europa wirklich ein echtes Interesse am Osten und am Balkan nehmen können, und ich denke, die ganze europäische Krise zwischen West und Ost und die Landwirtschaftskrise im gesamten europäischen Osten entstammen derselben Wurzel, und es ist unsere Pflicht, uns mit diesem Problem zu befassen. (RV 68)

Für das Erlernen der Sprachen setzte er drei Monate bis zum Juli 1929 an, um dann auf Einladung der polnischen Regierung nach Polen zu fahren. Anschließend gedachte er zwei Wochen in Creisau und zwei Wochen am Grundlsee zu verbringen und anschließend eine große Reise nach Südafrika zu unternehmen. Von September bis Dezember wollte er den Balkan durchqueren, von Athen ein Schiff nach Suez nehmen und von dort an der Ostküste Afrikas entlang bis nach Kapstadt reisen, wo er im Januar eintreffen und seine Großeltern besuchen wollte. Im März 1930 beabsichtigte er nach England zu fahren, um im Mai wieder nach Hause zu kommen.

Die Großeltern werden über den Brief ihres Enkels nicht wenig gestaunt haben. Für einen einundzwanzig Jahre jungen Mann zeugte er von höchster Aktivität auf den verschiedensten Gebieten. Es war der Großvater, der seinem Enkel einen Brief schrieb, in dem er die Frage nach der Konzentration auch und gerade in einem jungen Leben aufwarf. Enkel Helmuth antwortete in zwei Schreiben vom 12. und 25. November 1928, die man als ein frühes Bekenntnis bezeichnen kann. Dort standen Sätze wie diese:

Ich fühle mich erstens Europa, zweitens Deutschland, drittens Ostdeutschland, viertens dem Land verpflichtet. Ich «fühle mich verpflichtet» bedeutet, dass ich mich verantwortlich fühle, wobei das Maß der Verantwortung mit zunehmender Ausweitung des Kreises schwächer wird. Das heißt: In erster Linie fühle ich mich – politisch – für alles verantwortlich, was das Land, die Lage der Landwirtschaft usw. angeht, und zweitens, nicht trennbar vom ersten Punkt, für alles im Zusammenhang mit dem Osten Deutschlands, Europas; in dritter Linie fühle ich mich für die Fragen Deutschlands verantwortlich und in vierter Linie für die europäischen Angelegenheiten. (RV 54 f.)

Sein Jurastudium hielt er für nützlich, doch sah er seine berufliche Perspektive in der Politik. «Ich bin sicher, mein Leben ist nicht Jura, sondern Politik [...] Ich halte Politik für einen so schwierigen Beruf, dass man nicht früh genug damit anfangen kann.» Und dann zählte er auf, womit er sich beschäftigte: Balkan-Fragen, soziale Probleme, Bildungsfragen, Probleme des industriellen Lebens, landwirtschaftliche, rein wirtschaftliche und journalistische Fragen. Bei allem aber vergesse er nicht die politische Arbeit in der Agrarfrage und die Probleme des Ostens. Dabei formulierte er seinen methodischen Grundsatz:

Ich halte es für unmöglich, politische Probleme dadurch zu lösen, dass man sich erst der wirtschaftlichen, dann der rechtlichen, dann der historischen und dann der industriellen Seite zuwendet. Man kann politische Probleme nur durch Ausweitung nach allen Richtungen lösen. (RV 55)

Im Blick auf den notwendigen Broterwerb wies er selbstbewusst darauf hin, dass er von zwei Dritteln aller seriösen amerikanischen und britischen Zeitungen in Fragen der sozialen und politischen Realitäten in Ostdeutschland und Polen konsultiert werde. Er meinte, er könne von dieser journalistischen Arbeit leben.

Das politische Weltbild eines jungen Demokraten

Moltke nutzte seine große Rundreise 1928 dazu, Autoren für eine Sonderausgabe der amerikanischen Zeitschrift *The Survey* über «Das neue Deutschland» zu gewinnen. Außer Kultusminister Becker sagten ihm der Berliner Politikwissenschaftler Eugen Jäckh und der Heidelberger Professor und DDP-Reichstagsabgeordnete Willy Hellpach zu. Aktive und bekannte Politiker wie Hermann Müller, Gustav Stresemann und Maria Lüders nutzten diese Sonderausgabe zu einem Selbstportrait des demokratisch-republikanischen Deutschlands. Die Zeitschrift erschien im Februar 1929 als Beitrag zum zehnjährigen Bestehen der Weimarer Republik.

Moltke verfasste als Stimme der Jugend den Aufsatz «Youth Looks In, and Out» (RV 69 ff.). Dieser vierseitige Text hatte programmatischen Charakter. Er zeigt einen jungen Mann, der unabhängig vom üblichen Lagerdenken die Zukunftsaufgaben seiner Generation formuliert. Anfangs konstatiert er, dass es keine «organisierte politische Bewegung der deutschen Jugend» gibt, sondern nur Nachwuchsorganisationen der Parteien. Doch nicht auf diese setzt er seine Hoffnung, sondern auf den Teil der Jugend, der sich «nach eigenen Vorstellungen» den «Problemen des öffentlichen und gesellschaftlichen Lebens» zuwendet und Verantwortung für das Gemeinwesen übernimmt. Auch wenn die Pläne dieser Jugend unterschiedlich seien, so sei dennoch eine bestimmte Denkrichtung erkennbar. Es gehe um das «Wohlergehen des ganzen Deutschlands». Man sei sich einig, dass dem Reich und nicht den Einzelstaaten die Verwaltung der Justiz, die Verteidigung und die auswärtigen Angelegenheiten überlassen werden soll, während von der neuen Verwaltung Dezentralisierung und Unabhängigkeit für die Selbstverwaltungskörperschaften gefordert werden, insbesondere was die Besteuerung angeht, und selbst die kleinsten Selbstverwaltungsorgane sollten von einem Verantwortungsgefühl gegenüber dem Ganzen erfüllt sein. Dass die gesamte Nation als Ganzes politisch geschult werden sollte, um sich selbst zu regieren und zu verwalten, das ist unsere Hauptforderung. Jeder Staatsbürger muss seine Verantwortung fühlen. (RV 70)

Der junge Moltke formulierte bereits 1929 in Ansätzen ein politisches Konzept, das die Parteiendemokratie der Weimarer Republik aufbrechen sollte, um der praktischen Mitverantwortung des Bürgers in Selbstverwaltungsorganen vor Ort und in der Region Raum zu geben und damit ein Gegengewicht zur Übermacht der zentralistischen Staatsorgane zu schaffen. Das von Moltke vertretene Prinzip von Selbstregierung und Selbstverwaltung durch eine aktive Bürgerschaft ist nicht erst im Widerstand zum nationalsozialistischen System entwickelt worden, sondern wurde schon in der Republikzeit formuliert. Moltke wurde zum Anwalt basisdemokratischer Praxis lange vor der totalitären Fremdbestimmung der Bürger im «Dritten Reich».

Einen breiten Raum nahmen in Moltkes Aufsatz Reflexionen über das Verhältnis von Politik und Wirtschaft ein. Auch hier setzte er auf Selbstverwaltung und Selbstorganisation «von unten» und vor allem auf die Jugend. Das größte Engagement zeigte sie nach Moltke in der Frage des Verhältnisses der Klassen zueinander. Die rechten und linken Parteien haben keine überzeugenden Lösungen. Ohne Klassenunterschiede grundsätzlich aufheben zu wollen, war für ihn eine «Neuordnung in dem Verhältnis der Klassen dringend erforderlich». Er hoffte, «mithilfe des neuen Bildungssystems, das dieselbe Grundschulausbildung für alle bis zum Alter einer Spezialausbildung vorschreibt», dieses Ziel zu erreichen.

Im außenpolitischen Teil seines Aufsatzes ging er von einem Bedeutungsverlust des Rheins als Grenze zwischen Deutschland und Frankreich aus:

Als Folge dieses bedeutsamen Wandels wird Europa immer mehr zu einer geistigen Einheit. Daher verwerfen wir jungen Menschen das alte Axiom, dass es Flächenbrände geben muss, elementar und unvermeidlich und nur durch Krieg zu ersticken. Die künftige deutsche Außenpolitik wird hauptsächlich auf die Verhinderung von Konflikten, die Glättung von Schwierigkeiten gerichtet sein und versuchen, eine zufriedenstellendere und vernünftigere europäische Struktur zu schaffen.

Es sei die Aufgabe Deutschlands, den «in anderen Ländern lebenden deutschen Mitbrüdern» ein Gefühl zu vermitteln, dass sie «zu wertvollen Bürgern ihrer neuen Länder werden, während sie gleichzeitig durch Gefühl, Sympathie, Sprache und Geist Deutschland verbunden bleiben». Das diene dem «Interesse des Friedens in Europa».

In der Tatsache, dass Deutschland keine Kolonien mehr hatte, sah Moltke eine Chance:

Da Deutschland keine Kolonien hat, richtet sich unser einziges Interesse an Kolonialländern darauf, das Land für einen uneingeschränkten Handel offen zu halten und die Einheimischen dabei zu unterstützen, an Technik und Zivilisation teilzuhaben. Hierbei glaube ich, arbeiten wir mit den Vereinigten Staaten in der gleichen Richtung.

Zum Stichwort USA führte er aus: «Deutschlands Interesse an den Vereinigten Staaten nimmt ständig zu.» Deutschland unterzeichnete als erster Staat den Kellogg-Pakt. Gegen die häufig gehörte Polemik, die USA seien eine imperialistische Macht, schrieb Moltke:

Ich glaube fest daran, dass das amerikanische Volk aus humanitären Gründen und als demokratische Nation friedliebend ist; aus praktischen Gründen deswegen, weil es Platz für seine Menschen und eine territoriale Expansion nicht nötig hat, weil alles dafür spricht, dass es gefestigte Verhältnisse hat, die Wohlstand versprechen.

Europa hingegen stehe vor vielen Krisen, die durch Kriegsdrohungen nicht gelöst werden können.

Fragen werden nicht länger mehr nur als Fragen der Macht angesehen. [...] Wir sind entschlossen, den Frieden zu bewahren. Wir wünschen uns Amerika als einen Verbündeten bei dieser Friedensarbeit. Wir wünschen, dass Amerikas Volk sich für Europa interessiert, sich nicht in europäische Streitigkeiten verwickeln lässt. (RV 73)

Moltke sah im Vertrag von Rapallo das Fundament für eine deutsche Ostpolitik. Deutschland habe die neue Macht in Russland anerkannt und sich dadurch eine «Position gegenüber Russland als Sprecher Europas» gesichert. Für Russland selbst sah Moltke in der Zukunft die Machtübernahme durch die Bauernmassen. Der Einfluss der Sowjetunion könne für Osteuropa eine ernsthafte Gefahr werden:

Osteuropa – Europa als industrielle Einheit betrachtet – ist durch und durch Agrarland. Somit würde es bereitwillig auf russische Ideen hören. Es ist die «Internationale der Bauern», die Osteuropa erobern kann. Jetzt hat sich Russland meiner Meinung nach endgültig dazu entschlossen, nicht Teil der europäischen Struktur zu werden, nicht der «westlichen Kultur» beizutreten, sondern ihre eigene zu errichten. Hierin liegt die Gefahr für Osteuropa, wenn es Russland gelingt, seine westlichen Teile zu entfremden. Bis jetzt haben sich die Bauernbewegungen in Rumänien, Jugoslawien usw. nicht gegen Europa als System gerichtet. Was geschieht, wenn diese Bauern eines Tages ihre Befehle von einer «Grünen Internationale» mit Hauptquartier in Moskau erhalten?

Deutschland habe das Problem, seine Ostprovinzen mit dem industriellen Westen in eine versöhnte Einheit zu bringen. Auch dies könne nur als europäisches Problem gesehen werden:

Die wirkliche Arbeit, die in Vorbereitung auf die russische Frage zu erledigen ist, ist die, eine neue Lebensform für die östlichen Staaten im industriellen Europa zu finden, und der erste Schritt besteht darin, ein Beispiel zu geben und die landwirtschaftlichen Ostseeprovinzen mit ihrer Lage in einem Industriestaat zu versöhnen. Dadurch wird die deutsche Politik den einzigen möglichen Weg gehen, um die östlichen Staaten für Europa zu retten. (RV 74)

Dieser erste größere öffentliche Beitrag des Einundzwanzigjährigen enthält Gedanken, an denen er Zeit seines Lebens festhielt. Seine Vision von Europa belegt, dass ein Teil der deutschen Jugend den Marsch in einen neuen Nationalismus nicht mitmachte. Helmuth James von Moltke war einer ihrer Sprecher und Akteure. Der von vielen Zeitgenossen als «links» und «demokratisch» eingeordnete Adelige und zukünftige Besitzer von Kreisau wurde später häufig als «roter Graf» apostrophiert. Aber das trifft nicht sein politisches Programm. Außenpolitisch trat er für eine europäische Friedens- und Einigungspolitik ein, innenpolitisch für die Geltung der Menschenrechte, für soziale Gerechtigkeit und gleiche Bildungschancen. Ein Rechts-, Sozial- und Kulturstaat, getragen von dem Engagement seiner Bürger, war sein Ziel. Diese Trias bildete für ihn das Fundament eines modernen Gemeinwesens.

3.   Ehemann – Gutsherr – Homo politicus (1929–1939)

«Wir müssen heiraten!»

1929, in seinem zweiundzwanzigsten Lebensjahr, lernte Moltke im Haus der Schwarzwalds am Grundlsee die vier Jahre jüngere Freya Deichmann kennen. Sie war die Tochter des Bankiers Carl Theodor Deichmann und seiner Frau Ada, geborene von Schnitzler. Die Mutter und Bruder Hans begleiteten das junge Mädchen nach Grundlsee. Die Deichmanns gehörten zu den liberalprotestantischen und bildungsbürgerlichen Familien im katholischen Köln.

Der Kontakt zwischen Freya und Helmuth lief nach den Ferien über Briefe, die auch in ihrem späteren gemeinsamen Leben eine große Rolle spielen sollten. Vom Herbst 1929 an berichtete Helmuth über seine Aktivitäten zur Rettung des Moltke'schen Besitzes. Aber er schrieb auch über sein eigenes Befinden, über die Niedergeschlagenheit und Resignation, die ihn angesichts der schwierigen Probleme überkamen. In den Briefen wird auch sein Wille deutlich, die Erhaltung des Betriebs nicht vorrangig über Entlassungen von Mitarbeitern zu erreichen.

Im April 1930 wollten sich die beiden jungen Leute, die sich als «gute Freunde» verstanden und sich noch siezten, bei den Schwarzwalds in Wien treffen. Aber Helmuth wurde im März krank und bat um eine Änderung ihrer Reisepläne.

Ich weiß ja ganz genau, es wäre vernünftiger, ich ließe den Unsinn hier sein und führe stracks nach Köln. Ich kann es aber nicht. Kennen Sie den Anfangssatz von Luthers *Von der Freiheit eines Christenmenschen?* «Ein Christenmensch ist ein freier Herr über alle Dinge und niemand untertan – ein Christenmensch ist ein dienstbarer Knecht aller Dinge und jedermann untertan.» Es ist eben das Gleiche in allen Beziehungen: Man ist frei, solange man nicht vergisst, dass man nur ein Knecht ist. Ich habe die Freiheit, nicht einen Augenblick zu vergessen, dass das, was ich hier tue, belanglos ist, völlig. (MBF 48)

Die Dialektik von Freiheit und Dienst war schon früh ein *cantus firmus* im Leben und Denken Helmuth James von Moltkes. So wäre er wohl am liebsten aus seiner Kreisauer Existenz ausgebrochen, um irgendwo etwas

Eugenie Schwarzwald, Helmuth James von Moltke und Freya Deichmann in Grundlsee, 1930

Joachim Wolfgang von Moltke, Eugenie Schwarzwald und Helmuth James von Moltke (oben, von links) sowie Jackie Vlielander-Heijn, Daisy Freiberg und Dickie Vlielander-Heijn (unten, von links) am Grundlsee

ganz Neues zu beginnen, aber die Verantwortung für Hof und Leute, für Eltern und Geschwister geboten das Dableiben und Durchhalten. Ende April 1930 kamen Freya und Hans Deichmann zum ersten Mal nach Kreisau. Sie sahen die schwierige Situation vor Ort, aber auch einen Freund, der mit dem neuen Gutsinspektor Zeumer seit Dezember 1929 vertrauensvoll zusammenarbeitete. Die friedliche und kultivierte Atmosphäre im Berghaus gefiel ihnen sehr.

Im Sommer 1930 musste Helmuth über Kündigungen und Entlassungen nachdenken. Am 22. Juni schrieb er an Freya: «Ich bin infolgedessen in der miesesten Laune; denn zum Vollstrecker des kapitalistischen Systems zu werden gegen seine Überzeugung ist wohl unangenehm.» (MBF 49)

In diesen Sommerwochen, die eine gewisse Stabilisierung der wirtschaftlichen Lage brachten, nahm er am 23. Juni 1930 seine juristische Referendarausbildung an den Amtsgerichten Reichenbach und Schweidnitz auf, die bis Anfang 1932 dauerte. Trotz aller Belastungen reiste er in den Ferien wieder an den Grundlsee. Vier Wochen war er mit Freya zusammen und dachte viel über seinen Lebensalltag und über die Zukunft nach. Er befand sich in einer Orientierungskrise, die er aber mit Freyas Hilfe überwand. «Ehe ich nach Grundlsee ging oder besser, ehe ich in Grundlsee mit Dir lebte, war ich fest entschlossen, keine Ansprüche ans Leben zu stellen. [...] Ich bin in diesem Axiom durch Dich wankend gemacht worden, mehr lässt sich darüber noch nicht sagen.» (MBF 51) Durch Freya gewann er seinen Mut zu energischem Handeln zurück. Schon am 3. Oktober konnte er bekennen:

Mir geht es aber sehr gut, hauptsächlich, weil die Arbeit, die jetzt zu tun ist, wieder ganz etwas Neues ist: aufbauen, rationalisieren, neue Geschäfte finanzieren, die rechtlichen Möglichkeiten schaffen, um ungehindert wirtschaften zu können. Während bisher meine Arbeit nur war, durch die scheinbar undurchdringliche Mauer einen Weg zu suchen, die einzige Möglichkeit zu finden, ist sie es jetzt vielmehr, aus der Fülle der möglichen Wege den besten, letztlich natürlich wieder den einzigen zu finden. (MBF 51)

Am 24. Oktober 1930 kamen Freya und Bruder Hans erneut nach Kreisau. Über diesen Besuch schrieb Dorothy später:

Freya hat uns am Freitag verlassen. Sie ging, glaube ich, sehr ungern. Sie studiert diesen Winter Geschichte, Stenographie und Schreibmaschine in Köln, Ersteres an der dortigen Universität. Sie ist ein liebes Kind und passt, glaube ich, gut zu uns. Was Helmuths Gefühle ihr gegenüber sind, kann ich nicht sagen. Jedenfalls sind sie sehr gute Freunde. (DB 171)

Freya und Helmuth James anlässlich ihrer Hochzeit mit ihren Müttern Dorothy von Moltke und Ada Deichmann in Köln, 1931

Im Juni 1931 fuhr Helmuth zu Freya nach Köln. Beide hatten nicht vor, zu heiraten. Doch es kam schnell anders. Dorothy wollte am Ende des Jahres einen Besuch bei ihren Eltern in Südafrika machen. Helmuth schrieb an Freya: «Meine Mutter geht jetzt weg. Niemand ist da, der auf meine jüngeren Geschwister aufpasst. Wir müssen heiraten!» Dieser Heiratsantrag kam für Freya recht unvermittelt:

Es war etwas überraschend für mich. Aber da ich genau wusste, dass das Wichtigste für mich war, in der Nähe dieses Menschen zu leben, dass ich mir nichts anderes mehr wünschte, so habe ich natürlich keinen Moment gezögert. Ich bin wirklich nach Schlesien gegangen mit der Aufgabe, das Haus meiner Schwiegermutter zu übernehmen und die beiden jüngeren Geschwister, die noch in die Schule gingen, mitzubetreuen. So fing das an.[1]

Die Hochzeit fiel in die Zeit der großen Weltwirtschaftskrise. Auch die Deichmann'sche Bank musste liquidiert werden. Weder die Braut noch der Bräutigam verfügten über Geld und Vermögen. Freya erzählte später:

Ich heiratete als armes Mädchen. Ich war durchaus betroffen von der Wirtschaftskrise. Wir lebten eigentlich wie zwei Studenten: Er hatte nichts, ich hatte wenig Aber es reichte zum Leben. Er hatte das Deputat von Kreisau. Viel Geld hatten wir nicht, aber es lebte sich sehr gut.[2]

Am 18. Oktober 1931 wurde in Köln im kleinen Kreis mit geringstem Aufwand die Hochzeit gefeiert. Es war der 50. Hochzeitstag der südafrikanischen Großeltern und der 26. Hochzeitstag der Eltern des Bräutigams. Dorothy schrieb von Köln an ihre Eltern, dass es einen «kurzen und einfachen Gottesdienst» gegeben habe und anschließend ein «köstliches Dinner für 14 Leute. [...] Es war alles so natürlich, fröhlich und einfach. [...] Freya hatte keine Brautjungfern, keine Musik, und wir trugen weder Hüte noch Handschuhe, die Männer dunkle Anzüge, alles so einfach wie möglich, was so richtig war.» (DB 189 f.) Das Brautpaar machte sich auf, um über Koblenz den Rhein entlang nach Zürich zu fahren und dort die «Fraudoktor» bei einem Vortrag zu überraschen. Doch musste die Reise abgebrochen werden, da Freyas Vater, der wegen einer schweren Krankheit nicht an der Hochzeit teilgenommen hatte, am 21. Oktober starb.

Am 26. Oktober 1931 kamen Helmuth und Freya in ihrem von nun an gemeinsamen Heim in Kreisau an und übernahmen bis zur Rückkehr von Dorothy am 9. Juni 1932 die Verantwortung für Haus und Gut. Als die Mutter zurückkam, wurde sie überschwänglich empfangen:

Helmuth hat mich dreimal hintereinander umarmt – ein einzigartiger Gefühlsausdruck für einen Moltke! Helmuth und Freya sind gestern für acht Tage in Ferien gefahren [...] heute sind sie in Stettin, dann gehen sie nach Balfanz und Cadinen. Es ist Freyas erster Besuch bei den Verwandten. (DB 200)

Nach dem Besuch in Cadinen fuhr das junge Ehepaar nach Warschau zu Hans Adolf von Moltke, der dort Gesandter war. Ende 1934 wurde er zum Botschafter ernannt und blieb es bis kurz vor dem Kriegsbeginn 1939. Hans Adolf war seit 1926 mit Davida Yorck von Wartenburg verheiratet, einer Schwester von Peter Yorck, der ab 1940 der wichtigste Freund von Helmuth werden sollte. Eine zweite gemeinsame Reise führte Freya und Helmuth Ende Juli 1932 nach Wien, das für beide durch die Schwarzwalds und ihren Freundeskreis ein wichtiger Anlaufpunkt geworden war.

Anfang September 1932 mieteten sie in Berlin in der Bendlerstraße eine kleine Wohnung. Freya studierte in Berlin Rechtswissenschaften, Helmuth machte schon seit Juni ein Praktikum im Anwaltsbüro des DDP-Politikers Erich Koch-Weser und seines Sozius Alfred Carlebach. Vom 15. September 1932 bis zum 15. März 1933 war er Gerichtsreferendar am Berliner Kammergericht.

Hier in der Hauptstadt erlebte das politisch hochmotivierte junge Ehepaar aus nächster Nähe die endgültige Selbstauflösung der Weimarer Republik und die Machtübergabe an Hitler. Wie wenig die Republik noch ernsthaft verteidigt wurde, zeigte sich für Moltke, als am 20. Juli 1932 durch Notverordnung und mithilfe des militärischen Ausnahmezustands die preußische Regierung unter Otto Braun ihres Amtes enthoben und Franz von Papen als Reichskanzler gleichzeitig Reichskommissar für Preußen wurde. Weder die SPD noch die Gewerkschaften waren in der Lage, aktiven Widerstand gegen diesen klaren Rechtsbruch zu organisieren. Wie weit die innere Auflösung der Republik schon fortgeschritten war, machten die Reichstagswahlen am 31. Juli 1932 deutlich: Die NSDAP wurde die stärkste Fraktion und stellte mit Hermann Göring den Reichstagspräsidenten.

Das Land Preußen klagte zusammen mit Bayern und Baden gegen das Vorgehen der Reichsregierung. Edgar Mowrer bat Moltke, für die *Chicago Daily News* über den am 25. Juli beginnenden Prozess vor dem Staatsgerichtshof in Leipzig zu berichten. Am 25. Oktober 1932 gab das Gericht zwar einige Rechte an die preußische Regierung zurück, aber der mächtige Reichskommissar blieb. Moltke schrieb am 18. Oktober an seine Großmutter: «Es war wirklich der größte Prozess, den es je gegeben hat, und es wurde um das Prinzip gekämpft, ob sich der Staat in seinen Handlungen nur der Macht beugen muss oder auch dem Recht und Gesetz und der Verfassung.» (RV 78)

Unter den Professoren, die gegen die «plötzliche Invasion Preußens durch das Reich» argumentierten, war auch der Zentrumspolitiker Hans Peters, den Moltke aus Breslau und von den Arbeitslagern her kannte. Peters kreuzte als Verfassungsrechtler die Klingen mit dem Prozessbevollmächtigten des Reiches, Carl Schmitt. Er verteidigte vor Gericht und später in einem Vortrag vor der Zentrumsfraktion am 31. Mai 1933 den Weimarer Rechtsstaat. 1936 interpretierte er die katholische Staatsrechtslehre als Gegenentwurf zum totalitären Staat. Der Protestant Moltke stimmte mit diesem katholischen Staatsrechtler, der später zu den Kreisauer Freunden gehören sollte, weitgehend überein.[3]

Privates Glück und zerstörte Hoffnungen

Wie die Stimmung im Hause Moltke in der Spätphase der Republik gewesen ist, zeigen in einzigartiger Weise die Briefe, die Dorothy an ihre Eltern geschrieben hat. Zunächst berichtete sie ihrem Vater viel über die Tagesarbeit seines Enkels. Im Weihnachtsbrief 1929 schrieb sie: «Der arme Junge sieht sehr dünn und überanstrengt aus, ist aber heiter [...], und er arbeitet fast ohne Unterbrechung außer den Mahlzeiten.» (DB 162) Nach dem Einzug des jungen Paares Ende Oktober 1931 ins Berghaus informierte sie:

Mein junges Paar ist lieb und miteinander so glücklich, es ist ein Vergnügen, es zu sehen. Freya ist so natürlich und impulsiv, ganz unverdorben und frisch, Helmuth ist sehr reserviert, aber man kann an hundert kleinen Einzelheiten sehen, wie glücklich er ist. Natürlich besteht wie bei so vielen Ehen auch bei dieser die Gefahr, dass sie ihm zu ergeben ist. Doch Freya ist ein intelligentes Kind und ist sich, glaube ich, bewusst, dass sie zurückhaltend sein muss. Sie haben einen kleinen Durchbruch zu Willos Kämmerchen gemacht – das er ihnen rührenderweise überlassen hat –, und Helmuth hat seinen Schreibtisch, Bücher, Papiere im großen Wohnzimmer. So haben sie eine wirklich sehr nette Behausung. (DB 192)

Am 9. Juli 1932 konnte sie erleichtert nach Kapstadt berichten, dass die ökonomische Situation des Gutes sich durch geschicktes Verhandeln ihres Ältesten entscheidend verbessert habe. Am 9. Dezember 1932 ergänzte sie, dass man nun die ganze Ökonomie «auf eine vernünftige Grundlage» stellen könne.

*Dorothy und Freya von Moltke,
um 1931*

Wie der junge Moltke die politische Lage vor der Machtübergabe an
Hitler eingeschätzt hat, wird in einem Brief vom 2. April 1932 an Bernard
von Brentano deutlich, der ein Buch mit dem Titel *Beginn der Barbarei in
Deutschland* geschrieben hatte (RV 76). Moltke kritisierte Brentanos Ein-
schätzungen der Präsidialregierungen als zu «optimistisch». Für ihn stand
die Barbarei nicht erst bevor, sie war schon da. Er wies darauf hin, dass in
der Landwirtschaft bedeutend geringere Löhne bezahlt wurden, als der
Verfasser angab. Nach dem Satz: «Ich bin ein Landwirt, und daher Unternehmer im übelsten Sinne, nicht weil ich will, sondern weil ich muss»,
unterstrich er, dass er selbst keine «untertariflich bezahlten Kräfte» habe
und seine Löhne noch weit über denen in anderen Betrieben lägen. Aus
seiner gelegentlichen Mitwirkung am Arbeitsgericht habe er von Wochen-
löhnen von 10 bis 80 Pfennigen gehört. Er fuhr dann fort: «Ich bin als Jurist in diesem Winter bei der Staatsanwaltschaft beschäftigt gewesen. Es
ist nicht möglich, sich mit aller Phantasie vorzustellen, wie und mit welcher Robustheit dort der Klassenkampf geführt wird.» Seinem Brief legte
Moltke ein von ihm für einen «radikal rechts eingestellten Kreisausschuss»

des Kreises Schweidnitz verfasstes Gutachten bei, das zeigt, wie Zahlen gefälscht wurden.

Moltkes Zukunftshoffnungen für sein Land und für sich selbst lösten sich in dem Maße auf, wie die Weimarer Republik von den «nationalen Parteien und Verbänden» bewusst und zielgerichtet zerstört wurde. Die Löwenberger Perspektiven hatten keine Zukunft mehr. Die Regierungen Brüning, von Papen und Schleicher wurden für ihn Etappen auf dem Weg in einen Staat der «nationaler Revolution», der die «nationale Schande» der Revolution von 1918 und die demokratische Republik als Bastard des westlichen Geistes vernichten wollte. Er kannte von der Literatur wie vom Augenschein her die sogenannte «nationale Opposition», die eine völkische, dem «arischen Blut» und «germanischen Urtypus» verpflichtete hierarchische und organologische Ordnung errichten wollte und keine Hemmungen hatte, den vorgeblich fremden Geist der westlichen Aufklärung aus der deutschen Gegenwart zu tilgen.

Die Selbstauflösung der Weimarer Parteiendemokratie und ihre Kapitulation vor dem völkisch-nationalistischen Lager zeigten dem jungen Moltke, dass es zu wenige Menschen und Gruppen gab, die im demokratischer Geist verankert waren. Die von ihm gewollte und mitgetragene Weimarer Republik hatte für ihn keine Neuordnung der deutschen Verhältnisse gebracht. Daher strebte er in seinen späteren Neuordnungskonzepten auch keine Restitution der Weimarer Verhältnisse an. Die Republik mit ihrem parlamentarischen System hatte dem Ansturm eines autoritären National- und Führerstaats nicht standhalten können.

Am Montag, dem 30. Januar 1933, waren Freya und Helmuth von Moltke in Berlin. Zum Mittagessen saßen sie mit dem ehemaligen Landrat von Waldenburg, Karl Ohle, zusammen, der einer Regierung unter Hitler keine lange Amtsdauer voraussagte. Moltke widersprach ihm heftig. Er hatte Hitlers *Mein Kampf* genau gelesen und nahm diese politische Bekenntnisschrift im Gegensatz zu vielen Zeitgenossen ernst; daher betrachtete er die Ernennung Hitlers zum Reichskanzler durch Hindenburg als eine Katastrophe für Deutschland, auch wenn die erste Regierung mehrheitlich nicht aus Nationalsozialisten bestand. Ohle erwartete wie viele Zeitgenossen ein schnelles Ende der politisch diffusen Koalitionsregierung mit einem unfähigen Kanzler an der Spitze. Die Moltkes aber durchschauten die Taktik Hitlers, über eine «Regierung der nationalen Konzentration» zur politischen Alleinherrschaft zu kommen.

Dass Hitler am 3. Februar 1933 seine erste geheime Rede vor den Befehlshabern der Reichswehr gehalten hatte, konnten die Moltkes nicht wissen. Da für sie aber die oppositionelle Kurzfassung «Hitler bedeutet Krieg» in der Logik nationalsozialistischer außenpolitischer Ziele lag, hätten sie die Ankündigungen Hitlers gegenüber der Generalität – die Beseitigung aller Beschränkungen des Versailler Vertrags, Stärkung des Wehrwillens, Wiedereinführung der allgemeinen Wehrpflicht, Aufrüstung und Modernisierung der Armee, Zerschlagung des Marxismus und Gewinnung von Lebensraum im Osten – nicht besonders überrascht. Ebenso lagen für sie die Erlasse des Reichskommissars für das Preußische Ministerium des Innern, Hermann Göring, «zur Förderung der nationalen Bewegung» (der sogenannte Schießbefehl) vom 17. Februar und «über die Einberufung und Verwendung von Hilfspolizei» vom 22. Februar voll auf der Linie des neuen nationalrevolutionären Rechtsverständnisses. Dorothy hatte schon am 12. Februar erklärt: «Wir leben wirklich in einer Atmosphäre, in der die Macht durchaus an die Stelle des Rechts getreten ist.» (DB 223)

Am 20. April, dem Geburtstag des «Führers», zeigte sich an der Beflaggung und Illuminierung der Häuser, dass das Dorf Kreisau fest in brauner Hand war. Nur am Schloss und am Berghaus sah man keine Hakenkreuzfahnen. So blieb es bis zum Ende des «Dritten Reichs».

Aus den ersten Wochen der nationalsozialistischen Zeit liegen keine schriftlichen Äußerungen des Referendars Moltke vor. Besonders bitter war für ihn das im Großen und Ganzen zustimmende Verhalten der deutschen Juristen an den Hochschulen und in der Justiz. Dabei kapitulierten sie nicht nur vor der SA, SS und Hilfspolizei, sondern stimmten den vielfältigen Säuberungen im Land zumeist aus eigener politischer Überzeugung zu. Für Moltke war bis auf wenige Ausnahmen die Justiz bald nichts anderes mehr als eine Exekutorin der Machtansprüche der NSDAP. Der *Völkische Beobachter* meldete nach der Verabschiedung des Ermächtigungsgesetzes am 24. März: «Der Reichstag übergibt Adolf Hitler die Herrschaft.» Der Führerstaat war geboren. Der junge Staatsrechtler Ulrich Scheuner sekundierte: «Das Gesetz vom 24. März 1933 steht am Ausgang der ersten politischen Phase der Revolution, und es dient dazu, in der außerordentlichen Machtsteigerung, die es der Reichsregierung bringt, das politische Ergebnis der Revolution in rechtliche Gestalt zu fassen.»[4] Der Verfassungsrechtler Carl Schmitt bezeichnete das «Ermächtigungsgesetz» als «vorläufiges Verfassungsgesetz des neuen Deutschland».[5] Diese und andere Verfassungsrechtler haben mit der Interpretation des 30. Januar 1933 als Ausdruck einer nationalen Revolution der folgenden Rechtspraxis die rechtsphilosophische und rechtswissenschaftliche Weihe gegeben. Von dieser Zeit an wusste der junge Jurist Moltke, dass von den juristischen Lehrstühlen und der praktizierenden Richterschaft kein nennenswerter Widerstand gegen die Übergriffe der Nationalsozialisten und ihre Rechts- und Verordnungspraxis zu erwarten war. Die Mehrheit seines Berufsstandes hatte sich für ihn durch Selbstgleichschaltung und Anpassung desavouiert. Die zumeist antidemokratisch eingestellte Richterschaft hatte keine nennenswerten Probleme, sich in die nationalsozialistische Verurteilungsmaschinerie gegen die «Feinde des Reiches» einzugliedern.

Moltke war klar, dass er nicht in den Dienst eines Staats treten konnte, der das Recht für seine politischen Ziele instrumentalisierte. Und er wollte nicht Mitglied eines «Standes» sein, der sich zum Vasallen eines Führerstaats machen ließ. Am 7. März 1934 schrieb er an Karin Michaelis,

dass ich die Jurisprudenz vorläufig wohl aufgeben werde. Die alte Jurisprudenz, die ich gelernt habe und die von einem Begriff abstrakter Gerechtigkeit und Menschlichkeit ausgeht, ist ja heute nur noch von historischem Interesse, denn wie sich auch immer die Dinge in Deutschland entwickeln mögen, für die nächste Zeit ist mit einer Wiederkehr dieser alten Rechtsfindungsmethoden nicht zu rechnen. Sie sind zwar durch die Jahrhunderte erprobt und gefestigt, jedoch sie sind so gründlich eingerissen worden, dass Jahrzehnte wenigstens daran zu arbeiten haben werden, um sie wieder unter dem Schutt hervorzuholen. (MBF 56)

Denn nach den Märzereignissen 1933 ging es Schlag auf Schlag im April weiter. Dem Boykott jüdischer Geschäfte, Ärzte und Rechtsanwälte am 1. April folgte am 7. April das «Gesetz zur Wiederherstellung des Berufsbeamtentums».[6] Beamte «nichtarischer» Abstammung und republikanischer Gesinnung wurden entlassen. Die alten Parteien wurden verboten oder lösten sich selbst auf. Die Gewerkschaften wurden zerschlagen und durch die Deutsche Arbeitsfront ersetzt. Am 10. Mai wurden in Berlin und anderen Städten «Bücher des undeutschen Geistes» verbrannt. Reichsminister Joseph Goebbels skandierte: «Das Zeitalter eines überspitzten jüdischen Intellektualismus ist nun zu Ende. [...] Hier sinkt die geistige Grundlage der Novemberrepublik zu Boden.»[7] Helmuth und Freya von Moltke machten sich größte Sorgen um ihre jüdischen Freunde. Bereits im Mai 1933 erwogen sie die Emigration. Dorothy schrieb am 27. Mai 1933 an ihren Vater:

Wenn die Dinge hier so bleiben wie sie sind, denkt der Junge, dass, wenn er und Freya Euch besuchen kommen, wie Mutter so lieb plante – die liebe Mutter –, sie vielleicht «auf eigene Faust» dort bleiben und sich umsehen könnten, ob er nicht Arbeit in S. Afrika findet. [...] Wir sind uns alle darüber einig, dass er einige Jahre ins Ausland gehen muss, wenn hier nicht in der Rechtsprechung erhebliche Veränderungen eintreten. Wenn S. Afrika für ihn nicht möglich ist, ist da immer noch Amerika, wo er einflussreiche Freunde hat, aber Euretwegen würden die beiden Afrika vorziehen. Natürlich ist das alles noch ganz vage, aber man muss rechtzeitig an diese Möglichkeiten denken. Wenn er seinen Assessor macht, dauert es von Oktober bis Januar, vielleicht bis März. Ihr dürft über all dies nicht beunruhigt sein; wir leben in einem solchen Zustand des Drunter und Drüber, alles ist so chaotisch, eine Welt ohne feste Fundamente – außer in uns selbst und in denen, die wir lieben –, dass wir uns an solche Umwälzungen gewöhnen, aber es ist mir sehr darum zu tun, dass Ihr nicht unnötig beunruhigt seid. Helmuth und Freya haben genug zum Leben – sogar in S. Afrika, denn Frau Deichmann könnte nötigenfalls helfen –, und der bloße Gedanke, dass Mutter durch ihren liebevollen Plan ihnen den Weg geöffnet hat, dass sie kommen und sich umsehen können, ist uns allen ein großer Trost. (DB 236 f.)

Auf der anderen Seite hatten Helmuth und Freya in Deutschland ihre Wurzeln. Hier lebten ihre Familien, Freunde und Kollegen, unter denen sich auch gleichgesinnte Menschen befanden. Sie liebten die deutschen Landschaften, die deutschen Dome und Kirchen, die Klassiker in Literatur und Musik. Zwar waren beide kosmopolitisch orientiert, aber irgendwo in einem fremden Land mit einer völlig anderen Kultur zu leben war doch schwer vorstellbar.

Schließlich wurde die Emigration verworfen. Moltke blieb in der Referendarausbildung am Berliner Kammergericht und erlebte aus nächster Nähe die Konsolidierung des neuen Systems. Zwischendurch fuhr er zu Kurzbesuchen nach Kreisau, um zusammen mit Inspektor Zeumer an der weiteren Entschuldung des Guts zu arbeiten. Seine Mutter war dankbar für die kurze Zeit der Gespräche. Sie empfand sich nun als «Außenseiter und politisch heimatlos» (DB 242). Man redete miteinander nicht mehr viel über Politik, da sie «das Herz schwer» machte und einen «schlechten Geschmack» hinterließ. Die Tageszeitung war abbestellt, das Radio war «langweilig und dabei aufreizend». Verboten, verhaftet, verurteilt und entlassen – darauf reduzierten sich die Meldungen in den Medien. In dieser Situation blieb der engere Familienverband das Fundament des alltäglichen Lebens. «Was für ein Segen, eine so erfreuliche und harmonische Familie zu haben, in der man immer Zuflucht vor den Strapazen der Außenwelt findet.» (DB 242) Allerdings musste Dorothy am 25. August 1933 einräumen: «Jowo und C. B. und Asta akzeptieren das neue System ohne allzu große Schwierigkeit. [...] Wir anderen 4 jedoch haben viel mehr Hemmungen und nehmen es alles viel ernster und leiden folglich mehr.» (DB 249)

Im Juli 1933 kamen Helmuth und Freya für einige Tage von Berlin nach Kreisau. Helmuth kümmerte sich wie immer um das Gut. Über Freya berichtete die Schwiegermutter: «Freya habe ich drei Tage ganz für mich gehabt. Sie ist ein entzückendes Geschöpf und genau die richtige Frau für Helmuth, voll Kraft und Optimismus. Sie liebt das Berghaus – sie tun es beide [...]. Sie ist so spontan und warmherzig, klug und attraktiv.» (DB 243 f.)

Im Lager von Jüterbog

Die Nationalsozialisten strebten eine «Umwertung aller Werte» durch ein alle «Volksgenossen» umfassendes System der Umerziehung an und errichteten zu diesem Zweck Lager, in die fast alle geschickt wurden, die später eine besondere Aufgabe in der «Volksgemeinschaft» übernehmen sollten. So existieren auch Lager für Rechtsreferendare. Wer zum Assessorexamen zugelassen werden wollte, musste an einem weltanschaulichen und politischen Erziehungslager teilnehmen.

Moltke war vom 9. Dezember 1933 bis 5. Februar 1934 in einem solchen Lager auf dem Gelände des Truppenübungsplatzes in Jüterbog. Mutter und Sohn Moltke hatten zuvor schon einiges über die Lager gehört. Die Sorge war groß, ob Helmuth ein solches Camp überstehen würde. Dorothy schrieb am 8. Juli 1933:

Jetzt, da sich sein Examen nähert – die schriftlichen Arbeiten beginnen im Oktober –, wird die Frage der «Assessorlager» einigermaßen akut. Natürlich ist für ihn das alles grässlich, aber ich hoffe er macht, wenn möglich, mit, um sozusagen seinen Assessortitel zu bekommen. In diesen Lagern sollen sie sechs Wochen lang nichts hören außer Vorträgen über 1. die Bedeutung der nationalsozialistischen Revolution, 2. die Stellung der SA in der Nazibewegung und ein drittes Thema ähnlicher Art. Sie sollen keine juristischen Bücher mit ins Lager nehmen, und ich nehme an, wenn sie nicht – sechs Wochen lang – diesen Lobreden lauschen, müssen sie exerzieren oder dergleichen. (DB 243)

Und später: «Über Helmuths Lagerepisode mache ich mir ziemliche Sorgen. Nach allem, was wir hören, ist es mehr ein Konzentrationslager als sonst was, und man fragt sich, wie Helmuth das aushalten wird, geistig und physisch.» (DB 246)

Das Lager war jedoch erträglicher als gedacht. Das geht auch aus einem Brief vom 7. März an Helene Weigel hervor, in dem Moltke das Leben im Referendarlager rückblickend schildert (RV 81 ff.). Er berichtete über die gute Kameradschaft in dem Zug von 58 Leuten, dem er zugeteilt worden war. Jeden Morgen gab es Geländesport, der nicht besonders anstrengend war. Im theoretischen Unterricht lernte er noch vieles, «was mir sonst meilenfern liegen würde». Den weltanschaulichen Unterricht bei einem Assessor hielt er für einen «Jokus ersten Ranges». Die Teilnehmer verunsicherten durch ihre kritischen Gegenfragen und Gegenpositionen den Vortragenden so, dass der weltanschauliche Unterricht gestrichen wurde. An seine Stelle trat eine Lesestunde. Gelesen werden sollten das Parteiprogramm der NSDAP und Abschnitte über die Ostpolitik aus Hitlers *Mein Kampf*. Alle erklärten, dass sie das alles bereits gelesen hätten. Man beschloss einstimmig, auf einem von Moltke mitgebrachten Grammophon Bach, Brahms und Beethoven zu spielen.

Bei den Lesestunden legte sich alles auf die Betten und blieb totenstill liegen, und dann spielten wir eine ganze Symphonie und meistens noch eine kleine Sache. Es dauerte gar nicht lange, so blieben wir nicht mehr alleine, sondern zu unserer Lesestunde kamen allerhand Gäste aus anderen Stuben. Es war also ein eklatanter Triumph des Geistes. (RV 83)

Auch die Mutter war etwas beruhigter, nachdem Freya ihr von ihrem Besuch bei Helmuth im Lager berichtet hatte: Die Lagerleitung sei nett, das Essen gut, und die körperlichen Anstrengungen machten ihm überhaupt keine Mühen. Sie berichtete weiter: «Er trug Reichswehruniform, natürlich viel zu klein für ihn, und er muss sehr komisch ausgesehen haben. Er sagte, dass mit Schuhputzen, Zimmer in Ordnung halten, Bettenmachen usw. seine ganze Freizeit besetzt sei!» (DB 264)

Den Weihnachtsurlaub verbrachte Moltke in Kreisau bei der vollzählig versammelten Familie. Nach den Feiertagen fuhren die Eltern in ihre Berliner Wohnung zurück. Helmuth verbrachte noch einige Wochen im Lager. Freya kehrte ebenfalls nach Berlin zurück, um ihr Studium der Rechtswissenschaften fortzusetzen.

Kurz nach dem Lager sollte die mündliche Prüfung stattfinden und im Oktober die Klausuren. Es wird Moltke Mühe gekostet haben, sich in der Zeit einer radikalen Revision des Rechts auf eine juristische Prüfung vorzubereiten. Er bestand sie am 10. Februar 1934 mit «befriedigend». Nach einem kurzen Aufenthalt in Kreisau und der Rückkehr nach Berlin brach er mit seiner Frau zur ersten großen gemeinsamen Reise nach Südafrika auf. Das junge Paar blieb ein halbes Jahr in Südafrika, lebte in unbeschwerter und herzlicher Atmosphäre mit den Großeltern und lernte auf langen Autoreisen Verwandte und das Land kennen.

Auf der Überfahrt nach Kapstadt mit der «Watussi» schrieb Moltke am 7. März 1934 auch an eine Bekannte aus dem Wiener Schwarzwaldkreis, an Maria Strindberg-Lazar, die in Schweden lebte (RV 83 ff.). Der Brief war der nicht gerade einfache, weithin ironisch gehaltene Versuch, der Adressatin die politischen und gesellschaftlichen Möglichkeiten eines Lebens unter den Bedingungen der nationalsozialistischen Diktatur aufzuzeigen. Moltke zählte einige Gruppen auf, die in Nischen lebten und sich noch dem offiziellen Zwang entziehen konnten. Sich selbst rechnete er zu einer Gruppe, die «unzweifelhaft arisch» sei, national gesinnt und nicht sozialistisch. Dazu verfüge er noch über Produktionsmittel. Und ironisch hieß es weiter:

Man hat dann zunächst folgende Lasten nicht: man braucht nicht den Führer für unfehlbar zu halten, man kann ein anderes Regierungssystem für wünschenswert halten, man braucht keine Zeitung zu lesen und nicht ins Theater zu gehen; man braucht keine Versammlungen und Schulungskurse zu besuchen; man braucht nicht erhebliche Summen für die Winterhilfe zu geben, sondern nur das, worauf man eingeschätzt wird; man braucht keine sonstigen Beiträge zu geben für Partei, Fachschaft, Arbeitsfront, darbende Brüder in Österreich, Standesorganisationen usw. (RV 84)

Hinzu komme noch, dass man umworben werde und nicht mit dem Hitlergruß grüßen müsse. Zu dieser «Kaste» rechnete er auch die katholische Geistlichkeit, die evangelischen Pfarrer des Pfarrernotbundes, die Großgrundbesitzer, katholische Professoren, Privatbankiers, Industrielle und Leute mit ererbten oder erworbenen Namen. Damit charakterisierte Moltke Verhältnisse in der Frühzeit des «Dritten Reichs», in der es Leute gab, die es sich leisten konnten, nicht in der Partei oder in einer ihrer vielen Unterorganisationen zu sein, die ihre Hand nie zum Hitlergruß erhoben, nie einen nationalsozialistischen Schulungskurs besuchten, die nie flaggten, keine nationalsozialistische Zeitung abonnierten und nie ein braunes Hemd trugen. Sie alle standen schließlich vor der Wahl: auswandern oder bleiben. Auswandern aber hieß, «sein Land und seine Landsleute im Stich zu lassen, wenn sie einen brauchten». Man sehe von außen zu, «statt die bösen Tage im Innern zu teilen» (MBF 61). Die im Land blieben, hatten zunächst die Möglichkeit, «sich in einen elfenbeinernen Turm einzuschließen», aber diese «innere Emigration hatte ihre Schwierigkeiten. Fast alle Berufe wurden von den Nazis politisch organisiert.» Alle wurden «erfasst» und muss-

ten sich irgendwie anpassen. Ohne Kompromisse ging es nicht. «Dazubleiben und die Tyrannei zu überleben» war also auch keine Alternative.
Eine andere Möglichkeit wäre gewesen, eine Opposition zu organisieren. Doch mit den Ereignissen um den 30. Juni 1934 hatte sich beim sogenannten Röhm-Putsch gezeigt, dass Hitler seine Gegner skrupellos ermorden lässt. Die alten republikanischen Führungseliten saßen in Schutzhaft oder in Konzentrationslagern. Andererseits war die Kontrolle nicht lückenlos. Die Kirchen konnten nicht vollkommen von der Gleichschaltung erfasst werden, und in der Arbeiterschaft gab es eine stille Opposition. In Deutschland zu bleiben konnte auch bedeuten, Kompromisse zu vermeiden, mit vertrauenswürdigen Freunden zusammenzuarbeiten, die Maßnahmen der Regierung unauffällig zu durchkreuzen, anderen Menschen zu helfen und aufmerksam die Entwicklung abzuwarten. Noch im Juli 1934 empfahl der Jude Hermann Schwarzwald «guten Leuten» ein solches Verhalten.[8] Moltke gestand zu, dass es in dem Dilemma zwischen Emigration und Widerstand keine für alle gültige Entscheidung gab. Jeder musste sich nach eigenem Gewissen entscheiden. Er selbst wählte nach der Südafrikareise – in Kapstadt hatte er vom Röhm-Putsch und seinen Folgen gehört – gegen den Rat von Freunden und im vollen Bewusstsein des Risikos die Rückkehr nach Deutschland, das gerade Menschen brauchte, die Widerstand leisten konnten. Auch die Verantwortung für Kreisau und die jüngeren Geschwister ließ ihn nach Hause zurückkehren. In der Zeit seiner Abwesenheit hatte seine Mutter alle Bücher aus seinen Beständen aussortiert, die ihn bei einer Hausdurchsuchung eventuell hätten kompromittieren können.

Auf der Rückreise von Kapstadt nach England schrieb Moltke am 22. September 1934 an Karin Michaelis und berichtete ihr von seinen Eindrücken in Südafrika (RV 86 ff.). Man könne durchaus auf der südlichen Halbkugel leben, «wenn es uns auf der nördlichen nicht mehr passt». Aber er sah auch das Grundproblem des landschaftlich schönen Landes: den krassen Unterschied zwischen dem Leben der weißen Minderheit und der schwarzen Mehrheit. Seine Prognose lautete: «So wird wohl auch dieses Land den Leidensweg der Militarisierung und Faschisierung gehen, mit besonderer Betonung von Rassefragen der Ausbeuterschicht gegen die Unterdrückten.» (RV 88)

Im ersten Teil seines Briefes schrieb Moltke über seine Zukunftsaussichten. Die unmittelbar kommende Zeit sei noch überschaubar: Anfang Oktober Landung und erster dreiwöchiger Aufenthalt in England, Ende Oktober Rückkehr nach Berlin zu Familiengesprächen über Kreisau, ab

Mitte November bis zum Frühjahr in Kreisau. Freya bleibe in Berlin, um als Abschluss ihres juristischen Studiums promoviert zu werden.

Danach kommt das große Fragezeichen. Ich kann natürlich als Gutsbesitzer auf dem Lande leben und mich mit Philosophie beschäftigen, aber dann versumpfe ich entweder, oder ich ende im Irrenhaus. Mit irgendwelchen öffentlichen Angelegenheiten innerhalb Deutschlands kann ich mich nicht befassen, weil ich mit der Regierung nicht übereinstimme und für eine Opposition der falschen Klasse angehöre; das bequeme Mittelding der intellektuellen Opposition gibt es nicht mehr. Ich weiß also wirklich nicht, was ich tun soll; fällt Dir vielleicht etwas ein? (RV 87)

Was tun? In Großbritannien konnte man sich zunächst umsehen, Bekanntschaften schließen, sich über die Vorgänge in Deutschland informieren, mit Briten über die Politik Hitlers diskutieren, das Deutschlandbild der Gesprächspartner korrigieren, gemeinsam über außenpolitische Möglichkeiten zur Eindämmung der Revisionsansprüche und der Aufrüstungspolitik Hitlers nachdenken und hören, wie politisch einflußreiche Briten sich zur Opposition oder zu einem Widerstand in Deutschland stellten und vieles mehr. Helmuth und Freya nutzten jede Möglichkeit, nachdem sie am 1. Oktober 1934 an Land gegangen waren, die Stimmung der Briten zu erkunden. Die drei Wochen ihres ersten Aufenthalts in London markierten den Beginn einer intensiven Beschäftigung mit der britischen Politik. Innerhalb der europäischen Großmächte sahen sie in Großbritannien den möglichen Hauptgegenspieler gegen die befürchtete deutsche Eroberungs- und Expansionspolitik. Doch viele Briten glaubten damals noch den Friedensbeteuerungen Hitlers und sahen diplomatische Möglichkeiten für eine Erhaltung des Friedens in Europa. Für die Argumente von Emigranten oder Oppositionellen hatte man kaum Verständnis. Die in diesen Herbstwochen geknüpften Kontakte konnten später aber erweitert und vertieft werden. Besonders wichtig war die Begegnung mit Lionel Curtis und seinem Kreis.

Wie geplant, kehrte das junge Ehepaar Moltke am 1. November 1934 nach Berlin zurück, auf dem Bahnsteig begrüßt von der Mutter, dem Bruder Willo (der Bruder Jowo war gerade einen Tag zuvor zur Reichswehrübung nach Jüterbog gegangen), der Schwester Asta und einer Freundin von Freya. Man aß abends festlich in der elterlichen Mietwohnung an der Wielandstraße. Am nächsten Tag kam ein weiterer Rückkehrer in die Familienrunde in Berlin: der Vater, Helmuth von Moltke, der Anfang Oktober nach Boston ins Hauptquartier der Christian Science gefahren war, um vor Ort die Probleme der deutschen Sektion zur Sprache zu bringen.

Vater und Sohn regelten Kreisauer Angelegenheiten, und Mutter und Sohn konnten nach langer Zeit endlich wieder in Ruhe miteinander reden. Dorothy erwähnte einen Antwortbrief des südafrikanischen Generals und Staatsmannes Jan Christiaan Smuts, dem ihr Sohn am 23. Oktober von London aus einen Brief geschrieben hatte (RV 88 f.). Darin bedankte er sich für eine Rede von Smuts, in der er auf die unantastbare Freiheit der Nationen hinwies. Moltke stimmte zu und ergänzte den für ihn entscheidenden Satz, dass «die Frage der Freiheit in erster Linie eine Frage der Innenpolitik» sei. Bei einem möglichen Besuch in Deutschland bot er Smuts seine Hilfe an. Diese kleine Begebenheit zeigt, dass Moltke schon damals alle Chancen nutzte, um Freunde im Ausland zu gewinnen, die die deutsche Opposition gegebenenfalls unterstützen konnten.

Die Sanierung des Guts

Am 13. November 1934 reiste Dorothy zu ihren Eltern nach Südafrika, um erst im Frühjahr 1935 nach Deutschland zurückzukehren. So hielt sich Helmuth James von Mitte November 1934 bis Mai 1935 in Kreisau auf. Auf ihn kamen harte Wochen zu. Ein staatlicher «Umschuldungsplan» im Rahmen der «Osthilfe» sah vor, dass die Gutsteile Wierischau und Nieder-Gräditz verkauft werden sollten. Moltke wehrte sich energisch gegen diese Verkleinerung des Guts. In Verhandlungen mit den Behörden in Schweidnitz, mit dem Kreisbauernführer und mit dem Präsidenten der Landstelle in Breslau gelang es ihm, die Verkäufe zu verhindern. Sein Inspektor Zeumer stand voll hinter ihm; auch die Stimmung im Dorf war von einigen Ausnahmen abgesehen ihm gegenüber positiv. Das Problem waren die Beziehungen zu den für ihn zuständigen Partei- und Staatsbehörden. Hier gab man ihm offen zu verstehen, dass alles anders laufen könnte, wenn er seine Einstellung ändere. Allen vor Ort war seine Zurückhaltung gegenüber dem neuen Staat bekannt. Am 26. November schrieb er an Freya: «Eine dauernde Existenz hier erscheint mir nach den Erfahrungen dieser ersten vierzehn Tage allerdings so absurd, dass ich mich kaum mehr daran erinnern kann, je daran gedacht zu haben.» (MBF 65)

Eine bedeutsame Besitzveränderung trat ein, als durch einen Umschuldungskredit der Deutschen Industriebank die Betriebsgesellschaft aufgelöst werden konnte und das Gut wieder in Familienbesitz überging. Moltke hatte zusammen mit Zeumer eine enorme Leistung für die Erhaltung seines geliebten Kreisau vollbracht. Adolf Zeumer, der Nationalsozialist und Amtsvorsteher war, blieb gegenüber dem jungen Moltke immer loyal,

Der Gutsverwalter Adolf Zeumer (links) mit Helmuth James und Freya von Moltke

Wilhelm Viggo, Helmuth James, Asta und Freya von Moltke mit dem amerikanischen Journalisten Edgar Mowrer und dessen Tochter auf der Treppe des Berghauses, 1932

obgleich er wie alle Kreisauer wusste, dass die Moltkes zum Nationalsozialismus auf Distanz gingen. Denunziationen hat es von seiner Seite nie gegeben. Schutz für die Familie bot auch die Verehrung des Feldmarschalls durch die Nationalsozialisten, die 1941 aus Anlass seines fünfzigsten Todestags in Kreisau eine große Gedenkfeier mit viel militärischer und politischer Prominenz veranstalteten. Da Moltke sich exakt an die Gesetze und Verordnungen hielt, bot er auch keine offenen Flanken. Das kluge Verhalten des Gutsbesitzers und die Loyalität seines Inspektors hielten das Leben auf dem Gut und im Berghaus weithin frei von Belästigungen durch Partei- und Staatsbehörden.

Nach der Neuregelung der Besitzverhältnisse wurden die Kredite nach und nach getilgt, sodass das Gut im Krieg langsam schuldenfrei wurde. Moltke war damals gerade achtundzwanzig Jahre alt, sanierte den Betrieb also mit Zeumers Hilfe in nur sieben Jahren. Er war ein harter Arbeiter, für den zwölf- bis vierzehnstündige Arbeitszeiten nicht ungewöhnlich waren, der akribisch mit Zahlen umging, die ihm gestellten Aufgaben systematisch anpackte und sich schnell auf neue Konstellationen einstellen konnte, ohne das strategische Ziel aus den Augen zu verlieren. Er war nicht der jugendliche Stürmer und Dränger, sondern ein Kämpfer mit Ausdauer, der auch zwischenzeitliche Niederlagen verschmerzen konnte, ohne zu resignieren. Bei all dem blieb er seinen moralischen Werten treu. In Kleidung und Essen war er genügsam. Er hatte keinen Sinn für gesellschaftliche Empfänge und pflegte keine adeligen Freizeitvergnügungen wie Jagdgesellschaften, Reitfeste oder rauschende Bälle. Seine Zeit teilte er genau ein, Verschwendung kannte er auch hier nicht. Für die Mitglieder der engeren und weiteren Familie aber hatte er immer Zeit und war mit Rat und Tat zur Stelle. In der Auswahl seiner Bekannten und Freunde war er wählerisch. Hatte man sich aber gefunden, so zeichnete ihn eine jahrelange Treue zu ihnen aus. Wenn es bei seinem Lebenswandel überhaupt so etwas wie Freizeit und Erholung gab, dann waren es die Stunden der Lektüre klassischer und zeitgenössischer Literatur und das Hören von zumeist klassischer Musik auf Schallplatten. In Berlin, das damals auch Kulturhauptstadt war, gingen die Moltkes in Konzerte und besuchten Theateraufführungen, wenn es die Familienkasse erlaubte.

Der Lebensmittelpunkt war für Moltke seine junge Frau aus dem großstädtischen Köln. Beide führten von Anfang an eine partnerschaftliche Ehe. Wichtige Entscheidungen wurden gemeinsam gefällt. Waren sie für kurze Zeit getrennt, so schrieben sie sich Briefe, die den anderen am eigenen Tun und Denken teilhaben ließen. Diese Briefe haben nicht nur privaten Wert, sondern sind auch ein lebendiges Spiegelbild ihres Lebens in einem politischen System, das beide zutiefst ablehnten, dem sie aber weder entkommen konnten noch entkommen wollten.

Erkundungen in Europa

Nach der Grundsanierung des Gutsbetriebs Kreisau kam auf Moltke die Aufgabe zu, neben der Oberaufsicht über den Familienbesitz einen praktischen, den Lebensunterhalt sichernden Beruf zu ergreifen. Da der Staatsdienst nicht in Frage kam, fasste er die Eröffnung einer Rechtsanwaltskanzlei ins Auge. Gleichzeitig sah er sich aber auch in der Schweiz und in Westeuropa um. Er wollte sich vor Ort ein eigenes Bild von der politischen Lage und den Arbeitsmöglichkeiten machen. Basel, Bern, Genf, Paris, Den Haag und London waren im März und April 1935 die wichtigsten Stationen seiner Erkundungsreise. In Bern verschaffte er sich bei der Bank für Internationalen Zahlungsausgleich Einblick in die ökonomische und finanzielle Großwetterlage in der Welt und in Europa. Wichtig war ihm aufgrund seines Interesses am Völkerrecht der Besuch beim Völkerbund in Genf. Von dort schrieb er am 31. März 1935 einen ernüchterten Brief an Freya, in dem er klagte: «Es wimmelt von Bürokraten, aber es fehlen Menschen von Format völlig.» (M3F 68) Alle seien nur Interessenvertreter ihrer Länder und würden an ihre eigene Karriere denken. Anders sehe es nur bei denjenigen Beamten aus (Russen, Italiener und Deutsche), die den Bruch mit ihren Heimatländern vollzogen hätten, aber im Sekretariat des Völkerbundes geblieben seien. Moltkes Eindruck: «Hier scheint man auch ganz kühl mit einem großen europäischen Krieg zu rechnen.» Aber man reagiere ganz passiv und lasse den Dingen ohne Gegenwehr ihren Lauf. Zukunft habe der Völkerbund aber nur, wenn er sich zu einer «unabhängigen Macht» entwickeln würde und man «unter seinem Schutz Zeit für den Aufbau und Ausbau der internationalen Gerichtsbarkeit» finden könne. Der Völkerbund war für Moltke eine schwache Institution, von der er sich keine Impulse für die internationale Politik und für die Schaffung eines starken Rechts im Sinne seiner Gründungsziele versprach.

Über seinen Aufenthalt in Paris, wo er mit Edgar und Lilian Mowrer zusammentraf, wissen wir bislang nichts. Anschließend besuchte er den Internationalen Gerichtshof in Den Haag, der ihm damals einflussreicher erschien als der Völkerbund. Er traf dort den Geschäftsführer des Gerichts, Ake Hammarskjöld, und Walther Schücking, der 1919 bei den Friedensverhandlungen in Versailles deutscher Hauptbevollmächtigter war, von

1920 bis 1928 Reichstagsabgeordneter für die DDP und seit 1930 Richter in Den Haag. Er galt als einer der führenden deutschen Völkerrechtler. Was sie – beide in tiefster Distanz zum nationalsozialistischen System – miteinander besprochen haben, ist im Einzelnen nicht bekannt, aber die Vermutung liegt nahe, dass sie sich gut verstanden haben.[9] Moltke schrieb am 7. April 1935 aus Den Haag an Freya: «H. [Hammerskjöld] machte mir den Vorschlag, die Stellung des Privy Council im Empire vom völkerrechtlichen Gesichtspunkt aus zu untersuchen.» Nach einer genaueren Beschreibung des Projekts kündigte er an: «Ich werde also nun diese Möglichkeit auch noch in England prüfen und sehen, was die Leute dort dazu sagen. Sind die Voraussetzungen H.'s richtig, dann wäre dieses Thema das Ei des Columbus.» (RV 106) Moltke nahm auch an den Verhandlungen eines Rechtsstreits zwischen Albanien und Griechenland teil und gewann Einblicke in die praktische Rechtsfindung des Gerichtshofs.

Von Den Haag aus reiste er nach London. Hier beschloss er nach Konsultationen englischer Freunde, sich zum «Barrister» (englischer Rechtsanwalt) ausbilden zu lassen. Dazu musste man in eine Rechtsgilde aufgenommen werden. Moltke wurde so am 6. November 1935 offizielles Mitglied des «Inner Temple», dem bereits sein Großvater Sir James Rose Innes angehörte. Damit war die Pflicht verbunden, in jedem Semester an sechs Abendessen dieser Gilde teilzunehmen. Von nun an musste er mindestens dreimal im Jahr nach London reisen, um zu studieren und zu dinieren. Im Oktober 1937 bestand er in London das erste Examen als Barrister und am 5. Oktober 1938 das Abschlussexamen. Damit der Enkel nicht in Konflikt mit den rigorosen deutschen Devisenbestimmungen geriet, ließen die südafrikanischen Großeltern das notwendige Geld für Reisen, Studium und Lebensunterhalt nach London überweisen.

Nach der Rückkehr aus England beantragte Moltke am 26. Juni 1935 die Zulassung als Rechtsanwalt, nachdem er am 12. April unter Entlassung aus dem Beamtenverhältnis zur Rechtsanwaltschaft beim Landgericht Berlin zugelassen, beeidigt und eingetragen worden war (RV 107 f.). Er trat in die Kanzlei für Internationales Privatrecht von Karl von Lewinski in Berlin, Unter den Linden 69, ein. Hier befasste er sich vor allem mit den Problemen von Juden, die von den Folgen der nationalsozialistischen Judenpolitik und Gesetzgebung betroffen waren. Seine zuverlässige Sekretärin wurde für die folgenden Jahre Katharina Breslauer. Moltke half, das Unrecht und seine Folgen etwas abzumildern und noch möglichst günstige Bedingungen für den Verkauf jüdischen Eigentums und für die Auswanderung seiner Klienten zu erreichen.

Helmuth James und Freya sowie (dahinter) Julie und Wilhelm Viggo von Moltke anlässlich der Beerdigung Dorothy von Moltkes 1935 in Kreisau

Vater, Mutter und Sohn Helmuth James waren als Anhänger der Menschenrechtskonvention des Völkerbundes entsetzt über die gesellschaftliche Diffamierung und rechtliche Ausgrenzung von Minderheiten. Wer als einzelner Mensch vorstaatliche Rechte hat, kann nicht vom Staat – aus welchen Gründen auch immer – dieser Grundrechte beraubt werden. Dass ein Mann wie Eugen Rosenstock, Weltkriegsoffizier, Universitätsprofessor und Mentor der Schlesischen Arbeitslager, aufgrund seiner jüdischen Herkunft emigrieren musste, war für die Moltkes eine fundamentale Menschenrechtsverletzung.

In die Zeit der beruflichen Orientierung fiel der plötzliche Tod der Mutter. Dorothy von Moltke starb im Alter von einundfünfzig Jahren am 11. Juni 1935 während eines Besuchs, den sie zusammen mit ihrem Mann bei Verwandten in Balfanz gemacht hatte. Als Todesursache wurde ein Gehirntumor vermutet. Kurz zuvor war sie mit ihrer Mutter aus Südafrika zurückgekehrt. Begraben wurde sie auf dem Kapellenberg in Kreisau auf einem Platz unterhalb des Mausoleums des Feldmarschalls und seiner Frau. Die Familie verlor mit dem Tod der Mutter ihren Mittelpunkt. Besonders ihr ältester Sohn litt unter dem Verlust. Ihr Todestag war für ihn immer ein Tag der schmerzhaften und zugleich dankbaren Erinnerung. Freya, die schon während der mehrmonatigen Abwesenheit ihrer Schwiegermutter in Kreisau einen Teil ihrer Pflichten übernommen hatte, konzentrierte sich bald auf ein Leben als Gutsherrin und neue Mitte der Großfamilie von

Moltke. Für ein Jahrzehnt wurde sie «die Kreisauerin». Ihr Jurastudium in Berlin schloss sie im Juni 1935 mit einer Promotion bei Martin Wolff ab. Ihr Thema lautete: «Beglaubigung und öffentlicher Glaube. Zur Auslegung des § 1155 BGB».[10]

Helmuth brachte Anfang Juli 1935 seine Großmutter zum Schiff nach Southampton, anschließend fuhr er nach London. Er meldete sich für die Zeit vom 4. bis 24. Juli beim Landgerichtspräsidenten ab und benannte Rechtsanwalt Hans-W. Pape als seinen Vertreter (RV 109).

Eine politische Mission in Großbritannien

In England ging Moltke nicht nur seinen vorgeschriebenen Studien nach, sondern suchte auch das außenpolitische Gespräch mit Persönlichkeiten aus Politik und Wissenschaft. Lionel Curtis, den er seit Herbst 1934 kannte, wurde für ihn ein wichtiger älterer Freund und Gesprächspartner, der ihm auch neue Kontakte vermittelte.[11] Curtis kannte von seiner Zeit als junger Mitarbeiter des Generalgouverneurs in Südafrika, Lord Milner, die Familie von Moltkes Großeltern. Seit seinen Erfahrungen in Südafrika setzte er sich für eine Föderation der britischen Dominions ein und seit den Waffenstillstands- und Friedensverhandlungen 1918/19 für eine politische Weltföderation. Er gründete das Royal Institute of International Affairs, das sich Problemen der britischen Außenpolitik widmete und die Zeitschrift *Round Table* herausgab. Unter gleichem Namen traf sich auch unregelmäßig eine Gruppe von internationalen Fachleuten, um aktuelle Fragen zu diskutieren. Curtis bekleidete zwar kein offizielles Amt, hatte durch seine Arbeit aber einigen Einfluss auf die öffentliche politische Diskussion in Großbritannien. 1924 wurde er zum Fellow des All Souls College in Oxford gewählt. Als Moltke Curtis kennen lernte, schrieb dieser an einer dreibändigen Weltgeschichte mit dem Titel *Civitas Dei*.[12] Curtis lud seinen jungen Freund zu Zusammenkünften des All Souls College nach Oxford ein. Hier lernte Moltke unter anderem den Diplomaten Lord Lothian kennen.[13] Ein Brief an Curtis vom 12. Juli 1935 gewährt Einblick in Moltkes damalige außenpolitische Position (RV 89 ff.). Zunächst betonte er den liberalen und individualistischen Geist seiner Gesprächspartner, der Hoffnungen auf Veränderungen in der Welt mache, «selbst wenn wir unser ganzes Leben in einer kleinen Zelle verbringen müssen». Dann berichtete er über ein kurzes Gespräch mit Lothian, dessen Ansichten er in fünf Punkten zusammenfasste:

Lionel George Curtis (1872–1955)
im Juli 1925

1. So etwas wie Internationales Recht existiert nicht, es gibt ausschließlich internationale Gesetzlosigkeit.
2. Die Fehler von England und Frankreich in der Nachkriegspolitik, besonders Versailles und die Ruhr, sind für das Wachsen der Nazis verantwortlich.
3. Die Macht der Nazis ist stabil, und eine Revolution oder ein Machtwechsel ist undenkbar. Die Geschichte beweist, dass eine zweite Revolution niemals folgt.
4. Die Nazis werden langsam, aber stetig zu einer seriösen Regierung.
5. Eine Politik der Zugeständnisse gegenüber den Nazis wird diese Wandlung unterstützen. (RV 89 f.)

Moltke hielt diese Argumentation, die unter den Anhängern der Appeasement-Politik verbreitet war, für überwiegend falsch. Er entwickelte für alle Punkte Gegenargumente. Für ihn war es ein fundamentaler Trugschluss zu glauben, dass eine Diktatur durch Konzessionen nach innen toleranter und nach außen weniger aggressiv wird. Er fuhr fort:

Ich fürchte, dass seine Politik in England Erfolg haben wird, weil sie es der englischen Regierung ermöglicht, sich nicht öffentlich und unwiderruflich eine Meinung zu künftigen Fragen zu bilden, sondern es ihr überlässt, sich mit praktischen Fragen dann zu befassen, wenn sie anstehen. Das ist sicherlich die Anwendung bester englischer Diplomatie, englischer Einstellung und hat zweifellos ein paar gute Folgen. Ich befürchte, dass sie sich für Deutschland als irreführend erweisen wird. Sie wird unsere Regierung verleiten zu glauben, dass wir uns auf die Neutralität Englands verlassen können, während England in Wirklichkeit auf Seiten Frankreichs kämpfen würde, falls ein europäischer Krieg ausbräche. Diese Möglichkeit der Irreführung anderer ist das, was ich bei Englands Politik der Aufrechterhaltung des Gleichgewichts am meisten fürchte. England ist in Wirklichkeit kein Schiedsrichter, sondern Partei in dem Kampf, aber das Fehlen einer starren Politik verleitet die Deutschen zu dem Glauben, dass es ein Schiedsrichter ist. (RV 91)

Moltke formulierte diese Sätze bereits 1935, als die Mehrheit in den demokratischen Ländern des Westens noch an einen Frieden mit Deutschland glaubte. Man dachte noch in traditionellen diplomatischen Bahnen, Krisen durch Konzessionen befrieden zu können. Auch war man geneigt, den innenpolitischen Terror als Übergangserscheinung auf dem Weg zu neuer Stabilität zu betrachten. Dass die Errichtung eines militant-totalitären Systems im Innern von einer schnellen Aufrüstungspolitik begleitet wurde, mit der die militärischen Voraussetzungen für eine aggressive Außenpolitik geschaffen wurden, dass über die Erziehung der Jugend sowie mittels Presse und Film ein allgegenwärtiger Geist des Militarismus erzeugt wurde – diese und andere Entwicklungen haben viele Beobachter im Ausland nicht klar genug gesehen.

Die wenigsten englischen Kirchenführer haben den in Deutschland ausbrechenden Kirchenkampf als eine Form des Widerstands der Kirche gegen den ideologischen Totalitätsanspruch des Staates erkannt. Das zeigt folgende Begebenheit: Bei seinem nächsten Englandaufenthalt sollte Moltke auf Vermittlung von Curtis ein Gespräch mit dem Bischof von Gloucester, Arthur Carley Headlam, führen. Dieser war der Vorsitzende des Auslandsausschusses der Anglikanischen Kirche und nahm damals eine Haltung zur deutschen Kirche im Sinne des Leiters des Kirchlichen Außenamts, Bischof Theodor Heckel, ein, der die Außenpolitik Hitlers als Friedenspolitik interpretierte. Headlam schickte zu dem für den 7. November 1935 angesetzten Gespräch mit Moltke in seiner Vertretung Philip Usher, der anschließend einen Bericht für Headlam anfertigte (RV 92 ff.). Darin hieß es: Moltke wünsche, dass sein Zustandsbericht über die kirchliche Lage in Deutschland an den Bischof von Chicester, George Bell, weitergegeben werde. Als Gewährsmann habe er den Rechtsberater der Bekennenden Kirche, Martin Gauger, angegeben. Die Arbeit der Bekennenden Kirche werde durch staatliche Maßnahmen immer schwieriger, und man müsse mit ihrem staatlichen Verbot rechnen. Er bitte Bischof Bell, in diesem Fall etwas zu unternehmen. Der Berichterstatter sagte dann noch, dass Moltke weitere Aktionen gegen Juden und die Kirche nach den Olympischen Spielen erwarte, da man sich dann über die Meinung des Auslands hinwegsetzen könne.

Headlam schickte den Bericht an Bell (RV 92). Er bat ihn, unter keinen Umständen den Namen Graf von Moltke zu erwähnen. Würde seine Verbindung zu englischen Kirchenmännern bekannt, käme er nach seinen eigenen Aussagen ins Konzentrationslager. Und dann heißt es:

Die Frage ist, auf welcher Seite Hitler wirklich steht und welches die Politik ist, die er plant – ob ein echter Wunsch besteht, den Streit in der Kirche zu beenden, oder ob es das Ziel ist, sie letztlich zu zerstören. Ich nehme an, dass es wirklich zwei Parteien sind, die an Hitler zerren, und wir wissen niemals, welche die Oberhand bekommen wird. In jedem Fall haben wir jetzt die Informationen und müssen die Augen offen halten gegenüber dem, was geschieht. (RV 92)

Bell, der durch den Bericht von Headlam unterrichtet werden sollte, verfügte seinerseits bereits über genauere Kenntnisse durch ein Gespräch, das er am 12. September 1935 in einem Münchner Hotel mit Präses Karl Koch, Pastor Hans Asmussen und Hanns Lilje geführt hatte. Es ging um das Verhältnis der Bekennenden Kirche zur geplanten ökumenischen Konferenz in Oxford 1937. Bell war seit Jahren mit den deutschen Verhältnissen vertraut, Anfang des Jahres 1933 durch Hans Ehrenberg über niederländische ökumenische Freunde, später vor allem über Dietrich Bonhoeffer. Bei ihm stieß Moltke mit seinen Informationen und Bitten auf offene Ohren. Im Gegensatz zu Bell interpretierten aber viele britische Kirchenleute eine kirchenpolitische Haltung wie die Moltkes als politischen Widerstand gegen die Verhältnisse im nationalsozialistischen Deutschland. Parallel zur politischen Appeasement-Politik betrieben sie eine Appeasement-Politik in kirchlichen Fragen.[14]

Moltke, der selbst kein Mitglied der Bekennenden Kirche war, wusste durch seinen alten Freund aus den Tagen der Schlesischen Arbeitslager Martin Gauger, von den Auseinandersetzungen, die die Reichskirche, repräsentiert durch das Kirchliche Außenamt unter Bischof Heckel, und die Organe der Bekennenden Kirche über die deutsche Vertretung in der Ökumene führten. Das Außenamt der Reichskirche betrieb seine Kirchenpolitik in enger Anlehnung an die außenpolitische Linie des Reichsaußenministeriums. An einer Eigenständigkeit der Ökumene als Sprachrohr einer weltweiten Christenheit, die einen kritischen Gegenkurs zu den nationalistischen und militaristischen Tendenzen vertritt, war man in Berlin nicht interessiert. Man pochte auf das Selbstbestimmungsrecht der durch Versailles gedemütigten deutschen Nation. Bischof Heckel versuchte in der Ökumene alles zu verhindern, was der Generallinie der deutschen Außenpolitik zuwiderlaufen konnte, und verwahrte sich gegen Kritik an der kirchenpolitischen Linie und Praxis des Reichskirchenregiments.[15]

In der Ökumene selbst nahm die Zahl derer, die die Bekennende Kirche als die eigentliche Kirche auf dem Boden der Heiligen Schrift, der reformatorischen Bekenntnisschriften und der Barmer Theologischen Erklärung von 1934 ansahen, nur langsam zu. Vor allem der Anfang 1939 ins

Amt des Generalsekretärs des Ökumenischen Rats der Kirchen berufene Willem Visser 't Hooft und Bischof Bell solidarisierten sich zunehmend mit dem theologischen und kirchenpolitischen Kurs der Bekennenden Kirche.[16] Allerdings machte diesen beiden Ökumenikern die Tatsache zu schaffen, dass die Bekennende Kirche sich sehr bewusst nur als theologische Widerstandsgruppe gegen die Häresien der Deutschen Christen und als kirchenpolitischer Widersacher gegen die Reichskirchenpolitik verstand. Eine konsequente Auseinandersetzung mit dem totalen Staat selbst fehlte ihnen noch bei den deutschen Brüdern. Positionen wie die Ende Dezember 1935 in dem ökumenischen Studienheft von Josef H. Oldham *Kirche, Volk und Staat* vertretenen suchte man unter ihnen vergeblich. Oldham kritisierte:

Der totale Staat ist ein Staat, der den Menschen in der Ganzheit seines Seins mit Beschlag belegt, der seine eigene Autorität zur Quelle aller Autorität macht; der es ablehnt, die Freiheit von Religion, Kultur, Erziehung und Familie in ihren eigenen Lebensgebieten anzuerkennen; der allen seinen Bürgern eine bestimmte Weltanschauung aufzuzwingen sucht; und der bestrebt ist, auf dem Wege über alle Organe öffentlicher Meinungsbildung und Erziehung einen bestimmten Menschentyp in Übereinstimmung mit seinem eigenen Verständnis von Sinn und Ziel menschlicher Existenz zu schaffen. Ein Staat, der solche Ansprüche erhebt, behauptet für sich selbst nicht nur Staat, sondern auch Kirche zu sein.[17]

So klar konnte die Mehrheit der Männer der Bekennenden Kirche noch nicht analysieren. Politisch dachten sie mehrheitlich deutschnational und hatten ihren Teil zur Zerschlagung der Weimarer Republik beigetragen. Die revisionistische Außenpolitik und die innenpolitische Neuordnung im Sinne eines autoritären Obrigkeitsstaats fanden ihre Zustimmung. Nur zur Gleichschaltung der Kirche durch den Staat und zur Herrschaft eines bekenntniswidrigen Geistes im Bereich der Kirche gingen sie in Opposition. Das Verbot der demokratischen Parteien, den Ausschluss von Nichtariern aus dem Staats- und Kulturbetrieb, die beginnende Sondergesetzgebung für Juden, das Gesetz zur Neuordnung der nationalen Arbeit, die Einführung von Konzentrationslagern als Umerziehungslager, die Verbrennung von Büchern «undeutscher Autoren», der Austritt aus dem Völkerbund, die Morde an Generälen der Reichswehr, die Nürnberger Gesetze, die forcierte Aufrüstung und die Wiedereinführung der Allgemeinen Wehrpflicht – alles bis 1935 – haben sie ohne größere Probleme hingenommen. Die Mehrheit der Kirchenleute schwieg zu diesen Vorgängen wie die Beamten, Lehrer, Hochschullehrer und andere Berufsgruppen.

Die Beschränkung der Bekennenden Kirche auf die innerkirchliche und kirchenpolitische Problematik war für Moltke zu selbstbezogen. Die Bekennende Kirche kämpfte für ihre Freiheit, aber nicht für die Freiheit derer, die aus politischen Gründen unter die Räder der neuen Diktatur geraten waren. Das Schicksal der Juden und politisch Verfolgten war für sie in den ersten Jahren der Konsolidierung kein Thema. Erst mit der Denkschrift der Vorläufigen Leitung der Bekennenden Kirche von 1936 übernahm sie auch Verantwortung für die Einhaltung rechtlicher Standards im gesamten Gemeinwesen.

Als Moltke 1935 in England für die Anerkennung der Bekennenden Kirche als der eigentlichen Kirche in Deutschland durch die anglikanische Kirche eintrat, stellte er sich trotz seiner Vorbehalte gegenüber der politischen Folgenlosigkeit der Theologie der Bekennenden Kirche in den Dienst der kirchlichen Opposition. Er wusste, dass die Opposition gegen die nationalsozialistische Kirchen- und Religionspolitik ein Politikum höchsten Ranges war, denn hier wurden dem Totalitätsanspruch des «Dritten Reichs» an einer entscheidenden Stelle die Gefolgschaft und der Gehorsam verweigert. Die Kirche war die einzige Organisation, die sich nicht selbst gleichschaltete oder zur Gleichschaltung gezwungen werden konnte. Die Pfarrerschaft blieb die einzige akademische Berufsgruppe, die nicht der Befehlsgewalt des nationalsozialistischen Staates unterworfen werden konnte. Für Moltke lag hier trotz der nationalen und patriotischen Treuebekenntnisse der Bekennenden Kirche ein widerständiges Potenzial, das sich unter bestimmten politischen Bedingungen zum politischen Widerstand entwickeln konnte. Zumindest konnte er hoffen, dass sich einzelne Mitglieder der Bekennenden Kirche aus eigener Verantwortung für den konsequenten politisch-konspirativen Widerstand entscheiden könnten. Und das allein lohnte den Einsatz für diese protestantische Gruppierung. Moltke selbst trat der Bekennenden Kirche nicht bei. Er versuchte nicht, in den Anfangsjahren des «Dritten Reichs» zu führenden Männern der Bekennenden Kirche Kontakte zu knüpfen. Während des Krieges war es allein der württembergische Landesbischof Theophil Wurm, zu dem er ein Vertrauensverhältnis entwickelte. In der Berliner Bekennenden Kirche suchte er keinen Gesprächspartner – die kirchliche Szene mit ihrer Vielfalt an theologischen und kirchenpolitischen Gruppen kannte er zu wenig –, während er mit dem katholischen Berliner Bischof Konrad von Preysing in regen Austausch trat.

Die Bekennende Kirche insgesamt konnte sich nicht dazu durchringen, angesichts des nationalsozialistischen Unrechtssystems, des Massenmordes an Juden und des Eroberungs-, Ausbeutungs- und Vernichtungskrieges den politischen Widerstand zur christlichen Gewissenspflicht zu erklären und sich als Kirche auf die Seite der Opposition zu stellen, um auf den Staatsstreich hinzuarbeiten. Ihre Nibelungentreue zur Obrigkeit und ihre partielle Übereinstimmung mit den Zielen der nationalsozialistischen Politik, vor allem mit ihrem Kampf gegen den Kommunismus, verhinderten dies. Dass man gerade aus patriotischer und nationaler Verantwortung zum radikalen Gegner seiner Regierung werden konnte und musste, diese Konsequenz haben kirchlich orientierte Männer selten gezogen. Dietrich Bonhoeffer und Eugen Gerstenmaier bleiben hier als Theologen Ausnahmen. Es waren fast ausschließlich Laien, die den letzten Schritt in den Widerstand und damit in das mögliche Selbstopfer gingen. Vor allem unter den «Kirchenführern» gab es keinerlei Opfer und in der evangelischen Pfarrerschaft nur wenige. Gelegentliche Inhaftierungen, Rede- und Aufenthaltsverbote lagen auf der Ebene des Ungehorsams gegenüber einzelnen Anordnungen der Reichs- und Kirchenbehörden.

Natürlich verfolgte Moltke den punktuellen Widerstand einzelner Kirchenleute mit Sympathie und Respekt. Aber dieser entbehrte aus seiner Sicht letztlich der Radikalität, die notwendig gewesen wäre, um gegen ein System zu kämpfen, das sich immer offener als Gegenmodell zur jüdisch-christlichen Tradition präsentierte und eine konsequente «Entchristlichung» der Öffentlichkeit betrieb. Es wurde viel geredet und geschrieben, aber ein aus theologisch-ethischer Verantwortung ausgesprochenes klares Nein zum Nationalsozialismus fehlte Moltke. Immer wieder hoffte man auf eine Zurücknahme von Maßnahmen des Staates und der Partei und appellierte in protestantischer Tradition an die Einsicht der Mächtigen, ohne die Legitimation und Legalität ihrer Macht fundamental infrage zu stellen.

Blicke von England auf ein furchtbares Deutschland

Die Jahre 1937 und 1938 waren für Moltke politisch und persönlich aufreibend. Zunächst musste er mit ansehen, wie das Leben der Juden immer mehr eingeengt wurde, wie ein Sondergesetz und eine Verordnung nach der anderen ihre Rechte beschnitten oder aufhoben.[18] Als Rechtsanwalt, der vornehmlich jüdische Klienten vertrat, erlebte Moltke die zunehmende gesellschaftliche Isolierung der jüdischen Bevölkerung unmittelbar mit. Er hatte mit Leuten zu tun, die Zug um Zug rechtloser wurden. Er musste miterleben, wie Menschen aufgrund ihrer Herkunft stigmatisiert und entrechtet sowie ökonomisch, beruflich und sozial an den Rand gedrückt wurden.

Und er musste mit ansehen, wie sie ihre berufliche Stellung an «arische» Kollegen verloren, wie ihr Eigentum zu Schleuderpreisen in «arische» Hände überging und ihr Vermögen bis auf kleine Reste in die Staatskassen floss. Entrechtung und Ausplünderung gingen Hand in Hand.

In dieser Situation konnte ein Rechtsanwalt nicht viel erreichen. Er konnte durch geschickte Ausnutzung von Gesetzes- und Verordnungslücken Härten mildern, Ratschläge erteilen, Wege ins Ausland öffnen und persönlich menschliche Solidarität bezeugen. Aber das Gefühl der Machtlosigkeit und der Scham über den Niedergang des alten deutschen Rechts- und Kulturstaates bestimmte den Alltag. Manchmal steigerte es sich bis zum Ekel. Resigniert schrieb er am 31. Januar 1938 an Freya: «Die Stadt ist widerlich, und jeder Tag festigt in mir die Überzeugung, dass es richtig ist, die Arbeit hier auf ein Mindestmaß zu beschränken, sobald es finanziell erträglich scheint. Wenn es in drei oder vier Jahren in London nicht geht, dann werde ich mich doch noch ganz nach Kreisau zurückziehen und dort mit Dir verbauern.» (MBF 75)

Noch bedrückender wurde die politische Lage am 4. Februar 1938, als Hitler den Reichskriegsminister Werner von Blomberg wegen Heirat einer nicht standesgemäßen Frau sowie den Oberbefehlshaber des Heeres, Generaloberst Werner Freiherr von Fritsch, wegen angeblicher Homosexualität entließ,[19] um anschließend eine Regierungsumbildung vorzunehmen. Joachim von Ribbentrop wurde anstelle des Freiherrn von Neurath Reichsaußenminister und Walther Funk anstelle von Hjalmar Schacht Reichswirtschaftsminister. Das Kriegsministerium wurde aufgelöst und ein Oberkommando der Wehrmacht (OKW) unter Generaloberst Wilhelm Keitel gebildet. Neuer Oberbefehlshaber des Heeres wurde Walther von Brauchitsch. Hitler selbst übernahm den Oberbefehl über die gesamte Wehrmacht. Nun hatte er eine Schar von Erfüllungsgehilfen um sich. Außenpolitisch wurde der Druck auf die Regierung Schuschnigg in Österreich erhöht, und am 12. März 1939 besetzte die deutsche Armee Hitlers Heimatland. Auf dem Heldenplatz in Wien beendete er unter frenetischem Beifall der Massen am 15. März seine Rede mit den Worten: «Als der Führer und Kanzler der deutschen Nation und des Deutschen Reiches melde ich vor der Geschichte nunmehr den Eintritt meiner Heimat in das Deutsche Reich.»[20]

Eine Massenauswanderung von Juden aus Österreich begann. Unter ihnen war auch das mit Moltke befreundete Ehepaar Schwarzwald aus Wien. Eugenie Schwarzwald befand sich gerade auf einer ihrer Vortragsreisen in Dänemark. Sie kehrte nicht nach Wien zurück, sondern ging in die Emigration nach Zürich. Ihr Mann kam später nach. Moltke war sofort nach Kopenhagen gefahren, um der Frau, der er persönlich so viel verdankte, beizustehen. In der Folge hat er beide Schwarzwalds als Rechtsanwalt vertreten.

Moltke bat im März das befreundete Ehepaar Michael und Grizel Balfour, nach Berlin zu kommen, denn er wollte ihnen Hintergrundinformationen über die jüngsten Ereignisse geben. Er hoffte, dass diese Informationen durch Balfour an die britische Regierung gelangten. Er unterließ nichts, um die Briten über die wahren Absichten Hitlers aufzuklären. Er sah in der Politik Arthur Neville Chamberlains ein Unglück für Europa und setzte seine Hoffnungen auf Winston Churchill.

Im Oktober 1937 hatte Moltke in London sein erstes Examen zum Barrister bestanden. Nicht zuletzt angesichts seiner ungewissen Lage in Deutschland drängte er auf einen Abschluss des Studiums. Zuvor unternahmen er und Freya zur Jahreswende 1936/37 ihre zweite Südafrika-Reise zu den Großeltern, über die im Einzelnen nichts bekannt ist. Mit den Großeltern werden sie alle politischen und persönlichen Probleme durchgesprochen haben. Aber auch diesmal entschlossen sie sich wie 1934 nicht zur Emigration. Helmuth wollte sein England-Projekt zu Ende führen, um die Voraussetzungen für eine Berufspraxis in London zu schaffen. Im März und Mai war er wieder kurz in England, dann länger vom 15. August bis 7. Oktober 1938.

In dieser Zeit kam es zur «tschechischen Krise». Am 24. April 1938 forderte der Führer der Sudetendeutschen Partei, Konrad Henlein, die autonome Selbstverwaltung der sudetendeutschen Gebiete. Der französische Regierungschef Edouard Daladier und der britische Premierminister Arthur Neville Chamberlain drängten in Berlin und Prag auf ein Einlenken und forderten Edvard Beneš auf, gemäß dem Prinzip des Selbstbestimmungsrechts der Völker die Forderungen Henleins anzuerkennen. Die Gespräche zwischen Vertretern der Sudetendeutschen Partei und der Regierung der Tschechoslowakei blieben aber ergebnislos. Hitler schürte die Spannungen. Auf dem Reichsparteitag in Nürnberg am 12. September verlangte er das Selbstbestimmungsrecht der Sudeten. Henlein proklamierte: «Wir wollen heim ins Reich.» Die Regierungen Großbritanniens und Frankreichs setzten weiterhin auf eine friedliche Lösung des Konflikts. Chamberlain und Hitler kamen nach einem ersten Treffen am 15. September in Berchtesgaden erneut vom 22. bis 24. September in Bad Godesberg zusammen. Hitler forderte die Trennung der sudetendeutschen Gebiete von der CSR. Als diese ablehnte, unternahmen die Briten einen weiteren Vermittlungsversuch. Hitler sagte in einer Sportpalastrede am 26. September, dass die Abtretung des Sudentenlands seine letzte Revisionsforderung sei. Nach einer Vermittlungsaktion von Benito Mussolini zur Verhinderung des Krieges trafen sich am 29. September Daladier, Chamberlain, Mussolini und Hitler und schlossen das Münchner Abkommen (UF XIII, 452 f.). Das Sudetenland wurde Deutschland angegliedert. Aber die Westmächte drängten in einem Zusatz zu dem Abkommen auf eine «internationale Garantie der neuen Grenzen des tschechoslowakischen Staates gegen einen unprovozierten Angriff». Am 30. September erfolgte noch eine deutsch-britische Erklärung, in der es hieß, dass das Abkommen

symbolisch für den Wunsch beider Völker [sei], niemals wieder gegeneinander Krieg zu führen. Wir sind entschlossen, auch andere Fragen, die unsere beiden Länder angehen, nach der Methode der Konsultation zu behandeln und uns weiterhin zu bemühen, etwaige Ursachen von Meinungsverschiedenheiten aus dem Wege zu räumen, um auf diese Weise zur Sicherung des Friedens in Europa beizutragen.[21]

Auch zwischen Deutschland und Frankreich gab es eine ähnliche Erklärung.[22] Hitler ließ sich als Friedenskanzler und erfolgreichen Außenpolitiker feiern, Chamberlain hielt sich für den Friedensstifter. In Europa schien der Frieden für lange gerettet zu sein. Doch die Welt konnte nicht wissen, dass Hitler schon vor München den Befehl zur Vorbereitung der militärischen Zerschlagung der CSR gegeben hatte und enttäuscht darüber war, dass der Krieg nicht stattfand. Die militärische Widerstandsgruppe, die den Krieg gegen die CSR erwartet hatte und Hitler verhaften und vor ein Gericht stellen wollte, fiel in sich zusammen.[23]

Vor dem Hintergrund der immer größer werdenden Akzeptanz Hitlers bei der Bevölkerung war zu verstehen, dass er den Mord an dem Legationsrat Ernst vom Rath durch Herschel Grynszpan, einen jungen Juden, in Paris am 7. November 1938 zum willkommenen Anlass nehmen konnte, seine Judenpolitik zu radikalisieren. Am 9. November 1938 brannten in der sogenannten «Reichskristallnacht» die Synagogen, viele Juden wurden ermordet, Tausende kamen in Konzentrationslager. Nach dem Pogrom mussten die Juden eine Kontributionsstrafe von einer Milliarde Reichsmark bezahlen, wurden durch weitere Verordnungen aus dem deutschen Wirtschaftsleben ausgeschlossen und mussten auch noch die Behebung der Schäden, die durch «die Empörung des Volkes über die Hetze des internationalen Judentums gegen das nationalsozialistische Deutschland» entstanden waren, selbst bezahlen. Die Teilnahme an deutschen Kulturveranstaltungen wurde ihnen verboten, die Fahrerlaubnis für Kraftfahrzeuge wurde ihnen entzogen, Wertpapiere und Wertgegenstände mussten zu Niedrigpreisen bei staatlichen Stellen abgegeben werden, und die Verwaltung des jüdischen Vermögens wurde Treuhändern übergeben (UF XIII, 602 ff.).

Moltke erlebte dieses Jahr mit seinen außenpolitischen Krisen und seinen innenpolitischen Veränderungen und Gewalttaten teilweise in England. Während der Krise um Blomberg und Fritsch mit ihren Folgen der Regierungsumbildung und der Neuorganisation der Wehrmacht war er noch in Berlin und Kreisau, ebenso in der Zeit, als sich der Konflikt mit den Tschechen verschärfte. Aber die entscheidenden Wochen dieser europäischen Krise im September verfolgte er in England. Zuvor hatte er noch am 2. August an Freya geschrieben:

Ich kann die Unsinnigkeit dieser Existenz nicht mehr lange ertragen. Ist es nicht besser, die falschen Werte und Fiktionen hier aufzugeben und in allergrößter Bescheidenheit irgendwo zu leben, wo man nicht ständig auch von außen bedrückt ist? Ich habe das Gefühl, dass ich lieber in einem freien Lande hungere, als dass ich hier dazu beitrage, den respektablen Schein aufrechtzuerhalten. Das tun wir doch alle. Wir stellen uns als Fassade vor die Scheußlichkeiten, die täglich exerziert werden, und nur deshalb, weil man uns verhältnismäßig lange stehen lässt, bevor man uns von hinten annagt. Ich habe einfach keine Lust mehr. (MBF 80)

Seelisch völlig zerrissen und mit seiner Existenz hadernd, fuhr er nach England, um das Studium hinter sich zu bringen und dadurch die Chance auf eine Berufsmöglichkeit in der Emigration zu wahren.

An seinen Großvater in Südafrika schrieb Moltke am 12. September 1938, dass er sich mit seiner Meinung zurückhalten müsse, um sein Umfeld nicht zu gefährden (RV 94 f.). Gegner des Systems könnten ihre Gedanken nicht mit anderen offen austauschen und würden immer einsamer. Was ihn aber weit mehr belaste, sei die «Zerstörung des Rechtes», die den Beruf des Rechtsanwalts überflüssig mache. Mit diesem Beruf könne man in Deutschland bald nicht mehr sein Brot verdienen. Die Streitfälle würden in nationalsozialistischen Behörden nach politischen Gesichtspunkten vorentschieden. Ihm könne es im Falle eines gewonnenen Prozesses, der nicht den Interessen der Partei diene, passieren, Bankrott zu gehen oder als Volksfeind ins Konzentrationslager zu kommen. In der Tat war Moltkes Tätigkeit nicht ungefährlich. Er half Juden in Fragen der Auswanderung und der Regelung ihrer Besitzverhältnisse. Er wurde für sie bei Behörden und Ämtern vorstellig. Natürlich wusste er, dass ihm dies im Konfliktfall als «judenfreundlich» ausgelegt werden würde.

Von London aus schrieb er im August und September 1938 oft an Freya. Er hielt einen Krieg zwischen Deutschland und den beiden europäischen Weststaaten für unwahrscheinlich und konnte sich nicht vorstellen, dass man um der Sudetenfrage willen einen neuen Weltkrieg entfachte. Auf der anderen Seite hoffte er, dass die Westmächte nicht nachgeben würden gegenüber den Forderungen der Eingliederung der sudetendeutschen Gebiete in das Deutsche Reich. Den gemeinsamen Brief der britischen und französischen Regierung vom 18. September 1938 an den Präsidenten der CSR, Edvard Beneš, in dem sie um der Erhaltung des Friedens in Europa willen empfahlen, den geforderten Gebietsübertragungen zuzustimmen, kommentierte Moltke am 20. September mit folgenden Worten:

Man hat den Eindruck [...], dass man mal wieder eine kleine Nation, der man Unterstützung versprochen hatte, hat schmählich sitzen lassen, und dass man sich in Grund und Boden schämen muss, dass man es hat wieder so weit kommen lassen. Dann kommt das Gefühl, dass das noch nicht das Ende der Erniedrigungen sein wird, sondern dass man auch in anderen Sachen wird seine Politik ändern müssen. Es ist nicht abzusehen, was dieser Entschluss innenpolitisch für beide Länder bedeuten wird. Man hat das Gefühl, dass das Ergebnis das Ende der jetzt am Ruder befindlichen Regierungen sein wird. Gegenüber dem Gefühl der Beschämung kommt das Gefühl der Erleichterung, dass die unmittelbare Kriegsgefahr vorüber ist, nicht ernsthaft auf. (MBF 85)

Moltke verstand die Politik der britischen Regierung mit ihrer proklamierten Kriegsbereitschaft auf der einen und ihrer faktischen Friedenspolitik auf der anderen Seite nicht. Er konstatierte bei den Briten die Bereitschaft, gegen das nationalsozialistische Deutschland Krieg zu führen, während die Regierung weiter ihre Appeasement-Politik betrieb. Am 30. September schrieb er zum Münchner Abkommen:

Die Stimmung ist hier heute eine ungeheure Erleichterung. Wenn man sich auch mit den kommenden Ereignissen abgefunden hatte und sie mit Fassung und Entschlossenheit auf sich nahm, so war die Mitteilung, dass es nicht nötig sei, doch für alle eine Erlösung. Ich glaube, es wäre ganz gleichgültig, was Chamberlain jetzt brächte, alles würde als ein Geschenk empfunden werden. Immerhin war die Entschlossenheit und Willigkeit des ganzen Volkes doch eine bemerkenswerte Demonstration. (MBF 86)

Jetzt hoffte er auf ein «neues Zeitalter» in Großbritannien, das sich nun der Veränderung seiner sozialen Strukturen zuwenden könne. Umso erstaunlicher ist der Inhalt eines Briefes, den er einen Tag vor seiner Rück-

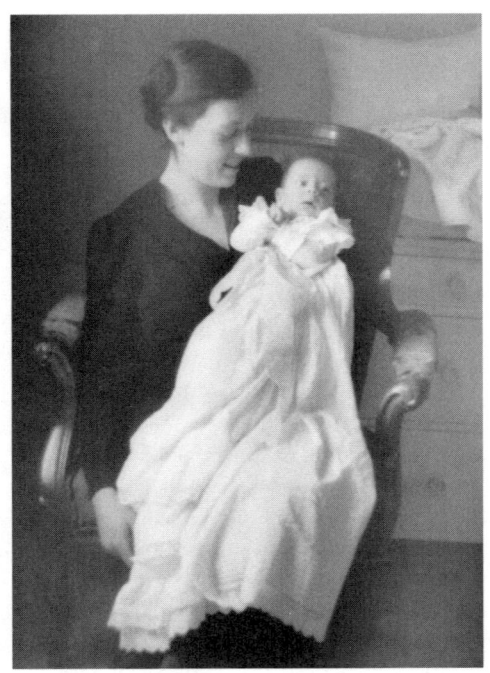

*Freya von Moltke mit dem Täufling
Helmuth Caspar, 1937*

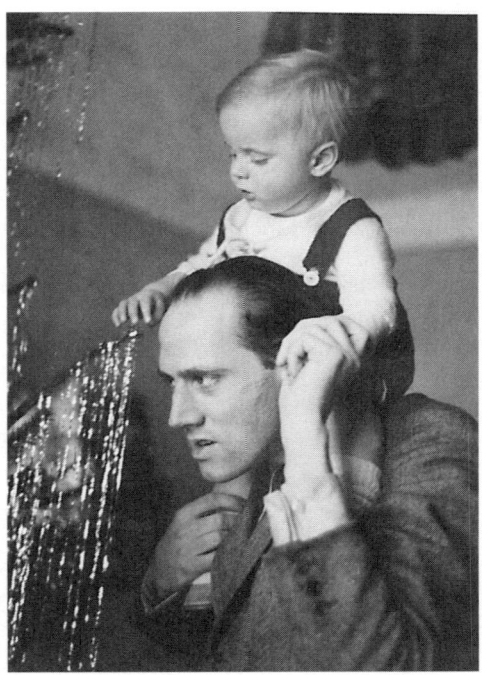

*Helmuth James von Moltke
mit Helmuth Caspar,
Weihnachten 1938*

kehr nach Deutschland am 6. Oktober an seine Großmutter schrieb (RV 95 f.). Er berichtete ihr von einer antisemitischen Kampagne in führenden britischen Zeitungen, die täglich einen Abschnitt aus Hitlers *Mein Kampf* abdruckten. Er befürchtete, dass Großbritannien faschistisch werde, wenn nicht bald eine starke Gegenbewegung käme. Chamberlain regiere, ohne nach der Meinung des Parlaments zu fragen. Es sei auch sehr schwer, im Parlament eine Politik zu vertreten, die unmittelbar zum Krieg geführt hätte. «Es würde einen Mann von wahrer Größe erfordern, der in der Lage wäre, das richtige Argument vorzutragen, und im Parlament gibt es keinen, der das Format dazu hat.» Noch immer hoffte der deutsche Hitler-Gegner, dass Großbritannien einen Premierminister bekäme, der konsequent gegen den deutschen Faschismus mit seiner expansionistischen Außen- und seiner terroristischen Innenpolitik kämpfen würde.

Am 5. Oktober 1938 legte Moltke sein Abschlussexamen als Barrister ab, das er sich neben seinen beruflichen Aufgaben in Berlin und seinen familiären Pflichten in Kreisau hart erkämpft hatte. Nach der Prüfung kehrte er Anfang Oktober nach Berlin zurück.

Die Tage der Judenverfolgung und der neuen antijüdischen Gesetze vom 8. bis 14. November erlebte er unmittelbar mit. Noch im selben Monat fuhr er wieder nach London. Dort schrieb er am 20. November einen ausführlichen Brief an Curtis (RV 96 ff.). Zunächst berichtete er über seine Zeit in der kleinen Wohnung, die ihm Curtis während seiner Abwesenheit zur Verfügung gestellt hatte. In strengster Disziplin habe er zehn bis zwölf Stunden gearbeitet und nur am Abend die Zeitung gelesen. «Aber obgleich ich in solcher Halbklausur lebte, habe ich Kontakt zu vielen Leuten gehabt, und ich muss gestehen, dass ich wirklich auf das Verhalten des englischen Volkes stolz war.» In den letzten Augusttagen sei es im Gegensatz zu den Monaten März bis Mai gelungen, sich auf einen möglichen Krieg vorzubereiten. Keiner verherrliche den Krieg, aber auch keiner scheue seine Schrecken. Er selbst habe nie an einen Krieg geglaubt, da Deutschland dazu militärisch nicht in der Lage gewesen wäre und eventuell Generäle zurückgetreten wären. Aus eigener Erfahrung berichtete er, dass junge Menschen seines Alters in England ihre Verantwortung wahrgenommen hätten, während in Deutschland keiner bereit gewesen sei zu kämpfen, sondern sich jeder um eine sichere zivile Stelle bemühte. Er zeigte sich beeindruckt von den britischen Bemühungen um den Schutz der Zivilbevölkerung, vom Zustrom von Rekruten zu allen Waffengattungen und von der Evakuierung der Kinder, «wirkungsvoll ohne Entfaltung von Militarismus, ohne Bürokratie und Zwang. […] Diese Wochen

Freya von Moltke auf der Veranda des Berghauses, 1937

hätten in der Tat als Lektion für Diktatoren dienen können [...]. Ich muss gestehen, dass ich, nachdem ich keine Zweifel daran habe, auf welcher Seite meine Sympathien im Kriegsfalle wären, wirklich stolz auf die englische Nation war. Das ist ein komisches Gefühl für einen Ausländer.» (RV 98) Umso deprimierender waren für Moltke die Entwicklungen, die in das Münchner Abkommen mündeten. Er schrieb dem Außenpolitiker Curtis:

Sie wissen, was geschehen ist, und Sie wissen, dass die Führungsrolle der Regierung vermisst wurde und dass die Regierung des Volkes, das sie führen sollte, nicht würdig war. Es war ein bemerkenswertes Schauspiel, dass eine ganze Nation von einer Regierung in einer Frage vereint wurde und dass im entscheidenden Augenblick die Regierung das Volk, das sie vereint hatte, aufgab und in die andere Richtung führte. Es war so, als ob man ein Auto aus dem schnellsten Gang in den Rückwärtsgang schaltet. Nun, ich vermute, in jenen Tagen konnte nicht anders gehandelt werden, obgleich die Geschichte noch nicht bis zu Ende bekannt ist und die Fehler der Regierung in der ersten Hälfte des Jahres und nicht in den letzten Tagen begangen wurden. Natürlich hat man das Gefühl, dass die vier Männer in München wirklich sich nicht der Folgen dessen, was sie taten, bewusst waren, zumindest nicht Daladier und Chamberlain. Es ist für jeden, der etwas über kontinentale Angelegenheiten weiß, nahezu nicht zu glauben, dass Chamberlain die wichtigsten Fakten außer Acht gelassen zu haben scheint wie z. B. das Flüchtlingsproblem. Es scheint erstaunlich, dass vier Männer, obgleich zweifellos nicht mit herausragenden intellektuellen Fähigkeiten ausgestattet, in der Lage sind, einen ganzen Tag damit zu verbringen, etwas zu tun, was wahrscheinlich von vier Militärexperten innerhalb weniger Stunden hätte erledigt werden können. Wenn man sich das Dokument betrachtet, fragt man sich, was sie die ganze Zeit getan haben. Aber ich vermute, dasselbe passierte auch in Versailles. Es ist die alte Geschichte wie mit [US-Präsident] Wilson: Ein Mann mit guten Absichten und ohne Kenntnis des Problems, mit dem er es zu tun hatte, wurde übertölpelt, um einer Lösung zuzustimmen, die keine war. (RV 98)

Härter konnte das Urteil eines einunddreißigjährigen jungen Deutschen, der für Großbritannien tiefe politische und kulturelle Sympathie empfand, nicht ausfallen. Seit 1934 hatte er in endlosen Diskussionen mit durchaus einflussreichen Briten versucht, die Denkstrukturen der nationalsozialistischen Diktatur samt den entsprechenden Konsequenzen aufzuzeigen. Doch war es weder ihm noch anderen gelungen, die Wirkungslosigkeit der bisherigen britischen Außenpolitik gegenüber dieser neuartigen politischen Doktrin, die sich nicht länger an das Völkerrecht gebunden fühlte zu erweisen. Moltke fuhr in seinem Brief an Curtis fort:

Mit den größten Befürchtungen für die Zukunft Europas als Ganzem kam ich nach Deutschland zurück. Wenn dieser Kontinent eine Zeitlang unter die Herrschaft der Nazis gerät, wird die Zivilisation, die in Jahrhunderten aufgebaut worden ist und letztlich auf dem Christentum und der Klassik fußt, verschwinden, und wir wissen nicht, was an ihre Stelle tritt. Aber was immer folgt, es wäre anders als das, wofür wir erzogen sind und für das wir stehen mussten. Vom ersten Tage an, nachdem ich von Deutschland zurückgekommen war, fiel mir auf, dass die radikale Gruppe in der Partei die Oberhand gewonnen hatte und dass fürchterliche innere Entwicklungen zu erwarten waren. Somit war ich ganz furchtbar beschäftigt, mich auf das Schlimmste vorzubereiten und besonders damit, Juden aus dem Land zu bringen. Ungefähr eine Woche vor der Ermordung vom Raths sagten die Parteiorgane Ghettos und die Beschlagnahme von Vermögen voraus, und unter normalen Bedingungen hätte der Weg von den Tageszeitungen bis zum Amtsblatt 3–6 Monate beansprucht. Aber die Ermordung beschleunigte die Ereignisse natürlich, und es geschahen die Dinge, die jetzt der ganzen Welt bekannt sind. (RV 98 f.)

Der Brand der Synagogen in der Nacht vom 8. auf den 9. November 1938 war für Moltke das öffentliche Startsignal für die Drangsalierung, Ermordung, Inhaftierung und den Abtransport von Juden in Konzentrationslager und für die in den nächsten Tagen folgende antijüdische Gesetzgebung. Moltke ahnte, dass der Nationalsozialismus sich ständig weiter radikalisieren würde. Er konnte in seiner Dynamik keinen Status quo akzeptieren, sondern arbeitete kontinuierlich auf eine neue Weltordnung hin. Er verstand sich als radikale Alternative zu aller bisherigen Kultur und Geschichte und bündelte alle verfügbaren materiellen Kräfte und menschlichen Ressourcen, um im Stil eines politischen Gigantismus der Welt sein Gesicht zu geben. In dem Wissen, dass die Novemberpogrome nicht das Ende der möglichen Schrecknisse sein würden, schrieb Moltke am Schluss seines Briefes an Curtis:

Was in Zukunft geschehen wird, ist unbekannt. Das Einzige, was wir wissen, ist, dass weitere Maßnahmen entweder auf dem Gebiet der Außenpolitik oder im Innenbereich ergriffen werden. Was wir hoffen müssen, ist, dass die öffentliche Meinung in der Welt endlich auf die weltweite Bedrohung der Grundlagen unserer Zivilisation aufmerksam gemacht wird und Mittel findet, um eine Ansteckung zu verhindern, ohne darüber einen Krieg zu beginnen. (RV 99)

Moltke wusste, dass der Kampf gegen die Expansion des Nationalsozialismus sich nicht auf geistige Auseinandersetzungen beschränken konnte, sondern die Bereitschaft der anderen Staaten erforderte, eine militärische Gegenmacht aufzubauen. Diese konnte einerseits als diplomatisches Instrument zur Wahrung des Friedens dienen, andererseits aber in bestimmten politischen Situationen zum Einsatz kommen. Für ein innerdeutsches Überwinden des nationalsozialistischen Systems sah er 1938/39 keine Chance mehr. Die demokratischen Kräfte hatten sich aufgegeben oder waren von der Geheimen Staatspolizei (Gestapo) zerschlagen worden. Die Führungseliten in den Ministerien unterstützten den «nationalen Aufbruch» als Überwindung der instabilen Republik und die Revisionspolitik Hitlers zur Wiederherstellung Deutschlands als zentrale europäische Macht. Und die Eliten in der Wirtschaft profitierten von der Aufrüstungspolitik. Außer der Wehrmacht gab es keine Kraft, die einen Umsturz hätte durchführen können.

Wieweit Moltke von den Vorbereitungen einiger Generäle in Kooperation mit der Abwehr, Hitler im Falle eines Krieges gegen die CSR zu verhaften und vor ein Gericht zu stellen, gewusst hat, ist nicht genau auszumachen. Gelegentliche Kontakte zu Männern der militärischen Opposition, wie mit Franz Halder in Kreisau anlässlich einer Militärübung in Schlesien oder mit Ludwig Beck in Berlin, lassen vielleicht auf ein vages Mitwissen schließen, aber mehr nicht. Er sprach mit Menschen, die Vorbehalte gegen einzelne Maßnahmen der Regierung oder gegen den Einfluss der Partei und ihrer Organisationen hatten, aber im Übrigen mit der nationalsozialistischen Politik übereinstimmten. Er traf Menschen, die sich in ihren Beruf oder ihre Fachwissenschaft, in eine Literatenstube oder eine Idylle auf dem Land zurückgezogen hatten. Sie richteten sich auf ein möglichst ungestörtes Überstehen des Irrsinns um sich herum ein. Andere hatten zwar einen klaren Blick für die verheerenden Konsequenzen der Vabanquepolitik Hitlers, hielten aber die Erfüllung ihres Arbeitsauftrags im System für eine patriotische Pflicht. Oder sie fühlten sich durch ihren Eid auf «ihren Führer» zum «unbedingten Gehorsam» verpflichtet. Jedenfalls gab es nur wenige Menschen im eigenen Lebensumfeld, die den Schritt von einer partiellen Opposition zu einem bewussten Widerstand gegen das System vollzogen hatten.

Moltke, der hin und wieder noch die Alternative «bleiben oder emigrieren» erwog, entschied sich schließlich für den bewussten Widerstand im Land der Verbrechen selbst. Denn dieses Land war bei aller totalitären Verzerrung sein Vaterland. Er hatte schon seit langem Gesprächspartner gesucht, von denen er vermuten konnte, dass sie ähnlich dachten wie er. Aus seiner Jugend und vor allem aus der Zeit der Schlesischen Arbeitslager kannte er Menschen, mit denen damals eine große Übereinstimmung in politischen und kulturellen Fragen und Zielen bestanden hatte. In den Wintermonaten 1938/39 erneuerte er alte Kontakte zu Horst von Einsiedel, Adolf Reichwein, Otto Heinrich von der Gablentz und Hans Lukaschek und diskutierte mit ihnen sowie mit dem Rechtsanwalt Eduard Waetjen und dem Agronomen Arnold von Borsig, bei dem er Theodor Haubach traf, aktuelle Vorgänge und zukünftige Fragen einer Neuordnung Deutschlands. Keiner von ihnen saß an einer Schaltstelle der Macht. All diese Männer verband zunächst nur das Gefühl, zu den Verlierern einer totalitären Epoche zu gehören. Aber sie verband gerade im Wissen um ihre Ohnmacht auch das Gefühl der Verantwortung, durch ein anderes Denken und widerständiges Handeln die Voraussetzungen für ein anderes Gemeinwesen zu schaffen. Der sich langsam entwickelnde Gesprächskreis diente zunächst der Selbstvergewisserung der Einzelnen, dann aber auch der Erarbeitung eines Konsenses. Von einem «Widerstandskreis» kann man in dieser Phase noch nicht sprechen. Man war auf dem Weg, inmitten des allgemeinen Schweigens im Kreis verlässlicher Freunde den Austausch zu suchen, um gemeinsam verantwortete und gemeinsam getragene Grundtexte zu verfassen.

Moltke und seine Freunde gaben sich keinen Illusionen über die Verankerung des Nationalsozialismus in der Bevölkerung und seine Absicherung durch die Gestapo hin. Sie konnten nur auf eine innere Zermürbung oder äußere Zerschlagung des Systems hoffen. In der Zwischenzeit galt es, eine alternative Neuordnung für die Zeit nach dem Zusammenbruch zu entwickeln.

Eine neue Existenz in London

Nachdem Moltke seine Zulassung als Anwalt in England bekommen hatte, fuhr er Anfang Februar 1939 wieder nach London, um seine dortigen Berufschancen auszuloten und einen eventuellen Teilumzug vorzubereiten. Vor seiner Rückkehr nach Deutschland schrieb er am 15. Februar erneut einen Brief an Curtis, der mit einer düsteren Einschätzung der politischen Lage begann:

> Ich reise heute nach Deutschland ab, und ich muss sagen, dass ich noch nie mit einer pessimistischeren Ansicht über die Zukunft Westeuropas, dem ich angehöre, weggefahren bin. Gleichzeitig kann ich einfach nicht sehen, wo ich irgendetwas Nützliches und Konstruktives machen kann. Es scheint mir, dass es jetzt nicht eine Frage ist, wie es weitergehen soll, bis das caesarische Regime stürzt, sondern vielmehr, wie der Rest Westeuropas davor bewahrt werden kann, entweder eine Beute dieses Regimes zu werden oder selbst solche Regime zu entwickeln. Die Lähmung, die dieses Land befallen hat, stach einem an jeder Ecke ins Auge. Gleichzeitig wurde während des letzten Jahres alles unternommen, um meinen lieben Führer und Kanzler zu stärken und zu stabilisieren; dadurch hat man ihn in die Lage versetzt, ganz Deutschland von möglichen unfreundlichen Bewegungen zu säubern. Wo es vor einem Jahr eine Chance zum Wechsel gab, ist jetzt nichts mehr. Ein Wechsel des Regimes setzt voraus, dass zuvor seine alles kontrollierende Gewalt durch Erschöpfung geschwächt wird, und es gibt keinen Grund, dies zu erwarten, solange wir leben. (RV 100 f.)

Dieser pessimistischen Sicht der politischen Großwetterlage entsprach die Interpretation seiner eigenen Lage. Ein Kreisauer Landleben war zwar immer möglich, wäre aber verbunden «mit der absoluten Gewissheit, dass ich nie in meinem Leben in der Lage sein werde, etwas Nützliches zu tun, das heißt irgendetwas, das denen hilft, zu denen ich gehöre». In England könne er seinem am 2. November 1937 geborenen Sohn Helmuth Caspar eine in Deutschland nicht mehr gebotene Erziehung angedeihen lassen.

Freya von Moltke
mit Helmuth Caspar, 1939

Nicht die vage Berufschance als Anwalt locke ihn, sondern «die Möglichkeit, dass ich nützlich sein könnte in der Verteidigung und vielleicht Wiederherstellung des europäischen Glaubens gegenüber dem cäsareischen Glauben, kurz: die Anziehungskraft liegt darin, auf der richtigen Seite zu sein». In Deutschland kann man eben nicht mehr auf der richtigen Seite sein, in England eher, aber in England ist man weit weg vom eigentlichen Geschehen. Und noch einmal im selben Brief: Vielleicht wäre es doch besser, in Kreisau lebendig begraben zu sein. Aber:

Andererseits kann ich nicht umhin zu fühlen, dass es meine Pflicht und Schuldigkeit ist zu versuchen, auf der richtigen Seite zu sein, welche Schwierigkeiten, Unannehmlichkeiten und Opfer dies auch mit sich bringen mag. Ich kann nicht einfach sagen, dass ich mich zurückziehen kann, da die Chancen eines sofortigen oder bevorstehenden Wechsels in Deutschland geschwunden sind. Sie sehen also, ich liege im Widerstreit mit mir selbst, und diese Komplikation kommt zu den Komplikationen, die von außen kommen, noch hinzu. (RV 101 f.)

Im Juni 1939 fuhren Freya und Helmuth nach London, um einen Teilumzug vorzubereiten. Seit Moltkes letztem London-Aufenthalt hatte sich die politische und militärische Situation auf dem Kontinent entscheidend verändert: Am 15. März 1939 rückte die Wehrmacht in die CSR ein und errichtete das «Reichsprotektorat Böhmen und Mähren». Am 21. März verlangte Deutschland von Polen die Stadt Danzig und eine exterritoriale Auto- und Eisenbahnverbindung durch den polnischen Korridor (Westpreußen). Am 31. März gaben Großbritannien und Frankreich eine Garantieerklärung für Polen ab. Hitler kündigte am 28. April das Flottenabkommen von 1935 mit Großbritannien und den Nichtangriffspakt von 1934 mit Polen. Nach dem Scheitern von Militärverhandlungen zwischen Großbritannien, Frankreich, Polen und der Sowjetunion begannen am 20. Mai Gespräche zwischen dem deutschen Botschafter in Moskau, Friedrich Werner Graf von der Schulenburg, mit dem sowjetischen Außenminister Molotow über den Ausbau von wirtschaftlichen Beziehungen und über die Verbesserung der politischen Beziehungen zwischen den beiden Staaten. Am 22. Mai wurde der «Stahlpakt» zwischen Italien und Deutschland besiegelt.

In Berlin hatte Moltke im Mai 1939 durch seinen alten Bekannten Wallace Deuel den amerikanischen Geschäftsträger Alexander Comstock Kirk kennen gelernt, mit dem er sich in der Folgezeit öfter zu Gesprächen traf. Für Moltke war der ständige Austausch mit britischen und amerikanischen Journalisten und Diplomaten seit Jahren eine gute Quelle, sich über die Politik dieser Staaten aufklären zu lassen und gleichzeitig kritische Fragen zu stellen. Auch konnte er mit ihnen offen über seine Sicht der Binnenstruktur des totalitären nationalsozialistischen Systems und dessen außenpolitische Ziele reden. Natürlich wussten seine Gesprächspartner von seiner klaren Opposition zum Regime.

Als Freya und Helmuth James von Moltke im Juni 1939 in London ankamen, vereinbarten sie die Anmietung eines Büros in der internationalen Kanzlei von John Foster und Donald Sommervell, der Erster Kronanwalt war. Ein Brief aus London an seinen Großvater vom 25. Juni 1939 dokumentiert, wie Moltke seine Situation in diesen Vorkriegsmonaten gesehen hat (MBF 92 f.). Es gebe in Deutschland keine Rechtssicherheit mehr. Langfristige Geschäfte mit dem Ausland – die Domäne des jungen Rechtsanwalts – seien mit Anliegen und Aufträgen verbunden, die «sowohl dem Geist als auch dem Gewissen abträglich sind». Man müsse Beamte des Staates oder der Partei bestechen, um zum Zuge zu kommen, was Moltke für sich selbst als unzumutbar betrachtete. Er berichtet dann über den Aufbau von Kontaktnetzen zu großen britischen Kanzleien, die auf internationales Recht spezialisiert waren. Außerdem habe er von der Londoner Universität einen Forschungsauftrag über internationales Recht erhalten, mit dem ein Stipendium von 200 Pfund für zwei Jahre verbunden sei. Er hoffe dank des in London verdienten Geldes auf die Möglichkeit, seine «Zeit

Joachim Wolfgang, Asta und Helmuth James von Moltke bei einer Schlittenfahrt, 1938

zwischen London und Kreisau zu teilen». Aber auch mit Berlin wolle er in Verbindung bleiben, um «für den Fall des Scheiterns in London noch eine Tür offen zu halten».

Moltke setzte weiterhin auf eine berufliche Doppelexistenz in Deutschland und Großbritannien. Trotz des Niedergangs des Rechtsstaates in Deutschland konnte er sich nicht entschließen, voll in die Emigration zu gehen. Eine Rolle spielte dabei auch die Verantwortung für die Geschwister und für Kreisau. Sein Bruder Joachim Wolfgang war nach seinem Kunststudium seit 1933 Museumsbeamter und mit Ingeborg von Dippe (1913–2000) verheiratet. Bruder Wilhelm Viggo (1911–1987) war Architekt, arbeitete 1937/38 in London und gelangte im Krieg über Schweden in die USA. Verheiratet war er mit Veronica Jochum (geb. 1932). Bruder Carl Bernhard (1913–1941) machte eine Lehre als Kaufmann und lebte nach vielen Zwischenstationen in Berlin und Stettin. Seine Schwester Asta Maria (1915–1993) arbeitete von 1939 bis 1945 in der Verwaltung von Kreisau mit und war von 1942 bis 1957 mit Wend Wendland (1912–1979) und ab 1960 mit Karl Heinz Henssel (geb. 1917) verheiratet.

Seinen Großvater setzte er noch davon in Kenntnis, dass er am 1. Oktcber 1939 seine Tätigkeit in London aufnehmen wolle. Doch da war der Krieg schon einen Monat alt und jeder Weg nach draußen versperrt. In der Eindeutigkeit dieser Situation gab es für Moltke nur noch eine Option: von der Opposition im System zum bewussten Widerstand gegen das «Dritte Reich» überzugehen.

Kurz vor der Junireise des Ehepaars Moltke nach England hielt sich auch Adam von Trott zu Solz dort auf. Auf dem Landsitz von Lord Astor hatte er am 3. und 4. Juni die Möglichkeit, mit dem britischen Außenminister Lord Halifax und mit dem zukünftigen Botschafter in den USA, Lord Lothian, ausführlich zu reden. Am 7. Juni wurde er noch vom englischen Premierminister Chamberlain in der Downing Street 10 empfangen. Auch der junge Trott trat für eine klare außen- und militärpolitische Haltung der Briten gegenüber der kriegstreibenden Politik Hitlers ein. Ebenfalls im Sommer 1939 waren Carl Goerdeler in England und Frankreich, Rudolf Pechel und Fabian von Schlabrendorff in England, die Brüder Erich und Theodor Kordt in den USA und England sowie Trott in den USA. Alle versuchten auf ihre Weise, ihre Gesprächspartner auf die friedensgefährdende Politik des deutschen Diktators hinzuweisen und für eine klare antinationalsozialistische Generallinie der Westmächte zu werben.[24]

Als Stalins Verhandlungen mit den Westmächten scheiterten, spielte er zusammen mit seinem neuen Außenminister Molotow die deutsche Karte. Am 20. August 1939 wurde ein Handels- und Kreditabkommen zwischen Deutschland und der Sowjetunion geschlossen, und drei Tage später unterzeichneten die beiden Außenminister Ribbentrop und Molotow in Moskau einen Nichtangriffspakt. Beide Staaten verpflichteten sich, «sich jeden Gewaltaktes, jeder aggressiven Handlung und jeden Angriffs gegeneinander» zu enthalten (UF XIII, 456 f.). Damit schlossen zwei Systeme, die sich wechselseitig als unversöhnliche Gegensätze betrachtet hatten, ein Abkommen, das den Deutschen im Kriegsfall gegen Polen das Nichteingreifen der Sowjetunion sicherte und den Sowjets territorialen und politischen Zugewinn nach Westen hin eröffnete. Am 25. August machte Hitler durch den britischen Botschafter in Berlin, Sir Neville Henderson, ein «Angebot an England»: Wenn es der Lösung der polnischen Frage, des Problems Danzig und des Korridors im deutschen Sinne zustimme, könne man über alle Fragen verhandeln. Doch am selben Tag schlossen Großbritannien und Polen einen Vertrag über den gegenseitigen bewaffneten Beistand, der eintrete, wenn eine der vertragschließenden Parteien durch eine europäische Macht bedroht werde. Das hieß: Wenn Deutschland Polen angreift, ist dies der Casus belli für Großbritannien.[25]

4. Kriegsgegner und Kriegsverwaltungsrat (1939)

Kriegsbeginn und berufliche Neuorientierung

Am Abend des 21. August 1939 besuchte Moltke den Botschafter der USA, Alexander C. Kirk, in dessen Villa. In die Unterhaltung platzte ein Telefonanruf mit der Mitteilung vom Deutsch-Sowjetischen Nichtangriffspakt, der erst zwei Tage später unterzeichnet wurde. Moltkes unmittelbare Reaktion:

Ich habe noch nichts über die Sache gehört und bin in jedem Fall sehr skeptisch. Ich neige der Auffassung zu, dass es ein Theater-Reklamecoup ist, der nicht viel ändert. Aber es gibt hier Meinungen, die so weit gehen, es sei eine richtige Teilung Polens vereinbart. (MB 57)

Moltke sprach jedoch nicht nur mit Kirk über die außenpolitische Situation, sondern von nun an auch regelmäßig mit seinem Onkel Hans Adolf von Moltke. Dieser war nach vielen Stationen im Ausland von 1931 bis 1939 Gesandter und Botschafter in Warschau und mit dem internationalen Machtspiel wohl vertraut. Durch ihn erhielt sein Neffe in fünfundvierzig Gesprächen bis zum Juni 1943 Hintergrundinformationen, die auf öffentlichem Weg nicht zu bekommen waren.[1] Beide Spitzendiplomaten – der amerikanische und der deutsche – waren für Moltke wichtige Anlaufstellen, um sich ein eigenes Urteil auf außenpolitischem Gebiet zu bilden. Auch kannte er eine Reihe von jüngeren Leuten aus dem Auswärtigen Amt, die in kritischer Distanz zur Außenpolitik Hitlers und seines Außenministers Ribbentrop standen. Hinzu kamen regelmäßige Treffen mit namhaften britischen und amerikanischen Journalisten, mit denen er seit langem freundschaftliche Beziehungen unterhielt. Zudem las er täglich die *Times* und andere ausländische Zeitungen. Für einen damaligen jungen Deutschen verfügte er so über ein ungewöhnliches Wissen außenpolitischer Zusammenhänge.

Bereits in einem Brief vom 22. August 1939 tauchte der Name eines Mannes auf, der in den kommenden Jahren eine wachsende Bedeutung erlangen sollte: Horst von Einsiedel. Der Kontakt zu ihm war seit den Schlesischen Arbeitslagern nie ganz abgebrochen. Jetzt arbeitete der Volkswirtschaftler in der Reichsstelle Chemie in Berlin. Er verstand viel von praktischer Wirtschaft, volkswirtschaftlicher Theorie und unterschiedlichen Wirtschaftsordnungen. Einsiedel und Moltkes Vetter Carl Dietrich von Trotha, der damals im Reichswirtschaftsministerium tätig war, wurden in der späteren systematischen Arbeit des Kreisauer Kreises Moltkes Hauptgesprächspartner in allen ökonomischen Fragen.

In dem erwähnten Gespräch mit seinem Onkel Hans Adolf von Moltke am 23. August 1939 wurden die «allgemeine Lage» sowie eine Neuregelung der Rechtsverhältnisse zwischen Kreisau und Wernersdorf besprochen. Es ging nun darum, das Pachtverhältnis zwischen Kreisau und Wernersdorf aufzulösen. Aber erst 1942 konnte Wernersdorf nach einer Kapitalablösung als «Erbhof» in den Besitz Hans Adolf von Moltkes übergehen. Helmuth von Moltke benutzte dieses Kapital für die endgültige Entschuldung von Kreisau.

Noch unmittelbar vor dem deutschen Überfall auf Polen am 1. September 1939 glaubte Moltke nicht an einen baldigen Krieg, es sei denn, man habe mit der Sowjetunion einen gemeinsamen Angriffskrieg mit anschließender Teilung Polens beschlossen. Aber selbst dann befürchtete er «durch das Frühstück einiger Millionen Polen» «Verdauungsstörungen» (MB 59). Dass Polen sich kampflos ergeben und Frankreich und Großbritannien stillhalten würden, konnte er sich nicht vorstellen, ebenso wenig, dass Deutschland wegen Polen einen Krieg mit den Westmächten in Kauf nehmen würde. Wenn aber doch, dann galt für den pessimistischen Analytiker Moltke: «Vielleicht bedeutet das praktisch, dass der Rhein die Grenze Europas wird.» Schon vor dem Ausbruch des Krieges sah Moltke als sein Ergebnis eine radikale Veränderung der europäischen Landkarte voraus. Sein Kalkül dürfte gewesen sein: Deutschland erobert unter großen Verlusten Polen und lässt die Sowjetunion zeitweilig näher an Mitteleuropa herankommen. Es wird aber nur eine Frage der Zeit und Gelegenheit sein, bis es zum militärischen Zusammenstoß zwischen den beiden politisch und territorial ambitionierten Mächten kommt, um über die Hegemonie in Europa zu entscheiden.

Mit Brief vom 24. August berichtete Moltke kurz von einem Gespräch, das später Folgen haben sollte. Er hatte sich eingehend mit Ernst Martin Schmitz, dem stellvertretenden Direktor des Kaiser-Wilhelm-Instituts für ausländisches öffentliches Recht und Völkerrecht, unterhalten. Leiter dieses Instituts war Viktor Bruns. Moltke sprach mit Schmitz über «Fragen der englischen Rechtsprechung». Sowohl Schmitz als auch Bruns kannten Moltke aus gelegentlicher Zusammenarbeit vor dem Krieg. Natürlich wollte Moltke in diesem Gespräch erkunden, ob es im Falle eines Krieges für ihn eine mögliche Verwendung am Institut gebe, um so eine Einberufung in die Wehrmacht zu umgehen. Er scheint sich Hoffnungen auf eine Mitarbeit gemacht zu haben, denn er leitete in diesen Tagen eine einvernehmliche Trennung von seinem Kanzleipartner Lewinski ein.

Am selben Tag schrieb er seinem englischen Freund Michael Balfour, dass er sich den Herbst für seine Arbeit in London freihalte, und fügte skeptisch hinzu:

Diese Tage machen viele Hoffnungen zunichte, aber ich vertraue darauf, dass wir später wieder von vorne beginnen können. Wir müssen wieder anfangen, und ich hoffe, Du wirst es als Deine Pflicht betrachten, möglichst viele Leute im Gleichgewicht zu halten. Später kann man dann weitersehen. (MBF 94)

Die letzte Augustwoche 1939 verbrachte Moltke in Kreisau. Am Morgen des Überfalls auf Polen fuhr er in einem überfüllten Zug nach Berlin zurück. Er zeichnete ein düsteres Bild der Reichshauptstadt, das so gar nicht zur offiziellen Propaganda passte: «Die Atmosphäre hier ist schrecklich. Ein Gemisch von Ausweglosigkeit und Trauer. Es ist aber gar nichts Positives darin enthalten.» (MB 61) Und schließlich:

Dieser Krieg hat etwas gespenstisch Unwirkliches. Die Menschen stützen und tragen ihn nicht. Gestern, als Henderson abfuhr, ging ich gerade in der Wilhelmstr vorbei. Vielleicht 3 oder 400 Menschen standen da, aber kein Laut des Missfallens, kein Pfiff, kein Wort ertönte; man hatte das Gefühl, sie werden jeden Augenblick klatschen. Völlig unverständlich. Die Menschen sind apathisch. Es ist wie ein danse macabre, auf der Bühne von Unbekannten getanzt, und keiner scheint das Gefühl zu haben, dass er der nächste ist, der von der Maschine zertrümmert werden wird. Es ist das Maschinelle, menschlich Unbeteiligte, das diesem Krieg den Schwung nimmt. Es wird dem Sieg jedenfalls die Begeisterung, vielleicht auch der Niederlage den Stachel nehmen. Welch ein Krieg, der mit Drohungen an die Adresse derer beginnt, die ihr Hab und Gut, ihr Leben, ihre Freunde, Männer, Frauen, Söhne und Töchter opfern sollen. (MB 63 f.)

Hitler hatte in seiner Reichstagsrede vom 1. September 1939 (UF XIII, 597 ff.) gesagt: «Wer aber glaubt, sich diesem nationalen Gebot, sei es direkt oder indirekt, widersetzen zu können, der fällt.»

Moltke schrieb seiner Frau, dass der Angriff auf Polen ursprünglich für den Morgen des 26. August 1939 geplant gewesen sei. Die Prämissen waren: Großbritannien und Frankreich greifen nicht ein, und Italien kämpft auf deutscher Seite. Doch beide Voraussetzungen waren am 25. August vom Auswärtigen Amt als unzutreffend erkannt worden. Man verschob den Angriffstermin, aber das Heer wollte so schnell wie möglich zuschlagen, um einer möglichen britischen Hilfe für Polen zuvorzukommen. Moltkes Gesamturteil lautete: «Wir sind ganz einfach in diesen Krieg gestolpert.» (MB 63) Er wisse das so genau, «wie man so etwas nur wissen kann» (MB 62). Er muss also Informanten aus Diplomatie und Wehrmacht gehabt haben. Schon hier zeigte sich, was für den ganzen Kriegsverlauf gelten sollte: Moltke kannte in allen staatlichen und militärischen Dienststellen Männer, die an Entscheidungsprozessen beteiligt waren oder über sie Bescheid wussten.

In der Sorge, einberufen zu werden, nahm Moltke Kontakt zu Menschen auf, die ihm vielleicht behilflich sein konnten, eine für ihn angemessene Stelle zu finden. Sein Onkel Hans Adolf war zurückhaltend, wollte sich aber «im Amt umhören». Doch: «Er scheint der Meinung zu sein, dass Flak [Fliegerabwehr-Kanone] die richtige Tätigkeit für mich ist.» (MB 61) Auch seinen Vetter Carl Dietrich von Trotha bat er um Erkundigungen über die Aussicht, irgendwo in der Wirtschaft arbeiten zu können.

Am 4. September traf sich Moltke mit Paul Leverkühn, einem ehemaligen Anwaltskollegen, der ihn nun für seine neue Dienststelle in Amt Ausland / Abwehr des Oberkommandos der Wehrmacht (OKW) anwerben wollte. Anschließend konferierte er wieder mit Ernst Martin Schmitz, der ihm eine Stelle an seinem völkerrechtlichen Institut anbot. Nach all diesen Konsultationen ergaben sich für Moltke bis zum 6. September mehrere Beschäftigungsoptionen: in der Personalabteilung der Wehrmachtspropaganda beim OKW, im Reichswirtschaftsministerium, beim OKW in einer neu zu gründenden Abteilung Völkerrecht unter dem Abteilungsleiter Otto Kiep, beim Kaiser-Wilhelm-Institut und beim Reichskommissar für das Prisenwesen. Moltkes Fazit lautete: «Ich habe keine Ahnung, was aus all diesen Sachen werden wird, aber ich kann mir nicht vorstellen, dass sie alle danebengehen.» (MB 65) Natürlich hatte er für sich eine Priorität:

Augenblicklich bin ich von dem Plan, die völkerrechtliche Beratung von Heer, Marine, Wirtschaftsministerium und Auswärtigem Amt bei Bruns zu koordinieren und mir die englische Abteilung und das Prisenrecht zuteilen zu lassen, wie von einem Phantom verfolgt. Ich hoffe, es ist keine Fata Morgana. Seit gestern Nachmittag kann ich an nichts anderes mehr denken, weil ich dort eine große interessante und segensreiche Aufgabe wittere. (MB 66)

Seine bisherige berufliche Tätigkeit als Anwalt in internationalen Fragen prädestinierte Moltke, völkerrechtliche Aspekte in staatliche Entscheidungsprozesse einzubringen. Seine Kenntnis der britischen Auslegung des

Völkerrechts sowie des Land- und Seerechts machten ihn zu einem Anwärter auf einen Arbeitsplatz in diesem Bereich, der unter den Bedingungen des Krieges an Umfang und Bedeutung zunehmen würde. Moltke berichtete, dass Bruns und Schmitz darüber verhandelten, ihr Institut ganz der Wehrmacht zu unterstellen. Er selbst würde dann Assistent von Bruns werden und könne in seinem alten Büro, unterstützt von seiner Sekretärin Katharina Breslauer, arbeiten.

Wie die Entscheidungen über die Verwendung des zivilen Rechtsanwalts verlaufen sind, lässt sich anhand der Tagebucheintragungen von Wilhelm Tafel rekonstruieren, der am 1. April 1939 als Leiter der Gruppe Völkerrecht in das Amt Ausland/Abwehr des OKW eingetreten war. Demnach war nach langem Hin und Her das Völkerrechtsreferat eingerichtet worden. Es bestand zunächst aus dem Leiter Wilhelm Tafel, den Mitarbeitern Ernst Martin Schmitz und Normann Körber. Später kam Moltke hinzu, der als Kriegsverwaltungsrat eingestellt wurde und damit Angehöriger der Wehrmacht war. Trotz der Aufforderung, eine Uniform zu tragen, hat er das nie getan.

Am 15. September verfügte der Chef des OKW, Wilhelm Keitel, die Einrichtung einer «Beratungsstelle für Völkerrecht», der in Absprache mit dem Kultusministerium und der Kaiser-Wilhelm-Gesellschaft das «Institut für ausländisches Recht und Völkerrecht» und der «Kriegsrechtsausschuss» der «Gesellschaft für Wehrpolitik und Wehrwissenschaften» zugeteilt wurden. Als dieser Erlass erschien, arbeitete Moltke schon einige Tage in dieser «Beratungsstelle für Völkerrecht». Am 6. September hatte er aufgrund der Referenzen von Bruns, Schmitz und Tafel seine Dienstverpflichtung ins Amt Ausland/Abwehr erhalten (RV 143). Dieses Amt innerhalb des OKW war in dieser Zeit der wichtigste militärische Nachrichtendienst, geleitet von Admiral Wilhelm Canaris.[2]

Über seine erste Arbeitswoche wissen wir nicht viel, da Freya zu Besuch in Berlin war und der Briefwechsel sich erübrigte. Moltke konnte eine in der Nähe des OKW gelegene Wohnung über einer Garage in der Derfflingerstraße 10 beziehen, die seinem meist in Holland lebenden Schwager Carl Deichmann gehörte. Gleich zum ersten Mittagessen kamen Schmitz, der für ihn ein Lichtblick unter den Kollegen war, und Berthold von Stauffenberg, den er als Völkerrechtler sehr schätzte. Kaum zu zählen sind die Gespräche und Treffen, die in der Folgezeit in dieser kleinen Wohnung stattgefunden haben. Auch Freya wohnte selbstverständlich hier, wenn sie in Berlin war. Nach einem gemeinsamen Wochenende schrieb er am 16. September an sie: «Es war sehr schön mit Ihnen hier, und ich hoffe, Sie kommen bald zurück.» (MB 68) Moltke sprach seine Frau öfter liebevoll-ironisch mit Sie an.

Schaut man sich die Gästeliste der Derfflingerstraße bis zur Aufgabe der am 24. November 1943 zerstörten Wohnung an, so wird deutlich, dass Moltke ein Meister der freundschaftlichen Kommunikation war. Im Laufe der Zeit empfing er Horst von Einsiedel, Adam von Trott, Peter Bielen-berg, seine Schwester Asta, Günther Jaenicke, Hans Adolf von Moltke, seinen Bruder Jowo mit Frau, Eduard Waetjen, Hans Oster, Carl Dietrich und Margarete von Trotha, Martin Gauger, Edgar Freiherr von Üxküll, Wallace Deuel, Paul Leverkühn, Hans Carl und Leonore von Hülsen, Hans Deichmann, Carl Sarre, Albrecht von Kessel, Hans von Dohnanyi, Peter Yorck von Wartenburg, Baronin Steengracht von Moyland, Kapitän Eber-hard Weichold, Franz Josef Furtwängler, Normann Körber, Gottfried von Nostiz, Hans-W. Pape, Hans Peters, Adolf Reichwein, Eugen Gersten-maier, Theophil Wurm, George F. Kennan und viele andere.

Am 18. Oktober 1939 wurde Moltke «unter boshaften Bemerkungen von Schmitz und Tafel die Ernennungsurkunde zum Kriegsverwaltungsrat ausgehändigt» (MB 79). Er war nun als dienstverpflichteter Zivilist in ein Befehls- und Verwaltungszentrum des «Dritten Reiches» eingetreten, dem er bis Januar 1944 angehörte. Er hatte völkerrechtliche Expertisen auszuar-beiten, sie in den jeweils zuständigen Arbeitsgruppen zu interpretieren und notfalls zu verteidigen. Er saß zwar nur in einem Vorzimmer der Macht, bekam aber gründliche Einblicke in die Mechanismen des poli-

Das Reichskriegsministerium am Tirpitzufer in Berlin, der Sitz des Amtes Ausland/Abwehr

*Admiral Wilhelm Canaris (1887–1945),
der Chef der deutschen Abwehr*

tischen und militärischen Apparats. Die militärische Lage war ihm durch
die im Amt kursierenden Informationen bekannt. Vor allem lernte er eine
Reihe von Funktionsträgern kennen, die unter dem Deckmantel der Loyalität Verächter und Gegner des nationalsozialistischen Systems waren.
Dazu gehörten neben Canaris Oberst Hans Oster[3] als Leiter der Zentralabteilung, Hans von Dohnanyi[4] als Sonderführer und seine beiden unmittelbaren Vorgesetzten Wilhelm Tafel als Gruppenleiter und Kapitän zur
See Leopold Bürkner als Chef des Amtes Ausland/Abwehr. Hinzu kamen
Ernst Martin Schmitz und Berthold von Stauffenberg,[5] der als Marineober-
richter Experte für Kriegs- und Prisenrecht war. Schon in den ersten Tagen
musste Moltke die Erfahrung machen, dass die Völkerrechtsgruppe zwar
konsultiert wurde, dass ihr Rat aber ohne besondere Bedeutung für die Entscheidungen der höheren Befehlsstellen war. Hier lag von Anfang an eine
Schwäche, die er ständig zu spüren bekam. In dieser Situation hoffte er
darauf, «alle Querverbindungen der Völkerrechtler untereinander aufrechterhalten und verbessern und stärken» zu können (MB 68).

Als Völkerrechtler im Dienst des «Dritten Reichs»

Bevor Moltke seine Arbeit in der Völkerrechtsgruppe der Abwehr aufnehmen konnte, hatte er ein besonderes Erlebnis. Er saß am 3. September
1939, dem Tag der Kriegserklärung Großbritanniens und Frankreichs an
Deutschland, am Mittagstisch im feudalen Hotel Adlon am Brandenbur-
ger Tor. Einige Tische von ihm entfernt sah er die drei wichtigsten westlichen Diplomaten: Sir Neville Henderson (Großbritannien), Alexander
C. Kirk (USA) und Robert Coulondre (Frankreich). An Freya schrieb er:
«Ich habe mich aber nicht sehen lassen. Ein merkwürdiges Gefühl.» (MB

63) Die Männer am Nebentisch repräsentierten für ihn die Anwesenheit eines anderen, demokratischen Politikverständnisses im braunen Berlin. Jahrelang hatte er mit ihnen das Gespräch gepflegt. Die Abreise des Briten und des Franzosen war für ihn ein weiterer Schritt in die eigene geistige und politische Isolierung. Kirk blieb noch bis Oktober 1940. Ihm folgte als Gesprächspartner Moltkes George F. Kennan, der bis zur Kriegserklärung des Deutschen Reichs an die USA am 11. Dezember 1941 dessen wichtigster ausländischer Gesprächspartner werden sollte. Beide, Kirk und Kennan, wussten durch Moltke von einem deutschen Widerstand.

Für Moltke repräsentierten die westlichen Staaten die Idee des Völkerbunds und des Völkerrechts. Beiden neuzeitlichen Errungenschaften gegenüber fühlte er sich trotz ihrer in der Zwischenkriegszeit gezeigten Schwächen seit seiner Jugend politisch und moralisch verpflichtet. Noch immer sah er in ihnen ein Instrument, Kriege zu verhindern, zu begrenzen oder unter humanitäres Recht zu stellen. Angesichts des nun ausgebrochenen Krieges antwortete er auf die neue Situation mit dem Willen, auch und gerade unter den Bedingungen nationaler Feindschaften den Gedanken und die Praxis des humanitären Völkerrechts aufrechtzuerhalten. Dass er in die «Völkerrechtsgruppe» des OKW ging, hatte nicht nur den Grund, etwas Sinnvolles in einem im Ganzen sinnlosen Krieg tun zu wollen, sondern war der selbstgewählte Auftrag, in einer Zeit drohender Chaotisierung dem Recht einen Platz zu erhalten. Unter den Bedingungen eines Krieges, der von Seiten Deutschlands von Anfang an als Eroberungs- und Unterdrückungskrieg und später als Ausbeutungs- und Vernichtungskrieg geführt wurde; einige Inseln völkerrechtlicher Normalität zu erhalten war sein Ziel. Im vollen Wissen darum, dass das in den Haager Konventionen von 1899 und 1907 kodifizierte Kriegsvölkerrecht die Wirklichkeit des modernen Krieges nicht mehr traf, trat er seinen Dienst an. Auch wusste er, dass im nationalsozialistischen Selbstverständnis ein natürliches und geschichtliches Recht des «rassisch höherwertigen Volkes» auf Expansion galt. Völkerrecht war ein Fremdkörper im «neuen Denken».

Moltke wusste, in welche Szenerie er sich begab, als er sein Büro am Tirpitzufer bezog. Durch Vorträge in Entscheidungsgremien und Gutachten für übergeordnete Dienststellen konnte er allzu schroffe Verstöße gegen das geltende Völkerrecht aufhalten oder mildern, ganz selten sogar verhindern. Bei allen konkreten Rechtsfällen dachte er in erster Linie an die von einer Aktion betroffenen Menschen. Wenn seine völkerrechtlichen Argumente gegenüber den Sachwaltern eigenen Herrenrechts nicht durchschlagen konnten, entwickelte er eine politisch-strategische Argumentation, die nach den möglichen politischen und militärischen Folgen einer rechtswidrigen Maßnahme fragte. Diese Frage nach den mittel- und langfristigen realpolitischen Folgen einer vorgesehenen Entscheidung interessierte das OKW und die beteiligten Ministerien mehr als eine noch so gekonnte juristische Argumentation. Moltke entwickelte bald eine ausgeklügelte Doppelstrategie, in der er die Auslegung einer völkerrechtlich verbindlichen Aussage und die Frage der möglichen Folgen einer prinzipiellen Nichtbeachtung der völkerrechtlichen Normen für die deutschen Interessen miteinander verband. Allerdings hatte Hitler an einer solchen Abwägung nicht das geringste Interesse. Schon seine entscheidenden Weisungen, Befehle und Geheimreden vor Kriegsbeginn waren ohne völkerrechtliche Prüfung erarbeitet worden. So hatte Hitler in einer Ansprache an die Befehlshaber der Wehrmacht am 22. August 1939 ausdrücklich unterstrichen:

Bei Beginn und Führung des Krieges kommt es nicht auf das Recht an, sondern auf den Sieg. Herz verschließen gegen Mitleid. Brutales Vorgehen. 80 Millionen Menschen müssen ihr Recht bekommen. Ihre Existenz muss gesichert werden. Der Stärkere hat das Recht. Größte Härte. (UF XIII, 477 ff.)

Moltkes Arbeit vollzog sich zunächst abwechselnd an zwei Orten: in der Abwehr im Haus des OKW und im Institut im Schloss. Zwischen beiden Arbeitsstellen bestanden Beziehungen auf sachlicher und persönlicher Ebene. Der Leiter des 1924/25 von der Kaiser-Wilhelm-Gesellschaft gegründeten Instituts für ausländisches öffentliches Recht und Völkerrecht war der bereits erwähnte Berliner Völkerrechtler Viktor Bruns (1884–1943). Zusammen mit dem zur gleichen Zeit gegründeten Institut für ausländisches und internationales Privatrecht saß man im Dachgeschoss des Berliner Schlosses. Gemeinsam baute man eine Bibliothek auf, die mit ihren Beständen die Voraussetzung für wissenschaftliches Arbeiten bildete. Das Bruns'sche Institut gab seit 1929 die *Zeitschrift für ausländisches öffentliches Recht und Völkerrecht* heraus, die sich als Wissenschafts- und Diskussionsforum verstand.

Moltke hatte in dieser Zeitschrift 1935 seinen ersten wissenschaftlichen Beitrag «Zur Rechtsstellung der Dominions im Britischen Reich» veröffentlicht (RV 109 ff.). Seit dieser Zeit wusste man im Institut, dass es in Berlin einen exzellenten Kenner der britischen Rechtsverhältnisse gab. Mit Bruns konnte Moltke manches Gespräch über Fachfragen führen. Auch scheint er Moltke zur Habilitation animiert zu haben, was dieser aber «unzweideutig» abgelehnt hat (MB 382). Bruns starb im September

1943. Canaris und andere schlugen Berthold von Stauffenberg als seinen Nachfolger vor. Der Geschäftsführer des Kaiser-Wilhelm-Instituts, Ernst Telschow, ein Nationalsozialist, lehnte diesen Vorschlag jedoch ab.

Der zweite Mann nach Bruns war der für Moltke wichtigste Mitstreiter: Ernst Martin Schmitz, Honorarprofessor an der Universität Berlin. Schmitz war als Hauptmann der Reserve zu Kriegsbeginn zur Völkerrechtsgruppe in der Abwehr einberufen worden und teilte mit Moltke das Arbeitszimmer. Moltke bekannte am 12. November 1939: «Es ist ein Segen, dass ich Schmitz neben mir habe. So habe ich immer jemanden, mit dem ich Sachen besprechen kann.» (MB 87) Leider verunglückte Schmitz Anfang 1942 tödlich beim Skifahren. Er wurde am 3. Februar in Bonn beigesetzt. Moltke schrieb am 4. Februar 1942 an Freya:

Die Beisetzung gestern war sehr grässlich. In einer kleinen Friedhofskapelle sprach ein Mann im Talar, der allerhöchstens Deutscher Christ war. Kein Wort aus der Bibel kam vor, stattdessen Gedichte aller Art und deutsche Sinnsprüche, auch Sprichwörter. Das Wort «Christus» kam nicht vor. Das Wort «Gott» zum Schluss in einem Nebensatz; dafür kam das Bild vor «die Standarte Horst Wessel in Walhall»; es wurde kein Lied gesungen. (MB 352)

Moltkes unmittelbarer Vorgesetzter war zunächst Major Tafel, ein Verwandter der Bonhoeffers (Dietrich Bonhoeffers Großmutter Julie war eine geborene Tafel). Wegen kritischer Äußerungen zum Vorgehen der SS in Polen wurde er verwarnt und später an die Front versetzt. Bis 1942 war dieser Regimegegner für Moltke ein zuverlässiger und vertrauensvoller Vorgesetzter. Sein Nachfolger wurde Oberst Werner Oxé, mit dem Moltke bei bleibender Distanz dienstlich und menschlich keine größeren Schwierigkeiten gehabt zu haben scheint. Viel zu tun hatte Moltke mit dem Admiral Walter Gladisch, der von 1935 bis 1938 einen «Ausschuss Kriegsrecht» geleitet hatte. Nach Kriegsbeginn war er bis 1943 Reichskommissar am Oberprisenhof.[6]

Schmitz und Moltke machten am 20. Juni 1940 dem Chef des OKW, Wilhelm Keitel, den Vorschlag, einen neuen Sachverständigenausschuss zur Fortentwicklung des Völkerrechts zu bilden, der zusammen mit dem Gladisch-Ausschuss eine Denkschrift zur Neufassung des Kriegsvölkerrechts ausarbeiten sollte (RV 177 f.). Der Vorschlag wurde von Keitel gebilligt, und es wurde eine Kommission aus Schmitz, Stauffenberg und Moltke unter dem Vorsitz von Gladisch gebildet. Ihm zur Seite stand aus der Gruppe Völkerrecht Berthold Widmann, der Mitglied der Deutschen Gesellschaft für Wehrpolitik und Wehrwissenschaft war. Moltke lernte

Gladisch und Widmann in vielen Ausschusssitzungen, in mancherlei Gesprächen und bei gemeinsamen Essen kennen. Er hielt bei Gladisch mehrere Referate und fertigte für ihn eine größere Expertise an (MB 354). Am 15. September 1939 war die «Beratungsstelle für Völkerrecht» beim OKW offiziell eingerichtet worden. Einen Tag zuvor war ein «Seekriegsausschuss» neu gebildet worden, an dem der neue Mitarbeiter Moltke teilnahm. Sein Eindruck: «Es war nicht so gut, wie ich gehofft hatte, aber doch ganz erfreulich. Jetzt verbringe ich den Abend mit Wirtschaftskrieg.» (MB 67) Zwei Namen wurden anfangs immer wieder genannt: Schmitz und Stauffenberg. Sie standen ihm sachlich am nächsten. Zu Schmitz hatte er schon am 18. September geschrieben: «Das OKW ist eben mit Schmitz sehr erträglich. Wie es ohne ihn wäre, wenn ich also den zum Teil sehr törichten Leuten ganz allein ausgeliefert wäre, das weiß ich nicht.» (MB 69) Stauffenberg arbeitete im Völkerrechtsreferat der Marineleitung. Ihm begegnete er häufig im Institut. Ein ähnlich gutes Verhältnis entwickelte Moltke zu Günther Jaenicke, der ihm als «Adept» für den Komplex Wirtschaftskrieg zugeteilt worden war.

Dass Moltke vorläufig nicht mit einer Einberufung zur Truppe rechnen musste, ergab eine Untersuchung beim Truppenarzt am 20. September. Er schrieb an Freya, er sei «büroverwendungsfähig, aber nicht kriegsdienstfähig geschrieben worden» (MB 70). Im Rang eines Majors wurde er auf der Gehaltsliste geführt und bekam 4,80 Reichsmark pro Tag.

Das erste größere völkerrechtliche Gutachten verfasste Moltke mit Unterstützung von Schmitz Ende September über «Die Lossagung Großbritanniens, Frankreichs, Australiens, Neuseelands, Südafrikas und Indiens von den Verpflichtungen der Fakultativklausel, Art. 36 des Status des Ständigen Internationalen Gerichtshofs» (RV 122 ff.). Der Kern dieser komplizierten Völkerrechtsproblematik war die Tatsache, dass vor allem der Seekrieg Formen angenommen und Probleme aufgeworfen hatte, die bei der Abfassung des Artikels noch nicht bekannt waren. Der Internationale Gerichtshof konnte in aktuellen und künftigen Streitfällen nicht mehr aktiv werden. Was das praktisch bedeutete, wird in der «Order in Council framing Reprisals for restricting further the Commerce of Germany» vom 27. November 1939 deutlich (RV 128 ff.). Moltke kam zu dem Ergebnis, dass die britische Order Teil des Wirtschaftskrieges war und in das Neutralitätsrecht eingriff. Man wollte den Handel von Neutralen mit Deutschland verhindern; sie sollten gezwungen werden, an dem Wirtschaftskrieg der Alliierten gegen Deutschland teilzunehmen, indem sie den Handel mit Deutschland aufgaben.

Auf deutscher Seite ergriff in der Frage der neutralen Handelsschiffe der Oberbefehlshaber der Kriegsmarine, Großadmiral Erich Raeder, die Initiative. Zunächst enthob er Mitte Oktober den für die Seekriegsführung verantwortlichen Admiral Boehm und dessen Stabschef Kapitän Weichold, die ihm in der Kriegsführung zu zurückhaltend waren, ihrer Ämter. In einem Gutachten Raeders für Hitler zeigt sich, wie die oberste Marineführung mit den bisherigen völkerrechtlichen Vereinbarungen umzugehen beabsichtigte: Grundsätzlich sollten alle Maßnahmen mit ihnen konform sein, aber im Falle militärischer Notwendigkeiten, die das Ziel hatten, die feindliche Wirtschaftskraft und die politische Widerstandskraft zu brechen, hat das strategisch-politische Argument den Vorrang vor der völkerrechtlichen Tradition. Der Bruch des alten Völkerrechts konnte aber auf der anderen Seite die Notwendigkeit der Entwicklung eines neuen Seekriegsrechts erweisen.

Um diese Problematik gründlich zu durchleuchten und eventuell zu Leitlinien eines neuen Seekriegsrechts zu kommen, wurde auf der Grundlage eines Führererlasses vom 23. Oktober 1939 ein Sonderstab für «Handelskrieg und wirtschaftliche Kriegsmaßnahmen» (HWK) gebildet, dem Vertreter des Beauftragten für den Vierjahresplan, des Auswärtigen Amtes und der drei Wehrmachtsteile angehörten. Der Leiter dieses Sonderstabs war bis Ende Mai 1940 Admiral Karlgeorg Schuster, Chef des Stabes war bis Sommer 1940 Kapitän Weichold. Für das Heer waren in der Arbeitsgruppe bis 1942 Major Hermann Kayser, für die Luftwaffe bis 1941 Oberstleutnant Veltgens und für die Marine Kapitän Vesper. Von dem Amt Ausland/Abwehr des OKW wurde Moltke abgestellt, der auf Bitten von Schuster besondere Aufgaben für diesen Ausschuss übernahm.

In kürzester Zeit hatte Moltke sich intensiv mit seekriegs-, luftkriegs-, landkriegs- und wirtschaftskriegsrechtlichen Fragen befasst. Er galt bald als Experte für Kriegsvölkerrecht. Die Gespräche mit den in anderen Dienststellen für diesen Bereich zuständigen Beamten und Militärs waren nach seinen Berichten nicht immer einfach. Die Marineleute dürften im Sinne von Raeder für eine totale Blockade Großbritanniens mittels einer unerbittlichen und unterschiedslosen Vernichtung aller Handelsschiffe mit Kurs auf Großbritannien argumentiert haben. Die selbstverständliche Priorität des militärischen Denkens ohne Abschätzung der politischen Folgen widerstrebte Moltke ebenso wie die generelle Aufkündigung des humanitären Völkerrechts. Er selbst war nicht bereit, sein eigenes Urteil aus taktischen Gründen zurückzustellen. Für ihn waren sogenannte Sachentscheidungen immer auch Gewissensentscheidungen. Bei der Auslegung von völkerrechtlich geltenden Regeln ging es ihm nicht nur um formaljuristische Richtigkeit, vielmehr wollte er mithilfe des kodifizierten Rechts Menschenleben schützen. Das Kriegsvölkerrecht war für ihn ein Mittel, dem militaristischen Denken und Handeln nicht widerstandslos das Feld zu überlassen.

Schon im Oktober wurde Moltke aufgefordert, «über die Beschlagnahme feindlichen Eigentums vor den Referenten der zuständigen Ministerien» einen Vortrag zu halten (MB 79). Das veranlasste ihn, sich auch in diese Materie gründlich einzuarbeiten, vor allem in den historischen Teil.

Der berufliche Alltag war mit der Erledigung kleinerer wie größerer Aufträge angefüllt. Moltkes Hauptaufgabe war die Beobachtung der Vorgänge in Großbritannien und bei dessen Verbündeten. Als Experte für britisches Recht musste er ein Gutachten über den am 19. Oktober 1939 zwischen Großbritannien, Frankreich und der Türkei abgeschlossenen Beistandsvertrag erstellen.

«Ich habe mich maßlos querlegen müssen»

Am 30. September 1939 hatte Moltke bemerkt: «Übrigens, was den Frieden anbelangt: Ich fürchte, dass innerhalb eines Monats der Krieg anfangen wird. Ich kann es mir noch immer nicht vorstellen. Gut, dass Schlesien ist, wo es ist.» (MB 75) Gemeint war die militärische Offensive der deutschen Wehrmacht gegen Frankreich. Am 28. September war Warschau gefallen, und in Moskau hatten Ribbentrop und Molotow den deutsch-sowjetischen Grenz- und Freundschaftsvertrag unterzeichnet (UF XIV 47 f.). In Kreisen des OKW wusste man, dass Hitler so schnell wie möglich im Westen angreifen wollte. Nach Moltkes Einschätzung würde der Aufmarsch im Westen nach der Zurückführung der Truppen aus Polen etwa einen Monat dauern. Am 6. Oktober kapitulierten die letzten polnischen Truppen. Am selben Tag hielt Hitler eine lange Rede vor dem Reichstag (UF XIV, 66 ff.) und machte den Westalliierten ein Friedensangebot, das Großbritannien und Frankreich freilich ablehnten. Schon am 9. Oktober folgte Hitlers Weisung Nr. 6 zur Kriegsführung im Westen mit dem Passus:

Zweck dieser Angriffsoperationen ist es, möglichst starke Teile des französischen Operationsheeres [...] zu schlagen und gleichzeitig möglichst viel holländischen, belgischen und nordfranzösischen Raum als Basis für eine aussichtsreiche Luft- und Seekriegsführung gegen England als weites Vorfeld des lebenswichtigen Ruhrgebietes zu gewinnen.[7]

Die Führung der Wehrmacht hatte große militärische und politische Bedenken gegenüber Hitlers Plänen. Generaloberst Ritter von Leeb übergab
am 31. Oktober 1939 dem Oberbefehlshaber des Heeres, Generaloberst
von Brauchitsch, eine Denkschrift, in der er die militärischen Erfolgschan-
cen nicht sehr hoch einschätzte (UF XIV, 278 ff.). Politisch bereitete ihm
die Neutralitätsverletzung Belgiens große Probleme. Die neutralen Staaten könnten sich von Deutschland abwenden und die USA sich zum
Kriegseintritt gegen Deutschland entschließen. In einem Brief vom
31. Oktober an Brauchitsch formulierte er zusätzlich: «Das gesamte Volk
ist von einer tiefen Friedenssehnsucht erfüllt. Es will den drohenden Krieg
nicht und steht ihm ohne jede innere Anteilnahme gegenüber.» (UF XIV,
284 f.)

Am 31. Oktober schickte auch Generaloberst von Rundstedt an Brauchitsch eine kritische Analyse des beabsichtigten Angriffs. Zwei Tage zuvor war die Aufmarschanweisung «Gelb» vom Oberbefehlshaber des
Heeres an die Oberbefehlshaber der Heeresgruppen im Westen verteilt
worden (UF XIV, 298 ff.; 285 ff.). Vom 31. Oktober stammten auch die
«Sonderbestimmungen für die Verwaltung und Befriedung der besetzten
Gebiete Hollands, Belgiens und Luxemburgs» (UF XIV, 301 ff.). Alles war
im Eiltempo unter der Regie des Chefs des Generalstabs des Heeres, General Halder, vorbereitet worden. Doch die Generäle opponierten weiter,
sodass es zu einer Vertrauenskrise zwischen Hitler und der Führung des
Heeres kam. Brauchitsch bot am 5. November seinen Rücktritt an. Andere
erwogen die Absetzung Hitlers durch einen Staatsstreich des Militärs.
Hitler aber setzte gegen alle Bedenken der Heeresleitung den 12. November als Angriffstermin fest.

Natürlich war man im Amt unter Canaris und Oster über die Vorbereitungen des Westfeldzugs und die Differenzen zwischen politischer und
militärischer Führung im Bilde. Moltke schrieb am 30. Oktober:

Am Morgen um 10 kam der Entwurf eines neuen Gesetzes auf meinen Tisch geflat-
tert, das noch heute erledigt werden sollte und mit dem ich ganz und gar uneinver-
standen war. Ich habe mich maßlos querlegen müssen, und das hat bisher zu dem
Erfolg geführt, dass morgen eine Sitzung aller beteiligten Ministerien stattfindet,
in der Dein Ehewirt als Hauptakteur erscheinen muss. Ich bin gespannt, wie das
ausgehen wird. (MB 85)

Moltke sagte nicht, um welchen Gesetzesentwurf es sich handelte. Es lässt
sich auch nicht einwandfrei erschließen, worum es gegangen ist. Da Freya
vom 1. bis 8. November in Berlin war, fehlen briefliche Angaben über die

Arbeit Moltkes in diesen Tagen. Es kann keine isolierte Einzelfrage gewesen sein, mit der er sich zu beschäftigen hatte. Wahrscheinlich ging es um die «Hereinnahme der internierten polnischen Militärpersonen und der zivilen polnischen Flüchtlinge aus dem neutralen Ausland». Hier lautete die Grundsatzfrage, ob alle im Ausland internierten polnischen Militärpersonen ins Deutsche Reich oder ins Generalgouvernement übernommen werden sollten oder nur die Volksdeutschen. Auf einer Sitzung am 18. November im Auswärtigen Amt wurde unter Vorsitz des Legationsrats Albrecht darüber kontrovers diskutiert (RV 250 f.).

Moltke war es, der seit Ende Oktober sicherstellen wollte, dass die internierten polnischen Soldaten den Status von Kriegsgefangenen bekamen und im Sinne der Haager Landkriegsordnung und des Abkommens über die Behandlung von Kriegsgefangenen (1929) behandelt werden sollten. Wäre ihnen der Kombattantenstatus genommen worden, hätten sie als politische Gefangene gegolten und zur Zwangsarbeit verurteilt oder in ein Konzentrationslager überstellt werden können. Für die Polen den Kriegsgefangenenstatus durchzusetzen bedeutete, sie vor dem sicheren Tod zu retten.

Moltke hatte seine Rechtsauffassung systematisch niedergeschrieben, und seine Vorlage nahm ab 12. November ihren Weg durch die zuständigen Instanzen im OKW. Die Angelegenheit nahm ihn physisch und psychisch mit:

In letzter Zeit, d. h. seit Mittwoch, habe ich schlecht geschlafen, weil mich die Aufgaben zu sehr aufgeregt haben. Die Notwendigkeit, um Menschenleben kämpfen zu müssen, ist zwar erfreulich, aber wahnsinnig aufregend. – Morgen werde ich bei den Chefs praktisch wohl den ganzen Tag Vortrag halten, und damit beginnt der eigentliche Großkampf. (MB 86)

Moltke musste noch weitere Vorträge vor verschiedenen Personenkreisen halten, bis es am Ende zu einem Brief von Canaris in seinem Sinne kam. Es war kein Sieg auf der ganzen Linie, aber doch die Verhinderung des Schlimmsten. Zwangsarbeit und Konzentrationslager konnten für viele Polen vermieden werden.

In diesen Novembertagen lag auch das Problem des möglichen Beginns des Westfeldzugs in der Luft. Sehr wahrscheinlich kannte Moltke die beiden am 29. Oktober von Brauchitsch erlassenen Fassungen des Aufmarschplans «Gelb» und vor allem die Sonderbestimmungen für die Verwaltung der zu besetzenden Westgebiete, denn hier wurden völkerrechtliche Grundsatzfragen aufgeworfen.

Die kleine Völkerrechtsgruppe im Amt Ausland/Abwehr arbeitete mit ihren Mitteln daran, den «Fall Gelb» mit seinem bewussten Völkerrechtsbruch zu verhindern. Da sie die politische und militärische Skepsis der höheren Heeresführung gegenüber Hitlers Strategie kannte, hoffte sie auf eine Revision der Angriffspläne oder sogar auf eine Aktion des Militärs gegen Hitler. Sie wusste von den Bemühungen Becks und Osters, die Spitzenmilitärs Brauchitsch und Halder zum Handeln zu bewegen. Moltkes Hoffnung auf einen Staatsstreich war zeitweilig so groß, dass er am 13. Dezember schreiben konnte:

Im Übrigen habe ich überhaupt einen angenehmen Tag, weil meine Hoffnung auf eine baldige Beendigung dieses Krieges ordentlich Nahrung bekommen hat. Ich bin jetzt schon bereit zu wetten, dass wir nächstes Weihnachten im Nachkriegsschlamassel feiern. (MB 98)

In den Wochen davor schwankte seine Stimmung zwischen Hoffnung und Verzweiflung. Am 17. November schrieb er:

Da ich aber nicht selbst handeln kann, sondern mich darauf beschränken muss, anderen Argumente zu liefern, die diese zum Handeln treiben, so ist jeder Schritt mit einer unsäglichen Anstrengung verbunden. (MB 89)

Und am nächsten Tag bilanzierte er:

Die aufregendste Woche meines bisherigen Lebens ist vorüber. Und das Unglück ist aufgeschoben. Ich weiß nicht, was das bedeutet, ich weiß nicht, wie viel ich dazu beigetragen habe, aber das Ergebnis ist da. [...] Ich sitze natürlich immer noch am kurzen Hebelarm, am Stümpchen des Hebels, und wenn ich den Hebel, also dessen langes Ende, bewegen will, muss ich ganz unverhältnismäßige Kraftanstrengungen machen, und überdies darf der lange Arm es nicht bemerken. – Trotz dieser Einschränkung ist die Möglichkeit für mich, manches abzuwenden, so groß wie noch nie. (MB 90)

Moltke hatte offenbar eine starke Stellung im Amt erringen können, wie aus seinem Brief hervorgeht:

Während dieser Woche habe ich eigentlich nur mit Schmitz gesprochen; als gestern Abend geschehen war, was ich wollte, habe ich die Akte, in der meine Bemühungen in Notizen, Gutachten und Schreiben ihren Niederschlag gefunden hatten, dem Ältesten der Gruppe, Oberst Fonck, zu lesen gegeben, der von meiner Tätigkeit bisher keine Ahnung gehabt hatte. 10 Minuten später, er konnte nur einen ganz oberflächlichen Überblick über den Aktenordner gewonnen haben, kam er herein und sagte ganz aufgeregt: Sagen Sie, mir scheint, dass das Schwergewicht unserer Kriegführung in die Gruppe Völkerrecht verlegt worden ist. So übertrieben und direkt blödsinnig dieser Ausspruch auch ist, so hat er mir doch klargemacht, wie sich meine Stellung in eineinhalb Wochen verändert hat. (MB 90)

Wenn es diesen Ordner noch gäbe, wäre eine fast lückenlose Rekonstruktion der Arbeitsweise Moltkes in diesen Wochen möglich. Das Urteil des langjährigen Leiters des Völkerrechtsreferats im Reichskriegsministerium, Oberst Fonck, zeigt, dass Moltke so arbeitete, als hinge die praktische Kriegsführung von seiner gutachterlichen Tätigkeit ab.

Moltke wusste um die Priorität des militärischen Kalküls in Hitlers politischer Taktik und Strategie. Aber er wusste auch, dass es in den Ministerien und bei den Militärs noch Männer gab, die in der Tradition des europäischen Humanismus standen und sich gegen die Zerstörung eines gesamteuropäischen Bewusstseins stemmten. Seine kaum zu zählenden und oft nur kurzen Gespräche mit Funktionsstelleninhabern der zweiten und dritten Reihe lassen darauf schließen, dass er dieses kritische Potenzial für eine andere Politik zu gewinnen suchte.

Wie zäh Moltke seine Position verteidigen konnte, zeigt ein Brief vom 25. November über seinen Vortrag vor dem Sonderstab Handelskrieg und wirtschaftliche Kampfmaßnahmen (HWK) am Tag zuvor:

Von früh an habe ich bis spät in die Nacht in einer Minorität von 1 : 25 eine Kriegsmaßnahme bekämpft. Es war eine viehische Anstrengung, zumal die anderen mir immer mit einem bereits vorliegenden Führerbefehl operierten. Es wurde also gestern gegen mich entschieden. Heute Morgen habe ich die Sache meinem Chef [Kapitän zur See Leopold Bürkner] vorgetragen, der mich voll gedeckt hat, und mit dieser Deckung habe ich heute Morgen den Kampf wieder aufgenommen und so gegen 2 Uhr erreicht, dass einige Ressorts schwankend wurden und die Angelegenheit nochmals bei ihren Ministern vortragen wollten. Sobald das geschehen ist, soll eine neue Besprechung stattfinden, und zwar entweder heute Abend oder morgen früh. – Inzwischen habe ich die Juristen der anderen Ressorts mobilisiert. Die würden zwar von alleine nie den Mut gefunden haben zu revoltieren, aber die Tatsache, dass mein Chef mich deckt und dass damit ein hoher Militär dahinterstand, hat ihnen den nötigen Mut gegeben. Jetzt steht die Sache so, dass es mir gelungen ist, die Leute wankend zu machen, und so hoffe ich, dass ich mich doch noch gegen die fünfundzwanzigfache Übermacht durchsetzen kann. Es ist mir selbst schon fast unglaublich, dass es mir gelungen ist, so weit zu kommen; nachdem dieses schwerste Stück Weges aber erfolgreich durchschritten ist, hoffe ich. Ich fühle mich aber grässlich erschöpft. (MB 93)

Um welche «Kriegsmaßnahme» es sich handelte, ist nicht genau festzustellen. Zwei Tage später konnte er melden:

Heute habe ich in meiner Sache gesiegt. Aber es war wie ein Sieg über die Hydra. Einen Kopf habe ich dem Ungeheuer abgehauen, und 10 neue sind gewachsen. Jedenfalls habe ich mich nach diesem Sieg so elend gefühlt, dass ich nach Hause gegangen bin und habe Tee getrunken. (MB 94)

In den regelmäßigen Sitzungen des Ausschusses HWK war Karl Ritter, der für allgemeine Handelspolitik und damit auch für den Wirtschaftskrieg zuständig war, Moltkes schärfster Antipode. Zusammen mit der Seekriegsleitung vertrat er die Linie einer prinzipiellen Vorrangigkeit militärischer Argumente vor völkerrechtlichen Bedenken. Moltke verstand es, ihn in einigen Sitzungen zu zügeln oder ihn gar zu isolieren. Der Vorsitzende des Ausschusses, Admiral Karlgeorg Schuster, stand in der Regel auf seiner Seite. So schickte er beispielsweise vor der Sitzung am 11. Dezember einen seiner Mitarbeiter zu Moltke, um ihm seine Unterstützung zu signalisieren. Moltkes Reaktion lautete: «Damit verlegt sich die Hauptlast des Kampfes von meinen Schultern auf die des Admirals, der zwar mehr Durchschlagskraft hat, aber auch verwundbarer ist, weil er etwas zu verlieren hat.» (MB 96) Von der Sitzung am 11. Dezember berichtete Moltke, dass er daraus «als Sieger hervorgegangen» sei: «Ritter hat sich mit der Bemerkung zurückgezogen, in der Kriegskunst müsse man geschmeidig sein, in der Wirtschaftskriegskunst auch. Dieses Kapitel ist nun hoffentlich geschlossen.» (MB 97) Das bedeutete konkret, dass im Sinne der Stellungnahme des OKW, vertreten durch Moltke, auf eine Gegenmaßnahme gegen die britische Order in Council (Einbringung von neutralen Handelsschiffen) verzichtet wurde.

Noch vor seinem Weihnachtsurlaub schrieb Moltke für seine Abteilung ein Gutachten über eine noch ausstehende Entscheidung, um nicht während seiner Abwesenheit ausmanövriert zu werden. Bevor er nach Kreisau fuhr, resümierte er den Ertrag seiner bisherigen völkerrechtlichen Arbeit:

Wenn ich die vier Monate übersehe, so finde ich, dass ich noch nie so viel Übel verhütet und so viel Gutes erreicht habe. Es erstaunt mich. Und das Angenehme ist, dass es nie jemand erfahren wird oder bemerken wird, sodass man nicht sieht, dass etwas dagegen unternommen werden kann. (MB 100)

Anfang 1940 arbeitete Moltke an zwei Aufsätzen, die seine bisherigen Argumentationen und Reflexionen systematisch entfalteten: zum einen an einem Aufsatz im Anschluss an seine längere Aktennotiz vom 12. Oktober

1939 mit dem Titel «Vorläufiger Bericht über die Trading with the Enemy Gesetzgebung in Großbritannien», zum anderen an einem Aufsatz über die Order in Council (RV 217 ff.).

Am 30. Januar 1940 fand wieder eine Sitzung des Schuster-Ausschusses statt. Moltke hatte für sie einen «Operationsplan» aufgestellt, den Bürkner am 29. Januar an den Sonderstab HWK geschickt hatte (RV 228 f.). Es ging um die «Kontrolle des Durchfuhrhandels durch Deutschland». Schuster bot an, Moltke ganz in den Sonderstab als Mitarbeiter zu übernehmen. Doch Moltke lehnte ab und musste die Arbeit bei Schuster zusätzlich erledigen. Er schrieb am 14. Februar 1940: «Ich habe jetzt glücklich 4 Büros gleichzeitig und 4 Sekretärinnen» (MB 116) – nämlich im OKW, beim Sonderstab HWK, im Institut und in seiner Rechtsanwaltskanzlei. Damit erledigte er ein enormes Arbeitspensum. Der Vorteil des zusätzlichen Arbeitsplatzes bei Schuster war, dass «man nun plötzlich an einer Stelle sitzt, an der man die Operationspläne automatisch und selbstverständlich bekommt» (MB 117).

Als am 16. Februar 1940 ein britischer Zerstörer im Jössing-Fjord innerhalb der norwegischen Hoheitsgewässer das deutsche Marinetrossschiff «Altmark» überfiel und rund 300 britische Gefangene befreite und vom 18. bis 20. Februar eine deutsche Flotte ergebnislos einen Vorstoß gegen den alliierten Geleitverkehr zwischen Großbritannien und Skandinavien unternahm, gab es für ihn viel zu tun. Er musste bei Schuster über die «völkerrechtliche Lage und die völkerrechtlichen Konsequenzen des Falles Altmark» und vor den «außenpolitischen und wirtschaftlichen Gruppen» seiner Abteilung «über den gegenwärtigen Stand der Handelskriegsführung und über die operativen Ziele im Handelskrieg» referieren.

Über eine Sitzung am 5. März sagte Moltke nur: Sie «ging großartig und wie am Schnürchen» (MB 121). Ganz anders verlief die nächste Sitzung, auf der es wahrscheinlich wieder um die Frage deutscher Repressalien gegen die Behinderung des deutschen Exports durch die Briten ging:

Ich unterlag wieder in dem großen Gremium, dieses Mal verlassen von Bürkner, in einer Frage, die m. E. einen ganz entscheidenden Einfluss auf die deutsche Stellung in der Nachkriegswelt haben wird. So wichtig wie die Polenfrage, nur auf einem andern Gebiet. Nachdem die Sitzung zu Ende war, ging ich zu Weichold und sagte, ich sei in einer Minorität von 1 zu x geblieben. Ich hätte aber mich nicht überzeugen können, und ich bäte von dem Recht Gebrauch machen zu dürfen, das ein jeder Beamter hat, seine abweichende Stellungnahme zu Protokoll zu den Akten geben zu dürfen. Großer Sturm: Ich sei Offizier und für den gäbe es das nicht, da hätte man einfach zu gehorchen. Ich sagte, es täte mir leid, hier stünde eine

Verantwortung vor der Geschichte auf dem Spiele und die ginge für mich der Pflicht zu gehorchen vor. Die Sache kam vor den Admiral, und nach 5 Minuten war er meiner Meinung. Er war es offenbar immerzu gewesen, jedenfalls schwankend, und mein Widerstand hatte seinen Mut gestärkt. In der Sitzung hatte er natürlich nichts sagen können, weil er ja die Meinungen anderer zu registrieren und abzustimmen, aber nicht einen eigenen Standpunkt zu vertreten hat. Ergebnis: Der Admiral wird zwar die Meinung der Ressorts offiziell vertreten, aber seine abweichende persönliche Meinung zu Protokoll geben und dieses Protokoll mit beim Führer vortragen. Damit entfiel natürlich für mich der Grund, meine persönliche Auffassung vorzutragen, und ich war aus der Feuerlinie heraus. Aber ob der Admiral das überleben wird, bildlich gesprochen, weiß ich nicht. (MB 121 f.)

Begonnen hatte Moltke diesen Briefpassus mit dem Satz: «Ich frage mich, ob man sich nicht endlich entschließt, mich hinauszuwerfen.» Am 8. März 1940 erreichte Freya ein fast triumphaler Brief:

Heute habe ich also einen großen Triumph gefeiert. Der gestrige Kampf setzte sich heute fort, und die militärischen Koryphäen wurden alle mobil gemacht. Schließlich gelang es Schuster, Keitel auf meine Linie zu ziehen, und um 6.30 kam der Führerbefehl in meinem Sinne und mit meinen Gründen versehen an. Es ist ja ein Skandal, dass so etwas möglich ist, ohne dass die ganze Regierung auseinanderplatzt, denn schließlich geht es ja nicht, dass ein Minister den gemeinschaftlichen Beschluss aller anderen Minister sabotiert. Aber es ist ein großes Unglück verhütet worden, und es ist mir trotz allem eine Befriedigung zu denken, dass viele nichtdeutsche Frauen die Weiterexistenz ihrer Männer Deinem Wirt verdanken. Denn diese Entscheidung ist im Grunde nur und ganz allein die Deines Ehewirts gegen alle anderen Ministerien und gegen meine eigenen Vorgesetzten. Ist das nicht erfreulich? (MB 122 f.)

Bei allem, was Moltke an völkerrechtlicher Arbeit zu leisten hatte, war er physisch und psychisch, intellektuell und sprachlich immer bis zum Letzten gefordert. Er führte ein Leben an der Grenze des Zumutbaren und Leistbaren. Am 10. März 1940 schrieb er:

Gestern war ich wieder in dem Zustand, dass mein Kopf einem Perpetuum mobile glich. Er wollte überhaupt nicht mehr aufhören, an die Dinge zu denken, mit denen er sich hauptamtlich befassen muss. Der Kampf darum, unnütze Zerstörung zu vermeiden, erfüllt mich so vollständig, dass ich manchmal gar nichts anderes denken kann. [...]
Im Grunde stehe ich ja diesem Krieg gegenüber wie ein Testamentsvollstrecker, der mit Entsetzen sieht, wie die Erben sich um eine Erbschaft prügeln, die, infolge des Streits, immer weniger wert wird. Er sieht, wie die Erben alle ihre Energie in diesen Streit stecken, wie sie dadurch verlernen, nützlich zu arbeiten, und schließ-

lich nicht nur die Erbschaft verprozessieren, sondern zugleich auch noch ihre eigenen Fähigkeiten mit in den Strauß werfen. – Und nun steht man daneben mit der Verpflichtung, jeden Weg zu versuchen, der aus diesem Streit herauszuführen geeignet ist. Und immer wenn man hofft, da oder dort könnte einer sein, dann stellt sich heraus, dass es doch kein Weg ist. Und wenn man wieder festgestellt hat, dass es kein Weg ist, dann denkt man, man hätte vielleicht nicht alles getan, nicht sorgsam genug gesucht und überlegt und geforscht.

Dieser Kreislauf hat mich einmal wieder grässlich gepackt, und ich konnte nicht mal richtig der Eroica zuhören, die ich mir gestern vorspielte. (MB 123 f.)

Am 1. März gab Hitler seine Weisung 10a für den «Fall Weserübung» heraus (UF XV, 29 ff.). Die Besetzung von Dänemark und Norwegen sollte vorbereitet werden. Für Moltke begann ein neuer «Großkampf gegen einen bestimmten strategischen Plan. Ich habe mich wirklich wahnsinnig eingesetzt, leider ohne jeden Erfolg.» (MB 125) Zunächst ging es wieder generell darum, vor den möglichen politischen Langzeitfolgen der Verletzung der Neutralität Dänemarks und Norwegens zu warnen. Moltke wusste, dass vor allem die Seekriegsleitung unter Großadmiral Raeder und der Kommandeur der U-Boot-Waffen, Admiral Karl Dönitz, auf eine Entscheidung Hitlers für eine Verschärfung des Seekrieges im Norden Europas drängten. Nach einem Vortrag von Raeder bei Hitler wurde im Januar 1940 ein Arbeitsstab aus allen drei Wehrmachtsteilen eingerichtet, um die Operationspläne auszuarbeiten.

Für die Zeit vom 18. März bis zum 11. April 1940 gibt es keine Briefe von Moltke, da Freya mit «ihrem Söhnchen» in Berlin war. Erst nach der fast kampflosen Einnahme Dänemarks und der Landung der deutschen Truppen in Norwegen nach dem 11. April schrieb er wieder an Freya. Am 11. April erwähnte er in einem kurzen Satz: «Heute ist eine sehr kritische Nacht, und von morgen Mittag an sollten wir schon klarer sehen.» (MB 127) Es gab in diesen Tagen große verlustreiche Gefechte mit britischer Kriegsschiffen. Moltke verstand trotz intensiven Nachdenkens den Sinn der ganzen Operation nicht. Am 13. April konstatierte er lapidar:

Heute beginnt der Prozess, durch den Dänemark allmählich Polen angeglichen werden soll. Ich habe mein Möglichstes getan, das zu verhindern, aber die Leute, die etwas hätten tun müssen, hatten sich bereits damit einverstanden erklärt, als ich erst davon erfuhr. (MB 128)

Drei Wochen war Moltke nicht im Amt und dadurch von den Diskussionen und Entscheidungen im Vorfeld der Aktion «Weserübung» ausgeschlossen. Nachdem er seine Arbeit wieder aufgenommen und etliche Gespräche geführt hatte, schrieb er am 14. April einen ungewöhnlich langen Brief, der zeigt, dass er die noch längst nicht beendete Operation (am 13. April verloren die Deutschen neun Zerstörer, am 14. landeten die Briten unter anderem bei Narvik und auf den Faröer-Inseln) in kein strategisches Konzept einordnen konnte:

Ich fing an, mich bei ihm [Bürkner] zu beklagen, dass wir immer nur über das Wie von Operationen unterrichtet würden, während uns das eigentlich interessante Warum vorenthalten würde, sodass wir aufs Raten angewiesen seien. Ich habe das immer und immer wieder festgestellt. Es scheint ein deutscher Charakterzug zu sein, dem Ob größerer Fragen aus dem Wege zu gehen und stattdessen das Wie in den Vordergrund zu schieben und sich daran zu erfreuen, wie gut man das macht. Dabei wird dann immer und immer wieder übersehen, ob man das, was man gut macht, überhaupt machen sollte. Die Deutschen scheinen eine ausgesprochene Begabung für das Taktische zu haben, strategisch aber hoffnungslos zu sein. [...] So ist es mit dieser Operation im Norden. Ich habe jetzt schon eine ganze Reihe von Leuten gefragt, warum wir Norwegen besetzt haben. Und noch hat mir keiner eine befriedigende Antwort geben können. [...] Also in der Unterhaltung über diese Frage habe ich mich mit Bürkner verweilt. Dann kam Canaris dazu, und wir haben von vorne angefangen. Aber C. ist wirklich militärisch sehr primitiv. (MB 129)

Immerhin haben sich zwei Admirale lange mit dem Skeptiker Moltke unterhalten. Das hätten sie nicht getan, wenn sie seine Fragen nicht für berechtigt gehalten hätten. Dass die Besetzung Norwegens militärstrategisch und politisch eine falsche Entscheidung war, sollte er später auf seinen Norwegenreisen bestätigt finden.

Am 15. April übernahm der Chef der norwegischen Faschisten, Vidkun Quisling, die Regierungsgewalt. Und am 24. April setzte Hitler offiziell den Oberpräsidenten der Rheinprovinz, Josef Terboven, als «Reichskommissar für die besetzten norwegischen Gebiete» ein. Zum zweiten Mal überließ die Wehrmacht die Verantwortung für die Besatzungspolitik widerstandslos der SS und einem Parteimann. Moltke sah in seiner Arbeit in Berlin keinen Sinn mehr: «Ich sitze hier, habe viel zu tun, und es ist alles leeres Stroh. Und doch muss das weiter gemacht werden. Es ist mir ziemlich grässlich.» (MB 136)

Moltke musste erleben, wie eine Denkschrift, die er vor vier Monaten verfasst hatte, in einem Schreiben Hitlers an den schwedischen König pervertiert wurde. Er hatte für die Kriegszeit ein Modell der wirtschaftlichen Zusammenarbeit in Europa entwickelt, an das man in der Nachkriegszeit hätte anknüpfen können. Hitler hatte im letzten Abschnitt seines Briefes an König Gustav V. von Schweden eine «Neugestaltung der wirtschaftspolitischen Fragen im Ostseeraum» angeregt und, so Moltke an seine Frau, «ein Satz daraus stammt aus einer Denkschrift Deines Wirts. So wird dieses Projekt wohl durch die jetzt dahinterstehende Macht korrumpiert.» (MB 137) Moltke hatte für einen freien Zusammenschluss der nordischen Anrainerstaaten mit dem Deutschen Reich plädiert. Nun aber waren zwei dieser Staaten ihrer Freiheit beraubt. Der Europagedanke Hitlers besagte im Kern die Herrschaft Deutschlands über Europa.[8] Und das war das Gegenteil der Europakonzeption Moltkes.

Am 10. Mai 1940 griffen deutsche Truppen Frankreich, Belgien, Luxemburg und die Niederlande an. Moltke musste zu seiner Überraschung feststellen, dass die französische Armee unter einer schlechten Führung völlig versagte. Die deutsche Militärmaschinerie funktionierte und walzte nieder, was ihr im Weg stand. Der Großteil der Deutschen jubelte Hitler zu, der sich über alle Vorbehalte der Experten hinweggesetzt hatte.

Der Weg in den Widerstand

Moltke gehörte zu den wenigen, die in den Tagen und Wochen des Triumphs immer einsamer wurden. Während im Land Siegesfeiern inszeniert wurden, sah er neue Gefahren heraufziehen:

Ich habe eine sehr große Sorge, dass nämlich dieser Krieg sich ins Ungeahnte ausweitet. Dass die USA hineingezogen werden, sei es, indem sie den Alliierten helfen, sei es, indem die Engländer den Krieg von Kanada aus führen wollen, worauf die USA einfach mitmachen müssen. Kommt das und gerät Europa, teils willig, teils widerwillig, unter unsere Herrschaft, so wird sich der Krieg in einen Kampf der westlichen Hemisphäre gegen Europa verwandeln, ein Krieg, der 100 Jahre dauern kann, der kein Ende zu haben braucht und der nur die Existenz von uns allen beeinträchtigen wird. Dann sind wir Gefangene Europas, die sich nirgendwo anders sehen lassen können. Carl [Deichmann] und ich haben heute einmal geprüft, wo wir uns noch in der Welt zeigen können, ohne gefangengesetzt oder nicht hineingelassen zu werden. Mit Ausnahme von Italien konnten wir kein Land entdecken. (MB 138)

Die politisch-militärische Entwicklung, die ganz anderen Gesetzmäßigkeiten folgte, als es Vernunft, Recht und Moral nahe gelegt hätten, und die Angst vor einer düsteren Zukunft ließen Moltke in eine tiefe Depression geraten. Er schrieb, er wolle «eine Woche allein sein und niemanden sehen, um mit meiner eigenen Schwäche fertig zu werden. Alle Menschen, die ich sehe, benutze ich als Ablenkung, und dadurch werde ich nie fertig.» (MB 138) Zur Frustration über die Gesamtlage kam die Unzufriedenheit angesichts der eigenen Schwäche hinzu. Am liebsten war er im Institut, um in Ruhe lesen zu können: «In mir geht nichts vor: Dort warte ich ganz einfach. Und um mich scheint auch nichts zu geschehen. Es ist eine Existenz im Vakuum.» (MB 141) Ein Mann, der monatelang alles gegeben hatte, war ohne Antrieb und Perspektive. Am liebsten lag er herum, las und hörte Schallplatten.

Doch langsam kam er aus diesem Tief wieder heraus. Zunächst besuchte er seinen Arzt, Dr. Suchantke, der ihm «irgendwelche Tropfen gegeben», ihm «gut zugeredet» und ihm «irgendetwas eingespritzt hat» (MB 141 f.). Der erste Schritt aus der Lethargie war, dass er sich mit seiner Gesundheit beschäftigte. An Freya schrieb er: «Ich hoffe, dass Du bei Deiner Ankunft einen wieder normalen Ehewirt vorfinden wirst.» (MB 142) Der zweite Schritt der Selbsttherapie war «eine kleine Privatarbeit» über «Die Frage der internationalen Vertretung Belgiens und der verfassungsrechtlichen Frage der Trennung zwischen König und Regierung» (MB 141). Der belgische König war festgesetzt worden, die Regierung nach London emigriert: Wer durfte das Land nach außen vertreten? Moltke lud die beiden Institutsmitglieder Jaenicke und Friede zu sich zum Fachgespräch ein.

Der dritte Schritt bestand in gründlicher Lektüre. Er begann mit einem Buch von Voltaire über *Charles XII*, es folgte von Will Durant *The Story of Philosophy*. Im Amt tat er «fast gar nichts mehr». Er las nur Nachrichten und die *Times*. Geduldig wartete er auf einen neuen Ansatzpunkt. Er analysierte in einem Brief vom 16. Juni:

Was außen geschieht, berührt mich schon fast nicht mehr, und es passt plötzlich herein, regt mich nicht mehr auf, sondern ist lediglich eine Erscheinungsform wie jede andere. Ich bin neugierig, ob dieser Zustand sich wohl halten lässt. Das wird gewiss von körperlichen Fakten und Zufällen abhängen, aber ich bin optimistisch. In vierzehn Tagen oder drei Wochen werde ich wohl meine Tage wieder so angefüllt haben wie normal, und es wird mir wie ein wüster Traum vorkommen, dass es einmal anders war.
Ich habe mich plötzlich auf Spinoza gestürzt, den ich im Institut lese. Dem habe ich eine Menge meiner besseren Lage zu verdanken. (MB 146 f.)

Moltke war auf dem Weg der Besserung. So stand im selben Brief, dass er für die nächsten Tage ein «Riesenprogramm» habe (MB 147). Und schon zwei Tage später hieß es, dass er «plötzlich Arbeit in Massen» habe und nicht wisse, wie er das bewältigen solle. Außerdem müsse er noch zwei Admiralen einen «Vortrag über die Aussichten der Fortentwicklung des Völkerrechts in seinem Einfluss auf den Handelskrieg» halten (MB 148).

Die Welt war plötzlich eine andere geworden. Moltke kehrte zu seinen alten Themen zurück. Aber es gab inzwischen eine neue Ebene für ihn, die sich schon im Januar 1940 abgezeichnet hatte. Mit einem Brief vom 17. Juni begann ein neuer Abschnitt der Zusammenarbeit mit Peter Yorck von Wartenburg und anderen alten und neuen Freunden. Die vierte Phase der Selbsttherapie, die Widerstandsarbeit, nahm ihren Anfang. Der Völkerrechtler ging den Weg in der konspirativen politischen Widerstand. Er hatte sich zu der Erkenntnis durchgerungen, dass es nicht ausreiche, nur mit den Mitteln des Rechts und der moralischen Vernunft argumentativen Widerstand im Geflecht des Machtapparats zu leisten. Ein radikaler Angriff auf die Fundamente des herrschenden Systems war geboten, um das unmenschliche System zu überwinden. So kam zu der Arbeit im Amt die neue Aufgabe hinzu, ein Gegenmodell zum bestehenden Staat zu entwickeln und damit die Voraussetzung für einen radikalen Neuanfang zu schaffen. Über Moltkes neues Selbstverständnis gibt ein Brief vom 1. Juni Auskunft:

Es ist unsere Pflicht, das Widerliche zu erkennen, es zu analysieren und es in einer höheren, synthetischen Schau zu überwinden und damit für uns nutzbar zu machen. Wer davor wegsieht, weil ihm entweder die Fähigkeit fehlt zu erkennen oder die Kraft, das Erkannte zu überwinden, der steckt den Kopf in den Sand. Ob man aber Einzelheiten in sich aufnimmt, ob man sie diskutiert, ob man sie am Donnerstag oder Freitag erfährt, ist vollkommen gleichgültig. Im Gegenteil: Die Sucht, die Einzelheiten zu erfahren, führt dazu, dass man darauf viel zu viel Gewicht legt und darüber die genauso wichtige Aufgabe übersieht, diese Tatsachen zu sublimieren und in ihr richtiges Verhältnis zu bringen. Wenn man hinter diesen Einzelheiten herjagt, dann hat man auch nicht die Kraft zu ihrer Überwindung. Dass die Fähigkeit zur Überwindung in einer friedlichen Atmosphäre größer ist als in einer gehetzten, ist sicher, und jeder, der um sich diese friedliche Atmosphäre zu verbreiten imstande ist, ist ein lebendiger Träger und Antreiber in der richtigen Richtung. Frieden ist etwas anderes als Complacency. Wer, um sich den äußeren Frieden zu erhalten, Schwarz Weiß sein lässt und Böse Gut, der verdient den Frieden nicht, der steckt den Kopf in den Sand. Wer aber jeden Tag weiß, was gut ist und was böse, und daran nicht irre wird, wie groß auch der Triumph des Bösen zu sein scheint, der hat den ersten Stein zur Überwindung des Bösen gelegt. Darum ist die Atmosphäre des Friedens von ungeheurer Wichtigkeit, und man muss sie nicht gefährden. (MB 142 f.)

Diese Erkenntnisse wurden ihm im Berliner Alltag immer wieder bestätigt. In der Ruhe Kreisaus fand er Zeit zum Nachdenken. Seine Familie, das Leben auf dem Land und die Natur gaben ihm die Kraft, in Berlin das Notwendige zu tun.

Von einem guten Bekannten, Otto Kiep, der als Diplomat nun Verbindungsoffizier zwischen dem Auswärtigen Amt und dem OKW war, erfuhr Moltke, dass man auf eine europäische Währungsunion hinarbeite. Sein Kommentar: «Das wäre natürlich ein Fortschritt, hoffentlich von dauernder Bedeutung.» (MB 149)

Gemeinsam mit Schmitz trat er bei einer Veranstaltung der Akademie des Rechts auf. Das Thema war die Stellung der Polen in dem besetzten Gebiet: «Es wurden dabei wirklich unglaubliche Thesen vertreten, und Sch. und ich haben immer abwechselnd gesprochen. Es war einfach toll. Leider nutzt es nichts, aber immerhin haben wir unsere eigene Ehre gerettet.» (MB 149)

Zwei Tage vor dem deutsch-französischen Waffenstillstand in Compiègne am 22. Juni 1940 stellten Schmitz und Moltke über ihren Vorgesetzten Bürkner beim Chef des OKW einen Antrag auf die Einsetzung eines Ausschusses für die Neufassung des Kriegsrechts. Sie argumentierten:

Der Zeitpunkt der Wiederherstellung des Friedenszustandes erscheint für eine neue Regelung des Kriegsrechts deswegen am günstigsten, weil Deutschlands Machtstellung dann am größten sein wird und es weitgehend von seiner Interessenlage entsprechende rechtliche Normierung wird durchsetzen können; ferner lassen sich die gewonnenen Kriegserfahrungen der jüngsten Vergangenheit jetzt am leichtesten auswerten. (RV 178)

Moltke befürchtete, dass eine völkerrechtliche Konzeption entworfen würde, die vorrangig deutsche Interessen widerspiegeln würde. Das kommende Recht müsse jedoch von allen als in der Sache richtiges und gemeinsam verbindliches Recht akzeptiert werden können. Ihm ging es um die Zukunft eines nach dem Krieg zu vereinbarenden europäischen und internationalen Kriegsrechts. Hier dürfte von Anfang an ein gewisser Sprengstoff gelegen haben. Die Protokolle der nächsten Sitzungen zeigen, dass Moltke in allen Einzelfragen seine bisherige Linie beibehielt und immer wieder auf die politische Notwendigkeit der Humanisierung des Völkerrechts hinwies. Am 10. Oktober legte er einen «Katalog der Maßnahmen eines reinen Wirtschaftskrieges» vor (RV 186 f.) und am 21. Oktober zusammen mit Schmitz ein umfangreiches Papier über «Hauptfragen des Neutralitätsrechts» (RV 187 ff.). Darin wurden alle realen und potenziellen Fragen eines Neutralitätsrechts erörtert. In der Einleitung übten sie eine fundamentale Kritik an der bisherigen deutschen Politik gegenüber den Neutralen. Auch in den anderen Abschnitten wiesen sie auf die deutschen Verstöße gegen das Neutralitätsrecht hin. Es sieht so aus, als wollten Schmitz und Moltke die Mitglieder des Ausschusses vor der Abfassung eines neuen Kriegsrechts für die Diskrepanz zwischen der deutschen Kriegsführung und den völkerrechtlichen Regelungen sensibilisieren.

Es wurden noch weitere Sitzungen abgehalten, aber die anfängliche Intensität der Arbeit ließ bald nach. Nach der Versetzung Gladischs in ein Truppenkommando verlief die Aktivität dieses Ausschusses im Sande.

Mit Walter Gladisch hatte Moltke oft zu tun. Der Kontakt war so eng, dass er ihn einmal mit Yorck und Theodor Steltzer zum Essen in die Derfflingerstraße einlud. Am 26. September 1941 schrieb er: «Die Unterhaltung war gut und von brutaler Offenheit, was mich bei Gladisch etwas überraschte.» (MB 292) Auch besuchte er mit ihm zusammen Hans Peters. Beides dürfte darauf hinweisen, dass er zu Gladisch ein tragfähiges Vertrauensverhältnis hatte.

Moltke verfolgte Tag für Tag den Fortgang des Krieges. Er wartete auf die große Entscheidungsschlacht um England. Am 17. Juli 1940 hielt er fest:

Das Hauptereignis, welches uns jetzt bevorsteht, ist die Reichstagssitzung am Freitag und der daraufhin dann beginnende Krieg. In 2 Monaten wird wohl die wichtigste Schlacht vorüber sein, und wir werden dann die nächsten Aussichten für die weitere Entwicklung des Krieges übersehen können. (MB 156)

Einen Tag zuvor hatte Hitler die Weisung Nr. 16 über die «Vorbereitungen einer Landungsoperation gegen England» erlassen. Sie begann mit den Sätzen:

Da England, trotz seiner militärisch aussichtslosen Lage, noch keine Anzeichen einer Verständigungsbereitschaft zu erkennen gibt, habe ich mich entschlossen eine Landungsoperation gegen England vorzubereiten und, wenn nötig, durchzuführen.
Zweck dieser Operation ist es, das englische Mutterland als Basis für die Durchführung des Krieges gegen Deutschland auszuschalten und, wenn es erforderlich werden sollte, in vollem Umfang zu besetzen. (UF XV, 570 ff.)

Die Luftschlacht um England begann am 13. August 1940. Über die Lufthoheit sollten die Voraussetzungen für die Aktion «Seelöwe» geschaffen werden. Moltkes kurzer Kommentar: «Mir ist dabei wenig wohl zumute.» (MB 177) Er verfolgte mithilfe deutscher Informationen und der täglichen Lektüre der *Times* den Verlauf des Luftkampfes. Besorgt war er um das Leben seiner englischen Freunde.

Der wichtigste Vorgang in diesen Monaten war für Moltke die Hinwendung der USA zu Großbritannien. Er erwartete ihren Kriegseintritt noch im selben Jahr. In der Zeit der großen Luftkämpfe um England erlebte Berlin Ende August auch die ersten britischen Luftangriffe. Moltke berichtete über den «Höllenspektakel» durch die Flak und explodierende Bomben. Am 8. September bemerkte er: «Meine Gedanken sind ständig in England, wo ein wesentlicher Teil unserer Zukunft von der Fähigkeit einiger tausend Männer abhängt.» (MB 202) Er wusste: Wenn Hitler Großbritannien erobert, dann überzieht der Nationalsozialismus ganz Europa. Als die deutschen Verluste zu groß wurden, verschob Hitler am 17. September 1940 das Unternehmen «bis auf weiteres». Moltke schöpfte Hoffnung. Dazu trug auch die Wiederwahl Roosevelts am 5. November 1940 bei, die er am Tag darauf in einem Brief kommentierte:

Diese Wahl kann einen Markstein in der Weltgeschichte bedeuten: für U.S.A. Abkehr von der Besetzung aller wichtigen Posten durch die siegende Partei und Ausbildung eines permanent civil service; für die Welt die Erringung der Handlungsfreiheit für einen wirklich fähigen Organisator und Gegner der Diktaturen. Wenn R. die Chance nutzen sollte, so könnte er als einer der größten Männer aller Zeiten in die Geschichte eingehen, als der Mann, dem es gelungen ist, die Befreiungskriege wieder rückgängig zu machen, die Fusion von Empire + U.S.A. durchzuführen und damit die unbestrittene und unbestreitbare Seeherrschaft wieder aufzurichten, die die Voraussetzung für einen stabilen Frieden ist. Es ist ein ganz großer Tag, und ich fühle mich so, als müsste ich mir dauernd zuprosten. (MB 211 f.)

Es gab in Deutschland sicherlich nur wenige Zeitgenossen, die auf die Wahl von Roosevelt so emphatisch reagiert haben wie Moltke. Da in seiner geopolitischen Perspektive nicht die Größe eines Landimperiums und die Größe der Armeen entscheidend waren, sondern Handels- und Kriegsflotten, die weltweit operierten, so war für ihn die vereinigte britisch-amerikanische Flottenmacht der weltpolitische Stabilitäts- und Friedensfaktor schlechthin. In Kontinentaleuropa zeichnete sich für ihn keine wirksame Macht gegen Hitler ab.

Auch mit Wallace Deuel, dem Korrespondenten der *Chicago Daily News*, unterhielt Moltke einen sehr freundschaftlichen Kontakt. Am 10. Oktober 1940 notierte er: «Gestern Abend war Deuel da. Sein Nachfolger ist eingetroffen, und er fährt am 11.12. von Lissabon ab. [...] Kirk fährt morgen ab. Das Fehlen dieser beiden wird für mich eine sehr große Lücke bedeuten.» (MB 206) Und am 28. November hieß es: «Deuel und ich waren gestern ganz elegisch über unseren letzten Abend. Es ist mir richtig schmerzlich, dass er nun nicht mehr kommen wird, da ich ihn gern habe und die Unterhaltung mit ihm stets eine große Hilfe für mich war.» (MB 217) Den Nachfolger von Deuel hat Moltke kaum getroffen, aber dafür umso öfter George F. Kennan, der einer der bedeutendsten amerikanischen Diplomaten und Zeithistoriker werden sollte. Kennan schrieb später in seinen Memoiren:

Kirk übergab, ehe er im Oktober 1940 aus Deutschland schied, den heikelsten und wertvollsten seiner heimlichen «Kontakte» zum deutschen Widerstand in meine persönliche Obhut. Das war Graf Helmuth von Moltke, ein Großneffe des berühmten Heerführers. […] Kirk hatte sich von Zeit zu Zeit diskret mit Moltke zu einem allgemeinen Gedankenaustausch über die politische Lage getroffen. Es war großenteils Moltke, durch den er zu der Ansicht gekommen war, dass der Krieg ungeachtet aller militärischen Triumphe für Deutschland böse enden würde. Moltke war fest davon überzeugt, obwohl – oder vielleicht weil – er mit allen militärischen Überlegungen der deutschen Seite wohl vertraut war.[9]

Kennan zeichnete ein sehr treffendes Bild von Moltke:

Moltke war ein hoch gewachsener, gut aussehender, gebildeter Aristokrat, in jeder Hinsicht ein Mann von Welt und zugleich das, was man logischerweise angesichts seiner amtlichen Funktion nie erwartet hätte: ein tiefreligiöser Mann von ungewöhnlichem moralischen Mut, ein Idealist und ein überzeugter Anhänger demokratischer Prinzipien. Bei unserer ersten Zusammenkunft traf ich ihn in das Studium der Federalist Papers vertieft· er suchte Anregungen für die Verfassung eines zukünftigen demokratischen Deutschlands. Es war ein Bild, das ich nie vergessen habe, wie dieser Spross einer berühmten preußischen Offiziersfamilie, selbst inmitten eines Weltkriegs für den deutschen Generalstab tätig, sich des Nachts allein den Schriften der Gründer unserer eigenen Demokratie zuwandte, um dort voll Bescheidenheit nach Ideen zu suchen, wie Deutschland aus seiner Verirrung und Verderbnis hinauszuführen sei. Für mich ist Moltke eine so große moralische Figur und gleichzeitig ein Mann mit so umfassenden und geradezu erleuchteten Ideen, wie mir im Zweiten Weltkrieg auf beiden Seiten der Front kein anderer begegnet ist. Sogar damals schon – in den Jahren 1940 und 1941 – hatte er über die ganze schmutzige Arroganz und die scheinbaren Triumphe des Hitlerregimes hinweg die endgültige Katastrophe erblickt, ihre Qualen durchlitten, sie akzeptiert und sich innerlich darauf eingestellt, und er bereitete sich nun selber auf die Notwendigkeit vor – so wie er gern später auch seine Mitbürger vorbereitet hätte –, wieder ganz von vorne damit zu beginnen, durch Niederlage und Demütigung hindurch ein neues staatliches Gebäude auf einem neuen und besseren moralischen Fundament zu errichten.[10]

Man kann davon ausgehen, dass Moltke mit dem Diplomaten eines kommenden Kriegsgegners in größter Offenheit über die Innen- und Außenpolitik, Besatzungs- und (voraussichtliche) Militärpolitik seines Landes gesprochen hat. Auch wird er Kennan Informationen über den deutschen Widerstand gegeben und ihn gebeten haben, die Existenz einer Militäropposition sowie eines zivilen Widerstands der eigenen Regierung, den anderen Kriegsmächten und den Neutralen zu vermitteln. Jedenfalls deuten kurze Anmerkungen von Moltke auf ein bevorstehendes Engagement Kennans hin, wenn er am 13. September 1941 schreibt:

Abends kam Kennan. Sehr nett. Es kommt jetzt mehr heraus als aus den Abenden mit Deuel. Er hat einen Vorschlag von mir, etwas Bestimmtes zu tun, angenommen, will den Dienst quittieren, nach Hause fahren und sich dieser Aufgabe widmen. Er ist ein guter und netter Mann, und ich hoffe, dass er sich wirklich als Aktivum für uns erweisen wird. (MB 287)

Auch Moltkes Freund Deuel versuchte, den Amerikanern die deutsche Gegenwart zu vermitteln. Er gab 1942 ein Buch mit dem Titel *People Under Hitler* heraus. Die amerikanischen Diplomaten und Journalisten hatten für Moltke in der Anfangszeit des Krieges große Bedeutung. Dabei ging es nicht nur um gegenseitige Informationen jenseits der offiziellen Presse, sondern auch um die Begegnung mit Menschen, die sich den Grundgedanken der Demokratie und der Menschenrechte verpflichtet wussten. Als auch sie Deutschland verlassen mussten, waren die letzten internationalen Kontakte abgebrochen. Sie wurden später unter konspirativen Bedingungen ansatzweise neu geknüpft.

5. Im Kreisauer Kreis (1940–1941)

Der Freund: Peter Yorck von Wartenburg

Am 16. Januar 1940 besuchte Moltke – er war gerade fünf Monate im neuen Amt – zum Mittagessen Peter und Marion Yorck von Wartenburg in der Hortensienstraße 50 in Berlin-Lichterfelde.[1] Dies war die Geburtsstunde des späteren Kreisauer Kreises.

Nach der Pogromnacht und den antijüdischen Gesetzen hatten Moltke und Yorck unabhängig voneinander den Kontakt mit Freunden und Bekannten intensiviert, die ihnen als Gegner des Nationalsozialismus bekannt waren. Bei Yorck trafen sich Albrecht von Kessel, Jurist und Legationsrat im Auswärtigen Amt unter Ernst von Weizsäcker, der Verwaltungsjurist Fritz-Dietlof von der Schulenburg, der im Reichskommissariat für Preisbildung beschäftigte Nikolaus von Üxküll, der Industrielle Caesar von Hofacker, Otto Ehrensberger, Referent für Verwaltungsorganisation im Innenministerium, und der Völkerrechtler Berthold von Stauffenberg.[2] Man diskutierte über eine neue Reichsverfassung und neue Verwaltungsstrukturen. Von Kessel gibt es ein Manuskript «Umschwung in D. – ein Fragment», das die Gedanken dieses «Grafenkreises» wiedergeben dürfte. Es heißt dort:

> Was dagegen unverzüglich in Angriff zu nehmen wäre, ist eine radikale Dezentralisierung und eine Wiederherstellung und Erweiterung der Selbstverwaltung. Eine Beschränkung der zentralen Reichsbehörden auf einen Bruchteil ihres bisherigen Aufgabenkreises muss den Anfang zu einer Umgestaltung des totalitären Systems in einen zwar autoritären, aber sich in seinen Grenzen haltenden Staat bilden Diese Grenzen sind bestimmt durch die staatsfreie Sphäre (Familie, Religion) einerseits, durch die Selbstverwaltung der Gemeinden und Länder (Gaue) andrerseits.[3]

Moltke organisierte Treffen mit Horst von Einsiedel, Carl Dietrich von Trotha, Hans Peters, Theodor Haubach, der nach langjähriger Haft im Konzentrationslager in einer Papierfabrik für Rohstofffragen zuständig war, Adolf Reichwein, der als Pädagoge im Museum für Deutsche Volkskunde einen Sonderauftrag hatte, Otto Heinrich von der Gablentz, Hans Lukaschek, der Rechtsanwalt in Breslau war, und Adam von Trott. Hinzu

Peter Yorck von Wartenburg (1904–1944)
als Leutnant der Reserve, um 1942

Marion Yorck von Wartenburg (geb. 1904),
im Jahre 1940

gesellte sich Martin Gauger, einer der juristischen Berater der Bekennenden Kirche.[4] Von einer festen Gesprächsgruppe kann in dieser Zeit noch nicht die Rede sein. Der langsame Aufbau des späteren sogenannten Kreisauer Kreises begann erst nach dem Januar 1940.[5] Doch hat Moltke in dieser Vorbereitungszeit einen Text über «Die kleinen Gemeinschaften» verfasst, der bereits wesentliche Grundüberlegungen des späteren aktiven Widerstandskämpfers zum Ausdruck bringt:

Ich gehe davon aus, dass es für eine europäische Ordnung unerträglich ist, wenn der einzelne Mensch isoliert und nur auf eine große Gemeinschaft, den Staat, ausgerichtet wird. Der Vereinzelung entspricht die Masse; aus einem Menschen wird so ein Teil der Masse. Gegenüber der großen Gemeinschaft, dem Staat, oder etwaigen noch größeren Gemeinschaften wird nur der das rechte Verantwortungsgefühl haben, der in kleineren Gemeinschaften in irgendeiner Form an der Verantwortung mitträgt, andernfalls entwickelt sich bei denen, die nur regiert werden, das Gefühl, dass sie am Geschehen unbeteiligt sind, und bei denen, die nur regieren, das Gefühl, dass sie niemandem Verantwortung schuldig sind als der Klasse der Regierenden. (Br. 1, 111)

Das Wesen einer kleinen Gemeinschaft besteht für Moltke darin, eine Anzahl von Menschen zu einem ihnen gemeinsamen Zweck in einer solchen Weise zusammenzufassen, dass sie die Verfolgung ihres besonderen Zwecks als in den Rahmen der großen Gesamtheit gestellt begreifen und sich für die Entwicklung ihres besonderen Interesses als für einen Teil des Lebens der Gesamtheit verantwortlich fühlen. (Br. 1, 115)

Kleine Gemeinschaften sollen dazu beitragen, «Menschen aller Art in der Praxis der Verantwortung für andere Menschen zu üben» (Br. 1, 115).

An der Entstehung der Schrift über «Die kleinen Gemeinschaften» war Hans Peters beteiligt. Sein Spezialgebiet waren das Verfassungs- und Verwaltungsrecht, außerdem war er leitendes Mitglied der «Katholischen Aktion» und in der Görres-Gesellschaft aktiv. Nach der Machtübergabe an Hitler hatten sich Moltke und Peters hin und wieder zum Gedankenaustausch getroffen. Ab Sommer 1939 intensivierte sich der Kontakt, als Moltke ihn in Fragen der Selbstverwaltung konsultierte. Moltkes Ausarbeitungen über «Die kleinen Gemeinschaften» zeigen deutlich Spuren der Gespräche, zudem hatte Moltke von Peters Ende Januar 1940 schriftliche Ausführungen mit dem Titel «Bemerkungen zur Theorie der Selbstverwaltung – 8 Thesen» erhalten.[6] Diese können als praktische Umsetzung der pädagogisch-politischen Ausführungen von Moltke gelesen werden. Später gingen diese Thesen auch in die Entwürfe der Kreisauer ein. Und noch ein weiterer Text stammt von Peters: die «Bemerkungen zur Hochschulbildung», die einen Überblick über die Organisation der Wissenschaft vom Mittelalter bis zur Gegenwart geben. Auch hier findet sich schon vieles, was später in die Kreisauer Schriften eingegangen ist.[7]

Moltke war kein einsamer Denker, er suchte den Austausch. Natürlich waren seine Gesprächspartner und kritischen Leser Männer seines Vertrauens. Peters gehörte ab Februar 1940 zum engsten Freundeskreis der Kreisauer. Ab Juni 1942 kam noch Paulus van Husen hinzu. Er war wie Peters fest verwurzelt in der katholischen Kirche und im katholischen Verbandswesen. Beide hatten Kontakte zu Männern der Christlichen Gewerkschaft und zu katholischen Bischöfen, die dem Nationalsozialismus kritisch gegenüberstanden. Durch sie lernte Moltke später den Bischof von Berlin, Konrad von Preysing, kennen, der für ihn ein wichtiger Gesprächspartner in politischen, kirchlichen und philosophisch-theologischen Fragen werden sollte.

In die Zeit der ersten Überlegungen zu einer gesellschaftlichen Neuordnung fiel das bereits erwähnte Treffen in der Hortensienstraße. Moltke und Yorck hatten lange Jahre keinen Kontakt miteinander gehabt. Sie sahen sich anlässlich der Taufe von Gebhard, dem Sohn von Davida und Hans Adolf von Moltke 1938 in Wernersdorf wieder. Die jungen Männer hatten sich 1929 beim zweiten Schlesischen Arbeitslager kennen gelernt, bei dem Yorck einen Vortrag gehalten hatte. Sie waren keine alten Freunde, als sie sich wiederbegegneten, und wahrten auch noch lange die förmliche Anrede «Sie».

Peter Yorck war zusammen mit seinen zehn Geschwistern auf dem Schloss Klein-Öls östlich von Breslau aufgewachsen, das seit den Zeiten des Feldmarschalls Yorck von Wartenburg Stammsitz der Familie war. Sein Großvater Paul von Yorck war ein bekannter Philosoph, der enge Beziehungen zur Universität in Breslau unterhielt. Sein Vater Heinrich war Jurist und Mitglied des Preußischen Herrenhauses; er ist seiner monarchistischen Gesinnung bis zu seinem Tod 1924 treu geblieben. Im Haus der Yorcks spielten die alten Sprachen, das antike Drama, die deutsche und europäische Geschichte, die Reformation und die Theologie Luthers sowie neuzeitliche Philosophen, Theologen, Künstler, Dichter und Literaten eine große Rolle. Die Bibliothek des Schlosses war die größte Privatbibliothek in Preußen. Peter besuchte von 1920 bis 1923 das Evangelische Gymnasium in Roßleben an der Unstrut. Dort gewann er Freunde fürs Leben: Albrecht von Kessel, Ulrich Wilhelm Graf Schwerin von Schwanenfeld, Ernst von Borsig und Botho von Wussow. Nach dem Abitur studierte er Jura, arbeitete als Gerichtsreferendar und promovierte 1927 in Breslau über das Thema «Die Haltung der Körperschaften des öffentlichen Rechtes für Maßnahmen der Arbeiter- und Soldatenräte». Nach der Heirat mit Marion Winter 1930 wurde er 1932 Mitarbeiter im Kommissariat für Osthilfe in Berlin, das Hans Krüger leitete. Es folgte nach Arbeitsdienst und Wehrübung von 1934 bis 1936 eine Referentenzeit für Landwirtschafts- und Preisfragen im Oberpräsidium in Breslau unter dem Oberpräsidenten und Gauleiter in Schlesien, Josef Wagner. 1936 übernahm ihn Wagner in das von ihm geleitete Reichskommissariat für Preisbildung in Berlin. Nachdem er als Leutnant an der Besetzung Polens teilgenommen hatte, kehrte er wieder an seine alte Arbeitsstelle zurück.

Yorck war aufgrund seiner christlich-humanistischen Bildung und seines patriotischen Traditionsbewusstseins nie in die Versuchung gekommen, sich der antidemokratischen völkischen Bewegung oder dem Nationalsozialismus anzuschließen. Im Gegensatz zu Moltke war er jedoch in den Staatsdienst eingetreten, wo er allerdings wegen seiner Weigerung, Parteimitglied zu werden, nicht mehr befördert wurde. Zusammen mit seinem Bruder Hans verwaltete er ab 1930 das Gut Kauern, das ihnen ihr ältester

Bruder Paul überlassen hatte. Sowohl durch seine beruflichen Aufgaben als auch durch die Arbeit in Kauern wurde er ein Experte für volks- und betriebswirtschaftliche Fragen der Landwirtschaft. Zudem war er mit zwei Finanzexperten gut bekannt: Hermann Josef Abs und Karl Blessing.[8]

Als sich Moltke und Yorck zum ersten Mittagessen trafen, begegneten sich zwei Angehörige aus alten preußischen Adelsfamilien. Beide waren Schlesier, Juristen, Kenner der Landwirtschaft und Freunde des ländlichen Lebens. Beide hatten bürgerliche Frauen geheiratet, hatten kein elitäres Standesbewusstsein und lebten ein einfaches Leben in der Stadt und auf dem Land. Und beide hatten ein weit verzweigtes Netz von Freunden und Bekannten in militärischen Kreisen und in zivilen Dienststellen. Yorck hatte zu dieser Zeit engere Beziehungen zum militärischen und zivilen Widerstand als Moltke. Seit 1937 hatte er Kontakte zu Hans Oster, Erwin von Witzleben, Paul von Hase und Ludwig Beck, die das Zentrum des militärischen Widerstands bildeten. Über die Pläne zu einem Staatsstreich von 1938 war er informiert. Auch hatte er zu regimekritischen Mitarbeitern im Auswärtigen Amt kontinuierliche Kontakte. Als Mitglied des Regierungsapparats kannte er die Strukturen und Personen in den Berliner Ministerien. Es waren 1938 zwei Ereignisse, die ihn von einer passiven Opposition zum aktiven Widerstand übergehen ließen: im Februar die Entlassung von Blomberg und Fritsch und im November die Pogromnacht mit der darauf folgenden antijüdischen Gesetzgebung.

Moltke und Yorck strebten nicht mehr nur Korrekturen im System an, sondern die Überwindung des Systems als Ganzem. Dazu musste man sich verständigen, wie ein Deutschland nach dem Nationalsozialismus aussehen sollte. Beiden war nach den Erfahrungen von 1938 und 1939 klar, dass man sich nicht mehr allein auf die zum Staatsstreich bereiten Teile der Wehrmacht verlassen konnte. Der Widerstand musste auf ein breiteres Fundament gestellt werden. Doch zunächst war zu klären, wieweit zwischen ihnen Konsens in der Einschätzung der politischen Lage bestand und wieweit sie sich über Grundsatzfragen und Ziele einer Neuordnung einigen konnten. Moltke hatte am 16. Januar an Freya geschrieben: «Zu Mittag habe ich mit Peter Yorck, dem Bruder von Davy, gegessen oder vielmehr bei ihm. Er wohnt draußen am Botanischen Garten in einem winzigen Haus, das sehr nett eingerichtet ist. Ich glaube, wir haben uns sehr gut verständigt, und ich werde ihn wohl öfter sehen.» (MB 106)

Und genauso kam es. Zwischen beiden entwickelte sich eines der engsten Vertrauensverhältnisse, die es im deutschen Widerstand gegeben hat. In den Wochen nach dem ersten gemeinsamen Mittagessen trafen sich

Das Haus von Marion und Peter Yorck von Wartenburg in der Hortensienstraße 50 in Berlin-Lichterfelde

Moltke und Yorck in kurzen Abständen in der Derfflinger- oder in der Hortensienstraße. Beide Wohnungen wurden zu Begegnungs- und Gesprächszentren des festen Freundeskreises, den sie in der Folgezeit um sich versammelten.

Gespräche über den Staat

Was Moltke und Yorck miteinander besprochen haben, lässt sich aus dem im Juni 1940 beginnenden Briefwechsel erschließen. Moltke fasste die Ergebnisse der Gespräche in regelmäßigen Abständen zusammen und schickte die Protokolle zum Gegenlesen an Yorck. Er wollte einen schriftlich fixierten Konsens als Voraussetzung gemeinsamen Handelns.

Der erste Brief Moltkes an Yorck stammt vom 17. Juni 1940 und beginnt mit dem Satz:

Nun, da wir damit rechnen müssen, einen Triumph des Bösen zu erleben, und während wir gerüstet waren, alles Leid und Unglück auf uns zu nehmen, stattdessen im Begriffe sind, einen viel schlimmeren Sumpf von äußerem Glück, Wohlbehagen und Wohlstand durchwaten zu müssen, ist es wichtiger als je, sich über die Grundlagen einer positiven Staatslehre klar zu werden. (Br. 1, 118)

Unter Verletzung der Neutralität der Niederlande, Belgiens und Luxemburgs war die Westoffensive eröffnet worden. Diese Staaten kapitulierten schnell; Frankreich bat schon am 17. Juni um einen Waffenstillstand. Im Gegensatz zu den meisten Deutschen, die diese Siege als Revanche für Versailles emphatisch feierten sprach Moltke von einem «Triumph des Bösen». Hitler hatte nach dem Überfall auf Polen in kürzester Zeit einen weiteren großen Sieg errungen. Seine Popularität erreichte in Deutschland ihren Höhepunkt. Moltke griff in seinem Brief vom 17. Juni 1940 eine Diskussion auf, die Yorck und er mit Fritz-Dietlof von der Schulenburg am 4. Juni geführt hatten. Es ging um den Entwurf einer Staatslehre, als deren oberstes Kriterium Moltke Gerechtigkeit vorschlug, die er darin sah, «dass im Rahmen des Staatsganzen ein jeder sich voll entfalten und entwickeln könnte». Yorck hatte versucht, dieser freien Entfaltungsmöglichkeit des Einzelnen eine «schwere Hypothek» aufzuerlegen. In Fortführung des abgebrochenen Gesprächs definierte Moltke nun sein Staatsverständnis in drei Punkten:

1. Es ist nicht die Bestimmung des Staates, Menschen zu beherrschen und durch Gewalt oder durch Furcht vor Gewaltanwendung zu zügeln, vielmehr ist es die Bestimmung des Staates, die Menschen in eine solche Beziehung zueinander zu bringen und sie darin zu erhalten, dass der Einzelmensch von jeder Furcht befreit in voller Sicherheit und doch ohne Schaden für seinen Nächsten zu leben und zu handeln vermag.
2. Es ist nicht die Bestimmung des Staates, Menschen zu wilden Tieren oder zu Maschinen zu machen, vielmehr ist es die Bestimmung des Staates, dem Einzelmenschen denjenigen Rückhalt zu geben, der es ihm ermöglicht, Körper, Geist und Verstand ungehindert zu betätigen und zu entwickeln.
3. Es ist nicht die Aufgabe des Staates, unbedingten Gehorsam und blinden Glauben an sich oder an etwas anderes vom Menschen zu fordern, vielmehr ist es die Bestimmung des Staates, den Einzelmenschen dahin zu führen, dass er nach den Geboten der Vernunft lebt, diese Vernunft bei allen Dingen betätigt, und ihn zugleich dahin zu leiten, dass er seine Kraft nicht in Hass, Ärger, Neid verschwendet oder sonst unrecht handelt.
Die letzte Bestimmung des Staates ist es daher, der Hüter der Freiheit des Einzelmenschen zu sein. Dann ist es ein gerechter Staat. (Br. 1, 118 f.)

Diese Definition ist ein radikaler Gegenentwurf zu den damaligen Theorien bekannter Staatsrechtslehrer und zur nationalsozialistischen Herrschaft, wie sie auch Ernst Forsthoff 1933 in seiner programmatischen Schrift *Der totale Staat* definiert hat:

Der totale Staat muss ein Staat der totalen Verantwortung sein. Er stellt die totale Inpflichtnahme jedes Einzelnen für die Nation dar. Diese Inpflichtnahme hebt den privaten Charakter der Einzelexistenz auf. Er muss jeden zur Rechenschaft ziehen, der sein persönliches Geschick nicht der Nation völlig unterordnet. Dieser Anspruch des Staates, der ein totaler ist, macht das Wesen des neuen Staates aus.[9]

Dieser totale Staat ist hierarchisch von oben nach unten strukturiert. Er bekämpft jede Form liberalen und demokratischen Denkens und muss alles «rücksichtslos ausmerzen», was «seine Autorität nicht anerkennt».

Auf Moltkes ersten Brief an seinen neuen Gesprächspartner antwortete dieser mit einem Brief vom 7. Juli. Yorck nahm zunächst das Stichwort «Triumph des Bösen» auf:

Nur in einer Beziehung vermag ich mich dieser Beurteilung anzuschließen, nämlich insoweit, als es sich bei diesen Ereignissen um die von einem Menschen gewollte Durchsetzung des Nihilismus handelt, nicht aber hinsichtlich dessen, was sich unabhängig oder gar gegen diesen Willen vollzieht – der das Böse will und vielleicht das Gute schafft. (Br. 1, 120)

Yorck unterschied zwischen dem, was der Sieger Hitler wollte, und der Art und Weise, wie die betroffenen Menschen auf die Zerschlagung ihrer bisherigen Geistesverfassung und Lebensform reagierten. Er sah nach einer Reise durch «Feindländer» die Bereitschaft, statt nach «Revision und Revanche» zu rufen, sich geistig und politisch neu zu orientieren, und konstatierte: «Selbst wenn – wie ich hoffe – wir zur Zeit den pathetischen Abschluss einer Epoche erleben, muss auf die Keime geachtet werden, die das neue Leben aus den Ruinen treiben sollen.» (Br. 1, 120)

Zwischen Yorck und Moltke gab es in der Analyse des Nationalsozialismus keinen Unterschied: Er war politisch angewandter Nihilismus. Aber für Yorck war kein Sieg so radikal und endgültig, dass sich nicht in der Niederlage der Völker ein neues Potenzial von Geisteskräften bildete. Der Tyrann blieb für ihn eine vorübergehende Erscheinung auf dem Weg zur umfassenden Neuorientierung. Moltkes apokalyptischer Geschichtsangst setzte er das Urvertrauen entgegen, dass Gott, der Schöpfer und Erhalter des Lebens, seine Welt nicht durch menschliche Hybris zerstören lässt.

Auch Moltkes Definition der Staatsziele konnte Yorck nicht ohne kritische Nachfragen übernehmen. Gegen die Tendenz, dem Staat vorrangig die Funktion zuzuschreiben, für die Freiheit des einzelnen Menschen Sorge zu tragen, setzte er die «Rückbezogenheit» des Einzelnen auf den Staat (Br. 1, 121).

Der Staat hatte für Yorck nicht nur eine Funktion im Dienst der Menschen, sondern die Menschen haben ihrerseits die Pflicht, diesem Staat als ihrer Rechtsordnung zu dienen. Der wahre Inhalt des Staats wird nur erkennbar, wenn man ihn als eine von Gott gegebene und zugleich den Menschen aufgegebene Ordnung anerkennt. Moltke stellte sich in zwei Briefen vom 12. und 15. Juli 1940 den Einwänden von Yorck, der auf die Notwendigkeit einer Verständigung als Voraussetzung einer Zusammenarbeit hingewiesen hatte (Br. 1, 122 f.; 123).

Moltke bemerkte, dass man aneinander vorbeigeredet habe. Er habe über das Staatsrecht, Yorck über die Stellung des Einzelnen zum Staat gesprochen. Yorcks Formulierung «Freiheit für die anderen» interpretierte Moltke als «Dienst», gab aber zu bedenken, dass beides – Freiheit und Dienst – nur aus der Freiheit des Einzelnen ohne staatlichen Zwang entspringen könne. Es gelte: «Kein Staatsrecht ist imstande, Menschen zu bessern.» Vor allem bestritt Moltke, dass der Staat einem sittlichen Gebot unterstehe. Nur Personen könnten Ethik und Sittlichkeit haben. Unter einem ethischen Gesetz stünden allerdings die Inhaber der staatlichen Macht. Für sie sei der kategorische Imperativ von Kant gültig, nämlich so zu handeln, dass die Beweggründe des eigenen Handelns zur allgemeinen Richtschnur genommen werden könnten. Gegen Yorcks Definition vom Staat als «Trieb göttlicher Ordnung» setzte Moltke fast bekenntnishaft den Satz:

Ich stehe auf dem Standpunkt, dass die Staatslehre zu dem Gebiet der Philosophie, nicht zu dem der Theologie gehört, und ich halte es für außerordentlich gefährlich, einer staatlichen Ordnung eine religiöse Erklärung und einen religiösen Unterbau zu geben. (Br. 1, 123)

Während des Briefwechsels hatte Yorck an Moltke eine Ausarbeitung seines Bruders Paul über «Das Bild des abendländischen Staates» geschickt und um sein Urteil gebeten. Paul Yorck entwickelte auf 26 Seiten einen eigenständigen theologischen Entwurf über «Staat und Person», «Staat und Recht», «Kirche und Staat» und «Kirche und Gesellschaft».[10] In seinem Brief vom 21. Juli 1940 an Peter Yorck sprach Moltke dem Verfasser seinen Glückwunsch «zu der klaren und überzeugenden Darstellung eines m. E. obskuren Zusammenhanges» aus, um dann fortzufahren: «Trotzdem überzeugt mich die Schrift nicht. Sie ist vielleicht gute Theologie, aber keine Staatslehre. Sie ist für mein Gefühl Romantik und will einen Zustand herstellen, wie er vor der Reformation und vor dem Zeitalter der Aufklärung möglich gewesen wäre.»

Für Paul Yorck hat die Kirche den Auftrag, in aller Öffentlichkeit die von ihr vertretene Sache ohne Scheu und Kompromisse zu vertreten. Sie ist von ihrer theologischen und anthropologischen Substanz her die einzige Institution, die dem totalen Staat seine Grenzen aufweisen kann. Das ist ungewöhnlich, denn im Allgemeinen wurde die Kirche nicht als Bollwerk gegen den totalen Staat betrachtet. Eine Mehrheit neigte dazu, auch den totalen Staat Hitlers noch als «gute Ordnung Gottes» zu verstehen. Moltke hatte, wie seine Antwort zeigt, noch keinen Sinn für diese Art neuer Theologie. Er war im Gespräch mit den beiden Yorcks an einer nichttheologischen Staatsbegründung aus der Kraft der menschlichen Vernunft interessiert. Aber als ein wacher und lernfähiger Geist hielt er seine eigene Position im Gespräch mit den Yorcks noch nicht für sein letztes Wort. Er kündigte an, bis zum Jahresende ein umfassendes Thesenpapier zu erstellen. Am 20. Oktober 1940 schickte er dieses seinen Freunden unter dem Titel «Über die Grundlagen der Staatslehre» (Br. 1, 132 ff.).

Doch zuvor gab es noch weitere Diskussionsrunden, mündlich und brieflich. Moltke erweiterte den Kreis der Gesprächspartner, als er am 18. Juli 1940 einen Brief an Otto Heinrich von der Gablentz schrieb (Br. 1, 125 f.). Gablentz hatte Rechts- und Staatswissenschaften studiert, war promovierter Volkswirtschaftler und von 1931 bis 1935 Referent im Reichswirtschaftsministerium, aus dem er auf Druck der Partei entlassen worden war.[11] Er war von der Jugendbewegung, der Berneuchener Bewegung sowie vom Religiösen Sozialismus geprägt und hoch gebildet. Er hatte als deutscher Delegierter an der Grundsatzarbeit der Genfer Ökumene teilgenommen, 1938 in dem Sammelband *Die Kirche Christi und die Welt der Nationen* einen Artikel über «Die materielle Grundlage einer internationalen Ordnung» geschrieben und an dem 1938 erschienenen Memorandum *Die Kirche und die internationale Krisis* mitgearbeitet.[12] Darin wurde der verantwortliche Umgang mit politischer Macht, die Gleichheit aller Menschen und der Respekt vor der Menschenwürde angemahnt.

Als Moltke an Gablentz schrieb, konnte er davon ausgehen, mit seinen Fragen Gehör zu finden: «Wir gehen wohl beide davon aus, dass die Staatslehre mit Theologie nichts zu tun hat. Nun erhebt sich die weitere Frage, ob es für den Staat, für eine mit dem Attribut der Souveränität ausgestattete Gemeinschaft, eine Ethik gibt.» Nach seiner jetzigen Erkenntnis gebe es, so Moltke, «für den Staat als solchen weder seinen Bürgern gegenüber noch anderen Staaten oder Bürgern anderer Staaten gegenüber ethische Gebote». Die Konsequenz wäre: «Wenn es keine Staatsethik gibt, dann kann niemand, gegen seine eigenen ethischen Gebote handelnd, sich mit dem höheren Staatsinteresse entschuldigen.» (Br. 1, 126)

Der zweite Teil des Briefs fragt nach einer «protestantischen Lösung» des Dilemmas, dass es keine vom Staat abhängige Kirche geben dürfe, gleichzeitig aber «der Moralkodex im Staate und vornehmlich der Staatsdiener in Übereinstimmung mit der christlichen Morallehre gehalten werden muss».

Gablentz antwortete am 9. August 1940 (Br. 1, 128 ff.),[13] und am 23. August trafen sich beide erstmals. Die Ergebnisse dieses Treffens protokollierte Moltke wenige Tage später. Seine Skizze zeigt, wie ernsthaft und mühsam um eine Verständigung gerungen wurde. Moltkes Drängen auf den Verzicht einer Institutionenethik für den Staat dürfte nicht zuletzt den Hintergrund gehabt haben, dass er nach den Erfahrungen mit dem «Dritten Reich» unter allen Umständen vermeiden wollte, dass der Staat als oberste Instanz für Moral und Sitte auftritt. Folgerichtig konzentrierte er alles auf die Frage, welche Qualität denn der einzelne Staatsmann als Person haben müsse, um den «amoralischen Staat» zu regieren. Als Person müsse er sich gebunden fühlen an ethische Gebote und moralische Verhaltensweisen. Als Staatsmann könne er nicht «amoralisch» sein. Dabei ist es Moltke weniger wichtig, wie der Staatsmann seine persönliche Bindung begründet. Gablentz dagegen wollte den «christlichen Staatsmann», der seine Tugenden und Handlungsmaximen unter dem Einfluss der christlichen Offenbarung erworben hat. Er muss kein bekennender Christ sein, aber doch in der christlichen Tradition stehen. Die Kirche, nicht der Staat, war für ihn die entscheidende Bildungsmacht.

Gablentz reichte in seinem Brief vom 7. September (Br. 1, 133 ff.) «Abschwächungen» wie diese nach: «Es gibt keine unmittelbare Lehre vom Staat, sondern nur eine solche vom Menschen im Staat» und: «Ich möchte nicht vom christlichen Staatsmann reden, sondern nur vom rechten Staatsmann.»

Durch die intensiven Gespräche mit Gablentz war der Gesprächsfaden zwischen Moltke und Yorck etwas lockerer geworden. Am 1. September schrieb Moltke ihm einen Zwischenbericht (Br. 1, 131 ff.). Er möchte zu ihrem «eigentlichen Thema, nämlich des Verhältnisses von Einzelmensch und Staat, zurückkehren». Er begann zuvor mit einem selbstkritischen Geständnis: «Ich habe unsere früheren Schreiben nochmals durchgesehen und mich von der Unzulänglichkeit meiner ersten Formulierungen überzeugt.» Er gestand ein, dass Yorcks Stichworte von der «Hypothek der

Freiheit», von der «Pflicht zum Dienen» und von der «Rückbezogenheit auf die Gemeinschaft» berechtigt seien, und schlug vor, von «Freiheit im Rahmen der natürlichen Ordnung» zu sprechen. Moltke wollte seinen Freiheitsbegriff sowie die «Hypothek» Yorcks «in einer Bestimmung» zusammenfassen.

Moltke, Yorck und Gablentz haben in den Sommermonaten 1940 versucht, eine gemeinsame geistig-politische und philosophisch-theologische Plattform für eine politische Zusammenarbeit zu finden. Vor allem Moltke ließ sich von Gablentz im Laufe der kommenden Zeit über religiöse und kirchliche Problemfelder aufklären, die er selbst nur lückenhaft kannte.

Während des Sommers 1940 befasste sich Moltke noch mit einem weiteren Themenkomplex. In Gesprächen und Briefen mit seinem alten Freund

Asta von Moltke, General von Rabenau und Peter Yorck von Wartenburg in Kreisau auf der Veranda des Berghauses, 1940. Friedrich von Rabenau war Mitarbeiter von Generaloberst Ludwig Beck und wurde dessen Verbindungsmann zu Carl Friedrich Goerdeler. Nach dem 20. Juli 1944 wurde er verhaftet und am 15. April 1945 als einer der letzten Insassen im Konzentrationslager Flossenbürg auf ausdrücklichen Befehl Himmlers ermordet.

Einsiedel ging es um die Frage, wie die Wirtschaft bei einer Neuordnung aussehen sollte.[14] Moltkes Brief vom 16. Juni 1940 (Br. 1, 116 f.) fiel in die Zeit des siegreichen Frankreichfeldzugs. Hitler saß sicherer im Sattel denn je: «Wir sind von dem Umschwung noch so weit entfernt wie Voltaire von der französischen Revolution.» Der Weg «zwischen geistiger Überwindung und tatsächlichem Umschwung» ist weit. «Damit muss man sich trösten und neu denken.»

Um sich dem Grundgerüst einer neuen Wirtschaftsordnung zu nähern, entwarf Moltke einige Grundsätze, die sich wie ein utopischer Gegenentwurf zum totalitären Staat lesen (Br. 1, 116 f.). Im Sinne seines konsequenten personalistischen Ansatzes formulierte er zunächst die anthropologische Dimension des Wirtschaftens, indem er nach dem Sinn der wirtschaftlichen Betätigung des Einzelnen fragt. Diesen Sinn sieht er in der Zunahme persönlicher Freiheit in Form einer Befreiung von sachlichen Zwängen und zwischenmenschlichen Abhängigkeiten. Wenn die Freiheit des Subjektes als tätige Mitverantwortung auch und gerade im Bereich der alltäglichen Arbeit als höchstes Ziel definiert wird, so Moltke, hat die Ausbeutung durch private oder staatliche Eliten ein Ende. Sind die Herrschaftsverhältnisse von Sachen über Menschen und von Menschen über Menschen aufgehoben, ist die Kontinuität der bisherigen Klassengesellschaften abgebrochen. Und wenn das Wirtschaften neben der Sicherung der notwendigen Lebensgüter darüber hinaus den Sinn hat, dass der Mensch sich geistigen und kulturellen Tätigkeiten zuwenden kann, so eröffnet sich die Möglichkeit einer Wiedergewinnung eines ganzheitlich erlebten Lebens, in dem sich die Trias von Leib, Geist und Seele entfalten kann.

«Über die Grundlagen der Staatslehre»

Das Ergebnis der von Januar bis Oktober 1940 geführten Gespräche fasste Moltke in seiner ersten größeren Denkschrift vom 20. Oktober 1940 «Über die Grundlagen der Staatslehre» zusammen (Br. 1, 136 ff.). Er und seine Freunde trafen sich politisch in der Einschätzung, dass klare Abschiede zu vollziehen waren, um einem neuen Selbstverständnis Raum zu geben. Sie forderten das Ende der Machtpolitik, das Ende des Nationalismus, das Ende des Rassegedankens, das Ende der Gewalt des Staates über den Einzelnen.

Alle vier Phänomene waren längst vor Hitler in Deutschland existent: der Bismarck'sche Machtstaat, der Wilhelminische Nationalismus und Imperialismus, bürgerliche Deutschtümelei und Antisemitismus sowie Verehrung des Obrigkeitsstaats und Erziehung zum gehorsamen Untertanen. Es war die Überzeugung Moltkes und seiner Freunde, dass mit dem Ende des Nationalsozialismus auch eine kritische Durchsicht älterer Traditionen notwendig sei. Mit Hitler und seinem erhofften Ende stand auch der anti-liberale, antidemokratische, antisozialistische und antisemitische Teil der deutschen Geschichte zur Debatte. Diese nationale Selbstkritik war mit einer kreativen Neubestimmung des Zukünftigen zu verbinden. Alle Neu-bestimmungen über Wesen und Aufgabe von Staat und Wirtschaft sind vor dem Hintergrund dieses radikalen Krisenbewusstseins der Berliner Freunde zu sehen.

In seinem Memorandum spricht Moltke vom Verhältnis des Staates zum Einzelnen, zur Wirtschaft und zum Glauben. Jede Beziehung habe zwar ihre eigene Bedeutung, sei aber mit den anderen Beziehungen verschränkt. Sie stünden in einem Spannungsverhältnis, das bis zur Gegensätzlichkeit gehen könne, sodass sie «eines ständigen Ausgleichs» bedürften.

Moltke weiß, dass er nicht den perfekten Staat für nicht perfekte Men-schen entwerfen kann. So muss der Staat mit dem Recht, das er setzt, die immer drohende Willkür im Zusammenleben der Menschen bekämpfen. Das aber kann Beeinträchtigung der Freiheit für andere bedeuten. Um dieses Problems Herr zu werden, führt Moltke den Begriff der natürlichen Ordnung ein: Sie existiert, kann nicht definiert, aber beschrieben werden.

Grundlegendes Merkmal der natürlichen Ordnung ist die Freiheit. Sie hat als Voraussetzung und Ziel einer menschenwürdigen Gemeinschaft den obersten Rang in der von der Natur vorgegebenen und im geschicht-lichen Prozess aufgegebenen Werteordnung. Der Mensch als ein Natur-wesen in geschichtlicher Verantwortung hat ein Recht auf Freiheit. Mit diesem Recht korrespondieren weitere Naturrechte wie die körperliche und geistige Unversehrtheit des Menschen als Person und die Ehrfurcht vor der belebten und unbelebten Natur.

Aus mehreren Briefen an Freya aus dem Frühsommer 1940 wissen wir, dass Moltke in dieser Zeit literarische und philosophische Klassiker gele-sen hat wie Goethes *Wilhelm Meisters Wanderjahre*, Voltaires *Charles XII*, Kants *Kritik der reinen Vernunft* und vor allem Spinozas *Theologisch-politischen Traktat*. Am 16. Juni 1940 begann Moltke mit der Lektüre Spinozas (1632–1677), eines im «Dritten Reich» verpönten jüdischen Philosophen. Am 30. Juni schrieb er: «Den Spinoza verschlinge ich einfach. Er ist so hervorragend geschrieben. Was die Staatslehre angeht, so sind ewige Weisheiten mit Utopien und Absurditäten gemischt.» (MB 151) Diese Lektüre war für ihn ungewohnt und machte ihm Mühe. Er vergrub sich in sie so intensiv, dass er am 14. Juli berichtete: «Gegenwärtig habe ich gar keine Lust, Menschen zu sehen, sondern bin zufrieden mit meinen beiden Herren Spinoza und Kant. Ich fühle mich dabei in der allerbesten Gesellschaft.» (MB 154) Moltke griff für seine Formulierungen auf Spinoza zurück. Gewissens- und Meinungsfreiheit zu haben und sie öffentlich zu bekunden, betrachtete er mit diesem als ein Urrecht des Menschen, das kein Staat ihm nehmen kann.

An Goethes Entwicklungs- und Bildungsroman *Wilhelm Meister* interessierte Moltke vor allem die «Pädagogische Provinz». In einem Brief vom 25. August 1940 schrieb er an Freya:

Erst habe ich etwas gearbeitet, dann etwa 50 Seiten im Voltaire gelesen, danach ein wenig nachgedacht, eine Patience gelegt und Goethes pädagogische Provinz überflogen.
Erinnerst Du, da kommt die Erziehung dran, und die Kinder werden zu den drei Ehrfurchten erzogen: Ehrfurcht vor dem, was über uns ist, Ehrfurcht vor dem, was unter uns ist, und Ehrfurcht vor dem, was uns gleich ist. Welch eine großartige Formulierung. N. S. hat uns wieder gelehrt die Ehrfurcht vor dem, was unter uns ist, d. h. also den Dingen, dem Blut, der Abstammung, unserem Körper. Insoweit hat er Recht, und wir wollen die Lehre nicht vergessen. Er hat aber getötet die Ehrfurcht vor dem, was über uns ist, nämlich Gott, oder wie immer Du es bezeichnen magst, und hat versucht, dieses unter uns zu ziehen, durch die Vergottung diesseitiger Dinge, die unter die Rubrik der Ehrfurcht vor dem, was unter uns ist, fallen. Der N. S. hat aber weiter zerstört die Ehrfurcht vor dem, was uns gleich ist, indem er ebenfalls einen Teil derjenigen, die uns gleich sind, unter uns zu stellen versucht. – Der Liberalismus entarteter Form hingegen lehrt die Ehrfurcht vor dem, was uns gleich ist, unter Vernachlässigung der beiden anderen Ehrfurchten. Aber im Gleichgewicht gerade liegt die Weisheit, und diese Weisheit kann eigentlich nur der liberale Landmann haben, weil allen anderen die Beziehung zu der lebendigsten Dingen unter uns so weit fehlt, dass sie diese Ehrfurcht kaum bekommen können. (MB 198 f.)

In der ersten Denkschrift Moltkes gibt es auch einen längeren Abschnitt über «Die Beziehung zwischen Staat und Wirtschaft» (Br. 1, 140 ff.). Ewar das Ergebnis der Gespräche mit Einsiedel und Gablentz. Die Frage der Wirtschaftsordnung will er offen lassen. Zuständig ist aber in jedem Fall der Staat als «unbeschränkter Herr der Wirtschaft» für die Verteilung des wirtschaftlichen Ertrags. Ebenso ist die Förderung der nicht wirtschaftlichen Zwecke seine Aufgabe, er muss die Mittel für Kultur, Wissenschaft und Forschung sachgerecht verteilen. Im Prozess des Wirtschaftens selbst muss sich der Einzelne bewähren können. Hier kann er sich durch tätige Mitverantwortung zur Erkenntnis der natürlichen Ordnung erziehen.

Für Moltke ist es eine unnatürliche Ordnung, wenn Menschen nicht mitverantwortlich und mitbestimmend in den Produktionsprozess einbezogen werden. Unnatürlich ist für ihn jede Form von herrschaftlicher Fremdbestimmung und ökonomischer Ausbeutung. Des Menschen Natur als freies Wesen gebietet eine Betriebsgemeinschaft, in die er sich gleichwertig mit anderen Partnern einbringen kann. Der Staat seinerseits muss eine Ausbildungspolitik betreiben, die die fachlichen und menschlichen Voraussetzungen schafft, dass der Einzelne einen qualifizierten Arbeitsplatz ausfüllen kann. Gleichzeitig muss er eine Wirtschaftspolitik betreiben, die dem Einzelnen einen Arbeitsplatz zur Verfügung stellt. Kraft seiner «Hoheitsrechte über die Wirtschaft» hat der Staat zu verhindern, dass aus wirtschaftlichen Herrschaftsverhältnissen Herrschaftsverhältnisse über Menschen werden. Ohne die Notwendigkeit «funktioneller» Herrschafts- und Abhängigkeitsverhältnisse zu bestreiten, geht es Moltke darum, dass menschliche Beziehungen vom Prinzip der Verantwortung füreinander getragen sind. Die totale Abhängigkeit der Einzelnen von den Eigentümer- und Kapitalinteressen muss der Staat verhindern.

Unter der Überschrift «Die Beziehung zwischen Staat und Glauben» (Br. 1, 142 ff.) wiederholte Moltke in der Denkschrift weithin, was er schon diskutiert und brieflich festgehalten hatte. Vehement behauptete er noch einmal, dass der Staat nicht theologisch begründet werden könne, dass er abstrakt sei und deshalb außerhalb der Morallehre stehe. Aus den Inhalten der Offenbarung, wie sie in den biblischen Schriften bezeugt ist, nimmt der Politiker in einem Staatsamt die Kraft, die amoralische Staatsmaschine verantwortlich auf sinnvolle Ziele hin zu steuern. Richtschnur seines Handelns ist die «natürliche Ordnung»: die Freiheit des Gewissens, die Geltung der Menschenrechte und eine humane, gerechte Wirtschaftsordnung. Seine Moralität aus dem Glauben ist keine Privatsache mehr. Er muss vorleben, was er potenziell von allen Staatsbürgern verlangt: eine das Handeln normierende Gewissensbindung. Die Vernunft allein reicht nicht aus, die «natürliche Ordnung» zu erkennen und zu fördern. Dieser Aufgabe werden die meisten Menschen nur durch den Glauben gewachsen sein.

Immer noch kontrovers war zwischen Moltke und Yorck die Frage, ob «der Persönlichkeit des Staates eine selbständige Staatsethik entsprechen muss». Hier blieb Moltke bei seinem Ansatz, dass nur Menschen eine Ethik und Moral haben können. Er schob aber noch ein Argument nach, das wieder seine Abneigung gegenüber der Staatsphilosophie des deutschen Idealismus zeigt: «Ist der Staat eine moralische Persönlichkeit, so ist man m. E. auf einem Wege, der über Hegel zur Vergottung des Staates führt.» (Br. 1, 148) Trotz der Differenzen sah Moltke zwischen Yorck und sich keine «sachliche, sondern eine formale Meinungsverschiedenheit». Weitere Gespräche sollten das klären, Briefe wurden jedoch nicht mehr ausgetauscht. Sie sahen sich nun ununterbrochen und führten einen intellektuellen Dauerdialog, in dem die anfänglichen Differenzen sich immer mehr abschwächen sollten.

In einem Brief an Gablentz vom 16. November 1940 konzentrierte sich Moltke auf den Hauptpunkt ihres Gesprächs vom 9. November, an dem sie zusammen mit Einsiedel einen Kreisauer Hahn gegessen und Moltkes Entwurf zur Staatslehre diskutiert hatten: die Beziehung des Glaubens zum Staat (Br. 1, 148 f.). Nach Moltke sind für alle Europäer «vier Elemente» für eine Bestimmung der Staatsaufgaben grundlegend:

christliche Religion, humanistische Bildung, sozialistische Gesinnung und historische Bindung. Diese vier Elemente sind meiner Auffassung nach heute für jeden Europäer kennzeichnend und maßgebend. In diesem Rahmen überhaupt können wir uns etwas vorstellen, und daher sind diese Elemente Vorbedingungen unserer Erkenntnis und unseres Willens. (Er. 1, 149)

Neue Freunde

In der Zeit der ersten großen Diskussionen über normative Grundfragen der Politik zwischen Moltke, Yorck, Einsiedel und Gablentz nahm Moltke auch Kontakt zu Menschen auf, die bald zum engeren Freundeskreis gehören sollten. Schon am 19. September 1939 hatte er Adam von Trott, den er aus England kannte, getroffen.[15] Aber erst einige Monate später, vom 27. Mai 1940 an, begann die Phase einer engeren Zusammenarbeit mit ihm. Beide waren – wie man damals sagte – weltläufige junge Männer. Beide waren im angelsächsischen Denken zu Hause und sprachen fließend Englisch.

Der 1909 geborene Trott, dessen Vater bis 1917 preußischer Kultusminister gewesen war, studierte Rechts- und Staatswissenschaften und wurde mit einer Doktorarbeit über «Hegels Staatsphilosophie und das Internationale Recht» promoviert. Schon früh nahm er an ökumenischen Tagungen teil, und mit dem Generalsekretär des Ökumenischen Rates der Kirchen in Genf, Willem Visser 't Hooft, war er gut bekannt. Politisch stand er dem religiös-sozialistischen Kreis um Paul Tillich nahe. Nach dem Abschluss seiner juristischen Ausbildung war er von 1934 bis 1935 im Anwaltsbüro von Leverkühn in Berlin beschäftigt und hatte Kontakte zur linken Widerstandsszene. 1937 bis 1938 unternahm er nach einem Aufent-

Adolf Reichwein (1898–1944)
im Oktober 1940

halt in den USA eine Ostasienreise. Vor dem Beginn des Krieges 1939 reiste er im Auftrag des Auswärtigen Amtes nach England und sprach mit Lord Lothian, Außenminister Lord Halifax und Premierminister Chamberlain, um ihnen eine härtere politische Linie gegen Hitler nahe zu legen. Von September bis Dezember 1939 besuchte er die USA, geriet aber ins Visier des FBI und fuhr über Tokio, Peking und Moskau nach Berlin zurück. Im Juni 1940 trat er nach seiner Heirat mit Clarita Tiefenbacher aus Hamburg ins Auswärtige Amt ein, zunächst in ein Referat der Informationsabteilung für Amerika und Asien, später für das britische Empire. Besonders eng arbeitete er mit seinem Vorgesetzten Hans Bernd von Haeften zusammen. Trott war von allen Mitgliedern des Kreisauer Kreises am weitesten herumgekommen und wurde einer ihrer außenpolitischen Experten.

Am 28. Juni 1940 aßen Carl Dietrich und Margret von Trotha sowie Adolf Reichwein bei Moltke zu Mittag.[16] Über Letzteren registrierte er für Freya, dass er ihn «systematisch pflegen» werde (MB 150). Er kannte ihn vom ersten Schlesischen Arbeitslager. Nun erzielten beide in Grundsatzfragen sowie hinsichtlich der politischen Perspektiven eine breite Übereinstimmung. Für Moltke war dieser erste bekanntere Sozialdemokrat ein großer Gewinn für die beginnende konspirative Arbeit.

Der 1898 geborene Reichwein absolvierte nach einer Kriegsverwundung ab 1918 in Frankfurt am Main und Marburg ein geisteswissenschaftliches Studium und engagierte sich schon früh in der Freideutschen Jugendbewegung für Volksbildung und Volkshochschularbeit. Er unternahm ausgedehnte Reisen nach England, Nord- und Mittelamerika sowie nach Südostasien und schrieb anschließend ein Buch darüber. Nach einer kurzen Zeit als Pressereferent und persönlicher Referent des preußischen Kultusministers Becker wurde er Professor für Geschichte und Staatsbürgerkunde an der Pädagogischen Akademie in Halle. Reichwein gehörte zum Kreis um Tillichs *Neue Blätter für den Sozialismus* und publizierte in den *Sozialistischen Monatsheften*. Nach der Heirat mit seiner Kollegin Rosemarie Pallat wurden seine Frau und er aus dem Akademiedienst entlassen. Er nahm von 1933 bis 1939 eine Volksschullehrerstelle in Tiefensee in der Mark Brandenburg an. Hier baute er ein reformpädagogisches Schulmodell auf, das er in mehreren Veröffentlichungen beschrieb. Von Mai 1939 bis zu seiner Verhaftung im Juni 1944 war er als Leiter der Abteilung «Schule und Museum» am Museum für Deutsche Volkskunde in Berlin im Prinzessinnenpalais Unter den Linden tätig. In seinem Dienstzimmer trafen sich häufig Regimegegner und Widerstandskämpfer. Bei Vortragsreisen in Deutschland und an der Front konnte er viele konspirative Kontakte knüpfen. Als Sozialdemokrat kannte er die linksdemokratische Szene. Im Kreis von Moltke und Yorck wurde er der Bildungsexperte.

Moltke bemühte sich um weitere Kontakte. So traf er Hermann Josef Abs zusammen mit Kessel und Schulenburg bei Yorck, der mit Abs und dessen Frau befreundet war.[17] Abs war als Direktor der Auslandsabteilung Vorstandsmitglied der Deutschen Bank. Er hatte Einblicke in finanzpolitische und finanzdiplomatische Daten und Fakten, wie sie von den Freunden keiner haben konnte. Auch später haben die Kreisauer ihn öfter konsultiert.

Kollegen und Bündnispartner

Wenige Wochen vor der Einberufung Moltkes in das Amt Ausland/Abwehr war ein anderer Jurist am 25. August 1939 in die Zentrale des militärischen Nachrichtendienstes einberufen worden: Hans von Dohnanyi.[18] Er wurde dem Chef des Amtes, Admiral Wilhelm Canaris, und unmittelbar dem Leiter der Zentralabteilung, Oberst Hans Oster, unterstellt. Im März 1940 wurde er als «Sonderführer» in der Zentralabteilung zum «Gruppenleiter» befördert. Durch seine Tätigkeit und durch Bekannte in anderen Behörden war er über die Vorgänge im politisch-militärischen Bereich umfassend informiert. Wichtig war sein guter Kontakt zu Staatssekretär Ernst von Weizsäcker im Auswärtigen Amt. Oster und Dohnanyi standen mit

Generaloberst Ludwig Beck und Carl Friedrich Goerdeler in ständiger Verbindung. Über Klaus Bonhoeffer und Ernst von Harnack knüpfte Dohnanyi Kontakte zu sozialdemokratischen und gewerkschaftlichen Oppositionellen sowie zum liberalen Widerstandskreis um Ernst Strassmann.[19] Ihm lag an einer Kooperation aller Widerstandskreise vor und nach einem Militärputsch, auf den er zusammen mit Oster nach dem Polenfeldzug und vor der Westoffensive hinarbeitete. Josef Müller, der in die Abwehrstelle München übernommen worden war, versuchte, über den Vatikan Verbindung zum britischen Außenministerium herzustellen, um die politischen Chancen einer neuen, verhandlungsbereiten deutschen Regierung auszuloten. Oster und Dohnanyi sammelten Material über die Vernichtungspolitik des Sicherheitsdienstes (SD) und der SS-Einsatzgruppen in Polen und über die Maßnahmen gegen die Juden, um den Chef des Generalstabs, Franz Halder, und den Oberbefehlshaber des Heeres, Walther von Brauchitsch, zum Handeln zu bewegen.[20] Aber weder die Aktionen gegen Dänemark und Norwegen am 9. April noch der Angriff auf Frankreich am 10. Mai 1940 konnten verhindert werden. Die Mehrheit der Generäle zögerte. Die Militäropposition brach nach dem Sieg über Frankreich zusammen. Für Dohnanyi begann eine neue Phase der Widerstandsarbeit.

Trott unternahm den Versuch, Moltke mit Dohnanyi zusammenzubringen. Für den 2. Juli 1940 war ein gemeinsames Essen vorgesehen, doch Dohnanyi konnte nicht kommen. Erst am 15. August 1940 kam es zur ersten Begegnung. Es ist erstaunlich, dass sich Moltke und Dohnanyi erst nach einem knappen Jahr gemeinsamer Arbeit im OKW kennen gelernt haben. Jedenfalls wird bei dem ersten Gespräch schnell klar geworden sein, dass man an verschiedenen Stellen an dem gemeinsamen Ziel arbeitete, Deutschland vom Nationalsozialismus zu befreien. Dass er mit dem moralisch sensiblen Juristen Dohnanyi einen kontinuierlichen Dialog erwartete, zeigt seine Ankündigung, Freya bei ihrem nächsten Berliner Besuch mit Trott und Dohnanyi zusammenzubringen. Nach dem Taschenkalender Dohnanyis kam es dazu am 5. September. Es folgen drei Gespräche am 12. November, am 12. Dezember 1940 und am 23. Januar 1941.

Als am 22. Juni 1941 die deutsche Wehrmacht ohne Kriegserklärung die Sowjetunion überfiel, begann für Beck, Oster und Dohnanyi das Ende des «Dritten Reichs». Moltke dagegen hatte zunächst im Krieg gegen die Sowjetunion eine politische Chance gesehen. Aber schon wenig später verstand er sich selbst nicht mehr. Am 16. Juli 1941 schrieb er an Freya:

Vom Krieg im Osten werden optimistische Auffassungen verbreitet. Hoffentlich stimmen sie. Die Version des Generalstabes soll sein: Die Russen haben keine Reserven mehr in erreichbarer Nähe, sobald die jetzt im Gange befindliche Schlacht geschlagen ist, ist daher der Weg frei. Das wäre immerhin etwas. Aber wohin? Nach Moskau? Es ist ein unabsehbares Abenteuer, und es reut mich sehr, dass ich es im Inneren meines Herzens gebilligt habe. Ich habe, durch Vorurteile verführt, geglaubt, Russland würde von innen zusammenbrechen, und wir könnten dann in dem Gebiet eine Ordnung schaffen, die uns ungefährlich sein würde. Aber davon ist nichts zu spüren: Weit hinter der Front kämpfen russische Soldaten weiter, aber auch Bauern und Arbeiter, es ist genau wie in China. Wir haben etwas Schreckliches angerührt, und es wird viele Opfer kosten und sicher gute Leute. (MB 270)

In den vom OKW am 19. Mai 1941 herausgegebenen «Richtlinien für das Verhalten der Truppe in Russland» heißt es:

1. Der Bolschewismus ist der Todfeind des nationalsozialistischen deutschen Volkes. Dieser zersetzenden Weltanschauung und ihren Trägern gilt Deutschlands Kampf.
2. Dieser Kampf verlangt rücksichtsloses und energisches Durchgreifen gegen bolschewistische Hetzer, Freischärler, Saboteure, Juden und restlose Beseitigung jedes aktiven oder passiven Widerstandes.
3. Gegenüber allen Angehörigen der Roten Armee – auch den Gefangenen – ist äußerste Zurückhaltung und schärfste Achtsamkeit geboten, da mit heimtückischer Kampfesweise zu rechnen ist. Besonders die asiatischen Soldaten der Roten Armee sind undurchsichtig, unberechenbar, hinterhältig und gefühllos.[21]

Entsprechend heißt es im sogenannten «Kommissarbefehl» vom 6. Juni 1941: «Die Urheber barbarisch asiatischer Kampfmethoden sind die politischen Kommissare. [...] Sie sind daher, wenn im Kampf oder Widerstand ergriffen, grundsätzlich sofort mit der Waffe zu erledigen.[22]

Die Behandlung der Kriegsgefangenen wurde zum Thema der Völkerrechtsabteilung des Amtes Ausland/Abwehr. Hier engagierte sich besonders Moltke. Am 24. Juni 1941 wollte er Dohnanyi über seine Kenntnisse in dieser Sache berichten. Doch Letzterer war aus dienstlichen Gründen verhindert. Stattdessen sprach Moltke mit Peters und Gablentz. Beide waren, wie er schrieb, «entsetzt über die Eröffnungen, die ich hinsichtlich der Aussichten unseres Verhaltens in Russland machte» (MB 257). Moltke muss über irgendwelche Kanäle die Befehle an die Wehrmacht, die vor dem Überfall mit ihrer Hilfe ausgearbeitet worden waren, zur Kenntnis bekommen haben. Auch über die beabsichtigte Zusammenarbeit der Wehrmacht mit den Einsatztruppen hatte er Informationen. Die Auswirkungen dieser Pläne waren katastrophal. Am 26. August 1941 berichtete er nach Kreisau:

Die Nachrichten aus dem Osten sind wieder schrecklich. Wir haben doch offenbar sehr, sehr große Verluste. Das wäre aber noch erträglich, wenn nicht Hekatomben von Leichen auf unseren Schultern lägen. Immer wieder hört man Nachrichten, dass von Transporten von Gefangenen oder Juden nur 20% ankommen, dass in Gefangenenlagern Hunger herrscht, dass Typhus und alle anderen Mangelepidemien ausgebrochen seien, dass unsere eigenen Leute vor Erschöpfung zusammenbrächen. Was wird passieren, wenn das ganze Volk sich klar ist, dass dieser Krieg verloren ist, und zwar ganz anders verloren als der vorige? Dazu mit einer Blutschuld, die zu unseren Lebzeiten nicht gesühnt und nie vergessen werden kann, mit einer Wirtschaft, die völlig zerrüttet ist? Werden die Männer aufstehen, die imstande sind, aus dieser Strafe die Buße und Reue und damit allmählich die neuen Lebenskräfte zu destillieren? Oder wird alles im Chaos untergehen? (MB 278)

Moltke wollte über die Gesamtsituation sowie über einige spezielle Fragen unbedingt mit Dohnanyi sprechen. Am 27. Juni konnten sie sich endlich treffen, und am 16. August 1941 besuchten die Moltkes Hans und Christine Dohnanyi, eine Schwester Dietrich Bonhoeffers, in deren Haus in Sakrow. Am 22. August hatten beide eine lange Besprechung im Dienstzimmer von Moltke, der Dohnanyi um eine juristische Ausarbeitung über die Frage des Fahneneides in einer Diktatur und über das Widerstandsrecht bat. Vielleicht wollte Moltke mit diesem Auftrag Dohnanyi stärker an seine Widerstandsgruppe heranführen.

Die Befehle zur Kriegsführung und zur Behandlung der eroberten Gebiete verstießen in den Augen der Mitglieder der Völkerrechtsabteilung des Amtes gegen alles geltende Völkerrecht und gegen die moralischen Standards eines Kulturvolkes. Moltke wehrte sich mit völkerrechtlichen und politischen Argumenten gegen die Art der Behandlung russischer Kriegsgefangener durch die Wehrmacht. Zusammen mit seinem Kollegen Jaenicke und immer in Absprache mit Bürkner und Schmitz gedachte er, eine Denkschrift für den Chef des OKW, Wilhelm Keitel, zu schreiben. Dazu wollte er sich der Unterstützung Dohnanyis versichern. Dieser legte Canaris die Denkschrift vor, der sie mit seiner Unterschrift am 15. September an Keitel schickte (RV 258 ff.).

Die Denkschrift ist ein mutiger Protest gegen die Behandlung und massenhafte Ermordung sowjetischer Kriegsgefangener durch Mannschaften der Wehrmacht und SS. In nüchterner, aber deutlicher Sprache wird zunächst die internationale Rechtslage konstatiert. Das Gutachten stellt dann fest, dass die deutschen Anordnungen von einer grundsätzlich anderen Auffassung ausgingen. Es kommt zu dem Ergebnis, dass alle angeordneten Maßnahmen gegen die Kriegsgefangenen unerlaubt und verboten seien. Die Auslieferung von «Zivilpersonen und politisch unerwünschten Kriegsgefangenen» an die Einsatzkommandos der Sicherheitspolizei und des Sicherheitsdienstes (SD) entzögen diese der Verantwortung der Wehrmacht. Auch «die Einrichtung einer mit Stöcken, Peitschen und ähnlichen Werkzeugen ausgerüsteten Lagerpolizei widerspricht der militärischen Auffassung», ebenso wie die Entscheidungsgewalt der Lagerkommandanten, ohne Rechenschaftspflicht härtere Strafen zu verhängen. Ihre Rechtsauffassung untermauerten die Autoren noch mit einer Reihe pragmatischer und politischer Argumente.

Keitel erkannte sofort, dass hier ein Generalangriff auf die Kriegsführung des «Dritten Reichs» gegen die Sowjetunion gestartet wurde. Seine Antwort lautete: «Die Bedenken entsprechen den soldatischen Auffassungen vom ritterlichen Krieg! Hier handelt es sich um die Vernichtung einer Weltanschauung. Deshalb billige ich die Maßnahmen und decke sie.» (RV 258) Nach diesem Machtwort gab es nur noch die Möglichkeit, Einzelfälle zu prüfen und völkerrechtliche Einwendungen zu wiederholen.

Am 27. September fand bei den Yorcks ein Treffen mit Ludwig Beck statt, dem militärischen Kopf des Widerstands. Yorck kannte ihn schon länger. Für Moltke war es die erste Begegnung. Er schrieb an Freya: «Zuerst hatte ich etwa eine halbe Stunde mit Y. [Yorck] allein zu sprechen, und dann kam der Gast des Abends und war sehr erfreulich. Es war ein gelungener Abend, und man kann nur hoffen, dass er zum Schmieden des Eisens beiträgt.» (MB 294)

Beck gehörte zur kleinen Gruppe der politisch denkenden Militärs. Seinen Rücktritt am 18. August 1938 hatte er als politisches Signal gegen die Kriegspolitik verstanden. Seiner Meinung nach musste die Initialzündung zu einem Staatsstreich von Wehrmachtsoffizieren ausgehen. Aber ihm war auch klar, dass es ziviler Widerstandsgruppen bedurfte, um die Grundlagen für ein anderes Deutschland zu erarbeiten. Ihm lag also auch an einem Schulterschluss mit der Gruppe um Yorck und Moltke. Dass er diese in der Hortensienstraße aufsuchte, zeigt seine Offenheit auch für jüngere Leute, die nicht ohne weiteres zu seinem nationalkonservativen Ordnungsverständnis passten. Einig waren sie sich, dass bald eine militärische Aktion gegen Hitler und seine Trabanten erfolgen müsse.

Moltke wusste, dass die Vorbereitungen für einen Staatsstreich bei Oster und Dohnanyi, begleitet von Beck, auf Hochtouren liefen. Zum ersten

Mal wurden auch Frontoffiziere an der Verschwörung beteiligt. Durch Fabian von Schlabrendorff wurde Beck, Ulrich von Hassell und Oster signalisiert, dass Henning von Tresckow mit Leuten seines Stabes bereit sei, eine aktive Rolle zu übernehmen. Moltke ließ sich in diese Vorbereitungen einbeziehen. Am 15. Oktober 1941 besuchten ihn Oster und Dohnanyi in der Derfflingerstraße (MB 304). Was sie konkret miteinander besprochen haben, ist nicht auszumachen. Natürlich ging es um die Zusammenarbeit vor und nach dem Staatsstreich. Jedenfalls fuhr Moltke am 15. November zu General Max Föhrenbach nach Stettin, um ihn für ihre Pläne zu gewinnen. Der General sollte nach einem Staatsstreich seine Befehlsgewalt im Wehrkreis II in den Dienst der neuen Regierung mit Beck als Staatspräsident stellen. Mit Respekt berichtete er später, wie dieser reagierte:

Er verabschiedete mich mit den Worten: «Die Sache ist sehr gut. Ich weiß keinen besseren Weg, aber ich bin dafür nicht gut genug.» Das ist doch eindrucksvoll. So hätte auch Daddy sprechen können und der alte Feldmarschall. (MB 324)

Über Dohnanyi versuchte Moltke auch, mit dem Chef des Generalstabs des Heeres, Halder, zu sprechen. Dieser wäre, auch wenn er nach dem Frankreichfeldzug zur Opposition auf Distanz ging, einer der möglichen und entscheidenden Akteure des Umsturzes auf militärischer Seite gewesen. Über ein Zustandekommen dieses Gesprächs hat Moltke aber nichts berichtet.

Informationen über die Ermordung von Juden in Polen 1939 bis 1941, in den besetzten Gebieten der Sowjetunion und im Baltikum ab 1941 sowie über Judendeportationen aus Deutschland in den Osten, die bereits Monate vor der Wannseekonferenz im Januar 1942 begannen, machten für Dohnanyi und Moltke einen Staatsstreich sehr dringlich. Es galt den Massenmord zu verhindern. Noch sah Moltke Chancen, im Militär weitere Kommandeure für den Widerstand zu bewegen. Auch als SS und Gestapo anfingen, im großen Stil Juden aus Deutschland in den Osten zu deportieren, hoffte er noch verzweifelt auf einen Aufschrei der traditionellen deutschen Eliten. Aber es passierte wieder nichts.

Moltke konnte nicht verstehen, dass die Militärs fast widerstandslos bei Massenmorden an Nichtkombattanten und bei wahllosen Geiselerschießungen zusahen, dass sie als Wehrmacht nicht gegen die Verbrechen der SS und ihrer Verbände vorgingen, sondern sogar ihre logistische Unterstützung zur Verfügung stellten. Er konnte immer weniger begreifen, dass sie unter Berufung auf ihren Eid und auf ihr traditionelles, obrigkeitliches

Ethos einem Führer und Reichskanzler folgten, der ihnen befahl, Unrecht und Verbrechen zu begehen. Schon der Tag von Potsdam 1933 war für ihn mit seiner angeblichen Vermählung von Preußentum und Nationalsozialismus eine historische und moralische Lüge gewesen; jetzt musste er zusehen, wie der größere Teil der damals Mitmarschierenden sein Preußentum dem Nationalsozialismus preisgab. Im einem Brief vom 21. Oktober berichtete Moltke über Geiselerschießungen in Serbien und Frankreich:

So werden täglich sicher mehr als tausend Menschen ermordet, und wieder Tausende deutscher Männer werden an den Mord gewöhnt. Und das alles ist noch ein Kinderspiel gegen das, was in Polen und Russland geschieht. Darf ich denn das erfahren und trotzdem in meiner geheizten Wohnung am Tisch sitzen und Tee trinken? Mache ich mich dadurch nicht mitschuldig? Was sage ich, wenn man mich fragt: Und was hast Du während dieser Zeit getan? (MB 308)

Ein weiterer Mitarbeiter der Abwehr begann im Mai 1941 eine wichtige Rolle für Moltke zu spielen: Karl Ludwig Freiherr von und zu Guttenberg, ein Mann aus altem fränkischem Adel, überzeugter Monarchist und Herausgeber der *Weißen Blätter*, in denen sehr verschiedene oppositionelle Geister gegen Theorie und Praxis des Nationalsozialismus schrieben.[23] Allein in den Jahren 1941 und 1942 begegnete Moltke seinem Kollegen rund dreißigmal. Guttenberg nahm an vielen Diskussionen des engeren Kreisauer Kreises teil, wo er auch mit Sozialdemokraten in Kontakt kam und die sonst in seinen Kreisen üblichen Berührungsängste mit «Linken» verlor. Er war auch einer der Teilnehmer des Gesprächs am 23. Januar 1942 im «Venetia», bei dem Moltke, Klaus und Dietrich Bonhoeffer, Justus Delbrück und er bis weit nach Mitternacht miteinander diskutierten (ME 348). Für Moltke wurde Guttenberg ein wichtiger Kontaktmann zu katholischen Kreisen. Er ebnete ihm den Zugang zu Bischof Preysing und vermittelte das erste Gespräch mit Augustin Rösch am 13. Oktober 1941. später mit Josef Müller und anderen Männern aus dem Widerstandskreis um Franz Sperr.

Guttenberg hatte ähnlich wie Yorck viele Kontakte zu Personen und Gruppen der Opposition und des Widerstands. Auch wenn Guttenberg sich nicht unmittelbar an der Abfassung der Kreisauer Texte beteiligte, so gehörte er doch zu den engsten Mitstreitern der Berliner Freunde. In den personal- und sozialethischen, theologischen und kulturellen Grundlagen ihres Denkens und in der Ablehnung des Nationalsozialismus stimmten sie überein. Kontrovers diskutierte man die Chancen einer Restitution der Monarchie. Am 13. Dezember 1941 kam es zu einer längeren Aussprache über diesen Punkt. Guttenberg scheint nach langem Widerstand die Argumente seiner Gesprächspartner akzeptiert zu haben, sodass eine weitere Zusammenarbeit möglich war und man ihn zur Pfingsttagung 1942 nach Kreisau einlud. Als er im Januar 1943 nach Agram versetzt wurde, lockerte sich der Kontakt. Aber nach der Verhaftung von Dohnanyi, Dietrich Bonhoeffer und Josef Müller am 5. April 1943 trafen sich Moltke, Delbrück und Guttenberg zur Lagebesprechung in Berlin. Am 7. und 10. Januar 1944 haben sich die Freunde zum letzten Mal in Berlin gesehen.

Gewissensfragen

Im Laufe der Herbstaktivitäten 1941 verstärkte sich bei Moltke eine Tendenz, die bereits seit Kriegsausbruch zu beobachten war: eine zunehmende Hinwendung zur Religion. Er las zu dieser Zeit keine theologischen Abhandlungen und holte sich auch keinen Rat bei kirchlichen Experten, sondern begann mit einer kontinuierlichen Lektüre der Bibel in der Übersetzung Martin Luthers. Die Texte sprachen ihn unmittelbar an. Die Bibel bot Interpretationsmöglichkeiten und Verständnishilfen für die eigene Existenz in schwieriger Zeit. Neben der Bibel las Moltke die *Geschichte vom Antichrist* des russischen Religionsphilosophen Wladimir Solowjew und *Krieg und Frieden* von Leo Tolstoi.[24] Seiner Frau teilte er mit: «Das Unglück ist nur, dass alles, was man tut, auch wenn es auf historischem oder philosophischem Gebiet liegt, ob es Tolstoi ist oder ob man die Bibel liest, so unheimlich aktuell erscheint.» (MB 138) Unter den Bedingungen des Leidens und der Gebrochenheit der eigenen Existenz interessierte sich Moltke vor allem für die Passionsgeschichte. Das war jetzt keine fromme, ferne Geschichte mehr, sondern sie wiederholte sich in der neuen Konstellation einer totalitären Macht, für die christliche Verkündigung und christliche Existenz die Verweigerung bedeuteten, sich dem «Großtyrannen» zu beugen. Moltkes Widerstand wurde durch die persönliche Bindung an den Gott des Alten und Neuen Testaments noch radikaler. Sie verschärfte aber auch seine Gewissenskonflikte.

Nach einem Vortrag des Tübinger Professors Carlo Schmid am 10. Oktober 1941 in der Akademie für Deutsches Recht lud er diesen spontan in die Derfflingerstraße ein. Schmid war Kriegsoberverwaltungsrat für Wirtschaftsfragen in Lille und kannte die deutsche Besatzungspolitik in Nordfrankreich und Belgien aus eigener Anschauung. Man darf annehmen, dass sie sich über das Problem ausgetauscht haben, wie man mit dem Bewusstsein, einem verbrecherischen Staat zu dienen, überhaupt noch leben und arbeiten könne.[25] Über sein Erwachen am folgenden Morgen schrieb Moltke diese ganz persönlichen Zeilen:

Um vier erwachte ich und dachte über Kreisau, die Meinen und den Krieg nach, eine Tätigkeit, die mich nicht quälte, sondern mich angenehm in den neuen Tag hinüberleitete. Bei dieser Gelegenheit wurde ich mir einer Wandlung bewusst, die während des Krieges in mir vorgegangen ist und die ich nur einer tieferen Erkenntnis christlicher Grundsätze zuzuschreiben vermag. Ich glaube nicht, dass ich weniger pessimistisch bin als früher, ich glaube nicht, dass ich das Leid der Menschheit jetzt, wo es grob materialistische Formen angenommen hat, weniger fühle, ich finde auch heute, dass der Mörder mehr zu bedauern ist als der Gemordete, aber trotzdem trage ich es leichter; es hemmt mich weniger als früher. Die Erkenntnis, dass das, was ich tue, sinnlos ist, hindert mich nicht, es zu tun, weil ich viel fester als früher davon überzeugt bin, dass nur das, was man in der Erkenntnis der Sinnlosigkeit allen Handelns tut, überhaupt einen Sinn hat. Manchmal hadere ich mit mir selbst, indem ich mir vorwerfe, ich hätte mir diese Theorie aus Bequemlichkeit zurechtgelegt; vielleicht ist es auch so; ich vermag aber dennoch nicht, davon zu lassen. Vergib den Erguss. Er ist die Fortsetzung der Nacht- oder Morgen-Wache. (MB 300)

Moltke erwartete von Anfang an eine Eskalation der nationalsozialistischen Judenpolitik und warnte seine jüdischen Freunde. 1941 begann auch in Deutschland der letzte Akt in der «Endlösung der Judenfrage». Moltke berichtete am 21. Oktober 1941 ins ländliche Kreisau:

Seit Sonnabend werden die Berliner Juden zusammengetrieben; abends um 21.15 werden sie abgeholt und über Nacht in eine Synagoge gesperrt. Dann geht es mit dem, was sie in der Hand tragen können, ab nach Litzmannstadt und Smolensk. Man will es uns ersparen zu sehen, dass man sie einfach in Hunger und Kälte verrecken lässt, und tut das daher in Litzmannstadt und Smolensk. Eine Bekannte von Kiep hat gesehen, wie ein Jude auf der Straße zusammenbrach; als sie ihm aufhelfen wollte, trat ein Schutzmann dazwischen, verwehrte es ihr und gab dem auf dem Boden liegenden Körper einen Tritt, damit er in die Gosse rollte; dann wandte er sich mit einem Rest von Schamgefühl an die Dame und sagte: «So ist es uns befohlen.» Wie kann jemand so etwas wissen und dennoch frei herumlaufen? Mit welchem Recht? Ist es nicht unvermeidlich, dass er dann eines Tages auch drankommt und dass man ihn auch in die Gosse rollt? – Das alles sind ja nur Wetterleuchten, denn der Sturm steht vor uns. – Wenn ich nur das entsetzliche Gefühl loswerden könnte, dass ich mich selbst habe korrumpieren lassen, dass ich nicht mehr scharf genug auf solche Sachen reagiere, dass sie mich quälen, ohne dass spontane Reaktionen entstehen. Ich habe mich selbst verzogen, denn auch in solchen Sachen reagiere ich über den Kopf. Ich denke über eine mögliche Reaktion nach, statt zu handeln. (MB 308)

Moltke zwang sich gegen seine Gefühle und sein Gewissen zu einer Beschränkung auf den politischen Widerstand, empfand aber Unbehagen über diese Entscheidung. Denn ihm war bewusst, unter Zeitdruck zu stehen. Jeder Tag brachte eine weitere Anhäufung von Verbrechen, erhöhte die Zahl der Gefallenen, Verwundeten und der zivilen Toten. Jeder weitere Kriegstag brachte mehr Leid über Deutschland und Europa.

Die von Oster und Dohnanyi geplante Aktion gegen Hitler und seine Satrapen scheiterte wie alle vorherigen Planungen. Damit war für Moltke die Phase seiner praktischen Mitarbeit unter Oster und Dohnanyi zu Ende. Ab Dezember 1941 gab es zwischen den beiden Juristen, die sich menschlich und sachlich so nahe standen, keine kontinuierlichen Kontakte mehr. Dohnanyi nahm nicht an den Diskussionen und Zukunftsplanungen der Kreisauer teil, die ihm zu theoretisch und zu wenig handlungsorientiert erschienen. Moltke seinerseits verlor das Vertrauen zur Handlungsfähigkeit der wenigen oppositionellen Militärs. So wurde am Ende des Jahres 1941 die Chance eines Zusammengehens der verbliebenen militärischen Opposition mit dem zivilen Widerstandskreis um Moltke und Yorck nicht genutzt.

6. Arbeit an der Neuordnung Deutschlands (1941–1942)

Moltkes Memorandum «Ausgangslage, Ziele und Aufgaben»

Moltke legte seinen Freunden seine zweite große politische Denkschrift «Ausgangslage, Ziele und Aufgaben» am 24. April 1941 vor (Br. 1, 150 ff.). Sie beginnt mit einer historischen Rückschau, die vom Mittelalter über die Neuzeit einen Bogen zur Gegenwart spannt: Im Mittelalter herrschte eine von der katholischen Kirche ermöglichte Einheit, die jedoch mit der Reformation definitiv zerfiel. An die Stelle einer universalen Ordnung trat sodann die in eine Unmenge von kleinen, unverbundenen Teilen zersplitterte Welt, die nur noch durch Nationalstaaten zusammengehalten wurde. Diese folgten aber ihrer eigenen Herrschaftslogik. Der moderne Staat erhob sich, so Moltkes Kritik, als Nationalstaat zum Sinnmittelpunkt des bürgerlichen Lebens und ebnete damit den Weg für Phänomene wie den nationalsozialistischen Staat, der in den Augen Moltkes nur der letzte Ausläufer einer pervertierten säkularen Staatlichkeit war.

Entsprechend dieser historischen Analyse bestimmte Moltke als Kern eines Neuanfangs «das Gefühl der inneren Gebundenheit an Werte, die nicht von dieser Welt sind» und denen sich die gesamte Menschheit verpflichtet fühlt, Werte, auf deren Grundlage sich somit auch Konflikte lösen lassen. Als weiteres Grundanliegen nannte er die Erziehung zu Freiheit und Verantwortung unter dem Leitsatz «Liebe deinen Nächsten wie dich selbst». Praktisch-politisch forderte er:

a) das Ende der Machtpolitik, b) das Ende des Nationalismus, c) das Ende des Rassegedankens, d) das Ende der Gewalt des Staates über den Einzelnen. (Br. 1, 154)

Moltke hoffte, dass am Kriegsende eine «Bereitschaft zu Einkehr und Buße» existieren und der Welt «eine Chance zur günstigen Neugestaltung» gegeben würde (Br. 1, 154). Aber wie würde dieses Kriegsende aussehen? Im Jahre 1941 wusste das niemand. Um vorbereitet zu sein, entwarf er ein mögliches Szenario:

Deutschland ist besiegt, d. h., es ist willensmäßig außerstande, den Krieg weiterzuführen. Dieser Zustand kann eintreten als Folge einer physischen Erschöpfung der Bevölkerung, als Folge einer industriellen Erschöpfung, als Folge innerpolitischer Umwälzungen in Deutschland und als Folge von Empörungen und Revolten in den besetzten Gebieten, die wegen der Ausdehnung der besetzten Gebiete und wegen der Art ihrer Behandlung nicht eingedämmt werden können und schließlich zu bewaffneter Invasion der Angelsachsen führen. (Br. 1, 155)

Der dann zu schließende Frieden könnte eine «einheitliche europäische Souveränität» herstellen, an welche die klassischen Staatsaufgaben abzutreten wären. Und er könnte eine «angelsächsische Union» bringen, in der Großbritannien versuchen könnte, seine alte Weltgeltung zurückzugewinnen. Die europäische Union und die angelsächsische Union könnten sich ihre Einflussgebiete in der Welt aufteilen. Die Wiederherstellung der zerstörten Wirtschaft könnte schnell vor sich gehen, zumal wenn Europäer und Angelsachsen Ansätze zur Zusammenarbeit finden würden.

In diesem Szenario würde Deutschland zwar den Krieg verlieren, aber es bliebe ein selbständiger Staat, der am Friedensschluss beteiligt würde und dann wie alle kontinentaleuropäischen Staaten in ein vereinigtes Europa einginge. Die traditionellen Nationalstaaten verlören damit ihren aggressiven Charakter, die traditionellen Grenzen hätten keine Funktion mehr, ein einheitliches Wirtschafts- und Währungsgebiet sowie eine gemeinsame Außenpolitik mit einer gemeinsamen Armee und Verfassungsgesetzgebung könnten entstehen. Als Grundlage einer europäischen Identität sah er die gemeinsame christliche und humanistische Tradition. Moltke war einer der wenigen im Widerstand, die in diese Richtung dachten.[1]

Er machte sich auch bereits Gedanken, wie ein vereinigtes Europa konkret aussehen könnte. Die «europäische Demobilmachung» schaffe eine «große Gemeinwirtschaftsorganisation», die von einer «intereuropäischen Wirtschaftsbürokratie» und «durch wirtschaftliche Selbstverwaltungskörper» geleitet werde. Europa werde in «historisch gewordene Selbstverwaltungskörper» unterteilt, sodass das traditionelle Übergewicht von Frankreich und Deutschland aufgehoben würde. Die Kulturverwaltung werde dezentralisiert, die Glaubensgemeinschaften würden «entstaatlicht», hätten aber Ansprüche auf finanzielle Unterstützung. Der oberste Gesetzgeber des «Europäischen Staates» wäre den einzelnen Staatsbürgern verantwortlich. Das Wahlrecht wäre zunächst nicht nach Alter zu vergeben, sondern mit «der Ausübung gewisser gemeinschaftsfördernder Tätigkeiten» zu verbinden (Br. 1, 156). Alle Ansätze von Polizeimethoden seien unmöglich zu machen. Zur Wirtschaft heißt es:

Die wirtschaftliche Existenz ist durch eine vermögensähnliche Gestaltung gewisser Arbeitsfunktionen sicherzustellen. Eine private Vermögenssphäre ist für Wohnung und Gebrauchsgüter zu sichern. Die nichtfunktionellen Rechte an allen Produktionsmitteln sind weiter einzuengen, ohne die Freude an Verantwortung und Initiative zu nehmen. (Br. 1, 157)

Die oberste Regierungsgewalt wollte Moltke einem Kabinett aus fünf klassischen Ressortministern übertragen, das wiederum von Vertretern aus den Länderkabinetten beraten werden sollte.

Moltke wollte keinen klassischen Kapitalismus in Europa, sondern eine gemeinwirtschaftliche Organisation der Ökonomie, die auf zwei Säulen ruht: der staatlichen Bürokratie und den wirtschaftlichen Selbstverwaltungsorganen. Der klassische Gegensatz von Kapital und Arbeit sollte durch ein partnerschaftliches Modell überwunden werden. Die «nicht funktionellen Rechte der Produktionsmittelinhaber» einschränken zu wollen hieße, die personalen und sozialen Rechte der Arbeitnehmer zu stärken. «Vermögensähnliche Gestaltung» von Arbeitsfunktionen könne nur heißen, Arbeitnehmer am Betriebsgewinn zu beteiligen. Was die politische Ordnung anbelangt, so wollte Moltke für die unmittelbare Nachkriegszeit kein parlamentarisches System für das vereinigte Europa. Vielmehr sollten die Staatsführung und die Minister von den einzelnen Ländern bestimmt werden, die sich ihrerseits unterschiedliche Verfassungen geben können. Auf diese Weise sollte eine zu große Machtkonzentration verhindert werden.

Nach dieser Skizze eines vereinigten Europa ging Moltke ausführlicher auf das Thema Freiheit ein. In Anlehnung an seine Gespräche mit Yorck hielt er fest:

Die Freiheit des Einzelnen muss einer der wesentlichen Programmpunkte jeder politischen Neuordnung sein. Diese Freiheit darf jedoch nicht als ein absolutes Recht dargestellt werden, sondern lediglich als Korrelat der inneren Bindung. [...] Die Gewährung von Freiheit ist daher als Vorleistung an den Einzelnen anzusehen, die ihn verpflichtet, sich um die Gegenleistung zu bemühen. (Br. 1, 157)

Rede-, Presse- und Bewegungsfreiheit sind Konkretionen der Grundfreiheit, die dem Einzelnen von der Rechtsgemeinschaft gewährt werden, der sie wiederum umsetzt in konkrete Mitverantwortung und Mitgestaltung des Gemeinwesens. Die staatsbürgerliche und gesellschaftliche Mitarbeit auf der einen und die personale Freiheit auf der anderen Seite bilden eine Einheit. Dementsprechend muss jeder, so Moltke, «die Möglichkeit haben, etwas für die Gemeinschaft Nützliches zu leisten» (Br. 1, 158), sei es in der Gemeinde, der Kirchenverwaltung, in Sozialeinrichtungen, Genossenschaften, Wohnungsgesellschaften, Schulvereinen oder Universitäten. Hier kann man die Praxis der Mitverantwortung vor Ort einüben und sogleich in Form von politischen Rechten, die man im Gegenzug erhält, zur Anwendung bringen:

Mit einer die Gemeinschaft fördernden Tätigkeit müssen zugleich auch gewisse politische Rechte verbunden werden, z. B. das aktive und passive Wahlrecht, Zulassung zu öffentlichen Ämtern usw. (Br. 1, 158)

Wer sich nicht für das Wohl der Gemeinschaft engagiert, hat auch nicht das Recht, politisch mitzubestimmen. Nur eine Aktivbürgerschaft kann durch Wahlen über die politischen Rahmenbedingungen entscheiden. Notwendig ist so auch, was Moltke «Wiederherstellung der Ausdrucksformen» nannte.

Die Übereinstimmung von Wort und Handlung ist wesentlich, dabei muss die Handlung unzweideutig sein, und das Wort muss bescheiden und leise geäußert werden, nachdem die Handlung ihre Wirkung getan hat und als eindeutig verstanden worden ist. Es gibt vom ersten Augenblick der neuen Zeitrechnung an Gelegenheit, der Wiederherstellung der Ausdrucksformen zu dienen. (Br. 1, 158)

Was ist gemeint? Moltke hatte den Verfall der Sprache vor Augen, die zur Verlautbarungs- und Befehlssprache degeneriert war und Tatbestände nicht mehr offenlegte, sondern verhüllte und vernebelte. Die Sprache war Teil eines Lügensystems geworden. Es galt daher, einen neuen Sprachstil in der Politik einzuüben.

Am 20. Juni 1941, zwei Tage vor dem Überfall der deutschen Armee auf die Sowjetunion, legte Moltke eine Neufassung seines Memorandums vor (Br. 1, 162 ff.). Sie ist systematischer und kürzer. Sie präzisiert sein Europamodell, formuliert einige offene Fragen zu dessen Binnenstruktur und diskutiert das Verhältnis zu Großbritannien. Auch ökonomische, militärische und strategische Fragen werden angesprochen, ebenso die Aufgaben der Kirchen und der Selbstverwaltungsorgane. Auch der neue Entwurf zeigt, dass Moltke nicht nur ein Denker der großen Perspektiven war, sondern auch Sinn für die Kleinarbeit hatte. Seine Freunde und er zwangen sich in ihren Diskussionen immer wieder zu einem nüchternen Realismus, wenn es um die konkreten Einzelheiten des künftigen Europa ging.

«Der Mensch ist zur Gestaltung der Erde berufen»

Für den Kreis um Moltke und Yorck war die Neuordnung der Wirtschaft ebenso wichtig wie die politische Neuordnung. Die beiden Experten auf diesem Gebiet waren Einsiedel und Trotha. Sie legten ihre erste größere Denkschrift am 25. Juli 1941 vor (Br. 1, 165 ff.), im September 1942 folgte die zweite mit dem Titel «Die Gestaltungsaufgaben in der Wirtschaft» (Br. 1, 174 ff.). Auf dem zweiten Kreisauer Treffen wurde am 18. Oktober 1942 ein gemeinsam verantwortetes Papier zur Wirtschaft verabschiedet, das auf Anregung von Alfred Delp Grundaussagen der katholischen Soziallehre aufnahm (Br. 1, 245 ff.). Über die Jahreswende 1942/43 hat Günter Schmölders, ein enger Berater des Kreisauer Kreises, die Vorlage «Wirtschaft und Wirtschaftsführung nach dem Kriege» verfasst, die entscheidende Positionen und Intentionen der Kreisauer widerspiegelt (Br. 1, 249 ff.). Ferner enthielten die «Grundsätze für die Neuordnung» vom 9. August 1943 einen Abschnitt über die Wirtschaft (Br. 1, 312 ff.).

Diese Texte skizzieren eine Wirtschaftsethik und Wirtschaftsordnung, die eine Alternative zu liberalkapitalistischen wie staatskapitalistischen Konzepten darstellen und auf der christlichen Personal- und Sozialethik basieren. Die Hauptaussagen sind:
– Der Mensch ist zur Gestaltung der Erde berufen. Er hat die Freiheit, sich in diesem Mandat zu bewähren oder zu versagen. Die Wirtschaft als wesentlicher Teil der menschlichen Gesamtordnung hat die Aufgabe, den Einzelnen und die Gesamtheit mit den notwendigen Gütern zu versorgen.
– Der Prozess des Wirtschaftens ist so zu organisieren, dass Einzelne wie Gruppen ihre Chancen zur eigenständigen Entwicklung haben. Wirtschaft ist ein wesentliches Mittel zur Erhaltung und zur Sinngebung des Lebens. Bislang ist es nicht gelungen, die wirtschaftlichen Probleme, wie sie sich unter den Bedingungen einer Industriegesellschaft ergeben haben, befriedigend zu lösen. Zu nennen sind hier in erster Linie die Arbeitslosigkeit und die «Misshandlung der Natur durch wirtschaftlichen Raubbau». Ebenso unzulänglich ist die Organisation der internationalen Wirtschaft.
– Die Hauptaufgabe ist es, die Wirtschaft in eine «dienende Funktion› zurückzuführen und ihr dazu einen festen Rahmen zu setzen. Wirtschaft muss einen Ordnungsrahmen haben, innerhalb dessen sich das Wirtschaften vollzieht.

– Geht der Mensch im Prozess der Wirtschaft demutsvoll mit der «Schöpfungswirklichkeit» um, so hilft er mit, «dienend Gottes Willen an umfassenden Gestaltungen zu verwirklichen». Wirtschaft ist ein Schöpfungsmandat Gottes, das der Mensch in Verantwortung vor Gott und seinen Geboten auszuüben hat.

Diese Schöpfungstheologie zielt gegen jede Theorie und Praxis, die von einer ungebundenen Selbstherrlichkeit des Menschen ausgeht und Wirtschaft als verantwortungsfreien Raum versteht, das heißt ihren Sinn in sich selbst sieht. Begreift man die Wirtschaft hingegen als Mandat Gottes, dann unterliegt sie seinen lebenserhaltenden Geboten. Sie kann nicht moral- und ethikfrei sein. Gerade die Wirtschaft ist der Raum, in dem sich zu ereignen hat, was der Wille Gottes für diese Welt ist: die Freiheit jeder Person und die mitmenschliche, solidarische Ordnung für alle.

Alle Texte der Kreisauer kreisen um diese beiden Pole: Freiheit der einzelnen Person und Gestaltung einer gerechten Sozialordnung. Das Prinzip der personalen Eigenverantwortung und das Prinzip der sozialen Mitverantwortung machen in ihrer Bezogenheit aufeinander das Ganze des menschlichen Lebens aus. Oder anders: Wer Ich sagt, muss Du mitsagen und gemeinsam das Wir gestalten.

Die Verschränkung von personaler Moral und sozialer Ethik ist bei den Kreisauern überall greifbar. Ohne den Vollzug von praktischer Verantwortung seitens der Bürger lässt sich keine verantwortliche Gesellschaft errichten und ohne humanistische Gesinnung kein humanes Gemeinwesen. Grundvoraussetzung jeder künftigen Veränderung ist für sie eine Veränderung der Gesinnung. Mit ihren Überlegungen zur künftigen Wirtschaftsordnung haben sie das spätere Konzept der «Sozialen Marktwirtschaft» teilweise vorweggenommen. Zusammen mit dem Freiburger Kreis waren sie die Vordenker dieses Modells, das seine historischen Wurzeln entscheidend im deutschen Widerstand hat.[2]

Der Kreis erweitert sich

Am 12. und 13. Mai 1941 trafen sich Moltke, Trott und Hans Bernd von Haeften.[3] Dieser war 1905 in Berlin geboren und in einer politisch und wissenschaftlich interessierten und gleichzeitig bewusst evangelischen Familie groß geworden. Er hatte Rechts- und Staatswissenschaften studiert, war Austauschstudent in Oxford und engagiert in der ökumenischen Jugendarbeit. 1933 wurde er ins Auswärtige Amt aufgenommen, durchlief einige Stationen des diplomatischen Dienstes im Ausland und war seit

1940 Stellvertretender Leiter der Informationsabteilung, in der auch sein Freund Trott arbeitete. Er gehörte zu der konspirativen kleinen Gruppe im Auswärtigen Amt, die durch den Staatssekretär Ernst von Weizsäcker gedeckt wurde. Moltkes erster Kommentar zu den beiden Diplomaten, die im Kreisauer Kreis auf dem Gebiet der Außenpolitik federführend werden sollten, lautete:

Die Unterhaltungen mit Trott und Haeften waren sehr befriedigend. Haeften ist ein guter, aber sehr konservativer Mann und Trott nicht ganz zuverlässig. Bei der letzten Besprechung hatte ich sie beide nicht so recht überzeugt oder für meine Linie gewonnen. Aber gestern Abend hatte ich einen guten Tag und habe Haeftens harte Schale spielend durchstoßen, und Trott lief dann mit. Es ist eine große Anstrengung, solche Leute für die «große Lösung» zu gewinnen, weil sie zu sehr die Routine kennen. Ist es einem dann aber einmal gelungen, dann hat man auch einen zuverlässigen Wegbegleiter – ich meine Haeften. (MB 244)

Gegenüber Trott muss Moltke zu dieser Zeit einige Vorbehalte gehabt haben, was aber eine intensive, auf gegenseitigem Respekt beruhende Zusammenarbeit nicht ausschloss, wie sich bald zeigen sollte. Haeften war zusammen mit seiner Frau Barbara seit 1933 Mitglied der Bekennenden Kirche und gehörte zur Gemeinde von Martin Niemöller. Er hatte enge Verbindungen zur Evangelischen Michaelsbruderschaft und verfügte über eine ausgeprägte Frömmigkeit und profunde theologische Kenntnisse. Er wurde ein von allen Freunden gern gesehener, nachdenklicher und empfindsamer Gesprächspartner.

Am 17. September 1941 traf Moltke den 1885 geborenen Theodor Steltzer.[4] Er war Major im Generalstab des Befehlshabers der Wehrmacht in Norwegen und zuständig für das Transportwesen. In der Weimarer Republik war er als DDP-Mitglied Landrat in Rendsburg und nach seiner Entlassung 1933 in der kirchlichen und ökumenischen Arbeit sowie als Sekretär der Michaelsbruderschaft tätig. Steltzer war ein politischer Kopf und ein engagierter evangelischer Christ, theologisch versiert und kirchlich orientiert. Er gehörte zu den Mitgliedern des Kreises, die an einer Zusammenarbeit mit der katholischen Kirche interessiert waren.

Am 23. September 1941 lernte Moltke auf Vermittlung von Einsiedel Harald Poelchau kennen.[5] 1903 geboren, verbrachte er seine Jugend in Schlesien, studierte Theologie und machte eine Ausbildung zum Fürsorger. Politisch und theologisch gehörte er zum religiös-sozialistischen Kreis seines Lehrers Paul Tillich. Von April 1933 an arbeitete er als Gefängnispfarrer in Berlin-Tegel, später auch in Plötzensee und Brandenburg. Durch

Harald Poelchau (1903–1972) im Jahre 1940

Poelchau erfuhr Moltke, was in deutschen Gefängnissen vor sich ging und wie die politischen Gefangenen behandelt wurden. Vor diesem Mann, der schon einige hundert Menschen zum Schafott begleitet hatte und täglich Extremsituationen durchstehen musste, hatte Moltke größten Respekt. Da Poelchau kaum Zeit hatte, an den langwierigen Diskussionen teilzunehmen, sahen sich beide jedoch nur selten.

Das erste Kreisauer Pfingsttreffen

Das erste Pfingsttreffen vom 22. bis 25. Mai 1942 war von langer Hand geplant worden. Schon am 26. November 1941 hatten sich Moltke und Yorck «zur Vorbereitung unserer Unternehmen für Februar, Ostern und Pfingsten» getroffen. Bereits am nächsten Tag ging es weiter:

> Wir besprachen die Themenstellung für das Wochenende im Februar und für Ostern. Wir sind jetzt so weit vorgedrungen, dass es uns möglich ist, zu schriftlichen Fixierungen zu gelangen, um dann die Beteiligten auf die Themen einzufuchsen. Am Sonntagabend setzen wir dann die Unterhaltung bei Yorck fort mit Abs, Mierendorff und Einsiedel. – Danach müssen wir uns der Vorbereitung der Pfingstdiskussion in Kreisau widmen. (MB 329)

Um welches Wochenende es sich im Februar gehandelt hat, lässt sich nicht mehr feststellen. Auch ein Ostertreffen ist nicht belegt. Belegt sind in dieser Zeit aber eine Fülle von Einzel- und Gruppengesprächen. Vom 13. bis 16. März nahmen Moltke und Yorck an der zweiten agrarpolitischen Tagung in Groß-Behnitz bei Ernst und Barbara von Borsig teil. Moltke hatte am Ende des Jahres 1941 Augustin Rösch und Theodor Steltzer gebeten, die Tagung in Kreisau vorzubereiten. Nach einer Reise nach Wien schrieb er am 10. Dezember 1941:

> Durch die Telefone stellte ich zunächst fest, dass das von mir für Sonnabend arrangierte Zusammentreffen von Steltzer und Rösch ein Erfolg gewesen war. Sie sollten unter Beistand von Yorck und Guttenberg mit den beiden die Pfingsttage in Kreisau vorbereiten. Das geht also in Ordnung. Am 10.1. treffen wir uns wieder. (MB 333)

Das geplante Treffen fand wie vorgesehen statt. Moltke meldete nach Kreisau:

> Das Essen gestern mit Steltzer, Guttenberg und Yorck war sehr befriedigend. St. war am Anfang etwas erschöpft, kam dann in Fahrt, und es ging sehr gut. Steltzer ist nach Frankfurt a. M. abgefahren, kommt aber Mittwoch wieder, und am Donnerstagabend soll es weitergehen. Diese Pläne sind so ein angenehmer, das Gemüt stabilisierender Faktor, dass sie schon deswegen fruchtbar sind; denn wenn man daraus auftaucht und sich dann vorstellt, dass wir uns einbilden, Pfingsten noch in Kreisau zu erleben, so reibt man sich die Augen. (MB 343)

Denn die intensiven Vorbereitungen fielen in Tage und Wochen tiefster Sorge um die Zukunft Deutschlands. Am 2. Oktober 1941 hatte die Heeresgruppe Mitte den Sturm auf Moskau begonnen, doch die Winteroffensive kam ins Stocken. Die Sowjetunion setzte am 5. Dezember zur Gegenoffensive an, am 9. Januar 1942 trennte die Rote Armee die deutschen Heeresgruppen Nord und Mitte voneinander. Für Moltke war dies der Beginn des militärischen Untergangs der deutschen Armeen im Osten. In seinem Sonntagsbrief vom 11. Januar 1942 heißt es:

> Ich kann mich gar nicht mehr von dem Gedanken trennen: Wie wird dem deutschen Volk gesagt werden, was jetzt geschieht und was in den nächsten Wochen geschehen wird, und wie werden die Menschen darauf reagieren? Wenn nicht ein Wunder geschieht, dann werden selbst meine seit Kriegsbeginn geäußerten Kassandra-Rufe von der Wirklichkeit noch weit in den Schatten gestellt werden. Wird dann noch irgendein Mann imstande sein, das Chaos zu meistern? Wird jeder Einzelne seine Schuld erkennen? Wird Ostdeutschland, sprich Preußen, dann plötzlich missioniert und christianisiert werden? Oder wird alles im Strudel des heidnischen Materialismus verschwinden? Zum Besseren oder Schlimmeren ist jeden falls mit der Schlacht, die in den Weihnachtstagen begann, eine neue Zeit ange-

brochen, eine Zeit, die eine größere Wende bedeutet als die Kanonade von Valmy. Vielleicht ist das das endgültige Ende des Heiligen Römischen Reiches, vielleicht seine Wiederauferstehung. (M B 343)

In dem Bewusstsein, dass die Zeit drängte, arbeiteten die Freunde fieberhaft. Es musste ein Konzept vorliegen, wenn das Ende des braunen Totalitarismus kam, sei es durch einen vom Militär getragenen Staatsstreich oder durch eine totale Niederlage. Die Texte hatten für beide Möglichkeiten offen zu sein, und es galt, weitere Mitstreiter aus allen gesellschaftlich relevanten Großgruppen zu finden. Die Kontakte zur katholischen Kirche wurden intensiviert. Für den Protestanten Moltke war der katholische Bischof von Berlin, Konrad von Preysing, schon seit dem 5. September 1941 ein wichtiger Gesprächspartner geworden.[6] Auch die Predigten des Bischofs von Münster, Clemens August Graf von Galen, beeindruckten ihn. Mit Preysing war es Moltke gelungen, bei einem hohen katholischen Kirchenmann Gehör zu finden. Auf seiten der evangelischen Kirche hatte er in Berlin keinen vergleichbaren Ansprechpartner. Am 13. November besuchte Moltke zusammen mit Peters Preysing. Anschließend hielt er fest:

Peters hatte ein Opus über die Kirchenfrage verfasst, was uns beiden nicht voll gefiel. Das war der eine Gesprächsgegenstand [...], die Judenverfolgung der dritte; er hatte am Morgen gerade Juden gefirmt, die am Abend nach Litzmannstadt abtransportiert werden sollten; das sei wohl seine schönste Firmung gewesen; sie bekommen dort ¼ unserer Lebensmittelrationen. – Sein Dompropst (von St. Hedwig) ist wegen Heimtücke angeklagt, weil er für die Juden gebetet hat, und die Nachricht über seine Vernehmung kam gerade. (MB 319)

Moltke bekam zunehmend Einblick in den Widerstand einiger katholischer Bischöfe gegen den Nationalsozialismus.[7] Am 10. Dezember führte er Steltzer bei Preysing ein, musste aber notieren: «Leider ging es zwischen P. und St. nicht so gut, wie ich gedacht hatte. Beide hatten wohl, angeregt durch meine Beschreibungen, mehr voneinander erwartet, als sie in einer ersten Unterhaltung finden konnten.» (MB 334) Trotzdem traf sich die Dreierrunde am Nachmittag des 12. Januar 1942 erneut. Am Abend fanden sich Steltzer, Rösch, Gablentz und Yorck bei Moltke ein, am nächsten Tag Yorck, Haeften, Guttenberg, Schulenburg, Mierendorff und Reichwein. Natürlich informierte er sie auch über die Besuche bei Preysing. Diese häuften sich, je näher die Pfingsttagung rückte. So war Moltke am 5., 6. und 8. Mai 1942 bei ihm in der Behrenstraße 66.

Am Morgen des 8. Mai tauchte bei Moltke ein ihm unbekannter Mann aus München auf: der Jesuit Lothar König. Er war ein enger Mitarbeiter von Rösch, erledigte Kurierdienste und war später der wichtigste Verbindungsmann zwischen den Münchnern und den Kreisauern. König hatte auch engen Kontakt zu Preysing, den Moltke am Nachmittag aufsuchte:

Mit ihm habe ich bis 8 Uhr über die Bedeutung von Hirtenbriefen und Predigten, über den möglichen Inhalt von Hirtenbriefen und die Sprache der Hirtenbriefe gesprochen. Ich hatte den Eindruck, dass wir in dieser Besprechung doch ein gut Teil vorangekommen waren. P. war sichtlich befriedigt und ich auch. Er will jetzt einen neuen machen, und ich bin gespannt, ob sich das Ergebnis dieser Unterhaltung darin wiederfinden lässt. (MB 370)

Moltke kannte eine Reihe von Schreiben und Hirtenbriefen, in denen Preysing sich kritisch geäußert und aus Sicht der Kirche Stellung bezogen hatte.[8] Als sich im Juli 1942 der Jesuit Delp den Kreisauern anschloss, intensivierte sich sein Dialog mit katholischen Theologen nochmals. Ganz wichtig wurden für ihn die Gespräche über die katholische Soziallehre, hatte er doch schon am 2. September 1939, also einen Tag nach Kriegsbeginn, mit der Lektüre der Sozialenzykliken von Leo XIII. «Rerum novarum» von 1891 und von Pius XI. «Quadragesimo anno» von 1931 begonnen (MB 61).

Am Abend nach dem Gespräch mit Preysing am 8. Mai 1942 saßen Einsiedel, Trotha und König bei Moltke. Man sprach über «eine der Hauptfragen aus Rom»: «Was kann man zur Frage der Wirtschaftsordnung sagen?» (MB 370 f.) Dies war der Anfang einer ganzen Reihe von Diskussionen über Wirtschaftsethik und Wirtschaftsordnung, die später vor allem mit dem Sozialexperten Delp, aber auch weiterhin mit König geführt wurden.

Vom 22. bis 25. Mai 1942 fand nun die Pfingsttagung der Freunde in Kreisau statt. Getagt wurde im Wohn- und Esszimmer in der unteren Etage des Berghauses. Von dort führte eine Treppe in den Garten, wo man in den Pausen frische Luft schnappen oder sich zu Einzelgesprächen treffen konnte. Am Sonntag ging man gemeinsam nach Gräditz, wo die einen die evangelische, die anderen die katholische Kirche aufsuchen konnten. Gekommen waren das Ehepaar Yorck sowie Steltzer, Rösch, Peters, Reichwein und Poelchau. Außerdem waren Moltkes Schwester Asta und Yorcks Schwester Irene anwesend.

Steltzer referierte über Staat und Kirche aus evangelischer, Rösch aus katholischer Sicht, Peters sprach über das Konkordat von 1933, Reichwein über Schule und Moltke über Universitäten und Hochschulen. Es gab eine Reihe von vorbereiteten Texten zu einer Fülle von Themen, die später bei König gefunden wurden (Doss. 59 ff.). Dass man sich auf staatskirchenrechtliche und bildungspolitische Fragen konzentrierte, hatte auch den Grund, im Falle einer Denunzierung des Treffens gegenüber der Polizei von einem akademischen Bildungsgespräch unter Freunden reden zu können. Nach den einzelnen Vorträgen wurde über die sich anschließenden Diskussionen ein Protokoll angefertigt, das der abschließenden Fassung einer gemeinsamen Erklärung diente, die aber erst verabschiedet wurde, nachdem ein Konsens gefunden war. Mit Datum vom 27. Mai 1942 verabschiedete man die Ergebnisse dieser ersten Kreisauer Tagung. Man begann mit «Grundsätzlichen Erklärungen» über Kirche und Staat und über die Schule. Der erste Satz bildet so etwas wie eine Kreisauer Confessio:

Wir sehen im Christentum wertvollste Kräfte für die religiös-sittliche Erneuerung des Volkes, für die Überwindung von Hass und Lüge, für den Neuaufbau des Abendlandes, für das friedliche Zusammenarbeiten der Völker. (Br. 1, 209)

Grundsätzlich soll für das öffentliche Leben gelten:

Gewährleistet werden die Glaubens- und Gewissensfreiheit sowie die öffentliche Ausübung der christlichen Religion. Alle Geistlichen und Laien, die wegen ihrer christlichen Haltung ungerecht oder unter fadenscheinigen Gründen verhaftet worden sind, erhalten die Freiheit. Aufenthaltsbeschränkungen fallen fort. Die Freiheit für die Arbeit kirchlicher Organisationen, wie Jugend-, Gesellen- und Standesvereine, wird wiederhergestellt. Die Entfaltung religiösen Schrifttums wird wieder ermöglicht. Im gesamten Bildungswesen sowie im Film und Rundfunk erhält das christliche Gedankengut den ihm gebührenden Platz. Den Eltern steht das natürliche Recht zu, ihre Kinder nach den Grundsätzen des christlichen Glaubens und nach den Forderungen ihres eigenen Gewissens zu erziehen. Auch der Staat wird dazu beitragen, die innere und äußere Zerrissenheit der Familie zu überwinden. Der Sonntag ist von staatlichen Pflichtveranstaltungen frei. (Br. 1, 210)

Glaubens- und Gewissensfreiheit zu fordern bedeutete für die Kreisauer, die Weltanschauungs- und Erziehungsdiktatur des Nationalsozialismus in ihrem Kern zu treffen und aufzuheben. Wenn die bekennenden, gegenüber dem Zeitgeist resistenten Teile der christlichen Kirchen schon im «Dritten Reich» das entscheidende Bollwerk gegen die totalitären Forderungen des Nationalsozialismus sind, so werden sie erst recht nach dem Zusammenbruch zu den Kräften und Institutionen eines Neuanfangs gehören – so die Argumentation. Für die Kreisauer waren die Kirchen – bei aller möglichen Kritik an ihrem Verhalten im Einzelnen – die widerständigste Institution gegen das neuheidnische nationalsozialistische System. Kirchen waren für sie die Orte, in denen sich Menschen zum Hören der biblischen Botschaft versammeln, in denen sich im Hören auf die Gebote Gottes Gewissen bilden und in denen geschwisterliches Verhalten und der Dienst an den Schwachen und Benachteiligten eingeübt werden. Menschen, die diese Menschwerdung erlebt haben und von ihrer religiösen Entscheidung und Sozialisation her denken und handeln, übernehmen auch politisch Mitverantwortung für ein freiheitliches und soziales Gemeinwesen. Die Bezogenheit von Kirche und Welt, von christlicher und weltlicher Existenz war die Antwort der Kreisauer auf kirchlich-fromme Exklusivität und auf einen weltlosen Glauben der Christen.

Wie die autonome, das heißt staatsfreie und sich selbst verwaltende Kirche ihre Rechtsbeziehungen regelt, sollte später entwickelt werden. Aber etliches war jetzt schon im Prinzip klar: die Freiheit aller kirchlichen Organisationen auf ihren Arbeitsgebieten, die Teilhabe im Bildungssystem wie im Filmwesen und Rundfunk und vor allem die Geltung des Elternrechts.

Es war konsequent, nach dem Komplex der Glaubens- und Gewissensfreiheit und den Aufgaben der Kirche die Umrisse einer neuen Schule zu skizzieren. Die Ausführungen zu diesem Thema sind äußerst prägnant und dokumentieren den Einfluss des Reformpädagogen Reichwein:

Die Erziehungsarbeit, die die Schule gemeinsam mit Familie und Kirche zu leisten hat, bestimmt die künftige Stellung des Menschen zu Gott und seine tätige Mitgliedschaft in den lebendigen, natürlichen Gemeinschaften: Familie, Beruf und Volk, Gemeinde, Staat und Kirche. Die Schule soll das Recht des Kindes auf eine ihm gemäße Erziehung verwirklichen. Sie soll seine sittlichen Kräfte wecken und stärken. Tätiges Lernen formt den Charakter für das spätere Leben. Das Kind soll jenes Maß an Wissen und Können erwerben, das dem geforderten Leistungsbild seiner Altersstufe entspricht.
Die Charaktererziehung bildet einen anständigen Menschen religiöser Grundhaltung, der gute Sitte und Rechtlichkeit, Wahrheit und Aufrichtigkeit, Nächstenliebe und Treue vor seinem Gewissen zur Richtschnur des Handelns zu machen imstande ist. Der so erzogene Mensch wird die Reife besitzen, selbstverantwortliche Entscheidungen zu treffen. Lernen dient der sittlichen Bildung der Persönlichkeit und der Vorbereitung auf das praktische Leben. (Br. 1, 210)

Mit diesem Entwurf wollten die Kreisauer die Bedeutung von Sachwissen keinesfalls relativieren, sondern unterstreichen, dass die Schule eine doppelte Aufgabe zu erfüllen hat: die Vermittlung von Wissen und die Bildung einer sittlichen Persönlichkeit, welche die Fähigkeit hat, eigenverantwort-

*Freya von Moltke mit Konrad
auf der Veranda des Berghauses,
1942, einige Tage nach dem
ersten Kreisauer Treffen*

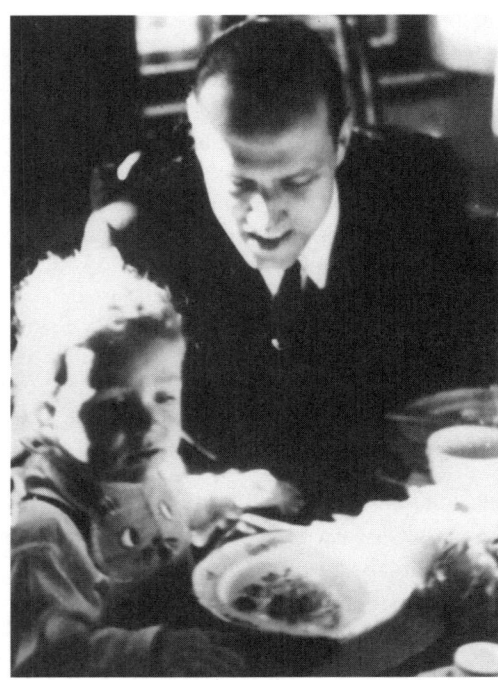

*Helmuth James von Moltke
mit seinem Sohn Konrad, 1943*

lich Entscheidungen zu treffen. Der von ihnen aufgestellte Verhaltens-
und Tugendkatalog (Rechtlichkeit, Wahrheit und Aufrichtigkeit, Nächstenliebe, Gewissenstreue) wirkt auf den ersten Blick althergebracht, aber
man muss bedenken, in welcher Situation er formuliert wurde: Das Schul-
verständnis der Kreisauer richtete sich gegen die moralischen Verfor-
mungen durch den totalitären Staat und baute dabei auf einer «religiösen
Grundhaltung» auf. Eine bewusst religiöse Erziehung sollte sich als Wi-
derpart aller nur denkbaren selbstmächtigen politischen und ideologischen
Großentwürfe einer entwurzelten Moderne erweisen. «Die staatliche
Schule ist eine christliche Schule mit Religionsunterricht beider Konfessionen als Pflichtfach. Der Unterricht wird im Auftrage der Kirchen nach
Möglichkeit durch Geistliche ausgeübt.» (Br. 1, 211)

Aber ihnen war auch klar: Eine «christliche Schule» ist nicht schon
«christlich», wenn in Randstunden Religionsunterricht erteilt wird. Die
Frage blieb, aus welchem Geist heraus etwa Geschichte, Deutsch, Ge-
meinschaftskunde, Biologie, Geographie, Sprachunterricht oder was auch
immer unterrichtet werden sollten. In diese Fächer war der nationalsozialistische Geist voll eingedrungen, und es gab keine Lehrbücher, die nicht
die Signatur der nationalsozialistischen Weltanschauung trugen. Somit
war es notwendig, neue Schulbücher zu entwickeln, zum Beispiel ein neues Geschichtsbuch, und solange es dieses noch nicht gab, sollte das alte
verboten werden.

Sollte die Schulreform gelingen, mussten auch die Lehreraus- und -fort-
bildung umgestaltet werden. Von den bereits verbeamteten Lehrern gehörte ein großer Teil zu den willfährigen Exekutoren der nationalsozialistischen Schulpolitik. Mittel- und langfristig ging es darum, ein neues univer-
sitäres Ausbildungskonzept zu entwickeln. Der Kreisauer Kreis schlug die
Aufgliederung der bisherigen Universitäten in Hochschulen und Reichsuniversitäten vor. Die Hochschulen sind in diesem Konzept die Bildungs-
und Ausbildungsstätten für einen qualifizierten Nachwuchs in öffentlichen
Ämtern. An die Reichsuniversität sollen nur Studenten kommen, die das
Reifezeugnis eines humanistischen Gymnasiums und ein abgeschlossenes
Hochschulstudium haben. Ihre Verfassung baut «auf weitgehende[r] Autonomie und Selbstverwaltung» auf. In den Reichsuniversitäten sahen die
Kreisauer die eigentliche Kaderschmiede, die durch einen engen Kontakt
der einzelnen Fakultäten untereinander an einem «Gesamtbild der Wissenschaft» arbeiten sollten.

Am Anfang dieser ersten Kreisauer Erklärung wird zweier Bischöfe gedacht, Theophil Wurm und Konrad von Preysing, die sich im Hinblick auf

«eine einheitliche Regelung aller die Gestaltung des öffentlichen Lebens betreffenden gemeinsamen Fragen der christlichen Weltanschauung» zur Zusammenarbeit bereit erklärt hatten (Br. 1, 209 f.). Vorgeschlagen wird, dass der kommende Reichskanzler und der für die Verwaltung zuständige Innenminister die Verhandlungspartner der beiden Bischöfe sein sollten. Hier wird wieder die Intention der Kreisauer deutlich, die großen Kirchen zu einem gemeinsamen Vorgehen in staatskirchenrechtlichen Fragen zu bewegen. Auch in der Zeit der Bedrängung und der Versuche, die Kirchen als öffentlichen Faktor auszuschalten, hatte sich kein ökumenisches Bewusstsein entwickeln können. Aber der Kreisauer Freundeskreis zeigte, dass es außerhalb der offiziellen Großkirchen Protestanten und Katholiken gab, die ihre Gemeinsamkeiten in der christlichen Lehre und in der praktischen Ethik entdecken und politisch zusammenarbeiten konnten. Diese Erfahrungen führten zu einer Überlegung, die es so in der deutschen Kirchengeschichte noch nie gegeben hatte:

Eine «Deutsche Christenschaft» wird zur Erwägung vorgeschlagen, der alle Christen ohne Rücksicht auf ihr Bekenntnis angehören und die die Berücksichtigung der christlichen Gesichtspunkte in allem, auch den lokal zu erledigenden Angelegenheiten mit staatlichem Einschlag, sicherstellen soll. (Br. 1, 212)

Warum sollte auf größerer Ebene nicht möglich sein, was sich im kleineren Kreis als fruchtbar erwiesen hat? Gedacht war an eine politisch-praktische Ökumene, die ihre gemeinchristlichen Anliegen zur Neugestaltung eines freiheitlichen Gemeinwesens in die kommende Verfassungsdiskussion einbringt.

Dieser Kreisauer Erklärung gingen zahlreiche Vorentwürfe von verschiedenen Freunden und Mitstreitern voraus, die nach dem Pfingsttreffen fast alle vernichtet wurden. Erhalten geblieben sind die Ausarbeitung von Steltzer über «Fragestellungen für das Gespräch über Staat und Kirche» und ein weiterer, namentlich nicht gezeichneter Entwurf über das «Verhältnis von Staat und Kirche», ferner ein Papier, das von Reichwein stammen könnte, über «Lehre und Erziehung in Schule und Hochschule» und eine weitere Diskussionsvorlage «Zum Bildungswesen nach dem Krieg» (Doss. 88 ff.). Alle Dokumente zeigen, wie kontrovers es in den Vorgesprächen zugegangen ist. Die Endfassung der Erklärung hat den Charakter eines Kompromisses, auf dessen Grundlage ein gemeinsames perspektivisches Handeln in der Zukunft möglich sein sollte.

Moltke blieb nach der Tagung bis zum 31. Mai in Kreisau. In der ersten Juniwoche führte er in Berlin ununterbrochen Gespräche mit Yorck, Mierendorff, Reichwein, Haeften und Steltzer. Zu Steltzer, dem Ältesten im Freundeskreis, hatte er ein besonderes Vertrauensverhältnis entwickelt.

Am 6. und 7. Juni war Moltke erneut in Kreisau: Seine Schwester Asta heiratete Wend Wendland. In der folgenden Woche aß er am 9. Juni mit Ernst von Harnack zu Mittag und besuchte anschließend Preysing zum Tee. Am 10. Juni schrieb er:

Gestern Mittag aß ich mit Harnack, den ich also als Rekruten geworben habe. Er hat mir wieder nicht ganz gut gefallen, aber ich habe die Zuversicht, dass er sich einordnen und richtig mitziehen wird. Sonst ist von ihm nicht viel zu berichten. (MB 376)

Harnack, ein Sohn des berühmten liberalen Theologen Adolf von Harnack, war Sozialdemokrat und religiöser Sozialist, ehemals Regierungspräsident in Merseburg. Aus welchen Gründen nach einem weiteren Gespräch der Kontakt mit ihm abgerissen ist, ist nicht auszumachen.

Wichtig war das erste Gespräch nach der Kreisauer Tagung mit Preysing. Moltke notierte:

Nachmittags war ich bei Preysing, mit dem ich bis 7.30 über das Kreisauer Programm sprach. Es ging nicht ganz glatt bei ihm, und er brachte einige Einwände an, die berücksichtigt werden müssen. Leider bin ich mir nicht klar geworden, ob die Einwände sich gegen die Sache oder gegen die Form richten. Am nächsten Mittwoch soll der Kampf weitergehen. Ich muss in der Sache mit ihm klarkommen, und wir werden eben so lange dabeibleiben, bis es klar ist. (MB 376 f.)

Vor dem nächsten Gespräch mit Preysing schrieb Moltke:

Es hängt sehr viel von dem Gang der Unterhaltung ab. Ich möchte so sagen: Geht sie gut, ist es ein wirklicher Erfolg, geht sie nicht gut, muss man über die Umwege nachdenken, auf denen man Conrad [Konrad von Preysing] umstimmen kann, und das kostet Zeit. Außerdem beunruhigt mich, dass ich von R. [Rösch] noch nichts gehört habe. Das kann zwar einfach daran liegen, dass er im Augenblick keine geeignete Nachrichtenverbindung hat, es kann aber auch bedeuten, dass er auf ähnliche Schwierigkeiten stößt wie ich. (MB 381 f.)

Nach dem Gespräch erklärte er fast erleichtert:

Meine Unterhaltung mit Conrad am Mittwochnachmittag hat wieder 2½ Stunden gedauert, hat aber einen großen Schritt weitergeführt. Ein Großteil der Schwierigkeiten ist überwunden, und den Rest werden wir auch noch wegräumen. Es war aber ein richtiger Großkampf, nur war ich glücklicherweise gut in Form. (MB 382)

Am 30. Juni suchten Rösch und König Moltke auf, bevor sie zu Preysing gingen. Er berichtete:

Ich habe die beiden auf die Schwierigkeiten mit Conrad sorgsam eingefuchst. Der ihre [der Münchner Kardinal Michael von Faulhaber] hat alles getan, was er tun sollte, aber mit Gröber hatten sie noch nicht gesprochen, weil sie erst den Segen von Conrad dazu haben wollten.

Über das Ergebnis heißt es:

Sie hatten die ganze Zeit, also wohl drei Stunden lang, mit C. [Conrad] gerungen, hatten ihn aber, wie ich, als ein schwer zu knackendes Nüsschen, aber auch nicht unbekehrbar gefunden. Besonders die Tatsache, dass er nicht die Hauptrolle spielen sollte, hat Conrad sehr erleichtert. Ich hatte R. [Rösch] beauftragt, das ganz unzweideutig klarzumachen. Befragt, wer denn für die in Aussicht genommene Rolle in Frage komme, hatte C. Gröber genannt, und damit ist dieser Kasus geklärt. Weiteres Programm: R. fährt sofort nach Freiburg, und K. [König] kommt am 8. oder 9. her, um mich über das Ergebnis zu unterrichten. Wenn das befriedigend ausfällt, wie wir erwarten, dann soll ich am 12. Gröber treffen. Am 14. sind die Besprechungen mit Wurms Leuten hier in Berlin, und am 19. fahre ich zu Wurm. (MB 387)

Worum ging es in diesen Wochen? Die Kreisauer wollten einen katholischen und einen evangelischen Bischof dazu bewegen, nach einem gelungenen Staatsstreich ihr Programm durch einen Aufruf in der Öffentlichkeit zu unterstützen und im Rundfunk zu verlesen. Moltke dachte natürlich an Preysing, der jedoch große Bedenken äußerte und sich fragte, ob es seine Aufgabe sein könne, die Sache dieses Widerstandskreises so konkret zu seiner Sache zu machen. Sosehr er sich trotz einiger Kritik inhaltlich mit den Intentionen dieses Kreises identifizieren konnte, so scheute er sich doch, in seiner Eigenschaft als Bischof diese Parteinahme öffentlich zu bezeugen. Als verantwortlicher Oberhirte seiner Diözese wollte er nicht so weit gehen, eine letzte Distanz zum politischen Geschäft aufzugeben. Hinzu kam bei ihm die Abneigung vor öffentlichen Auftritten. So schlug er vor, bei dem Erzbischof von Freiburg, Conrad Gröber, anzufra-

Konrad Graf von Preysing (1880–1950),
seit 1935 Bischof von Berlin, um 1930

gen. Doch Rösch hatte bei seinem Besuch am 1. Juli keinen Erfolg bei
Gröber. König berichtete Moltke am 8. Juli, dass «unser Freiburger Freund
einen ständigen Schatten hat, sodass ich ihn am Sonntag nicht sehen
kann». Trotzdem wollte Moltke am 11. Juli nach Freiburg fahren, um
«Rösch [zu] sehen und alles am Ort und Stelle durch ihn [zu] erledigen»
(MB 390). Stattdessen brach er am 12. Juli nach Karlsruhe auf, um sich
dort mit Gröber und Rösch in einem Haus der Jesuiten zu treffen. Über
dieses Gespräch berichtete Moltke:

Die Unterhaltung ergab in drei Stunden eine ganze Anzahl von Schwierigkeiten
bei Gröber, die teils psychologischer, teils nur technischer Art sind. Die technischen sind natürlich gleichgültig bzw. überwindbar; das Wichtige sind die psy-
chologischen. R. scheint mir im Vortrage bei G. einen Fehler gemacht zu haben.
G. fühlte sich überrumpelt und zog sich hinter die technischen Schwierigkeiten
zurück. Es war also sehr nötig, dass ich diese Sache aufklärte. (MB 392)

Für Moltke war der Umgang mit hohen katholischen Würdenträgern eine
neue Erfahrung, aber er lernte sehr schnell, sich auf dem Parkett der Kir-
chendiplomatie zu bewegen. Doch diesmal hatte er entgegen seinen Erwartungen keinen Erfolg bei Gröber. Von einem weiteren Treffen mit ihm
ist nichts bekannt. Rösch seinerseits hatte bei Faulhaber auch keinen Erfolg, hielt aber den Kontakt zu ihm aufrecht.
  Dass die Kreisauer bei diesen katholischen Bischöfen, die alle Gegner
des Nationalsozialismus waren, mit ihrem Anliegen nicht weiterkamen,

Die Stimmen der Kirchen gewinnen 183

dürfte auch mit ihrem Programm zusammenhängen. Mit der Aufhebung der traditionellen Konfessionsschule zugunsten einer christlichen Gemeinschaftsschule konnten diese nicht einverstanden sein. Auch das von den Kreisauern betonte Elternrecht war ihnen zu wenig konfessionsspezifisch. Hier lag ein Problem, das in den kommenden Diskussionen eine nicht unwesentliche Rolle spielen sollte. Die Kreisauer hatten ihre Schwierigkeiten mit den wenig kompromissbereiten katholischen Würdenträgern. Da sie aber den Katholizismus als wichtigen Baustein einer kommenden pluralistischen Gesellschaft betrachteten, wurden sie nicht müde, das Gespräch zu suchen. Vor allem Moltke ließ seinen Dialog mit Preysing nicht abreißen. Er nahm dessen Kritik am Kreisauer Programm ernst.

Doch gab es für beide noch andere Themen. Über einen Besuch am 9. September – nach dreimonatiger Pause – schrieb Moltke:

Am Nachmittag war ich in der Behrenstr. Es war sehr befriedigend und erbauend, obwohl der Arme von dem Elend der Zeit so mitgenommen ist, dass er wieder ernstlich krank ist. Wir hatten aber zwei anregende und nützliche Stunden hinter uns, als ich ihn um 7 verließ. (MB 403)

Moltke hatte ihm von seiner Reise im September nach Oslo und Stockholm erzählt. So wird der katholische Bischof von Berlin über die Diskussion Moltkes mit dem lutherischen Bischof von Oslo, Eivind Berggrav, und anderen ökumenischen Begegnungen unterrichtet worden sein.

Preysing hatte für Allerheiligen am 1. November und für den 15. November 1942 Predigten angekündigt, die thematisch ein Hirtenwort vorbereiten sollten, das er dann am 13. Dezember verlas und veröffentlichte. Am 3. Oktober schrieb Moltke:

Gestern habe ich einen ermahnenden Brief an Konrad geschrieben. Komisch, dass mir das jetzt selbstverständlich vorkommt, was mich vor wenigen Monaten noch erschreckt hätte. (MB 417)

Durch Guttenberg erfuhr Moltke, dass «Konrad mir sagen ließe, er werde meine Ermahnungen beherzigen. Mir fiel ein Stein von der Seele, denn ich hatte doch befürchtet, Konrad könne eingeschnappt sein.» (MB 418). Vor Allerheiligen suchte er ihn am 27. Oktober noch einmal auf. Nach einem weiteren Besuch am 13. November hieß es nur kurz:

Ich musste zu Conrad, um ihm noch eine Stütze für Sonntag einzuziehen. Das ist wohl auch gelungen. (MB 438)

Es ergibt sich für die Kriegszeit die einzigartige Situation, dass ein protestantischer Laie einen katholischen Bischof aufsucht, um mit ihm Predigten und ein Hirtenwort durchzusprechen. Der Bischof hatte noch die Möglichkeit, in der St.-Hedwig-Kathedrale öffentlich zu predigen und in Hirtenworten zu Zeitfragen Stellung zu nehmen. Er konnte trotz vieler Behinderungen durch die nationalsozialistischen Behörden und Organe noch unmittelbar eine größere Öffentlichkeit in Berlin erreichen. Auf evangelischer Seite gab es nichts Vergleichbares. Die evangelische Kirche in Berlin war zum Verstummen gebracht worden oder selbst verstummt. Viele von ihnen, wie etwa Martin Niemöller, saßen in Gefängnissen oder Konzentrationslagern. Nur einige Gemeindepfarrer der Bekennenden Kirche wagten noch ein offenes, systemkritisches Wort. Die offizielle Berliner Kirchenleitung war aus der Öffentlichkeit verschwunden. Für Moltke wurde Preysing das Sprachrohr der resistenten Christen.

Das Adventshirtenwort von Preysing über das Recht war für den Christen und Juristen Moltke ein notwendiger Protest gegen die nationalsozialistische Rechtsauffassung und Rechtspraxis.[9] Preysing legte auf der Grundlage der katholischen Naturrechtslehre dar, dass es «unwandelbare Grundsätze» gibt, die ihren Grund in der Herrschaft Gottes über Mensch und Welt haben. Gott hat die Menschen mit dem «Licht der Vernunft» ausgestattet, sodass sie erkennen können, was Gerechtigkeit ist und was Recht und Unrecht unterscheidet. Gott hat «in die Menschennatur hineingelegt eine natürliche Hinordnung zur Gerechtigkeit, einen natürlichen Abscheu vor der Vergewaltigung des Rechts». Das Recht, das auf ewigen Grundlagen beruht, ist «unabhängig von der Willkür des Menschen». Nach einer Polemik gegen Nietzsche, der die Existenz Gottes und damit die «Existenz eines allgemein verbindlichen Rechtes» leugne, rief Preysing dazu auf, nicht vor der Macht zu kapitulieren und das Recht nicht gering zu achten; denn es «kann nur durch die Anerkennung und Achtung des Rechtes für alle eine bessere Zukunft, ein gerechter Friede begründet werden». Und er schloß mit der Mahnung: «Wir wollen den Geist der Redlichkeit, der Gerechtigkeit in uns pflegen. Bedenken wir immer, dass, wenn wir fremdes Recht achten, wir damit Gottes Herrscherrecht anerkennen und bekennen.»[10]

Auch wenn der Bischof vieles nur indirekt und verklausuliert sagte, war die Kritik an der Rechtsauffassung des Nationalsozialismus doch eindeutig. Ebenso deutlich war Preysings Verurteilung der nationalsozialistischen Rassenpolitik und des Umgangs mit den Völkern in den besetzten Ländern. Klar wurde auch das Problem eines zukünftigen Friedens angesprochen.

Dieser hatte für den Bischof nur eine Chance unter der Voraussetzung, dass die Rechtsverletzungen im In- und Ausland aufgehoben werden. Das aber war unter den Bedingungen des Nationalsozialismus ausgeschlossen. Die Empfänger des Hirtenwortes konnten dies nur als indirekte Aufforderung zum Widerstand gegen das System interpretieren. Reformieren ließ sich dieses System nicht, sondern – wenn überhaupt – nur durch einen Befreiungsakt überwinden, der die «Urrechte, die der Mensch hat», wieder in Geltung bringen würde. Der Hirtenbrief wurde im Londoner Rundfunk und im amerikanischen Repräsentantenhaus verlesen. Als Preysing davon erfuhr, soll er gesagt haben: «Umso höher wird einst mein Galgen stehen.»

Neben Preysing kam Moltke auch mit dem evangelischen württembergischen Landesbischof Theophil Wurm in engeren Kontakt.[11] Die Verbindung mit Wurm lief über Eugen Gerstenmaier, der beim Kirchlichen Außenamt in Berlin beschäftigt war, sowie über den Oberkirchenrat Wilhelm Pressel aus Stuttgart. Gerstenmaier, der spätere langjährige Präsident des Deutschen Bundestages, war in Rostock von dem Philosophen und Theologen Friedrich Brunstäd promoviert worden. Durch dessen Vermittlung kam er 1936 in das von Bischof Theodor Heckel geleitete Kirchliche Außenamt. Seine Aufgabe war es, die deutsche Teilnahme an den Ökumenischen Konferenzen im Jahr 1937 vorzubereiten. Heckel verstand sich als Antipode zur Bekennenden Kirche und warb im ökumenischen Raum für Verständnis für die Innen- und Außenpolitik des Reichskanzlers. 1939 ging Gerstenmaier für kurze Zeit in die Informationsabteilung des Auswärtigen Amts. Hier lernte er Hans Bernd von Haeften und durch ihn Adam von Trott näher kennen. Gleichzeitig entwickelte er Kontakte zum Widerstandskreis um Josef Wirmer und Jakob Kaiser. Als er Moltke kennen lernte, hatte er sich schon in einem längeren Klärungsprozess zum politischen Widerstand durchgerungen. Am 3. Juni 1942 nahm Gerstenmaier zum ersten Mal an einem Treffen der Kreisauer teil. Am folgenden Tag kam er zu Moltke, der über den Besuch berichtete:

Um 5 kamen dann Steltzer, Peter, Haeften und der Mann, der sozusagen Wurms Vertreter in Berlin ist, in die Derfflingerstr., und in einer dreistündigen Unterhaltung haben wir versucht, die Voraussetzungen einer Mitwirkung Wurms zu klären, ein Versuch, der wohl positiv ausgegangen ist. Nun soll Wurm Mitte des Monats herkommen. Damit würde sich dann ein wesentlicher Punkt der Kreisauer Programme in seiner Durchführbarkeit zu erweisen haben. (MB 375)

Wurm sollte als Repräsentant der evangelischen Kirche nach einem Staatsstreich ein die neue Regierung unterstützendes Wort an die Öffentlichkeit richten und in kirchlichen Fragen der evangelische Verhandlungspartner des Reichskanzlers werden. Zum anderen wollte man ihn dazu bewegen, dem Konzept einer Gemeinschaftsschule mit Religionsunterricht zuzustimmen und damit auf die klassische Konfessionsschule zu verzichten.

Am 24. Juni kam es in Berlin in der Wohnung Moltkes zum ersten Gespräch zwischen Moltke, Yorck, Gerstenmaier und Wurm. Nach dem Treffen notierte er:

Also die Besprechung mit Wurm ist gut ausgegangen. Ich bin aber jetzt von der Anstrengung dieser 2½ Stunden so mitgenommen, dass ich nicht mehr denken kann. [...] Ich fühle mich so leer, als sei überhaupt nichts mehr in mir. Dabei ist die ganze Geschichte so widerstandslos und glatt gegangen, dass mir dabei nicht recht geheuer ist. Aber ich habe mir auch große Mühe gegeben. Damit ist also ein ganz großer Schritt getan. Jetzt muss ich in nächster Zeit noch nach München und Freiburg. (MB 386)

Gerstenmaier hat in seinen Memoiren *Streit und Friede hat seine Zeit* den positiven Verlauf dieser Begegnung bestätigt:

Das Schulproblem, das in seinen Gesprächen mit dem hohen Klerus der katholischen Kirche meist eine Schwierigkeit war – Bekenntnis- oder christliche Gemeinschaftsschule? –, war in dem Gespräch mit Wurm kein Problem. Über die Wiederherstellung des strikten Rechtsstaates konnte es auch keine Meinungsverschiedenheiten geben. [...] Kurzum: Helmuth von Moltke stieß in allen wichtigen Fragen, die er anschnitt, bei dem alten Herrn auf so viel Verständnis und Zustimmung, dass sich seine Vorsicht und Anspannung immer mehr lockerte.[12]

Moltke hat Wurm nur selten gesehen und gesprochen. Am 26. August suchte er ihn kurz in Heilbronn auf. Über den Inhalt des Gesprächs wissen wir nichts. Am 13. Oktober 1942 traf er sich zusammen mit Steltzer und Mierendorff noch einmal mit Wurm in Berlin. Auch hier sind die Gesprächsthemen bis jetzt nicht zu ermitteln. Wichtig ist, dass es ab Mitte 1942 intensive Kontakte der Kreisauer zu diesem Bischof gegeben hat. Er war als einziger hoher Repräsentant der evangelischen Kirche voll über die programmatische und praktisch-politische Arbeit der Freunde informiert. Den Kreisauern war sicherlich bekannt, dass Wurm seit Kriegsausbruch zahlreiche Eingaben an staatliche Stellen verfasst und zu bestimmten Maßnahmen der Partei und des Staates kritisch Stellung bezogen hatte. Auch an Hitler selbst hatte er sich gewandt, um sich über die vielen antikirchlichen Aktionen zu beschweren.[13] So protestierte er am 2. März

1942 in einem Brief an Hitler gegen die zunehmenden Eingriffe in das Leben und Recht der evangelischen Kirche und bat ihn um Änderung des kirchenpolitischen Kurses.[14] Und in einem Schreiben an Goebbels vom 1. April 1942 verwahrte er sich gegen die antikirchliche Hetze und die Gewaltmaßnahmen gegenüber kirchlichen Bildungs-, Erziehungs- und Pflegeanstalten.[15] Seine Worte waren noch deutlicher als die mutigen Hirten- und Kanzelworte von Preysing. Freilich fand er kein Gehör. Diese Erfahrung löste in ihm die Bereitschaft aus, mit der Tradition des obrigkeitlichen Gehorsams zu brechen. Er öffnete sich dem Gedanken des gewaltsamen Widerstands gegen ein System, das die Menschenrechte und das Völkerrecht mit Füßen trat.

Gewerkschafter und Jesuiten vereinen

Noch intensiver als der Austausch mit den beiden Bischöfen wurde der Kontakt zu Sozialdemokraten, Gewerkschaftern und Jesuiten. Eine in jeder Hinsicht vielversprechende Eroberung nahm ihren Anfang am 4. Juli 1941, als Moltke, Yorck und Reichwein ein längeres Abendgespräch mit Carlo Mierendorff führten. Der 1897 geborene Mierendorff war zusammen mit seinem Freund Theodor Haubach in Darmstadt aufgewachsen. Er war musisch begabt sowie literarisch und politisch interessiert.[16] Den Krieg beendete der Kriegsfreiwillige mit vielen Verwundungen und hohen Auszeichnungen. Er studierte Rechts-, Staats- und Volkswirtschaft in Frankfurt, Heidelberg, Freiburg und München. Schon während des Studiums arbeitete er in sozialistischen Studentengruppen mit, trat dann in die SPD ein, wurde wirtschaftspolitischer Mitarbeiter bei der Transportarbeitergewerkschaft, war Sekretär der SPD-Reichstagsfraktion, Mitglied der Wehrkommission seiner Partei, von 1928 bis 1933 Sprecher des hessischen Innenministers Wilhelm Leuschner und von 1930 bis 1933 zugleich Mitglied des Reichstags. Er hatte sich in Aufsätzen und Reden als einer der schärfsten Kritiker der nationalsozialistischen Bewegung ausgewiesen. Viele seiner Beiträge veröffentlichte er in den *Neuen Blättern für den Sozialismus*. Im Juni 1933 wurde er verhaftet und von der SS durch die Straßen Darmstadts getrieben. Mierendorff hatte nach seiner langen Zeit in Konzentrationslagern wieder Kontakt zu alten politischen Freunden wie Leuschner, Haubach und Reichwein aufgenommen und arbeitete in konspirativen Kreisen mit. Nachdem er kurz unter einem Pseudonym schriftstellerisch tätig war, wurde er bei Kriegsbeginn Mitarbeiter bei dem Rüstungsbetrieb BRABAG (Braunkohle-Benzin AG).

Ohne Zweifel war Mierendorff ein Mann mit einem bewegten Leben und zugleich ein erfahrener Politiker der Weimarer Zeit, zudem ein bekannter Antifaschist. Doch kam er aus einem völlig anderen Umfeld als die Kreisauer, zu denen er über Reichwein stieß. So mag er Bedenken gehabt haben, hier auf ein reaktionäres Junker- und Beamtentum zu treffen. Schon die ersten Begegnungen machten ihm aber klar, dass dies ein Kreis von liberal und sozial bis sozialistisch orientierten Regimegegnern war, die nach Wegen suchten, den Nationalsozialismus zu überwinden. In zähen Diskussionen lernte man sich immer besser verstehen und überwand traditionelle Fronten und Vorurteile. Moltke gewann in Mierendorff sogar einen persönlichen Freund.

Zur Zeit des ersten Treffens mit Mierendorff lagen bereits drei programmatische Papiere der Kreisauer vor: «Über die Grundlage der Staatslehre» und die erste und zweite Fassung von «Ausgangslage, Ziele und Aufgaben». Er wurde zunächst in den Stand der Diskussion eingeführt, dann beteiligte er sich sogleich intensiv an den laufenden Diskussionen. Erst am 28. September sahen sich Moltke, Mierendorff und Reichwein wieder. Am 10. November kam Mierendorff das erste Mal allein zu Moltke. Über seinen nächsten Besuch am 24. November vermerkte Moltke: «Gestern Abend waren wir also zu viert in der Hortensienstr.: Mierendorff, Einsiedel, Yorck und ich. Es war sehr nett und auch ganz ergebnisreich, aber rasend anstrengend, da es bis 1 Uhr nachts dauerte.» (MB 327) Unter den gesellschaftsrelevanten Gruppen fehlte den Kreisauern noch ein prominenter Gewerkschafter. Den fand Moltke in Wilhelm Leuschner, der Gewerkschaftssekretär sowie von 1928 bis 1933 hessischer Innenminister war und im Januar 1933 noch zum stellvertretenden Vorsitzenden des Allgemeinen Deutschen Gewerkschaftsbundes gewählt wurde.[17] Moltke und Yorck trafen sich am 15. Dezember 1941 mit Leuschner zu einem Mittagessen in der Derfflingerstraße, das sich bis 16 Uhr hinzog. Leuschner, der nach einer kurzen Zeit in Konzentrationslagern in Berlin eine «kriegswichtige» Buntmetallfabrik aufbaute und dadurch eine gewisse Bewegungsfreiheit genoss, nahm schon früh Verbindung zu Carl Friedrich Goerdeler und anderen Oppositionskreisen auf, seit 1939 auch zu Männern aus dem militärischen Widerstand. Leuschner, von Moltke «Onkel» genannt hatte in der Folgezeit nur sporadisch Kontakt zu den Kreisauern. Doch stand Mierendorff in ständigem Austausch mit ihm und kannte dadurch die gewerkschaftspolitische Linie innerhalb der Widerstandsszene genau.

Moltkes Kontakt mit Mierendorff wurde langsam enger. Sie trafen sich am 4. Dezember 1941 in größerer Runde mit Yorck, Einsiedel und Hermann Josef Abs. Am 6. Januar 1942 besuchte Moltke Mierendorff erstmals in dessen Wohnung. Er berichtete: «Und dann habe ich von 8–12 bei Friedrich gesessen. Ein sehr fruchtbarer und erfreulicher Abend. Ich bin immer wieder überrascht, wie gut der Mann ist, und hoffe sehr, dass er Dir gefallen wird, wenn Du nach Berlin kommst.» (MB 341) In den Briefen hieß Mierendorff von jetzt an Friedrich oder Dr. Friedrich und später Carlo. Fast beglückt schrieb Moltke nach einer weiteren Begegnung mit ihm und Gablentz am 9. Januar 1942:

Es ist aber immer wieder erstaunlich, wie lange es dauert, bis man gute Leute gewinnt. Auch Dr. Friedrich ist so ein Fall. Nach monatelanger Vorbereitung geht es jetzt plötzlich nicht nur gut, sondern offenbar so, dass er von sich aus das Bedürfnis fühlt, seine Gedanken und Pläne mit mir zu erörtern. (MB 342)

Immerhin dauerte es von Juli 1941 bis Januar 1942, bis nach einer Phase des gegenseitigen Abtastens und besseren Kennenlernens ein Vertrauensverhältnis entstanden war. Dann aber gehörte Mierendorff zum engsten Kreis.

Mierendorffs politischer Widerstand zielte nicht wie der sonstiger Sozialisten in erster Linie auf eine andere Gesellschaftsordnung ab, sondern setzte auf die politische Selbstmobilisierung eines humanistischen Denkens gegen die menschenverachtenden und menschenzerstörenden Potenziale ideologischer Großentwürfe. Dieser anthropozentrische Ansatz mit dem Ziel der Wiedergewinnung personaler Freiheit verband ihn mit Moltke.

Trotz der grundsätzlichen Übereinstimmung kam es immer wieder zu Differenzen. So auch in den Wochen vor und nach der Kreisauer Pfingsttagung 1942. Am 6. April 1942 schrieb Moltke:

Dann gab es Schwierigkeiten mit Friedrich, und am Dienstagabend hatten Guttenberg, Schulenburg, Peter und ich eine große bis 1 Uhr dauernde Besprechung. […] Diese Besprechung musste ausführlich und erschöpfend geführt werden, sonst hätten wir alles noch einmal machen müssen. (MB 359)

Es fehlen Hinweise, worum es in dieser Sitzung ging. Es muss aber eine für Mierendorff und Leuschner wichtige Einzelfrage gewesen sein. Denn Moltke sprach am 10. Mai von bevorstehenden getrennten Besuchen von Leuschner und Mierendorff bei ihm (MB 371). Beiden lag als Sozialdemokraten und Gewerkschaftern an der Frage der Rolle der Parteien und der Gewerkschaften nach dem Umsturz. Da es hierzu noch keine verbindlichen Texte der Kreisauer gab, befand sich alles noch in der Diskussion.

Am 1. Juni unterrichteten Reichwein, Yorck und Moltke ihren Freund Mierendorff über die ersten Kreisauer Beschlüsse, die nichts über Gesellschafts- und Wirtschaftsfragen enthielten. Moltke konstatierte: «F. [Friedrich] war in bester Form, und wir haben ganz befriedigende Fortschritte gemacht. Jedenfalls ist F. zu allem bereit.» (MB 374) Und am nächsten Tag hieß es: «Um 6 [Uhr] war ich bei Friedrich, der wieder in guter Form war und sich bestens präpariert hatte. So war es eine nützliche Stunde. Er fuhr dann ab nach dem Haag, Brüssel und Paris.» (MB 374)

An drei aufeinanderfolgenden Tagen haben sich Moltke und andere Freunde um den Dialog mit Mierendorff bemüht. Ein Indiz dafür, wie wichtig ihnen dieser Mitstreiter für die Zukunft war. Man ließ ihn so schnell nicht mehr los. Eine volle Übereinstimmung aber war noch nicht erreicht. Deshalb ging es nach der Rückkehr Mierendorffs sofort weiter. Moltke berichtete am 19. Juni:

Gestern Abend wollte Reichwein kommen, er brachte aber Friedrich mit, der gerade aus Paris zurückgekommen war und mich hatte sofort sehen wollen. F. war in bester Verfassung, hatte gut über unsere Propos nachgedacht und sie praktisch ganz gebilligt. Er hatte allerhand neue Einfälle und Anregungen. (MB 382 f.)

Mit «Propos» waren wohl die Kreisauer Pfingstbeschlüsse gemeint. Mierendorff konnte ihnen zustimmen, aber seine Freunde um Leuschner nicht. Er wurde gebeten zu vermitteln. Vermutlich waren die Vereinbarungen für Leuschner zu sehr an christliche Voraussetzungen gebunden. Er mochte Rechristianisierungsversuche und einen zu großen Einfluss der Kirchen in der Neuordnung der Nachkriegszeit befürchtet haben. Auch die christliche Gemeinschaftsschule mit dem Pflichtfach Religion mochte bei den älteren Sozialdemokraten mit freidenkerischem oder antikirchlichem Hintergrund auf Widerstand gestoßen sein. Mierendorff, der sich zwar selbst nicht als unreligiös begriff, aber mit Blick auf die deutsche Sozialgeschichte und die politisch konservative Haltung der Kirchen diesen durchaus kritisch gegenüberstand, hatte sicher alle Mühe, seinen Freunden die Linie der Kreisauer nahezubringen.

Nach den Erfahrungen in der Weimarer Republik und im «Dritten Reich» wollte Moltke die sich traditionell als Gegenspieler verstehenden Großorganisationen von Kirchen, Parteien und Verbänden in eine von allen mitgetragene neue Ordnung integrieren. Das setzte allerdings die Bereitschaft zu neuartigen Kompromissen voraus. Bei Preysing trat Moltke für eine katholische Kulturpolitik ein, die auf Konfessionsschulen verzichtete und sich zu christlichen Gemeinschaftsschulen durchrang. Mierendorff kämpfte bei seinen Genossen und Kollegen ebenfalls um die Zustimmung zur christlichen Gemeinschaftsschule, hatte dieses Modell aber gegen das Konzept der Simultanschule ohne Religionsunterricht durchzusetzen. Auch musste er vielen seiner alten Freunde vermitteln, dass das katholische Naturrecht ein freiheitliches und die katholische Soziallehre ein soziales Potenzial birgt, das ein Zusammenspiel von Sozialkatholizismus und freiheitlichem Sozialismus ermöglicht. Moltke wiederum musste Preysing darüber aufklären, dass sich ein moderner demokratischer Sozialismus nicht mehr ausschließlich atheistisch-materialistisch, sondern ebenso durch eine christliche Reichgottesidee begründen lässt, wie dies beim Religiösen Sozialismus der Fall war, dem viele Kreisauer nahestanden. Mit der Denkschrift von Einsiedel und Trotha «Die Gestaltungsaufgaben in der Wirtschaft» haben sie gezeigt, wie ein solcher Kompromiss konkret aussehen könnte. Dies war die erste größere, systematisch vorgehende wirtschafts- und sozialpolitische Programmschrift des deutschen Widerstands.

Die nächste Herausforderung ließ nicht lange auf sich warten. Geklärt werden musste, unter welchen Voraussetzungen eine konstruktive Zusammenarbeit der Kreisauer mit dem Leuschner-Kreis möglich war. Moltke selbst lag viel an einer politisch-programmatischen Verständigung mit dem ehemals bekannten und charaktervollen Gewerkschaftsführer. Sie kamen am 7. Juli 1942 zusammen. Das Ergebnis:

Der gestrige Abend war rasend anstrengend. Es gab einen schweren Kampf, und wir sind nur so weit gekommen, dass wir die Ursache des abgrundtiefen Misstrauens des Onkels aufgedeckt haben. Das Ergebnis war jedenfalls, dass wir ihn so weit kriegten, dass er zugab: Ja, wenn sich die Faktoren wirklich so einstellen, dann ist eine völlig neue Lage gegeben, und in dieser Lage können auch wir zu anderen Ergebnissen gelangen. (MB 390)

Hier dürfte das entscheidende Wort gefallen sein: abgrundtiefes Misstrauen Leuschners gegenüber den Kreisauern. Diese junge Garde mag ihm schon von ihrer Zusammensetzung her mit den vielen gläubigen Protestanten und Katholiken wenig gelegen haben, ganz zu schweigen von ihren politischen Entwürfen, die auf einen radikalen Bruch mit der Vergangenheit zielten, den Leuschner so nicht wollte. Er war ein Mann der repräsentativen Demokratie und der organisierten Interessenverbände. Was er anstrebte, war eine verbesserte Weimarer Republik. Umgekehrt hatten auch die Kreisauer mit Männern wie Leuschner ihre Schwierigkeiten. Sie witterten Restauration, wo revolutionäre Veränderung notwendig war. Ihr

Krisenverständnis war radikaler. Für sie war die Republik fast wehr- und kampflos von den Nationalsozialisten hinweggefegt worden. Was sollte es für Gründe geben, an ihre politische und gesellschaftliche Grundordnung anzuknüpfen?

Hinzu kam eine unterschiedliche Einschätzung der aktuellen Lage. Leuschner hatte gute Kontakte zum bürgerlich-militärischen Widerstand um Goerdeler und Beck, die in dieser Zeit noch einen baldigen Staatsstreich in Aussicht stellten. Die Kreisauer hatten hingegen grundsätzliche Vorbehalte gegenüber den konservativen bis reaktionären Vertretern dieses Kreises, außerdem glaubten sie letztlich nicht mehr an eine Initiative der Generäle. Was mit dem Hinweis von Moltke auf eine «völlig neue Lage» gemeint sein könnte, ist unklar. Trotz aller Differenzen vereinbarte man jedoch einen neuen Gesprächstermin. Das entscheidende Sondierungsgespräch fand dann am 14. Juli 1942 statt. Yorck als ein Mann mit großen Vermittlungsgaben war mit von der Partie. Moltkes Fazit:

Der Abend mit dem Onkel dauerte wieder bis 12 Uhr nachts, brachte aber ganz erhebliche Fortschritte. Wir sind also so weit gekommen, wie wir kommen wollten, nämlich dass der Onkel uns einen Mann für Oktober delegieren wird. Über manches sind wir noch hinweggeglitten, aber eine breite Grundlage für weitere Arbeit ist doch gewonnen. So, damit ist ein ganz wichtiger Schritt vorwärts getan. (MB 394)

Für Oktober 1942 war die nächste Tagung in Kreisau geplant. Die Vorbereitungen liefen auf Hochtouren. Es sollte über den Aufbau des Staates und über die Wirtschaft gesprochen werden. Da durfte eine gewerkschaftliche Stimme nicht fehlen. Leuschner schlug als seinen ständigen Vertreter in den bevorstehenden Diskussionsprozessen und für die nächste Kreisauer Tagung seinen Mitarbeiter Hermann Maaß vor.[18]

Maaß war zehn Jahre älter als Moltke und verfügte über eine lange berufliche und politische Erfahrung. Nach seiner Verwundung im Ersten Weltkrieg studierte er Philosophie, Psychologie und Soziologie und legte seine Lehrerprüfung ab. Anschließend absolvierte er eine Ausbildung zum Fürsorger und war seit 1924 Geschäftsführer des Reichsausschusses der Deutschen Jugendverbände, für den er auch die Zeitschrift *Das junge Deutschland* herausgab. 1933 von Baldur von Schirach entlassen, schlug er sich mit journalistischen Arbeiten durch, bevor er 1937 leitender Mitarbeiter in Leuschners Firma für Apparatebau und Leichtmetallentwicklung wurde. Seine beruflichen Reisen nutzte er, um Kontakte zu gewerkschaftlichen Widerstandskreisen zu knüpfen. Zudem verfügte er über zahlreiche

Verbindungen im weitverzweigten Netz des deutschen Widerstands. Maaß war der gewerkschaftliche Kontaktmann zum bürgerlichen und militärischen Widerstand und hatte wie kaum ein anderer die Fähigkeit, Männer aus verschiedenen politischen Lagern für mögliche gemeinsame Aktionen zu gewinnen.

Schon am 30. Juli 1942 kam es zur Begegnung mit Maaß. Moltke berichtete:

> Gestern war also die große Aussprache mit Maaß und mir bei Friedrich. Peter konnte leider nicht mitkommen. Das Ergebnis war befriedigend. Maaß ist pedantisch, etwas lehrerhaft, ein schwieriger Gesprächspartner, auf seinem Spezialgebiet hervorragend beschlagen, mit großem Verantwortungsgefühl und Ernst, gut vorbereitet. In der allgemeinen politischen Linie passt er gut, in Kreisau wird er der ideale Repräsentant des Onkels sein. (MB 396)

Moltke war froh, dass er für die kommende Kreisauer Tagung und für die Vorbereitungsgespräche den gebildeten und versierten Maaß gewonnen hatte. In Augustin Rösch hatte er einen Repräsentanten des politischen und sozialen Katholizismus am 13. Oktober 1941 über Guttenberg kennen gelernt:

> Guttenberg kam mit dem obersten Jesuiten der Jesuiten-Provinz München, die Württemberg, Baden und Allgäu einschließt. Soweit ich habe feststellen können, untersteht der unmittelbar dem Obersten Jesuiten in Rom. Ein Bauernsohn mit einem hervorragenden Kopf, gewandt, gebildet, fundiert. Er hat mir sehr gut gefallen. Wir haben auch über konkrete Fragen der Seelsorge, der Erziehung und des Ausgleichs mit den Protestanten gesprochen, und der Mann schien vernünftig, sachlich, zu erheblichen Konzessionen bereit. (MB 303)

In einem nächsten Gespräch am 4. Dezember hatte Moltke Rösch für die Teilnahme an der Kreisauer Pfingstkonferenz gewonnen.[19] Er fragte ihn auch, ob er nicht jemanden kenne, der in der katholischen Soziallehre zu Hause sei und Interesse an einer Mitarbeit haben könnte. Anfang 1942 hat Moltke daraufhin in Berlin den von Rösch vorgeschlagenen Jesuiten Alfred Delp getroffen.[20] Schon am 8. März besuchte er ihn in München. Ab Juli 1942 schaltete sich Delp intensiv in die Gespräche ein. Der mit Moltke gleichaltrige Mann stammte aus einer evangelischen Familie und war in jungen Jahren konvertiert, hatte eine klassisch-jesuitische Ausbildung in Philosophie und Theologie genossen und über Martin Heidegger promoviert. Selbst ein Mann aus der katholischen Jugendbewegung Neu Deutschland (ND), arbeitete Delp zunächst als Erzieher in einer katholischen Knabenschule. Von Juli 1939 bis zu ihrem Verbot im April 1941 war er Redakteur bei der Zeitschrift der Jesuiten *Stimmen der Zeit*. Sein Spezialgebiet war die soziale Frage. Er hatte Kontakt zur alten Katholischen Arbeiterbewegung und war auch Mitarbeiter der «Männerseelsorge und Männerarbeit».[21] Von 1941 an war er in der Gemeinde München-Bogenhausen tätig. Als Moltke Delp kennen lernte, traf er auf einen der begabtesten jungen Theologen der katholischen Kirche, der ein ausgewiesener Kenner der katholischen Soziallehre und der zeitgenössischen Philosophie war.

Der dritte Jesuit im Bunde war Lothar König, ein Vertrauter und Mitarbeiter von Rösch. König entwickelte eine lebhafte Reisetätigkeit zwischen München und Berlin. Er war der Verbindungsmann zwischen Preysing und den Münchnern, einschließlich des Kardinals Michael von Faulhaber, sowie zwischen den Kreisauern in Berlin und in München, die wieder zum sogenannten Sperr-Kreis enge Kontakte unterhielten.[22] Auch mit dem Salzburger Bischof Andreas Rohracher stand er in Verbindung.

Die drei Jesuiten aus München bedeuteten zum einen eine geographische Erweiterung des Kreises, zum anderen wurde mit ihnen eine zusätzliche Gesprächsebene eröffnet. Der Protestant Moltke hätte sich in den Jahren zuvor wohl kaum vorstellen können, in einem süddeutschen Jesuiten einen der produktivsten Gesprächspartner seines Lebens zu finden, doch genau der wurde Delp für ihn. Ähnlich erging es Mierendorff, der mit einer Welt der Philosophie und Theologie in Berührung kam, die ihm bislang fremd war. Eine neue Gesprächsrunde begann am Abend des 31. Juli 1942. Moltke notierte:

Abends kamen dann Delp und König aus München, die direkt vom Bischof von Fulda kamen. Ich habe sie dann erst eine Stunde lang in die Gesamtkonzeption eingeweiht, und um sieben stießen Friedrich und Peter zu uns. Es gab sehr gut zu essen: Suppe, gemischte herrliche Gemüse und Kartoffeln, Obst und Kaffee. So um 8.30 begann wohl die ernsthafte Arbeit, um 9.30 wurde es ernsthaft schwierig, nach einer weiteren Stunde war dann der tote Punkt überwunden, und um 12 trennten wir uns mit großem Erfolg. Ich glaube, dass zwischen diesen Leuten die notwendige Vertrauensbasis geschaffen ist, um weiterzukommen, was umso wichtiger ist, als Delp im Auftrag der drei Bischöfe Faulhaber, Pr. [Preysing] und Dietz kam und eine Einladung zu der Besprechung für Friedrich und mich überbrachte. (MB 397)

Die beiden Münchner hatten sich auf diese und die kommenden Begegnungen gut vorbereitet. Sie hatten einen Entwurf vom 7. Juli dabei, der inhaltliche und strategische Vorschläge für die weitere gemeinsame Arbeit enthielt (Doss. 180 ff.). Diese brachten sie in die vielen Gespräche ein, die am Morgen des 1. August stattfanden und an denen außer ihnen selbst Maaß, Trott, Mierendorff, Trotha, Yorck und Moltke beteiligt waren, um die Hauptaussprache am selben Nachmittag in der Wohnung von Yorck vorzubereiten. Moltke berichtete diesmal ausführlicher:

Gestern war also wieder eine der dramatischen Unterhaltungen, die dazu führen sollen, die Herren aus München und die Männer des Onkels zusammenzuschweißen. Um 2 aßen wir bei Peters [Peter und Marion Yorck], und um 3 ging es los. Der gute Maaß ergötzte uns wieder mit professoralen Ausführungen von 90 Minuten Länge: trocken, humorlos, sehr viele Banalitäten. Wir andern schliefen durch lange Strecken des Vortrags, Peter und ich ganz schamlos, und Friedrich verlor im Schlaf immer die erkaltete Zigarre aus dem Mund, und davon erwachte er immer, sah mich an, lachte, hob sie auf und schlief dann wieder, bis er sie erneut verlor. Aber in diesen neunzig Minuten wurde uns doch klar, dass hier ein Mann sprach, der über den Zustand der Arbeiterschaft wirklich etwas zu sagen hatte, und in den neunzig Minuten gab es auch Höhepunkte, wo wir alle gemeinsam gespannt zuhörten, und manche Perle war zwischen den Banalitäten versteckt. Aber immerhin, solche Diskurse werde ich ihm in Kreisau nicht gestatten.
Dann schien es eine Stunde lang überhaupt nicht weiterzugehen, und plötzlich so um 6 ging alles im Galopp, der Punkt, den man als Test des gegenseitigen guten Glaubens ansehen wollte, war gefunden, für zehn Minuten sprachen Delp und Maaß dieselbe Sprache, wenn auch mit verschiedenem Inhalt, und dann schlug Delp vor, die gegenseitige These kurz aufzuzeichnen und sie auszutauschen, ehe man weiterging. Da hörten wir dann auf. Beide Teile sollen ihre Herren Chefs konsultieren, und am 22./23. 8. soll hier der Austausch der Thesen stattfinden.
Ich glaube, es hätte nicht besser gehen können, und ich bin überzeugt, dass man am 22./23. zu einer Einigung gelangen wird. Aber der Konflikt der Gegensätze ist richtig und nötig. (MB 398)

Moltke teilt in seinem Brief nicht mit, welches die hauptsächlichen Kontroversen zwischen Delp und Maaß waren. Aus mehreren Vorentwürfen der Jesuiten, die Moltke gegengelesen hat, geht aber hervor, welche Inhalte sie in eine Grundsatzdiskussion einbringen wollten (Doss. 184 ff.). Moltke hat anhand dieser Entwürfe eine kurze Zusammenfassung der im Blick auf die Aufgaben der Kirchen zu verhandelnden Fragen erstellt (Doss. 198 ff.).

Natürlich wussten alle Diskussionsteilnehmer, dass das historische Kirchentum sein kritisches Wächteramt gegenüber der Politik zugunsten einer Anpassung an die Mächtigen vernachlässigt und dass die Kirchen ihre Gläubigen häufig zu einer einseitigen politischen Parteinahme ermahnt hatten. Als historisch mitschuldig gewordene Kirchen konnten sie jedoch ihre Mitschuld bekennen und eine Neuorientierung vornehmen. Die sozialdemokratischen Partner in der Runde mussten sich ihrerseits fragen, ob sie die Zerstörungspotenziale eines nicht mehr religiös gebundenen Menschen nicht unterschätzt hatten. Kurzum: Es gab viel Stoff, sich zu streiten.

Zu vermuten ist, dass das nächste Thema wesentlich brisanter war: die Verfassung eines kommenden deutschen Staates. Ein bei König gefundener Schreibmaschinentext enthält ausführliche Überlegungen zum deutschen Verfassungsproblem. Die beiden ersten Abschnitte «Grundsätzliches» und «Staatsautorität» enthalten Aussagen, mit denen Maaß nicht einverstanden sein konnte. Dort heißt es unter anderem:

Nur aus einer hinter der Verfassung stehenden einheitlichen geistigen Haltung lässt sich eine innerlich wirklich verpflichtende sittliche Bindung für Führung und Regierte gewinnen. Eine von der Religion losgelöste Ethik reicht ebenso wenig aus wie der reine Staatsgedanke oder ein säkularisiertes Weltanschauungssystem, da der sich hieraus notwendigerweise ergebende Subjektivismus und Relativismus eine solche allgemeine Bindung unmöglich machen. Nach seiner geschichtlichen Gewordenheit kommt für Deutschland nur eine Verfassung infrage, die die tragenden Kräfte des Christentums bejaht und als solche wieder zur freien Entfaltung bringt. (Doss. 201)

Maaß und viele seiner Genossen orientierten sich am aufgeklärten neuzeitlichen Humanismus, der sich aus der Vormundschaft christlicher Ansprüche befreit hatte. Aber genau mit dieser Position hatten die bewussten Christen unter den Kreisauern Probleme.

Ein weiteres Spannungsfeld zwischen Maaß und den katholischen sowie einigen protestantischen Diskutanten stellte die Frage der Demokratie dar. Dass das neue Staatswesen in seiner Grundstruktur eine Demokratie sein müsse, war für die Sozialdemokraten selbstverständlich. Doch wie sich zeigen sollte, gab es für die Restitution einer Verfassung nach dem Weimarer Modell bei den Kreisauern keine Mehrheit.

Die Diskussion am 1. August 1942, die vor allem ein Schlagabtausch zwischen Maaß und Delp war, endete mit einer neuen Regelung. Jeder sollte seine Thesen formulieren und dem anderen übergeben. Maaß bekam so die Möglichkeit, mit seinem Vorgesetzten Leuschner über die Position der Katholiken zu diskutieren und das weitere Vorgehen abzustimmen. Und Delp konnte seinen Bischöfen berichten und einen autorisierten Text zur Begutachtung vorlegen.

Am 22. und 23. August sollte dann die nächste Runde «Onkel – Maaß – Friedrich contra Rösch – Delp – König» stattfinden (MB 398). Ob sie zustande kam, ist nicht auszumachen. Moltke hat nichts über sie geschrieben. Allerdings machte er im August mehrere Wochen Urlaub in Kreisau. Diesen unterbrach er kurz am 22. August, um die beiden Jesuiten und Husen in Berlin zu treffen. König fuhr am 23. August zum Fuldaer Bischof Dietz und kehrte einen Tag später wieder nach Berlin zurück. Die für den 23. bis 25. August geplante Reise von Mierendorff, Delp und Moltke zu den süddeutschen Bischöfen fiel aus, ebenso ein Gespräch mit Wurm in Heilbronn. Diese Augusttage waren sehr hektisch und brachten die gemeinsame Sache über Berlin hinaus nicht viel weiter. Das mag auch daran gelegen haben, dass Moltke seine sonst zentrale Rolle während seines Urlaubs nicht spielen konnte. Er hatte Freya schon am 2. August geschrieben:

So, jetzt habe ich die dramatischen Unterhaltungen satt. Ich kann von dem ganzen Zeug nichts mehr hören. Der Ansatz, den ich Pfingsten anstrebte, ist nun nach vielem Hin und Her erreicht, und ich muss das alles für einige Zeit aus meinem Kopf verbannen. Darum freue ich mich doppelt und dreifach auf Kreisau. (MB 399)

Vielfältige Kontakte und Hans Adolf von Moltke

Bis zum Sommer 1942 war die Konsolidierung des engeren Kreisauer Freundeskreises abgeschlossen. Im Juni 1942 kamen als Nachzügler noch Eugen Gerstenmaier und Paulus van Husen hinzu, die beide bald eine wichtige Rolle spielen sollten.[23] Der Kontakt mit Lukaschek, der in Breslau lebte, wurde zwar ab Juli 1942 neu geknüpft, blieb aber sehr sporadisch.[24] Der letzte, der eine Neubelebung in den Kreis bringen sollte, war nach dem Ausscheiden von Leuschner und Maaß im August 1943 Julius Leber.[25] Darüber hinaus verfügte der Freundeskreis über ein weites Kommunikationsnetz. Schon vor seinem entscheidenden Gespräch mit den Yorcks am 16. Januar 1940 in der Hortensienstraße hatte Moltke sich einen Bekanntenkreis aufgebaut, der für die Erarbeitung seiner eigenen Position innerhalb der breit gefächerten Szene der Widerständigen sehr wichtig war. So traf er sich von Januar 1940 bis Ende 1942 mit dem Gewerkschafter und Publizisten Franz Josef Furtwängler, der für das Auswärtige Amt arbeitete.[26] Häufig kam er mit Albrecht von Kessel und Josias von Rantzau aus dem Auswärtigen Amt zusammen. Wir wissen leider nicht, worum es dabei ging. Am 8. Januar 1942 ärgerte er sich nach einem gemeinsamen Mittagessen über Kessel, «weil er durch seinen langen Aufenthalt in der

Schweiz jede Verbindung mit der Wirklichkeit verloren hat und sich einfach Traumlandschaften aufbaut. Die Erörterung vollzog sich in sehr freundschaftlichen Formen, aber dabei in einer unüberbrückbaren Distanz.» (MB 341 f.) Kessel lebte vom Februar 1941 bis Juli 1943 in Genf. Anschließend war er bis Kriegsende zusammen mit Weizsäcker in der deutschen Botschaft im Vatikan tätig. Hin und wieder besuchte er Deutschland. Seine Urteile über Yorck und Moltke, die er als «Theoretiker» bezeichnete, entbehren jeder genaueren Kenntnis.[27] Auch solche Unverträglichkeiten gehörten zur Realität im Widerstand.

Ganz anders lag es bei Moltke und Albrecht Haushofer.[28] Am 4. Februar 1941 berichtete Moltke:

> Haushofer, die beiden Yorcks und ich haben uns gestern Abend bis um ½ 1 (!) unterhalten. Das ist doch eine Leistung, nicht wahr? Es war aber nett und anregend, und Yorck und ich können doch sehr gut miteinander, wenn ich auch doch ein ganzes Stück weiter links stehe als er. – Und mit Haushofer war ich auch einiger als je zuvor. (MB 229)

Auch noch ein knappes Jahr später äußerte sich Moltke sehr anerkennend über Haushofer (MB 350). Leider ist nicht auszumachen, warum es in den nächsten Jahren keinen Kontakt mehr zwischen diesen beiden Ausnahmeerscheinungen in Berlin gab. Auch Caesar von Hofacker, der aus Paris kam, wollten Moltke und Yorck gewinnen. Später hatte Moltke auf seinen Parisreisen in ihm einen Gesinnungsgenossen.[29]

Unter den vielfältigen Kontakten Molktes ragte eine Beziehung besonders heraus. Zwischen dem 22. August 1939 und dem 12. Januar 1943 erwähnte er in seinen Briefen häufig den Namen seines Onkels Hans Adolf von Moltke,[30] von ihm H. A. abgekürzt. Für Helmuth James von Moltke konnte es kurz vor Kriegsausbruch keinen informierteren Gesprächspartner geben als den deutschen Botschafter in Warschau, der aus vielen Begegnungen mit polnischen und deutschen Spitzenpolitikern die politisch-diplomatische Situation genau kannte. Hitler und Ribbentrop war er genauso begegnet wie dem polnischen Außenminister Josef Beck und dem polnischen Botschafter in Berlin, Josef Lipski. Als sich die Situation zwischen Deutschland und Polen zuspitzte, sah er seine Aufgabe in der Verhinderung eines Krieges und bemühte sich intensiv um Vermittlung. Da dies aber nicht im Sinne der Kriegspolitik Hitlers und seines Außenministers war, musste er am 9. August 1939 Warschau verlassen und wurde in Berlin «zurückgehalten». Nach Beginn des Krieges wurde er im Auswärtigen Amt mit der Leitung eines Sonderreferats zur Herstellung eines Weißbuchs über die Ursachen des deutsch-polnischen Konflikts beauftragt. Schon im Dezember 1939 erschien dieses Weißbuch mit 482 Dokumenten unter dem Titel *Dokumente zur Vorgeschichte des Krieges*. Nach der Fertigstellung dieser Arbeit, die die Schuld Polens an dem Konflikt belegen sollte, wurde Hans Adolf von Moltke einer Archivkommission zugeordnet, die erbeutete Aktenbestände der Kriegsgegner sichten und politisch interpretieren sollte. Im März 1940 legte er den Band *Polens Dokumente zur Vorgeschichte des Krieges* vor. In der Folgezeit übernahm er eine Reihe von weiteren Sonderaufträgen. Schon sehr früh hörte er durch frühere Mitarbeiter und Diplomatenfreunde von den deutschen Verbrechen in Polen.

In dieser Situation verstärkte sich der Kontakt zwischen den beiden Moltkes. Hans Adolf besuchte seinen Neffen Ende September 1939 zunächst im OKW und einen Tag später in der Derfflingerstraße. Helmuth hielt fest:

Er war gesprächiger als sonst, insbesondere auch über die Regelung im Osten. Er sagte, er wollte nächste Woche wieder anrufen. Mir wäre es durchaus recht, daraus einen regelmäßigen Umgang zu machen. Er ist natürlich auch deshalb gesprächiger, weil ich ja jetzt auch unter Schweigepflicht stehe und weil er von mir die militärische Seite erfahren will. Ich bin sehr gespannt, wie sich das entwickelt. (MB 74)

Es wird deutlich, dass dem Jüngeren an einem kontinuierlichen Gespräch mit dem informierten und versierten Spitzendiplomaten gelegen war. Aber erst nach einem Monat trafen sie sich zum Verzehr eines halben Hahns in der Derfflingerstraße wieder. An dem Essen nahm auch Edgar Freiherr von Üxküll teil, in dessen Haus Hans Adolf eine Wohnung hatte. Helmuth vermerkte kurz: «H. A. sah aber elend aus.» (MB 82) Am 14. November lud Hans Adolf seinerseits seinen Neffen zum Abendessen ein. Auch hier nur die kurze Notiz: «Wir aßen sehr nett in der Taverne und unterhielten uns über die allgemeine Lage bis 12 Uhr. Er war aufgeschlossener als sonst und, glaube ich, ganz befriedigt von dem Abend.» (MB 88) Wieder einen Monat später hieß es: «Mittags kommt Hans Adolf zum Essen. Ich will mal hören, was er über die Kriegslage denkt. Deswegen ist er allein.» (MB 99) Am 11. Februar 1940 erreichte Freya diese Nachricht:

Heute wollte ich H. A. anrufen, um ihn zur Gans einzuladen. Da ich ihn schon mehrfach zu erreichen versucht hatte, ohne seiner habhaft werden zu können, rief ich schließlich Üx an und erkundigte mich nach ihm bei Nacki [Frau von Edgar von Üxküll]. Sie sagte, er sei so menschenscheu geworden, dass er niemanden mehr sehe und selbst zu ihnen nicht mehr käme. Er säße von 11 Uhr früh bis 10 Uhr abends im A. A. [Auswärtigen Amt] und lese Akten. (MB 115)

Der ältere Moltke schien unter den ihm auferlegten Arbeitsaufträgen zu verbittern und zu vereinsamen. Die Staatsräson gebot ihm, die Akten so zu lesen und zu kommentieren, dass Polen die alleinige Kriegsschuld zugewiesen wurde. Und er schien über seine persönliche Lage resigniert und hinsichtlich der politischen Situation wenig hoffnungsvoll gewesen zu sein.

Hatte Helmuth bislang keine Differenzen zwischen ihnen erwähnt, so hieß es am 13. April 1940: «Eben, um 4.30, ist Hans Adolf weggegangen. Du kannst daraus ersehen, dass wir uns lieb unterhalten haben. Unsere Auffassungen scheinen sich zu nähern.» (MB 128)

Es lässt sich nicht ausmachen, ob Helmuth ihn über die Frühphase des sich in dieser Zeit herausbildenden Widerstandskreises unterrichtet hat. In der Beurteilung der Kriegspolitik Hitlers gab es zwischen ihnen kaum Differenzen, aber über Kritik und Trauer hinaus kam es für den Staatsbeamten nicht in Frage, an aktiven politischen Widerstand gegen die Reichsregierung zu denken. Ja, er ließ sich sogar vor deren Karren spannen. In einem Brief vom 28. Mai 1940 klagte Helmuth:

Üx erzählte mir, was ich nur annähernd wusste, dass Hans Adolf wieder auf die in Belgien und Holland gefundenen Noten angesetzt ist. Er fungiert also wieder als Nachrichter. Ich finde das einfach grässlich, und es bleibt mir auch unverständlich, warum er sich zu solcher Arbeit hergibt. (MB 139)

Helmuth war klar, dass die Aktenaufbereitung der Propaganda für die angebliche deutsche Friedenspolitik zu dienen hatte. Überraschend schrieb er am 17. Juni: «H. A. ist jetzt des Führers nächster außenpolitischer Berater. Er sitzt im Führerhauptquartier, nicht in Ribbentrops. Er wird wohl als Staatssekretär des A. A. aus diesem Krieg hervorgehen.» (MB 148)

Was Hans Adolf im Führerhauptquartier gemacht hat, ist nicht zu ermitteln. Dass er nun ein Trabant der nationalsozialistischen Außenpolitik geworden sein sollte, ist unwahrscheinlich. Helmuth schien ihn allerdings auf dem Weg dahin gesehen zu haben. Ihre Kontakte im Sommer und Herbst 1940 waren sporadisch. Meistens ging es um Rechtsfragen sowie um Eigentums- und Steuerprobleme im Verhältnis von Kreisau und Wernersdorf, die zu getrennten Erbhöfen gemacht werden sollten. Einmal berichtete Helmuth von einem Traum, «in dem ich Hans Adolf von den Grundsätzen des vierten Reiches zu überzeugen versucht hatte. Es war ein ganz interessanter Traum, denn H. A. gebrauchte sehr richtige und durchaus nicht von der Hand zu weisende Argumente.» (MB 247 f.) In zwei Briefen vom 6. und 8. November 1941 beschwerte er sich bitter über die Anpassung seiner Verwandten Hans Adolf und Carl Viggo von Moltke an das «Dritte Reich». Leute wie Carl Viggo, den jüngsten Bruder seines Vaters, der Richter war und nun in der Armee Dienst tat, hielt er für das eigentliche Übel in Deutschland. Moltke begegnete in der eigenen Familie jenen Männern und Frauen, die durch ihre Lebensweise das Terrorsystem stabilisierten. Sie wollten gute Ärzte, gute Richter, gute Offiziere, gute Wirtschaftsfachleute und gute loyale Beamte sein. Sie hielten eine verantwortliche Berufsexistenz auch unter dem Hakenkreuz für möglich. Sie lehnten eine Mitverantwortung für die Praktiken der SS, der Partei- und Wehrmachtseliten ab. Nicht dass sie unkritisch gegenüber der nationalsozialistischen Politik im In- und Ausland gewesen wären, aber sie meinten ohnmächtig zu sein, hier einen Wandel zu vollziehen. Psychologisch konnte Helmuth James das alles verstehen, aber nicht moralisch. Hier argumentierte er in der Tat rigoristisch: Jede Schandtat war für ihn ein Anschlag auf die universale Moral.

Moltke wusste selbst um seine strenge, eindeutige Position. Aber nur sie konnte ihn davor schützen, in die exkulpierenden Zweideutigkeiten derer zu geraten, die ihn mehrheitlich umgaben. Was er meinte, illustrierte er, als er über ein Gespräch mit Hans Adolf in einem Brief vom 13. November 1941 berichtete:

Hans Adolf gestern; er ist ein C. V. [Carl Viggo] in einem etwas vorgeschrittenerem Stadium. Er war völlig gebrochen; aber denkst Du, jetzt fühlte er die Verpflichtung, etwas zu tun, um den Unrat zu beseitigen, der mit seiner Hilfe angesammelt worden ist? Weit gefehlt! Als ich auch nur sagte, man müsse eben sehr vieles rechtzeitig abschreiben, sagte er mit sichtlicher Entrüstung: nie kann man das abschreiben [...] Und wenn ich ihn etwa daran erinnerte, dass ich ihm genau das, was er jetzt sieht, in den ersten Kriegsmonaten und vor Kriegsausbruch gesagt habe und dass er mir erwiderte: «dann sorge mal für eine optimistischere Auffassung in Deinen Kreisen», so wird er meine damalige Diagnose immer noch für etwas halten, was kein patriotischer Mann denken, geschweige denn aussprechen darf. Ich sage nichts mehr. Ich habe diese Leute abgeschrieben. (MB 317)

Der Neffe erlebte mit, wie sein Onkel in eine tiefe Bewusstseinsspaltung geriet. Dieser wusste, was in Polen und Russland an Vernichtungsmaßnahmen gegenüber Juden durch Polizei- und SS-Einheiten und was an Unterdrückung und Ausbeutung gegenüber der übrigen Bevölkerung geschehen war und noch geschah. Aber Widerstand zu leisten oder einen Staatsstreich vorzubereiten war für ihn Verrat.

Der junge Moltke beschloss, sich nicht mehr auf einen Dialog mit den alten Moltkes einzulassen. Doch brachte sie im Dezember 1941 eine gemeinsame Hilfsaktion wieder in Kontakt. Helmuth war von einem Bruder des bekannten Juristen Erich Kaufmann ersucht worden, Hans Adolf zu bitten, zu dessen Gunsten gegen eine neue Verordnung zum Reichsbürgergesetz zu intervenieren. Zu seiner Überraschung war sein Onkel gleich dazu bereit. Der Neffe wusste das zu würdigen. Der Kontakt zwischen ihnen blieb erhalten. Und es ereignete sich am Beginn des neuen Jahres für Helmuth eine weitere Überraschung. Am 16. Januar 1942 meldete er nach Kreisau:

Mittags hatte ich ein denkwürdiges Essen mit Hans Adolf. Endlich liegt er 100% auf unserer Linie; jetzt sogar 110%. Aber als ich ihm vorhielt, dass sich doch nichts geändert hatte, wehrte er sich energisch. Es war mir eine Erleichterung, denn immerhin besser zu spät als gar nicht. Seine Beurteilung der militärischen Lage ist aber noch schwärzer als meine, aber diese Nuance kommt aus den 10% Überschuss, die jetzt wegen früheren Fehlgewichts nachgeliefert werden. (MB 346)

Wenige Tage später teilte Helmuth nach einem Besuch bei Üxküll mit: «Es war sehr komisch, weil Üx immer so rasend komisch ist; auch ihm gegenüber ist Hans Adolf völlig geschwenkt, auch Peter Yorck gegenüber. Alle sind darüber genau so starr wie ich.» (MB 347)

Aber es blieb bei einer gedanklichen Übereinstimmung; Hans Adolf von Moltke wurde nicht zum Widerstandskämpfer. Er zog zunächst eine andere Konsequenz, indem er sich in den Wartestand versetzen ließ, um eine führende Funktion in der Berg- und Hüttenwerks-Gesellschaft Teschen zu übernehmen. Hans Adolf musste in dem « Fall Scheliha» Aussagen zu seinem Mitarbeiter machen und sich selbst gegen den Vorwurf der Mitwisserschaft verteidigen. Der Staatssekretär Ernst von Weizsäcker stellte ihn vor die Wahl zwischen der Versetzung als Botschafter nach Madrid oder der Überstellung in ein Konzentrationslager. Am 23. März 1943 starb Hans Adolf von Moltke überraschend in Madrid. Staatschef Franco ließ ihn mit einer großen Trauerfeier ehren. Auf Anweisung Hitlers und seines Außenministers erhielt er am 29. März ein feierliches Staatsbegräbnis in Breslau, an dem auch Friedrich Werner Graf von der Schulenburg in Vertretung Hitlers teilnahm. Sein Neffe Helmuth war nicht dabei. Er kam am selben Tag von seiner Reise in die nordischen Staaten zurück.

Bei den Kreisauer Entwürfen zur Neuordnung Deutschlands nach dem Krieg spielten Gespräche mit Großgrundbesitzern und Agrarwissenschaftlern eine wichtige Rolle. Es war Peter Yorck, der seinen alten Freund Ernst von Borsig und dessen Frau Barbara dafür gewinnen konnte, agrarpolitische Wochenenden auf ihrem Gut Groß-Behnitz vierzig Kilometer westlich von Berlin durchzuführen.

Moltke fuhr nach einem anregenden Gespräch mit Carlo Schmid am frühen Nachmittag des 11. Oktober 1941 mit den beiden Ehepaaren Marion und Peter Yorck und Clarita und Adam von Trott zu Solz zu den Borsigs, die in Agrarkreisen als gute Land- und Forstwirte bekannt waren. In zwei längeren Briefen (MB 300 ff.) hat er Freya, die wenige Wochen zuvor, am 23. September, ihren zweiten Sohn, Konrad, geboren hatte, über den Verlauf des Wochenendes berichtet.

Anwesend waren außer den Genannten noch Margarete und Botho von Wussow.[31] Moltke beschrieb das Haus und den Besitz. Den Hausherrn bezeichnete er als einen «milden Landwirt», der hauptsächlich Kartoffel- und Gemüseanbau betreibe. «Er ist klug und aufgeschlossen, etwas zu sehr Landwirt.» Borsig hatte 1933 bei Adolf Weber in München eine Dissertation über «Reagrarisierung Deutschlands?» geschrieben, die 1934 veröffentlicht worden war. Am Nachmittag begann eine «ernsthafte Disputation», die sich

nach zehn Minuten in ein Duell [verwandelte] zwischen Trott und mir über die Frage der Berechtigung, sich über den Staatsaufbau Gedanken zu machen, wobei ich die These vertrat, dass die Berechtigung dazu in der Brust eines jeden Menschen liege und keines äußeren Anlasses bedürfe. Trott hingegen meinte, die Konkretisierungsmöglichkeit müsse mindestens im Ansatz und als Wahrscheinlichkeit gegeben sein. (MB 301 f.)

Nach einem guten Abendessen mit «allgemeiner Unterhaltung» ging es am Sonntagmorgen weiter mit einem dreistündigen Spaziergang durch Felder und Wälder. Dabei interessierte sich Moltke am meisten für die Ergebnisse von Waldversuchen, die eventuell auch für Kreisau infrage kommen konnten. In Borsig begegnete den Freunden ein Mann, der für eine konsequente Ökonomisierung der Landwirtschaft durch einen Wettbewerb aller Höfe und Güter untereinander um den verkaufsgünstigsten Preis auf einem offenen Markt plädierte. Er war gegen jede politische Lenkung der Landwirtschaft durch den Staat.

Auf dieses erste Treffen folgten weitere. Schon am 19. Oktober notierte Moltke:

Anschließend besprachen Yorck & ich noch agrarpolitische Fragen. Wir wollen ein agrarpolitisches Weekend bei Borsig machen, und das musste geplant werden. Y. will oder soll erst einmal die Fragestellung ausarbeiten, Borsig das Referat übernehmen und ein anderer das Vorreferat. Wenn das fertig ist, dann sollen etwa zehn Leute eingeladen werden, die verschiedene Landschaften, Betriebstypen und agrarpolitische Richtungen verkörpern. Kurz, wir sind noch am allerersten Punkt, und wir besprechen erst einmal die Aufgabenstellung. (MB 306)

Nach Gesprächen im engeren Kreis am 24. und 26. November legte Einsiedel am 28. November einen Entwurf über «Fragen der Agrarpolitik» vor, der von der Grundauffassung getragen ist, dass «agrarpolitische Fragen [...] nicht rein ökonomischer Natur» sind (Br. 1, 173).

Für die Kreisauer hatte die Landwirtschaft ihren eigenen Wert. Sie sollte nicht einfach den industriekapitalistischen Produktionsstrukturen unterworfen werden, sondern war so zu gestalten, dass eine freie Entfaltung der von ihr lebenden Personen und deren organische Einbindung in ein Gemeinschaftsbewusstsein möglich ist. Personale Selbstverantwortung und kooperative Selbstverwaltung sollten die tragenden Säulen des Landlebens sein. Dabei galt es, ähnliche kulturelle und ökonomisch-soziale Standards zu erreichen wie im städtisch-industriellen Sektor. Das Land sollte als Lebens-, Bildungs- und Kulturraum nicht in eine Abhängigkeit von den Großstädten geraten. Die Boden- und Besitzverteilung müsse so erfolgen, dass auf dem Land «unabhängige und kulturell hoch stehende Menschen» leben, die durch ihre Lebensweise ein «hinreichendes Gegengewicht gegenüber den anderen Teilen des Volkes, insbesondere der gewerblichen Wirtschaft» bilden können.

Nach einigen vorbereitenden Besuchen von Borsig in Berlin kam es zur ersten größeren agrarpolitischen Konferenz in Groß-Behnitz vom 13. bis 15. März 1942. Außer den Gastgebern waren anwesend: der Gutsbesitzer und Agrarwissenschaftler Friedrich Christiansen-Weniger, der von Rösch delegierte Jesuit Hans von Galli, die Gutsbesitzerin Margarete von zur Mühlen, der Gutsbesitzer Friedrich Karl von Zitzewitz-Muttrin, dazu Moltke und Yorck. Moltkes Bericht vom 15. März ist diesmal sehr kurz, da sich Freya in der Schweiz aufhielt und alle Post ins Ausland der Zensur unterlag:

Blick vom Berghaus in die umgebende Landschaft, 1920

Der Abend am Freitag war eher etwas schwierig; wir gingen aber bald zu Bett, da wir alle müde waren, und am nächsten Morgen waren schon alle etwas aufgetauter. Dieser Prozess ist dann rapide weitergegangen, und der heutige Tag war sehr befriedigend. (MB 355)

Abgesehen davon, dass das Treffen nicht in der vorgesehenen großen Runde stattgefunden hat, muss es dennoch so konstruktiv gewesen sein, dass man eine Fortsetzung beschloss. Sie erfolgte vom 25. bis 27. Juli 1942. Moltke und Yorck waren nicht dabei. Es kamen zusammen: Constantin von Dietze, ein Volkswirtschaftler aus Freiburg, Horst von Einsiedel, Hans Krüger, ein ehemaliger SPD-Staatssekretär im preußischen Landwirtschaftsministerium, der Rheinländer August von Joest und der Kölner Volkswirtschaftler Günter Schmölders. Was diese Runde diskutierte, ist bis jetzt nicht auszumachen. Auch ist nicht bekannt, ob Moltke über Dietze Kontakt zum Freiburger Kreis hatte. Auf jeden Fall stand Yorck mit einzelnen Mitgliedern dieser universitären Widerstandsgruppe in Verbindung.

Moltke hatte weiter Kontakt mit Borsig, der im Zusammenhang des Prozesses gegen die «Weiße Rose» nach München fuhr, um zu erkunden, ob dort weiterhin studentischer Widerstand existierte. Borsig dürfte über die Kreisauer Aktivitäten im Allgemeinen unterrichtet gewesen sein. Er wusste, dass die agrarpolitischen Treffen auf seinem Gut dazu dienten, ein verantwortbares Programm für die Nachkriegszeit vorzubereiten. Eine letzte Tagung fand vom 6. bis 7. Februar 1943 statt, beteiligt waren Borsig, Yorck, Moltke und Christiansen. Da Moltke in diesen Tagen keine Briefe nach Kreisau schickte, wissen wir nichts über den Gang und die Ergebnisse dieser Runde.

Auffällig ist, dass das letzte Programm der Kreisauer vom 9. August 1943 im Abschnitt Wirtschaft keine detaillierteren agrarpolitischen Aussagen enthält. Es heißt nur, dass alle landwirtschaftlichen Betriebe Mitglieder der Landwirtschaftskammern und wie die Gewerbekammern «paritätisch aus Betriebsführern und Belegschaftsvertretern» zusammengesetzt sein sollen (Br. 1, 314). Somit wurde bei den agrarpolitischen Wochenenden wohl kein tragfähiger Konsens für eine Neuordnung des Agrarsektors gefunden.

Ein weiterer agrarpolitischer Kontakt war Hans Schlange-Schöningen, ein bekannter pommerscher Landwirt, der einen Musterbetrieb aufgebaut und dafür den Ehrendoktor der Agrarwissenschaft erhalten hatte. Er war Mitglied der Deutsch-Nationalen Volkspartei und wurde 1931/32 Reichskommissar für Osthilfe unter Reichskanzler Brüning. 1933 verließ er Berlin. In einem Brief vom 19. April 1942 berichtete Moltke von einem Besuch bei Schlange-Schöningen, von dem er sehr beeindruckt war: «Er ist rasend fortschrittlich, worüber ich überrascht bin, ich hatte ihn mir viel reaktionärer vorgestellt.» (MB 366) Und auch Moltke hatte auf Schlange-Schöningen einen positiven Eindruck gemacht:

Schon durch meinen Freund und Mitarbeiter Karl Passarge, der in Berlin weit reichende Verbindungen zu allen möglichen Widerstandskreisen bis in die äußerste Linke hinein dauernd aufrechterhalten hatte, war ich frühzeitig davon unterrichtet, dass Versuche zum Sturz Hitlers geplant waren. Näheres darüber erfuhr ich doch erst, als er mich gemeinsam mit dem Grafen Moltke-Kreisau im Sommer 1943 besuchte. Moltke war ein hervorragend kluger, besonders tapferer, tief religiöser Mann, der unter vollem Einsatz seiner Person das Gute wollte. Bei unseren Gesprächen hatte ich oft das Gefühl, als ob er eine dunkle persönliche Zukunft ahnte. Er war viel in der Welt herumgekommen, hatte lange als Rechtsanwalt in England gearbeitet, hasste den Krieg und war im wahrsten Sinne des Wortes ein Europäer. Ich sehe uns noch, als wäre es gestern gewesen, bei einem ersten langen Morgenspaziergang über die Felder die Möglichkeiten und die politischen Folgerungen besprechen.[32]

Diese Ausführungen belegen, dass Moltke, der vom September 1942 bis September 1943 insgesamt vier Treffen mit Schlange-Schöningen erwähnte, mit dem Gutsherrn nicht nur über Landwirtschaft, sondern auch über den Widerstand sprach und versuchte, ihn für die Übernahme einer politischen Aufgabe nach dem Staatsstreich zu gewinnen.

7. Konspirative «Staatsreisen» (1940–1942)

Brüssel, Paris und die Schlachtfelder des Ersten Weltkriegs

Am 1. Juli 1940 schrieb Moltke an seine Frau: «Mit Wiesbaden, das scheint gut an mir vorbeizugehen. Dafür haben Kiep und ich beschlossen, dass wir in der zweiten Augusthälfte eine Lustreise im Auto durch Frankreich machen werden.» (MB 152)

Otto Carl Kiep (1886–1944), Gesandter und Major d. R., war ab 1939 im OKW Verbindungsoffizier zum Auswärtigen Amt und Abteilungsleiter Völkerrecht.[1] Moltke und Kiep hatten sich näher kennen gelernt, weil sich ihre Arbeitsgebiete überschnitten. Durch Admiral Schuster erreichte Moltke, dass sich aus den anfangs informellen Kontakten eine dienstliche Zusammenarbeit entwickelte. Vor allem aber standen sie sich in der Beurteilung der politischen Lage nahe. Einmal notierte Moltke: Kiep wird «immer deprimierter» (MB 130).

Moltke und Kiep wollten sich nach der Kapitulation Belgiens am 28. Mai 1940 und nach dem Abschluss des deutsch-französischen Waffenstillstands am 22. Juni vor Ort einen Einblick in die aktuelle Lage verschaffen, die zuständigen Männer der Militärverwaltung in den beiden Ländern kennen lernen und mit den Oberbefehlshabern und ihren Stäben Gespräche über administrative, völkerrechtliche und politische Fragen führen. Zunächst hatten sie vor, allein zu fahren, aber dann kamen noch zwei Reisegefährten aus dem Auswärtigen Amt hinzu: Ernst Woermann und Major Karl Wilhelm von Schlieffen. Woermann war als Unterstaatssekretär Leiter der Politischen Abteilung des Auswärtigen Amtes und damit ein hochrangiger Begleiter.[2]

Moltke beschrieb diese «Staatsreise», die er anfangs als eine «rechte Komödie» bezeichnet hatte, in langen Briefen. Auf der Autobahn ging es über Magdeburg, Bielefeld, Hamm und durch das Ruhrgebiet nach Köln. Gemeinsam fuhr man am Nachmittag auf den Girsberg bei Münstereifel zu Freyas Großmutter, Fanny von Schnitzler, bei der sich auch Freyas Mutter, Ada Deichmann, aufhielt. Nach einer Übernachtung ging es durch die Eifel weiter nach Lüttich, wo man das Fort Fleuron besuchte. Von da an bewegten sie sich auf einem Gebiet, in dem vor wenigen Wochen noch gekämpft worden war. Moltke beschrieb detailliert, welche Spuren die Kämpfe hinterlassen hatten. Am 8. August kam die Gruppe in Brüssel an. Unterwegs sahen sie die vernichtete Bibliothek von Löwen, zerstörte Dörfer und zurückkehrende Gefangene und Flüchtlinge: «traurig, erschöpft, niedergeschlagen». Moltkes Betrachtung:

Der totalitäre Krieg scheint eine Wiederholung der innenpolitischen Entwicklung zu sein. Er lässt die materiellen Werte intakt und zerstört Menschen. Das spürt man überall. Würde er die materiellen Werte zerstören, so wüssten die Menschen, deren Denkfähigkeit ja meist durch die fassbaren Vorstellungen begrenzt sind, wogegen sie sich wehren und wie sie sich wehren sollten. Aber so findet die Zerstörung ihres Innern und in ihrem Innern keinen Niederschlag in der Welt der Vorstellungen, der Sachen, der Materie. Damit übersteigt der Prozess ihr Fassungsvermögen, und sie wissen nicht, was sie dagegen tun und wie sie sich regenerieren sollen. (MB 168)

Im Kontrast dazu standen seine Schilderungen der Landwirtschaft, die besser und fruchtbarer nicht hätte sein können. Wenn er begeistert die Rüben-, Kartoffel- und Getreidefelder und den Obstbau beschrieb, war er ganz der kundige Landwirt.

In Brüssel wurden sie «wie die Fürsten untergebracht im besten Hotel» (MB 169). Moltke beschrieb die Stadt mit ihren vielen Parks sehr anschaulich. Ihm fielen die deutschen Offiziere und Mannschaften auf, die die Läden leerkauften und das Nachtleben bestimmten. Rheinische Hausfrauen auf «KDF-Fahrten» und «Offiziere mit Köfferchen und Burschen» liefen ihm über den Weg. Moltke besuchte einen in Belgien wohnenden Freund seiner Schwiegermutter, von dem er viel über das Alltagsleben in Brüssel erfuhr.

Am Abend empfing sie der Militärbefehlshaber in Belgien und Nordfrankreich, Alexander von Falkenhausen, zunächst in seinem Hotel. Bei ihm waren noch der Chef des Stabes, Oberst Bodo von Harbou, der Chef der Zivilverwaltung und einige andere Spitzen der Militärverwaltung und Militärkommandostellen. Anschließend ging es in ein Restaurant, «wo wir fantastisch aßen». Die Tischgespräche waren für Moltke jedoch «mäßig». Auch das hervorragende Essen konnte er nicht so recht genießen. Ihn ärgerte «das üppige Essen in dem vor dem Hunger stehenden Lande» (MB 172). Nach dem Essen fuhr die Gesellschaft wieder in das Hotel des Generals zurück und trank weiter. Woermann war «richtig blau» und Kiep «sehr angeheitert», «sodass die einzig völlig Nüchternen Falkenhausen und ich waren, und in der Zeit von ½ 12 bis ½ 2 haben wir uns meist allein unterhalten» (MB 171). Das war für Moltke schließlich das Wichtigste, denn er wusste, wer Falkenhausen war.[3] Der 1878 in Schlesien geborene Offizier war vor dem Ersten Weltkrieg Militärattaché in Tokio, dann im Krieg Militärberater in der Türkei, kämpfte in Palästina und erlebte das Kriegsende in München. Nach mehreren Kommandos bei der Reichswehr wurde er Militärberater von Tschiang Kai-schek. 1938 musste er nach Deutschland zurückkehren und wurde am 30. Mai 1940 zum Militärbefehlshaber für Belgien und Nordfrankreich ernannt. Moltke schätzte ihn respektvoll, aber zurückhaltend ein:

Er ist ein hervorragender und mutiger Mann, und wir haben im Wesentlichen über die wirtschaftliche Lage Belgiens gesprochen, über die Ausplünderung des Landes durch uns, über die wirtschaftlichen + politischen Folgen dieser Ausplünderung. Schließlich hat er mir gesagt, wo er die Grenzen seiner Mitwirkung sieht und an welcher Stelle er die weitere Arbeit ablehnt. Das alles war menschlich sehr erfreulich, auch interessant, wenn auch im Ganzen nicht neu. (MB 172).

Zwischen Falkenhausen und Woermann kam es zu einer Kontroverse über Großbritannien, Japan und China. Woermann vertrat die Auffassung seines Außenministers Ribbentrop, dass die Japaner China besiegen müssten, um dann Großbritannien aus dem Fernen Osten zu vertreiben, während Falkenhausen die Briten als europäisches Bollwerk im Fernen Osten ansah. Moltke erlebte hier zwei deutsche Offiziere – Falkenhausen und Harbou –, die mit ihrer Besatzungspolitik der Zivilbevölkerung helfen wollten. Da sie die von anderen Reichsstellen betriebene Ausplünderung trotz allem nicht verhindern konnten, sah Falkenhausen schon jetzt, dass die deutsche Besatzungspolitik in einem Debakel enden würde. Dass der Chef des Stabes ganz offen im Beisein eines Unterstaatssekretärs die Politik, die zum Krieg gegen Großbritannien geführt hatte, für verbrecherisch erklärte, zeigte Moltke, dass es auch in der Wehrmacht noch eigenständig denkende Offiziere gab. Seine Meldung an Freya: «Dein Wirt war entzückt.» (MB 174)

Nach einer kurzen Nacht fuhr man über La Panne weiter nach Dünkirchen. Unterwegs besuchten sie die Schlachtfelder der Flandernschlacht aus dem Ersten Weltkrieg und sahen die Überreste der Kämpfe vom Mai und Juni – Autos, Lastwagen, Panzerwagen, Maschinengewehre und andere Kriegsgeräte: «Der Anblick war trostlos.» Noch trauriger war der Anblick des Hafens von Dünkirchen, der, so Moltke «das trostloseste Bild der Verwüstung» bot: zerstörte Seeschleusen, «zerstörte, ausgebrannte, umgekippte Schiffe» (MB 175). Und die Zivilbevölkerung zwischen den

Trümmern: «zerlumpt, verschmutzt, in Zimmern ohne Einrichtung und ohne Fenster wohnend, ausgehungert. Ein entsetzlicher Anblick.» (MB 176) Am schrecklichsten war jedoch das, was man nicht sah, die vielen Toten, die nun auf den frisch angelegten Friedhöfen lagen. Die Weiterfahrt bot ein anderes Bild. Sie fuhren an der «bezaubernden» Kanalküste entlang über Calais bis Boulogne. Aufgeregt-traurig notierte er:

> Von den Anhöhen sah man im Dunst die englische Küste liegen, und ich war doch sehr bewegt zu denken, dass dort in Sichtweite so viele unserer Freunde wohnen, ohne dass wir zueinander kommen können. (MB 176)

Die Sehnsucht nach den Freunden wurde sehr schnell überdeckt durch die Realitäten am Weg: Zehntausende der Organisation Todt bauten mit großen deutschen Baufirmen Geschützstände, Flugplätze, Einschiffungspiers und andere Verteidigungs- und Angriffsanlagen und verwandelten diese Gegend «in einen waffenstarrenden Landstrich». Mit eigenen Augen konnte er sehen, wie die Eroberung Großbritanniens vorbereitet wurde.

Am Morgen des 9. August fuhren Moltke und Kiep Richtung Paris, wo sie in einem «fürstlichen Zimmer mit Bad» im noblen Hotel Ritz wohnten. Das Programm in Paris «war sehr reichhaltig» (MB 180). Moltke traf sich mit seinem Vetter Wilhelm von Trotha, aß mit ihm und Kiep zu Mittag und machte mit Trotha einen Spaziergang die Seine entlang. Am Nachmittag besuchte ihn ein Freund von Carl Deichmann, der Jugoslawe Sajovic. Besonderen Eindruck hinterließ bei Moltke ein Besuch in der Verlagsbuchhandlung Fischbacher. Moltkes Bruder Carl Bernhard hatte in seiner Pariser Zeit bei dieser Familie gewohnt. Der junge Fischbacher, Pierre, war kurz vor dem Krieg noch zu Besuch in Kreisau gewesen. In der Buchhandlung erfuhr Moltke, dass Pierre bei Sedan gefallen war: «Pierres Tod ist mir sehr nahe gegangen.» (MB 177)

Moltke hatte an diesem Morgen neben einem Dienstgespräch noch kurze Unterredungen mit dem in Paris weilenden Admiral Schuster und Kapitän Weichold. Sie befassten sich mit der

> Aktion gegen England, die jetzt läuft, und mit der Vorbereitung des Krieges gegen England für das nächste Frühjahr. Das, was sich an Bedeutsamem aus diesen Unterhaltungen berichten lässt, ist, dass offenbar kein Soldat mit Einsicht in die Lage an den Erfolg der jetzt laufenden Aktion glaubt, sodass alle mit einem langen Kriege rechnen. [...] Falkenhausen fasste sein Urteil wie folgt zusammen: «Wenn ich nicht in diesem Jahre bereits mehrere militärische Wunder erlebt hätte, so würde ich sagen, dass diese Aktion aussichtslos ist.» (MB 186)

Sehr ausführlich berichtete Moltke seiner Frau über die Gesamtstimmung in Paris, über die er sich durch Sajovic hatte unterrichten lassen.

In einem Land, dessen Männer den Mut und den Willen zu arbeiten und dessen Frauen jedes Gefühl von Treue verloren haben, kann man nicht leben. Dieses Land kann nur wiedererstehen unter einem bolschewistischen Regime, nachdem die Gleichheit in der Armut den Boden dafür bereitet haben wird. (MB 185 f.)

Moltke kommentierte diese Aussagen nicht, ließ aber durchblicken, dass vieles ihm einleuchtete.

Moltke und Kiep fuhren am Abreisetag nach Fontainebleau, um die Kleinstadt, die sie an Potsdam erinnerte, in Ruhe zu besichtigen. Der Gesamteindruck: «Das Ganze ist eine Idylle.» (MB 186) Von dort aus ging es, wieder ohne die beiden anderen Mitreisenden, über Provins bis fast nach Montmirail, wo sie die westlichste Grenze des deutschen Vormarschs von 1914 erreichten. Es war die Stelle, an der im Ersten Weltkrieg Oberstleutnant Hentsch, abgeordnet vom damaligen Generalstabschef der Deutschen Armee, Helmuth von Moltke, dem Kommandierenden der 2. Armee, Karl von Bülow, den Rat zum Rückzug gegeben hatte. Die Franzosen sprachen später von dem «Wunder an der Marne». Kiep und Moltke besichtigten die Scheune. Moltke dachte an seinen hochrangigen, glücklosen Onkel und Taufpaten.

Von Vauxchamps bis Verdun fuhren sie an der Marne-Front von 1914 entlang: «Kriegsgräber rechts und links; hier Zehntausende, dort Zehntausende.» Und dann heißt es weiter: «In Verdun fuhren wir nach Fort Douaumont, wo Kiep auch gelegen hatte. Hier sind im vorigen Kriege auf beiden Seiten 800 000 Mann gefallen. Ein schrecklicher Berg und ganz sinnloserweise umkämpft.» (MB 188) Von Verdun aus ging es nach Nancy, wohin die Reisegenossen Woermann und Schlieffen per Zug kamen. Mit dem Auto fuhren die ungleichen Paare einträchtig durch das Moseltal bis Metz, wo sie sich eine Besuchserlaubnis für die Maginot-Linie besorgten, und «dann von Diedenhofen bis Saaralben immerzu in der Maginot-Linie» (MB 190). Die Maginot-Linie, benannt nach dem französischen Kriegsminister André Maginot, war von 1929 bis 1932 entlang der deutsch-französischen Grenze von Longwy bis Basel gebaut worden. Moltke beschrieb das «außerordentlich geistreich angelegte Befestigungswerk» (MB 190) mit seinen Drahtverhauen, spanischen Reitern, Tankfallen, Minenfeldern und verschiedenen Bunkertypen sehr detailliert und kam zu dem Ergebnis:

Kurz, ein solches Verteidigungssystem ist unorganisch und krankhaft. Wenn es nicht gelingt, ohne solche Dinge auszukommen, innerhalb Europas meine ich, dann verdienen wir es nicht besser. Das Ganze ist, bei aller Bewunderung für die Planung, ein krankhafter und ansteckender Ausschlag, den es nie wieder geben darf. (MB 191)

In Straßburg besuchten sie das Münster, dessen mittelalterliche Glasfenster durch Fensterglas ersetzt waren, fuhren weiter nach Karlsruhe, von dort über die «Straße des Führers» zurück nach Berlin. Der letzte Satz Moltkes aus seinem brieflichen Reisetagebuch heißt: «Da hast Du die Geschichte einer für Deinen Wirt lehrreichen Fahrt.» (MB 192)

Nach seiner Rückkehr nach Berlin am 13. August hatte Moltke sofort eine Sitzung bei Gladisch im Reichskommissariat Oberprisenhof. Es ging um das Dauerthema einer juristisch abgesicherten Reaktion auf die Verschärfung des Wirtschaftskrieges durch Großbritannien. Erst am Abend des 16. August konnte er zu seiner Familie nach Kreisau fahren. Am Wochenende des 17. und 18. August waren das Ehepaar Yorck, Einsiedel und Waetjen zu Gast. Schon am 19. August musste Moltke nach Berlin zurückkehren, wo ihn der Berufsalltag rasch einholte.

Mit Dietrich Bonhoeffer in Oslo und Stockholm

Am 1. Februar 1942 wurde in Oslo der Führer der nationalsozialistischen Partei Norwegens, Vidkun Quisling, von der Besatzungsmacht als Ministerpräsident eingesetzt. Der seit dem 24. April 1940 nach der Besetzung Norwegens durch deutsche Truppen amtierende Reichskommissar Josef Terboven griff bei dieser Gelegenheit den seit 1937 als Bischof von Oslo amtierenden Eivind Berggrav, den führenden Mann der Lutherischen Staatskirche, politisch an.[4] Berggrav war in der Tat kein unbeschriebenes Blatt in der Kirchenszene Norwegens und im Raum der Ökumene. Er hatte 1939 «Friedensreisen» durch Europa unternommen, um Politiker und Kirchenvertreter für ein rasches Ende des Krieges zu gewinnen. Er besuchte den britischen Außenminister Lord Halifax und Lordbischof George Bell und wurde am 21. Januar 1940 von Göring in Karinhall empfangen. In Norwegen hatte am 13. Februar 1941 sogar ein Gespräch mit Terboven und Himmler stattgefunden, über das Aufzeichnungen von Berggrav vorliegen. Es ging um das Verhältnis der Kirche zur nationalsozialistischen Politik in Norwegen.

Am 5. Februar 1942 erschien ein «Staatsjugenddienst-Erlass», der in

Eivind Berggrav (1884–1959),
seit 1937 Bischof von Oslo

Anlehnung an die Deutsche Hitlerjugend die Schulung und den Einsatz der Kinder im Sinne der nationalsozialistischen Weltanschauung vorsah. Das führte in den folgenden Wochen zur Zuspitzung des Konflikts zwischen Staat und Kirche. Am zweiten Ostertag fanden Verhaftungen und Verhöre von Pfarrern und Lehrern statt. Berggrav wurde am 8. April ins Gefängnis eingeliefert. Mit seiner Verurteilung durch den Volksgerichtshof wegen Landesverrats, Beleidigung Hitlers und Quislings musste in kürzester Zeit gerechnet werden, eventuell mit der Todesstrafe.

Es war Theodor Steltzer, der seine Freunde in Berlin regelmäßig über die Situation in Norwegen unterrichtete. Er unterhielt enge Kontakte zu kirchlichen Kreisen und zu politischen Widerstandsgruppen. Mit Berggrav war er persönlich befreundet. Jetzt schickte er an Moltke ein verschlüsseltes Telegramm, das die Verhaftung des Bischofs mitteilte. Moltke unterrichtete umgehend Canaris und Dohnanyi, die beschlossen, zwei Leute aus der Abwehr nach Oslo zu schicken, um ein Todesurteil gegen Berggrav zu verhindern. Moltke und Dietrich Bonhoeffer[5] wurden auf die Reise geschickt. Moltke sollte in seiner dienstlichen Eigenschaft Kontakte zur Wehrmachtsführung in Oslo aufnehmen, Bonhoeffer als ökumenischer Experte norwegische Kirchenkreise kontaktieren.

Am Morgen des 10. April 1942 holten Dohnanyi und Bonhoeffer, die in Berlin nebeneinander wohnten, Moltke in seiner Wohnung zur Fahrt zum Stettiner Bahnhof ab. Nach einer Lagebesprechung mit Dohnanyi fuhren Moltke und Bonhoeffer, die sich bis dahin nur einmal begegnet waren, mit dem Zug nach Saßnitz auf Rügen, um mit der Fähre nach Trelleborg überzusetzen. Doch der Fährbetrieb war wegen Eis- und Nebelbildung auf der Ostsee stark beeinträchtigt. Auch am nächsten Morgen war nichts von einer Fähre zu sehen. Die beiden entschlossen sich zu einem Spaziergang, der immerhin über vier Stunden dauerte und den Moltke nutzte, um mit Bonhoeffer «die Spielverteilung» abzuklären (MB 362). Überraschend fuhr am Nachmittag des 11. April doch noch eine schwedische Fähre. Von Trelleborg ging es zur Übernachtung nach Malmö und am nächsten Morgen mit dem Zug nach Oslo. Moltkes erster Eindruck von Norwegen: «Man sah augenfällig, was für ein schönes Land das ist und wie voneinander abgeschlossen die Menschen hier leben. Das ist ein Land, wo der Individualismus blühen muss.» (MB 364) Am Bahnhof stand um Mitternacht Steltzer, der sie zum Grand-Hotel brachte.

Am nächsten Morgen, dem 13. April, begannen zunächst die dienstlichen Geschäfte. Moltke suchte die Spitzen der Wehrmacht auf, um mit ihnen zu konferieren. Was er ihnen klarmachen wollte, war die Unklugheit der Partei- und Staatsstellen, sich mit der Mehrheit der norwegischen Christen, mit Bischöfen, Pfarrern, Lehrern und anderen kirchlich gebundenen Norwegern anzulegen. Eine Verurteilung des obersten Repräsentanten der norwegischen Kirche, des Osloer Bischofs, wäre eine politische Dummheit und würde den für die Wehrmacht gefährlichen Widerstand verschärfen. Moltke hatte von seinen Vorgesetzten in der Abwehr den klaren Auftrag, in erster Linie militärisch und militärpolitisch zu argumentieren.

Moltke konferierte mit dem Oberbefehlshaber, Generaloberst Nikolaus von Falkenhorst, mit dem Leiter der Abwehrstelle, mit dem Chef des Stabes und anderen Offizieren. Am 15. April gab es bei Falkenhorst eine Abschlussbesprechung. Das Fazit seiner Gespräche mit den Militärs:

Ich habe mich mit allen beteiligten Soldaten – bis auf den Generaloberst – über Inhalt und Petitum meines Berichts an Admiral Canaris geeinigt, und daran lag mir natürlich sehr viel. (MB 366)

Moltke hielt diesen offiziellen Teil des Norwegenbesuchs für erfolgreich. Er konnte nicht wissen, dass bereits am 13. April ein Telegramm von Himmler bei Terboven eingetroffen war, in dem er nach den Gründen der Verhaftung von Berggrav fragte. Zwei Tage später befahl Bormann die Entlassung von Berggrav aus dem Gefängnis. Dies geschah bereits einen Tag später, am 16. April. Die oberste SS- und Parteiführung hatte sich gegen die Politik von Terboven und Quisling entschieden. Wieweit hier Argumente von Canaris und Moltke eine Rolle gespielt haben, ist nicht auszumachen. Berggrav wurde am selben Tag aus dem Gefängnis entlassen und unter Hausarrest gestellt, als Moltke und Bonhoeffer schon auf dem Weg nach Stockholm waren. Es ist eine legendenhafte Übertreibung, wenn man die Entlassung von Berggrav unmittelbar auf den Besuch von Moltke und Bonhoeffer in Oslo zurückführt. Ihr Einfluss war dazu zu gering.

Für Moltke war der nichtoffizielle Teil der Reise bedeutend wichtiger. Jeden Morgen frühstückten Bonhoeffer und er zusammen, um miteinander den Tagesverlauf abzustimmen. Bonhoeffer nahm nicht an den Gesprächen mit den Militärs teil, sondern entwickelte sein eigenes Programm der Begegnungen mit Vertretern der norwegischen Kirche. Aber auch gemeinsam sprachen sie durch Vermittlung von Steltzer mit norwegischen Kirchenleuten, für die in der Regel der Widerstand gegen die Kirchenpolitik Quislings mit dem patriotischen Widerstand gegen die Besatzung Norwegens einherging. Der Vorteil für die beiden Emissäre war, dass Bonhoeffer aus seiner Zeit als internationaler Jugendsekretär den Norwegern ein Begriff war und dass Steltzer den Boden für eine Begegnung zwischen Christen aus verfeindeten Ländern bereitet hatte. Er genoss bei den norwegischen Partnern großes Vertrauen. Ohne ihn wäre die Mission der beiden Canaris-Leute nicht denkbar gewesen. Der Rat der Deutschen an ihre Brüder war, den Kirchenkampf konsequent weiterzuführen. Sie waren überzeugt davon, dass die Machthaber gegen diesen Widerstand keine richtige Abwehrstrategie hätten. Dass Himmler und Bormann Bischof Berggrav aus den Fängen von Terboven und Quisling «befreiten», dürfte ein Eingeständnis von Ohnmacht gegenüber dem christlich-patriotischen Geist der Norweger gewesen sein.

Am 16. April fuhren Moltke und Bonhoeffer mit dem Zug nach Schweden. Moltke musste wegen einer Schifffahrtssache die dortige Deutsche Botschaft aufsuchen. Doch in erster Linie nutzte er den Aufenthalt, um von Schweden aus einen längeren Brief an Lionel Curtis (Br. 1, 195 ff.) und einen kürzeren an Michael Balfour zu schreiben. Sein Brief an Curtis vom 18. April 1942 beginnt mit dem Satz:

Es steht schlimmer und besser, als man es sich außerhalb Deutschlands vorstellen kann. Schlimmer, weil die Tyrannei, der Terror, der Zerfall aller Werte größer ist, als ich es mir je hätte vorstellen können.

Täglich würden fünfundzwanzig Deutsche durch ordentliche Gerichte, fünfundsiebzig durch Kriegsgerichte verurteilt und Hunderte ohne Urteile in Konzentrationslagern ermordet. Der größte Teil der Bevölkerung sei entwurzelt, zur Zwangsarbeit eingezogen und über den Kontinent verteilt. «Alle Bande der Natur und der Umgebung» seien zerrissen, «das Tier im Menschen ist frei geworden und herrscht». Die «wenigen wirklich guten Leute» hätten es in ihrer Isolierung schwer, ihren Kameraden zu vertrauen, und «sind durch den Hass der Unterdrückten gefährdet, selbst wenn es ihnen gelingt, einige vor dem Schlimmsten zu bewahren. Tausende von überlebenden Deutschen werden geistig tot und für eine normale Betätigung unbrauchbar sein.» (Br. 1, 195) Aber es gab auch Hoffnung:

Das Wichtigste ist das allmähliche geistige Erwachen, das verbunden ist mit der Bereitschaft, gegebenenfalls zu sterben. Das Rückgrat dieser Bewegung bilden die beiden christlichen Konfessionen, die protestantische wie die katholische. Die katholischen Kirchen sind jeden Sonntag voll, die protestantischen noch nicht, aber die Tendenz ist deutlich. Wir versuchen, auf dieser Grundlage aufzubauen, und ich hoffe, dass in wenigen Monaten greifbarere Beweise dafür außerhalb Deutschlands sichtbar werden. Viele Hunderte unserer Landsleute werden sterben müssen, bevor wir stark genug sein werden, aber sie sind heute bereit dazu. Das gilt auch für die junge Generation. (Br. 1, 195 f.)

Der Briefschreiber berichtet seinem Adressaten von den Bemühungen, sich Europa nach dem Ende des Nationalsozialismus vorzustellen:

Wir haben nur dann Aussicht, unser Volk dazu zu bringen, diese Schreckensherrschaft schließlich zu stürzen, wenn wir ihm ein Bild jenseits der schrecklichen, hoffnungslosen nächsten Zukunft zeigen können. Ein Bild, wonach zu streben, wofür zu arbeiten, woran zu glauben, wofür neu zu beginnen sich für das enttäuschte Volk lohnt. Für uns ist Europa nach dem Krieg weniger eine Frage von Grenzen und Soldaten, von komplizierten Organisationen oder großen Plänen. Europa nach dem Kriege ist die Frage: Wie kann das Bild des Menschen in den Herzen unserer Mitbürger wiederhergestellt werden? Das ist eine Frage der Religion, der Erziehung, der Bindungen an Arbeit und Familie, des richtigen Verhältnisses von Verantwortung und Rechten. (Br. 1, 196)

Am Schluss des Briefes beschreibt Moltke Probleme praktischer Widerstandsarbeit in Deutschland und den Versuch, mit nationalen Widerstandsgruppen in den besetzten Staaten Kontakte zu knüpfen. Diese hätten es einfacher, da sie ihre moralische und politische Pflicht in Einklang bringen können, «während bei uns der Konflikt der Pflichten offenkundig ist» (Br. 1, 196). Der Brief klingt aus in den Sätzen:

Das schwerste Wegstück liegt noch vor uns, aber nichts ist schlimmer, als unterwegs nachzulassen. Vergesst bitte nicht, dass wir darauf vertrauen, dass Ihr es durchsteht, ohne mit der Wimper zu zucken, wie wir auch bereit sind, unser Teil zu leisten, und vergesst nicht, dass für uns ein sehr bitteres Ende in Sicht ist, wenn Ihr es überstanden habt. Wir hoffen, dass Ihr Euch klar darüber seid, dass wir bereit sind, Euch zu helfen, den Krieg und den Frieden zu gewinnen. (Br. 1, 196 f.)

Moltke macht hier so deutlich wie nie zuvor, dass er den eigenen Widerstand als Bundesgenossenschaft mit den alliierten Kriegszielen begriff.

Moltke schrieb aus Stockholm noch einen kurzen Brief an Michael Balfour, um ihn zu bitten, Pate seines am 23. September 1941 geborenen Sohnes Konrad zu werden. Die persönliche Freundschaft beider und ihre innere Verbundenheit als Christen war durch den Krieg nicht zerbrochen (MBF 186).

Von Stockholm flogen die beiden Emissäre nach Kopenhagen und von dort nach Berlin. Moltke und Bonhoeffer haben sich nach ihrer Reise in den Norden nicht wiedergesehen. Trotz großer Übereinstimmungen sind sie nicht zu einem näheren Kontakt in der Widerstandsarbeit gekommen. Es ist viel spekuliert worden, warum diese beiden «Lichtgestalten» des deutschen Protestantismus sich nicht im gemeinsamen Widerstand verbunden haben. Gegenüber seinem Freund Eberhard Bethge hat Dietrich Bonhoeffer gesagt: Es war anregend, aber «wir sind nicht einer Meinung».[6] Allgemein vermutet man, dass die Frage eines Attentats auf Hitler der entscheidende kontroverse Punkt war. Moltke, der einen Staatsstreich nicht nur befürwortete, sondern an den Vorbereitungen mitgearbeitet hatte, lehnte ein Attentat in erster Linie aus politischen Gründen ab. Angesichts der großen Treue der Deutschen zu Hitler befürchtete er eine zweite Dolchstoßlegende. Auch zweifelte er moralisch daran, einen Neuanfang ausgerechnet mit einem Mord zu beginnen. Bonhoeffer dagegen hatte sich dazu durchgerungen, ein Attentat als verantwortbare Tat zu befürworten.

Wahrscheinlich beschäftigte Moltke und Bonhoeffer aber nicht nur diese Frage. Moltke wird die Gelegenheit genutzt haben, gegenüber Bonhoeffer Fragen einer Neuordnung Deutschlands nach einem Staatsstreich anzusprechen. Er wird die Notwendigkeit eines breiten Bündnisses mit Katholiken, mit Sozialdemokraten und Gewerkschaftern entfaltet haben. Und er wird die Kreisauer Ordnungsvorstellungen in der Wirtschaftsstruktur sowie ihre Vorstellung von einem basisdemokratisch-föderalistischen Staat in einem vereinigten Europa skizziert haben. Bonhoeffer hatte zu diesen Themen bis dahin kaum etwas gesagt. Er pflegte keine kontinuierlichen Kontakte zur linksintellektuellen Szene. Die Produktionsbe-

Dietrich Bonhoeffer (1906–1945)
im Jahre 1939

reiche von Industrie und Landwirtschaft waren ihm relativ fremd, zumindest nicht von größerem Interesse für ihn. Für ökonomische Probleme hatte er sich zwar vor 1933 interessiert, aber dann hatte der Kirchenkampf alle seine Kräfte in Anspruch genommen. Hinzu kamen Unterschiede in der Lebensführung. Bonhoeffer bewegte sich in erster Linie unter Theologen und kirchlichen Funktionsträgern, in der Familie und unter Wissenschaftlern. Moltke als protestantischer Laie dagegen lebte unter «Weltkindern» und war verantwortlich für einen landwirtschaftlichen Großbetrieb. Die Fragen von Sozial- und Gesellschaftspolitik beschäftigten ihn von Jugend an. Die Überwindung der Klassengesellschaft durch Begegnungen von Angehörigen verschiedener und weithin getrennter Schichten war ihm seit den Schlesischen Arbeitslagern ein Anliegen. Seine Freundinnen und Freunde waren Christen, Juden und Atheisten, Idealisten und Materialisten, Konservative und Sozialisten. Ein weltlicher geistiger und politischer Pluralismus war seine gewohnte Umgebung. Es dürften primär diese verschiedenen lebensgeschichtlichen Prägungen, die verschiedenen Praxisfelder und die unterschiedlichen politischen Überzeugungen gewesen sein, die Bonhoeffer und Moltke nicht zusammenkommen ließen. Das Argument, dass Bonhoeffer nicht in verschiedenen Kreisen konspirativ tätig sein konnte, geht an der Tatsache vorbei, dass er zu keinem engeren Widerstandskreis gehörte, sondern über seinen Schwager Dohnanyi gelegentlich Aufträge der Abwehr übernahm. Wie auch immer: Es bleibt ein

Bedauern darüber, dass Moltke und Bonhoeffer, die zu den konsequentesten Gegnern des Nationalsozialismus gehörten, nicht zu einem Konsens und zur Kooperation fanden. Denn bei aller Unterschiedlichkeit verbanden sie ihre gemeinsamen christlichen Überzeugungen, die ihren politischen Widerstand bestimmten.

Für Moltke war wichtig an der gemeinsamen Reise, dass er mithilfe von Steltzer erstmals einen persönlichen Kontakt zu einer Widerstandsgruppe im besetzten Ausland herstellen konnte. Der Kampf gegen den Nationalsozialismus wurde für ihn von nun an zu einer gesamteuropäischen Aufgabe.

Ein Memorandum für Churchill

Es war Adam von Trott, der auf allen nur denkbaren Wegen versuchte, Kontakte zu englischen Politikern herzustellen, um sie über die Existenz eines deutschen Widerstands zu informieren und für eine Zusammenarbeit im Kampf gegen das nationalsozialistische System zu gewinnen. Trott wurde neben Haeften Moltkes wichtigster außenpolitischer Gesprächspartner. Moltke suchte für sein frühes föderatives Europakonzept Mitstreiter im Auswärtigen Amt. Das Ohr von Haeften scheint er eher gefunden zu haben als das von Trott. Dass er diesen für «nicht ganz zuverlässig» hielt (MB 244), wird mit seiner Befürchtung zusammenhängen, Trott sei zu schnell bereit, seinen außenpolitischen Kurs zu ändern. Trott war ihm noch zu wenig eindeutig in seinen Positionen. Bei Haeften spürte er mehr stabile Gemeinsamkeit.

Nach einer Reise von Trott in die Schweiz nahmen die beiden ihre Treffen wieder auf. Moltke begann sein früheres Urteil zu revidieren. Er besuchte auch das junge Ehepaar Adam und Clarita in deren neuer Wohnung. Der Umgang entkrampfte sich. Im August 1941 kam es zum ersten Arbeitsauftrag an Trott, ein außenpolitisches Positionspapier für den Freundeskreis zu entwerfen. Moltkes von Jugend an vorhandenes Interesse an der Außenpolitik belebte sich in Gesprächen mit Trott, dem viele nicht öffentlich bekannte Informationen zuflossen. Regelmäßig berichtete er von da an von gemeinsamen Essen mit Trott, bei denen es immer etwas zu «besprechen» und zu «regeln» gab. Vor und nach ihren Auslandsreisen tauschten sie sich jetzt aus.

Als Trott vom 17. März bis zum 2. April 1942 zur Behandlung einer eiternden Kieferhöhlenentzündung im schweizerischen Davos weilte, fuhr er von dort nach Genf, um seinen alten niederländischen Bekannten, den

Clarita und Adam von Trott
zu Solz auf dem letzten
gemeinsamen Photo, Pfingsten
1944

Generalsekretär des Ökumenischen Weltrats der Kirchen, Willem Visser 't
Hooft, zu treffen, der seinerseits vor einer Reise nach London stand. Er
schlug Trott vor, ein Memorandum für die britische Regierung zu verfas-
sen, das er überbringen werde. Nach Berlin zurückgekommen, besprach
sich Trott mit Gerstenmaier und Haeften. Nach der Fertigstellung des
Memorandums nahm es Hans Schönfeld, der Kontaktmann zwischen dem
Ökumenischen Rat der Kirchen und der Deutschen Kirche, mit nach
Genf. Nach einer letzten Überarbeitung durch Schönfeld und den im
deutschen Konsulat arbeitenden Albrecht von Kessel ging es an Visser 't
Hooft, der es im Mai in London an Sir Stafford Cripps übergab, der zu
Churchills Kriegskabinett gehörte.[7]

Das Memorandum gibt Einblick in das außenpolitische Denken des
Freundeskreises zu dieser Zeit, in der über Sieg und Niederlage der kriegführenden Parteien noch nicht eindeutig entschieden war. Es geht von der
Einschätzung aus, «dass die westliche Zivilisation als solche in ihren geistigen und materiellen Grundlagen gefährlich bedroht» sei (Br. 1, 201).

In einem ersten Abschnitt wird eine Analyse der Verhältnisse gegeben.
Sie sind charakterisiert durch «intensive Massenvernichtung von Leben

und wirtschaftlicher Substanz», von «zunehmend totalitärer Kontrolle des staatlichen Lebens überall» und von der «Tendenz zur anarchischen Auflösung» (Br. 1, 201). Als Folgen des Krieges werden ökonomische und soziale Verarmung, Einschränkungen der persönlichen Freiheit, Zusammenbruch des kulturellen Lebens und die Zunahme eines alltäglichen Totalitarismus genannt. Politisch machen die «militärischen und diplomatischen Leistungen der Sowjetunion» große Sorge, da nicht zu erkennen ist, ob sich «der Bolschewismus bereits in eine westlichen Maßstäben angepasste Regierungsform verwandelt hat» (Br. 1, 201). Mit Blick auf diese «Katastrophenpotenziale» plädiert das Memorandum angesichts der Tatsache, dass «eine Gemeinschaft des geistigen Erbes zwischen uns und dem Westen besteht», für eine Diskussion über eine gemeinsame Zukunft. Es folgen ein Angebot und eine Bitte:

Wir wollen unsere Haltung nicht rechtfertigen, wir sind bereit, den uns zustehenden Teil an Verantwortung und Schuld zu akzeptieren. Aber wir fühlen uns berechtigt, an die Solidarität und Fairness zu appellieren, die einige verantwortliche Gruppen im Westen denjenigen Kräften in Deutschland gegenüber aufbringen, die ständig gegen den Nihilismus und seine nationalsozialistischen Ausprägungen gekämpft haben. (Br. 1, 202)

Man bittet um Zurückhaltung in der Presse und um ein «Mindestmaß an mitfühlender Vorstellungskraft» für die Situation einer deutschen Opposition. Es sind also zwei Botschaften, die das Memorandum überbringen will: Die sich abzeichnende Katastrophe für die westliche Zivilisation verlangt eine Gesamtverantwortung aller kriegführenden Nationen. Zum anderen muss die britische Seite die Existenz eines «anderen Deutschland» akzeptieren und es in ihrer Presse nicht «diskreditieren».

Über den Appell an das Gewissen der möglichen Partner hinaus konkretisiert das Memorandum politische Optionen. Für den deutschen Widerstand ergibt das die Doppelaufgabe der Überwindung des Nationalsozialismus und der Abwehr des stalinistischen Kommunismus. Die große Bedrohung ist das Eindringen der Roten Armee nach Mitteleuropa, was mit einer Sowjetisierung großer Teile Europas verbunden wäre. Die politische Konsequenz des Memorandums: Es ist eine deutsche Regierung zu etablieren, die auf dem Fundament von Menschenrechten dem westlichen Modell von Staat und Gesellschaft verpflichtet ist. Das Memorandum ist auch als Versuch zu verstehen, einen Keil zwischen die ungleichen Alliierten zu treiben.

Vorausgesetzt wird, dass es noch ein Deutschland mit einer handlungsfähigen Regierung geben wird, die die Strukturen der Nachkriegsordnung mitbestimmt. Das Memorandum nennt die in Deutschland vorhandenen Kräfte, die die Doppelaufgabe eines Sturzes des braunen Diktators und einer Abwehr der roten Gefahr für Mitteleuropa übernehmen können:

> Das militante Christentum im weitesten Sinne ist der einzig ungebrochene Widerstandskern innerhalb des Nazi-Staates und hat jetzt einflussreiche Kontakte zu Gruppen gebildet, die bisher der Kirche und der Religion gleichgültig gegenübergestanden haben. Der Schlüssel zu ihren gemeinsamen Anstrengungen ist ein verzweifelter Versuch, die Substanz der persönlichen menschlichen Integrität zu retten, der gleichermaßen vom Nazismus und dem anarchischen Bolschewismus bedroht ist. (Br. 1, 203)

Als gesellschaftliche Gruppen, aus denen die Unterstützung kommt, werden genannt: «1. wesentliche Teile der Arbeiterklasse, 2. einflussreiche Kreise in Heer und Verwaltung, 3. die militanten Gruppen in den Kirchen.» (Br. 1, 204)

Mit dem Hinweis auf die deutsche Widerstandsallianz unter Führung von konsequenten Christen hoffte man, größere Aufmerksamkeit unter den englischen, ökumenisch orientierten Christen zu finden. Durch die Betonung der klaren politischen Westorientierung hoffte man zudem auf eine eindeutige Haltung der britischen und amerikanischen Regierung zu einem Regierungswechsel in Deutschland. Aber die Westmächte ließen sich nicht auf den politischen Widerstand in Deutschland ein. Er spielte in ihren strategischen und taktischen Überlegungen keine Rolle. Sie hatten nichts verlauten lassen, wie sie sich im Falle eines Regierungssturzes mit anschließender Einsetzung einer neuen deutschen Regierung verhalten würden. Dieses Schweigen bedeutete außenpolitisch für den deutschen Widerstand ein Grunddilemma, das es ihm innenpolitisch schwerer machte, weitere gesellschaftliche und politische Gruppen für einen Umsturz zu gewinnen.

Für den Wiederaufbau des Landes formuliert das Memorandum ein Sofortprogramm. Das erste Stichwort ist «Selbstregierung und Dezentralisierung innerhalb Deutschlands». Es ist das Angebot, auf allen Ebenen den alten deutschen Zentralstaat zugunsten von Selbstverwaltungseinheiten aufzuheben. Für die Binnenstrukturen soll gelten: «Anwendung moderner sozialistischer Grundsätze in allen Bereichen des politischen und wirtschaftlichen Lebens» (Br. 1, 204). Das zweite Stichwort ist: Verbindung des deutschen Föderalismus mit dem europäischen Föderalismus, verbunden mit internationaler Zusammenarbeit mit den anderen Kontinenten.

Das dritte Stichwort ist: Wiedereinführung des Rechts der Selbstbestimmung in einer europäischen Föderation. Es ist das Angebot, den kleineren vom «Dritten Reich» besetzten Ländern die volle Entscheidungsfreiheit zurückzugeben. Viertens: Beginn der allgemeinen Abrüstung aus wirtschaftlichen und sozialen Gründen. Verbunden wäre das mit dem «Verzicht auf wirtschaftliche Autarkie im Austausch gegen freien Zugang zu den überseeischen Rohstoffen» (Br. 1, 204). Fünftens: Im neuen Europa geht es nicht um Grenzziehungen, sondern um eine gemeinsame soziale und politische Sicherung. Der Streit um die Ausdehnung von Nationalstaaten soll zugunsten einer politischen, ökonomischen und sozialen Einigung Europas beigelegt werden. Sechstens: Deutschland arbeitet an einer «internationalen Lösung des Judenproblems» (Br. 1, 204) mit sowie an einer Überwindung des sozialen Elends, das durch die deutsche Besatzungspolitik in den besetzten Ländern entstanden ist. Am Schluss bittet das Memorandum um einen Gedankenaustausch ohne eine «einseitige Tendenz der Beschuldigung und Verurteilung».

Schon im April 1942 waren sich Trott und seine Freunde darüber im Klaren, dass auch eine neue Regierung nicht an einem deutschen Bekenntnis der vielfachen Schuld an der europäischen Katastrophe vorbeikäme. Auch der Widerstand hatte teil an der allgemeinen Schuldverstrickung des deutschen Volkes. Das «andere Deutschland» ist nicht das schuldlose Deutschland. Was sie jetzt aber bewegte, war das außenpolitische Bemühen, den geistigen und politischen Grundstein für eine gemeinsame Zukunft zu legen. Für sie wäre eine unterschiedslose moralische Verurteilung aller Deutschen verhängnisvoll gewesen.

Sir Stafford Cripps übergab dieses Memorandum seinem Premierminister Churchill, der es mit Respekt gelesen haben soll. Doch die harte Antwort blieb: Deutschland muss bedingungslos kapitulieren. Der deutsche Widerstand war keine Größe in der Strategie der englischen Politik. Visser 't Hooft berichtete Trott in Genf über das Ergebnis seines versuchten Mittlerdienstes. In seinen Memoiren *Die Welt war meine Gemeinde* schrieb er später:

Die britische Reaktion auf sein Memorandum enttäuschte ihn so sehr, dass er der Verzweiflung nahe war. [...] Er fühlte sich im Stich gelassen von Männern, die er im Kampf gegen Hitler als Waffenbrüder betrachtet hatte. Er hatte fest auf eine übernationale Solidarität bei der Verteidigung gemeinsamer Grundwerte gebaut, und sie war ihm verweigert worden.[8]

Diese erste große außenpolitische Enttäuschung konnte die Kreisauer jedoch nicht davon abhalten, ihren Widerstandskreis auszubauen und konzeptionell zu vertiefen. Wenige Wochen nach dem Debakel mit dem Memorandum trafen sich einige Freunde in Kreisau zu ihrer ersten Tagung außerhalb Berlins.

Kontaktpflege im Norden

Am 15. September 1942 flog Moltke von Berlin nach Oslo. Nach einer schwierigen Landung und nach der Einquartierung in ein Hotel «gingen St. [Steltzer] + ich zu unseren Freunden, mit denen wir eine zweistündige Unterredung hatten, in der wir das Feld absteckten und einen Schlachtplan für die Woche entwarfen. Ich war wieder sehr angetan von den Männern: gut, entschlossen, fundiert.» (MB 407) Es waren die Freunde, die er schon vor einem halben Jahr kennen gelernt hatte. Das Doppelspiel begann diesmal mit einem konspirativen Treffen mit Partnern, die über Deutschland und die deutsche Widerstandsszene gut informiert waren. Die Situation der Norweger unter den Bedingungen einer militärischen Besatzung mit einem Reichskommissar und einer faschistischen norwegischen Regierung war kompliziert. Es gab eine aktive Minderheit von norwegischen Kollaborateuren. Moltkes Möglichkeiten zur Hilfe waren begrenzt. Immerhin hatte er unmittelbaren Zugang zur Wehrmachtsführung in Oslo, über die er eventuell auf Partei- und Regierungsbehörden einwirken konnte.

Am Abend saß er am Tisch des Oberbefehlshabers. Anschließend konnte er sich in Ruhe mit Steltzer unterhalten, der wieder der wichtigste Informant und Berater war. Den Generalobersten von Falkenhorst kannte Moltke vom letzten Besuch her. Über ihn kam er an die eigentlich wichtigen Stabsoffiziere heran. Unter ihnen war der wichtigste Mann der Ic, der für die Abwehr zuständige Generalstabsoffizier, Oberstleutnant Worgitzki: «sehr nett, konziliant, merkwürdig unmilitärisch im Gehabe für einen ausgekochten Generalstäbler». Sein Ordonanzoffizier von Löbbecke war Moltke als «Bärenführer und Arrangeur» zugeteilt (MB 408). Und den Ia, «Herrn von Lossberg kenne ich nun schon gut genug, um mich ganz leicht mit ihm zu stehen» (MB 408). Die unbekannte Größe war Generalmajor Rudolf Bamler, der seit dem 15. Mai 1942 als Chef des Generalstabs AOK (Armee-Ober-Kommando) in Norwegen amtierte. Er war ein früher Nationalsozialist, von 1933 bis 1939 Leiter der Spionageabwehr und Gegenspionage beim Heer und dann Generalstabschef eines Armeekorps beim

Überfall auf die Sowjetunion. Moltke charakterisierte ihn als «eiskalten Mann und nicht uneingeschränkt angenehm, aber sehr intelligent, jedenfalls der intelligenteste der ganzen Tischrunde» (MB 408).

Moltkes Auftrag war wie immer, im Gespräch mit den verantwortlichen Offizieren auf die völkerrechtlichen Bindungen in der Behandlung der Zivilbevölkerung eines besetzten Landes und die möglichen politischen Folgen einer rechtswidrigen Behandlung hinzuweisen. Er sollte die Wehrmacht in ihrer Letztverantwortung für eine völkerrechtskonforme Besatzungspolitik gegenüber Partei und Regierungsapparat stärken. Er fand schnell heraus, mit wem sich reden ließ und wer als fachkundiger Militär zugänglich war für übergeordnete politische Argumente.

Am 16. September begann die eigentliche Arbeit für Moltke. Er sammelte auf einzelnen Dienststellen Material über das Verhalten der Wehrmacht als Besatzungsarmee. Am Nachmittag traf er sich in einer Wohnung mit einer Gruppe von jüngeren norwegischen Widerständlern zu einer Arbeitssitzung. Zum Abendessen saß er mit dem Mitarbeiter von Steltzer, Friedrich Schauer, zusammen, der Pfarrer war. Und am späten Abend waren Moltke und Steltzer bei einer Besprechung «mit den Älteren». Sie war «anstrengend und fruchtbar. Dabei ergab sich, dass unsere Aufzeichnungen als Unterlage für die Augustbesprechungen hier als Sensation ersten Ranges empfunden worden waren, was mir natürlich sehr angenehm war.» (MB 409)

Moltke spielte auf die vielen Augustgespräche des Freundeskreises 1942 in Berlin an, bei denen nun alle «Gruppen» anwesend waren. Moltke und Steltzer werden über die erste Kreisauer Tagung berichtet haben, Moltke über die Reisen zu süddeutschen katholischen Bischöfen und über die Kontakte mit Bischof Preysing in Berlin sowie mit Bischof Wurm aus Stuttgart. Es ist das erste Mal, dass zwei Kreisauer vor Mitgliedern des Widerstands im Ausland offen über die inhaltliche Programmatik ihres Kreises gesprochen haben.

Am 17. September hatte Moltke eine Besprechung im Reichskommissariat, über die wir nicht näher unterrichtet sind. Anschließend besuchte man den Holmenkollen, Fjorde und Seen. In einer «requirierten Villa», von der aus man einen wunderbaren Blick in die Landschaft hatte, wurde Tee getrunken: «Das einzig Ekelhafte war das Gefühl, in eines Fremden Haus eingebrochen zu sein, so als Räuber darin zu sitzen, während der wahre Eigentümer, wie ich wusste, im KZ saß.» (MB 409)

Am nächsten Tag las er noch einmal «wie ein Wilder» in Bürostuben der Wehrmacht eine Menge von Akten. Spät abends traf er noch überraschend

Bischof Berggrav. Worüber sie sprachen, ist nicht bekannt. Das große Nachtgespräch mit ihm sollte erst bei Moltkes nächstem Besuch im März 1943 stattfinden.

Nach einem Abschlussgespräch mit Generaloberst von Falkenhorst am 19. September flog Moltke nach Kopenhagen. Dort besuchte er alte Bekannte aus dem Schwarzwaldkreis: Kim Bonnesen und dessen Schwester Merete. Kim war Beamter in einem Ministerium und Merete Journalistin. Wir erfahren nichts über ihre Gespräche, doch zeigt die Begegnung, dass die Bindungen aus dem Kreis von Eugenie Schwarzwald über den Krieg hinweg Bestand hatten.

Am Abend des 20. September fuhr Moltke mit dem Nachtzug nach Stockholm. Am Sonntag nahm er sich Zeit für einen Spaziergang durch die Stadt. Sein Brief vom 22. September an Freya war eine Lobeshymne auf diese «wunderbar schöne, reizende, lebendige und hypermoderne Großstadt» (MB 410). Moltke schwärmte von dem Lebensstil der Schweden, von ihren wunderbaren Schulen, von ihrer Infrastruktur und von ihrer Gepflegtheit.

In Stockholm traf er das befreundete Ehepaar Friedel Strindberg und Maria Strindberg-Lazar. Beide kannte er aus dem Schwarzwaldkreis. Aller Wahrscheinlichkeit nach sah er auch Trott, der vom 19. bis 28. September auf seiner ersten Schwedenreise war und ein dichtes Netz von Kontakten zu Mitgliedern der deutschen Botschaft, zu Bischof Björkquist, zu Ivar Anderson, dem Chefredakteur des *Svenska Dagbladet*, und zu vielen anderen geknüpft hatte. Moltke hatte eigentlich auf ein Treffen mit seinem alten Freund Michael Balfour gehofft, dessen Artikel in der *Times* er regelmäßig las. Als sich das zerschlug, blieb ihm nichts anderes übrig, als am 22. September nach Berlin zurückzufliegen. Vom 25. bis 28. September kam Freya mit den beiden Kindern zu Besuch. Nach ihrer Abfahrt schrieb er: «Es war mal wieder sehr lieb mit Ihnen, mein Herz, und alles in den drei Tagen hat mich sehr erfreut und beglückt. Besonders aber bin ich froh, dass es Ihnen und den beiden Söhnchen gut geht, und kann nur hoffen, dass es so bleibt.» (MB 414)

Obwohl sie sich relativ selten sahen, wusste sich Moltke bei seiner Frau immer geborgen. Sie war für ihn emotionale Stütze und politische Gesprächspartnerin gleichermaßen. Auch hier war sie «die Kreisauerin».[9]

8. Konflikte und Krisen (1942–1943)

Die zweite Kreisauer Tagung und die Trennung von Wilhelm Leuschner

Die folgenden Wochen galten der Vorbereitung auf die zweite Kreisauer Tagung. Ihr Thema war der Aufbau des Staates und der Wirtschaft. Delp und König hatten ein längeres Papier über «Ziele und Vorstellungen des Kreises» erarbeitet (Br. 1, 224 ff.). Auch ein Entwurf über «Das europäische Verfassungsproblem» lag vor (Br. 1, 236 ff.). Zusätzlich waren Referate vorgesehen.

Vom 16. bis 18. Oktober 1942 trafen sich neben dem Ehepaar Moltke Marion und Peter Yorck, Steltzer, Gerstenmaier, Delp, Reichwein, Einsiedel, Haubach und Maaß. Ebenfalls dabei waren wieder Asta von Moltke und Irene Yorck. Moltke und Steltzer referierten über Verfassungsprobleme und Einsiedel über Wirtschaftsfragen. Unter dem Datum des 18. Oktober wurden die Ergebnisse zusammengefasst (Br. 1, 242 ff.). Der verabschiedete Entwurf beginnt mit dem programmatischen Satz:

Das Reich ist die oberste Führungsmacht des deutschen Volkes. In seiner politischen Gestalt müssen sich echte Autorität und echte Mitarbeit und Mitverantwortung des Volkes verwirklichen. Sie steht auf der natürlichen Gliederung des Volkes: Familie, Gemeinde, Landschaft. Der Reichsaufbau folgt den Grundsätzen der Selbstverwaltung. In ihr vereinigen sich die sittlichen Werte der Freiheit und persönlichen Verantwortung mit den Erfordernissen von Ordnung und Führung. Dieser Aufbau will die Einheit und die zusammengefasste Führung des Reiches sichern und seine Eingliederung in die Lebensgemeinschaft der europäischen Völker ermöglichen. (Br. 1, 242)

Die tätige Mitverantwortung der Einzelnen beginnt in der Familie und in der Gemeinde. In Letzterer ist jeder vom 21. Lebensjahr an wahlberechtigt und vom 27. Lebensjahr an auf Vorschlag durch Wahlberechtigte wählbar. «Familienoberhäupter erhalten für jedes nicht wahlberechtigte Kind eine zusätzliche Stimme» (Br. 1, 243). Während die Kreisdeputierten noch nach dem Prinzip der Gemeindewahl gewählt werden, ist für die Landtage keine direkte Wahl mehr vorgesehen, vielmehr sollen sie nach einem Entsendungsprinzip mit Kreistagsdeputierten besetzt werden. Der

Landtag beschließt den Haushalt, die Steuern und die Landesgesetze. Eine Landesregierung besteht aus einem Landeshauptmann und aus Staatsräten. Diese regieren das Land und sind für die Durchführung der Reichsaufgaben zuständig. Ein Landesrat hat die Disziplinargewalt über die Mitglieder der Landesregierung, kann Empfehlungen an den Landtag aussprechen und schlägt einen Landesverweser vor, der für zwölf Jahre durch den Landtag gewählt wird. Dieser hat den Vorsitz im Landesrat. Er überwacht die Verwaltung sowie die Ernennung der Beamten und trägt die Verantwortung für die Verwirklichung der Reichspolitik im Land. Der Reichstag setzt sich aus Vertretern der Landtage zusammen. Ihm obliegen der Reichshaushalt, die Reichssteuern und die Reichsgesetze.

Die Reichsregierung besteht aus dem Reichskanzler und aus Fachministern. Der Kanzler wird vom Reichsverweser mit Zustimmung des Reichstags berufen, der ihn auch mit qualifizierter Mehrheit seines Amtes entheben kann. Der Reichsrat besteht aus den Landesverwesern, den Präsidenten des Reichstags und der Reichswirtschaftskammer sowie aus berufenen Reichsräten. Er schlägt Kandidaten für die Wahl zum Reichsverweser vor und hat die Disziplinargewalt über die Reichsregierung und die Landesverweser. Der Reichsverweser wird auf Vorschlag des Reichsrats vom Reichstag für zwölf Jahre gewählt. Der Reichsverweser hat den Vorsitz im Reichsrat und den Oberbefehl über die Wehrmacht und vertritt das Reich nach außen.

Für alle Ebenen gilt das Subsidiaritätsprinzip: «Die Aufgabenverteilung erfolgt nach dem Grundsatz, dass jede Körperschaft für die selbständige Erledigung aller Aufgaben zuständig ist, die sie sinnvollerweise selbst durchführen kann.» (Br. 1, 243) Mit der Aufgabe eines Berliner Zentralismus zugunsten sich selbst verwaltender Einheiten auf Gemeinde-, Kreis- und Länderebene entfiel auch die Notwendigkeit zentralistisch geführter Parteien mit einem umfangreichen Funktionärsapparat. Diese Entmachtung der Parteien war eine Antwort auf ihre destabilisierende Rolle in der Weimarer Parteiendemokratie.

Alle Kreisauer hatten schmerzhaft die Auflösung der Weimarer Demokratie erlebt, die sie als Antwort auf den deutschen Obrigkeitsstaat mitgetragen hatten. In einem neuen Staat wollten sie die Schwächen dieser ersten deutschen Republik vermeiden. So hatte Mierendorff in der Endphase der Republik in mehreren Artikeln auf die Gefahren für «Demokratie und Republik» durch die extremistischen Parteien hingewiesen. Einen Grund der Krise des Parlamentarismus sah er in der Zersplitterung der Parteienlandschaft durch das Verhältniswahlrecht, in den Schwierigkeiten der

Regierungsbildung, im Mangel an Traditionsbewusstsein, im Übergewicht der Bürokratie und in der Starrheit eines formalisierten parlamentarischen Betriebs. In einem Aufsatz von 1930 über «Gesicht und Charakter der nationalsozialistischen Bewegung» plädierte er für eine Wahlreform, die den politischen Extremismus eindämmen sollte, verbunden mit einer «Führerauslese» und einer «politischen Willensbildung von unten her».[1] Steltzer hatte im September 1933 in einer Schrift mit dem Titel «Grundsätzliche Gedanken über die deutsche Führung» ähnlich argumentiert.

Der zweite große Abschnitt des Entwurfs, den die Kreisauer auf dieser Tagung verabschiedeten, galt der Wirtschaft. Hier werden weithin die Ausführungen der von Trotha und Einsiedel Ende September 1942 vorgelegten Denkschrift «Die Gestaltungsaufgaben in der Wirtschaft» sowie Überlegungen des nicht namentlich gezeichneten Memorandums zur Wirtschaftspolitik vom 25. Juli 1941 übernommen (Br. 1, 174 ff.; 165 ff.). Die Präambel fasst noch einmal die wirtschaftsethischen Normen und Kriterien zusammen, auf die man sich geeinigt hat. Die Abschnitte «Grundsätze des Wirtschaftens», «Der Betrieb», «Die Ordnung der wirtschaftlichen Selbstverwaltung», «Die staatliche Wirtschaftsverwaltung» und «Die deutsche Gewerkschaft» sind aus Zeitgründen nicht mehr gemeinsam verabschiedet worden, dürften aber den damaligen Diskussionsstand wiedergeben.

Der zentrale Grundsatz lautet: «Das Grundprinzip der Wirtschaft ist der geordnete Leistungswettbewerb, der sich im Rahmen staatlicher Wirtschaftsführung vollzieht und hinsichtlich seiner Methoden ständiger staatlicher Aufsicht unterliegt.» (Br. 1, 246) Wettbewerb und staatliche Lenkung sind für die Kreisauer keine Gegensätze. Wo der Wettbewerb durch Monopole, Kartelle und Konzerne verzerrt wird, muss der Staat eingreifen. Vor allem die Grundindustrien erfordern eine

straffe Wirtschaftsführung des Staates. Schlüsselunternehmungen des Bergbaues, der eisen- und metallschaffenden Industrie, der Grundchemie und der Energiewirtschaft sind in das Eigentum der öffentlichen Hand zu überführen. Die Betriebe der öffentlichen Hand sind nach den allgemeinen für die Wirtschaft geltenden Grundsätzen zu führen und zu beaufsichtigen. (Br. 1, 246)

Hier ging es nicht um eine staatliche Lenkung der Unternehmen, die weiter am Markt operieren sollten, sondern um eine Übernahme in die öffentliche Hand. War schon die Vergesellschaftung der Großindustrie noch nie Bestandteil eines nichtsozialistischen Programms, so ist auch der Abschnitt über den Betrieb einzigartig (Br. 1, 246 f.). Der klassische Gegensatz von Kapital und Arbeit wird hier relativiert. Der Betrieb wird als Arbeitsgemeinschaft begriffen, in der es zu einer Kooperation zwischen dem Besitzer und der Belegschaft kommt. Das Eigentumsrecht des Besitzers wird nicht aufgehoben, aber er hat nicht mehr das alleinige Sagen. Das Prinzip von Befehl und Gehorsam, wie es auch die Deutsche Arbeitsfront (DAF) in ihren Gemeinschaftsvorstellungen vertrat, wird ersetzt durch ein genossenschaftlich verstandenes Kommunikations- und Kooperationssystem. Eine außerbetriebliche Gewerkschaft und ein außerbetrieblicher Arbeitgeberverband als Tarifparteien werden dadurch funktionslos. Die Arbeitnehmer lassen sich nicht mehr durch Großorganisationen mit einem Funktionärsapparat vertreten, sondern vertreten sich selbst und handeln ihre Arbeitsbedingungen autonom aus. Die staatliche Wirtschaftsverwaltung unter dem Reichswirtschaftsminister hat lediglich Führungsaufgaben. Sie kooperiert in allen Fragen mit den regionalen Selbstverwaltungsorganen der Betriebe und mit den wirtschaftlichen Landesbehörden. Auch hier gilt das Prinzip der gegenseitigen Konsultation und Kooperation.

Sehr kurz ist der Abschnitt über die «Deutsche Gewerkschaft», die «ein Mittel zur Durchsetzung» des wirtschafts- und verfassungspolitischen Programms sein soll und die «von ihr wahrgenommenen Aufgaben auf die Organe des Staates und der wirtschaftlichen Selbstverwaltung» (Br. 1, 248) überleiten, die sich also selbst abschaffen soll. Diese Vorstellung stieß auf den erbitterten Widerstand der Gewerkschafter.

Gleich nach seiner Rückkehr traf Moltke noch am Abend des 21. Oktober mit Mierendorff zusammen, der wegen starker polizeilicher Überwachung nicht in Kreisau sein konnte. Er schrieb an Freya: «Gestern Abend war Friedrich da, der über das Ergebnis befriedigt war. Ich habe nur mit ihm ausgemacht, dass er sich dafür einsetzen wird, dass es vom Onkel bedingungslos akzeptiert wird.» (MB 423) Mierendorff, den Moltke seinerseits am 26. Oktober aufsuchte, hatte Leuschner inzwischen über die Ergebnisse der Kreisauer Tagung unterrichtet. Moltke notierte: «Der Onkel wird wohl alles in großen Zügen billigen.» (MB 426)

Moltke hatte größtes Interesse daran, den Gewerkschaftskreis um Leuschner von einer Verbindung mit dem Goerdeler-Kreis abzuhalten. Nach einem Vier-Augen-Gespräch mit Leuschner am 9. Dezember 1942 hoffte er auf eine vertrauensvolle Zusammenarbeit. Im Vorfeld dieses Gesprächs war es zu einer Irritation gekommen: Delp hatte Vertreter der alten Katholischen Arbeiterbewegung (KAB) davor gewarnt, sich auf den reaktionären Kreis um Goerdeler einzulassen. Das wurde Jakob Kaiser bekannt, der es an Leuschner weitergab. Kaiser und Leuschner hatten engen Kontakt und wollten nach dem Ende des «Dritten Reichs» die alten Richtungsgewerkschaften zugunsten einer Einheitsgewerkschaft aufheben. Sie stimmten in vielen Fragen mit Goerdeler überein. Moltkes Ablehnung Goerdelers und seiner Positionen war in diesen Kreisen allgemein bekannt. Goerdeler war für ihn ein «Reaktionär», dessen Einfluss auf Gewerkschaftskreise er nur mit Unbehagen sehen konnte. Es schien ihm nun in dem Gespräch mit Leuschner gelungen zu sein, ihn von einer zu engen Bindung an Goerdeler abzubringen. Aber der von Delp ausgelöste Konflikt hatte schon weitere Kreise gezogen. Moltke berichtete am 11. Dezember:

Heute Morgen erschienen Einsiede. & C. D., deren Arbeit bereits unter dem Krach Onkel – Delp gelitten hatte und die glaubten, mir eine Neuigkeit zu berichten, als sie sagten, es schienen einige Misshelligkeiten entstanden zu sein. Umso angenehmer war es mir, sie beruhigen zu können. Immerhin hat mich interessiert zu sehen, wie schnell das sich auswirkt. (MB 445)

Diese Passage zeigt, dass es eine Reihe von persönlichen, informellen Beziehungen zwischen den Widerstandsgruppen gab. Man wusste einiges übereinander, und manchmal kannte man sogar Einzelheiten.

Am 10. Januar 1943 traf sich Moltke mit seinen Münchner Freunden Rösch, König und Delp. Wie immer, wenn er in München war, besuchte er auch den Rechtsanwalt Josef Müller. Er schrieb an Freya:

Wir hatten ein großes Feld zu überschauen: die Reibungen zum Onkel, die Besprechungen vom Freitagabend, mein Besuch in Krakau, Delps Charaktereigenschaften, die «outstanding personality», die wir uns vorstellen, usw., aber die Unterhaltungen waren in Niveau und Inhalt sehr befriedigend. Außerdem brachte ich die Papstansprache vom 24.12. mit, und die ist wirklich sehr schön. Ich bringe sie Dir mit. (MB 452)

Anfang August 1943 kam es zum Bruch zwischen dem Kreisauer Kreis und der Leuschner-Maaß-Gruppe. Dass dieser Gewerkschaftskreis sich nun den Nationalkonservativen annäherte, die für Moltke Antidemokraten und Antisozialisten waren und die Neuauflage eines obrigkeitlich-autoritären Systems anstrebten, konnte er nicht begreifen. Das Ausscheiden des Gewerkschaftsflügels war für Moltke zudem eine persönliche Enttäuschung, da er die Arbeiterschaft immer als einen Eckpfeiler eines anderen Deutschland betrachtet hatte. Moltke meinte:

Damit können wir für unsere Lebenszeit die Hoffnung auf eine gesunde, organische Lösung begraben, und das bedeutet leider sehr viel. Aber noch ist es ja nicht geschehen, und vielleicht lässt es sich verhindern. [...] Es ist jedoch ein ernstes Symptom der Unreife unseres Volkes und unserer Situation. Tatsächlich muss eben noch viel mehr in Schutt und Asche liegen, ehe die Zeit reif ist. Wie ungern ringt man sich zu dieser Konsequenz durch. (MB 519)

Am Ende der Woche berieten Moltke, Mierendorff, Steltzer und Husen, ob sie sich von Leuschner trennen sollten. Mierendorff hatte längst vor dem offenen Ausbruch des Konflikts mit Leuschner und Maaß unter seinen Genossen in Berlin nach einem «Ersatzmann» Umschau gehalten. Leuschner und Maaß schieden aus dem Kreisauer Kreis aus und orientierten sich zum Goerdeler-Beck-Kreis hin. Eine anfangs hoffnungsvolle Kooperation endete damit im Sommer 1943. Der «Ersatzmann» war Julius Leber, der bedeutendste politische Kopf im deutschen Widerstand. Mit ihm hatten die Kreisauer einen Verbündeten gewonnen, der wie Mierendorff und Haubach in der Republikzeit Politiker gewesen war und Gefängnis und Konzentrationslager hinter sich hatte.

Kreisauer Kreis und Goerdeler-Beck-Kreis

Im Herbst und Winter 1942/43 verschlechterte sich die Lage der deutschen Wehrmacht immer mehr. Im Oktober 1942 begann in Afrika die Gegenoffensive unter General Montgomery gegen die deutsch-italienischen Truppen. Im November landeten britische und amerikanische Invasionstruppen in Algerien und Marokko, und bei Stalingrad wurde im November die 6. Armee eingeschlossen. Für kritische Beobachter zeichnete sich eine militärische Niederlage ab. Ulrich von Hassell notierte am 20. Dezember in sein Tagebuch:

Mehrfach fruchtlose Besprechungen mit Geißler [Popitz], Pfaff [Goerdeler] usw. Man sieht das Unheil immer näher kommen, aber hat kein Mittel, es aufzuhalten. Der Linksradikalismus beginnt sich immer stärker zu regen. Ganz befriedigender Gedankenaustausch mit den «Jüngeren», zum Beispiel Droysen [Peter Graf Yorck], Neffen [Hans Bernd v. Haeften] und S. [Trott] bei Dagmar [Gräfin Dohna].[2]

Auch Gerstenmaier und Schulenburg führten Vorgespräche mit den «älteren Herren», vor allem mit Hassell und Johannes Popitz. Das Bewusstsein, sich unter den einzelnen Widerstandskreisen stärker verzahnen zu müssen, wuchs in den letzten Wochen des Jahres 1942, denn es galt, nach einem vom Militär getragenen Staatsstreich eine handlungsfähige zivile Regierung stellen zu können.

Moltke selbst stand einem Treffen mit den «Exzellenzen» sehr skeptisch gegenüber. Schließlich gab er dem Drängen seiner Freunde nach. Am 8. und 9. Januar 1943 trafen sich bei Yorck in der Hortensienstraße Repräsentanten des bürgerlich-militärischen Widerstands mit Vertretern des Kreisauer Kreises. Anwesend waren Beck, Goerdeler, Hassell, Popitz und Jessen auf der einen und Yorck, Gerstenmaier, Trott und Moltke auf der anderen Seite. Als Vermittler war Schulenburg zugegen.

Ludwig Beck (1880–1944) war von 1935 bis 1938 Generalstabschef des Heeres. Er lehnte die Außenpolitik Hitlers mit ihrem hohen Kriegsrisiko ab und hatte sein Amt im August 1938 im Zusammenhang mit der Sudeten-Krise niedergelegt. Er war der Kopf des bürgerlich-militärischen Widerstands und sollte das neue Staatsoberhaupt werden.[3]

Carl Friedrich Goerdeler (1884–1945) bemühte sich nach seinem Rücktritt 1937 als Oberbürgermeister von Leipzig unermüdlich um die Organisierung eines Widerstands. Er unternahm hierzu zahllose Reisen innerhalb Deutschlands sowie ins Ausland und verfasste diverse Memoranden. Vorgesehen war er als Reichskanzler.[4] Ulrich von Hassell (1881–1944) war ein Diplomat alter Schule, zuletzt von 1932 bis 1938 Botschafter in Rom. Er knüpfte Kontakte nach England und in die USA und war als entschiedener Gegner des Nationalsozialismus ein herausragendes Mitglied des Widerstands. Vorgesehen war er als Außenminister.[5] Johannes Popitz (1884–1945) war seit 1933 preußischer Finanzminister, hatte enge Kontakte zur Abwehr und zu oppositionellen Militärs. Er sollte Kultusminister werden.[6] Jens Jessen (1895–1944) war seit 1936 Professor für Staats- und Wirtschaftswissenschaften an der Berliner Universität und arbeitete während des Krieges im Stab des Generalquartiermeisters des Heeres.[7]

Es waren hochrangige Personen aus Militär, Politik, Diplomatie und Wissenschaft, die sich zum Gespräch mit den «Jungen» einfanden. Eingeleitet wurde der Abend durch einen Vortrag von Trott zur Außenpolitik, es folgte Yorck mit einem Beitrag zum Staatsaufbau, und Moltke sprach zur Lage der Opposition. Lebhaft wurde das Treffen erst, als Moltke polemisch von einer «Kerenski-Lösung» beim Goerdeler-Beck-Kreis sprach. Damit meinte er die Möglichkeit, das Regime zu beseitigen, ohne gleichzeitig eine politische und gesellschaftliche Neuordnung anzustreben. Genau diese Praxis hatte in Russland dazu geführt, dass der Krieg fortgesetzt wurde und am Ende die «Diktatur des Proletariats» unter Führung der KPdSU stand. Grundlegende Reformen zu verweigern war für Moltke der sicherste Weg, zu einer linksradikalen Ordnung zu kommen.

Über dieses Treffen gibt es mehrere Aufzeichnungen. Hassell notierte am 22. Januar 1943:

Recht interessant, aber im Grunde wenig befriedigend eine große Aussprache der «Jungen» und der «Alten» bei [Yorck von] W[artenburg]. Die «Jungen», die im Gegensatz zu den «Alten» nach außen als Einheit auftraten, wurden geistig von dem mir wenig sympathischen, angelsächsisch-pazifistischen General[stabs]chef [Moltke] geführt. Am besten gefiel mir wieder Roggenmüller [Gerstenmaier], mit dem Geißler [Popitz] und ich schon vorher eine Aussprache hatten. Geibel [Beck] leitete sehr weich und zurückhaltend. Scharfer, von Pfaff [Goerdeler] bewusst, aber erfolglos verschleierter Gegensatz zwischen diesem und den Jungen, vor allem auf sozialem Gebiet. Pf[aff = Goerdeler] ist doch eine Art Reaktionär. Die Einheit der Jungen bezieht sich übrigens nicht auf Lehrberg [Schulenburg], der realpolitischer ist, allerdings einer von den «Saulussen»[8]

Auch später urteilte er über Moltke: «Ich habe gegen ihn wegen seiner unrealpolitischen, angelsächsischen Mentalität Bedenken.»[9] Moltke seinerseits schrieb am 9. Januar: «Mein Abend dauerte bis 1 Uhr nachts. Es war merkwürdig, weil wir bis 11 Uhr überhaupt nicht recht zum Konflikt kamen, sondern jeder Versuch, auf die Grundsätze vorzustoßen, von der anderen Seite ins Leichte, Verbindliche umgebogen wurde.» (MB 450) Gerstenmaier hielt in seinem «Lebensbericht» fest, dass eine kontroverse Diskussion nicht zustande kam:

Goerdeler sprach mit uns wie ein Kanzlerkandidat mit den Vertretern einer kleinen Partei. Als wir unsere wirtschafts- und sozialpolitischen Vorstellungen vorzuführen begannen, wurden wir von Goerdeler mit so viel väterlicher Nachsicht und so viel pädagogischer Weisheit abserviert, dass es sogar Fritzi Schulenburg unangenehm wurde.[10]

Für Moltke war die Begegnung mit dem Goerdeler-Kreis fast überflüssig, er nahm nur teil, weil seine Freunde diesen Versuch einer Verständigung für sinnvoll gehalten hatten. Die politischen Vorstellungen dieser Vertreter der alten Eliten aus dem Kaiserreich und aus dem nationalkonservativen und antirepublikanischen Lager der Weimarer Zeit waren für ihn der Versuch, den totalitären, nationalsozialistischen Staat zu überwinden, um ihn durch einen anderen autoritären Staat zu ersetzen. Zudem sah er in ihnen Kräfte, die zum Sieg des Nationalsozialismus beigetragen hatten. Mit Teilen der nationalsozialistischen Innen- und Außenpolitik stimmten sie überein, auch wenn sie weltanschaulich anders dachten. Die Kreisauer hingegen wollten ein Deutschland, das mit seiner obrigkeitlichen Tradition radikal bricht und politische wie wirtschaftliche Ungleichheiten überwindet.

Den Unterschieden in der Außen-, Gesellschafts- und Sozialpolitik lag eine grundlegende Differenz zugrunde: Die Kreisauer wollten eine Neuordnung im Sinne eines revolutionären Bruchs mit der deutschen Vergangenheit. Ihnen ging es nicht nur um die Überwindung des Nationalsozialismus, sondern auch um eine geistig-religiöse Erneuerung. Die Zeit war reif für eine Wiedergeburt des christlichen Glaubens und christlicher Ethik. Die Kreisauer Neuordnungsentwürfe standen unter dem Vorzeichen dieses geschichts- und kulturkritischen Wirklichkeitsverständnisses. Hassell und seine Freunde empfanden das als unpolitisch und irreal. Dennoch versuchte vor allem Hassell, das Gespräch nicht abreißen zu lassen, um wenigstens zu einem pragmatischen Minimalkonsens zu kommen. Zwischen ihm und Moltke gab es allerdings keine weiteren Begegnungen mehr.

Moltke fuhr einen Tag nach dem Gespräch mit dem Goerdeler-Beck-Kreis nach München, um Rösch, Delp und König zu treffen. Außerdem sprach er mit dem Verbindungsmann der Abwehr zum Vatikan, Josef Müller, ferner mit Franz Sperr, Franz Reisert und Fürst Fugger von Glött. Diese bildeten den Kern einer konservativen Widerstandsgruppe in Bayern, zu der vor allem Rösch Kontakte unterhielt. Moltke lag trotz politischer Unterschiede sehr viel an dem Kontakt mit diesen konsequenten Gegnern des Nationalsozialismus. Nach einer Predigt lernte er durch Rösch auch Kardinal Faulhaber kennen. Nach einem späteren Kaltenbrunner-Bericht vom 4. Oktober 1944 soll Moltke gesagt haben:

Ich war zufällig in München, als der Kardinal in der Michaelkirche predigen sollte. Mich interessierte dies, und Pater Rösch verschaffte mir einen guten Platz in der Kirche und sagte mir, der Kardinal würde mich auch sehen, wenn ich dazu Lust hätte. Ich bin dann bei ihm gewesen, und wir haben uns über die Frage der Stellung der Kirche im Staat unterhalten. Die Unterhaltung war aber nicht sehr fruchtbar, weil der Kardinal im Grunde nicht über das Konkordat hinauszubringen war. (SB 438)

Moltke spielte im Verhör durch die Gestapo die Bedeutung seines Treffens mit Faulhaber herunter. Dass der Kardinal nach jahrelangen Verstößen gegen das Konkordat sich ausgerechnet auf dieses berufen haben soll, dürfte eine Erfindung Moltkes gewesen sein, um Faulhaber zu schützen.

Im Januar 1943 trafen sich Roosevelt und Churchill mit ihren politischen und militärischen Beratern auf einer Geheimkonferenz bei Casablanca. Sie planten die kommenden Militäraktionen, unter anderem die Landung in Sizilien im Sommer 1943 und die Landung im Westen 1944. Der wichtigste politische Beschluss war: Die Alliierten streben die «bedingungslose Kapitulation» (unconditional surrender) Deutschlands an. Eine Waffenstillstandsvereinbarung, auch mit einer Regierung nach Hitler, wurde kategorisch ausgeschlossen. Die Sowjetunion schloss sich den Beschlüssen von Casablanca an.[11]

Für die Außenpolitik des Widerstands war dies ein herber Schlag. Innenpolitisch stärkte die Forderung der bedingungslosen Kapitulation in der Bevölkerung die «Treue zum Führer» und schwächte die Bereitschaft der führenden Militärs, gegen Hitler vorzugehen. Wurde der außenpolitische Spielraum des Widerstands schon eng, so wurde seine innenpolitische Handlungsfähigkeit für einen Staatsstreich ohne Attentat noch enger. Allein die Ermordung Hitlers und die Zerschlagung des nationalsozialistischen Systems konnte noch den Weg für einen Neubeginn frei machen. Würde Deutschland diesen Befreiungsakt schnell vollziehen, hoffte man auf eine mögliche Revision der Politik der Alliierten. So setzten von nun an auch einige Kreisauer auf die Kombination von Staatsstreich und Attentat. Sie stellten ihre Bedenken zurück und waren bereit, die moralische Schuld eines Attentats auf sich zu nehmen.

Moltke jedoch hielt von der Beteiligung an einem Staatsstreich zu dieser Zeit nichts. Nach den Erfahrungen der letzten Jahre hatte er kein Zutrauen mehr zu der Fähigkeit der Generäle, einen Putsch durchzuführen. Ihre Aufgabe sahen sie darin, den Krieg siegreich für Deutschland zu beenden. Auch Claus von Stauffenberg hatte Moltke Ende 1941 über seinen Vetter Hans Christoph Freiherr von Stauffenberg diese Antwort übermittelt:

Ich habe mit Claus gesprochen. Er sagt, zuerst müssen wir den Krieg gewinnen. Während des Krieges darf man so was nicht machen, vor allem nicht während eines Krieges mit dem Bolschewismus. Aber dann, wenn wir nach Hause kommen, werden wir mit der braunen Pest aufräumen.[12]

Zudem wusste Moltke, dass nur eine kleine Minderheit von Offizieren zur Opposition zu rechnen war. Die meisten waren hitlertreu. Und selbst wenn ein Militärputsch gelingen sollte, war ein Bürgerkrieg zwischen Hitler-Gegnern auf der einen und Einheiten der SS und der Partei, unterstützt von großen Teilen der Bevölkerung, auf der anderen Seite wahrscheinlich. War Moltke in der Frage des Staatsstreichs schon skeptisch, so war er in der Ablehnung eines Attentats zu dieser Zeit von konsequenter Eindeutigkeit. Er formulierte immer wieder seine beiden Argumente: Man kann ein Unrechts- und Mordsystem nicht mit einem neuen Mord beenden; man bedient sich dadurch genau der Mittel, die man bekämpft. Und zum anderen: Man läuft Gefahr, eine zweite Dolchstoßlegende zu produzieren. Der Verrat an Hitler und seine Ermordung würden für die Niederlage Deutschlands verantwortlich gemacht.

Moltke hielt an seiner Position fest, auch wenn er die anderen nicht überzeugen konnte. Er fühlte sich in seiner Gruppe isoliert und stand vor der Frage, weiterzumachen oder aufzuhören. Schließlich entschied er sich für eine Fortsetzung des Dialogs, da er sich für den weiteren Zusammenhalt der Gruppe verantwortlich fühlte. Mut machte ihm, dass sich immerhin sein wichtigster Freund, Yorck, seinen Argumenten anschloss.

Im Januar 1943 erfuhr Moltke in Kreisau vom ersten Tagesangriff von US-Bombern auf Wilhelmshaven, der den strategischen Bombenkrieg der USA auf deutschem Gebiet eröffnete. Er hörte, dass Ernst Kaltenbrunner der Nachfolger von Reinhard Heydrich als Chef der Sicherheitspolizei und des Sicherheitsdienstes (SD) und Karl Dönitz der Nachfolger von Erich Raeder als Oberbefehlshaber der Marine geworden war. Ferner kapitulierte am 31. Januar die 6. Armee in Stalingrad. Nach Berlin zurückgekommen, gingen die Gespräche mit Steltzer, Yorck, Gerstenmaier, Einsiedel und Haeften weiter, bevor Moltke vom 7. bis 17. Februar nach Brüssel und Paris reiste. Von dieser Reise gibt es keine Briefe. Erst am 4. März schrieb er wieder nach Kreisau. Einen Tag nach Moltkes Rückkehr aus Paris rief Goebbels am 18. Februar 1943 im Sportpalast den totalen Krieg aus. Am 22. Februar wurden die Geschwister Hans und Sophie Scholl sowie ihre Freunde hingerichtet. Und in der Nacht vom 1. auf den 2. März wurde die St.-Hedwigs-Kathedrale, die Predigtstätte von Bischof Preysing, in Trümmer gelegt.

Die Arbeit im Widerstand war aufreibend. Jeder musste trotz größter Vorsicht damit rechnen, «enttarnt» zu werden. Der Umgang in der Gruppe war trotz weitgehendem Konsens nicht immer konfliktfrei. Die militärischen und politischen Rahmenbedingungen änderten sich laufend. Es gab Ereignisse, die alle Pläne auf den Kopf stellten. Enttäuschungen über misslungene Aktionen mussten verkraftet und Phasen der Erschöpfung überwunden werden. Ein rigides Zeitmanagement war unerlässlich, um all die Termine wahrnehmen zu können. Konspirative Arbeit unter der

Bedingungen eines Polizei- und Überwachungsstaats bedeutete die rückhaltlose Ausbeutung der physischen und psychischen Kräfte. Es ist deshalb nicht überraschend, dass fast alle Kreisauer irgendwann wegen einer Krankheit aussetzen mussten. Hinzu kam, dass das Ehe- und Familienleben unter der Abwesenheit des Ehemanns und Vaters litt. Doch unterstützten Freya von Moltke, Marion Yorck von Wartenburg, Clarita von Trott, Barbara von Haeften und die meisten anderen Frauen die Widerstandsarbeit ihrer Männer nach Kräften. Ohne diese Solidarität hätte es den Kreisauer Kreis nicht gegeben.

Nach dem Januar 1943 spielten die Kontroversen um Staatsstreich und Attentat keine Rolle mehr. Als zwei Attentatsversuche scheiterten – am 13. März 1943 im Umfeld von Henning von Tresckow und Fabian von Schlabrendorff in der Ukraine und am 21. März durch Oberst von Gersdorff im Zeughaus von Berlin – und auch Goerdelers Denkschrift für die Generalität über die Notwendigkeit eines Staatsstreichs keine Konsequenzen zeitigte, löste sich die Hektik auf, und die Freunde konzentrierten sich auf die Vorbereitung der dritten Kreisauer Tagung im Juni 1943.

9. Reisen im Dienst des «anderen Deutschland» (Frühjahr 1943)

Über Skandinavien die Westmächte erreichen

Als Moltke im März 1943 nach Norwegen reiste, hatte sich die Lage dort seit seinen Reisen im März und September 1942 entscheidend verändert: Die militärische Initiative lag eindeutig bei den Westalliierten, die von Italien aus zur Eroberung der «Festung Europa» ansetzten und den Bombenkrieg verstärkten. Im Osten gewannen die Sowjets nach der Rückeroberung von Stalingrad und der Vernichtung der 6. Armee zunehmend die Oberhand. Die Alliierten verfolgten einmütig das Kriegsziel der bedingungslosen Kapitulation Deutschlands.

Am 16. März fuhr Moltke in einem Kurierabteil von Berlin nach Warnemünde. Als Reiselektüre hatte er die *Reports of the House of Lords* dabei, zu denen er neben den *Parliamentary Debates*, der Zeitschrift *Round Table*, der *Times* und anderen britischen Quellen als Mitarbeiter der Abwehr Zugang hatte. Moltke gehörte zu den wenigen Deutschen, die über das Hören der BBC hinaus über die öffentliche politische Diskussion in England Bescheid wussten. In den *Reports of the House of Lords* las er nach, was Bischof Bell am 11. Februar 1943 über die Notwendigkeit einer Unterscheidung zwischen dem nationalsozialistischen System und dem deutschen Volk gesagt hatte. Auch die Antwort der Regierung vom 10. März stand hier schwarz auf weiß: Der nationalsozialistische Staat muss konsequent zerstört werden.

In Kopenhagen traf sich Moltke am 16. März mit seiner alten Bekannten aus dem Schwarzwaldkreis, Merete Bonnesen, und ließ sich über das Schicksal von Familienmitgliedern und gemeinsamen Bekannten berichten. Am nächsten Morgen machte er mit ihr einen Stadtrundgang. Am Nachmittag des 18. März begann dann in Oslo die «erste Besprechung mit unseren Freunden». Am nächsten Tag erledigte er seine «Geschäfte», um am Abend die Besprechungen wieder aufzunehmen. Er berichtete über den Widerstand in Deutschland und die Kreisauer Pläne. In der Nacht vom 18. auf den 19. März fand die «Hauptbesprechung» statt.

In dieser Nacht führten Moltke und Berggrav im Beisein Steltzers sowie einiger Norweger ein längeres Gespräch. Moltke selbst berichtete keine Einzelheiten darüber. Aber Berggrav hielt in seinem Tagebuch die behandelten Themen fest. Sie sprachen über die Möglichkeiten, die Alliierten von der Existenz eines «anderen Deutschland» und eines deutschen Widerstands zu überzeugen. Ausführlich diskutierten sie über ein föderalistisches Europa nach dem Krieg. Strittig blieb die Frage der politischen Bewertung der Sowjetunion. Berggrav äußerte sich besorgt über ihre wachsende Bedeutung. Der brisanteste Diskussionspunkt war jedoch die Frage des «Tyrannenmordes». Berggrav berichtete 1948 in einem Aufsatz darüber:

Ich hatte während meiner eigenen Polizeiinternierung zwei heimliche Zusammenkünfte mit Helmuth v. Moltke in Oslo, jedes Mal 3–4 Stunden lang. [...] Das letzte Mal war die Nacht vom 18. zum 19. März 1943. Bei dieser Gelegenheit brachte v. Moltke den Attentatsplan zur Sprache, da er stark mit dem «Tyrannenmord» als christlichem und ethischem Problem beschäftigt war. Er hatte sich bis dahin – ebenso wie der Kreis, mit dem er zusammenarbeitete – neutral gestellt gegenüber dem Teil der Verschwörung, der das Attentat auf Hitler in seine Pläne einbezog. Sein Grund war indes nicht direkt der, dass eine Liquidierung Hitlers als christlich unzulässig anzusehen sei. Dies wird in der Literatur als das einzige Motiv für die Ablehnung dargestellt. Diese Seite der Frage nahm er gewiss tief ernst. Helmuth von Moltke gehörte nicht zu denen, die leichthin sagten: Schießt ihn nieder. Im Wesentlichen aber lag das Problem für ihn darin: Kann durch eine solche Handlung etwas eingeleitet werden, das *zum Segen wird?* Gehörte nicht die Methode selbst dem Bereich des bösen Feindes zu? Würde eine solche Handlung sich isoliert durchführen lassen, würde sie nicht Konsequenzen nach sich ziehen und die ganze folgende Entwicklung und damit das neue System, das man in Deutschland aufbauen wollte, in die Verdammung hinunterziehen? [...] V. Moltke lehnte damit aber nicht ohne weiteres die Möglichkeit des Attentates ab. Er war sich darüber im Klaren, dass es sich so ergeben könne, dass dies eine Pflicht würde. Er würde sich dem nicht entziehen, wenn diese Pflicht auf ihn fallen würde. Das, was deutlich wurde, war, dass auf ihn *andere* Pflichten fielen – ebenso gefahrenreiche, wie die kommenden Ereignisse zeigen sollten.[1]

Es besteht kein Anlass, an der Richtigkeit dieses Berichts zu zweifeln. Ein undatiertes Aufsatzmanuskript Berggravs zeigt darüber hinaus, dass er Moltke zu einigen Differenzierungen bewegen konnte. Er gab ihm zu bedenken, dass die designierte zivile Regierung mit der Attentatsgruppe zusammenarbeiten müsse, um sich für später eine Machtbasis zu sichern. Tatsächlich führte Moltke trotz bleibenden inneren Unbehagens am Ende des Jahres ein Gespräch mit Claus von Stauffenberg (MB 580). Im Laufe des Jahres 1943 hatte er erkannt, dass nur eine gemeinsame Aktion, wenn auch bei bleibenden Rollenunterschieden, zur Befreiung vom Nationalsozialismus führen konnte.

Für Berggrav war die Begegnung mit Moltke sehr aufschlussreich. Er hörte aus erster Hand die Überlegungen der Kreisauer für ein in Europa eingebundenes Deutschland und lernte die schwierige Situation des Widerstands zu verstehen:

Auf dem Heimweg war ich – außer dass ich überwältigt war von Moltkes Persönlichkeit – stark ergriffen davon, wie verzweifelt in einer ganz anderen, verwickelten Weise die Verhältnisse für die Deutschen waren, die aus Überzeugung gegen Hitler standen. Es war erschütternd, daran zu denken, wie sie in einer Lage zu kämpfen hatten, wo alle Chancen gegen ihre Sache standen. [...] Das war die ergiebigste Nacht, die ich bis dahin während des Krieges erlebt hatte.

Moltke übergab Bischof Berggrav Flugblätter der «Weißen Rose» mit der Bitte, diese Dokumente nach England und in die Weltpresse zu bringen. Sie könnten dazu beitragen, dass das Ausland endlich die Existenz eines Widerstands in Deutschland anerkennt und in seiner Politik berücksichtigt.

Er fügte dem Material eine Darstellung über die Aktionen der «Weißen Rose» und ihre Verfolgung in englischer Sprache bei (Br. 1, 280 ff.). Ferner berichtete er von zwei Universitäten, an denen der «Geist der Empörung einen solchen Grad erreicht [hat], dass jeden Tag mit Zwischenfällen zu rechnen ist». Diese Passage zeigt, dass die Kreisauer auf den Beginn größerer oppositioneller Aktionen an deutschen Universitäten hofften. Auch in der Arbeiterschaft sei zwar systematisch Aufklärungsarbeit geleistet worden. Aber «abschätzbare Reaktionen» seien noch nicht zu verzeichnen. Vor allem bat Moltke das Ausland um die Verbreitung der Flugblätter der «Weißen Rose» und die wiederholte Nennung der Namen der Verurteilten im Rundfunk, denn:

Es ist ein klarer Fall von inländischem Aufstand, basierend auf moralischen Prinzipien höchster Ordnung, Prinzipien, welche eines Tages intereuropäische Beziehungen regieren müssen. Es wäre eine riesige Hilfe, wenn diese Tatsache irgendeine Art von Widerhall seitens der Außenwelt finden könnte, wenn nur ein Wink gegeben werden könnte, dass dies Kräfte innerhalb Deutschlands sind, mit denen es möglich, nein, notwendig sein wird zusammenzuarbeiten, sobald der Krieg vorüber ist. (Br. 1, 282)

Das letzte Flugblatt der «Weißen Rose» und Moltkes Darstellung wurden von dem Kreisauer Kontaktmann in Norwegen, Arvid Brodersen, sofort ins Norwegische übersetzt und in Widerstandszeitschriften veröffentlicht. Auch nach England gelangte ein Exemplar, das Moltke zusammen mit Berggrav ins Englische übersetzt hatte. Von England aus ging das Flugblatt in die Weltpresse. Thomas Mann hat es in einer Londoner Rundfunkansprache als Zeichen für ein anderes Deutschland gewürdigt. Und schließlich warfen britische Flugzeuge das Zeugnis gegen Hitler und sein System massenweise über Deutschland ab, und die BBC berichtete in einer Sendung für Deutsche über die Münchner Ereignisse. Die «Weiße Rose» wurde auf diese Weise die erste Widerstandsgruppe, die weltweit bekannt wurde.

Für Moltke waren die Reisen nach Oslo im Frühjahr und Herbst 1942 von größter Bedeutung. Hier lernte er, was Ökumene auch politisch bedeuten kann. «Kosmopolit» war er von Haus aus, nun wurde er endgültig ein ökumenisch ausgerichteter protestantischer Laie – und dies nicht durch theologische Studien des Weltkirchenrats, sondern durch persönliche Begegnungen mit Menschen, bei denen der christliche Glaube die Parteinahme für Freiheit und Frieden in Gang setzte.

Zufrieden mit den offiziellen und inoffiziellen Ergebnissen seines Oslo-Aufenthalts fuhr Moltke am 20. März mit dem Zug nach Stockholm. Dort traf er zunächst Harry Johansson, den Leiter des Nordischen Ökumenischen Instituts in Sigtuna, bei dem er übernachtete.[2] Am 22. März besuchten sie Ivar Anderson vom *Svenska Dagbladet*. Moltke bat auch ihn, die Ereignisse um die «Weiße Rose» in der Welt bekannt zu machen. Moltke soll dem Tagebuch Johanssons zufolge auch bereit gewesen sein, sich von Schweden nach England fliegen zu lassen, um dort selbst an geeigneter Stelle Aufklärungsarbeit zu leisten.

Am Mittwochabend, dem 24. März, kam auch Theodor Steltzer nach Stockholm, und am Freitag, dem 26. März, trafen sich die beiden Kreisauer mit der Sigtuna-Gruppe, bestehend aus Harry Johansson, Ivar Anderson, Nils Quensel und Hardy Goransson, im Stockholmer Stadtmuseum. Moltke nutzte diese Gelegenheit, Johansson einen langen Brief an seinen englischen Freund Curtis zu übergeben, der ihn nach Großbritannien befördern sollte (Br. 1, 270 ff.).

Dieser Brief vom 25. März 1943 ist nun ein einzigartiges Dokument aus dem deutschen Widerstand. Moltke versucht hier, einem Engländer zu erklären, wie es im Deutschland des Jahres 1943 aussieht, welche Probleme der Widerstand hat und wie es zu einer Zusammenarbeit gegen Hitler kommen könne. Im ersten Abschnitt äußert Moltke seine Bedenken gegen die Diplomatie und Geheimdienste, die er beide aus seiner Tätigkeit heraushalten will. Die Auslandsvertretungen hätten aufgrund ihres abgeschirmten Lebens nur einen begrenzten Einblick in die realen Verhältnisse. Und die Geheimdienste berichteten über alles, was gegen den Hauptfeind gerichtet sei, verfügten aber in ihrer Arbeit über keine politischen Perspektiven.

Im zweiten Abschnitt konstatiert er einen «Mangel an Einigkeit» im deutschen Volk. Während in den meisten besetzten Ländern eine Einigkeit der Bevölkerung gegen das deutsche Besatzungsregime existiere, seien in Deutschland viele Menschen vom System korrumpiert worden. Daher gebe es in Deutschland kein revolutionäres Potenzial für einen Umsturz. Erschwerend komme der «Mangel an Kommunikation» hinzu. Man könne nicht telefonieren, die Post nicht benutzen und keine Boten schicken. Man könne selbst mit den Menschen, mit denen man voll übereinstimmt, nicht offen sprechen, «weil die Verhörmethoden der Geheimpolizei zunächst den Willen brechen, den Verstand aber bei voller Klarheit belassen. Auf diese Weise wird das Opfer dazu gebracht, alles auszusagen, was es weiß.» (Br. 1, 273) Und die Nachrichtensperre sei so wirksam, dass man sich auch nicht auf «Gerüchte oder eine Flüsterkampagne» verlassen könne. Nur über den Londoner Rundfunk würden die «wirklichen Gegner des Nationalsozialismus und unzufriedene Parteimitglieder» erreicht.

Im dritten Teil seines Briefes illustriert Moltke, wie wenig die meisten Deutschen über die tatsächliche Lage wüssten. Die Armee werde systematisch von den Vorgängen in der Heimat abgeschirmt. Nur dürftige Informationen erreichten die Soldaten, und nur wenig werde ihnen während eines Urlaubs erzählt. Daher wüssten die meisten auch nichts von den Massenmorden. Keiner kenne die genaue Zahl der Konzentrationslager und ihrer Insassen. Er selbst rechne mit 150 000 bis 350 000 Insassen. Sechzehn Konzentrationslager hätten eigene Krematorien.

Wir haben vom Bau eines großen Konzentrationslagers in Oberschlesien gehört, welches für 40–50 000 Personen angelegt ist, von denen monatlich 3–4000 getötet werden sollen. Aber selbst ich bekomme alle diese Informationen nur in recht vager, undeutlicher und ungenauer Form, obwohl ich mich ja bemühe, so etwas herauszufinden. (Br. 1, 275)

Der vierte Teil des Briefs befasst sich mit dem deutschen Widerstand. Zunächst geht Moltke auf die vielen Opfer ein, die der Widerstand bereits gefordert hat. Aber er berichtet auch über kleine Erfolge. So versuchten Beamte in der höheren Bürokratie, Befehle aufzuheben oder abzuschwä-

chen. Und es gab immer wieder Menschen, die anderen das Leben rette-
ten. Dabei übt Moltke auch Kritik an der Opposition. Ihr «Hauptirrtum»
sei, sich auf eine «Aktion der Generäle» zu verlassen. Diese habe er selbst
– von einigen Ausnahmen abgesehen – als politisch und moralisch schwach
erlebt. Sie seien blind geworden für das innenpolitische Unrecht, weil sie
die neue Wehrpolitik Hitlers und seine revisionistische Außenpolitik für
richtig hielten. Damit weist er Curtis darauf hin, dass sich der Widerstand
inzwischen aus anderen gesellschaftlichen und politischen Gruppen zu-
sammensetze.

Im fünften Teil seines Briefs spricht Moltke zwei Probleme an: die
Kriegsverbrecher und die Gefahr des Kommunismus. Er plädierte für eine
Bestrafung der Kriegsverbrecher, sei es durch ein deutsches Gericht oder
durch eine schnelle «Beseitigung» ohne Gerichtsverhandlung. Jedenfalls
sei eine Aburteilung durch die Sieger zu vermeiden, denn eine solche
könnte «diese Schläger zu Nationalhelden» machen. Die Gefahr des
Kommunismus sieht Moltke in Deutschland in erster Linie bei Intellektuellen und beim antinazistischen Mittelstand. Die Mehrheit der älteren Arbeiter und Facharbeiter lehne jedes «totalitäre System» ab. Generell könne
man sagen, dass der Mittelstand nazistisch oder totalitär infiziert sei, ebenso der höhere Adel. Der niedere preußische Landadel sei immun gegen
jede Art von Totalitarismus, weniger der west- und süddeutsche Adel.[3]

In den Punkten 6 und 7 seines Briefs formuliert Moltke die Bitte, «eine
feste Verbindung zwischen der deutschen Opposition und Großbritannien herzustellen», nicht im Sinne von Beziehungen zum Geheimdienst,
sondern eine «politische Verbindung». Seine vorrangige Frage dabei ist,
wie man den äußeren Krieg der Briten gegen das nationalsozialistische
Deutschland mit dem Widerstand verzahnen könne. Moltke, dem in der
Literatur meist ein rein theoretisch-konzeptionelles Interesse unterstellt
wird, bemühte sich von Stockholm aus, unter der Oberaufsicht der britischen Botschaft eine Kontaktstelle zwischen britischen Dienststellen
und Widerstandsgruppen in Deutschland und im besetzten Europa aufzubauen, um Aktivitäten des europäischen Widerstands mit Aktionen der
Briten zu koordinieren.

Am Schluss seines Briefs bittet Moltke, unter allen Umständen seinen
Namen aus allem herauszuhalten, und schlägt Michael Balfour als Kon-
taktperson in Stockholm vor. Damit nennt er den Namen eines alten
Freundes aus den zwanziger und dreißiger Jahren. Balfour arbeitete während des Krieges in der Political Warfare Executive (Ausschuss für Politische Kriegsführung) und kannte Deutschland und Kontinentaleuropa

sehr gut. Auch an diesen Freund schrieb er einen kurzen Brief aus Stockholm, in dem er über sich selbst sagt:

Ich bin eine Art Reisender geworden. Es vergeht kein Monat, in dem ich nicht in irgendein europäisches Land geschickt werde, oder besser: Ich schicke mich selbst. [...] «Join the army and see the continent» passt ganz gut. Diese Reisen sind meist deprimierend für den Verstand, aber auch wieder ermutigend für den Geist. Man trifft unter den heute in Europa herrschenden Umständen nur die übelsten und die besten Leute, und wenn man die übelsten in angemessenem Abstand halten kann, sind die Übrigen erstaunlich gut. (MBF 252)

Curtis hat Moltkes Brief nie erhalten. Johansson sah als Leiter des Sigtuna-Instituts, das von dem zuständigen Bischof zur politischen Neutralität verpflichtet worden war, keine Möglichkeit, den Brief nach England befördern zu lassen. Er blieb bis 1970 in seinem Archiv. Als der amerikanische Exekutivsekretär des YMCA, Tracy Strong, im Juli 1943 Stockholm besuchte, bat ihn Johansson, sich den Inhalt des Briefs einzuprägen und ihn in London an Bischof Bell und William Paton zu übermitteln und sie zu bitten, Curtis zu unterrichten. Strong verfasste eine Kurzfassung des Briefs, die er am 30. August Bell überreichte und mündlich erläuterte. Am 14. September schickte Bell eine Kopie der Kurzfassung an Curtis, der sie an verschiedene Dienststellen weiterleitete. Balfour hat berichtet, dass die britische Botschaft in Stockholm ihn angefordert habe, aber die Regierung habe aufgrund ihres Prinzips «absolutes Stillschweigen» vereinbart und unter den Bedingungen der Doktrin der «bedingungslosen Kapitulation» nicht auf die Vorschläge Moltkes eingehen können. Moltke und seine Freunde im Widerstand blieben, wie Klemens von Klemperer es im Titel seines Buches genannt hat, «die verlassenen Verschwörer».

Curtis schrieb im Juni 1943 einen Brief über die politischen Auffassungen und über die Person Moltkes an einen hohen Beamten des Außenministeriums und wies darauf hin, dass er Großbritannien nach dem Krieg möglicherweise nützlich sein könnte. Aber wie es auch im Einzelnen gewesen sein mag: Auch einem in britischen Regierungskreisen bekannten und als Gegner des Nationalsozialismus ausgewiesenen Mann wie Moltke gelang es weder direkt noch durch seine Freunde in England, eine Revision der britischen Politik gegenüber dem deutschen Widerstand zu erreichen.

Über Wien und Warschau nach Pulawy

Am 30. April brach Moltke zu seiner nächsten Reise auf. Inzwischen hatte sich die Lage des deutschen Widerstands verschlechtert: Am 5. April 1943 waren Hans und Christine von Dohnanyi, Dietrich Bonhoeffer und Josef Müller verhaftet und Hans Oster suspendiert worden. Moltke fuhr zunächst nach Wien. Es war eine Reise in die Vergangenheit. Er traf alte Freunde aus dem Schwarzwaldkreis, darunter Helga Blau, Axel von Ambesser, Lilly und Ludwig Radermacher, Joe und Elsa Weissel und Ea Allesch. Außerdem besuchte er seinen alten Lehrer, den Völkerrechtler Alfred Verdross, und suchte schließlich den ihm seit langem bekannten Schneider Prix auf.

Mit einem Zug, der ausschließlich Deutschen vorbehalten war, ging es am 1. Mai 1943 nach Warschau. Dort hatte er bis zur Weiterfahrt nach Pulawy, seinem eigentlichen Ziel, vier Stunden Zeit, in denen er durch Warschau spazierte. Er kannte die inzwischen stark zerstörte Stadt aus der Zeit, als er zusammen mit Freya im Juni 1932 seinen Onkel Hans Adolf von Moltke in der deutschen Botschaft besucht hatte. Seit dem 19. April 1943 war der Aufstand im Warschauer Ghetto im Gange.[4] Bis September 1942 waren rund 300 000 Juden aus dem Ghetto verschleppt worden, davon 265 000 in das Vernichtungslager Treblinka. Zurück blieben 55 000 bis 60 000 Juden. Es hatten sich im Ghetto Kommandogruppen gebildet, die mit minimaler Bewaffnung agieren mussten. 700 bis 750 jüdische Kämpfer standen rund 2000 deutschen Soldaten und Polizisten gegenüber. Die Ghettobevölkerung hatte sich in Verstecke und Bunker zurückgezogen. Siebenundzwanzig Tage dauerte es, bis unter dem Kommando des Generalleutnants der SS, Jürgen Stroop, der einzige Aufstand in einem städtischen Judenghetto blutig beendet wurde. Stroop meldete am 16. Mai: «Gesamtzahl der erfassten und nachweislich vernichteten Juden beträgt insgesamt 56 065.» Moltke bekam diesen Aufstand nur von Ferne und vom Hörensagen mit. Er berichtete an Freya: «Über der Stadt stand eine große Rauchwolke, die ich nach meiner Abfahrt mit dem D-Zuge noch gut eine halbe Stunde sehen konnte, also wohl 30 km weit. [...] Es war schon mehrere Tage im Gang, als ich hinfuhr, und brannte noch, als ich gestern wieder durchkam.» (MB 477 f.)

Moltkes Reiseziel, Pulawy, lag nahe der Weichsel an der Bahnstrecke Warschau–Lublin. Dort gab es seit 1869 ein Staatliches Wissenschaftliches Institut für Land- und Forstwirtschaft, in dem polnische Wissenschaftler mit landwirtschaftlichen Fakultäten an den Universitäten zusammenarbeiteten. Nach Kriegsbeginn wurde nach einer wirren Übergangszeit der Agrarwissenschaftler Friedrich Christiansen-Weniger zum Leiter ernannt. Unter dem Namen einer «Landwirtschaftlichen Forschungsanstalt des Generalgouvernements» wurden dreizehn Institute eingerichtet, in denen unter der Leitung von zwanzig deutschen Wissenschaftlern rund zweihundertfünfzig polnische Wissenschaftler sowie zahlreiche Laboranten, Hilfskräfte und Landarbeiter tätig waren.

Christiansen, dem auch die Sektion Landwirtschaft des Instituts für deutsche Ostarbeit in Krakau übertragen worden war, hatte in den dreißiger Jahren als Agrarexperte in der Türkei gearbeitet. Er war kein Nationalsozialist und frei von rassistischem Denken. Moltke kannte ihn von seiner Teilnahme an den Schlesischen Arbeitslagern her, auch war er an der agrarpolitischen Diskussion bei den Borsigs in Groß-Behnitz vom 13. bis 16. März 1942 beteiligt gewesen. Im Dezember kam es zu weiteren Gesprächen zwischen den Kreisauern und ihm in Berlin. Moltke besuchte ihn, um ihn auf seinem einsamen Posten moralisch zu unterstützen. Am Abend des 1. Mai kam er in Pulawy bei den Christiansens an:

Das Schlimmste im Haus ist die Bewaffnung. Am Abend steht oben ein MG. Christiansen hat neben sich eine MP liegen, und aus dem Hause geht er nie ohne Pistole. [...] Chr. und seine Leute sind sehr nett mit den Polen, und es geht auch sichtlich gut. [...] Das Institut ist riesig. Das Hauptgebäude ist ein schönes Schloss, das [...] hoch gelegen einen weiten Blick über die Weichsel ermöglicht. Der Betrieb ist 5000 ha groß, davon das meiste Versuchsfelder. [...] Der Geist dieses Unternehmens ist ganz hervorragend, und es ist kein Zweifel, dass für die polnische Landwirtschaft unter Chr. eine ganz erstklassige Arbeit geleistet worden ist, weil es ihm gelungen ist, die einzelnen guten, aber disharmonischen polnischen Wissenschaftler zur Zusammenarbeit an den praktisch am nächsten liegenden Aufgaben zu bringen. Über die Züchtungsergebnisse im Einzelnen zu berichten würde zu weit führen. (MB 478 f.)

Neuere polnische Forschungen bestätigen Moltkes Eindruck. Pulawy war eine Oase inmitten des Terrorsystems des Generalgouvernements. Ob Christiansen von der Existenz der polnischen Widerstandsbewegung am Institut wusste und ob er Kontakt zu ihr hatte, ist nicht festzustellen. Moltkes Besuch in Pulawy galt in erster Linie seinem Mitstreiter Christiansen, aber es kann im Blick auf seine Widerstandsarbeit vermutet werden, dass er auch Kontakt zum polnischen Widerstand gesucht hat, um ihn über die Existenz eines «anderen Deutschland» zu unterrichten und über eine gemeinsame Zukunft in Europa zu sprechen. Jedenfalls ist es schwer vorstellbar, dass sein Besuch rein privaten Zwecken gedient hat.

Nach seiner Polenreise trafen sich Moltke und Christiansen immer wieder in Berlin. Am 18. September 1943 sahen sie sich in größerem Kreis in der Hortensienstraße. Moltke konstatierte: «Die Lage der Landwirtschaft wird in der Zukunft unglaublich schwierig sein, und zwar nicht nur wirtschaftlich, sondern auch soziologisch + politisch.» (MB 543) Die Kreisauer konfrontierten Christiansen mit der Bitte, im Falle einer neuen Regierung Landwirtschaftsminister oder Staatssekretär zu werden. Dass eine in die bisherigen Besitzverhältnisse eingreifende Agrarreform notwendig werde, war ihre gemeinsame Auffassung. Es zeigt die Souveränität der Großgrundbesitzer Moltke und Yorck, dass sie offen für die Reformvorschläge unabhängiger Agrarfachleute waren. Besonderes Vertrauen hatten sie dabei zu Christiansen, der zum engeren Umfeld des Kreisauer Kreises zu zählen ist. Christiansens Kontakte zum Widerstandskreis sind nach dem 20. Juli 1944 von der Gestapo nicht aufgedeckt worden.

Eine verhängnisvolle Reise nach Österreich

Zu Österreich hatten die Kreisauer zunächst keine Kontakte aufgebaut. Sie gingen davon aus, dass das Land nach einem Regierungswechsel und nach Kriegsende Teil des Deutschen Reiches bleiben wolle. Diese in österreichischen Widerstandskreisen umstrittene Erwartung wurde zunichte gemacht, als auf der Viermächtekonferenz in Moskau am 1. November 1943 erklärt wurde, dass die Alliierten ein «freies und unabhängiges Österreich wiederhergestellt zu sehen wünschen».[5] Zu einzelnen Österreichern unterhielten einige Kreisauer gute Kontakte. So hatte Mierendorff bei seinem Arbeitgeber, der Braunkohlen-Benzin AG, den 1938 abgesetzten oberösterreichischen Landeshauptmann Hermann Gleissner kennen gelernt, der nach einer Inhaftierung im Konzentrationslager Dachau nach Berlin zwangsverpflichtet worden war. Dort machte Gleissner auch die Bekanntschaft von Reichwein, Yorck und Moltke. Am 30. Juni 1942 war er mit Yorck und Mierendorff in der Derfflingerstraße. Noch viele andere Gespräche sind bezeugt. Zu Gleissners Umfeld gehörten zwei weitere Österreicher: Karl Gruber und Erich Mair. Dank der Kontakte mit diesen dreien waren die Kreisauer über die Lage und Stimmung in Österreich gut informiert.[6] Über Gleissner knüpften sie auch Kontakt zu Wilhelm Taucher, Professor für Volkswirtschaftslehre in Graz. Nach Gesprächen mit Rösch, Delp, Guttenberg und Reisert am 27. und 28. August 1943 in München fuhr Moltke am 29. August über Salzburg nach Graz, um am Abend Taucher zu sprechen. Am nächsten Morgen hatte er Zeit, sich Stadt und

Leute anzusehen, bevor er sich am Nachmittag erneut mit Taucher traf. «Die Unterhaltung gestern Abend war im Diagnostischen schlecht, im Willensmäßigen befriedigend», berichtete er an Freya (MB 534).

Um was es ging und warum es nicht so gut lief, wissen wir allerdings nicht. Auch über seinen Aufenthalt in Salzburg machte Moltke keine Angaben. Dem Kaltenbrunner-Bericht vom 10. August 1944 zufolge besuchte er den früheren christlich-sozialen Landeshauptmann Franz Rehrl, der später aussagte, «dass Moltke ihn im Auftrag des Fürsterzbischofs von Salzburg zusammen mit einer noch unbekannten Person aufgesucht und mit ihm Fragen einer Regime-Änderung besprochen» habe (SB 190). In der Tat war Rehrl als politischer Beauftragter für den Wehrkreis XVIII vorgesehen. Über die Zusammenkunft mit dem Erzbischof Andreas Rohracher, mit dem Rösch in Verbindung stand, äußerte sich Moltke ebenfalls nicht. Es sieht so aus, als sei seine Reise nach Österreich nicht besonders erfolgreich verlaufen.

Harte Arbeit in den westlichen Kommandozentralen

Ergiebiger verlief eine Reise in die Niederlande im Juni 1943. Die Verbindung dorthin hatte Trott im Dezember des Vorjahres angeknüpft. Durch Vermittlung von Visser 't Hooft und Schönfeld, der schon mehrere Besuche bei niederländischen ökumenischen Kreisen gemacht hatte, kam es zu Gesprächen mit vier hochrangigen Männern, die er nach anfänglicher Zurückhaltung für einen engeren Kontakt zu den Kreisauern gewinnen konnte. Es waren dies: der Direktor der Abteilung Internationale Angelegenheiten im Außenministerium, Constantin L. Patijn, der Professor für Völkerrecht in Leiden Frederik Mari Baron van Asbeck, G. J. Scholten sowie der Direktor der Abteilung Diplomatische Angelegenheiten im Außenministerium, Herman van Roijen. Als Verbindungsmann zwischen dieser niederländischen Gruppe und den Kreisauern wurde der in Den Haag arbeitende Geschäftsmann Hans Wolf von Goerschen verpflichtet. Er war vor dem Krieg nach Holland gegangen, hatte die niederländische Staatsangehörigkeit angenommen und reiste häufig nach Berlin. Er kannte Ludwig Beck und hatte gute Beziehungen zur Abwehr, die ihm im Krieg die notwendigen Reisepässe besorgte. Moltke kannte Goerschen bereits seit längerem über seinen Schwager Carl Deichmann, der in der gleichen Bank wie Goerschen gearbeitet hatte. Am 26. November war Goerschen zusammen mit Deichmann bei Moltke. Bei diesem Besuch verabredeten sie eine konspirative Zusammenarbeit. Nachdem Goerschen während des Besuchs von Trott im Dezember auch von dem niederländischen Widerstandskreis akzeptiert worden war, wurde er der wichtigste Kontaktmann zwischen den beiden Widerstandsgruppen. Ihm ist es zu verdanken, dass die Kreisauer zur niederländischen Widerstandsgruppe bessere und vertrauensvollere Kontakte hatten als zu jeder anderen in einem besetzten westlichen Land. Sein großes Engagement für den Widerstand musste er mit dem Leben bezahlen.

Als Moltke am 30. Mai 1943 zu seiner Reise in den Westen aufbrach, konnte er an die Arbeit von Trott und Goerschen anknüpfen. Doch zunächst widmete er sich in Hilversum, dem Sitz des Hauptquartiers der Wehrmacht in den Niederlanden, seinen dienstlichen Aufgaben. Er kam in einer Zeit der Zunahme der Zwangsrekrutierungen von Arbeitern, der vermehrten Repressalien, der Geiselnahmen und Erschießungen in die Niederlande. Als Sachbearbeiter der Völkerrechtlichen Arbeitsgruppe in der Abwehr besuchte er die höchsten militärischen und polizeilichen Stellen, um mit ihnen über ihre Besatzungspolitik und ihre Strafmaßnahmen gegenüber der Zivilbevölkerung zu sprechen. Er hatte keinerlei Befehls- oder Sanktionsgewalt ihnen gegenüber und war letztlich auf den guten Willen und die Kooperationsbereitschaft seiner Gesprächspartner angewiesen. Der Gast aus Berlin wurde in den besten Hotels untergebracht, nahm an den Mahlzeiten in den Offizierskasinos teil und erhielt in der Regel einen Adjutanten, der die Termine koordinierte und für Fahrgelegenheiten sorgte. Beim ersten Mittagessen lernte Moltke sogleich den Stab mit seinem Chef General Heinz von Wühlisch und dem Ic Oberst Müller kennen. Am Nachmittag las er in den Akten des Ic, in denen die Geiselnahmen und Erschießungen protokolliert waren. Anschließend erklärte ihm Wühlisch, dass er bemüht sei, Erschießungen zu verhindern, soweit er könne.

Mit dieser Rückendeckung durch die Wehrmacht fuhr Moltke ins zweite Machtzentrum, zum Sicherheitsdienst in Den Haag. Und hier geschah Unvorhergesehenes: Er wurde freundlich begrüßt, und der SD-General Wilhelm Harster unterhielt sich an zwei Tagen stundenlang mit ihm, einmal sogar in seinem Krankenzimmer. Moltke hatte es bei Harster mit einem eingefleischten Parteigenossen und SS-Mann zu tun, mit dem ihn geistig und politisch nichts verband. Aber das schloss Übereinstimmungen auf der praktischen Ebene nicht aus. So erklärte Harster gegenüber Moltke:

Gegen Schuldige bin ich wirklich scharf, sehr scharf sogar, aber Unschuldige zu erschießen, ist doch einfach blödsinnig. [...] Ich kann nicht erwarten, dass die Bevölkerung ruhig bleibt und die Banditen nicht unterstützt, wenn ich anfange, Unschuldige zu greifen. [...] Wenn Sie erreichen wollen, dass das Geiselnehmen und das Geiselerschießen ganz und kategorisch verboten wird, so können Sie meiner Unterstützung gewiss sein. (MB 485)

Der Polizeichef formulierte damit Argumente, die Moltke in seinen Gesprächen mit den Praktikern vor Ort selbst gebrauchte. Das Gespräch mit Harster konnte er daher als Erfolg verbuchen. Beide trennten sich «auf das Herzlichste».

Am folgenden Abend besuchte Moltke seinen Mitstreiter Goerschen, der ihn zum Abendessen in sein Privathaus nach Wassenaar mitnahm. Damit begann der konspirative Teil seiner Reise. Er konnte bei der Familie Goerschen übernachten und gewann Einblick in die Lage bürgerlicher holländischer Familien, die in der Regel vom Schwarzmarkt lebten. Goerschen versuchte mit Moltkes Rückendeckung, politische Gefangene, Kriegsgefangene und Widerstandsleute aus Gefängnissen und Lagern zu befreien.

Am folgenden Nachmittag kam es in Goerschens Büro zu einer Begegnung mit dem «Hauptholländer» van Roijen. Moltke berichtete:

Der Holländer ist ein guter Mann mit ausgesprochenem Verständnis für die uns bewegenden Probleme, ein Deutschenhasser, aber klug genug, zu sehen, dass nicht alle über einen Kamm zu scheren sind und dass auch den Deutschen eine Lebensmöglichkeit gegeben werden muss. (MB 486)

Der niederländische Widerstand vollzog die von den Alliierten praktizierte Gleichsetzung von Deutschland und Nationalsozialismus überwiegend nicht mit. Er arbeitete mit der deutschen Opposition zusammen, um gemeinsam eine neue Friedensordnung zu entwickeln. Er setzte dabei wie die Kreisauer auf eine europäische Föderation, die nationalstaatliche Konflikte aus der Zukunft Europas verbannen sollte. Als Moltke und van Roijen miteinander sprachen, konnten sie nicht nur eine geistige Verwandtschaft, sondern auch ein hohes Maß an Übereinstimmung in der Zielsetzung feststellen.

Am späten Abend kam Moltke «todmüde» nach Hilversum zurück. Am nächsten Morgen verfasste er zunächst Berichte über seine Besprechungen mit dem Sicherheitsdienst und skizzierte Pläne für die zukünftige Auswertung der für ihn erfreulichen Ergebnisse. Zum Abendessen war er bei dem Befehlshaber der Wehrmacht in den Niederlanden, General Friedrich

Christiansen, eingeladen. Moltke verglich ihn mit einem netten Handels-schiffskapitän, der von den «hohen Fragen der Politik und Kriegführung» keine Ahnung hatte. Auf das Völkerrecht angesprochen, erzählte der General von einem Gespräch mit dem Oberbefehlshaber der niederländischen Armee, General Winkelman:

> W. sagte: «Ich nehme an, Herr General, dass Sie sich im Rahmen des Völkerrechts und der Haager Konvention halten werden.» Wissen Sie, was ich geantwortet habe: «Herr General, haben Sie in der Schule je etwas von Völkerrecht gehört? Ich nicht. Völkerrecht ist etwas, das gibt es nur in der Zeitung.» Und dann schallendes Gelächter des ganzen Kreises. (MB 487)

Auf der gemeinsamen Heimfahrt bemerkte General Wühlisch gegenüber Moltke: « Sie werden verstehen, dass es schwer ist, mit einem solchen Befehlshaber, sei es politisch oder militärisch, zu Rande zu kommen.» (MB 487)

Am nächsten Tag brach Moltke nach Brüssel auf: «müde, aber über den ersten Teil meiner Reise sehr befriedigt» (MB 488). Erstes Ziel dort war General von Falkenhausen, bei dem Moltkes Bruder Joachim Wolfgang Ordonnanzoffizier war und den er selbst bereits im September 1940 bei einer Dienstreise kennen und schätzen gelernt hatte. Das Vertrauen zwischen ihnen war so groß, dass der General Moltke die von seinem Stab erstellten Monatsberichte über die Lage in Belgien zuschickte und Moltke ihn im Gegenzug mit völkerrechtlichen Gutachten versorgte. Später hat Falkenhausen ausgesagt: Moltke «gab mir für jedes Problem einen Bericht, den ich in meinem Panzerschrank in Brüssel jeweils aufbewahrte. [...] Ich bedaure, dass diese Antworten des Grafen von Moltke nach meiner Abreise bei der Befreiung mit den Regierungsakten verbrannt wurden.»[7]

Falkenhausen befand sich als Militärbefehlshaber von Belgien und Nordfrankreich in einer komplizierten Situation: Ihm zur Seite gestellt war als Militärverwaltungschef der überzeugte Nationalsozialist und SS-Gruppenführer Eggert Reeder. Die Sicherheitspolizei und der SD unterstanden dem Reichsführer der SS, Heinrich Himmler. Göring betrieb als Beauftragter für den Vierjahresplan die wirtschaftliche Ausplünderung der besetzten Westgebiete. Goebbels polemisierte unentwegt gegen den für ihn zu wenig energischen Falkenhausen und forderte seine Ablösung. Ab Oktober 1940 traten die Verordnungen gegen die Juden Schlag auf Schlag in Kraft, und ab August 1942 begannen die Deportationen nach Auschwitz. Auf Sabotageakte reagierten die Besatzer mit Geiselnahmen und Geiselerschießungen. Zehntausende von Belgiern wurden zur Zwangsarbeit nach Deutschland verschleppt. Die Versorgung der Bevölkerung wurde immer schlechter.

Am 4. Juni 1943 konnte Moltke mit Falkenhausen endlich zwei Stunden unter vier Augen sprechen, zunächst über die Weltlage, dann über die Probleme in Belgien. Es folgte ein Gespräch mit dem Vizechef der Militärverwaltung, Harry Craushaar, der «erfreut und überrascht» war über Moltkes Gespräche in den Niederlanden. Moltke erfuhr, dass seit seinem letzten Besuch im Februar 1943 «keine Belgier mehr strafweise deportiert» worden seien. Außerdem verabredete er mit Craushaar,

dass er die 300 Geiseln, die er noch sitzen hat, aus der Geiselhaft entlässt. Immerhin bedeuten diese Tage, dass ich zusammen mehr als 1000 Menschen die Freiheit verschafft habe, wenn alle halten, was sie versprochen haben. (MB 488)

Das war eine kleine Sternstunde im grauen Berufsalltag. Die größten Erfolge erzielte Moltke nicht durch völkerrechtliche Argumente oder humanistische Überlegungen, sondern durch den pragmatischen Hinweis, dass bestimmte Methoden bei der Behandlung der Bevölkerung im Endeffekt mehr schaden als nützen.

Den Abend verbrachte Moltke bei einem Empfang des Generals im Schloss Seneffe bei Brüssel. Er lernte hier Prinzessin Ruspoli, eine belgische Vertraute von Falkenhausen, kennen und traf auf Erwin Planck, den früheren Staatssekretär, der ab 1933 in der Privatwirtschaft tätig war und mit Beck und Goerdeler in Verbindung stand. Er dürfte als Vertreter dieser Widerstandsgruppe bei Falkenhausen gewesen sein, um ihn für eine Mitarbeit zu gewinnen. Aber es gab im Goerdeler-Beck-Kreis auch Vorbehalte gegen Falkenhausen, da er sich «am terroristischen Regime beteiligt» hätte.[8] Noch bevor eine engere Verbindung hergestellt werden konnte, geriet die Position Falkenhausens jedoch wegen seiner Verbindung zu Prinzessin Ruspoli ins Wanken. Diese wurde wegen Devisenvergehen und Unterstützung von belgischen Widerstandsaktionen verhaftet und in das Konzentrationslager Ravensbrück gebracht. Falkenhausen überstand die Krise, wurde aber kurz vor dem 20. Juli 1944 abgelöst. Moltke hat die Turbulenzen um Falkenhausen nach seinem Juni-Besuch in Brüssel mitbekommen. Für Moltke blieb Falkenhausen einer der wenigen Befehlshaber, die es wagten, in Fragen der Geiselnahme und Geiselerschießungen Führerbefehle zu unterlaufen, ohne sich freilich ganz aus dieser Praxis lösen zu können. Aus seiner Sicht hätte Falkenhausen in einer neuen Regierung ein Ministeramt übernehmen können.

Am Morgen des 5. Juni 1943 brach Moltke schon früh nach Lille in

Nordfrankreich auf. Hier wollte er Carlo Schmid aufsuchen, der dort die Funktion eines Militärverwaltungsrats beim Oberfeldkommandanten bekleidete. Letzterer unterstand dem Militärbefehlshaber in Brüssel. In seinen *Erinnerungen* hat Schmid die Aufgabe der Militärverwaltung als «Beaufsichtigung der französischen Verwaltung unter Beachtung der Haager Landkriegsordnung» beschrieben. Als im März 1942 ein SS- und Polizeiführer eingesetzt wurde, der für alle polizeilichen Aufgaben zuständig war, ein Weisungs- und Aufsichtsrecht über die französischen Behörden hatte, über den Einsatz der französischen Polizei entschied und «Sühnemaßnahmen gegen Verbrecher, Juden und Kommunisten anlässlich ungeklärter Anschläge auf das Deutsche Reich oder deutsche Staatsangehörige» durchzuführen hatte, änderte sich die Situation. Die Antwort der Franzosen war der Aufbau einer Resistance, die von der Besatzungsmacht rigoros verfolgt wurde. Schmid konnte in Einzelfällen Verurteilung oder Deportation verhindern und bemühte sich darum, Geiselerschießungen zu vermeiden. Als Moltke nach Lille kam, fand er in Schmid einen Geistesverwandten. In seinen *Erinnerungen* widmete Schmid ein ganzes Kapitel den «Begegnungen mit Helmuth von Moltke», der «etwa alle zwei Monate für einen oder zwei Tage nach Lille kam», um Informationen auszutauschen und zu überlegen, wie man den brutal geschundenen Völkern helfen könne.[9]

Im Verlauf eines Gesprächs meinte Moltke: «Was wir da miteinander bereden, ist für Herrn Freisler Hoch- und Landesverrat. Welche Todesart wäre Ihnen am liebsten?»
«Ich habe da keine Vorliebe. Aber noch stehen wir ja nicht vor Herrn Freisler.»
Seine Antwort: «Sie können sicher sein, die werden uns kriegen. Und dann werden sie uns hängen.»

Im Frühjahr 1943 ließ Moltke ihm durch den Kurier Werner von Haeften bestellen, dass die Generäle nicht in der Lage seien, einen Militärputsch gegen das Regime durchzuführen: «So müssten wir in Gottes Namen warten, bis der Krieg so oder so zu Ende gehe. In Deutschland gebe es keine ‹Kräfte›, die den Krieg gegen Adolf Hitlers Willen zu einem Ende bringen könnten.»[10] Schmid bemerkte über ihre Gespräche in Lille:

Es war kein Gespräch unter Verschwörern, aber eines zweier Patrioten, die glaubten, um der Zukunft ihres Volkes Willen sei es notwendig, den heute besiegten und durch harte militärische Notwendigkeiten, aber auch durch unverständige Brutalitäten geschundenen Völkern, wo immer es sachlich und personell möglich erschien, menschlich zu begegnen.[11]

Das erweckt den falschen Eindruck, als sei Moltke nur an einzelnen Hilfs-
aktionen interessiert gewesen, aber er war ein «Verschwörer» im politischen Widerstand, während Carlo Schmid ein Mann der Resistenz vor
Ort war.

Nach einer kurzen Begegnung mit Hans Heinrich von Portatius, einem
Gutsnachbarn von Kreisau, der als Landwirtschaftsexperte in Lille arbeitete, fuhr Moltke nach Brüssel zurück, hatte dort eine abschließende Besprechung mit Craushaar und ein kurzes Gespräch mit seinem Schwager
Wend Wendland, dem Mann seiner Schwester Asta, um am Abend «erschöpft» mit dem Schlafwagen von Brüssel nach Paris zu fahren. Dort
logierte er im Hotel Ritz, in dem auch sein Onkel Hans Adolf regelmäßig
abgestiegen war. Am nächsten Morgen begab er sich um 9 Uhr «zu dem
mich betreuenden Mann beim Militärbefehlshaber, Oberstleutnant Hartog. Dort waren allerhand Präliminarien zu erledigen, und bis ich alles
getan und mit allen Leuten gesprochen hatte, war es 12, und ich musste zu
Stülpnagel.» (MB 489)

Karl-Heinrich von Stülpnagel, geboren 1886 in Berlin,[12] bekleidete
nach dem Ersten Weltkrieg verschiedene Positionen in der Reichswehr.
1938 wurde er Oberquartiermeister und Stellvertreter des neuen Generalstabschefs Halder. Hitlers Außenpolitik und seine operativen Planungen
hielt er für unverantwortlich, und er gehörte zu den Offizieren, die Hitler
durch einen Putsch der Wehrmachtsführung stoppen wollten. Nach dem
Polen-Feldzug hielt er einen Angriff auf Frankreich aus militärischen Gründen für nicht machbar, übernahm aber die Führung eines Armeekorps an
der Westfront. Er wurde zum Vorsitzenden der Waffenstillstandskommis-
sion in Wiesbaden ernannt. Im Krieg gegen die Sowjetunion befehligte er
zunächst die 17. Armee und war in die Zusammenarbeit der Wehrmacht
mit den Einsatzgruppen der SS und in die Problematik der Partisanen-
kämpfe verstrickt. Da er die Vernichtungs- und Ausbeutungspolitik nicht
mehr mitmachen wollte, bat er im Oktober 1941 um die Enthebung von
seinem Kommando. Aber Mitte Februar 1942 wurde er zum Militärbefehlshaber in Frankreich ernannt. Sein Vorgesetzter war der Oberbefehlshaber West, Generalfeldmarschall Gerd von Rundstedt, und ihm zur Seite
gestellt war der SS-Brigadeführer Carl Albrecht Oberg, der seine politischen Instruktionen direkt von Himmler erhielt. Stülpnagels Handlungsspielraum war also sehr begrenzt. Über sein erstes Gespräch mit Stülpnagel schrieb Moltke:

St. hat mir sehr gut gefallen. Nicht das Niveau von Falkenhausen, aber doch ein
guter Mann. Ich war immerhin 1½ Stunden bei ihm und gehe heute Abend noch

einmal hin. Er liegt jedenfalls in der mich interessierenden Frage ganz richtig, sodass ich an ihm eine gute Unterstützung haben werde. Die bloße Tatsache, dass er
mir seinen geheimsten Bericht über diese Sache anvertraut, den er selbst Falkenhausen nicht gegeben hat, ist ein angenehmer Vertrauensbeweis. Er hat mir jedenfalls versichert, dass er keine Geiseln mehr erschießen lassen würde, was immer
man ihm befehle. (MB 489 f.)

Stülpnagel hatte seinen Referenten für Völkerrechtsfragen, Walter Bargatzky, angewiesen, «für die Zeit nach dem Kriege festzuhalten, welchen
Kampf die Militärverwaltung gegen Hitlers Schießbefehle geführt hat».[13]
Diese Geheimdokumentation überreichte er nun Moltke, was unter den
damaligen Bedingungen einen außergewöhnlichen Vertrauensbeweis dar-
stellte.

Auch am nächsten Tag, dem 8. Juni, hatte Moltke ununterbrochen Termine. Zunächst gab es mit Stülpnagels Auto eine Fahrt zum Hotel Majestic, dem Sitz des Militärbefehlshabers. Dort wollte er mit einigen Sach-
bearbeitern sprechen. Er kam sich «protzig» vor, als er an den salutie-
renden Posten vorbeifuhr. «Als ich mit meinem Regenschirm ausstieg – es
goss heute, daher hatte ich ihn mit –, salutierten die Posten und brachten
mich in die unangenehme Verlegenheit, sie durch Handhochheben zu
grüßen.» (MB 490) Empfand Moltke schon das militärische Zeremoniell
als fremd – «Schon das Geräusch kann ich nicht leiden» (MB 491) –, so
war ihm der Hitlergruß ein regelrechter Gräuel.

Immer wieder beriefen sich Moltkes Gesprächspartner in Paris auf die
Führerbefehle. Wie er bei solchen Gelegenheiten reagierte, schilderte er
anlässlich eines Erlebnisses während einer Sitzung am 16. Juni 1943 in
Berlin:

Danach ging ich gleich in eine Sitzung, die bis 11 dauerte und mir viel Freude
machte. Ich war nämlich in die Mördergrube von führerhörigen Generalen und
Offizieren des OKW geraten und habe sie samt und sonders mit wilden Attacken
in die Flucht geschlagen. Sie wiesen mich darauf hin, dass dem, was ich wollte, ein
Führerbefehl entgegenstünde, worauf ich erwiderte: «Aber, meine Herren, Sie
können sich doch nicht hinter einem Führerbefehl verkriechen. Wir würden doch
unsere Pflicht dem Führer gegenüber auf das Gröbste verletzen, wenn wir hinter
unseren ruhigen Schreibtischen zu feige wären, dem Führer zu sagen, dass er bei
Erlass jenes Befehls falsch beraten worden ist, und wenn wegen dieser unserer
Feigheit draußen unsere Leute umgelegt werden!» So in dieser Tonart etwa bin ich
mit diesen ekelhaften Schleimern umgesprungen, und obwohl mal der eine und
mal der andere einen roten Kopf bekam, sind sie schließlich alle davongelaufen.
(MB 493)

Stülpnagel und Falkenhausen waren hier aus anderem Holz. Letzterer erschien am Nachmittag des 8. Juni im Hotel Ritz, ließ sich über die bisherigen Ergebnisse der Unterhaltungen Moltkes in Paris unterrichten und suchte dann Stülpnagel auf. Moltke kommentierte: «Ich wollte, dass die beiden gemeinschaftlich etwas täten.» (MB 491)

Am Morgen des 9. Juni ließ Moltke sich mit einem Velo-Taxi zum Bahnhof bringen, um zu seiner Schwiegermutter nach Godesberg zu fahren. Am 10. Juni war er wieder in Berlin und abends in Kreisau. Dort fand vom 12. bis 14. Juni das dritte Treffen des Kreisauer Kreises statt.

10. Letzte Entwürfe und letzte Reisen (Sommer und Herbst 1943)

Die dritte Kreisauer Tagung

Beim Pfingsttreffen der Kreisauer vom 12. bis 14. Juni 1943 waren anwesend: Adam von Trott zu Solz, Eugen Gerstenmaier, Paulus van Husen, Adolf Reichwein, Horst von Einsiedel, Hermann Maaß, Alfred Delp, die Moltkes und die Yorcks mit Irene Yorck. Das Ergebnis waren drei Grundsatzerklärungen zur Außenpolitik, zur Wirtschaftspolitik und zur Ahndung der deutschen Verbrechen (Br. 1, 283 ff.).

Das außenpolitische Memorandum von Trott lag wie eines von Schönfeld (Br. 1, 213 ff.) bereits vor, als sich die Kreisauer an ihre erste gemeinsame Ausarbeitung zur Außenpolitik wagten. Wie immer waren vorher Einzelaufträge vergeben und Gespräche in kleinerem Kreis geführt worden. Die Erklärung beginnt mit dem Abschnitt:

Ein gerechter und dauerhafter Friede kann nicht auf Gewalt gestellt werden. Er kann nur durch die verpflichtende Besinnung des Menschen auf die göttliche Ordnung gefunden werden, die sein inneres und äußeres Dasein trägt. Erst wenn es gelingt, diese Ordnung zum Maßstab der Beziehungen zwischen Menschen und Völkern zu machen, kann die sittliche und materielle Zerrüttung unserer Zeit überwunden und ein echter Friedenszustand geschaffen werden. Im Zusammenbruch bindungslos gewordener, ausschließlich auf die Herrschaft der Technik gegründeter Machtgestaltungen steht vor allem die europäische Menschheit vor dieser Aufgabe. Der Weg zu ihrer Lösung liegt offen in der entschlossenen und tatkräftigen Verwirklichung christlichen Lebensgutes. (Br. 1, 283)

Daraus ergäben sich folgende «nach innen und außen unverzichtbare Forderungen»:

1. Brechung des totalitären Zugriffs auf die freie Gewissensentscheidung und Anerkennung der unverletzlichen Würde der menschlichen Person als Grundlage der zu erstrebenden Rechts- und Friedensordnung. Jedermann wirkt in voller Verantwortung an den verschiedenen sozialen, politischen und internationalen Lebensbereichen mit. Das Recht auf Arbeit und Eigentum steht ohne Ansehen der Rassen-, Volks- und Glaubenszugehörigkeit unter öffentlichem Schutz.

2. Die Grundeinheit friedlichen Zusammenlebens ist die Familie. Sie steht unter öffentlichem Schutz, der neben der Erziehung auch die äußeren Lebensgüter: Nahrung, Kleidung, Wohnung, Garten und Gesundheit sichert.

3. Die Arbeit muss so gestaltet werden, dass sie die persönliche Verantwortungsfreudigkeit fördert und nicht verkümmern lässt. Neben der Gestaltung der materiellen Arbeitsbedingungen und fortbildender Berufsschulen gehört dazu eine wirksame Mitverantwortung eines jeden an dem Betrieb und darüber hinaus an dem allgemeinen Wirtschaftszusammenhang, zu dem seine Arbeit beiträgt. Die Wirtschaftsführung muss diese Grunderfordernisse gewährleisten.

4. Die persönliche politische Verantwortung eines jeden erfordert seine mitbestimmende Beteiligung an der neu zu belebenden Selbstverwaltung der kleinen und überschaubaren Gemeinschaften. In ihnen verwurzelt und bewährt, muss seine Mitbestimmung im Staat und in der Völkergemeinschaft durch selbst gewählte Vertreter gesichert und ihm so die lebendige Überzeugung für das politische Gesamtgeschehen vermittelt werden.

5. Die besondere Verantwortung und Treue, die jeder Einzelne seinem nationalen Ursprung, seiner Sprache, der geistigen und geschichtlichen Überlieferung seines Volkes schuldet, muss geachtet und geschützt werden. Sie darf jedoch nicht zur politischen Machtzusammenballung, zur Herabwürdigung, Verfolgung oder Unterdrückung fremden Volkstums missbraucht werden. Die freie und friedliche Entfaltung nationaler Kultur ist mit der Aufrechterhaltung absoluter einzelstaatlicher Souveränität nicht zu vereinbaren. Der Frieden erfordert die Schaffung einer die einzelnen Staaten umfassenden Ordnung. Sobald die Beteiligung der Völker gewährleistet ist, muss den Trägern dieser Ordnung das Recht zustehen, auch von jedem Einzelnen Gehorsam, Ehrfurcht, notfalls auch den Einsatz von Leben und Eigentum für die höchste politische Autorität der Völkergemeinschaft zu fordern.

6. Das zertretene Recht muss wieder aufgerichtet und zur Herrschaft über alle Ordnungen des menschlichen Lebens gebracht werden. Unter dem Schutz gewissenhafter, unabhängiger und von Menschenfurcht freier Richter ist es Grundlage für alle zukünftige Friedensgestaltung. (Br. 1, 283 f.)

Diese Grundforderungen brachten die bisherigen Überlegungen der Kreisauer nochmals auf den Punkt. Die Würde des Menschen war für sie die Norm, von der aus das nationalsozialistische System zu Fall gebracht und eine neue politische Ordnung in Deutschland und Europa errichtet werden sollte.

Am Anfang der wirtschaftspolitischen Entwürfe steht eine Grundthese: Der politischen Friedensordnung muss eine Wirtschaftsordnung entsprechen, durch die sich Europa in den Welthandel eingliedert und so zum Weltfrieden beiträgt. Da eine rein nationale Wirtschaft nicht mehr möglich sei, sollten die europäischen Länder arbeitsteilig die Produktivkräfte für den Wiederaufbau bereitstellen, um ausreichende Arbeitsmöglichkeiten für die Bevölkerung sowie für die einzelnen Nationalitäten «eine langfristige und gesunde Lebensgrundlage im angestammten Siedlungsraum» zu schaffen.

Die Überlegungen gehen davon aus, dass zu einem politisch vereinigten Europa eine europäische Wirtschaftsunion gehört. Die nationalstaatlichen Beschränkungen sollen aufgehoben werden. Das neue «Grundprinzip ist der geordnete Leistungswettbewerb, der sich unter Aufsicht einer europäischen Wirtschaftsführung vollzieht» (Br. 1, 284). «Geordneter Leistungswettbewerb» heißt grundsätzlich Erhaltung eines freien Marktes, der aber bestimmten staatlichen Rahmenbedingungen unterliegt, um einen anarchischen nationalstaatlichen Vernichtungswettbewerb zu verhindern. Aus dieser Zielbestimmung ergeben sich Einzelfragen: Wie sieht eine europäische Währungs- und Zollunion aus? Wie wird das Währungsverhältnis Europas zur Welt geregelt? Wie sieht die Arbeitsteilung innerhalb der europäischen Wirtschaft aus? Welche Auswirkungen hat der Wettbewerb auf die einzelnen Wirtschaftszweige? Wie sehen die Beziehungen zwischen der europäischen Wirtschaft und der Weltwirtschaft aus? Was sollte Europa einführen und was ausführen? Welche europäischen Parallelinstitutionen zu internationalen Organisationen müssen geschaffen werden? Die Verfasser waren sich bewusst, dass eine Unmenge von volkswirtschaftlichen, währungs- und finanzpolitischen Fragen zu lösen war. Das oberste Ziel war für sie bei alledem eine Wirtschaftsordnung, die den Frieden sichert.

Bereits am 1. Juli 1942 besprach Moltke mit Mierendorff die Frage der «Wiedergutmachung an Arbeitern, Juden, Polen etc.» (MB 389), und zur Bestrafung von politischen Verbrechern äußerte er sich in einem Brief an Curtis vom 25. März 1943: Bestrafung durch deutsche Gerichte, nicht durch die Sieger. Aber diese Materie behandelte seit langem vor allem Husen. Er machte die entscheidenden Vorarbeiten, die zum Kreisauer Beschluss über die «Deutsche Beteiligung an der Bestrafung für Schandtaten» führten. Für seinen Entwurf ist die Einleitung richtungsweisend:

Im Zusammenhang mit dem Kriege sind zahlreiche Verletzungen des Rechts begangen worden. Sie sind nach Art, Ausmaß und Willensrichtung schwerwiegend und verabscheuungswert. Ihre Bestrafung ist zur Wiederaufrichtung der Herrschaft des Rechts und damit des Friedens in Deutschland und in der Völkergemeinschaft ein dringendes Gebot. Wenn dem Recht wieder zum Siege verholfen werden soll, so kann das nur auf dem Wege des Rechts selbst und nicht durch Maßnahmen geschehen, die von politischen Zwecken oder der Leidenschaft bestimmt werden. (Br. 1, 286)

In einem zweiten Entwurf vom 23. Juli 1943 heißt es bezeichnenderweise am Anfang: «Unter der nationalsozialistischen Herrschaft sind», und dann geht es wortgleich weiter wie im ersten Entwurf. Zur Debatte standen also alle Verbrechen seit 1933. Ein rechtsstaatliches Verfahren auch denen gegenüber, die zuvor den Rechtsstaat in einen Willkür- und Terrorstaat verwandelt haben, gilt als Voraussetzung dafür, den inneren Frieden in Deutschland und der Völkergemeinschaft wiederherzustellen. Daher sei «die Schaffung einer rückwirkenden deutschen Strafbestimmung nötig, welche im ordentlichen Strafrechtszuge den Rechtsschänder mit Freiheitsstrafe oder Todesstrafe belegt». Husen präzisierte: «Rechtsschänder ist auch, wer den Befehl zu einer rechtsschändenden Handlung gibt, in verantwortlicher Stellung dazu auffordert oder allgemeine Lehren oder Weisungen rechtsschänderischer Art erteilt.» (Br. 1, 286) Wer eindeutig gegen die Zehn Gebote und gegen die Natur- und Menschenrechte, wie sie in völkerrechtlichen Vereinbarungen niedergelegt sind, verstoßen hat, muss bestraft werden. Darüber hinaus soll die Verurteilung der offenkundigen Rechtsbrecher von der Wiedergewinnung eines Rechtsbewusstseins aller Deutschen begleitet sein. Die zu erwartenden Prozesse sollen den Deutschen zeigen, wie abgrundtief verdorben weite Teile der Bevölkerung waren, und so eine Chance zur kritischen Selbstreinigung werden. Gerade die Verurteilung der Personen an den Schaltstellen der Macht sollte der Bevölkerung Einblick in die Mechanismen des hierarchisch organisierten Befehl-Gehorsam-Systems verschaffen. Die Deutschen sollten sehen, wie tief Diplomaten, Beamte, Hochschullehrer, Juristen, Journalisten, Wirtschaftsmanager, Forscher, Ärzte, die hohe Generalität und viele andere Berufsgruppen in das System verstrickt waren und Schuld auf sich geladen hatten.

Natürlich sahen die Kreisauer das Argument voraus, die Verbrechen seien aufgrund von Befehlen begangen worden. Deshalb formulierten sie:

Bei einer auf Befehl begangenen Rechtsschändung ist der Befehl kein Strafausschließungsgrund, es sei denn, dass es sich um eine unmittelbare Bedrohung von Leib oder Leben des Täters handelt oder ein sonstiger Zwang vorliegt, der nach den näheren Umständen die Befolgung des Befehls nicht als offenkundig unsittlich erscheinen lässt. Insbesondere ist der Befehl kein Strafausschließungsgrund, wenn der Täter durch sein Verhalten vor, bei oder nach der Tat erwiesen hat, dass er den Befehl billigt. (Br. 1, 287)

Die nächste schwierige Frage war, welche Gerichte die Verbrechen ahnden sollten. Hier argumentierte Husen, dass die innerstaatliche Bestrafung den Vorrang vor außernationalen und internationalen Gerichten haben sollte. Eine Bestrafung durch die Sieger würde der neuen Regierung «die Autorität im eigenen Volke nehmen, zu Leidenschaft, Verdächtigung und Unheil führen und die eben erlangte Friedensgrundlage zersetzen». Auf der anderen Seite hielt Husen es aber auch für legitim, wenn ein «gemeinsames Völkergericht» die Gerichtsverfahren übernehmen würde. So würde ein «Beitrag geleistet, der zur Grundlage und zum Prüfstein der zukünftigen gemeinsamen Zusammenarbeit der Völkergemeinschaft werden könne». Die Kreisauer schlugen als Ort den Internationalen Gerichtshof in Den Haag vor.

In den folgenden Wochen wurde Husens Entwurf lebhaft diskutiert. Am 18. Juni trafen sich Moltke und Yorck mit Husen. Moltkes Fazit:

Der Abend gestern mit Peter und Husen war sehr nett, und uns verbindet mit Husen jetzt so ein angenehmes kameradschaftliches und freundschaftliches Gefühl. So ging denn das, was wir zu besprechen hatten und was durchaus nicht nur angenehm war, so glatt und reibungslos über die Bühne. (MB 495)

Am 26. Juni besuchte Moltke Preysing. «Conrad war von unseren Werken sehr angetan und voller Lobes», berichtete er Freya (MB 497). Und am 28. Juni schrieb er: «Gestern Abend war ich bei Husen, wo ich noch einen herrlichen Tee und Torte bekam [...] Sachlich war Husen auch sehr nett und versprach, die Gesichtspunkte, die Conrad angebracht hatte, bei der Neufassung zu berücksichtigen.» (MB 498)

Diese Neufassung lag am 23. Juli 1943 vor. Sie entsprach weitgehend dem ersten Entwurf, enthielt aber eine entscheidende Korrektur: «Der rückwirkenden Anwendung des neuen Straftatbestandes der Rechtsschändung steht der Grundsatz nulla poena sine lege (keine Strafe ohne Gesetz) entgegen.» (Br. 1, 290) Vor allem Bischof Preysing hatte Bedenken gegen Husens ursprüngliche Formulierung geäußert. Aus rechtsstaatlichen Gründen ließ man die Überlegung einer rückwirkenden Anwendung fallen. Die Kreisauer waren überzeugt, dass die «Mehrzahl der Rechtsschänder des Dritten Reiches [...] so mit gemeinen Verbrechen, insbesondere wegen Mittäterschaft, belastet [ist], dass das Strafmaß für die Rechtsschändung auch so erreicht werden wird» (Br. 1, 290). Moltkes Grundsatz hatte sich auch hier durchgesetzt: Wir greifen nicht zu den Mitteln unserer Feinde. Doch war auch er nicht ganz frei von der Versuchung, kurzen Prozess mit den Verbrechern zu machen, wenn er an Curtis geschrieben hatte, «sie vielleicht sogar ohne Gerichtsverhandlung zu beseitigen». (Br. 1, 277)

Carlo Mierendorffs «Sozialistische Aktion»

Unter den von Moltke versteckten programmatischen Texten des Kreisauer Freundeskreises befindet sich ein auf den 14. Juni 1943 (Pfingstmontag) datierter Aufruf von Mierendorff, der wie Haubach nicht an der Pfingsttagung teilnehmen konnte. Verfasst wurde der Text Ende Mai oder Anfang Juni (Br. 1, 294 f.). Der Aufruf geht von einer am Pfingstmontag erfolgten Gründung einer «Sozialistischen Aktion» aus.[1] Definiert wird die Aktion als «eine überparteiliche Volksbewegung zur Rettung Deutschlands». Ein Aktionsausschuss setzt sich zusammen aus «Vertretern der christlichen Kräfte, der sozialistischen Bewegung, der kommunistischen Bewegung und der liberalen Kräfte als Ausdruck der Geschlossenheit und Einheit». Es ging also um den Versuch, erstmals eine größere Volksbewegung über die kleinen Widerstandskreise hinaus zu schaffen, die in der Lage war, einem von der militärischen Opposition durchgeführten Staatsstreich die notwendige zivile Fundierung und politische Absicherung zu geben. Mierendorff wollte damit nicht zuletzt verhindern, dass die militärische Aktion im Verbund mit nationalkonservativen Kreisen die dominierende Kraft der Befreiung Deutschlands vom Nationalsozialismus würde.

Dieser Kampf sollte geführt werden «unter dem Banner der Sozialistischen Aktion, der roten Fahne mit dem Symbol der Freiheit: dem mit dem Kreuz vereinten sozialistischen Ring als Zeichen der unverbrüchlichen Einigkeit des arbeitenden Volkes». Das Kreuz stand für ein christliches Menschenverständnis, eine christliche Ethik und die historisch-kulturellen Werte des Christentums, der Ring symbolisierte den Kampf der Arbeiterbewegung für die politische und soziale Emanzipation sowie für die Solidarität aller Menschen – diese beiden Dimensionen, die christliche und die sozialistische, miteinander zu verschränken, war seit Ende der zwanzi-

Carlo Mierendorff (1891–1943)
im Jahre 1931

ger Jahre das Ziel von Mierendorff, Haubach und Reichwein, die alle Mitarbeiter und Autoren der religiös-sozialistischen *Neuen Blätter für den Sozialismus* waren.

Moltke dürfte dem Entwurf seines Mitstreiters inhaltlich weitgehend zugestimmt haben. Doch war er gegenüber der Spontaneität des Volkes und seiner Fähigkeit zur Selbstbefreiung und freiheitlichen Selbstorganisation skeptisch. Auch schätzte er die Zahl der Hitler-Gegner gegenüber den Hitler-Anhängern gering ein. An dieser Stelle kam es zwischen den beiden Freunden in den kommenden Monaten zu Konflikten. Allerdings lassen sich bis August 1943 keine Hinweise auf eine wirkliche Entfremdung zwischen Moltke und Mierendorff finden. Eine Krise sollte sich erst im November zeigen.

In den Diskussionen der Kreisauer ist nirgends ein Hinweis auf Mierendorffs «Sozialistische Aktion» zu finden. Sie wurde nicht im größeren Kreis diskutiert. Wenn Gerstenmaier in seiner Autobiographie schreibt, dass sie für die Programmatik der Kreisauer bedeutungslos war,[2] so dürfte das aber nur die halbe Wahrheit sein. Denn ihre inhaltliche Nähe zu den Kreisauer Positionspapieren ist unübersehbar.

Grundsätze für die Neuordnung

Nach drei Jahren intensiver Diskussionen und zahlreichen Konsultationen von befreundeten Fachleuten einigten sich die Kreisauer auf abschließende «Grundsätze für die Neuordnung» nach dem Ende der nationalsozialistischen Herrschaft, verabschiedet am 9. August 1943 (Br. 1, 307 ff.). In der Präambel ist zu lesen:

Die Regierung des Deutschen Reiches sieht im Christentum die Grundlage für die sittliche und religiöse Erneuerung unseres Volkes, für die Überwindung von Hass und Lüge, für den Neuaufbau der europäischen Völkergemeinschaft. Der Ausgangspunkt liegt in der verpflichtenden Besinnung des Menschen auf die göttliche Ordnung, die sein inneres und äußeres Dasein trägt. Erst wenn es gelingt, diese Ordnung zum Maßstab der Beziehungen zwischen Menschen und Völkern zu machen, kann die Zerrüttung unserer Zeit überwunden und ein echter Friedenszustand geschaffen werden. Die innere Neuordnung des Reiches ist die Grundlage zur Durchsetzung eines gerechten und dauerhaften Friedens. Im Zusammenbruch bindungslos gewordener, ausschließlich auf die Herrschaft der Technik gegründeter Machtgestaltung steht vor allem die europäische Menschheit vor dieser Aufgabe. Der Weg zu ihrer Lösung liegt offen in der entschlossenen und tatkräftigen Verwirklichung christlichen Lebensgutes. (Br. 1, 307)

Der Text belegt, dass die Kreisauer seit 1941 eine Hinwendung zur Religion vollzogen haben. Religion wurde zu dem Bezugspunkt, von dem aus sie die politischen Zukunftsprobleme angingen. Der sonntägliche Gottesdienst, die tägliche Lektüre biblischer Texte oder theologischer Grundschriften begleitete ihre politische Arbeit. Ihr Widerstand wurde immer mehr ein Widerstand aus dem Glauben. Hieraus ergeben sich Grundsätze für das künftige Regierungshandeln und den Staatsaufbau, die im Wesentlichen den vorhergehenden Entwürfen entsprechen. Ähnlich verhält es sich mit den Unterabschnitten «Gemeinde – Kreis – Land» und mit den Ausführungen über «Das Reich». Der Abschnitt «Kirche, Kultur, Bildungswesen» ist eine Umarbeitung und Weiterentwicklung der Abschnitte «Kirche und Staat – Schule» der «Ergebnisse der ersten Kreisauer Tagung» vom Mai 1942. Auch der Abschnitt «Wirtschaft» ist ein Resümee der Positionen, die in den Denkschriften zu den «Fragen der Wirtschaftspolitik» vom 25. Juli 1941 und in dem Entwurf «Die Gestaltungsaufgaben in der Wirtschaft» von Einsiedel und Trotha aus dem Jahre 1942 zu finden sind. Insgesamt fassen die Formulierungen vom August 1943 die Ergebnisse der mündlichen Beratungen und der Entwürfe der vorangegangenen Jahre zusammen. Was damals noch allgemein formuliert worden war, wurde jetzt in Erwartung eines bevorstehenden Umsturzes als politisches Programm einer kommenden deutschen Regierung proklamiert.

Mit diesen «Grundsätzen zur Neuordnung» vollzogen die Kreisauer den Schritt von der Reflexion zur Vorbereitung praktischer Politik. Den Umsturz selbst zu vollziehen, hatten sie nicht die Macht. Trotz vieler Enttäuschungen hofften sie immer noch auf eine Aktion der militärischen Opposition. Moltke verstand die konzeptionelle Arbeit für ein anderes Deutschland immer als die ihm mögliche Form von Praxis. Die Texte der Kreisauer, an denen er mitgearbeitet hat, sind keine Aufrufe zu revolutionären Aktionen, doch sind ihre Inhalte gleichwohl revolutionär; sie zielen auf eine grundlegende Veränderung der Welt ab.

Wie praxisorientiert die Arbeit der Kreisauer gemeint war, zeigen zwei Anlagen zu den «Grundsätzen für die Neuordnung»: «Erste Weisung an Landesverweser» und «Sonderweisung vom 9. August 1943» (Br. 1, 314 ff.). Der schlimmste Fall, auf den es sich vorzubereiten galt, war die Besetzung und Teilung Deutschlands ohne eine deutsche Zentralregierung. Möglich war aber auch eine Teilbesetzung Deutschlands bei noch vorhandener Zentralregierung. Eine dritte Möglichkeit war eine im Zuge eines militärischen Staatsstreichs gebildete neue Regierung, die in der Außen- und Militärpolitik auf einen Friedensschluss mit den Alliierten hinarbeitete, um eine Besetzung und Zerstückelung Deutschlands zu verhindern. Für diese verschiedenen Möglichkeiten wollte man mit möglichst konkreten «Weisungen» gerüstet sein. In jedem Fall gilt es, die «Zusammengehörigkeit der deutschen Länder als Kulturnation» zu erhalten (Br. 1, 315). So sollten nach einem Staatsstreich von der neuen Regierung Landesverweser beauftragt werden, die auf der Ebene der wiederhergestellten alten Länder der Weimarer Reichsverfassung die Aufrechterhaltung der öffentlichen Ordnung und den Neuaufbau sicherstellen sollten. An der Nahtstelle zwischen drohender Niederlage und Neuanfang fiel ihnen die Aufgabe zu, in eigener Verantwortung die notwendigen Schritte auf die Wiedererrichtung eines deutschen Rechts- und Sozialstaats hin zu vollziehen. Stützen sollten sie sich dabei vornehmlich auf die Kirchen und die Gewerkschaften. Die alten gesellschaftlichen Führungseliten werden dagegen nicht genannt. Für die Kreisauer hatten sie sich bis auf wenige Ausnahmen moralisch desavouiert.

Außenpolitik für die Nachkriegszeit

Ein weiterer, letzter Einblick in die außen- und friedenspolitische Position der Kreisauer steht im Zusammenhang mit einer amerikanischen Initiative. Der Federal Council of the Churches of Christ in America setzte Anfang 1941 einen Ausschuss zur «Erforschung der Grundlagen eines gerechten und dauerhaften Friedens» ein. Vorsitzender wurde John Foster Dulles, ein Rechtsanwalt und Experte für internationale Angelegenheiten, der später Außenminister unter Präsident Eisenhower wurde. Er kam aus einer streng presbyterianischen New Yorker Familie, aus der schon vor ihm zwei Außenminister hervorgegangen waren. Der Ausschuss veröffentlichte am 18. März 1943 sechs *Pillars of Peace* samt einem ausführlichen Kommentar. Dieses Dokument kam nach einiger Zeit nach Genf und nach Schweden. Es gelangte auch in die Hände von Trott, der es zur dritten Kreisauer Tagung im Juni 1943 mitbrachte und beauftragt wurde, eine Antwort darauf zu verfassen. Trott übergab seine Stellungnahme wahrscheinlich bei seinem September-Besuch in der Schweiz Willem Visser 't Hooft. Sie geht Punkt für Punkt auf das amerikanische Papier ein (Br. 1, 318 ff.).

Die erste These der Amerikaner lautete: «Der Friedensschluss muss einen politischen Rahmen für eine weitere Zusammenarbeit innerhalb der Vereinten Nationen und nach angemessener Zeit auch mit den neutralen und feindlichen Nationen bieten.»[3] Die Deutschen bemerkten dagegen, dass die Friedensverträge nicht mit der künftigen internationalen Organisation verbunden werden dürften. Es könne nur um eine gleichberechtigte Zusammenarbeit der Nationen gehen. Daher kam es den Kreisauern darauf an, die nach dem Ersten Weltkrieg begangenen Fehler zu vermeiden, als Deutschland den harten Bedingungen des Versailler Vertrags unterworfen und vom Völkerbund ausgeschlossen wurde.

Die zweite These der Amerikaner besagte: «Der Friedensschluss muss jene wirtschaftlichen und finanziellen Bestimmungen nationaler Regierungen, die weit reichende internationale Folgen haben, zum Gegenstand internationaler Abkommen machen.» Grundsätzlich stimmten die Kreisauer zu, meldeten aber Zweifel an, ob das Freihandelsprinzip im nationalen und internationalen Warenverkehr hilfreich sein kann, sahen sie doch die Freiheit durch Wirtschaftsmonopole bedroht. Deshalb plädierten sie für ein «Maximum an Freiheit» innerhalb eines Ordnungsrahmens.

Die dritte These der Amerikaner lautete: «Der Friedensschluss muss dafür Sorge tragen, dass die Vertragsstruktur in der Welt den jeweils wechselnden Umständen angepasst werden kann.» Die Kreisauer fragten zurück: Wer soll die Autorität für die Veränderung von Verträgen haben? Eine solche Autorität könne nicht gebildet werden «ohne eine wesentliche und allgemeine Einschränkung der Souveränität der beteiligten nationalen Regierungen». Jedenfalls habe die Entwicklung in Europa die «Unzulänglichkeit des souveränen Nationalstaates als letzter internationaler Instanz» gezeigt. Diese Erfahrung dränge hin auf eine «größere Zusammenfassung der einzelnen Völker» (Br. 1, 321).

Der vierten These – «Der Friedensschluss muss die Autonomie für unterdrückte Völker als Ziel formulieren und internationale organisatorische Vorkehrungen zur Realisierung dieses Zieles treffen» – stimmten die Kreisauer zu und übersetzten Autonomie mit Selbstverwaltung, die sie als «Voraussetzung politischer und internationaler Gesundung» betrachteten. Ohne Einschränkung der Staatssouveränität gehe es nicht, wenn ein konsequentes Minderheitenrecht eingeführt werden soll. Könne man das Prinzip der kulturellen Autonomie mit der europäischen Zusammenarbeit verbinden, so wäre das im Blick auf eine europäische Friedenssicherung die Lösung eines der «vitalsten Probleme» (Br. 1, 321 f.). Zentralistisch regierte Nationalstaaten kann es nicht mehr geben, wenn der Autonomiegedanke konsequent zur Anwendung kommt.

Zur fünften These – «Der Friedensschluss muss Prozeduren zur Kontrolle der militärischen Establishments überall in der Welt schaffen» – merkten die Kreisauer historisch-kritisch an: Eine Rüstungsbegrenzung

durch eine internationale Organisation, die auf die moralische Unterstützung der Menschheit angewiesen ist, sei nach den Erfahrungen des
20. Jahrhunderts «kaum vorstellbar», es sei denn, die Staaten verzichteten
im Interesse der Kontrolle auf einen Teil ihrer Souveränität (Br. 1, 322).

Die sechste und letzte These lautete: «Der Friedensschluss muss im
Grundsatz und in der Praxis das Recht des Einzelnen überall in der Welt auf
religiöse und geistige Freiheit zu sichern suchen.» Diesem personalen
Menschenrecht konnten die Kreisauer nur aus vollem Herzen zustimmen.
Aber ihnen fehlte die Aussage, dass das öffentliche Leben christlich gestaltet und begründet werden muss. Die Proklamierung religiöser und geistiger
Freiheit wie auch eine «Erziehung zu Idealismus und Rationalismus» allein
reichten ihrer Ansicht nach nicht aus für die Gewährleistung einer christlichen Existenz. Für sie blieb eine «gewaltige Diskrepanz zwischen der
grundsätzlichen christlichen Forderung und dem Maß ihrer irdischen Verwirklichung». Diese Diskrepanz sollte «auch bei der künftigen internationalen Zusammenarbeit und ihrer allmählichen, schrittweisen praktischen
Verwirklichung immer warnend und anfeuernd vor Augen stehen».

Die Stellungnahme zur amerikanischen ökumenischen Initiative war der
letzte größere Text der Kreisauer. Hier kamen ihre entscheidenden Anliegen noch einmal zur Sprache. So sind die «Bemerkungen zum Friedenspro-
gramm der amerikanischen Kirchen» eine Art Vermächtnis der Kreisauer.

Außenpolitik im Krieg: erneute Reisen

Niemand ist im Dienst des Widerstands öfter und weiter gereist als Adam
von Trott und Helmuth James von Moltke. Trotts Ziel war es bei allen
Reisen, eine außenpolitische Absicherung der Widerstandspläne durch die
westlichen Alliierten zu erreichen. Moltke verfolgte mehrere Ziele: Er versuchte, Kriegsverbrechen zu verhindern, nahm Kontakt zu ausländischen
Widerstandsbewegungen auf, versuchte zuverlässige Militärbefehlshaber
für den Widerstand zu gewinnen, und bei einer der letzten Reisen ging es
ihm auch darum, den Regierungen der Westmächte zu zeigen, dass es in
Deutschland eine starke Gruppe von Hitler-Gegnern gab, die den Nationalsozialismus und die deutsche Terrorherrschaft über Europa beenden
wollte. Dass Trott und Moltke sich vergeblich um diese Kontakte bemüht
haben, heißt nicht, dass sie dafür nicht qualifiziert gewesen wären oder
Fehler gemacht hätten, sondern es lag daran, dass die Alliierten die bedingungslose Kapitulation Deutschlands anstrebten und insbesondere Churchill von einer deutschen Widerstandsbewegung nichts wissen wollte.

Das Leben in Berlin wurde im Herbst 1943 immer chaotischer. Hatte man sich im Sommer noch zu Sitzungen und Gesprächen treffen können, so wurde das durch die Luftangriffe auf die Reichshauptstadt immer schwieriger. In mehreren Berliner Bezirken gab es weder Wasser noch Strom, und Lebensmittel waren nur unter großen Mühen aufzutreiben. Canaris wich darum mit seiner Dienststelle nach Zossen aus, andere Abteilungen fanden in Kleinstädten und Landschlössern der Umgebung eine notdürftige Unterkunft; Moltke aber blieb in Berlin und bekam im Süden der Stadt ein Büro in einem Schulgebäude. Das bedeutete, dass nun jedes Gespräch mit einem seiner Vorgesetzten mit einer längeren Fahrt verbunden war. Die Planungen der Widerstandsgruppen wurden zu einem Wettlauf mit der Zeit, und das galt für die Kreisauer in besonderer Weise, denn inzwischen hatte das Reichssicherheitshauptamt ein Auge auf Moltkes Tätigkeit in der Abwehr geworfen. Mit der Verhaftung von Hans von Dohnanyi und der Kaltstellung von General Oster am 5. April 1943 war der SS ein erster Schritt zur Zerschlagung des Amtes Ausland/Abwehr gelungen, aber wenn man sich die militärische Spionageabteilung einverleiben wollte, musste man nach weiteren Gründen dafür suchen. Und so bekam Moltke jetzt häufiger Besuch von Mitarbeitern des SD, die vorgaben, sie wollten sich völkerrechtliche Probleme erklären lassen. In einem Brief vom 13. November nach Kreisau heißt es:

Gestern waren wieder Sachbearbeiter vom S. D. da, um sich bei mir nach der völkerrechtlichen Lage in einigen Fragen zu erkundigen. Diese neue und innige Beziehung finde ich rasend komisch, und manchmal macht sie mich arg bedenklich. Aber die Leute machen weiter auf mich einen recht guten Eindruck, und die praktischen Ergebnisse sind sehr befriedigend. Mein ganzer Laden lacht natürlich über diese Sache, und Canaris strahlt. Hoffentlich geht es weiter so. (MB 565)

Moltke wusste nicht so recht, was er von diesen Besuchen halten sollte. Er musste sich fragen, ob diese Ratsuchenden wirklich an seiner völkerrechtlichen Arbeit interessiert waren oder ob sie ihn persönlich ins Visier nehmen wollten. Es war nur noch eine Frage der Zeit, wie lange Moltke und seine Mitstreiter ihre Pläne würden vorantreiben können.

Während sich Trott vom 8. bis 16. September 1943 in der Schweiz aufhielt, reiste Moltke vom 11. bis 17. September zusammen mit Oberleutnant Otto Diwald erneut in die Niederlande, nach Belgien und Frankreich. Es war fast die gleiche Reiseroute wie im Juni 1943. In Den Haag ging er zuerst zu Goerschen, um mit ihm das kommende Programm durchzuspre-

chen, während Diwald um einen Termin beim Höheren SS- und Polizeiführer nachsuchte, den er auch für 12 Uhr bekam. Moltkes Bericht:

Die Unterhaltung bei dem SD war bitter notwendig und auch schließlich im
Ganzen erfolgreich. Es hat dort eine Personalveränderung stattgefunden. Der sehr
gute Mann [Wilhelm Harster], mit dem ich im Frühsommer zu tun hatte, ist vorige
Woche ganz unerwartet nach Italien versetzt worden. Sein Nachfolger ist ein un-
bedeutender, weicher Mann, der noch dazu aus dem Osten kommt und, fürchte
ich, jedem Geschrei nach Erschießungen nachgeben wird. Ich habe ihn entschieden angenommen, und er versicherte mir, dass er meine Argumente für überzeugend halte und sie in seinem Stabe erörtern wolle. Leider ist der Mann so weich,
dass er umfallen wird, wenn ihn morgen ein anderer attackiert. Aber vielleicht hat
meine Spritze doch etwas genutzt. (MB 537)

Nachfolger von Harster war Erich Naumann geworden, zuvor Chef der
Einsatzgruppe B in Smolensk, die auf Massenerschießungen und Liquidie-
rungen spezialisiert war. Wenn es nun Moltke gelang, diesen SS-Brigadeführer und Mordspezialisten von seinen Argumenten gegen Erschießungen
zu überzeugen, dann zeigte das eine Könnerschaft, die selbst überzeugte
Gesinnungstäter beeindruckte. Es lässt sich nur schwer nachempfinden,
mit welchen Gefühlen Moltke diesem «Herrenmenschen» gegenübersaß
und sich von ihm per Handschlag verabschiedete.

Als nächstes sprach Moltke mit General von Wühlisch. «Ich war richtig
in Fahrt und habe ihm ordentlich eingeheizt. Es war von mir aus ein Vergnügen.» (MB 538) Es kann sich nur darum handeln, dass Wühlisch sein
Versprechen im Juni, keine Erschießungen mehr vornehmen zu lassen,
nicht gehalten hatte. Der beim letzten Besuch gewonnene Konsens und
die vereinbarten Kooperationen nahmen durch die Auswechslung von
Führungspersonen in den zentralen Ämtern Schaden. Hier und an anderen
Stellen musste Moltke immer wieder beginnen, durch neue Überzeu-
gungsversuche eine gemeinsame Generallinie zu schaffen.

Von Hilversum führte ihn der Weg nach Brüssel ins Hotel Plaza. Und
hier gab es eine erfreuliche Überraschung: «Als ich ins Plaza trat, kam F.
[Falkenhausen] gerade heraus, um nach Seneffe zu fahren, und nahm mich
gleich mit, was mich aller Planung enthob.» (MB 538) Ein längeres Gespräch mit Falkenhausen kam zunächst nicht zustande, da ein anderer General sich eingefunden hatte, der natürlich den Vortritt bekam. Abends
nahm Moltke am Rebhuhnessen und am Pokerspiel teil.

Moltke fühlte sich urlaubsreif. «Es braucht einem ja nicht unbedingt
etwas Gescheites einzufallen, aber dieses Festgefahrensein auf bestimmte

Themen ist unangenehm. Das Einzige, was es für mich noch daneben gibt, ist Kreisau. Damit kann ich mich immer beschäftigen.» (MB 538) In seinen vielen Gesprächen ging es immer um die gleichen Themen. Die Strategien und Taktiken im Umgang mit vorrangig militärisch denkenden Menschen ähnelten sich unentwegt. Auf die Dauer war es ein geistloses Geschäft, das nur durchzuhalten war, weil es um ein völkerrechtskonformes Verhalten der Mächtigen ging. Das Ganze aber war harte, asketische Arbeit. Die exquisiten Mahlzeiten, Kartenspiele und Jagdvergnügungen, die sich die Generäle und ihre Stäbe leisteten, überhaupt ihr gesamter Lebensstil, waren ihm zutiefst fremd. So erlebte er am Sonntag, dem 12. September, in der Umgebung des Schlosses Seneffe neben Falkenhausen schreitend eine dreistündige «Hühnerjagd», die sehr unergiebig war. Mit dem geschulten Blick eines Naturfreundes betrachtete er «die richtig liebliche Landschaft», begutachtete Vieh, Felder, Weiden und Blumen. Seinen inneren Zwiespalt drückte er in zwei Sätzen aus: «Ich dachte mit Trauer an unsere hungernden Völker» und: «Ich jedenfalls genoss den Spaziergang sehr.» (MB 539) Moltke beteiligte sich an den Freizeitaktivitäten seiner Gastgeber, um in die Gunst eines Gesprächs mit dem Militäroberbefehlshaber zu kommen. So auch jetzt: Fünf Minuten vor Jagdende «sprach F. mich noch einmal auf die mich nur allein interessierenden Fragen an, und wir kamen ein kleines Stückchen weiter» (MB 539).

Nach dem Mittagessen und einer Mittagsruhe kam um 16 Uhr Prinzessin Ruspoli und machte mit dem General einen Spaziergang durch den Garten. Nach dem Tee um 17 Uhr begaben sich einige wieder auf Hühnerjagd. Nun ging Moltke mit dem General durch den Garten. «Um 20 vor 7 ging unsere Unterhaltung weiter, bei der ich nun, ohne Umschweife, zu den Petita kam. Er hörte sie sich an und berichtete dann seinerseits über militärische Schwierigkeiten aller Art.» (MB 539) Abends gab es dann wieder «eine nette Tafelrunde», die nach dem Essen zum Pokern schritt.

Am anderen Morgen nahm Falkenhausen seinen Gast im Auto mit nach Brüssel. Moltke war in den kurzen Gesprächen mit Falkenhausen nicht auf seine Kosten gekommen. Vor der Ankunft in Brüssel bot der General noch ein gemeinsames Mittag- und Abendessen an und dazwischen ein Nachmittagsgespräch. Moltke konstatierte: «Das schien mir ein gutes Zeichen zu sein, denn endlich hatte ich nun so lange gewartet, dass er die Initiative ergriff. Ich hatte ihn sozusagen ausgewartet.» (MB 540) Auch den ihm vom letzten Besuch bekannten Harry Craushaar wollte Moltke noch «für eine längere Sache» sprechen. Im Einverständnis mit Falkenhausen geschah dies beim Mittagessen. Anschließend suchte er den Chef des Stabs, Bodo von Harbou, auf, um dann endlich um 17 Uhr bei Falkenhausen vorgelassen zu werden. Das Ergebnis:

Und in 30 Minuten war alles erfolgreich und bestens entschieden; jedenfalls hatte ich genau das erreicht, was ich erreichen wollte. Es war eine merkwürdige Unterhaltung, denn F. redete so gut wie allein und frei. Es ergab sich, dass er die Brocken, die ich ihm in den drei kurzen Unterhaltungen in Seneffe zugeworfen hatte, bedacht und richtig zusammengesetzt hatte und nun zu einem Entschluss gekommen war. Ich kann mich des Eindrucks nicht erwehren, dass er absichtlich und planmäßig meine Geduld und Ausdauer prüfen wollte, indem er sich zwei Tage lang neben mich setzte und mir doch im Grunde keine Gelegenheit gab. Und nachdem ich diese Prüfung brav bestanden hatte, war plötzlich alles in Butter. Ein merkwürdiger Mann, aber mit großen Ansätzen dazu, ein weiser, alter Mann zu werden. (MB 540)

Moltke macht nicht die leiseste Anmerkung, um welches Problem und um welche Entscheidung es gegangen ist. Es muss mehr und anderes gewesen sein als die Frage der Geiselerschießungen. Falkenhausen hat nach dem Krieg berichtet, dass Moltke zu ihm gesagt habe: «Trotz aller Bedenken bleibt uns keine andere Wahl übrig, als Hitler physisch zu liquidieren.» Als Falkenhausen erwiderte, der Krieg müsse so schnell wie möglich beendet werden, um Schlimmeres zu verhüten, habe er geantwortet: «Ja, so ist es wohl, aber ich glaube, das deutsche Volk muss erst mal ganz herunter.»[4]

Sie sprachen also sowohl über ein Attentat als auch über die Möglichkeiten einer schnellen Beendigung des Krieges. Und es darf bei den Beziehungen von Falkenhausen zur militärischen Opposition in Berlin vermutet werden, dass auch außen- und militärpolitische Zukunftsfragen besprochen worden sind. Allgemein erwartete man nach der Konferenz von Quebec vom 14. bis 24. August 1943 zwischen Churchill und Roosevelt eine alliierte Landung in Frankreich. Die Alliierten waren in Italien auf dem Vormarsch. Mussolini war gestürzt worden, und die neue Regierung unter Marschall Badoglio hatte am 3. September ein Waffenstillstandsabkommen mit dem Führer der Alliierten Streitkräfte, General Eisenhower, unterschrieben. Im Osten eroberten sowjetische Truppen Charkow. In Norwegen und Dänemark wurde der Ausnahmezustand verhängt. Kurzum: Die politisch-militärische Lage wurde für Deutschland immer schwieriger. Das alles provozierte die Frage, ob die hohen Militärs im Westen jetzt den Zeitpunkt gekommen sahen, die schon für den Sommer von militärischen Widerstandskreisen vorgesehene Entmachtung Hitlers endlich vorzunehmen, um mit einer neuen Regierung Friedensverhandlungen mit den Alliierten aufzunehmen. Die politischen Übereinstimmungen der beiden Hitler-Gegner Falkenhausen und Moltke und das Vertrauen zueinander waren inzwischen so groß, dass man sich solche politisch-strategischen Diskussionen vorstellen kann.

Nach einem kleinen Abendessen im Offizierskreis mit anschließendem Bridgespiel und nach einem herzlichen Abschied ging es mit dem Zug nach Paris. Moltkes letzte Bemerkung über seinen Aufenthalt in Brüssel war: «Dieser Abend war überhaupt so, als wollte F. mir bedeuten, ich sei nun aufgenommen.» (MB 540)

So ausführlich Moltke in seinen Briefen über seine Zeit in Holland und Belgien berichtete, so karg waren seine Zeilen über seinen Parisbesuch. Es heißt nur: «Von der Bahn ging ich direkt zum Militärbefehlshaber, und nach einer kurzen Vorbesprechung mit dem Referenten war ich um 12 bei General von Stülpnagel. Es gab nichts Besonderes.» (MB 541) Zu Mittag aß er mit Caesar von Hofacker, der im Stab von Stülpnagel arbeitete und der zentrale Mann des militärischen Widerstands in Paris war.[5] Was in Paris besprochen wurde, ist nicht auszumachen. Moltke besuchte noch Leute beim Militärbefehlshaber und beim SD und machte zum Abschluss einen kleinen Spaziergang durch die Innenstadt. Er wurde dabei von einem Fliegeralarm überrascht und erlebte einen stundenlangen Angriff von angeblich 180 Flying Fortresses auf die Stadt. Mit vielen Franzosen floh er in einen Luftschutzkeller und hatte das Glück, am späten Abend noch einen Zug zu erreichen. Unterwegs musste der Zug wegen einer Gleissprengung und einer Radsabotage einige Male halten. In Köln, das einen «trostlosen Anblick» bot, hatte er Anschluss nach Bad Godesberg, wo ihn seine Schwiegermutter und andere Verwandte und Bekannte erwarteten. Am 17. September war er endlich wieder in Berlin.

Moltke hat Den Haag, Hilversum, Brüssel und Paris nie wiedergesehen. Der Kontakt mit der niederländischen Widerstandsgruppe blieb durch die Aktivitäten von Goerschen erhalten, mit den Vertrauensleuten in den militärischen Dienststellen konnte er telefonieren. Nur vier Monate nach seiner Septemberreise wurde er verhaftet.

Aber im September 1943 machte Moltke noch zwei weitere Reisen. Die eine führte ihn zunächst nach Augsburg, wo er sich mit Franz Reisert traf, und dann über Ulm nach Sigmaringen zum dienstlichen Besuch einer Außenstelle des Reichsfinanzministeriums. Anschließend fuhr er über Hanfestal nach Bingen, wo ihn Freiherr Hans Christoph von Stauffenberg zu einem sieben Kilometer langen Marsch zum Schloß Wilflingen auf der

«Rauhen Alb» abholte. Nach kurzem Schlaf ging es wieder zu Dienst-
geschäften nach Sigmaringen und von dort nach München, wo Moltke
vier Stunden mit Reisert und Rösch konferieren konnte: «Was für nette
und gute Menschen das sind. Tröstliches wussten sie auch nicht zu erzählen, aber immerhin ist man bei ihnen so ausgesprochen geborgen. König
ist völlig ausgebombt.» (MB 546)

Zurück in Berlin, fand Moltke nur schlechte, alarmierende Nachrichten
vor. Am 26. September 1943 fuhr er ins Führerhauptquartier nach Rasten-
burg in Ostpreußen, um eine völkerrechtlich relevante Angelegenheit an
höchster Stelle zur Entscheidung zu bringen. Vermutlich ging es um die
Behandlung von Kriegsgefangenen, um Postsendungen von deutschen
Kriegsgefangenen aus der Sowjetunion oder um die Stellung der Angehörigen der französischen Geheimarmee in Frankreich. Moltke hielt seine
Verhandlungen für «erfolgreich». Er schrieb an Freya: «Wir hatten nämlich einen Weg gefunden, auf dem die von Deinem Wirt verteidigten
Grundsätze aufrechterhalten werden konnten, ohne zu praktisch unmög-
lichen Konsequenzen zu führen.» (MB 547)

So nah war Moltke noch nie am faktischen Machtzentrum des Führerstaats gewesen, das verteilt in Baracken und Bunkern in einem Wald lag
und von mehreren Schutzgürteln umgeben war. Dass er bis an die Stufen
der Macht kam, lässt auf eine brisante Materie schließen, die am Ende nur
Hitler selbst entschied. Seine schriftlich vorliegenden Positionen mussten
so viel Eindruck gemacht haben, dass man ihn zum mündlichen Rapport
bestellte und mit ihm am ersten Tag eine über zweistündige und am zweiten Tag eine fast zweistündige Diskussion führte.

Auch diesen Abstecher ins Zentrum der absoluten Macht nutzte Moltke
für ein Kontrastprogramm im Dienst des Widerstands. Er fuhr nach Stein-
ort, einem Gutsschloss nicht weit von der Wolfsschanze entfernt. Hier
hatte Ribbentrop sein Domizil aufgeschlagen. Aber er besuchte nicht ihn,
sondern den Besitzer, Heinrich Graf von Lehndorff, der als Offizier an der
Ostfront durch Henning von Tresckow zum militärischen Widerstand gekommen und ein Freund der Yorcks war. Bei Peter Yorck hatte er ihn am
18. August 1943 kennen gelernt. Er fand, dass Lehndorff

sehr klug und nett, recht interessant über Stimmung und Haltung in Ostpreußen
berichtete. Die Leute dort scheinen schon sehr besorgt über ihr weiteres Schicksal
zu sein. Wir haben mit L., so schien mir, einen großen Fortschritt in Ostpreußen
getan, und er will versuchen, Anfang der neuen Woche mit dem infrage kommenden Mann wieder zu erscheinen. (MB 526)

Dieser Mann war Heinrich Graf zu Dohna-Tolksdorf, Generalmajor a. D. und Mitglied des ostpreußischen Bruderrats der Bekennenden Kirche, der in der personellen Planung der Kreisauer als Landesverweser für Ostpreußen vorgesehen war. Lehndorff war bereit, sich nach einem Umsturz als Verbindungsoffizier für den Wehrkreis I (Königsberg) einsetzen zu lassen. Beide Ostpreußen haben später ihren Einsatz mit dem Leben bezahlt.

Die Gegend um die Wolfsschanze hat Moltke nicht beschrieben, aber er war sehr angetan von der Lage des Schlosses am Mauersee mit seiner Unmenge von Wasservögeln. Dieses Ostpreußen war ganz nach seinem Herzen, wenn da nicht die Wolfsschanze gewesen wäre.

Am 28. September war Moltke wieder in Berlin und aß mit Yorck zu Mittag. Er wird ihm von seinem Besuch an den zwei verschiedenen Orten berichtet haben. Nach einem turbulenten Nachmittag traf er sich am Abend bei Yorck mit Karl Blessing, dem Finanzexperten. Am nächsten Tag gab es wieder im Amt zu tun, und es kam zu einer heftigen Auseinandersetzung mit dem Geschäftsführer der Kaiser-Wilhelm-Gesellschaft, Ernst Telschow, der sich vehement gegen Berthold von Stauffenberg als Nachfolger des verstorbenen Direktors Viktor Bruns wehrte.

Ungeduld und Angst im Norden

Am späten Nachmittag des 30. September 1943, einem Donnerstag, startete Moltke mit einem Flugzeug nach Kopenhagen und wurde dort gegen 19 Uhr von einem Kapitän im Auto zu einem Hotel gefahren. Abendessen gab es nur bis 20 Uhr, da aufgrund des am 29. August für Dänemark ausgerufenen Ausnahmezustands die Dänen ab 21 Uhr nicht mehr auf den Straßen sein durften. Für Moltke war das der «erste Vorgeschmack» auf die angespannte öffentliche Situation im besetzten Dänemark.

Am nächsten Vormittag hatte Moltke Zeit, seine alte Bekannte Merete Bonnesen aus dem Schwarzwaldkreis zu besuchen. Da sie nicht in ihrer Wohnung war, versuchte er über ihren Bruder Kim, der im Sozialministerium arbeitete, Kontakt mit ihr aufzunehmen. Es stellte sich heraus, dass sie nach der Verhängung des Ausnahmezustands für drei Tage eingesperrt worden war. Sie «wohnte seitdem nicht mehr bei sich, sondern schlief so reihum». Kim und Merete waren «von dem Gefühl der völligen Unsicherheit stark beeindruckt. Als ich ihnen versicherte, dass man sich daran gewöhnte, wollten sie es absolut nicht glauben.» (MB 550) Moltke überbrachte den beiden Dänen die Nachricht von einer kurz bevorstehenden

Juden-Razzia. Er hatte diese Information in Berlin erhalten. Kim übermittelte sein Wissen sofort einem ihm bekannten höheren Beamten im Außenministerium. Vor Moltke hatte aber schon der deutsche Schifffahrtsattaché, Georg Ferdinand Duckwitz, den dänischen Widerstand von dieser Aktion unterrichtet. Dieser organisierte umgehend Versteck- und Fluchtmöglichkeiten für die Juden. Von rund 6000 Juden fielen immerhin noch einige hundert in der Nacht vom 1. auf den 2. Oktober den Häschern in die Hände. Drei deutsche Schiffe waren in den Hafen eingelaufen, um sie nach Stettin zu bringen. Der Tag zuvor «stand ganz unter dem Eindruck der bevorstehenden Juden-Evakuierung, über die anscheinend die ganze Stadt sprach und deren politische Folgen ganz unabsehbar sind» (MB 550).

Moltke sprach am 1. Oktober morgens «mit all den militärischen Bearbeitern von Hanneken bis zum Ic» und am 2. Oktober «mit Best und seinen Leuten». Hermann von Hanneken war der Wehrmachtsbefehlshaber und Werner Best der Reichsbevollmächtigte in Dänemark.[6] Über beide urteilte Moltke:

Best ist kein schlechter Mann, er ist jedenfalls klug. Bei dem deutschen General hingegen ist nur der Oberstkriegsgerichtsrat Kanter ein Mann, der seine Kategorien kennt. Hanneken ist ein törichter, lauter Mann, der, völlig fehl am Platze, höchstens für den Kasernenhof gemacht ist. Best ist ihm turmhoch überlegen, und diese Unterlegenheit führt H. dazu, auf Best wie toll zu schimpfen. So ist der Konflikt zwischen H. und B. das Hauptkennzeichen der dänischen Lage, und m. E. ist viel von dem, was geschehen ist, aus diesem Konflikt zu erklären. Dazu ist H. weich, lässt sich von Best in alles hineintreten, was Best will, und macht ganz unmögliche Sachen. Dazu werden ganz grundlegende Fragen nur am Telefon besprochen, sodass für einige wirklich tolle Anordnungen von H., für die ich um eine Erklärung und Rechtfertigung bat, keine Unterlagen da waren mit Ausnahme der lakonischen Bemerkung: das hat der Reichsbevollmächtigte so gewünscht. (MB 551)

Durch das Studium der Akten aus dem Zuständigkeitsbereich des Ic und durch persönliche Gespräche fand Moltke schnell heraus, mit welchem dienstlichen und menschlichen Kaliber er es zu tun hatte. Hanneken war nach seiner Zeit als Chef des Heereswaffenamts ab 1937 Unterstaatssekretär im Reichswirtschaftsministerium und gleichzeitig Generalbevollmächtigter für die Eisen- und Stahlwirtschaft beim Beauftragten für den Vier-Jahres-Plan unter Göring gewesen und saß in vielen Aufsichtsräten von Kohlegesellschaften. Moltke scheint das nicht gewusst zu haben; er sah nur einen unfähigen General, der die Wehrmacht am Einsatz gegen die

Juden beteiligte. Dagegen erkannte Moltke sehr schnell, dass Best ein Intellektueller war. Ob er von dessen Vergangenheit bei der Gestapo und als Einsatzführer in Polen wusste?

Sosehr Moltke die innere Gesamtlage in Dänemark unter der mangelnden Kooperation von Hanneken und Best beunruhigte, so verbuchte er als Erfolg, dass

ich auch mit allen, mit denen ich gesprochen habe, über das Erschießen ganz eingehende und durchaus befriedigende Erörterungen hatte. Sie haben mir alle versichert, dass sie sich darüber klar seien, dass das Erschießen Einzelner nichts nutzen und politisch ungeheuer viel schaden würde. Am meisten hat mich beruhigt, dass Best auf diesem Punkt ganz kategorisch war. Nur weiß ich nicht, wie er sich auf die Dauer seine Stellung denkt, denn wenn er nicht H. wegbeißt, so wird das nie gehen. (MB 551 f.)

Zu den konstruktiven Begegnungen gehörte ein Gespräch mit dem Kriegsgerichtsrat und Rechtsberater des Befehlshabers, Ernst Kanter, der durch den Leiter der Rechtsabteilung des Heeres auf Moltkes Kommen aufmerksam gemacht worden war. Durch ihn erfuhr Moltke Einzelheiten über die widerspruchsvolle deutsche Führung und über die beruflichen Schwierigkeiten eines Wehrmachtsjuristen. Der Kontakt mit Kanter blieb erhalten. Beide trafen sich am 23. Oktober in Berlin.

[Wir] gingen von der Bahn zu Ministerialdirektor Sack, dem Chef des Heeresrechtswesens, wo mein Kriegsgerichtsrat Kanter aus Kopenhagen auf mich wartete. Mit ihm und Sack besprachen wir dann die dänischen Angelegenheiten, die sich immer mehr zuspitzen. Wir kamen auch zu einem Programm, an dem sich weiterarbeiten lässt. (MB 560)

Karl Sack war ein klarer Gegner Hitlers, der die nationalsozialistische Rechtsauffassung ablehnte. Aber Moltke und Kanter wussten auch, dass einem Widerstehen *im* System die Verstrickung mit diesem System korrespondierte. So soll Kanter, ein Bewunderer von Best, in Dänemark rund hundert Todesurteile gegen dänische Widerstandskämpfer ausgesprochen haben. Allerdings lehnte er nach einer Geiselnahme die willkürliche Bestrafung von Unschuldigen durch Erschießungen ab. Dass die Lage in Dänemark immer schwieriger wurde, zeigt die Tatsache, dass Hitler am 6. Oktober 1943 «die Errichtung der Kommandostelle eines Höheren SS- und Polizeiführers in Dänemark» anordnete, der dem Bevollmächtigten des «Dritten Reiches» unmittelbar unterstellt sein sollte.[7] Ernannt wurde der SS-Gruppenführer und Generalleutnant der Polizei, Günter Pancke, der von 1938 bis 1940 Chef des SS-Rasse- und Siedlungshauptamts und dann Höherer SS- und Polizeiführer in Braunschweig gewesen war. Kanter musste bald mit drei mächtigen Vorgesetzten umgehen. Mehr als ein Widerstehen in Einzelfällen war auch von ihm nicht zu erwarten.

Menschlich und politisch nah fühlte sich Moltke den beiden Dänen Merete und Kim Bonnesen, die er noch einmal nach Erledigung der Dienstgespräche besuchte. Er riet der Freundin, doch wieder mit ihrer Arbeit als Journalistin bei *Politiken* zu beginnen.

Am Abend des 2. Oktober ging es nach einem «riesigen Essen» zum Kurzflug nach Malmö, um mit dem Zug nach Oslo weiterzufahren. Im Zug begegnete er wieder lauten Deutschen, die er mit dem verächtlichen Begriff «Knoten» belegte. «Nein, was für ein Volk in diesem Zuge fährt, das kann man sich nicht vorstellen.» (MB 552)

Am Sonntag, dem 3. Oktober, kam Moltke mittags in Oslo an. Steltzer holte ihn zu einem gemeinsamen Essen ab. Sie besprachen die Lage, fuhren dann mit einem Auto auf einen der Berge bei Oslo und genossen die Aussicht auf den Oslofjord. Moltke registrierte eine große Ungeduld bei Steltzer und abends beim Freundeskreis um Bischof Berggrav, der immer noch bewacht auf seiner Hütte saß, und um den Soziologen Arvid Brodersen (MB 552). Das dürfte mit dem immer wieder aufgeschobenen Termin eines Militärputsches zusammenhängen. Und sie dürften unruhig geworden sein angesichts der verschärften Besatzungspolitik. Die Norweger hatten Angst vor willkürlichen Zugriffen auf die Bevölkerung und vor allem vor einer Zunahme von Todesurteilen gegen Menschen aus dem Widerstand. Moltke wird diese Befürchtungen verstanden, aber auch seine Skepsis gegenüber der militärischen Opposition zur Sprache gebracht haben. Bis Mitternacht diskutierten sie miteinander: der stets etwas skeptische Moltke und seine sorgenvollen Freunde.

Am nächsten Morgen folgten Dienstbesprechungen mit den Militärs. «Die Qualität all dieser Leute ist mäßig», berichtete Moltke, «sodass es nicht gerade Freude macht, sich mit ihnen zu unterhalten.» Aber: «Immerhin die sachlichen Fragen gingen glatt.» (MB 553) Das Mittagessen mit den «hohen Herren» kommentierte Moltke fast zynisch: Sie wüssten wenig über die allgemeine Kriegslage, schätzten «als Landsoldaten» die See- und Luftüberlegenheit der Briten völlig falsch ein, nähmen die Versenkung von 30 000 Tonnen deutschem Schiffsraum gelassen hin und ließen sich aufrichten von der letzten Rede Goebbels' zum Erntedankfest im Berliner Sportpalast. Auch die Besuche «bei den diversen SD-Chefs» waren schwierig, aber Moltke erfuhr, dass sie mit neuen Schlägen gegen die Norweger rechnen, weniger weil die militärische oder polizeiliche Lage es erfordert, sondern vielmehr, weil das als Akt der Politik für erforderlich gehalten wird. Sie waren sichtlich damit selbst nicht ganz einverstanden, weil sie die Belastung für größer halten als den Nutzen. (MB 554)

Die Unruhe der Freunde war also nicht unberechtigt. Moltke konnte ihnen mitteilen, dass in absehbarer Zeit mit SS-Polizeiaktionen zu rechnen sei. Für ihn selbst war klar, dass die Lage «heute ausgesprochen labil ist und die Chance in sich trägt, den norwegischen Widerstand mindestens erheblich zu schwächen» (MB 554). Und in der Tat: Schon im nächsten Monat, am 30. November 1943, rückten nach Studentenprotesten SS-Einheiten in die Universität ein, um die Studenten zu verhaften und zu deportieren. Am Abend zuvor erfuhr Steltzer von dieser Aktion und benachrichtigte Brodersen, der die Universität und die Studentenschaft informierte. Der größere Teil der Studenten konnte noch in Verstecke fliehen, aber etwa eintausend wurden nach Deutschland deportiert.

Moltke besuchte auch den neuen Leiter der Abwehr in Norwegen, der ihm besser als der Vorgänger gefiel. Am 6. Oktober traf er zusammen mit Steltzer noch einmal die Freunde aus dem norwegischen Widerstand. Worüber sie sprachen, wissen wir nicht genau. Aus Moltkes Berichten geht hervor, dass eine gewisse Ermüdung und Resignation eingetreten war.

Moltke hatte weiter ein dichtes Programm. Schließlich konnte er auch den General und seine Entourage sprechen und war davon positiv überrascht:

Ich hatte erwartet, dass sie sich für die Sachen, die ich wollte, nicht recht interessieren würden. Das war aber weit gefehlt. Sie hatten für diese Probleme durchaus Verständnis und lagen im Ganzen auf einer viel richtigeren und besseren Linie, als ich zu hoffen gewagt hätte. (MB 555)

Es ist bezeichnend für Moltke, dass ein besonderer Höhepunkt seines Oslo-Aufenthaltes für ihn der Besuch eines Erntedank-Gottesdienstes zusammen mit Steltzer war. «Es waren nur 6 Gemeindemitglieder, aber die Atmosphäre war sehr schön und erhebend. So hat es mich gefreut, da gewesen zu sein und wenigstens auf die Art eine Erntedankfestpredigt gehört zu haben.» (MB 553) Der Pfarrer war Friedrich Schauer, den Moltke schon bei seinem ersten Besuch in Oslo kennen gelernt hatte. Er war wie Steltzer Mitglied der Berneuchener Michaelsbruderschaft.

Eigentlich wollte Moltke von Oslo aus nach Stockholm fahren. Aber zu seiner großen Enttäuschung bekam er trotz intensiver Bemühungen kein

Visum. Am Abend vor seiner Abreise am 7. Oktober ging er nach einem letzten abendlichen Beisammensein mit dem General um 22 Uhr noch einmal zu den Freunden, um Abschied zu nehmen. Steltzer holte ihn um Mitternacht ab, und am anderen Morgen fuhr er ihn an eine Stelle mit einem «wunderbaren Blick über den herbstlichen Oslofjord». Dann nahm Moltke einen Zug nach Malmö, um von dort nochmals nach Kopenhagen zu fliegen. Er wollte mit Merete über ein mögliches Missverständnis beim letzten Besuch reden. Kopenhagen hatte sich in der kurzen Zeit seiner Abwesenheit stark verändert:

Die Stimmung in der Stadt hatte sich sichtlich verschärft. Ich habe noch in keinem besetzten Gebiet so hasserfüllte, auf deutsche Uniformierte gerichtete Blicke gesehen. Die Leute sind ganz einfach außer sich. Das Wegschaffen der Juden hat ihnen das Gefühl gegeben, dass sie nun alle unsicher sind, und sie reagieren sehr scharf. Die Soldaten, die ich sprach, behaupteten, alles sei in Butter. Die ahnungslosen Engel! (MB 555 f.)

Am 9. Oktober 1943 war Moltke «nach einem bequemen Flug» von Kopenhagen wieder in seiner Dienststelle in Berlin.

Über Istanbul endlich die Westmächte erreichen!

Wenige Tage nach dem dritten Kreisauer Treffen vom 12. bis 14. Juni 1943 reiste Trott am 17. Juni auf Einladung des Botschafters Franz von Papen nach Istanbul. Er wollte den Versuch machen, diesen für den Widerstand zu gewinnen. Natürlich wusste er, dass Papen ein schwankender Charakter mit komplizierter Vergangenheit war. Aber er hatte immerhin schon 1934 in einer Rede in Marburg offene Kritik am neuen Regime geübt. Doch Trott gelang es nicht, Papen zu einer eindeutigen Position im Sinne des deutschen Widerstands zu bewegen. Am 3. Juli kehrte er wieder nach Berlin zurück. Man darf annehmen, dass Trott Moltke am 4. Juli über die Ergebnisse seiner Reise unterrichtete. Denn einen Tag später reiste Moltke zusammen mit seinem Kollegen aus der Völkerrechtsgruppe, Wilhelm Wengler, zunächst mit der Bahn bis Wien und dann mit dem Flugzeug über Budapest und Sofia nach Istanbul. Diese Reise war mit Admiral Canaris, der im Januar in Istanbul Gespräche mit einem einflussreichen amerikanischen Politiker geführt hatte, abgesprochen und dauerte vom 5. bis 10. Juli 1943. Offiziell ging es dabei um Gespräche mit türkischen Behörden, die eine im Marmara-Meer internierte französische Flotte von Donauschiffen an den Eigentümer in Paris zurückgeben sollten. Wengler führte diese Verhandlungen, während Moltke sich um Kontakte zu alliierten Kreisen bemühte. Gemeinsam besuchten sie Papen. Der Eindruck von Moltke: «Er ist doch ein jämmerlicher Mann.» (MBF 261)

Begeistert war Moltke von der Stadt Istanbul. In einem langen Brief beschrieb er Freya die geographische Lage und das bunte Leben. Enttäuscht war er allerdings von der Hagia Sophia, die nicht mehr für gottesdienstliche Zwecke verwendet wurde. Und es fiel ihm auf, dass Juden und Levantiner (Kinder aus Mischehen) in der türkischen Gesellschaft geschnitten wurden.

Istanbul war durch seine geographische Lage am Rand der Kriegsschauplätze nach Bern und Stockholm die wichtigste Stadt für diplomatische Initiativen, für die Geheimdienste der kriegführenden Nationen und für persönliche Begegnungen von Kriegsgegnern geworden. Chef der deutschen Abwehr in Istanbul war Paul Leverkühn, in dessen Rechtsanwaltsbüro in Berlin Moltke 1938/39 gearbeitet hatte. Außerdem lehrte seit 1934 der Wirtschaftswissenschaftler und Agrarexperte Hans Wilbrandt, mit dem Moltke als Wirtschaftsprüfer im Zusammenhang mit der Sanierung von Kreisau zu tun hatte, an der Universität Istanbul. Durch Wilbrandt lernte er einen anderen Emigranten kennen, Alexander Rüstow, den Professor für Wirtschaftsgeographie, Wirtschafts- und Sozialgeschichte an der Istanbuler Universität.[3] Rüstow und Wilbrandt waren Mitglieder des «Deutschen Freiheitsbundes», zu dem auch Ernst Reuter gehörte. Sie kooperierten eng mit dem amerikanischen Office of Strategic Services (OSS). In Wilbrandts Haus trafen sich deutsche und amerikanische Unterhändler. Moltke besprach mit den beiden Emigranten, wie man mit den Alliierten Kontakt aufnehmen könnte, um eine politische und militärische Zusammenarbeit anzubahnen. Die drei überlegten, wie man einen deutschen Generalstäbler nach England schleusen könnte, um militärische Operationen abzusprechen. Moltke wäre auch gerne zu seinem Bekannten Alexander Kirk geflogen, der jetzt amerikanischer Botschafter in Kairo war, aber das erwies sich als undurchführbar. Rüstow versuchte Moltke klarzumachen, dass es unmöglich sei, die Westalliierten vom Grundsatz einer bedingungslosen Kapitulation Deutschlands abzubringen. Er knüpfte seine weitere Unterstützung an die Bedingung, dass der deutsche Widerstand die Casablanca-Erklärung akzeptiere. Moltke war schließlich dazu bereit. Natürlich wusste er, dass viele oppositionelle Offiziere ihre Zustimmung zur Beseitigung Hitlers von der Aufhebung oder Differenzierung der Doktrin abhängig gemacht hatten. Nach Hitlers Absetzung kam für sie nur ein durch eine neue deutsche Regierung geschlossener Friedensvertrag in Betracht, in dem die weitere Existenz und Funktionsfähigkeit der Wehrmacht garantiert werden musste.

Um überhaupt mit alliierten Politikern in Verbindung zu kommen, ließ sich Moltke trotz seiner grundsätzlichen Skepsis gegenüber Geheimdiensten auf Kontakte mit dem von Lanning Macfarland[9] geleiteten OSS ein, der ein Spionagenetzwerk in Mitteleuropa aufgebaut hatte. Zu Ergebnissen führte das alles noch nicht. Moltkes erste Reise in die Türkei galt der Sondierung, ob man über Istanbul Kontakte zu Personen und Institutionen der Alliierten aufbauen könnte, und dieses Ziel schien greifbar nahe.

Im Amt wurde Moltke nach seiner Rückkehr aus Skandinavien und der Türkei mit Arbeit überhäuft. So schrieb er am 11. November:

Den ganzen gestrigen Vormittag habe ich damit verbracht, aufzuräumen und mich auf den für Nachmittag angesetzten Vortrag bei Bürkner vorzubereiten. Es war eine große Menge verschiedener Sachen, die norwegische, dänische, holländische, französische, italienische, balkanesische, polnische, russische, türkische, schwedische und spanische Fragen betrafen. Wie Du siehst, eine Rundfahrt um ganz Europa. (MB 564)

Nach dem Vortrag vor Bürkner ging es zusammen zu Canaris und anschließend wieder weiter bei Bürkner: «Es war unglaublich anstrengend, aber sehr fruchtbar, denn beide, Bürkner und Canaris, hatten genug Zeit, und wir kamen wirklich vorwärts. Es war an sich ein richtig angenehmer Arbeitstag.» (MB 564)

Moltke hatte ein anstrengendes Tagesgeschäft zu erledigen. Er musste nicht nur Gutachten schreiben, sondern auch telefonische Anfragen zu völkerrechtsrelevanten Einzelproblemen aus allen Teilen des von Deutschen besetzten Europa beantworten. Inzwischen galt er in der Wehrmacht als Experte, der für die kompliziertesten Fragen sachkundige Antworten hatte. Im Amt selbst genoss er bei seinen Vorgesetzten großes Vertrauen. Sie zogen ihn in der Regel bei allen wichtigen Problemen als Berater hinzu. Dabei kam ihm zugute, dass er die oppositionelle Einstellung seiner beiden Vorgesetzten zur Kriegsführung Hitlers und ihre Abneigung gegen den opportunistischen Generalfeldmarschall Keitel kannte. So fanden Canaris, Bürkner und Moltke bei ihren Diskussionen meist rasch einen Konsens. Canaris' Art war es, sich selbst zurückzuhalten, aber seinen kritischen Leuten den nötigen Handlungsspielraum zu sichern. Canaris war es dann auch, der Moltkes zweite Reise nach Istanbul, die erneut den außenpolitischen Zwecken des Widerstandes dienen sollte, durch einen völkerrechtlichen Auftrag legitimierte.

Nun brauchte man für eine derartige Reise ein Visum des Auswärtigen Amtes, und das war, seit Staatssekretär Ernst von Weizsäcker auf den Posten des Botschafters beim Vatikan gewechselt war, nicht mehr ohne weiteres zu bekommen. Aber Moltke kannte den Baron Gustav Adolf Steengracht von Moyland, dessen Frau Illemie eine Freundin seines Schwagers Carl Deichmann war. Sie war eine Hitler-Gegnerin, er hingegen ein früher Nationalsozialist, der 1936 in die Dienststelle Ribbentrops gekommen und mit diesem an der Botschaft in London gewesen war. Seit 1939 gehörte er dem persönlichen Stab des Reichsaußenministers an und wurde am 31. März 1943 überraschend Weizsäckers Nachfolger als Staatssekretär.[10] Moltke konstatierte:

Das Ganze ist wirklich eine Katastrophe und sieht doch auch nach außen sehr merkwürdig aus, denn selbst die freundlichste Betrachtung des teuren Barons kann nicht zu dem Ergebnis führen, dass man ihm die für einen solchen Posten notwendige Routine zutraut. (MB 464)

Dennoch hatte sich Moltke hin und wieder mit diesem Parteigänger Ribbentrops unterhalten, um sich von ihm die offizielle Außenpolitik seines Meisters erklären zu lassen. Vermutlich konnte er sich das Visum für seine Türkeireise mithilfe von Steengracht verschaffen.

In Wien organisierten militärische Dienststellen für Moltke den Flug nach Istanbul, wo er am Abend des 11. Dezember landete und fünf Tage blieb. Ende Oktober war ihm durch einen Mittelsmann mitgeteilt worden, dass Kirk bereit sei, mit ihm in Istanbul zu sprechen. Er selbst und die Exildeutschen hofften auf konstruktive Gespräche und Vereinbarungen über eine Zusammenarbeit der militärischen Opposition in Deutschland mit den Westalliierten. Kirk kam jedoch nicht. Der enttäuschte Moltke schrieb ihm von Istanbul aus einen längeren Brief, in dem er erklärte, dass zwischen möglichen Gesprächspartnern volles persönliches Vertrauen herrschen müsse. Er müsse «sicher sein, mit jemandem zu sprechen, dessen persönliche Loyalität außer Frage steht und der in der Lage ist, die komplizierte und verwirrte Situation meines Landes und mehrerer anderer Länder des kontinentalen Europas politisch zu beurteilen» (Br. 1, 324). Das hieß: Eigentlich könne er nur mit Kirk selbst reden. Beginnen müsse das Gespräch «mit einer Analyse der militärischen und politischen Situation». Anschließend könne man über militärische und politische Möglichkeiten einer Zusammenarbeit sprechen. Ziel müsse eine Zusammenarbeit sein, die «auf einen Schlag einen Umschwung herbeiführt». Dazu bedürfe es der Geduld, «bis militärische Macht in großem Umfang und wirksam eingesetzt werden kann». Wenn man sich politisch einigen könne, seien die technischen Fragen schnell zu lösen. Moltke schloss mit den Sätzen:

Den Ort für eine Diskussion können Sie bestimmen. Wenn ich das nächste Mal komme, kann ich Istanbul für 48 Stunden verlassen. Ich bin darin ganz auf Sie angewiesen und vertraue darauf, dass die von Ihnen getroffenen Vorkehrungen mein Risiko niedrig halten. Was den Zeitpunkt betrifft: Wenn ich mich mit meiner Arbeit zu Hause beeile, könnte ich frühestens Mitte Februar und spätestens Mitte April wieder hier sein. (Br. 1, 325)

Seit seinem ersten Istanbulbesuch im Juli hatte sich die militärische und außenpolitische Situation entscheidend zuungunsten Deutschlands verändert: Die deutsche Armee war endgültig in die Defensive gedrängt worden. Im Osten rückte die Rote Armee immer weiter nach Westen, und die Amerikaner drangen von Sizilien aus langsam nach Norden vor. Der Bombenkrieg auf deutsche Städte wurde zunehmend schärfer. Im Juli 1943 war durch Exilvertreter der KPD und durch deutsche Kriegsgefangene in Krasnogorsk das «Nationalkomitee Freies Deutschland» gegründet worden, dem im September die Gründung des «Bundes deutscher Offiziere» folgte.[11] Damit signalisierte die Sowjetunion den Beginn einer eigenen Deutschlandpolitik. Vom 28. November bis 1. Dezember 1943 trafen sich in Teheran Churchill, Roosevelt und Stalin. Sie besprachen mit den Militärs «Pläne zur Vernichtung der deutschen Truppen» und erzielten volle Übereinstimmung über den Umfang und den Zeitplan der Operationen an allen Fronten: «Unsere Angriffe werden rücksichtslos sein und immer stärker werden.»[12] Die Sowjetunion erklärte sich zur Mitarbeit in den geplanten Vereinten Nationen (UN) bereit. Für die Nachkriegszeit forderte Stalin, die Westgrenze Polens bis zur Oder vorzuschieben. Über die zukünftige Gestaltung Deutschlands herrschten unterschiedliche Vorstellungen. Deshalb erteilte man der gemeinsam gegründeten «Beratenden Europa-Kommission» in London Arbeitsaufträge.

In Berlin selbst änderte sich seit Anfang August 1943 die Lage dramatisch. Die Luftangriffe auf die Hauptstadt wurden immer heftiger und häufiger. Moltke beschrieb die Situation am 2. August: «Ich bin in ein Irrenhaus zurückgekehrt. [...] Es befindet sich alles in totaler Auflösung, und in weiteren vierzehn Tagen werden wir keinen Staatsapparat mehr haben.» (MB 517) Für Moltke und seine Freunde war es in dieser Lage höchste Zeit, eine konsequente Handlungsstrategie für das baldige Ende des Krieges zu entwickeln. Ihre politischen Neuordnungskonzepte waren fertig. Die Niederlage war aus ihrer Sicht nicht mehr zu vermeiden. Es kam nun darauf an, dass die Westalliierten Deutschland besetzten und der Sowjetunion der Zugang zu Mitteleuropa verwehrt wurde. Dazu mussten die deutschen Truppenführer im Westen den Briten und Amerikanern einen schnellen Vorstoß durch Frankreich nach Deutschland ermöglichen. Über eine solche Kooperation wollte Moltke bei seinem zweiten Istanbulbesuch sprechen. Eine Unterredung mit dem amerikanischen Brigadegeneral Richard G. Tindall in der Wohnung eines österreichischen Geschäftsmannes führte jedoch zu keinem Einverständnis, da dieser von Moltke militärische Geheimnisse erfahren, nicht aber darüber sprechen wollte, wie man gemeinsam politisch vorgehen könnte. Moltke versuchte, zu Dorothy Thompson, Wallace Deuel und General Smuts brieflich Kontakt aufzunehmen. Übrig als Gesprächspartner blieben die beiden Exilanten, die bereit waren, Vermittlungsdienste zum amerikanischen Geheimdienst zu übernehmen. Wilbrandt berichtete später, dass Moltke geäußert habe, er rechne bald mit seiner Verhaftung. Bei seiner Abfahrt habe er resigniert gesagt: «Jetzt ist alles aus.»

Rüstow und Wilbrandt verfassten nach der Abreise von Moltke am 16. Dezember ein Dossier über den «Herman-Plan» (Herman war der Deckname für Moltke),[13] mit der Überschrift «Exposé über die Bereitschaft einer mächtigen deutschen Gruppe, militärische Operationen der Alliierten gegen Nazi-Deutschland vorzubereiten und zu unterstützen» (Br. 1, 326 ff.). Inwieweit die Aussagen dieses Exposés mit den Auffassungen Moltkes übereinstimmen und welche eigenen Positionen und Interpretationen von Rüstow und Wilbrandt eingeflossen sind, lässt sich nicht rekonstruieren. Moltke bekam dieses Schriftstück nie zu Gesicht. Das Dossier beginnt mit der Vorbemerkung, dass es eine einflussreiche Gruppe innerhalb der deutschen Opposition gebe, die auf eine Beschleunigung des alliierten Sieges und auf eine Abschaffung des Nazismus hinarbeite. Das Exposé spiegele die «Anschauungen und Absichten dieser Gruppe verantwortungsvoller demokratischer Deutscher» (Br. 1, 326) wider. Das Junktim von alliiertem Sieg und Abschaffung des Nazismus war seit 1942 Moltkes Position, nachdem er erkannt hatte, dass das Selbstverständnis der meisten Generäle und die Hitlertreue der meisten Deutschen eine Selbstbefreiung aus der Diktatur nicht zuließen.

Es folgt eine Analyse von «Hintergrund und Stellung der deutschen Oppositionsgruppen» (Br. 1, 326), die in dieser klaren Form nur ein in der Widerstandsszene Kundiger vornehmen konnte. Ihr zufolge waren neben den nationalsozialistischen Organen das Offizierskorps der Wehrmacht und die höheren Staatsbeamten mit politischer Macht ausgestattet. Diese

Machtträger werden in drei Kategorien eingeteilt: politisch neutrale Spezialisten, die besonders unter den Berufsoffizieren die Mehrheit bildeten, überzeugte Nationalsozialisten sowie bewusste und entschlossene Gegner des Nationalsozialismus. Die dritte Gruppe teilte sich nochmals auf in prorussische und proangelsächsische Vertreter. Die Ersteren waren in den einzelnen Wehrmachtsteilen stärker vertreten. Sie gingen von einer in der Geschichte (Preußen und Russland) und in der unmittelbaren Vergangenheit (Rapallo-Vertrag und Zusammenarbeit der Reichswehr mit der Roten Armee) bewährten Interessengemeinschaft von Deutschland und Russland aus. Die Gründung des «Bundes Deutscher Offiziere» in Moskau und eine inzwischen zerschlagene prorussische Widerstandsgruppe (gemeint sind die Mitglieder der «Roten Kapelle») weisen dem Dossier zufolge auf diese Affinität hin. Dann heißt es weiter:

Die westliche Gruppe der Opposition ist zwar zahlenmäßig schwächer, wird aber von vielen Schlüsselkräften in der Militär- und Beamtenhierarchie einschließlich Offizieren aller Ränge und Schlüsselmitgliedern des OKW vertreten. Sie steht außerdem in enger Fühlung mit den katholischen Bischöfen, der protestantischen Bekenntniskirche, führenden Kreisen der ehemaligen Gewerkschaften und Arbeiterorganisationen sowie einflussreichen Männern der Industrie und Intellektuellen. Diese Gruppe sucht jetzt eine praktische Grundlage für eine wirksame Zusammenarbeit mit den angelsächsischen Alliierten zu schaffen. (Br. 1, 327)

Es fällt auf, dass die Russophilie vieler deutscher Offiziere stark herausgestellt wurde. Der prorussische Flügel war aber kein kommunistischer Flügel, wie auch die «Rote Kapelle» mehrheitlich keine Bolschewisierung Deutschlands anstrebte, sondern den Sieg Hitlers verhindern wollte. Die Verfasser des Exposés dürften diesen Flügel stärker als Moltke betont haben, um die Aufmerksamkeit der Amerikaner auf einen möglichen sowjetischen Einfluss auf Deutschland zu lenken, der nicht im westlichen Interesse liegen konnte. Die Skizze über die Zusammensetzung der westlich orientierten deutschen Opposition dürften sie weitgehend von Moltke übernommen haben. Sie weist auf die berufliche und geistige Breite dieser Gruppe hin, in der sich Militärs, Ministerialbeamte, Repräsentanten der beiden großen Konfessionen, Gewerkschafter und Sozialdemokraten zusammengefunden hätten. Für westliche Politiker sollte dies wohl ein Wink sein, den deutschen Widerstand nicht nur als eine verzweifelte Bemühung traditioneller antidemokratischer Eliten anzusehen, die ihre alten Positionen wieder einnehmen wollten.

Als Voraussetzungen einer Zusammenarbeit mit den Alliierten werden sodann elf Punkte genannt. Entscheidend war Punkt 1: «Die Mitglieder der Gruppe betrachten eine eindeutige Niederlage und eine Besetzung Deutschlands als moralisch und politisch notwendig für die Zukunft der Nation.» (Br. 1, 327) In Punkt 2 wird dargelegt, dass es nicht um das Aushandeln von Friedensbedingungen vor der Kapitulation gehe, sondern um die Auslotung von Möglichkeiten einer Zusammenarbeit in «Gleichheit und Würde» (Br. 1, 328) zwischen einem Deutschland nach Hitler und anderen demokratischen Nationen. Wenn die Westalliierten ein demokratisches, proangelsächsisch eingestelltes Deutschland haben wollten, so war natürlich auch nach den entsprechenden militärischen Rahmenbedingungen zu fragen. Punkt 3 stellt fest, es müsse eine «intakte Ostfront», «etwa die Linie Tilsit–Lemberg», existieren, um der «übermächtigen Gefahr im Osten zuvorzukommen» (Br. 1, 328). Deshalb schlägt man in Punkt 4 vor, dass widerständige deutsche Offiziere und westalliierte Militärs gemeinsam einen «militärischen Kooperationsplan» entwickeln, der es den Alliierten möglich mache, einen raschen und entscheidenden Erfolg zu erringen und ganz Deutschland zu besetzen. Das könne die politische Situation in Deutschland mit einem Schlag ändern. «Die wirkliche Stimme Deutschlands», wie sie der Widerstand repräsentiere, werde «als kühne, wahrhaft patriotische Tat» akzeptiert werden (Br. 1, 328). In den Punkten 5, 6 und 7 wird auf die Gefahr einer neuen Dolchstoßlegende in Deutschland hingewiesen, wenn nicht die «zweite Front im Westen» mit einer überwältigenden Streitmacht «mit dem Ziel einer totalen Besetzung Deutschlands» eröffnet werde (Br 1, 329). Nach entsprechenden Vereinbarungen könnten deutsche intakte Einheiten für diesen Zweck ihre Hilfe anbieten. Da dies jedoch angesichts der Strukturen der Wehrmacht mit ihrer zentralen Führung aus dem Führerhauptquartier heraus kaum möglich gewesen wäre, wurde in Punkt 8 die entscheidende politische Voraussetzung für das militärische Arrangement der Besatzungsarmee und der Landungsarmee formuliert:

Die Gruppe würde dafür sorgen, dass gleichzeitig mit der Landung der Alliierten eine provisorische antinazistische Regierung gebildet würde, die nichtmilitärische Aufgaben, welche sich aus der Zusammenarbeit mit den Alliierten und der damit verbundenen politischen Umwälzung ergäben, übernehmen würde. Die Zusammensetzung dieser provisorischen Regierung würde im Voraus festgelegt. (Br. 1,329)

Intendiert war also kein Putschversuch der Westarmee gegen die Berliner Zentrale, sondern die Vorbereitung einer militärischen Kooperation mit den Alliierten nach einem Staatsstreich in der deutschen Hauptstadt. Auf die neue Regierung ginge dann das Gesetz des Handelns über. Sie aber werde dem schnellen Durchmarsch nach Deutschland und seiner Besetzung zustimmen, um, wie in Punkt 9 ausgeführt wird, das Vordringen der Roten Armee und das Aufkommen eines nationalen Kommunismus als «eine drohende tödliche Gefahr für Deutschland und die Gemeinschaft der europäischen Nationen» zu verhindern (Br. 1, 329). Der Krieg dürfe nicht mit einem Sieg der Roten Armee und der Besetzung Deutschlands durch sie beendet werden. Doch blieb das innenpolitische Problem, wie sich in dieser Frage die «Arbeitermassen» gegenüber der neuen Regierung verhalten werden. Deshalb sollte die neue Regierung gemäß Punkt 10 «mit einem sehr starken linken Flügel operieren und sich entschieden auf die Sozialdemokraten und die organisierte Arbeiterschaft stützen, wenn nötig sogar die Zusammenarbeit mit persönlich integren, unabhängigen Kommunisten anstreben» (Br. 1, 330). Der 11. und letzte Punkt erwägt, ob die demokratische Gegenregierung sich nicht zunächst in Süddeutschland oder in Österreich etablieren sollte. Man bat die Alliierten, von einer wahllosen Bombardierung dieser Gebiete abzusehen, da die Bevölkerung mit ihrem nackten Überleben so beschäftigt sei, dass sie «für eine revolutionäre Tätigkeit nicht in Betracht kommt» (Br. 1, 330). Die zweite Aussage galt wohl für alle deutschen Gebiete.

Eugen Gerstenmaier behauptete recht apodiktisch, dass der Herman-Bericht «sich in entscheidenden Partien weder mit der Gesinnung noch mit der politischen Orientierung des Kreises im Ganzen vereinbaren lässt».[14] Richtig ist, dass der Bericht von Rüstow und Wilbrandt für den amerikanischen Geheimdienst geschrieben wurde. Aber er ist nach intensiven, stundenlangen Gesprächen mit Moltke entstanden. Selbst wenn die beiden deutschen Exilanten einiges für die Empfänger anders gewichtet haben als Moltke, so ist kein Indiz auszumachen, dass hier die Privatauffassungen der beiden Professoren ihren Niederschlag gefunden hätten. Mögen sie Moltke nicht immer ganz richtig verstanden und wiedergegeben haben, so entsprechen doch zentrale Aussagen dieses Exposés den bis dahin bekannten Auffassungen Moltkes. Die Istanbuler Emigranten haben ihn überzeugen können, dass mögliche politische Handlungsräume nur zu bekommen seien, wenn die alliierte Doktrin der bedingungslosen Kapitulation anerkannt werde. Sie war nicht korrigierbar; nur in ihrem Rahmen gab es eventuell neue politische Möglichkeiten. Die Empfänger des Exposés hierauf hinzuweisen war die Intention. Sie auf ihr eigenes weltpolitisches Interesse, die Eindämmung des Sowjetkommunismus, anzusprechen war die strategische Funktion des Herman-Berichts.

Das sogenannte Herman-Dossier gelangte in verschiedene Kanäle des Office of Strategic Services (OSS). Zunächst erreichte es Alfred Schwarz, den Leiter eines Spionagerings in Österreich, Deutschland, Ungarn und Bulgarien. Am 29. Dezember 1943 schickte dieser ein Exemplar des Dossiers zusammen mit Moltkes Brief an Kirk an den OSS-Chef Macfarland in Istanbul und an den Militärattaché General Tindall in Ankara. In einem Begleitschreiben kommentierte er das Dossier und den durch «eine Reihe deutscher Antinazi-Offiziere» «autorisierten Abgesandten».[15] Er schilderte die vergeblichen Versuche, persönlichen Kontakt zwischen Moltke und Kirk herzustellen und bat den General, Präsident Roosevelt, den Generalstabschef, General Marshall, und den Leiter des Office of Intelligence Services (IS), General Donovan, über die Initiative «Hermans» zu unterrichten. Schwarz stellte sich aus kriegspolitischen und humanen Gründen voll hinter die Ziele des Dossiers.[16] Mit dem Anschreiben an den Militärattaché wollte er, ganz im Sinne Moltkes, den Fall über die Geheimdienste auf die Regierungsebene bringen. Aber in die USA weitergeleitet hat den ganzen Vorgang Macfarland erst am 12. Januar 1944, und zwar an seinen obersten Chef Donovan. Er fügte auch eine persönliche Stellungnahme bei. Sie begann mit dem Satz:

Wir stehen seit vielen Monaten in Verbindung mit Herman [...], der einer sehr bekannten deutschen Familie entstammt und dessen Name Sie zweifellos gut kennen. Er hat in der deutschen Wehrmacht eine wichtige Stelle inne und besitzt überall viele Kontakte in deutschen Industrie- und Militärkreisen.

In der Tat war Moltke dem Geheimdienst wohl bekannt. Am 3. November 1943 hatte der OSS über ihn eine Akte angelegt. In 22 Punkten wurde er durchleuchtet. Die Angaben zu seinem Lebensweg waren durchweg richtig. Über seine politische Einstellung heißt es:

Durch und durch demokratisch und liberal; an Geschichte und Politik interessiert; offen antinazistisch; versuchte alles Erdenkliche, um Kontakt mit den Nazis und ihren Organisationen zu vermeiden und machte nur die Zugeständnisse, die, solange er in Deutschland lebte, unvermeidlich waren. Er zog häufig in Betracht, Deutschland zu verlassen, konnte sich aber dazu nicht entschließen. Trotz seines Titels ist er von Natur aus und aus Überzeugung alles andere als ein «Preuße», «Junker» oder Reaktionär. Durch und durch europaorientiert.
Intellektuell: Hat viele Interessen, sehr belesen und gebildet.
Emotional: Sehr ruhig und zurückhaltend, starkes Empfinden für Anstand, Gerechtigkeit und Aufrichtigkeit, hilft gerne anderen und nimmt aufrichtigen Anteil

an ihren Problemen, ohne Ehrgeiz, aber im Ganzen stärker am Familienleben als an seiner Karriere interessiert.

Verwendbarkeit: Es ist schwierig, Moltkes Fähigkeiten als Anwalt zu beurteilen. Jeder, der ihn kennt, bestätigt seine Integrität, seine Intelligenz und seine Seriosität. Er könnte durch die Kenntnis der Bevölkerung seiner Gegend (Schlesien) als Informationsquelle nützlich sein. Zudem könnten seine engen internationalen Kontakte und seine aufrichtige Kooperationsbereitschaft in der Wiederaufbauphase von Nutzen sein.[17]

Auch Macfarland hatte in seinem Brief an Donovan keine Zweifel an der Glaubwürdigkeit «Hermans». Es sei zwar

äußerst schwierig, die Erfolgsmöglichkeiten eines solchen Planes zu beurteilen, aber wir sind davon überzeugt, dass er hohen politischen Stellen zur Kenntnis gebracht werden sollte, bevor Weiteres geschieht. Von uns ist natürlich keiner in der Lage, ein Urteil darüber abzugeben, bevor wir nicht viel mehr über den Umfang des Programms sowie die Verantwortung und Integrität derer wissen, die dahinterstehen.[18]

Die Istanbuler OSS-Leute hatten schnell auf das Memorandum reagiert und es auf dem Dienstweg weitergegeben. Was für sie noch ausstand, war eine Antwort von Kirk aus Kairo. Da sie seine Zurückhaltung vom ersten Besuch Moltkes her kannten, schlugen sie einen anderen möglichen Gesprächspartner für Moltke bei seinem erwarteten dritten Besuch im Februar 1944 oder später vor: Hugh Wilson.

Kirk schickte am 10. Januar 1944 zwei Briefe ab: einen an Moltke und einen an General Tindall in Ankara. Der kurze Brief an Moltke war klar und eindeutig:

Ich freue mich immer, Sie zu sehen, glaube aber nicht, dass unser Treffen jetzt einem guten Zweck dienen würde, da nach meiner Überzeugung nichts anderes als die bedingungslose Kapitulation der deutschen Streitkräfte den Krieg in Europa beenden wird.[19]

In seinem Brief an Tindall erläuterte er, weshalb er für ein Gespräch nicht zur Verfügung stand:

Meine Entscheidung beruht nicht auf Zweifeln hinsichtlich der Aufrichtigkeit der fraglichen Person, sondern allein auf meiner Überzeugung, dass der Krieg durch die militärische Niederlage der deutschen Streitkräfte enden muss und nicht durch irgendwelches Feilschen unsererseits mit Splittergruppen innerhalb Deutschlands, was gegenwärtig größere Risiken und am Schluss ernstere Komplikationen für die Vereinten Nationen mit sich bringen könnte, als es die problematischen Vorteile rechtfertigen würden. Die bedingungslose Kapitulation ist unsere Devise und soll-te es bleiben, und aus meiner Kenntnis der Deutschen befürchte ich, dass Ge-spräche mit Splittergruppen innerhalb des Landes den Eindruck erwecken, als ob wir uns mit etwas Geringerem als dieser Forderung begnügen würden.[20]

Dieses radikale Nein eines amerikanischen Spitzendiplomaten kam erst, als Moltke im Januar 1944 bereits verhaftet war.

Aber es gab auch andere Stimmen. Donovan ließ verschiedene Exper-tisen anfertigen. Ein sehr umfangreiches Memorandum erarbeitete der deutsche, in die Türkei emigrierte Professor Karl Brandt. Er hielt den Plan für «das Angebot der seriösesten revolutionären Gruppe innerhalb Deutschlands [...], die entscheidende strategische Positionen innehat»,[21] und berichtete von der breiten soziologisch-beruflichen und weltanschau-lich-politischen Zusammensetzung des Kreises. Er ging die möglichen Alternativen zum Herman-Plan durch und wog Chancen und Risiken sehr differenziert ab. Zudem machte er Vorschläge für ein weiteres vorsich-tiges, aber konsequentes Vorgehen in der Zukunft. Er riet, dass die in den USA verantwortlichen Militärs die Chancen einer Kooperation prüfen sollten, ohne ihre laufenden Vorbereitungen für die Landung auf dem west-europäischen Festland zu unterbrechen.

Das Gutachten Brandts schickte Donovan zusammen mit dem Herman-Plan an weitere Mitarbeiter des OSS zur Begutachtung. Der Harvard-Geschichtsprofessor William L. Langer, Chef der Research and Analysis Branch des OSS, gab unter dem 15. März 1944 eine Stellungnahme ab, die die Existenz einer gut organisierten und einflussreichen Oppositions-gruppe in Deutschland mit der Möglichkeit einer Regierungsübernahme leugnete und die Sympathien für den Westen unter den Deutschen trotz der Bombardierungen für größer als die für die Russen hielt. Im Übrigen müsse Russland als die größte Landmacht von jedem Sonderkontakt des Westens unterrichtet werden. Überhaupt hielt er die ganze Sache für ein zu großes Risiko, politisch und militärisch. Später könne man überlegen, ob man die Gruppe, die man weiter beobachten solle, zum «Kern einer Post-Nazi-Regierung» machen könne. Und er empfahl kühl, «alle militä-rischen Pläne so auszuarbeiten, als ob die Gruppe nicht existierte».[22]

Ähnlich argumentierte ein Memorandum des Acting Chairman der OSS Planning Group, Whitney Shepardson, vom 3. April 1944. Die Planungs-gruppe war nach einer Diskussion mit Macfarland zu dem Ergebnis ge-kommen, keinen Bericht für die Joint Chiefs of Staff (Vereinigte Stabs-chefs) oder für das Außenministerium über die Herman-Geschichte zu schreiben, sondern die ganze Angelegenheit auf der Ebene des Geheimdienstes zu belassen. Macfarland könne instruiert werden, die Kontakte zu «Herman» zu halten, um sie «auf irgendeine Weise zur Unterstützung der Invasionsbemühungen zu nutzen, ohne Rücksicht auf irgendwelche weiteren Überlegungen wie die Zukunft Europas oder die Zukunft Deutschlands».[23] Ähnlich argumentierten weitere Gutachter. Am Schluss überwogen die kritischen Fragen und Zweifel. Präsident Roosevelt bekam in dieser Zeit die Herman-Akte nie zu Gesicht. Erst nach dem 20. Juli 1944 unterrichtete Donovan den Präsidenten über den Kontakt mit Moltke in Istanbul.

Es gab nur noch eine Stimme, die anders argumentierte: die des langjährigen Freundes Wallace Deuel, der inzwischen Mitarbeiter von Donovan war. In der Sache neigte er den Argumenten von Langer zu. Sein größter Vorbehalt: Moltke und seine Auftraggeber

überschätzen eventuell ihre Fähigkeit, es zu schaffen, und/oder unterschätzen die Fähigkeit der Nazis, sie an der Ausführung zu hindern. Es ist meine persönliche Überzeugung, dass Herman und die Gruppe genau diese Fehlkalkulation vorgenommen haben.[24]

Faszinierend an der Deuel-Expertise ist das Bild, das dieser Amerikaner von seinem Berliner Freund zeichnet:

Im Übrigen kenne ich Herman äußerst gut. Er und seine Frau gehören zu den engsten und liebsten Freunden, die Mary und ich jemals hatten. Der nützlichste Kommentar, den ich zu dem Plan abgeben kann, stammt daher aus meiner Freundschaft mit ihm. Es gibt überhaupt keinen Zweifel an Hermans Mut, seiner Aufrichtigkeit, der Enge seiner Bindungen zu der Art von Leuten, die er zu vertreten behauptet, oder seiner Intelligenz. [...] Herman war immer ein Gegner der Nazis und machte kaum ein Geheimnis daraus, so sehr, dass ich mich immer um seine Sicherheit sorgte. Er sagte immer, auch wenn ich ihn zur Vorsicht mahnte, dass das Leben nicht lebenswert wäre, wenn man all seine Gefühle unterdrücken müsste. [...] Herman behielt diese Einstellung nach Kriegsausbruch bei. [...] Er pflegte mir eine ganze Menge über die Vorgänge im Oberkommando zu erzählen: Pläne für die Zukunft, aktuelle Operationen und die oppositionelle Einstellung gewisser Elemente. [...] Seinerzeit und bis zu meiner Abreise aus Deutschland im Dezember 1940 glaubte Herman wenig oder gar nicht an die Möglichkeit, dass unter den Leuten von der Art, die jetzt der Beschreibung nach die Gruppe bilden, eine wirksame Opposition bestand oder aufgebaut werden könnte. Insbesondere die Generäle, sagte er, hätten schreckliche Angst vor Hitler und Himmler und wären weder fähig noch willens, gegen das Regime gerichtete Maßnahmen zu versuchen.[25]

Deuel berichtete viele Details über das Leben Moltkes, um zur Urteilsbildung über «Herman» und seinen Plan beizutragen. Er war aber redlich genug, seine Zweifel an dem Aktionsplan nicht zu verschweigen: «Jede Form und jedes Maß einer Zusammenarbeit der Gruppe mit uns würde zur Entstehung einer neuen ‹Dolchstoß›-Legende beitragen, mit allen tragischen Folgen, die damit verbunden sind.»[26]

Moltkes Mission, über Istanbul Partner für einen Sturz des nationalsozialistischen Systems zu gewinnen, scheiterte nicht an seiner Person. Aber den Amerikanern war nicht deutlich genug, welche Akteure hinter dem Plan standen. Vor allem fürchtete man, dass die Russen über die Sonderverhandlungen informiert werden könnten. Man ließ jedoch die Kontakte mit Repräsentanten des Widerstands auch nach der Verhaftung Moltkes nicht einschlafen, um Optionen für später offenzuhalten.

Eine Frage, die sich notwendigerweise stellt, ist, welche Personen hinter den Istanbul-Aktivitäten Moltkes standen. Auf keinen Fall kann der Herman-Plan nur eine Privatinitiative Moltkes gewesen sein. Er muss neben der Rückendeckung von Canaris vorsichtige Absprachen mit einigen Militärs gehabt haben, um einen so weit gehenden Plan wie Sonderabmachungen mit den Westalliierten und das Angebot von Hilfen durch die Wehrmacht bei ihrem Durchmarsch durch Frankreich nach Deutschland vorzuschlagen. In Berlin stand er in ständigem Kontakt mit Oster und – auch nach dessen Suspendierung am 5. April 1943 – mit Halder und Beck. Bei seiner Septemberreise 1943 in den Westen hatte er Gespräche mit Falkenhausen, Hofacker und Stülpnagel geführt. Aus diesem militärischen Umfeld muss Moltke ermuntert worden sein, die Möglichkeiten eines Separatabkommens zwischen militärischen Führern in Westeuropa und den Westalliierten auszuloten. Wäre das nicht der Fall gewesen, wäre Moltkes Kontaktaufnahme mit dem OSS in Istanbul eine unverantwortliche private Aktion gewesen.

Moltkes Initiative fand ihre Fortsetzung Anfang 1944, wie ein Memorandum des OSS für Secretary of State Cordell Hull zeigt. Hans Bernd Gisevius und Eduard Waetjen – mit Letzterem hatte Moltke in Berlin zahllose Gespräche geführt – waren als Vertreter einer zum Sturz Hitlers bereiten Widerstandsgruppe an Allan Dulles, den Vertreter des OSS in Bern, herangetreten, um den Vorschlag «einer Übereinkunft zwischen dieser Widerstandsgruppe und den westlichen Alliierten» zu machen. Sie signalisierten die Bereitschaft von Falkenhausen und Rundstedt, «den Widerstand einzustellen und alliierte Landungen zu unterstützen, sobald die Nazis vertrieben worden seien».[27] Leuschner, Goerdeler, Oster und Beck ständen in Berlin bereit, unterstützt von Halder, Zeitzler, Heusinger und Olbricht. Die Gruppe gehe davon aus, dass der Krieg verloren sei und es nun darum gehe, den Kommunismus in Deutschland zu vermeiden, was das Halten der Ostfront voraussetze.

Dieses Angebot ist dem Herman-Plan in seinen Grundzügen sehr ähnlich. Nur wurden jetzt Namen genannt und konkrete Vorschläge für alliierte Landungen zu Wasser und aus der Luft gemacht. Aber auch bei dieser Initiative blieben die Alliierten skeptisch gegenüber der Entschlossenheit des Militärs, dem Hitler-Regime ein Ende zu bereiten. Vor allem war man nicht bereit, die Bündnisverpflichtungen gegenüber der Sowjetunion aufzugeben. Man blieb bei der Forderung der bedingungslosen Kapitulation und der Abmachung, Deutschland gemeinsam zu besetzen und in Besatzungszonen aufzuteilen.

Moltke hat den amerikanischen Geheimdienst noch einmal beschäftigt. Allan Dulles meldete in die USA, dass Moltke zum Tode verurteilt sei.

Angesichts der bedeutenden Rolle, die er in der Verschwörergruppe spielte – er war der Anführer der Gruppe der jüngeren Offiziere –, würde sein Tod einen schwer wiegenden Verlust darstellen. Der Informant hat den Briten angesichts der Tatsache, dass von Moltkes Mutter Britin oder Südafrikanerin war, vorgeschlagen zu prüfen, ob irgendwelche Aktionsmöglichkeiten zum Aufschub der Hinrichtung bestehen. [...]
Der OSS-Vertreter war zwar der Ansicht, dass die Hoffnung, Moltke zu retten, gering sei, doch habe die Erfahrung gezeigt, dass, sollte einiges Aufsehen erregt werden, die Deutschen zum gegenwärtigen Zeitpunkt eine lebende Person möglicherweise für wertvoller halten könnten als eine tote.[28]

Hinter der letzten Aussage könnte sich das Wissen des OSS verbergen, dass Himmler am Ende des Krieges aus Eigeninteresse bereit war, Hinrichtungen von Verurteilten, die für ihn in der Zukunft vielleicht noch nützlich sein könnten, zu verhindern.

Abgesehen von der Fehlinformation über Moltke als Anführer junger Offiziere, zeigt diese Meldung, wie hoch der amerikanische Geheimdienst ihn eingeschätzt hat. Für viele Amerikaner war er die große Hoffnung für ein Deutschland nach Hitler. Auch die Briten wussten, wie wichtig dieser Freund der englischen Denk- und Lebensweise für sie hätte werden können. Wie weit bei ihnen die Sorge um den «Count Moltke» ging, zeigt ein fünfseitiger Bericht, den Curtis am 26. Juni 1943 geschrieben hat. Dort heißt es:

Meine Sorge war immer, dass, wenn die russischen Armeen Deutschland über Schlesien betreten, sie die Moltke'schen Güter erreichen und sie die ganze Familie Moltke umbringen würden. [...] So schlug ich dem Colonel Butler vor, dass jeder britische Verbindungsoffizier bei den einmarschierenden russischen Streitkräften beauftragt werden sollte, seine Hänce auf von Moltke zu legen und ihn als Gefangenen den Briten zu übergeben. [...] Wenn wir in Europa Fuß gefasst haben, soll Befehl gegeben werden an führende Offiziere, nach Graf Moltke zu sehen und ihn nach hier als Kriegsgefangenen zu schicken, wenn möglich mit Frau und Kindern.[29]

11. «Das Gefühl eines vollständigen Stillstandes überall»
(Herbst und Winter 1943–1944)

Krise im Amt

Zwischen den Reisen war Moltkes Zeit mit der Arbeit im Amt und im Kreisauer Kreis ausgefüllt. In Norwegen waren auf Befehl von Terboven über dreihundert jugoslawische Kriegsgefangene hingerichtet worden. Steltzer unterrichtete Moltke darüber, wie immer in Fällen der Willkürpraxis des Reichskommissars und der SS. Moltkes Vorgesetzter Leopold Bürkner richtete am 19. August 1943 ein von Moltke vorbereitetes Schreiben an den Befehlshaber der Wehrmacht mit der Bitte um «Nachprüfung und Bericht» (RV 268). Er konnte bei den anderen Stellen zwar vorstellig werden, hatte ihnen gegenüber aber keinerlei Weisungsbefugnisse. Es blieb darum ein indirekter Protest.

Ebenso verhielt es sich bei der Frage der Fesselung britischer Kriegsgefangener, die nach schwierigen Verhandlungen mit dem OKW, dem Oberkommando der Marine (OKM) und dem Auswärtigen Amt unter Einschaltung des Roten Kreuzes aufgehoben wurde. Ein von Moltke verfasster Brief gelangte über Canaris an Keitel, der den Fesselungsbefehl intern aufhob (RV 269; 274). Dieser Fall zeigt exemplarisch, wie schwer es für die Gruppe Völkerrecht unter Canaris war, ihre völkerrechtlich präzisen Auffassungen durchzusetzen. Aber mit Zähigkeit und einer gewissen Raffinesse gelang selbst jetzt noch das eine oder andere Vorhaben. Häufig konnte die Gruppe nur Stellung nehmen, wenn die Völkerrechtsverletzungen schon längst geschehen waren. Man reagierte dann trotzdem, um ähnliche Fälle möglichst zu verhindern.

Am 6. Dezember 1943 und am 13. Januar 1944 fanden im Institut Sitzungen mit Juristen aus verschiedenen Behörden statt. Es ging um eine Verfügung des OKW, bereits entlassene Kriegsgefangene als Zivilarbeiter nach Deutschland zu holen (RV 275 ff.). Das vorhandene Protokoll zeigt, wie intensiv diese Materie unter Beachtung aller rechtlichen und völkerrechtlichen Aspekte diskutiert wurde. Man konnte sich aber nicht auf eine gemeinsame Rechtsposition einigen. Die Praxis des OKW wurde nicht revidiert.

Über seine berufliche Tätigkeit in dieser Zeit hat Moltke am 15. Januar 1944 einen Brief an seinen früheren Mitarbeiter Günther Jaenicke geschrieben (RV 278 f.). Er berichtet, dass Berthold von Stauffenberg als Leiter der Kriegsrechtsabteilung ein Kollegium zusammengerufen habe, das die größeren und zeitaufwendigeren Fälle regelmäßig bespreche. «Wir verzichten dabei auf formelle Gutachten des Instituts und begnügen uns mit Gutachten der Referenten. Das funktioniert ganz gut, und wir sind dabei bisher alle auf unsere Kosten gekommen.» Da es im Völkerrecht stets breite Auslegungsmöglichkeiten gab, versuchten die wenigen Völkerrechtler in den Berliner Amtsstuben Kontakt miteinander zu halten. Nach dem Tod von Schmitz Anfang 1942 und dem Weggang von Jaenicke war an ihre Stelle Wilhelm Wengler getreten, der nun Moltkes Hauptgesprächspartner wurde und sein Vertrauen genoss (RV 289 f.).

Aus der Fülle der kleineren völkerrechtlichen Arbeiten von Moltke ist nur wenig erhalten. Seine Beiträge zur «Weiterentwicklung des Kriegsvölkerrechts», zur «Handhabung des Kriegsvölkerrechts», zur «Kriegsgefangenenhilfe» und zur «Geiselpraxis», die archivarisch erschlossen werden konnten, zeigen den Völkerrechtler so, wie Wengler als naher Mitarbeiter ihn im Vorwort seines Moltke gewidmeten zweibändigen großen Werks über «Völkerrecht» beschrieben hat: Es scheint

an der Zeit, daran zu erinnern, dass es auch in Deutschland Männer gegeben hat, die ihre Aufgabe als völkerrechtliche Berater anders gesehen haben und die in dieser Rolle selbst dem Unmenschen die Forderung der Menschlichkeit entgegengehalten haben, anstatt in erbärmlichster menschlicher Schwäche ihre Art von Humanitas zu suchen. Nur wenige wissen noch, wie der meist nur im Zusammenhang mit dem Kreisauer Kreis genannte Graf Moltke während des Zweiten Weltkrieges im OKW bemüht war, die deutsche Wehrmacht auch unter dem Nationalsozialismus zur Einhaltung des Kriegsvölkerrechts und zur Unterlassung unnötiger, wenn auch legaler Härten zu veranlassen. Diese Arbeit lag ihm vielleicht noch mehr am Herzen als die Planung einer Zukunft, die einen Zusammenbruch voraussetzte, dessen Umfang nicht abzusehen war, obwohl es schon geraume Zeit vor dem bitteren Ende deutlich wurde, dass Moltke und die wenigen derjenigen Gleichgesinnten, die ihn auch wirklich unterstützten, sich nicht gegenüber den Kräften durchsetzen konnten, welche in unbewusster Ahnung des Kriegsausganges jedes Element des deutschen Volkes in ihre Untaten und ihre Schuld zu verstricken bestrebt waren. Die Atmosphäre, in der sich jene Tätigkeit Moltkes in den verschiedenen Phasen des Krieges abspielte, ist dem, der sie nicht miterlebt hat, heute kaum noch verständlich zu machen. [...] Für die wenigen überlebenden Freunde aber war die Zusammenarbeit mit Moltke von prägender Unvergesslichkeit.[1]

Der Mitarbeiter Wilhelm Wengler sollte Moltke nicht lange erhalten bleiben. Ein niederländischer SS-General denunzierte ihn mit dem Vorwurf, er habe «defätistische Äußerungen» gemacht. Diese Intrige belastete Moltke sehr.[2] Im Hintergrund stand eine kontroverse Diskussion um die Nachfolge des im September verstorbenen Institutsdirektors Viktor Bruns. Moltke und Wengler plädierten für Berthold von Stauffenberg als Nachfolger, gegen den der Geschäftsführer der Kaiser-Wilhelm-Gesellschaft, Ernst Telschow, als überzeugter Nationalsozialist aber große Vorbehalte hatte. Moltke verstand sofort: «Man schießt auf Wengler, um mich zu disqualifizieren, bei der Besetzung mitzureden.» Da die Intrige vom SD eingefädelt war, musste er schnell reagieren: Er sprach mit den Institutsmitgliedern und mit dem SD. Aber der Konflikt schwelte weiter. Am 24. Oktober erklärte sein Vorgesetzter Werner Oxé ihm,

dass Bürkner entgegen unserer Verabredung [...] angeordnet hätte, dass Wengler nicht weiter zu beschäftigen sei. Darauf wurde ich fuchsteufelswild und sagte Oxé, dass ich nicht bleiben würde, wenn diese Entscheidung aufrechterhalten würde, denn *a.* könne man mir nicht zumuten zu arbeiten, wenn mir im entscheidenden Augenblick die Hilfsarbeiter weggenommen würden, und *b.* und das sei viel gravierender, sei ich nicht bereit, zuzulassen, dass meine Hilfsarbeiter einfach wie der letzte Dreck fallen gelassen würden, sobald eine noch so blödsinnige Denunziation gegen sie vorgebracht würde. (MB 560)

Moltke reiste daraufhin zu einem länger geplanten Kurzurlaub nach Kreisau und hoffte, dass Oxé die Sache wieder in Ordnung bringen könne. Tatsächlich sah es wenige Tage später auch gut aus. Wengler «wird die Sache gegen sich selbst anzeigen, und wir werden auf schnelle Durchführung des Verfahrens drängen; so wird sich hoffentlich innerhalb weniger Wochen die ganze Haltlosigkeit jener Denunziation erweisen» (MB 561). Aber der Fall war keineswegs geklärt. Am 17. Januar 1944 wurde Wengler verhaftet. Moltke reagierte mit Galgenhumor: «Dieses Leben unter Räubern und Wegelagerern ist wirklich witzig und nicht ohne Reize; es wird aber schön sein, wenn das mal aufhört.» (MB 596)

Krise unter den Freunden

Die konspirative Arbeit mit den Freunden ging unterdessen ununterbrochen weiter. Doch auch hier bahnte sich eine Krise an. Kurz vor der Verabschiedung der «Grundsätze zur Neuordnung» am 9. August 1943 hatte Moltke noch am 7. August ein persönliches Gespräch mit Mierendorff über die kontroverse Gewerkschaftsfrage. Am Sonntagabend, dem 8. August, traf man sich zu einer Vollversammlung bei Yorck, die bis 5 Uhr früh dauerte. In dieser Nacht wurden die «Grundsätze für die Neuordnung», die «Erste Weisung an die Landesverweser» und die «Sonderweisung» verabschiedet, an denen Mierendorff intensiv mitgearbeitet hatte. Danach war jedoch der Kontakt zwischen Moltke und Mierendorff nicht sehr eng, da beide dienstlich viel unterwegs waren. Am 17. Oktober trafen sich bei Yorck Moltke, Leber, Mierendorff, Husen und Gerstenmaier. Moltkes Urteil: «Es war kein recht produktiver Abend. Sie waren schon auf falscher Bahn und konnten nicht mehr herunter.» (MB 557) Ein Thema wird nicht genannt. Nach einem weiteren Treffen mit Mierendorff, König und Husen, das Moltke als sehr fruchtbar bezeichnete (MB 561), reiste er für einige Tage nach Kreisau. Nach seiner Rückkehr häuften sich die Krisenmeldungen an Freya:

Adam [ist] mit Mitteilungen zurückgekommen, die er mit mir besprechen will, und die ungeheure Aktivität von Neumann [Julius Leber] und Genossen ist etwas außer Tuchfühlung geraten. [...] Gestern Mittag kam Friedrich. Es stellte sich heraus, dass mein Urlaub schon inopportun gewesen war, denn die waren etwas gar zu stürmisch vorgegangen und hatten in etwa die Tuchfühlung verloren. Ich muss jetzt sehen, wie ich meine Garde hinterher bekomme. Das wird beachtliche Schwierigkeiten machen. – Aber im Grunde bin ich froh, dass nun plötzlich so viel Impetus da ist. (MB 562 f.)

In den nächsten Tagen gab es in wechselnden Zusammensetzungen viele Gesprächsrunden unter den Freunden. «Wir durchlaufen eine grundsätzliche Gefahrenzone», analysierte Moltke, «in der manche hoffen, das Boot schwimmfähiger zu machen, indem sie Grundsätze opfern, dabei aber vergessen, dass sie dadurch dem Boot die Steuerbarkeit nehmen.» (MB 563) Und am 11. November notierte er:

Sachlich drohen erhebliche Gefahren. Friedrich und Neumann [Julius Leber] befinden sich auf Abwegen, die denen des Onkels nicht unähnlich sind. Es wird großer Anstrengungen bedürfen, sie wieder auf den rechten Pfad zurückzuführen. Die werden auch gemacht werden, aber das ist eben mal wieder einer der periodischen Anfälle. Hoffentlich geht es vorüber. (MB 564)

Moltke sah seine Verschwörergruppe im Herbst 1943 auf dem Weg in eine tiefe innere Krise. Nach der Trennung von Leuschner und Maaß bemühte er sich um die Mitarbeit von Leber. Den Kontakt zu ihm hatten Harnack und Mierendorff hergestellt. Leber teilte die Position der Kreisauer jedoch

Julius Leber (1891–1945)

nicht in allen Punkten. Er hatte Bedenken gegen die starke Akzentuierung des Christentums und der Kirchen, aber auch gegen die staats-, gesellschafts- und wirtschaftspolitischen Ziele. Das Gewerkschaftskonzept der Kreisauer sowie ihre Vorbehalte gegen Parteien und andere Großorganisationen lagen ebenfalls nicht auf seiner Linie. Aber mit dem Blick des politischen Pragmatikers sah er, dass hier eine Gruppe existierte, die viel intellektuelle, moralische und politische Substanz versammelte. Und sie war eindeutig frei von deutschnationalen Vorbehalten gegen Demokratie und Republik. Dieses Potenzial galt es für die Zeit nach dem Umsturz zu nutzen. Leber überzeugte seine sozialdemokratischen Freunde um Moltke und Yorck davon, dass angesichts der immer größer werdenden Kriegsverluste der Umsturz keinen Aufschub mehr duldete. Für ihn war die Zeit des Abwartens vorbei. Um größere Chancen für einen Staatsstreich zu haben, scheute er sich nicht, mit dem Goerdeler-Beck-Kreis in Verbindung zu treten. Da er wusste, dass der zivile Widerstand nur in Kooperation mit dem militärischen das Ende des nationalsozialistischen Systems vorbereiten und durchführen konnte, hielt er die Zusammenarbeit mit der militärischen Opposition für geboten.

Die damit verbundenen Probleme und weniger die Gewerkschaftsfrage brachten neue Unruhe in den Freundeskreis. Leber verursachte bei einigen Irritationen. Moltke blieb skeptisch gegenüber der Handlungswilligkeit und Handlungsfähigkeit der militärischen Opposition. Seiner Ansicht nach musste Deutschland den total geführten Krieg auch total verlieren, um auf den materiellen und geistigen Trümmern eine völlig neue Ordnung schaffen zu können. Es genügte ihm nicht, Hitler zu beseitigen, sondern es ging ihm um eine bewusste Alternative zur gesamten obrigkeitsstaatlichen und nationalistischen Epoche der deutschen Geschichte. Eine Zusammenarbeit mit Leuten wie Goerdeler, Jessen, Popitz oder Hassell in einer künftigen Regierung konnte er sich nicht vorstellen.

Leber dürfte seinen Befürchtungen und Ängsten prinzipiell zugestimmt haben, sah aber alles pragmatischer. Er war sich sicher, dass sich die Machtverhältnisse nach dem Umsturz schnell zugunsten der demokratischen Kräfte verändern ließen, und war zu einem vorübergehenden Kompromiss mit den alten Eliten bereit. Auch hatte er sich dazu durchgerungen, ein Attentat als Voraussetzung des Umsturzes zu befürworten. Als Claus von Stauffenberg am 1. Oktober 1943 zum Chef des Stabes im Allgemeinen Heeresamt ernannt wurde (um dann am 1. Juli 1944 zum Stabschef beim Befehlshaber des Ersatzheeres ernannt zu werden), nahm Leber sehr bald Kontakt zu ihm auf. Zwischen beiden entwickelte sich in der Folgezeit eine große politische und auch menschliche Nähe.[3] Auch Yorck hatte schon am 17. September 1943 in der Hortensienstraße ein Gespräch mit seinem Vetter Stauffenberg und Tresckow, bei dem möglicherweise auch Moltke zugegen war. Yorcks Kontakt zu Stauffenberg wurde in den folgenden Monaten ebenfalls immer enger. Moltke kämpfte währenddessen um die Erhaltung der Kreisauer Generallinie und um die Einmütigkeit im Freundeskreis. Er sah starke Auflösungstendenzen. Am 14. November schrieb er resigniert:

Es wird mir wohl nicht gelingen, Friedrich wieder auf den rechten Weg zurückzubringen, fürchte ich. Er ist zu tief engagiert. Es tut mir leid, einmal um ihn persönlich, zum anderen auch sachlich. Denn die Tatsache, dass diese Abirrung möglich war, zeigt doch, dass der Zustand der Reife noch nicht erreicht ist, und das ist bedauerlich und mit Leid und Trauer für die Zukunft geladen. Nun, Tatsachen bleiben Tatsachen, auch wenn sie unangenehm sind. (MB 566)

Mierendorff war zunehmend auf den Kurs Lebers eingeschwenkt. Für Moltke war der Aktionismus seines Freundes jedoch ein Zeichen von unheilvoller Ungeduld. Er sah in dessen Drängen nach schneller Tat einen Opfergang zu falscher Zeit. Dennoch hielt man aneinander fest. Am Abend des 14. November trafen sich beide. Mierendorff kündigte überraschend an, heiraten zu wollen. Für Moltke war dieser Abend

sehr anstrengend, aber wir sind doch so weit weitergekommen, dass die kleinen Extratourchen nun in absehbarer Zeit wieder in die Generallinie einmünden werden. Es war aber nicht leicht, ist auch noch nicht ganz fertig, denn F. befand sich auf ganz großen Touren und rollte wie eine D-Zug-Lokomotive seine Bahn. (MB 567)

Moltke fiel es sichtlich schwer, sich von Mierendorff zu lösen. Der gelegentliche Kontakt blieb, aber ihr persönliches Verhältnis hatte einen Riss bekommen. Immer besser wurde hingegen Moltkes Beziehung zu Theodor Haubach, mit dem er sich jetzt häufiger als früher traf. Er hatte mitbekommen, in welchem Maß sich Haubach in der letzten Zeit mit philosophischen und vor allem mit theologischen Fragen befasst hatte und dass sich Haubach immer mehr als bewusster Christ verstand.

Am 27. November, drei Tage nach der Zerstörung der Wohnung Moltkes in der Derfflingerstraße, kam es schließlich zu einer Generalaussprache zwischen Moltke, Mierendorff und Leber. Für Moltke war das Ergebnis

außerordentlich bedauerlich. Es bedeutet das Ende einer Hoffnung, und mir scheint das Abbrennen der Derfflingerstraße durchaus symbolisch berechtigt zu sein. [...] Wenn das ganze Rezept, in das Julius sich hat einspannen lassen, nicht so völlig blödsinnig wäre, dann wäre alles gleichgültig. Aber das ist es. (MB 573)

Leber hatte seinen Einfluss auf seine sozialdemokratischen Freunde im Kreisauer Kreis so verstärken können, dass mit einem Bruch zu rechnen war. Auch wenn es am folgenden Tag zu Richtigstellungen und Annäherungen kam, gab es die alte Einmütigkeit nicht mehr. Wie sehr Mierendorff gleichwohl an einer Übereinstimmung mit seinem Freund Moltke gelegen war, zeigte die Tatsache, dass er am 29. November allein zu Moltke kam:

Abends kam Friedrich. Endlich haben meine wochenlangen Attacken auf den verfolgten Kurs gefruchtet, und er hat den Ernst der Lage begriffen. Er war gestern ganz mitgenommen davon, und ich war entsprechend heiter. Jedenfalls habe ich endlich den Eindruck, dass ich werde wieder oder noch etwas ausrichten können, und so bin ich auf dem Gebiet wieder voller Hoffnung. (MB 575)

Mierendorff war hin- und hergerissen zwischen den auf baldige Aktion drängenden Argumenten Lebers und den Bedenken Moltkes. Er konnte beide nachvollziehen und sich nicht eindeutig entscheiden. Diese Situation bedrückte ihn. Er wird Moltke so weit entgegengekommen sein, wie er nur konnte. Er wollte seinen Teil dazu beitragen, seine beiden Freunde Leber und Moltke wieder zusammenzubringen. Er kannte die Qualitäten beider und stemmte sich gegen einen endgültigen Bruch zwischen ihnen. Moltke, den die Konflikte ebenso belasteten, sah nach dem Gespräch mit Mierendorff wieder Chancen, einander neu zu finden und gemeinsam weiterzuarbeiten. Sie gingen an diesem Abend zwar nicht versöhnt auseinan-

Todesanzeige vom 25. Dezember 1943. Auch ein Gegner des Nationalsozialismus wie Carlo Mierendorff musste mit Hakenkreuz verabschiedet werden.

der, aber mit der Bereitschaft, im Dienst des gemeinsamen Ziels zusammenzubleiben. Es sollte das letzte Gespräch zwischen den beiden Freunden gewesen sein. Während Moltke in Kreisau war, wurde Mierendorff, der eine Dienstreise unternehmen musste, bei einem britischen Luftangriff auf Leipzig in der Nacht vom 3. auf den 4. Dezember 1943 im Luftschutzkeller seiner Tante getötet. Erst am 12. Dezember konnte er aus den Trümmern des Hauses zusammen mit seinem Onkel und einer Kusine geborgen werden.

Ende November sah es so aus, als wäre die kurze Waffenbruderschaft zwischen Moltke und Leber schon zu Ende. Vorerst ließ sich kein Einvernehmen herstellen. Moltke hatte ganz auf Leber gesetzt, doch dieser ließ sich in die Regierungspläne von Goerdeler einbeziehen und sollte unter einem Reichskanzler Goerdeler und einem Vizekanzler Leuschner Innenminister werden. Moltke konnte Lebers Gründe, diese Koalition einzugehen, verstehen, aber nicht akzeptieren.

Erst am 2. Januar 1944 trafen sich in Yorcks Reihenhaus Trott und Moltke noch einmal mit Leber zu einem über sechsstündigen Gespräch. Thema war sicher die Gesamtlage zu Beginn des neuen Kriegsjahres. Moltke musste gestehen: Leber «ist ein überzeugend guter Mann, der allerdings jetzt, wo Carlo fehlt, doch sehr einseitig im rein Praktischen ist und die geistigen Kräfte sehr viel geringer wertet als ich.» (MB 583) Aber schon am 9. Januar schrieb Moltke hoffnungsvoller:

[Ich] bin um 10 zu Julius geradelt, bei dem ich bis 1 Uhr blieb. Es war ein nützlicher und im Ganzen befriedigender Morgen. Ich werde mich aber nun neu anstrengen müssen, diesen Mann in unsere Bahnen zu lenken. Der Mann ist viel bäurischer als Carlo und mir viel weniger verwandt. Es wird also nicht die spontane Gleichrichtung geben, die uns Stabilität verliehen hat. Aber ich bin doch ganz hoffnungsvoll. Peter muss eben mehr ran und auch einmal die Woche hin. (MB 588 f.)

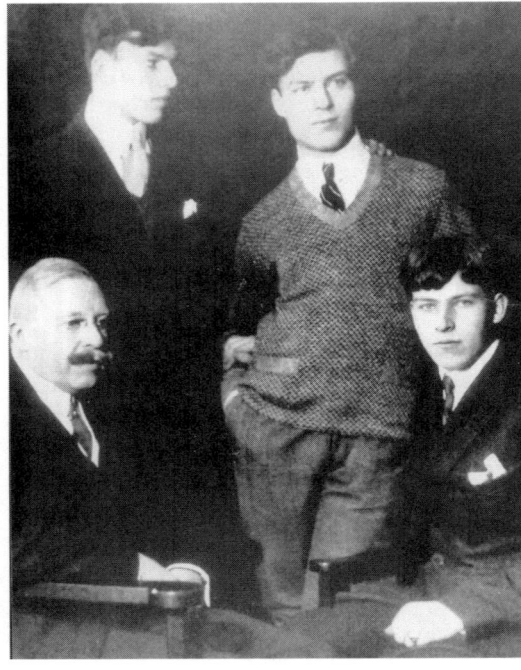

*Claus Graf Schenk von
Stauffenberg (Mitte) mit seinem
Vater Alfred und seinen
Brüdern Berthold (links) und
Alexander (rechts), 1925*

Moltke war im Hinblick auf Julius Leber in einem Zwiespalt. Einerseits war er ein politischer Hoffnungsträger für die Zeit nach dem Ende des nationalsozialistischen Systems. Auf der anderen Seite war er von seinen Interessen und von seiner Denk- und Lebensart her sehr anders als Moltke selbst. Mit dem Literaten, Ästheten und Genussmenschen Carlo Mierendorff war er besser zurechtgekommen als jetzt mit dem schwerblütigen, disziplinierten und wenig an philosophischen Fragen interessierten Politiker. Aber Moltke wusste, dass solche Unterschiede im Blick auf das gemeinsame Ziel nicht zum Abbruch der Beziehungen führen durften.

Mut machte ihm auch ein neuer Kontakt: Am 30. Dezember 1943 traf Moltke Claus von Stauffenberg,[4] der über seinen Bruder Berthold sicher schon viel über ihn gehört hatte. Am nächsten Tag schrieb Moltke nur zwei Sätze dazu: «Gestern Abend war der [...] Bruder Stauffenberg da. Ein guter Mann, besser als mein Stauffi, männlicher und mit mehr Charakter.» (MB 580) Stauffenberg machte wie Leber einen nachhaltigen Eindruck auf Moltke. Bei ihm fand er endlich, was er bei den meisten Militärs immer vermisst hatte: Klarheit in der politischen Position und den Willen zur mutigen Tat. Zu einer weiteren Zusammenarbeit zwischen Moltke, Stauf-

fenberg und Leber sollte es jedoch nicht mehr kommen, da Moltke am
19. Januar 1944 verhaftet wurde.

Fortan wurde Peter Yorck der entscheidende Akteur des alten Freundeskreises. Zusammen mit Trott, Haeften, Reichwein und Gerstenmaier hielt
er die Linie von Stauffenberg und Leber trotz bleibender Bedenken für politisch geboten und moralisch verantwortbar. Vor wie auch nach der Verhaftung von Reichwein und Leber am 4. und 5. Juli 1944 waren Yorck, Gerstenmaier, Trott und Haeften voll in die Planungen des Staatsstreichs einbezogen. Am 20. Juli standen sie bereit, ihre Aufgaben zu übernehmen.

Es kann keine Rede davon sein, dass der Kreisauer Kreis nach der Verhaftung Moltkes auseinandergebrochen ist. Angesichts der militärisch
dramatisch zugespitzten Gesamtlage durch die am 6. Juni 1944 erfolgte
Landung der Westalliierten an der französischen Nordküste und durch die
am 22. Juni begonnene sowjetische Großoffensive gegen die Heeresgruppe
Mitte war eiliges Handeln geboten, wenn man das Massensterben und die
zu erwartenden Zerstörungen noch verhindern wollte. Die verbleibenden
Kreisauer stellten sich am Ende in den Dienst der Verschwörer um Stauffenberg. Die meisten mussten dafür mit ihrem Leben bezahlen.

Gerstenmaier, der Yorck die Zustimmung zum Attentat abgerungen
hatte, aber bei Moltke auf Ablehnung gestoßen war, berichtete von einem
letzten Gespräch mit Moltke in einem Sanitätsraum des Tegeler Gefängnisses: «Das Gespräch ging hin und her. Helmuth Moltke sprach ohne jenen moralischen Rigorismus, der ihm bei ähnlichen Gesprächen in den
Jahren zuvor zu eigen war.» Gerstenmaier versuchte, ihm die Tat des
20. Juli als moralisch legitim nahezubringen. Er hielt fest: «Helmuth Moltke widersprach nicht mehr. Er sagte nicht ja. Er sagte auch nicht nein. Wir
nahmen brüderlich Abschied.»[5]

Die letzten Wochen in Freiheit

In den Wochen von Ende Oktober 1943 bis zur Verhaftung Moltkes wurden neben den Krisengesprächen unter den Freunden die anderen Kontakte weitergepflegt. Am 23. Oktober suchte Moltke zusammen mit Oxé
den Chef der Heeresjustiz, Karl Sack, auf, den er von seinen Bemühungen
im Fall Dohnanyi her kannte.[6] Dort trafen sie auf den Kriegsgerichtsrat
Ernst Kanter, dem Moltke in Kopenhagen begegnet war. Auch über die
Entwicklung in den Niederlanden war Moltke über den holländischen
Verbindungsmann Goerschen auf dem Laufenden. Dieser war am 11. und
28. November, am 6. Dezember 1943 sowie am 6. und 17. Januar 1944 in

Berlin, was zeigt, dass der Kontakt zum niederländischen Widerstand sogar recht eng war.

Vom 13. bis 15. November war Theodor Steltzer in Berlin und nahm an einigen Gesprächsrunden der Kreisauer teil. Zumeist telefonierten er und Moltke jedoch. Moltke war dank Steltzer über die Situation und die Vorgänge in Norwegen gut unterrichtet. Auf dringende Bitten Moltkes sorgte Steltzer überdies dafür, dass sein Bruder Joachim Wolfgang zum Wehrmachtsstab nach Oslo versetzt wurde. Es gehörte zur Arbeitsweise Moltkes, dass er einmal geknüpfte Kontakte nicht abreißen ließ. Auch mit den militärischen Partnern in Frankreich und Belgien stand er auf dem Kurierwege oder telefonisch bis zuletzt in Verbindung. Wenn Eduard Waetjen, ein in der Schweiz operierender Mitarbeiter der Abwehr, nach Berlin kam, war er zu Gast bei Moltke, zum letzten Mal am 2. Januar 1944. Von ihm erfuhr er, was sich in der europäischen und weltweiten Geheimdienstszene abspielte.[7]

Das Leben wurde für Moltke immer bedrückender. Durch die beiden Nachtangriffe vom 22. auf den 23. und vom 23. auf den 24. November 1943 hatte er nicht nur seine Dienststelle verloren, sondern war auch persönlich schwer getroffen durch den Tod seines Vetters Hans Carl von Hülsen und dessen Frau Editha. Ein Flugzeug war auf ihr Haus gestürzt. Erst nach Tagen konnten die Leichen geborgen werden. Am 29. November schrieb Moltke an Freya:

Du fragtest, ob man das alles aushalten kann. Das ist gar nicht so schwierig. Viel schwieriger ist, dass man dabei nicht sich selbst verhärtet. Ich ertappe mich immerzu dabei. Am auffälligsten war es, als ich die Teile von Editha und Hans Carl sah. Ich überwand meine Bewegung und mein Grauen, und dann ging es ganz leicht. Aber es ist eine falsche Reaktion. Man muss die Verteidigung der Gleichgültigkeit überwinden, man darf sich nicht panzern, sondern man muss es ertragen. Um den Tod und das Grauen zu ertragen, neigt man dazu, in sich die Menschlichkeit zu töten, und das ist die viel größere Gefahr, als dass man es nicht ertragen könnte. (MB 574)

Er fuhr dann fort:

Gestern sah ich ein eindrucksvolles Bild: In einem der Trümmerhaufen, an denen ich vorbeifuhr, war anscheinend ein Geschäft für Faschingssachen gewesen. Deren hatten sich Kinder im Alter von 4–14 Jahren bemächtigt, hatten sich bunte Mützchen angezogen, hielten Fähnchen und Lampions in der Hand, warfen Konfetti und zogen lange Papierschlangen hinter sich her, und in diesem Aufzug zogen sie über die Trümmer. Ein unheimliches Bild, ein apokalyptisches Bild. – Ähnlich grauenerregend war das Bild der Leute, die aus der Turnhalle der Derfflingerstr. zwangsweise unter Protest und Schreien in Autobusse verladen wurden, ohne dass sie den Bestimmungsort erfahren durften. Welch ein menschlicher Tiefstand. (MB 574 f.)

Am 5. Dezember 1943 besuchte er zusammen mit Peter und Marion Yorck sowie mit Fritz-Dietlof von der Schulenburg einen Gottesdienst, bei dem auch Ludwig Beck anwesend war. Sie hörten eine Predigt von Hanns Lilje.[8] Moltke berichtete nach Kreisau:

Die Predigt war sehr gut über das Grauen in der Geschichte und über den Ernst der Geschichte. Eine große Adventspredigt, die sich mit der Ankunft des Herrn am Ende aller Geschichte befasste. Trotzdem diese Predigt intellektuell sehr ansprechend und anregend war, muss ich sagen, dass mich der Kirchgang in Gräditz mehr befriedigt, weil das Gemeinschaftsgefühl eben viel wärmer ist. Das hat mich mal wieder davon überzeugt, dass, so schön auch eine Predigt sein mag, das Entscheidende das Zusammengehörigkeitsgefühl der Gemeinde ist, und daran fehlt es eben in einer Großstadtgemeinde für mein Gefühl. (MB 576)

Nach dem Gottesdienst aß man gemeinsam zu Mittag, trank Kaffee und verbrachte auch den Abend zusammen, ergänzt durch Brigitte und Eugen Gerstenmaier. Moltke hoffte, dass der gemeinsam verbrachte Sonntag auch Schulenburg wieder etwas enger an den Kreis binden würde.

Im Anschluss an seine Türkeireise, die am 17. Dezember endete, war Moltke vom 19. bis 27. Dezember in Kreisau. Es sollte die letzte Weihnachtszeit sein, die er in vertrauter Umgebung mit seiner Frau und seinen kleinen Söhnen verbrachte. Die Söhne waren über Weihnachten krank. Caspar musste sogar ins Krankenhaus nach Breslau. Nach seiner Rückkehr nach Berlin schrieb Moltke an Freya: «Wie mag es Caspar gehen und wie dem kleinen Söhnchen? Mein Herz, wie lieb war es trotz aller Widrigkeiten bei Dir. Wie angenehm für mich zu denken, dass es immer so bleiben kann, hoffentlich.» (MB 578 f.) Voller Freude teilte er am Tag danach mit, dass «himmlische Spielsachen» aus Stockholm eingetroffen seien, die er sofort per Post weiterschicke. Es war Trott, der diese Sendung für Moltke auf seiner Schwedenreise veranlasst hatte. Moltke hat sein geliebtes Kreisau und die Söhne nach dieser Weihnachtszeit nie wieder gesehen.

Vor Jahresende stellte er noch seinen Bericht über die Dienstreise in die Türkei fertig und machte «Vorschläge für das weitere Verfahren» (MB 580). Die Brutalität des Kriegsgeschehens und seine Ohnmacht quälten ihn, wie auch der letzte Brief des Jahres 1943 zeigt:

Am Abend gestern kam noch eine unangenehme, das Gewissen belastende Sache, und ich konnte sie nicht ordentlich bearbeiten, weil sie heute schon Keitel vorgetragen werden sollte. Ich habe das nicht gern, und es hingen wieder 220 Menschenleben daran. (MB 580)

Die Ereignisse überschlugen sich. Aber Moltke hatte

das Gefühl eines vollständigen Stillstandes überall. Alles macht einen eingefrorenen, festgefahrenen Eindruck. Solche Perioden hat es immer gegeben, und sie haben sich genauso trügerisch erwiesen wie die Perioden, in denen sich alles zu entfalten und zu entwickeln, vielleicht sogar stürmisch vorwärts zu drängen schien. So nehme ich diesen scheinbaren Stillstand nicht tragisch. (MB 581)

Für Berlin endete das Jahr 1943 mit einem Inferno: Am 29. und 30. Dezember warfen 656 britische Flugzeuge 2315 Tonnen Bomben auf die Stadt.[9] Die Lage wurde für die meisten Menschen immer verzweifelter. Man verlor nicht nur Hab und Gut, sondern auch alle Hoffnung. Immer mehr Menschen suchten Trost und Rat in den sich füllenden Kirchen. Moltke notierte am 2. Januar, dem ersten Sonntag des Jahres 1944:

Welch ein Jahr liegt vor uns. Hinter diesem Jahr werden, falls wir es überleben, alle anderen Jahre verblassen. Wir waren gestern früh in der Kirche und haben das Jahr mit einer mächtigen Predigt von Lilje über Joel 2,21 begonnen [«Fürchte dich nicht, liebes Land, sondern sei fröhlich und getrost; denn der Herr kann auch große Dinge tun»]. Ich glaube, dass das die beste Predigt war, die ich bisher gehört habe; und sie war so grundlegend für das Jahr 44. Mein Lieber, wir können nur hoffen, dass wir die Kraft haben werden, uns der Aufgabe, die dieses Jahr uns stellen wird, würdig zu erweisen. Und wie könnten wir das, wenn wir nicht bei allem Übel, das uns zustoßen wird, bei allem Leid, bei all den Schmerzen, die wir werden erdulden müssen, wüssten, dass wir in Gottes Hand stehen. Das, mein Lieber, darfst Du nie vergessen. (MB 582)

Am 4. Januar besuchte ihn Hans Deichmann, der über die chaotischen Verhältnisse in Italien und über das zerstörte Mailand berichtete – für Moltke ein Anlass, für das dankbar zu sein, was in Berlin trotz allem noch existierte und funktionierte.

Über seine völkerrechtliche Arbeit berichtete Moltke am 6. Januar:

Es handelt sich im Wesentlichen um vier große Komplexe: Behandlung der Banden und Freikorps auf dem Balkan, dänische Fragen, italienische Fragen und die türkischen Sachen, die sich aus meiner Reise nach Istanbul ergeben. Danach gibt es einige Sachen aus dem Kriegsgefangenen- und Interniertenrecht. Jedenfalls sind das alles Dinge, die sich im Laufe der nächsten 14 Tage ein gut Stück weiterbringen lassen müssten. (MB 585)

Die Aufzählung zeigt, dass Moltke bis zum Schluss brisante Fragen bearbeitet hat. Und das während des Untergangs von Berlin, das Tag und Nacht fast ununterbrochen bombardiert wurde. Er hatte auch weiterhin umfangreiche Reisepläne. Nach einer Schiedsgerichtssitzung am 21. Januar in Breslau, an der er für seinen Freund Peter Yorck in einem Streitfall mit dessen Bruder Paul teilzunehmen gedachte, wollte er nach einem Kurzbesuch in Kreisau nach Wien und Agram, dann über Klagenfurt nach München reisen. Im Februar sollte eine «Westtournee», im März eine Reise entweder nach Norwegen und Schweden oder in die Türkei folgen. In Agram hätte er Guttenberg treffen können, in Österreich und München seine alten Freunde, die im Falle eines Staatsstreichs im Süden wichtige Funktionen übernehmen sollten. Aber er merkte zu diesen Projekten an: «Natürlich kommt es einem komisch vor, solche Pläne zu machen, wenn man vielleicht wenige Stunden später schon nicht mehr weiß, wo man schlafen soll, selbst wenn man noch lebt.» (MB 586)

Betrachtet man die Personen, mit denen Moltke in den ersten Wochen des Jahres 1944 zu tun hatte, so ergibt sich das Bild eines weitverzweigten Kontaktnetzes. Zu diesem gehörten: Peter und Marion Yorck, Gerstenmaier, Husen, Waetjen, Trott, Peters, Leber, Haubach, Carl und Hans Deichmann, Oxé, Goerschen, Guttenberg, Einsiedel, Trotha, Popitz, Poelchau, Delbrück, Hans Bernd von Haeften, Reichwein, Kiep, Schmölders und Schwerin. Sie alle konnten ihren Freund und Mitstreiter in der ersten Januarhälfte des Jahres 1944 sehen und sprechen.

Am 11. Januar machte Moltke eine kleine Reise in die Vergangenheit. Er besuchte anlässlich eines Dienstgesprächs bei Admiral Otto Groos, das im requirierten Mendelssohn'schen Haus in Potsdam stattfand, in dem er einst Tanzstunden genommen hatte, seine Verwandten Magnus und Margarethe von Mirbach. Bei ihnen hatte er vor zwanzig Jahren als Schüler gewohnt.

Am 15. Januar versuchte Moltke einen abgebrochenen Kontakt wiederaufzunehmen. Fast ein Jahr nach dem Gespräch zwischen dem Goerdeler-Beck-Kreis und den Kreisauern machte er zusammen mit Gerstenmaier einen mehrstündigen Besuch bei Johannes Popitz. Gerstenmaier und auch Trott hatten den Kontakt zum Goerdeler-Beck-Kreis nie ganz aufgegeben. Moltke dagegen erwies sich hier als sperrig. Wenn er jetzt einen neuen Versuch der Verständigung unternahm, so zeigt das, dass er offener für ein

Bündnis mit den Nationalkonservativen geworden war, die inzwischen ihrerseits einige ihrer früheren Positionen durch die Kontakte mit Leuschner, Maaß und Leber modifiziert hatten. Die beiden Besucher müssen sich mit dem älteren Herrn so gut unterhalten haben, dass eine sachliche Zusammenarbeit möglich erschien (MB 593).

Moltke erledigte im Januar 1944 auch noch eine sich hinziehende rechtsanwaltliche Angelegenheit. Er hatte Hans Kempinski, dem Inhaber des gleichnamigen Hotels, bei der Emigration geholfen und stand dem langjährigen Prokuristen und Geschäftsführer der Firma, Werner Steinke, in Fragen der «Arisierung» des Betriebs bei. Es ging darum, einen «Abwesenheitspfleger» einzusetzen, um die Verwaltung des «feindlichen Vermögens» zu gewährleisten. Das Kempinski-Problem hatte ihn durch die Kriegsjahre hindurch begleitet. Er sollte weitere Zwangsmaßnahmen verhindern oder zumindest hinauszögern. Am 16. Januar 1944 konnte er beruhigt berichten, die Sache sei so gut wie abgeschlossen (MB 595). Am übernächsten Tag hieß es in seinem letzten in «Freiheit» verfassten Brief nur kurz: «Die Sache Kempinski ist fertig und unterschrieben.» (MB 596) Während seiner Schutzhaft wurde ihm ein Bescheid der Devisenstelle des Oberfinanzpräsidenten vom 15. Mai zugestellt, dass die «Übertragung der Aktiven und Passiven der O.H.G. M. Kempinski & Co, Berlin W 8, auf Herrn Werner Steinke, Berlin, zwecks Entjudung der vorgenannten Firma» rückwirkend ab 28. November 1941 erfolgt sei. Eine Verstaatlichung oder ein Verkauf war damit verhindert. Dies sollte Moltkes letzter Erfolg als Rechtsanwalt sein (RV 308).

Drei Tage vor seiner Verhaftung schrieb Moltke in jenem bereits erwähnten Brief vom 16. Januar 1944 an Freya auch:

Wie mag es jetzt bei Dir aussehen? Ob Deine Söhnchen jetzt ins Bett gehen? Ob Du ihnen vorliest? Ob ihr sonst etwas unternehmt? Ob es Asta wieder besser geht, oder ob Du mit ihr Sorge hast? Ich hoffe nur, bei Dir ist Frieden außen, aber vor allem innen. Mein Lieber, wenn wir die Kunst erlernen, uns den inneren Frieden zu erhalten, was immer um uns herum passiert, dann sind die traurigen Jahre für uns nicht vergeblich gewesen. Aber werden wir es lernen? Mir ist das so wichtig. Wenn ich das Gefühl habe, in Dir ist Frieden, dann bin ich schon halb befriedigt. Wenn ich das Gefühl habe, in Dir ist Unruhe, dann bin ich ganz beunruhigt. Mein lieber Friedenspol! Wo sonst, wenn nicht bei Dir und Deinen Söhnchen, kann es für Deinen Wirt Frieden geben? Was machen eigentlich die Leute, die das nicht haben und auch keine Mutter mehr haben? Wo haben die eigentlich ihre Würzelchen? (MB 594)

Und sein letzter Brief vor seiner Verhaftung am 19. Januar 1944 schloss mit den Zeilen:

Auf Wiedersehen, mein Herz, hoffentlich ganz bald. Lassen Sie es sich wohl ergehen, pflegen Sie sich, grüßen Sie Ihre Söhnchen, und behalten Sie, bitte, lieb Ihren Ehewirt, Jäm. (MB 596)

Nach der Verhaftung Moltkes am 19. Januar 1944 in seinem Amt trafen sich Peter Yorck und Claus von Stauffenberg am Abend in der Hortensienstraße, um mögliche Konsequenzen für den Fortgang des Widerstands zu erörtern. Moltke hatte in den vergangenen Jahren eine umfangreiche Reisetätigkeit entfaltet, bei militärischen und zivilen Behörden für die Unterstützung eines Staatsstreichs geworben und Kontakte zu ausländischen Widerstandskreisen und ökumenischen Gruppen aufgebaut. Die beiden Vettern wussten genau, dass sie einen ihrer führenden Köpfe und mit ihm auch zahlreiche Kontakte verloren hatten.

Yorck rief an diesem Abend Freya von Moltke in Kreisau an und meldete ihr verschlüsselt: Helmuth ist verreist. Sie wusste sofort, was gemeint war.

12. «Helmuth ist verreist» (1944–1945)

Von Berlin nach Ravensbrück

Am 19. Januar 1944 wurde Helmuth von Moltke in seinem Büro im OKW von Beamten der Gestapo verhaftet und in das Reichssicherheitshauptamt in der Prinz-Albrecht-Straße 8 in der Nähe des Potsdamer Platzes gebracht. Seit dem 30. Januar 1943 waltete hier Ernst Kaltenbrunner als Chef der Sicherheitspolizei (Gestapo und Kriminalpolizei) und des Sicherheitsdienstes. Amtschef der Gestapo war der Jurist Heinrich Müller im Rang eines SS-Gruppenführers und Generalleutnants der Polizei. Im Keller der ehemaligen Unterrichtsanstalt des Kunstgewerbemuseums hatte man Gefängniszellen eingerichtet. Nach der üblichen Aufnahmeprozedur – Lilje hat sie anschaulich in seinem Erlebnisbericht *Im finstern Tal* beschrieben – wurde der Ankömmling in eine Einzelzelle gesperrt. Zu Verhören holte man ihn «nach oben» in das Büro eines Sachbearbeiters.[1]

Schon in der Nacht vom 20. auf den 21. Januar erlebte Moltke mit angelegten Handschellen in seiner Zelle einen schweren Luftangriff auf Berlin. Der Luftschutzbunker war allein den Wachmannschaften vorbehalten. Am 25. Januar wurde er zum ersten Mal verhört. Ihm wurde vorgeworfen, Otto Kiep telefonisch mitgeteilt zu haben, dass die Gestapo den Gesprächskreis um ihn und Hanna Solf beobachtete. In diesem Gesprächskreis, dem auch Elisabeth von Thadden angehörte, traf man sich zu «Teestunden», in denen offen systemkritisch diskutiert wurde. Ein junger Arzt, Paul Reckzeh, hatte sich in diesen Kreis als Spitzel der Gestapo eingeschlichen. Die beiden Frauen, Kiep und andere wurden am 12. Januar verhaftet.[2] Moltke, der von dieser Verhaftung wusste, wurde nun nach seinen Kenntnissen über diese Gruppe gefragt. Da er selbst nie an einem Gespräch in der Solf-Runde teilgenommen hatte, konnte man ihn zunächst nur aufgrund seiner Warnung an Kiep festhalten. Eine Anklage im Sinne von Landes- oder Hochverrat ließ sich daraus nicht konstruieren; aber Moltke war klar, dass es mit seiner Verhaftung um einen weiteren Schlag des Reichssicherheitshauptamtes gegen die Abwehr ging. Das wurde vollends deutlich, als man ihn nach dem Verhör in sein Büro fuhr, wo Akten sichergestellt wurden. Am 6. Februar fand ein Verhör beim Sicherheitsdienst statt, bei dem er mit

Oxé und Jaenicke konfrontiert wurde. Es ging um das Problem der Donauschiffe, das der Anlass für Moltkes Reise nach Istanbul gewesen war. Noch am 17. Januar hatte im Auswärtigen Amt eine Besprechung über den «Prozess über französische Donauschiffe in Istanbul» stattgefunden, an der Oxé und Moltke teilgenommen hatten (RV 302 ff.).

Am 6. Februar 1944 wurde Moltke zusammen mit Kiep, den Diplomaten Albrecht Graf von Bernstorff, Hilger van Scherpenberg und Richard Kuenzer sowie mit dem Rechtsanwalt Alfred Etscheid (alle aus dem Solf-Kreis) in das Konzentrationslager Ravensbrück bei Fürstenberg in Mecklenburg überstellt. In diesem Frauenlager hatte man einen Trakt für politische Gefangene eingerichtet. Moltkes erste Zellennachbarin war eine gute Bekannte, die Bildhauerin Marie-Louise Sarre (Puppi), eine Schwägerin von Waetjen. Auch Isa Vermehren, die wegen ihres Bruders Erich, der in Istanbul zu den Alliierten übergelaufen war, in Sippenhaft saß, und die Prinzessin Ruspoli sah er in Ravensbrück wieder.[3]

Da Moltke den Status eines «Schutzhäftlings» hatte, durfte er Zivilkleider tragen, sich Bücher kommen lassen, dreimal in der Woche schreiben und einmal im Monat mit seiner Frau reden. Täglich gab es einstündige Rundgänge im Hof, zunächst allein, aber ab Mitte März zusammen mit wechselnden Mitgefangenen. Moltke hatte in dieser Zeit noch die Hoffnung, aus der Schutzhaft entlassen zu werden, da keine Anklageschrift vorlag. Am 23., 28. und 29. Februar war er in Berlin durch den Kriminalrat Leo Lange verhört worden. Am 14. März protestierte er bei Lange gegen seine Inhaftierung und forderte seine Entlassung. Zwar erklärten ihm Lange und Walter Huppenkothen bei einem Aufenthalt in Ravensbrück, dass man auf Verrat plädieren wolle. Aber im Juli erwarteten Moltke und die, die ihm rechtlichen Beistand geleistet hatten, seine Entlassung, denn er war nicht in den Prozess gegen den Solf-Kreis einbezogen worden, der für Otto Kiep und Elisabeth von Thadden mit der Todesstrafe endete. Doch dann kam das gescheiterte Attentat vom 20. Juli, in das Freunde Moltkes verwickelt waren. Man warf ihm genaue Kenntnis der Pläne und Verletzung der Anzeigepflicht vor.

Moltke war von Natur aus nicht sehr robust und von Jugend an anfällig für Krankheiten. Ende Februar hatte er

einen Anflug von Halsschmerzen, und da das ja eine schwache Stelle bei mir ist, bat ich um Gurgelwasser, was es aber nicht gab. Ich habe die Sache mit Wickeln kuriert. Wenn Du mir aber essigsaure Tonerde in Pulverform beschaffen könntest, wie Du es schon einmal tatest, wäre das eine gute Vorbeugungsmaßnahme. Bei der Gelegenheit stelle ich fest, dass ein Wollschal auch sehr nützlich wäre.[4]

Am 9. März berichtete er:

Mein Lieber, mir scheint, dass die Freuden Deines Besuches mir zuviel sind, denn genau wie ich nach Deinem letzten Besuch nicht ganz wohl war, so auch dieses Mal. Am Abend, als ich nach Hause kam, hatte ich schon keine Lust mehr auf mein Abendbrot, und als ich gerade mit Einräumen der Schätze fertig war, fand ich mich plötzlich am Boden liegend. Ich muss also einen Moment ohnmächtig gewesen sein.

Moltke führte diese Beschwerden auf einen ständigen Luftzug in der Zelle zurück, der durch ein undichtes Fenster, die schlecht schließende Zellentür und eine Essensklappe entstand. Er entschied sich darum, «jetzt immer einen Schal um Hals und Ohr [zu] tragen.» Freya gegenüber spielte er seine Beschwerden herunter.

Mir geht es ausgezeichnet. Ich habe wieder aus heiterem Himmel einen Ohnmachtsanfall gehabt, aber das bedeutet [...] mir ja nichts. Außerdem habe ich mir gestern Abend im rechten Oberkiefer ein großes Stück aus dem letzten Backenzahn herausgebissen, und heute Mittag ist die anschließende Füllung nachgekommen. Ich muss nun mal sehen, wie ich mit einem hiesigen Zahnarzt zu Rande komme. Ich will mir am liebsten nur eine Guttaperchaatrappe machen lassen. Ich hoffe, am Dienstag hinzukommen, da morgen Feiertag ist. Sonst habe ich über mein körperliches und seelisches Befinden nur das Beste zu berichten. (Brief vom 30. April)

Am 11. Mai hieß es kurz: «Dass es mir mit Ausnahme der Zähne und der rätselhaften Ohnmachtsanfälle gut geht, weißt Du ja.» Am 18. Mai berichtete er ein weiteres Mal von Schwindel- und Ohnmachtsanfällen:

Diese Kombination bringt mich aber zu der Überzeugung, dass das Ganze ein Ausdruck von Haftpsychose ist und daher genauso vorübergehen wird wie der frühere Anfall vor einigen Wochen. Dazwischen fühle ich mich nämlich sehr wohl, mache meine Freiübungen und mein Laufen ohne Mühe und arbeite schnell und mit genügender Konzentration. Es ist also keine allgemeine Malaise, sondern ein ganz beschränkter Vorgang, der der Erwähnung nicht wert wäre, wenn ich Dir nicht ganz wahrheitsgemäße Berichte versprochen hätte. Aber davon abgesehen geht es mir sehr gut, mein Zahn hat sich beruhigt.

Vermutlich aufgrund einer Lebensmittelvergiftung plagten Moltke und einige seiner Zellennachbarn «Gliederschmerzen, Schwindel und alle Akzidentalien». Zwei Tage lang konnte er weder essen noch lesen. Moltke wollte jedoch nicht klagen. Er blieb gelassen und wandte die Hausmittel seiner Mutter an.

In einem längeren Bericht über seine Schutzhaft in Ravensbrück, den er am 28. und 29. November im Tegeler Gefängnis schrieb (MB 599 ff.), ging Moltke auf das Schicksal einiger Mitgefangener ein. Gerti, eine Krankenschwester, war wegen eines politischen Witzes eingesperrt worden. In der Haft ließ sie sich mit einem SS-Arzt ein, der eine Zuchthausstrafe bekam, während man sie in einem Zellenbau wegschloss: «21 Tage ohne Essen in einer Dunkelzelle krumm geschlossen, das heißt Hände und Füße in eine Fessel geschlossen. Man hatte von ihr das Geständnis haben wollen, dass der Arzt bei ihr eine Abtreibung vorgenommen hatte.» (MB 599) Am Ostersonntag wurde sie nach Auschwitz deportiert. Von Gerti hatte Moltke viele nützliche Informationen über das Lagerleben erhalten. Überhaupt verstand er sich mit einigen Insassen recht gut. Etwa mit drei Zeuginnen Jehovas, die als «Aufräumfrauen» tätig waren, oder mit einer Journalistin aus der Schweiz, der man einmal fünfundzwanzig Schläge mit der Nagaika verabreicht hatte und die für ihn eine «großartige Informationsquelle» war (MB 600). Beziehungen zu SS-Wärterinnen brachten kleine Erleichterungen. Besondere Freude löste die Ankunft von Isa Vermehren aus. Prinzessin Ruspoli erkannte er nicht sofort, auch nicht die Zigarettendose, die sie ihm zeigte.

Plötzlich fiel mir ein, dass das die Zigaretten von Falkenhausen waren und dass dies die Prinzessin Ruspoli sein musste [...] Ich stürzte also an mein Fenster und pfiff laut Falkenhausens Lieblingssong: «Dans un coin de mon pays», und in der Hälfte der ersten Strophe antwortete sie mit der zweiten Hälfte. (MB 601)

Nach einer solchen Erkennungsmelodie konnte man sich kurz von den Zellen aus durch die Gitter unterhalten. Man half sich, wo man nur konnte; aber persönliche Krisen blieben unter den gegebenen Umständen nicht aus:

Puppi hatte im April eine grässliche Krise, und da haben wir häufig sehr traurig darüber gesprochen. Sie bekam dann von ihrem Vater eine reformierte Bibel, und wir unterhielten uns eingehend über Bibeltexte. Ab Juni gingen wir auch immer zusammen zu unserem Rundgang raus und besprachen von der Bibel bis zu Ernährungsmaßnahmen für Mitgefangene und Bestechungsmaßnahmen für das Personal alles, agierten in diesen Dingen auch immer gemeinsam. Die Abendunterhaltung war aber meist über einen Psalm oder etwas Ähnliches. (MB 602)

Isa Vermehren sang auf Bitten Moltkes ab und zu am Abend etwa «Der Mond ist aufgegangen» oder den gregorianischen Lobgesang. Im Gefängnis hatte sich eine Gemeinschaft gebildet, die das Gespräch miteinander suchte und sich in den Dingen des Alltags half. Ein besonderes Verhältnis entwickelte man nach anfänglichen Vorbehalten zu einer SS-Aufseherin, die Moltke «August» getauft hatte. Sie brachte Brötchen, Pilze und Bratkartoffeln mit und besorgte Einkäufe in der Stadt. Mit einem Tauchsieder kochte man Tee oder auf einer kleinen Kochplatte auch mal einen Risotto. Die andere Seite des Lagerlebens waren Schläge, Strafestehen, Erschießungen oder der Tod durch den Strang.

Luther, die Bibel und Kant

Einen tieferen Einblick in Moltkes Ravensbrücker Zeit vom 11. Februar bis 28. September gewähren 63 bisher nicht veröffentlichte Briefe, die er an seine Frau geschrieben hat, sowie 139 Eintragungen in ein ebenfalls unveröffentlichtes Tagebuch, das er vom 31. März bis 18. August 1944 geführt hat. Über sich selbst schrieb er Ende Februar:

> Den Tag verbringe ich mit dem Lesen und Nachdenken. Ich poliere eifrig an meinem inneren Menschen herum und bin gespannt, ob das Erfolg haben wird. Die Voraussetzungen dafür sind natürlich glänzend, denn hier gilt nur, was man in sich hat oder finden kann.

Noch nie hatte Moltke so viel Zeit gehabt, aber: «Die Zeit ist hier so kostbar wie draußen»; also teilte er sie sorgfältig ein. Neben der täglichen Bibellektüre befasste er sich mit theologischer, philosophischer, historischer und landwirtschaftlicher Literatur sowie mit belletristischen Werken. Immer wieder las er Abschnitte aus dem *Faust* oder dem *Wilhelm Meister*, oder er vertiefte sich in Adalbert Stifters *Nachsommer* und den *Witiko*, dazu in die *Hohenzollern* von Reinhold Schneider und in Lewis Carrolls *Alice im Wunderland*. Regelrecht durchgearbeitet hat er einige mehrbändige historische Klassiker: Leopold von Rankes *Geschichte der Päpste* und dessen *Deutsche Geschichte im Zeitalter der Reformation*, Edward Gibbons *Geschichte des Niedergangs und Verfalls des Römischen Reichs*, ferner eine Geschichte Englands und eine Geschichte über Byzanz, dann Bismarcks *Gedanken und Erinnerungen* sowie vor allem die *Gesammelten Werke* des Feldmarschalls. Das Interesse an der politischen Geschichte und Geistesgeschichte war bei Moltke von Jugend an ausgeprägt. Nun hatte er die Zeit, umfangreiche Darstellungen zu studieren. Dabei hatte er die Gegenwart immer im Blick. Die Kenntnis der Geschichte ermöglichte ihm eine differenzierte Beurteilung der aktuellen Vorgänge. Besonders in den zeitgeschichtlichen Analysen seines großen Vorfahren entdeckte er Parallelen zur politisch-militärischen Situation seiner eigenen Zeit.

Darüber hinaus las Moltke landwirtschaftliche Literatur: ein Handbuch für Ackerbaulehre, Bücher über Nutzpflanzen, Werke über die Anlage und Pflege von Wiesen und Weiden, über Schafzucht und Rinderzucht, über Gräser, Pflanzen und Wildpflanzen. Hinzu kamen Lehrbücher über Botanik und Chemie sowie ein Buch über Betriebswirtschaft.

Aber auch ältere theologische Literatur fehlte nicht. Moltke studierte Augustins *Civitas Dei* und seine *Confessiones*. Mit einem Quellenbuch frischte er seine Kenntnisse über die Kirchengeschichte auf. Intensiv las er eine Luther-Biographie und eine Biographie über den Ökumeniker Nathan Söderblom. An zeitgenössischen theologischen Werken griff er zur *Theologischen Ethik* von Georg Wünsch, zu Friedrich Brunstäds *Allgemeiner Offenbarung* und zu Friedrich Heilers *Altkirchliche Autonomie und päpstlicher Zentralismus*. Im Zentrum seines historisch-theologischen Interesses stand jedoch Martin Luther, dessen Schrift *Von der Freiheit eines Christenmenschen* ihm von der Schulzeit an stets präsent war. Darüber hinaus las er zahlreiche weitere kleine Schriften des Reformators sowie den *Großen Katechismus*.[5] Moltkes Luther-Bild war stark von den Forschungen Karl Holls geprägt, der mit seinen wortgewaltigen Luther-Aufsätzen gerade bei evangelischen Laien großes Interesse fand. Moltke war gerade von der Sprache Luthers begeistert:

Die Kraft der Sprache ist zu erfrischend. So Sätze: «Was können sie mir schon anhaben? In welcher Weise sie mir aus dem sündigen, alten Madensack heraus helfen, soll mir gleich sein», sind denn zu schön. Die Ausdrucksweise ist unendlich grob, aber dabei in einer Feinheit und Raffinesse sondergleichen. (Brief o. D.)

Aber im Mittelpunkt seines Interesses stand der Theologe Luther. Besonders schätzte Moltke dessen *Großen Katechismus*, den ihm Gerstenmaier ausgeliehen hatte. In einem Brief an Freya rekonstruierte er den Gesamtzusammenhang:

Aber abgesehen von den Einzelheiten, die daraus zu entnehmen sind, ist der große Zusammenhang der einzelnen Teile folgender: Die zehn Gebote enthalten das Gesetz im Sinne des Alten Bundes. Sie sind in ihrer Bedeutung erweitert durch die Gebote der Bergpredigt. Es ist unzweifelhaft, dass der Mensch diese Gebote nicht einzuhalten vermag, und daher wird er sündig und verdammt. Diese Sünde wird getilgt durch Christum, sofern man dran glaubt. Der Inhalt dieses Glaubens ergibt sich aus dem zweiten Teil, dem Glaubensbekenntnis, aus dessen letztem Abschnitt sich ergibt, dass der heilige Geist durch die allgemeine christliche Kirche einem zu dem Glauben verhelfen muss. Das Vaterunser fasst die Bitten zusammen, die nun zum Glauben verhelfen sollen, und die beiden Sakramente sind die symbolischen (!) Handlungen, durch die die Sündenvergebung und der Glaubenszusammenhang bewirkt wird. (Brief vom 19. März)

Moltke versuchte, sich mithilfe des *Großen Katechismus* einen Nachhilfeunterricht in evangelischer Lehre zu erteilen. Die Dialektik von Gesetz und Evangelium, der Zusammenhang von Sündenverständnis und Heilsgewissheit sowie die Bedeutung der Kirche und ihrer Sakramente wird von ihm neu durchbuchstabiert. Die reformatorische Theologie und ihre Bekenntnisschriften waren ihm auf seinem Weg zu einem eigenen Glaubensverständnis und zu einem Verständnis weltlicher Verantwortung eine große Hilfe.

Parallel zu Luther las Moltke das Alte und das Neue Testament. Die Lektüre der fünf Bücher Mose erstreckte sich über die gesamte Zeit der Haft; er betete regelmäßig Psalmen und vergegenwärtigte sich die Sprüche Salomos. Die Bücher Josua, Richter, Ruth, Samuel, Könige, Chronik sowie Esra, Nehemia und Esther las er kapitelweise. Systematisch las er auch die Propheten; seine besondere Liebe galt Jesaja und Jeremia. Stellen aus Hiob und dem Prediger Salomo, die ihm besonders wichtig waren, las er immer wieder. Er verstand das ganze Alte Testament als «eine Illustration zum ersten der Zehn Gebote. Alle anderen Gebote sind letztlich subsidiär, und der Schlüssel liegt immer im ersten Gebot.» (Brief vom 27. Februar) Beim Neuen Testament war die Bergpredigt ein Schlüsseltext für ihn. Das Johannes-Evangelium las er mehrfach:

Es ist so zauberhaft schön übersetzt, dass man es als Sprachschöpfung auf sich wirken lässt und immer wieder die Fülle des Inhalts verliert. Ich bin nur nach dem vielen Luther, den ich in der letzten Zeit gelesen habe, etwas zweifelhaft geworden, ob nicht das Johannes-Evangelium etwas ein Luther-Evangelium geworden ist, und das gleiche Bedenken habe ich jetzt immer beim Römerbrief, nur dumm, dass ich das nicht im Urtext lesen kann. (Brief vom 1. Juni)

Über die Apostelbriefe heißt es:

Es ist gut, dass ich sie als Kind viel gelesen habe und große Stücke daraus annähernd auswendig kann. Aber verstanden habe ich sie dennoch nicht. Vielleicht verstehe ich sie auch jetzt nicht, aber ich bin wenigstens eine Stufe dem Verständnis näher gekommen. Auch zwischen meiner Lektüre vor drei Wochen und jetzt ist ein Unterschied zu merken. Ich bemerke kleine Gedanken, die mir vorher verborgen waren, und die Zahl der Stellen, die mir dunkel bleibt, wird immer geringer. Auch jetzt ist mir endlich 1. Kor. 15,56 zweiter Halbsatz klar geworden. Es bedeutet nämlich, dass uns durch das Gesetz, das wir nicht zu halten vermögen, ständig klargemacht wird, dass wir immerzu sündigen. Immer wieder, wenn mir so etwas aufgeht, wird mir klar, wie weit wir gegen jene Korinther zurück sind: Die haben das doch eben verstanden, und uns macht es die größte Mühe, obwohl wir Verweisungen und hundert andere Hilfsmittel haben, die jene nicht hatten. (Brief vom 9. März)

Moltkes Untersuchungshaft war eine Zeit größter geistiger Intensität. Er las die Bibel nicht nur mit einem historisch-kritischen Interesse, sondern vorrangig als Schriften, die eine unmittelbare Bedeutung für die eigene Existenz haben. Am 7. April, einem Karfreitag, verglich Moltke die Passionsgeschichten der Evangelisten miteinander, um sich ihre Unterschiede und ihre Einheit klarzumachen. Eine lateinisch überlieferte Passionspredigt Luthers versuchte er vergeblich zu übersetzen. Er bat Freya, ihm ein lateinisches Lexikon mitzubringen. An diesem Tag wurde ihm noch eine «große Freude» bereitet: Kriminalkommissar Möller aus Drögen holte ihn mit seiner Sekretärin zu einem Spaziergang durch die Wälder ab. «Ich fand das sehr nett und war sehr beglückt über diesen Ausflug in die Freiheit.» Moltke durfte sogar von einem Gasthof aus Yorck anrufen. Am 9. April, Ostern, las er neben dem Osterspaziergang im *Faust* die Auferstehungsgeschichte in den verschiedenen Fassungen der Evangelien. An Freya schrieb er: «Ich würde gerne einen kurzen Überblick über den heutigen Stand der Bibelkritik lesen, ich meine der historischen Kritik.» Moltke hat ein solches Buch – der Verfasser wird leider nicht genannt – später auch bekommen.

In den Wochen vor Ostern hatte er sich bereits anhand eines Buches von Walter Künneth[6] mit der Auferstehung beschäftigt. Künneths Auferstehungstheologie faszinierte ihn. Durch sie wurde ihm deutlich, welche Bedeutung das 15. Kapitel des Ersten Korintherbriefs für den christlichen Glauben hat. Künneth «kommt zu dem Ergebnis, dass alles, was ist, ausschließlich von der Auferstehung zu verstehen ist, dass also auch die ganze Schöpfung [...] auf die Auferstehung hin angelegt» ist. Moltke wagte es, im Gefängnis ohne jede Anleitung theologische Grundsatzprobleme anzugehen. So arbeitete er auch die 1938 erschienene Dissertation seines Freundes Eugen Gerstenmaier *Die Kirche und die Schöpfung. Eine theologische Besinnung zu dem Dienst der Kirche an der Welt* durch. Hier stieß er aber auch an Grenzen. Das Buch beeindruckte ihn,

weil es nämlich letzten Endes unternimmt, die Kirche zu einer positiveren Stellung zur Schöpfung zu setzen und dabei die Erbsündenlehre in eine für uns verständliche Form zu bringen; ich erinnere mich, dass ich gegen diese Teile der Lehre beim Konfirmandenunterricht furchtbar remonstriert und dem guten Pastor schreckliche Schwierigkeiten bereitet habe, denen weder er noch ich gewachsen waren. Das Buch von Eugen ist leider schon für mich, der ich immerhin mit diesen Fragen mich befasst habe, kaum verständlich. […] Er sollte unbedingt dasselbe Thema für Laien erörtern; ob er sich über die Bedeutung der Frage für das praktische Leben klar ist? (Brief vom 27. Juni)

Hier wird ein Problem deutlich, das viele bewusste Christen in der Zeit des Nationalsozialismus empfunden haben. Moltke gehörte zu jenen, die sich durch eigene Lektüre zu Laientheologen ohne jede konfessionelle Einengung entwickelt haben. Ende Mai berichtete Moltke, dass sein Bedarf an Luther gedeckt sei und er sich nun wieder einmal Kants *Kritik der reinen Vernunft* zuwende. Von Luther zu Kant, die Aufklärung als Frucht der Reformation, diese theologie- und ideengeschichtliche Sicht war damals nicht unüblich. Mit Kant hatte Moltke allerdings seine Schwierigkeiten:

Mit der Kritik der reinen Vernunft geht es weiter nur sehr langsam, und das ärgert mich eigentlich, denn hier, wo ich Zeit habe, müsste ich das doch spielend bewältigen. Davon ist aber keine Rede, und ich erinnere mich wohl, dass ich es einmal im ziemlichen Druck gelesen habe und das besser ging. (Brief o. D.)

Moltke, der schon aus Prinzip alle einmal begonnenen Bücher zu Ende las, biss sich mühevoll durch «den Kant» hindurch.

Arbeit für das Amt

Zunächst durfte Moltke in der Haft noch dienstliche Post erledigen. In der Istanbuler Angelegenheit schrieb er am 17. Februar an Paul Leverkühn (RV 304 f.), und sein Vorgesetzter Leopold Bürkner übersandte noch im März einen Bericht über die ganze Angelegenheit an das Reichsverkehrsministerium (RV 306 ff.). Für Moltke war diese Sache damit erledigt. Ihm war jedoch bewusst, dass er im Amt eine Lücke hinterlassen hatte. Das zeigt ein Brief vom 19. März, in dem er sich für Grüße von Kapitän Vesper zu seinem 37. Geburtstag am 11. März bedankte:

Meine Gedanken sind viel und mit großer Sorge bei meiner verlassenen Arbeit. Durch die mehr als vier Jahre ist sie mir sehr ans Herz gewachsen, und ich befürchte, dass manches während meiner Abwesenheit auseinanderlaufen wird, was nachher nicht mehr geflickt werden kann. (RV 305)

Bis Ende Juni wurde Moltke – obwohl inzwischen aus dem Dienst entlassen – in der Untersuchungshaft regelmäßig von seinem Vorgesetzten Oberst Oxé und von seiner Sekretärin, Annie Thiel, besucht. Sie kamen nach Drögen und brachten Akten zur Bearbeitung mit. Der Oberst berichtete über den Arbeitsalltag im Amt und diskutierte mit seinem inhaftierten Mitarbeiter Völkerrechtsfragen. Moltke trug am 26. Juni in sein Tagebuch ein:

[…] als ich nach Drögen geholt wurde, wo Oxé war, mit dem ich eine sehr freundliche, aber sachlich sehr unerfreuliche Besprechung hatte. Alle wirklich wesentlichen Ergebnisse meiner Arbeit in den letzten Jahren sind in den wenigen Monaten verwirtschaftet worden. […] Wir sind wieder so weit, dass sich niemand mehr um uns kümmert.

Die Völkerrechtsgruppe war nach dem Ausscheiden von Wengler und Moltke zur Bedeutungslosigkeit herabgesunken. Sie hatte mit Moltke ihren kreativen und aktiven Mann verloren, zudem spielten in den Wirren des Endkampfs völkerrechtliche Normen kaum noch eine Rolle. Die jahrelangen Bemühungen Moltkes, wenigstens Reste des Völkerrechts unter den Bedingungen eines total geführten Krieges zu retten, gehörten der Vergangenheit an. Nach einem Studium von OKW-Akten hielt er am 9. Juni erbost fest: «Der Teufel soll diese Intriganten der Ministerialbürokratie holen.»

Dass er immer noch privilegiert war, zeigt die Tatsache, dass ihm die britischen Parlamentsberichte und die *Times* mitgebracht wurden. So erfuhr er hier mehr über die politische Lage als die Menschen in Freiheit. An Freya schrieb er über seine Einschätzung der Kriegslage natürlich kein einziges Wort. Auch in seinen Tagebüchern, die ja jederzeit hätten entdeckt werden können, finden sich kaum politische Andeutungen. Während jeder Hinweis auf den 20. Juli fehlt, erwähnte er im Tagebucheintrag vom 7. Juni die Invasion der Alliierten in der Normandie vom Vortag:

Gestern Abend bekamen wir die Nachricht, dass am Morgen die Invasion begonnen hätte. Ich war gerade bei meinem Abendlauf, als die Nachrichten kamen, und hörte sie mit an. Das wird nun zu einer Krisis und dann, so Gott will, zu einer Entscheidung führen. Jedenfalls sind jetzt die Würfel gefallen.

Am 9. Juni notierte er, dass «die Stimmung im ganzen Zellenbau durch den Beginn der Invasion gehoben ist. Alle haben das Gefühl, dass nun die Stagnation überwunden ist und dass es wieder vorwärts geht. […] Jedenfalls ist die Atmosphäre völlig verändert.»

Ehemann, Vater und Patron

Freya schrieb ihrem Mann in den Ravensbrücker Monaten fast jeden Tag einen Brief. Über das, was zu Hause geschah, war er immer auf dem Laufenden. Sie berichtete ausführlich über ihre «Söhnchen», den Haushalt im Berghaus und die Probleme des Gutsbetriebs. Die emotionalen Höhepunkte in Moltkes Zellenleben waren ihre Briefe, die er sorgfältig aufbewahrte und immer wieder las. Unruhig und ungeduldig wurde er, wenn sie ausblieben. Er selbst konnte zunächst so viel schreiben, wie er wollte; aber natürlich ging alles durch die Zensur.

Festtage waren für Moltke die genehmigten Besuche Freyas in Drögen, wohin er mit einem Polizeiwagen gefahren wurde. Auf dem Rückweg ihres Mannes nach Ravensbrück wurde Freya manchmal am Bahnhof in Fürstenberg abgesetzt. Sie durfte ihn in unregelmäßigen Abständen insgesamt neunmal besuchen. Dabei brachte sie ihm neben Lebensmitteln Bücher und Wäsche mit. Gemeinsam gingen sie die Kreisauer Wirtschaftsbücher durch. Das Wachpersonal, das die Briefe von Freya an ihren Mann natürlich kannte und manchmal sogar Fragen nach dem Stand der Geflügelzucht stellte, war Freya gegenüber korrekt und höflich. Als sie dies ihrem Mann mitteilte, sagte dieser nur trocken: «Nur dass sie bei Vernehmungen den Leuten die Fingernägel abreißen.» (MB 597 f.) Vom 26. Mai bis 4. Juli bekam sie keine Sprecherlaubnis, konnte aber bei zwei Besuchen in Drögen ihre Mitbringsel abgeben. Der letzte Besuch war am 2. August 1944. Inzwischen hatte sich einiges geändert: Ab Ende April durfte Moltke nur noch zwei Briefe in der Woche schreiben, ab 4. Mai war die Seitenzahl auf eine Seite und ab Ende Juli auf zwei wöchentliche Briefe mit zehn Zeilen beschränkt worden. In den Briefen an Freya ging es vor allem um den Alltag im Lager und die wirtschaftlichen Angelegenheiten des Gutsbetriebs, doch bezeugte er seiner Frau und seinen beiden Söhnen auch immer wieder seine Liebe und Verbundenheit. So schrieb er zwei Tage nach Freyas erstem Besuch am 22. Februar:

Hoffentlich hast Du die Überzeugung mitgenommen, dass ich ganz wohl und auch ganz guten Mutes bin. Ich habe in den vierzehn Tagen, die ich hier bin, viel gelernt, und manchmal gelingt es mir, selbst in unangenehmen Augenblicken ganz fest zu wissen, dass Du, Deine Söhnchen und ich, kurz wir alle, in Gottes Hand sind. Bewahr Dir nur Deinen inneren Frieden, mein Herz, alles andere wird sich finden.

Und an anderer Stelle heißt es:

Mein liebes Herz, «siehe ich habe dir geboten, dass du getrost und freudig seiest» möchte ich Dir mit Josua immer wieder sagen. Das gilt vor allem anderen. Und das gilt, was immer geschieht. Ich glaube zu wissen, dass Du es auch bist, und das ist mir eine Quelle der Stärkung. Mit täglich neuer Freude, mit täglich neuem Glück denke ich immer wieder an die letzten 15 Jahre. Die kann uns nichts mehr rauben. (Brief v. 27. Februar)

Wie Freya von Moltke ihren Mann in dieser Zeit erlebt hat, wird aus einem Brief vom 20. Juli an Rechtsanwalt Pape deutlich, in dem sie schrieb:

Ihre drei Briefe sind hier angekommen, ich kann sie aber leider an ihn nicht weiter-schicken, da er seit dem 19.1. in Haft ist. Es ist eine ganz dumme Sache. Er hat einen anderen Offizier beim OKW gewarnt, er sei von der Stapo überwacht. Das ist herausgekommen, und dafür sitzt er nun schon sechs Monate. Der Prozess über den Offizier hat schon stattgefunden. Da ist er nicht einmal mitangeklagt worden, aber man gibt ihn doch nicht frei. Er sitzt im Frauen-K.Z. in Ravensbrück in Meck-lenburg in der Zellenabteilung. Er hat es nicht schlecht, bekommt Soldaten-Kost und von mir Zusatz u. Bücher, die ihm voll und ganz ausgehändigt werden. Er darf für sein Amt, das ihn aber herausgeschmissen hat, noch arbeiten. Alle Woche ist die ganzen sechs Monate von seiner Abteilung jemand herausgefahren, um Sa-chen mit ihm zu besprechen, aber rausgeworfen haben sie ihn doch. Er lebt ein friedliches Einsiedlerleben und ist tatsächlich gar nicht verzweifelt, sondern liest und arbeitet für sich. Was nun weiter werden wird, steht noch nicht fest, muss sich aber wohl in der nächsten Zeit entscheiden. Dass er wieder ins OKW geht, ist ausgeschlossen. Die Stapo findet ihn schuldig und wird ihn woanders unterbrin-gen. Ich selbst darf einmal im Monat zu ihm und sehe ihn dann zwei bis drei Stun-den, um alles über Kreisau mit ihm zu besprechen. (RV 309 f.)

Immer wieder befasste sich Moltke in seinen Briefen aus Ravensbrück mit der Erziehung seiner beiden Söhne. Ihn interessierte vor allem ihre religi-öse und charakterliche Entwicklung. Mit Blick auf das Schulkind «Caspar-chen» richtete er am 8. Juni an Freya die Bitte: «Kannst Du ihm nicht bei Gelegenheit auch die Standardgeschichten des AT erzählen, die sind doch besser als Indianergeschichten, und die Moral kannst Du ja ruhig weglas-sen.» An einer anderen Stelle des Briefes heißt es: «Dass er sich über den Tod Gedanken macht, gefällt mir; für ein Landkind ist es notwendig, das Ende aller Geschöpfe als normalen Ablauf zu kennen.» Ganz wichtig war dem Naturfreund Moltke auch die frühe Schulung des Blicks:

Die Augen sind das wichtigste Organ des Landmannes, das Ohr ist immer unzu-verlässig; daher muss man sich im exakten Sehen üben, und dazu musst Du auch Deine Söhnchen anhalten, man muss a) ein Gesamtbild sehen und b) die Details exakt erkennen. (Brief vom 1. Juni)

Daher folgerte er:

Es ist viel wichtiger, dass er lernt, dass die Pflanze und das Tier viel größere Wunder sind als die raffiniertesten Maschinen [...] Keine Lehre, keine Klugheit, Gewissenhaftigkeit, kein Eifer und kein Studium vermag einen Ausgleich für das fehlende Auge zu geben. (Brief im Juni o. D.)

Vater und Sohn Caspar nahmen auch einen kleinen Briefwechsel auf. Photographien der Söhne und kleine von ihnen gemalte Bilder schmückten seine Zelle.

Freya berichtete im Mai, dass der Pfarrer an Lungenentzündung erkrankt sei. «Hoffentlich kommt der Pastor durch», schrieb Moltke. «Stirbt er, so musst Du Deinen Besuch bei mir aufgeben, das ist klar.» Der Pfarrer starb. Moltke bat: «Bitte, erkundige Dich, wie die Pfarre nun versorgt werden soll. Ich möchte nur, dass keine abschließenden Schritte getan werden, ehe ich die Sache habe besprechen können.» Als der Sohn des verstorbenen Pfarrers als Nachfolger vorgeschlagen wurde, antwortete Moltke:

Gegen Hans Wild als neuen Pastor habe ich nichts einzuwenden, wenn er seine Jugendirren etwas abgelegt hat; aber das wird man feststellen können. Ich bin aber durchaus dagegen, dass er so als einziger Kandidat angesehen wird. Das ist weder für seine künftige Stellung in der Gemeinde noch für die Gemeinde gut. [...] Er muss als der Geeignetste zu uns kommen, nicht als der Erbe. (Brief o. D.)

Diese Begebenheit zeigt, wie ernst es dem Häftling mit seiner Verantwortung als Patron war. Er wusste, wie wichtig für eine Landgemeinde der richtige Pfarrer war. Ebenso wusste er, wie wichtig für einen Gutsbetrieb neben einem tüchtigen und zuverlässigen Inspektor ein sachkundiger Gutsbesitzer war. Dass Moltke sich in den Ravensbrücker Monaten so intensiv mit naturwissenschaftlicher und agrarwissenschaftlicher Lektüre befasste, ergänzt durch betriebswirtschaftliche Abhandlungen, war zum einen bestimmt durch sein Verantwortungsgefühl für Kreisau, sein Land und seine Leute. Zum anderen lässt es darauf schließen, dass er sich für die Zukunft auch ein Leben als Landwirt vorstellen konnte. Immer wieder sprach er in seinen Briefen über Bebauungspläne, die er für die Kreisauer Landwirtschaft entwickelt hatte.

Trotzdem sorgte er auch für den Fall seines Todes vor. Am 1. Juni notierte er in sein Tagebuch:

Nach dem Tee habe ich einen Aufriss über meine Vorstellungen über die Entwicklung in Kreisau und über die Regelung unserer Vermögensangelegenheiten gemacht, damit Freya für den Fall meines Todes einen Leitfaden hat, wie von mir alles angelegt und beabsichtigt war. Ob sie es so weitermachen will, müssen die Umstände lehren, aber so weiß sie wenigstens, warum das eine so und das andere so gemacht war.

Moltke regelte die Besitz- und Vermögensverhältnisse in Kreisau, obwohl er annahm, Kreisau werde nach dem verlorenen Krieg nicht mehr zu Deutschland gehören. Seine letzten Äußerungen bezüglich Kreisau finden sich in einem Brief vom 18. Januar 1945 an Hans Heinrich von Portatius, einen Kreisauer Nachbarn. Er bat ihn, Freya mit seinem Rat zur Seite zu stehen: «Es ist mir sehr tröstlich dass sie so einen sachkundigen, hilfsbereiten, mit uns vertrauten, une gennützigen Ratgeber zur Seite haben wird.»[7] Moltke wies auf sein Testament hin, nach dem Freya Vorerbin und Caspar mit seinem 25. Lebensjahr Nacherbe werde. Ausführlich ging er auf Einzelheiten der Betriebsführung ein, die bei Inspektor Zeumer «in guten und vor allem mir und den Meinen sehr treu ergebenen Händen» sei. «Trotzdem ist eine ständige Aufsicht notwendig, die sich jedoch als solche nie zeigen darf.» Er schilderte dann sehr detailliert die bisherige Aufteilung der Zuständigkeiten zwischen Gutsinspektor und Gutsbesitzer. Moltke schloss diesen Brief mit sehr persönlichen Worten:

Dir jedenfalls will ich im Voraus vielmals danken. Ich habe Dir aber auch eine Dankesschuld für viel Freundschaft während vieler Jahre abzustatten. Das Jahr der Haft, das morgen voll wird, hat mich mein Leben in einem Glanze sehen gelehrt, der mir vorher nie recht klar geworden war, weil er in der Arbeit des Tages unterging. So kehre ich heim, beladen mit Liebe und Freundschaft, mit einem vollen, bis an den Rand gefüllten Leben, in dem ich das Glück hatte, nie etwas tun zu müssen, was mit meinem Gewissen nicht in Übereinstimmung gestanden hätte. Die Dankesschuld dafür ist ungeheuer, und auch Dir gebührt ein Teil davon.

Der 20. Juli 1944

In den Monaten Mai bis Juli hoffte Moltke auf seine baldige Entlassung. Am 21. Mai notierte er in sein Tagebuch, er sei nach Drögen gebracht und zu zwei Erklärungen aufgefordert worden,

warum ich Kiep gewarnt hätte und zweitens, warum ich noch nicht an der Front gewesen sei und ob ich mich verpflichten wolle, im Falle meiner Entlassung aus dem Verfahren mich freiwillig zum Frontdienst bei Infanterie oder Fallschirmjägern zu melden. Ich habe die beiden Erklärungen abgegeben und muss nun abwarten, ob ich daraufhin entlassen werde.

Es geschah wochenlang nichts, bis es in Ravensbrück am 16. Juni zu einer kurzen Begegnung Moltkes mit dem Gestapo-Chef Müller kam: «Er versicherte mir, er hoffe zuversichtlich, dass der Reichsführer SS meine Entlassung anordnen würde, und ging wieder.» Wie günstig die Stimmung für ihn zu sein schien, zeigte auch die Tatsache, dass er am 26. Juni noch einmal mit Yorck telefonieren durfte. Und am 5. Juli heißt es: «Vor meiner Unterhaltung mit Freya sagte mir Kriminalrat Lange noch, dass meine Entlassung angeordnet sei, aber unter der Bedingung, dass ich aus der Wehrmacht entlassen und Industriearbeiter werde.» Doch nach dem gescheiterten Attentat vom 20. Juli war keine Rede mehr davon.

In Ravensbrück kehrte nach dem 20. Juli 1944 eine große Unruhe ein. Jetzt bewährte sich der illegale Nachrichtendienst. Moltke erfuhr in kürzester Zeit, wer aus Berlin eingeliefert wurde: Peter Yorck von Wartenburg, Ulrich Wilhelm Graf Schwerin von Schwanenfeld, Ewald Heinrich von Kleist, Wilhelm Leuschner, Julius Leber, Hermann Maaß, Gustav Dahrendorf, Joseph Wirmer, Ulrich von Hassell, Erwin Planck, Werner von Alvensleben, Rudolf Pechel, Hanna Solf und ihre Tochter Gräfin Ballestrem, Franz Halder und dessen Frau, Nikolaus Groß, Andreas Hermes, Hjalmar Schacht, Johannes Popitz und viele andere. Moltke kannte fast alle. Er notierte: «Eigentlich sind alle Männer außer Popitz, Schacht, Halder und mir irgendwann einmal fürchterlich geprügelt worden. Bernstorff und Kuenzer lagen mehrere Tage im Bett. Am schlimmsten hat man Langbehn behandelt.» (MB 605)

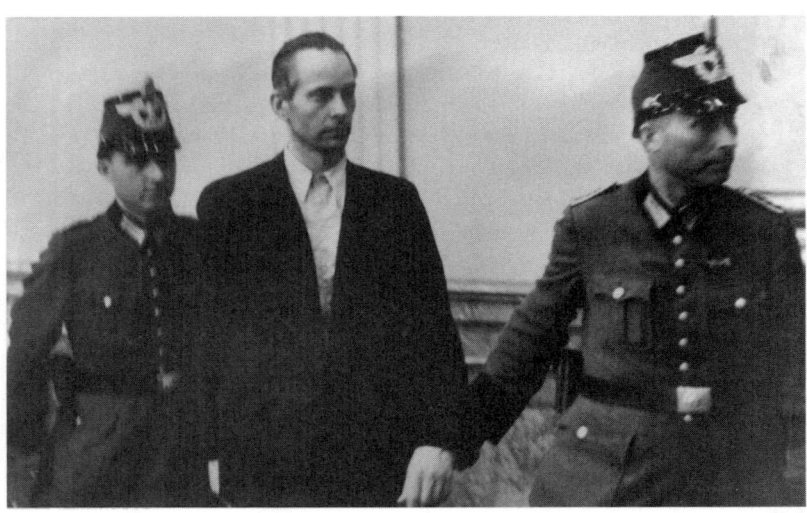

Peter Yorck von Wartenburg wird am 7. August 1944 von Polizeibeamten zur Verhandlung am Volksgerichtshof in der Elßholzstraße vorgeführt.

Von den Kreisauern wurden bis zum 9. August Peter Yorck, Eugen Gerstenmaier, Hans Bernd von Haeften, Adam Trott, Alfred Delp und Theodor Haubach verhaftet. Julius Leber und Adolf Reichwein waren schon am 4. und 5. Juli festgenommen worden. Von den näheren Freunden kamen außer den schon Genannten Fritz-Dietlof von der Schulenburg und Berthold von Stauffenberg in Haft.

Yorck und Gerstenmaier gehörten zu den ersten, die unentwegt verhört wurden. Yorck wurde unter anderem in Drögen einem «verschärften Verhör» unterzogen. Später wurden er und Gerstenmaier wieder in Berlin vernommen. Zuständig wurde für sie Karl Neuhaus, Chef der Abteilung IV des Reichssicherheitshauptamtes, die unter anderem für kirchliche Angelegenheiten zuständig war.[8] Neuhaus war promovierter Theologe und Religionslehrer, Fachmann für Altes Testament und Orientalistik, bevor er seine Karriere in der SS begann. Seine Verhöre sind nicht zu rekonstruieren. Was er erfahren zu haben meinte, wurde in den Berichten an den Reichsleiter Martin Bormann (den sogenannten Kaltenbrunner-Berichten) festgehalten und tauchte in den Prozessen unter Freisler auf, der die Vernehmungsprotokolle kannte. Yorck gehörte zu der Gruppe der Angeklagten, die bereits am 7. und 8. August vor dem Volksgerichtshof standen und zum Tode verurteilt wurden. Vor seiner Hinrichtung betete der Gefängnispfarrer Harald Poelchau mit ihm ein Vaterunser. Yorck konnte ihm noch sagen, «von den Freunden sei nichts, kein Name verraten worden».[9]

Im ersten Bericht vom 31. Juli heißt es über Yorck:

Über die Motive seiner Teilnahme an der Verschwörung gibt der stark dekadente, in bürgerlich-christlichen Vorstellungen lebende Yorck Folgendes an:
«Ich konnte mich einerseits der Bürdigkeit der Stauffenberg'schen Beweisführung nicht verschließen, und andererseits hatte sich im Laufe der letzten Jahre in mir ein innerlicher Bruch mit dem Nationalsozialismus vollzogen, insbesondere waren es die nationalsozialistische Auffassung vom Recht, die über die Nürnberger Gesetze hinausgehenden Ausrottungsmaßnahmen gegen das Judentum und das Vorgehen, welches wir teilweise in den besetzten Gebieten an den Tag legten, die mich dem nationalsozialistischen Reich völlig entfremdet hatten. Ich bin der Überzeugung, dass eine europäische Einigung unter deutscher Führung im Zuge der Zeit liegt, aber sich nur verwirklichen lässt auf dem gemeinsamen Boden der abendländischen Vergangenheit, die im Wesentlichen geprägt ist durch Hellenismus, Christentum und die Schöpfungen des deutschen Geistes.» (SB 110)

Die Gestapo und Freisler erkannten sehr schnell die religiöse Prägung der Häftlinge. Schon am 30. Juli meinte man in Delp und Gerstenmaier die kirchlichen Verbindungsleute zur «Verschwörerclique» gefunden zu haben (SB 101). Am 7. August wurde der erste größere Bericht über «Konfessionelle Bindungen des Verschwörerkreises» vorgelegt (SB 167 ff.). Hier wurden genannt: Beck, Canaris, Claus und Berthold Stauffenberg, Kaiser, Haeften, Yorck, Schwerin, Schulenburg, Witzleben, Lüninck, Goerdeler und Hofacker. Ausführlich wurden ihre christlichen Motive der Kritik am Nationalsozialismus dargestellt und als Defätismus denunziert.

Der Name Moltke tauchte zunächst in keinem Bericht auf. Auch im Prozess gegen Yorck spielte er noch keine Rolle. Erst im Bericht vom 10. August stand ein kleiner Vermerk:

> Näherer Untersuchung bedarf auch der schon früher verschiedentlich überwachte Graf Moltke, nachdem die Vernehmung des als Politischer Beauftragter vorgesehenen Rehrl-Salzburg ergeben hat, dass Moltke ihn im Auftrag des Fürsterzbischofs von Salzburg zusammen mit einer noch unbekannten Person aufgesucht und mit ihm Fragen einer Regime-Änderung besprochen hat. Über Moltke gehen die Verbindungen weiter zu dem Jesuitenpater Delp. (SB 189 f.)

Es war der als Landesverweser für Österreich vorgesehene Franz Rehrl, der die Gestapo über seinen Kontakt zu Moltke und dessen Verbindung zu Delp unterrichtet hatte. Jetzt erst geriet Moltke als Verschwörer in das Blickfeld der Gestapo, die in den folgenden Tagen und Wochen das Ausmaß der Verschwörung und die daran beteiligten Personen aufdeckte. Im Kaltenbrunner-Bericht vom 16. August, der mit einer Skizze der Zusammenarbeit des «Gewerkschaftsklüngels» um Joseph Wirmer und Max Habermann mit Goerdeler begann, wurden erste Anhaltspunkte für eine sozialdemokratisch-gewerkschaftliche Gruppe um Haubach, Mierendorff, Leuschner, Maaß, Leber und Reichwein genannt (SB 232 f.). Im Abschnitt über «Konfessionelle Bindungen», der zum ersten Mal Yorck und Moltke miteinander in Verbindung brachte, wurde auf Konflikte in politischen Fragen hingewiesen; vor allem über die Rolle von Religion und Christentum sei es zu Differenzen gekommen (SB 233 ff.).

Dieser Bericht zeigt, dass der Kontakt der «Gruppe um Moltke» mit den Männern aus der Arbeiterbewegung nun bekannt war. Daher war es folgerichtig, dass am 17. August Moltke und Leber und am 18. August Moltke und Haubach zusammen verhört wurden. Der Kaltenbrunner-Bericht vom 19. August bot folgendes Bild: Moltke und Yorck lehnten in Übereinstimmung mit den Gewerkschaftern einen Umsturz im Sinne der Goerdeler-Beck-Gruppe als reaktionär ab. Das Stichwort «Kerenski-Lösung» tauchte auf. Erst nach Kriegsende sollte auf einer breiten Basis neu begonnen werden. Ein Teil der Gruppe um Moltke sei bis zum Schluss gegen den Umsturz gewesen. Nur Yorck sei unter den Einfluss von Tresckow und Stauffenberg geraten, ebenso wie sich Leuschner «eindeutig an die Mord- und Umsturzpläne» angehängt habe (SB 263 f.). Die Gestapo erkannte, dass die «Verschwörerclique» keine einheitliche politische Aktionsgruppe war, und konnte strategische und konzeptionelle Unterschiede zwischen einzelnen Gesprächspartnern und Gruppierungen benennen. Am 25. August bekam der Kaltenbrunner-Bericht die Überschrift «Der Kreisauer Kreis». Er begann mit dem Satz: «Graf Moltke hatte einen Kreis von Personen um sich gesammelt, über dessen Bestrebungen die abschließenden Vernehmungen des Konsistorialrates Gerstenmaier Aufschluss geben.» (SB 299)

Gerstenmaier machte Aussagen zur Arbeitsweise und zu den Zielen des Kreisauer Kreises (SB 299 f.). Er berichtete von zwei Tagungen in Kreisau, die sich mit der geistigen und geistlichen Situation in Deutschland sowie mit Fragen einer religiösen Wiedergeburt des Landes befasst hätten. In politischen Fragen sei man sehr zurückhaltend gewesen. Alle hätten keine «inneren Beziehungen zum Nationalsozialismus» gehabt. Moltke sei gegenüber den Plänen Goerdelers und des Militärs «äußerst kritisch und zurückhaltend» gewesen. In diesem Zusammenhang zitierte Gerstenmaier Schulenburg: «Man könne nicht mit literarischen und theoretischen Debatten Politik machen.» Man habe sich im Kreis eingehend mit dem Verhältnis von Staat und Kirche und mit Fragen des Christentums in der modernen Welt beschäftigt, wobei auch «gelegentlich astrologische, kosmologische und ähnlich okkulte Fragestellungen» aufgetaucht seien. Nur nebenbei habe man «in laienhafter Weise außenpolitische und militärische Fragen gestreift». Die Verteidigungsstrategie Gerstenmaiers lautete: Die Kreisauer waren ein philosophischer, theologischer und literarischer Debattierklub, dem es um Grundsatzfragen für die Zukunft ging. Zum Goerdeler-Beck-Kreis standen sie in größter Distanz, sie lehnten die Teilnahme an einem Staatsstreich und an der Vorbereitung eines Attentats ab. Außen- und Militärpolitik spielten bei ihnen keine Rolle.

Neuhaus, der das Verhör leitete, nahm Gerstenmaier diese Version nicht ab und ließ ihn am 18. August im Keller der Gestapo in der Meinekestraße foltern. Darüber schrieb Gerstenmaier später: Ein SS-Mann

stieß mich über einen lang gestreckten niederen Tisch, Gesicht nach unten. Dann hagelte es Prügel. Der Stock war mit Nagelköpfen gespickt. Ich weiß nicht, wie lange er schlug. Aber mir scheint, dass ich nicht das Bewusstsein verlor. Die Treppe hinterher konnte ich allerdings nur noch mit großer Anstrengung bezwingen. Bei Neuhaus abgeliefert, wurde ich gefragt, ob ich jetzt endlich reden wolle. Meine Antwort: Ich hätte gesagt, was ich zu sagen habe. Der SS-Führer schlug mir mitten ins Gesicht.[10]

An gleicher Stelle war vor ihm Delp «wüst verprügelt» worden. Dieser berichtete:

Die begleitenden SS-Männer lieferten mich ab mit den Worten: So, schlafen können Sie heute Nacht nicht. Sie werden beten, und es wird kein Herrgott kommen und kein Engel, Sie herauszuholen. Wir aber werden gut schlafen und morgen früh Sie mit frischen Kräften weiter verhauen. Ich war wie erlöst, als Alarm kam, und erwartete die tötende oder die die Flucht ermöglichende Bombe. Beide blieben aus. (Dp 4,30)

Das Verhör von Gerstenmaier wurde am 19. August fortgesetzt. Neuhaus warf ihm vor zu lügen, da das ihm vorliegende Material anderes besage. Weil ein Folterknecht fehlte, kam Gerstenmaier an einer neuen Folterung vorbei, musste aber eine schriftliche Stellungnahme abgeben, die in den Kaltenbrunner-Bericht vom 25. August eingegangen sein dürfte.

Alle Kreisauer wurden gefoltert, nur Moltke und Trott nicht. Von keinem aber hat die Gestapo von der Existenz der Kreisauer Entwürfe erfahren. Sie lagerten unter Dachsparren des Kreisauer Schlosses und wurden später von Freya von Moltke samt den Briefen ihres Mannes, die in Bienenstöcken versteckt waren, mit nach Berlin genommen. Überraschenderweise hat die Gestapo Freya von Moltke nie verhört und weder das Berghaus noch das Schloss durchsucht.

Nach den Verhören Moltkes am 15., 16., 17. und 18. August und nach den «verschärften Verhören» von Delp und Gerstenmaier in Berlin am 18. und 19. August wurde am 19. August der Status der «Schutzhaft» von Moltke in Ravensbrück aufgehoben. Er war nun ein politischer Häftling.

Am 14. [August] nachts um 11 Uhr wurde ich zur Vernehmung geholt, und damit war klar, dass man mir ans Leben wollte. Bis zum 19. 8. hat man es aber alles beim Alten gelassen. [...] Am 19. 8. wurde ich dann eingekleidet und in eine dunkle Zelle der Nordseite eingesperrt, ohne Buch, ohne Papier zum Schreiben, ohne eigene Sachen, außer Socken und Taschentüchern, mit schlechtem Essen und eine Woche lang ohne Ausgang. (MB 604)

Moltke verabschiedete sich «herzlich» von allen, die zu einer kleinen Gemeinschaft zusammengewachsen waren. Vom 19. August bis zum 27. September war er in Einzelhaft. Man sah sich nur noch für Augenblicke und winkte sich zu. Mit Mozartmelodien, die Isa von Vermehren pfiff, konnte man sich aus der Ferne grüßen. Sie schrieb über Moltke nach dem Krieg:

Seine Haltung in diesen Wochen war über die Maßen beeindruckend. Seine freundschaftliche Teilnahme für uns alle war immer gleich bleibend aufgeschlossen und herzlich. Immer verkleidete sich die tiefe Skepsis seines Wesens mit einem unbekümmerten, etwas ironischen Lächeln. «Hoffnung ist nicht mein Metier», sagte er einmal freundlich, und in dem Schornstein des Krematoriums hat er nie etwas anderes erblickt als das tägliche Memento.[11]

Am 18. September schrieb Moltke seiner Frau, von der er seit vierzehn Tagen keinen Brief mehr erhalten hatte, ein letztes Mal aus Ravensbrück. Es war ein Abschiedsbrief:

Mein liebes Herz, vor allem bin ich (voller) Dankbarkeit gegen Mami und Dich, denn wo wäre ich ohne die Reichtümer, die von Euch gekommen sind. Es vergeht auch kein Tag, an dem ich nicht Spr. 30,10–31 still vor mich hinsage, jede Zeile dankbar bejahend.

Dabei handelt es sich um ein Loblied auf die «tüchtige Hausfrau». – Von sich selbst berichtete er:

Steigt mir einmal etwas Unruhe auf, was so einmal oder zweimal in der Woche vorkommt, so sage ich mir aus dem Kopf vor, manchmal laut, manchmal leise, erinnere ich mich dann nach kurzer Zeit meiner Dankesschuld, pfeife einige der Lieder, die wir in Gräditz immer singen, vor, und schon ist alles vorbei. Ich hoffe, mit dieser Kur durchzukommen und mich dadurch immer friedlich und dankbar zu fühlen. Um Dich mache ich mir keine Sorgen, was wohl eigentlich meine Pflicht wäre. Aber ich kann nicht. Ich habe so fest das Gefühl, dass Du wohl ausgerüstet bist, dass Du das alles meistern kannst. In meinen Gedanken bist Du keinen Augenblick ein Sorgenpunkt, sondern ein Quell der Dankbarkeit, Zuversicht und «Glaube, Hoffnung, Liebe, diese drei». Ja, und auch eines gewissen Stolzes, dass ich es mir leisten kann, mir um Dich keine Sorgen zu machen. So sind mir diese vier vergangenen Wochen wie eine große Ernte gewesen, eine Ernte, die alle meine Erwartungen weit übertroffen hat. Ob ich anders wohl je gemerkt hätte, wie reich und groß die Ernte ist? – Leb wohl, mein liebes Herz, umarme die Söhnchen, grüße die vielen, die von mir Grüße erwarten. Gott behüte Dich.

Als Moltke am 27. September 1944 von Ravensbrück nach Berlin transportiert wurde, kam er nach kurzem Zwischenaufenthalt im Wehrmachts- und Polizeiuntersuchungsgefängnis an der Lehrter Straße in die Justizvollzugsanstalt Tegel. Zu dieser Zeit waren viele seiner Freunde und Bekannten schon hingerichtet worden: Peter Yorck am 8. August, Berthold von Stauffenberg und Fritz-Dietlof von der Schulenburg am 10. August, Hans Bernd von Haeften am 15. August, Adam von Trott und Otto Kiep am 26. August, Karl-Heinrich von Stülpnagel am 30. August sowie Joseph Wirmer und Ulrich Wilhelm Graf Schwerin von Schwanenfeld am 8. September. Ihnen folgten bis zu Moltkes Prozess im Tegeler Gefängnis: Wilhelm Leuschner am 29. September, Adolf Reichwein und Hermann Maaß am 19. Oktober, Bernhard Letterhaus am 14. November, Jens Jessen am 30. November, Caesar von Hofacker am 20. Dezember 1944 und Julius Leber am 5. Januar 1945. Moltke wusste, dass ihn ein Kampf auf Leben und Tod erwartete.

Verhöre und Berichte

In den August- und Septemberwochen sammelte die Gestapo weitere Kenntnisse über den Kreisauer Kreis. Aus dem Bericht vom 31. August geht hervor, dass man durch die Vernehmungen von Franz Sperr von der Existenz eines bayerischen Ablegers erfahren hatte (SB 331 f.). Neben Sperr werden Delp, Rösch, König und Reisert genannt, die sich zusammen mit Moltke in München über Fragen der Staatsform «im Fall des Zusammenbruchs des Reiches» unterhalten und über Europakonzepte und Gewerkschaftsfragen nachgedacht hätten. Einmal soll Moltke eine Landkarte mit den neuen Ländergrenzen mitgebracht haben. Auch der Kontakt Sperrs und Delps zu Stauffenberg kam zur Sprache. Aber das Gesamturteil lautete noch, dass man wie der gesamte Kreisauer Kreis nicht an eine «gewaltsame Änderung des Regimes» gedacht habe. «Die Haltung dieses Kreises war durch und durch defätistisch.»

Der Bericht vom 12. September enthält eine weitere Darstellung der Kreisauer (SB 381 f.). Inzwischen war Steltzer verhaftet und am 26. August verhört worden. Er wird als ein Mann beschrieben, der «in Norwegen vor Norwegern» scharfe Kritik an der deutschen Führung geäußert und große Sympathien für «englische Sitten und Manieren» gezeigt habe. Auch habe er zu den Bischöfen Berggrav in Oslo und Björkquist in Stockholm Kontakt gehabt. «Seine starke konfessionelle Bindung bestimmt weitgehend alles Denken und Handeln.» Im Kreisauer Kreis sei er durch seine Dienstreisen nach Berlin fest verankert gewesen und habe alle wesentlichen Mitglieder des Kreises gekannt und gesprochen. Besonders hervorgehoben werden die Diskussionen der Kreisauer über ein vereinigtes Europa. Auch die Distanz zu Attentatsplänen kommt zur Sprache: «Steltzer bestätigt erneut, dass man bei allen Planungen eine Aufnahmestellung für den Fall des verlorenen Krieges schaffen wollte. Den Umsturzplänen des Goerdeler-Kreises habe man in Kreisau skeptisch und ablehnend gegenübergestanden.» Vor allem Moltke habe vor dem Spiel mit dem Feuer durch Beck und Goerdeler gewarnt. Es wird noch vermerkt, dass Steltzer im Januar 1943 durch Moltke und Yorck Näheres über die Pläne Goerdelers erfahren und dies seinem Kameraden Lossberg berichtet habe. Der wiederum habe es über Generalleutnant Bamler Canaris gemeldet. Aber: «Die Antwort von Canaris behandelte den Fall Goerdeler als reichlich belanglos.»

Neue Erkenntnisse formulierte der Bericht vom 15. September (SB 387 ff.). Er unterschied drei Gruppen der Kreisauer: eine schlesische, eine bayerische und eine Berliner Gruppe. Moltke und Yorck hätten Verbindungen zu früheren Mitgliedern des Zentrums aufgenommen. Der wichtigste Mann sei Lukaschek gewesen, der seinerseits Verbindungen zu Graf Matuschka und zu Husen gehabt habe. Erwähnt werden noch die beiden Mitarbeiter der Abwehr Gersdorff und Strassmann. Bei der bayerischen Gruppe tauchte ein neuer Name auf: Fürst Fugger von Glött. Dieser sei Moltke gegenüber sehr aufgeschlossen gewesen aufgrund der Auffassung, «dass nur der Föderalismus früherer Zeiten die Kulturhöhe des deutschen Volkes ermöglicht habe». Zum anderen aber heißt es: «Fugger gesteht, dass ihm ‹bei der Sache nicht wohl gewesen› sei. Die Ausgangsbasis für alle Besprechungen sei ein tief gehender Defätismus gewesen, und er müsse unumwunden anerkennen, dass alle Pläne hochverräterischen Charakter hatten.» (SB 389) Berichtet wurde auch über einzelne Treffen mit Moltke und Steltzer in München, bei denen die militärisch-politische Lage und ein föderalistisches Programm erörtert worden seien. Auch Mierendorffs Besuch in München wurde erwähnt, ebenso die Beziehungen dieses Kreises zu Stauffenberg und zu den katholischen Bischöfen Rohracher in Salzburg, Preysing in Berlin, Dietz in Fulda und Faulhaber in München. Das Fazit lautete:

Die Gesprächsbasis ist etwa die gewesen, dass bei Kriegsverlust der Führer in fremde Gewalt kommt oder auf andere Weise ausscheidet, die NSDAP durch die Besatzungsmacht unterdrückt wird und dass für diesen Fall Überlegungen angestellt werden müssten, wie man einem Chaos steuert. (SB 391)

Wenige Tage später, am 18. September, wurde noch einmal die bayerische Gruppe thematisiert. Die Kontakte von Delp zu Nikolaus Groß, Bernhard Letterhaus, Jakob Kaiser und Josef Müller wurden dargestellt, ebenso ein gewerkschaftspolitischer Konflikt zwischen Delp und Goerdeler. Die alten katholischen Verbandsfunktionäre seien sich in der Einschätzung Goerdelers und seiner Gruppe nicht einig gewesen. Delp habe auf die Kreisauer gesetzt, Kaiser auf die Goerdeler-Gruppe.

Im Bericht vom 23. September findet sich eine Beurteilung Moltkes, die angeblich von Maaß stammen soll:

Maaß hat gewiss nicht Unrecht, wenn er sagt, dass die Grafengruppe, insbesondere z. B. Moltke, nicht nur staatspolitische, sondern auch gesellschaftspolitische Ziele verfolgte, das heißt die Wiederherstellung und Erhaltung der Vorrechte einer bestimmten gesellschaftlich umgrenzten Gruppe von Personen. (SB 419)

Auffallend häufig wurde Bormann über die «konfessionellen Bindungen und kirchlichen Beziehungen der Verschwörerclique» informiert. Die Gestapo erkannte zunehmend, wie wichtig Glaube, Religion und Kirche im politischen Selbstverständnis der Verschwörer waren. Der Bericht vom 4. Oktober bot eine sechsseitige Analyse ihrer Motive zum Widerstand (SB 434 ff.). Bei aller Verschiedenheit der einzelnen Personen und Gruppen aus dem konfessionellen Lager hätten sie dem Nationalsozialismus «kritisch oder ablehnend» gegenübergestanden, das Christentum als «sittliche Grundlage des Staates» betrachtet und den Kirchen eine große «religiöse und karitative» Macht zugestanden. Aus den Vernehmungsprotokollen von Moltke wurde zitiert:

Bei Erörterung der Frage, welche Stellung die Kirche im Staate einnehmen sollte, war es selbstverständlich, dass eine Lösung angestrebt werden musste, die auch für die Katholiken erträglich war. Nach meiner Vorstellung kann es nicht Aufgabe einer Kirche sein, in die staatliche Politik hineinzureden, auch nicht auf kulturellem Gebiet, vielmehr hat sich die Kirche darauf zu beschränken, Männer mit christlichem Glauben zu erfüllen, die im öffentlichen Sektor dann als Einzelne wirksam werden müssen. Die Einwirkung einer kirchlichen Organisation auf den Staat halte ich für vollkommen falsch, und diese Fragestellung ist auch bei meinen Unterhaltungen mit irgendwelchen Männern der Kirche nie aufgekommen. (SB 438)

Moltke muss sich mit Neuhaus, dem er bereitwillig von seinen kirchlichen Kontakten erzählt haben dürfte, länger unterhalten haben. Das Protokoll gibt die Auffassung wieder, die Moltke bei der Abfassung der Kreisauer Entwürfe eingenommen hatte. Zu den Glaubens- und Kirchenfragen konnte er sich vor seinem Gegenüber offen äußern, da sie scheinbar keinen politischen Bezug hatten. Für eine Verteidigung, die das Theoretische und Prinzipielle in den Vordergrund rücken sollte, war das Thema Kirche vorzüglich geeignet. Jeden öffentlichen oder gar rechtlich abgesicherten Machtanspruch der Kirchen zu verneinen und sie auf ihren Verkündigungsauftrag einzuschränken, diese Position konnte selbst einem Schergen Hitlers in Grenzen gefallen.

In einem längeren Bericht vom 29. November über die Auslandsbezie-
hungen der Verschwörer wurden nur Trott und Moltke kurz erwähnt.
Über Letzteren heißt es:

Moltke selbst, der großelterlicherseits Familienbindungen zu einer führenden süd-
afrikanischen Familie hatte, war in Oxford gewesen und hatte in London als
Rechtsanwalt eine Praxis ausgeübt. Er hatte vor dem Kriege eine gewisse Rolle in
England gespielt, und zwar in dem Kreis um Curtis, der als Berater eines auf das
Empire eingestellten Kreises von Konservativen galt. (SB 506)

Mehr wird nicht gesagt. Das bedeutet: Die zahlreichen konspirativen Aus-
landsaktivitäten von Moltke, Trott und Steltzer wurden nicht aufgedeckt.
Ihre Verbindungen zu ökumenischen Kreisen im Westen und Norden Europas und über diese zu nationalen Widerstandsbewegungen sind ebenso
verborgen geblieben wie ihre Besuche bei hohen Militärs im Westen.
   Dagegen war Moltkes Einstellung zur Frage des Attentats bei der Gestapo bekannt. Sie resümierte dessen Auffassung im Bericht vom 4. Dezember:

Insbesondere Graf Helmuth von Moltke hat immer wieder bekundet, dass er und
der von ihm geführte Kreisauer Kreis ein grundsätzlicher Gegner von Umsturz-
und Attentatsplänen gewesen sei. Moltke behauptet, auch in Besprechungen mit
dem engeren Verschwörerkreis immer wieder gegen eine Gewaltaktion gesprochen zu haben. Neben ihm haben sich eine ganze Reihe konfessionell gebundener
Adliger gegen ein Attentat ausgesprochen, ohne allerdings für sich selbst die persönlichen Konsequenzen zu ziehen. Sie blieben vielmehr weiter im Komplott, obgleich ihnen bekannt war, dass die Pläne zu einer gewaltsamen Beseitigung des
Führers heranreiften. (SB 512)

Mit dem 9. Dezember enden die Berichte, in denen Moltke genannt wird.
Erst später, während des Prozesses am 9. und 10. Januar 1945, setzte die
Berichterstattung wieder ein.
   Die Gestapo fand in den Verhören sehr schnell heraus, dass es einen
«Kreisauer Kreis» mit den beiden Führungspersonen Moltke und Yorck
gab. Erstaunlich viele Einzelheiten konnte sie über die Zusammenarbeit
von Protestanten, Katholiken und Sozialdemokraten erfahren. Hier dürften die Kreisauer bereitwillig Auskunft gegeben haben. Sich als eine Art
von ökumenischem Arbeitskreis darzustellen, der sich sporadisch zu Diskussionen traf, entsprach ihrer Verteidigungsstrategie. Eine ganze Reihe
von Kreisauern konnte die Gestapo nicht enttarnen beziehungsweise fest-
nehmen: Horst von Einsiedel, Carl Dietrich von Trotha, Otto Heinrich

von der Gablentz, Harald Poelchau, Paulus van Husen und Hans Peters. Während Lothar König sich nach einem Haftbefehl verstecken konnte, wurde Augustin Rösch am 11. Januar 1945 verhaftet.

Im Tegeler Totenhaus

In den letzten Wochen vor seinem Prozess scheint Moltke nicht mehr systematisch verhört worden zu sein. Mit Gerstenmaier und Delp wurde er am 27. September im so genannten Totenhaus, direkt unter dem Flachdach des Tegeler Gefängnisses untergebracht. Hier saßen die Untersuchungsgefangenen und warteten auf ihren Prozess am Volksgerichtshof. Delp hatte die Zelle 313, links neben ihm war die Zelle von Gerstenmaier und rechts die von Moltke. Auf der anderen Seite des Flurs saß Fürst Fugger von Glött. Nicht weit entfernt waren die Zellen von Erwin Planck, Hanns Lilje, Graf Blumenthal, Gottfried von Bismarck, Friedrich Werner von der Schulenburg, Johannes Popitz und Ewald von Kleist-Schmenzin. Haubach und Steltzer waren zunächst auch in Tegel untergebracht, bis sie in ein anderes Gefängnis verlegt wurden.

In den Zellen brannte rund um die Uhr Licht über den Pritschen. Die Handschellen wurden selten abgenommen oder gelockert. Ihre Briefe mussten die Gefangenen mit gefesselten Händen schreiben. Ihr Glück war, dass sie von Justizbeamten bewacht wurden und dass es in ihrem Gefängnis, das dem Justizministerium unterstand, zwei Gefängnispfarrer gab, die ihnen als Freunde und Brüder zur Seite standen: den evangelischen Pfarrer Harald Poelchau und den katholischen Priester Peter Buchholz.[12] Über diese beiden Geistlichen liefen fast alle Außenkontakte der Untersuchungsgefangenen. Ohne deren Mut, Briefe hinaus- und hineinzuschmuggeln, gäbe es die letzten Zeugnisse der Gefangenen nicht. Mithilfe der Vollzugsbeamten und Pfarrer konnten ihre Frauen sie mit Lebensmitteln versorgen, die sie miteinander teilten. Jeden Tag gab es einen «Rundgang», bei dem man sich sehen und kurz sprechen konnte. Auch schrieb man sich von Zelle zu Zelle einige Zeilen.

Für Moltke und Gerstenmaier waren die entscheidenden Bezugspersonen ihre Frauen, Freya und Brigitte. Delp gewann in der Sozialarbeiterin Marianne Hapig und in der Leiterin der katholischen Frauenfachschule Marianne Pünder zwei wichtige Partnerinnen. Sie haben mit List und Mut über den Wäschewechsel Schriftstücke und Nachrichten ausgetauscht. Über den Schriftwechsel mit diesen beiden Frauen hinaus stand Delp mit Luise Oestreicher, seiner Sekretärin aus Bogenhausen, und mit seinem jesuitischen Mitbruder Franz Graf Tattenbach in Verbindung. Zudem konnte Delp, der vorher in isolierter Einzelhaft gesessen hatte, nun neben den kurzen mündlichen Verständigungen mit seinen Freunden einen regen Kassiberaustausch entfalten. Ein Fest war für ihn der 1. Oktober, als es gelang, ihm Hostien und eine kleine Flasche Wein in die Zelle zu schmuggeln. Mit gefesselten Händen feierte er seine erste Eucharistie im Gefängnis. Enthusiastisch schrieb er: «Ich glaube an Gott und an das Leben.» Und den beiden Mariannen berichtete er:

Der gute Pastor Gerstenmaier sagte mir neulich beim «Zirkus»-Laufen im Kreis, gefesselt – bewacht –, aber es geht doch: «Eher hoffe ich mich zu Tode, als dass ich im Unglauben krepiere!» [...] Elend ist Kommen Gottes, Begegnung, Entscheidung und auch Tröstung und Segnung. (Dp 4, 28 f.)

Poelchau und Buchholz wurde am 13. Oktober untersagt, Delp weiter zu besuchen. Die folgenden Tage und Wochen waren beherrscht von der Vorbereitung auf den Prozess. Delps Grundgefühl: «Ob ich Weihnachten im Himmel oder auf Erden feiere, weiß ich nicht.» (Dp 4, 46) Und an anderer Stelle: «es gibt nur zwei Auswege: den über den Galgen in das Licht Gottes und den über das Wunder in eine neue Sendung.» (Dp 4, 49 f.) Der für den 8. Dezember vorgesehene Prozess fand jedoch nicht statt. Aber es geschah für Delp ein anderes «Wunder». Tattenbach hatte die Erlaubnis erhalten, mit ihm im Beisein eines Wärters zu sprechen. Er legte ihm einen lateinischen Text zur Unterschrift vor. Es war der Wortlaut der letzten Gelübde zur endgültigen Aufnahme in die Societas Jesu, den Orden der Jesuiten. Am 16. Dezember konnte Delp durch seinen Pflichtverteidiger Wolfgang Hercher Einblick in die Anklageschrift des Oberreichsanwalts nehmen. Seine Reaktion: «Die Anklage ist hanebüchen. Auch das, was stimmt, so gehässig und lügenhaft unscharf und verwirrt.» (Dp 4, 57) Er begann sofort damit, eine ausführliche Stellungnahme zu verfassen (Dp 4, 332 ff.). Darin heißt es:

Erschwerend ist nur, dass ein Teil unserer Leute in das Putschisten-Fahrwasser geriet, ohne uns im Süden z. B. von dieser Schwenkung zu unterrichten. Dazu gehörte auch Yorck. Sonst wäre Sperr auf einen Anruf Yorcks nie zu Stauffenberg gegangen. Ich auch nicht. Schuld daran ist wohl u. a. die Führerlosigkeit durch die Verhaftung Moltkes. (Dp 4, 334)

In ähnlicher Weise arbeitete Moltke an seiner Verteidigungsstrategie, um der Todesstrafe zu entgehen. Die große Linie war klar: Ich habe nichts mit dem Staatsstreich und mit dem Attentat zu tun. Alle Kreisauer fertigten

Verteidigungsschriften an, ohne einander zu belasten. Durch Boten verständigten sie sich über eine gemeinsame Strategie. Moltke setzte vieles mithilfe seiner Frau und anderen in Bewegung, um seinen Kopf zu retten. Freya schrieb später: «Vom Gefängnis aus begann er an seiner Verteidigung zu arbeiten. Ungezählte Schritte mussten unternommen werden. Helmuth erdachte sie, ich führte sie aus.»

Sie nannte zwei Beispiele:

Helmuth versprach sich etwas von einem Gespräch mit General Müller, Himmlers Stellvertreter. Also musste ich in das Hauptquartier des SD in der Prinz-Albrecht-Straße gehen und mit Müller sprechen. Müller war höflich zu mir, fast freundlich. Er machte so etwas wie einen Versuch, mich auf seine Seite zu ziehen – gegen Helmuth. Dagegen habe ich mich wehren können. Aber Müller ließ keinen Zweifel aufkommen, dass er Helmuth nach dem Leben trachtete: «Nach dem Ersten Weltkrieg haben unsere Gegner die Herrschaft übernommen; sie hatten überlebt. Das wird uns nicht passieren.» (MB 607)

Freisler empfing mich auch. Er verkündigte mir die fehllose Gerechtigkeit der Urteile seines Gerichts. Ich war in Verbindung mit Helmuths Staatsanwalt und mit Angestellten des Gerichts, und so erhielt ich wieder «Sprecherlaubnis». Viermal trafen wir uns im Gefängnis in Gegenwart des Gefängnisdirektors. (MB 608)

Einen Tag nach der Verlegung ihres Mannes nach Tegel fuhr Freya nach Berlin. Zunächst wohnte sie bei den Yorcks, dann bei den Trothas, hin und wieder auch bei den Poelchaus. Harald gab ihr die Briefe ihres Mannes, und sie übergab ihm die ihren. Sie stellte sich ganz in den Dienst der Verteidigung ihres Mannes. Was diesen bewogen hatte, sie ausgerechnet zu Müller und damit in die unmittelbare Nähe Himmlers zu schicken, kann man vermuten. In der SS-Führung gab es Überlegungen, an Hitler vorbei Verhandlungen mit den Westmächten aufzunehmen, und ein Mann wie Moltke mit seinen weit verzweigten Beziehungen vor allem zu Großbritannien und mit seinen völkerrechtlichen Kenntnissen hätte dafür vielleicht nützlich sein können. Bei Freisler, der für Begnadigungen nicht zuständig war, erreichte Freya die Zusage, dass ihr Mann, der ein schweres Ischiasleiden hatte und nicht lange stehen konnte, während der Verhandlung auf einem Stuhl sitzen durfte.

Die ganz persönlichen Briefe von Moltke an seine Frau vor und nach der Verurteilung bis zur Hinrichtung sind nicht vöffentlich.

Freya von Moltke bekannte:

Die Briefe aus Tegel gibt es auch noch, seine und meine, und die gehören zusammen. Zuerst schrieb Helmuth sie mit gefesselten Händen. Diese Briefe haben mit seinem Tod, aber auch mit meinem weiteren Leben zu tun. Sie statteten mich für mein weiteres Leben aus, und die Gemeinschaft, die sie darstellen, dauert noch an. Wir hatten fast vier Monate, um Abschied voneinander zu nehmen, ein Mann und eine Frau. Der Höhepunkt unseres gemeinsamen Lebens – die schwerste Zeit unseres gemeinsamen Lebens. (MB 606 f.)

Im Archiv des Frankensteiner Diakonissenmutterhauses gibt es einen Brief Moltkes vom 24. Oktober an die Kreisauer Diakonisse Ida Hübner, die seit 1909 die Menschen in Kreisau und die Familie Moltke begleitet hatte. Dieser sehr persönliche Brief beginnt mit den Worten: «Ich hoffe, dass dieser Brief Sie nach meinem Tode erreichen wird.»[13] Moltke bedankte sich für die Liebe und Treue, die sie seiner Familie durch die Jahrzehnte hindurch erwiesen hatte. Er wisse, so Moltke weiter, dass sein Tod sie schwer treffen und sie sich fragen werde, warum sie so viele Menschen überleben müsse. Auch er habe sich gefragt, warum er jetzt weggenommen werde. Doch:

Gottes Wege sind eben wunderbar, und wir haben kein Recht, nach Erklärungen zu suchen. Es sind Seine Wege, und darum sind sie gut und richtig. Denken Sie nur an Jesaja 55, Verse 8 und 9, oder Römer 11, Verse 33–36. Darum, liebe Schwester, sind wir es schuldig, das, was uns verordnet ist, ohne Murren anzunehmen.

Er bat sie, den Seinen weiter beizustehen.

Ich sterbe für eine gute und gerechte Sache, für eine, für die man eben auch bereit sein muss, sich umbringen zu lassen. Mit dem Attentat und Putsch, mit dem ich zusammengekoppelt werde, habe ich nicht das Geringste zu tun. Aber ich bin wie ein stiller Sämann übers Feld gegangen, und das eben will man nicht. Der Samen aber, den ich gesät habe, wird nicht umkommen, sondern wird eines Tages seine Frucht bringen, ohne dass irgendjemand wissen wird, woher der Same kommt und wer ihn gesät hat. Des bin ich auch zufrieden und kann mir nichts Besseres wünschen. Vielleicht werden die, die ich lieb habe, und zu denen rechne ich Sie ganz besonders, von der Frucht noch Nutzen haben, vielleicht dauert es auch länger, vielleicht ist mein Tod nützlicher, als mein Leben hätte sein können. Wir müssen es dem Herrn überlassen.

Auch seinen beiden Söhnen schrieb Moltke im Oktober einen Brief, in dem er auch auf die Motive seines Widerstands eingeht:

Ich habe mein ganzes Leben lang, schon in der Schule, gegen einen Geist der Enge und der Gewalt, der Überheblichkeit, der Intoleranz und des Absoluten, erbarmungslos Konsequenten angekämpft, der in den Deutschen steckt und der seinen Ausdruck in dem nationalsozialistischen Staat gefunden hat. Ich habe mich auch dafür eingesetzt, dass dieser Geist mit seinen schlimmen Folgeerscheinungen wie Nationalismus im Exzess, Rassenverfolgung, Glaubenslosigkeit, Materialismus überwunden werde. Insoweit und von ihrem Standpunkt aus haben die Nationalsozialisten recht, dass sie mich umbringen. (MBF 315)

Aber noch kämpfte der Vater um sein Leben. Gerade hatte er zusammen mit Haubach, Gerstenmaier, Steltzer, Sperr, Reisert und Fürst Fugger von Glött den Haftbefehl des Ermittlungsrichters des Volksgerichtshofs, Ehrlich, vom 11. Oktober 1944 bekommen. Darin heißt es:

Sie werden beschuldigt, gemeinschaftlich es unternommen zu haben, mit Gewalt die Verfassung des Reiches zu ändern und den Führer seiner verfassungsmäßigen Gewalt zu berauben und damit zugleich im Inland während eines Krieges gegen das Reich der feindlichen Macht Vorschub zu leisten.
Verbrechen nach §§ 80 Abs. 2, 81, 91b, 73, 47 StGB.
Sie haben im Inland [...] zusammen mit anderen es unternommen, die nationalsozialistische Regierung nötigenfalls mit einer gegen den Führer gerichteten Gewalttat zu stürzen, um sich selbst oder ihre Gesinnungsgenossen in den Besitz der Macht zu bringen.
Die Untersuchungshaft wird verhängt wegen Fluchtverdachts, weil mit hoher Strafe bedrohte Verbrechen den Gegenstand der Untersuchung bilden. (RV 311)

Der kundige Jurist, der die nationalsozialistische Rechtsauffassung und Justizpraxis genau kannte, überlegte wochenlang angestrengt, wie er mit den Haftgründen umgehen sollte. Entgegen besseren Wissens glaubte er manchmal noch an einen Rest rechtsstaatlicher Verfahrensweisen. Seine Frau jedoch, ebenfalls Juristin, war sehr besorgt. Am 25. Oktober schrieb sie an den Rechtsanwalt Pape:

Das sieht nach der Rechtssprechung des VGH sehr übel aus. Ich erwarte im Lauf des November seine Verhandlung, und man hat mir die düstersten Aussichten gemacht. Er sitzt hier in Tegel, und ich bin schon seit mehreren Wochen in Berlin, weil ja doch immer wieder etwas zu tun ist. Ich tue alles, was ich machen kann, aber es steht tatsächlich sehr schlecht. Das haben wir beide nicht geahnt, als wir uns am 2.8. zum letzten Mal in Fürstenberg sahen. Ich weiß aber, dass es Helmuth gesundheitlich gut geht und dass er ruhiger und fester Haltung und Stimmung ist. Die Sorge um sein Leben ist aber groß. (RV 312)

Wie schon Ende 1943 schrieb Moltke auch am 28. Dezember 1944 für seine Frau eine Betrachtung über das zurückliegende Jahr. Sie gibt einen dramatischen Einblick in Moltkes Lage vor dem Prozess. Was er von Januar bis Dezember 1944 erlebt hatte, war das gewaltsame Ende vieler Freunde und Bekannter. «Der Tod ist so ein Begleiter des ganzen Jahres geworden.» Am Anfang habe er sich aufgeregt, wenn in Ravensbrück ein Mitgefangener zu einem «Spaziergang ums Lager» aufgefordert worden sei. (Dies war die zynische Formel, mit der man Häftlinge zur Erschießung abholte.) In dem Maße, wie das gewaltsame Töten zum Alltag geworden sei, sei er traurig gewesen, aber er habe es doch wie «ein Naturereignis» hingenommen. «Und nun, sage ich mir, bin ich dran. Kann ich es bei mir auch wie ein Naturereignis hinnehmen?» Ende September bei der Einlieferung ins «Totenhaus» hätte er am liebsten selbst den Antrag gestellt, ohne Gerichtsurteil gehängt zu werden. «Und wo bin ich jetzt? […] Jetzt will ich ganz definitiv nicht sterben, darüber ist gar kein Zweifel.» (MB 608 f.) Der Wille zum Weiterleben war erwacht und verstärkte sich in dem Maße, wie er mithilfe eines Rechtsanwalts und in Kenntnis der nationalsozialistischen Praxis zu kämpfen begann. Er bediente sich hierbei einer Doppelstrategie. Einerseits bereitete er sich auf den Kampf mit Freisler vor dem Volksgerichtshof vor, andererseits suchte er den Kontakt zu NS- und SS-Größen, von denen er wusste, dass sie in der Lage waren, einen Prozess zu verhindern, wenn es in ihrem Interesse lag. Im Gegensatz zu der Zeit nach der Verhaftung und den ersten Verhören war Moltke jetzt zum Widerstand mit allen Mitteln entschlossen. Aber dies war nur die eine Seite seines Bewusstseins- und Gefühlshaushalts.

Und trotzdem, mein Herz, muss ich jeden Augenblick freudig bereit sein zu sterben, dieses Gefühl, dafür bereit zu sein und sich ohne Widerstand gegen Gott darein zu schicken, wenn er es befiehlt, das muss ich mir erhalten. Nach dieser Zeit der Vorbereitung darf ich nicht plötzlich davon überrascht werden, und wenn es dreist durch eine Bombe wäre. Darum ist eben der Mahnruf «wachet und betet» so nötig, und doch versinke ich immer wieder in «Schlaf», wenn ich sehe, dass noch 8 oder 14 Tage bis zum Termin Zeit sind. Es ist eben auch für jemanden, der so viel Zeit daran wendet wie ich, einfach unmöglich, in jedem Augenblick die unmittelbare Gegenwart des Todes zu spüren. Dagegen lehnen Fleisch und Blut sich wild auf. (MB 609)

Die innere Balance zwischen «Widerstand und Ergebung» zu halten, war fast unmöglich, wenn immer wieder Gefangene abgeführt wurden, wenn man sich bei Fliegeralarm in keinen Bunker retten durfte und das Leben zu einem Leben im Angesicht des Todes wurde. Moltke dachte darüber nach,

wie alles wäre, wenn ich am Leben bliebe, und wundere mich, ob ich das wohl alles wieder vergessen würde oder ob man aus dieser Zeit doch ein reales Verhältnis zum Tod und damit zur Ewigkeit behält. Ich komme zu dem Ergebnis, dass auch da Fleisch und Blut alles dran setzen würden, die Erkenntnis wieder zu verdrängen, sodass ein ständiger Kampf nötig wäre, um die Früchte dieser Zeit zu retten. (MB 610)

In den Herbst- und Wintermonaten 1944/45 entwickelte sich unter den «Männern im Eisen» eine immer engere Gemeinschaft, eine Ökumene im Gefängnis, vor allem zwischen Delp, Moltke und Gerstenmaier. Delp begann zu schreiben – über Adventsgestalten, zu den Adventssonntagen und zum Epiphaniasfest 1945, über das Vaterunser, die Herz-Jesu-Theologie und das Kommen des Heiligen Geistes (Dp 4, 149 ff.). Rund 280 Druckseiten sind es geworden, auf denen er theologische und politisch-ethische Probleme reflektierte. Die kleine Gefängnisgemeinde verständigte sich untereinander auch über Tagestexte aus der Bibel und über gemeinsame «geistliche Übungen». Delp schrieb vor Weihnachten an Tattenbach: «Auf Weihnachten haben wir vier wieder eine gemeinsame Novene angefangen. Diese betende Una Sancta in vinculis. Für Moltke wird in der Krypta von St. Gereon in Köln jeden Tag Messe gelesen.» (Dp 4, 60 f.) Ob im Gottesdienst einer evangelischen Kirche für Moltke gebetet worden ist? Beistand von seiner eigenen Kirche hatte er nie. Er gehörte wie viele evangelische und katholische Christen im Widerstand zur «Kirche in Fesseln», die sich an den Fronten, in den Lazaretten, in den Bombardements der Städte, in den Flüchtlingstrecks, in Konzentrationslagern und in Gefängnissen ereignete.

Zu Neujahr schrieb Delp seinem Zellennachbarn Moltke: «Zum Neuen Jahr einen guten Wunsch und des Herrgotts gnädigen Schutz. Auf ihn kommt's an. Und Dank für Ihr Beispiel der Unermüdlichkeit trotz der miserablen Lage und trotz der körperlichen Beschwerden.» (Dp 5, 178 f.)

Selbst ein Mensch zwischen Hoffnung und Verzweiflung, stand Moltke seinen Mitgefangenen zur Seite. Seine Ischiasanfälle und Rückenschmerzen machten ihm Probleme und setzten ihm in seinem letzten Lebensjahr besonders zu. Moltke antwortete mit einem Kassiber an alle Freunde in seiner Nähe:

Der Herr hat uns wunderbar bis hierher geführt; er hat in den letzten zwei Monaten auch im menschlichen Kausalzusammenhang Stellen gezeigt, die uns günstige Wendungen vorbereiten und ermöglichen können; er hat uns durch vielerlei Zeichen gezeigt, dass er bei uns ist. Daraus schließe ich, dass, wenn ich ständig darum bitte, er weiter uns spüren lassen wird, dass er bei uns ist; aber das kann er am Galgen in Plötzensee genauso gut tun wie in der Freiheit in Kreisau oder sonstwo. Ich will meinem Fleisch nicht erlauben, sich auf das Faulbett angeblicher göttlicher Verheißung weiteren Lebens zu legen, und das täte ich so gerne. Ich muss es mit dem Bewusstsein des nach menschlicher Erkenntnis in wenigen Tagen oder höchstens Wochen bevorstehenden Todes ständig züchtigen, wenn ich es im rechten Zustand des «Wachet und Betet» erhalten will. Ich kann nicht glauben und kann mir auch nicht erlauben zu glauben, dass Gott mir heute offenbaren wird, was er morgen mit mir vorhat. Mir jedenfalls antwortet er, sobald ich neugierig werde, wie er es Paulus schon in anderem Zusammenhang getan hat: «Lass Dir an meiner Gnade genügen.» – Das dürft Ihr aber nicht Unglauben nennen, genauso wenig ich Euch für Magier halte. Und damit Gott befohlen! Auch im neuen Jahr, ich halte Lukas 1,74+75 sehr schön, aber vielleicht darf ich meinem Temperament gemäß vorschlagen, Röm. 14,8 nicht aus den Augen zu lassen. Eines aber ist ganz gewiss, dass wir ohne Unterlass beten dürfen und müssen. (Dp 4, 435 f.)

«Günstige Wendungen»? Das nationalsozialistische Deutschland ging dem Ende entgegen, das könnte für die Untersuchungsgefangenen eine Chance sein. Moltke war überzeugt, dass Gott das Gesamtgeschick lenkt. Er glaubte auch an eine persönliche Lenkung. Nur konnte diese sowohl an den Galgen führen als auch in die Freiheit. So blieb nichts als die Ergebung in Gottes Willen. Die Bibelverse drücken unüberbietbar aus, was Moltke den Freunden sagen wollte. Wer in der eigenen Ohnmacht der Macht Gottes vertraut, der wird am Ende zu seinem Schicksal ja sagen können.

Wirkliche Ruhephasen gab es nie. Immer war irgendetwas auf den Gängen los. Das Auf- und Zuschließen von Zellentüren, die Kommandos der Wärter, das Klappern von Essgeschirr und das Wimmern oder Schreien der Todeskandidaten – das waren Geräusche, die mal mehr, mal weniger stark den Rhythmus von Schlaf und Wachen störten. Hinzu kamen die für ein Gefängnis typischen Gerüche: schlechtes Essen, erschöpfte Körper, Fäkalien und Reinigungsmittel bildeten eine eigenwillige Mischung. Und immer wieder kündigten Sirenen Luftangriffe an. Sich in einer solchen Atmosphäre auf Texte der Bibel, das Schreiben eines Briefes oder das Konzipieren einer Verteidigungsschrift zu konzentrieren, erforderte ein Höchstmaß an Disziplin. Umso mehr ist zu bewundern, dass die schriftlichen Zeugnisse der drei Kreisauer aus Tegel literarischen Rang haben. Auf kleinen Papierstücken haben sie mit Bleistiftstummeln ihre Botschaften nach draußen geschrieben. Von der gewohnten bürgerlichen Existenz war nichts geblieben.

Der Prozess und die Hinrichtung

Am Abend des 8. Januar 1945 wurden Moltke, Delp und Gerstenmaier die Anklageschriften überreicht. Letzterer referierte in seinem «Lebensbericht» deren Inhalt:

Sie begann mit der Generalbeschuldigung des Hoch- und Landesverrats. Im Einzelnen waren Moltke und ich inhaltlich, in den Einzelheiten und im Resümee am Schluss am engsten verkoppelt. Moltke wurde vorgeworfen, dass er «seit jeher ein Feind des nationalsozialistischen Staats und ein hemmungsloser Defätist» gewesen sei, dass er schon 1940 durch Graf Yorck, «den Verräter», von einem «Kreis mutlos gewordener Offiziere um den früheren Generaloberst Beck» gehört und seit 1941 auf seinem Gut Kreisau Leute der verschiedenen Richtungen um sich versammelt habe, um sie auf eine einheitliche Linie zu bringen und mit ihnen die Übernahme der Macht vorzubereiten für den Fall, dass das Reich oder Reichsteile vom Feind besetzt würden. An die Stelle der das Volksganze tragenden NSDAP sollten in diesem Fall «die Kirchen als neue Ordnungselemente» treten und mit den Besatzungsmächten kooperieren, um angeblich zu retten, was zu retten sei. Zu diesem Zweck habe Moltke Geistliche beider Konfessionen wie den Jesuiten Delp, den Mitangeklagten Gerstenmaier, dann aber auch Marxisten wie Mierendorff, Haubach, Leuschner, Maaß, ehemalige Systemgrößen wie Lukaschek und andere um sich gesammelt.[14]

Delp schrieb am 7. Januar vor dem Prozess:

Nun geht es also aufs Seil. Ich bin ganz guter Dinge und immer noch in guter Zuversicht. [...] Das Wunder muss also darin bestehen, das Urteil, das die Herren fertig in der Tasche mitbringen, umzustoßen. Der Kopf ist in der Schlinge und soll wieder heraus, bevor zugezogen wird. (Dp 4, 96)

Moltke hatte am 3. Januar 1945 an seine Ravensbrücker Mitgefangene Marie-Louise Sarre geschrieben:

Da ich nun an der Reihe bin, will ich Dir sagen, dass Ihr Überlebenden wissen müsst, dass keiner umsonst gestorben ist, was Gott mit uns und mit Euch vorhat, das ist in seinem unerforschlichen Ratschluss verborgen. Wir wissen nur, dass er uns in Seligkeit einführen will und dass wir die Wege, die er zu diesem Ziel für nötig hält, freudig gehen müssen, wir, die vorangehen, Ihr, die Ihr noch etwas verweilt. [...] Dir aber wünsche ich Gottes Segen für Dein ferneres Leben. (RV 313)

Moltke vertraute darauf, dass er nach dem unsinnigen Mord von Gott aufgenommen wird. Diese Hoffnung gab ihm eine Ruhe, die andere Gefangene tief beeinduckte. Hanns Lilje schrieb nach dem Krieg über ihn:

Die eindrucksvollste Gestalt aber war Graf Helmuth von Moltke. Als wir, die wahrscheinlichen Todeskandidaten, uns im Korridor des Gestapo-Hausgefängnisses in der Lehrter Straße zum Abtransport nach Tegel versammelt hatten, fiel von selbst ein wohl zwei Meter hoher Mann auf, der in Zuchthauskleidern ging. Als er mich beim Namensaufruf erkannte, nickte er mir mit besonders freundlichem Gesichte zu; und während ich noch mein Gedächtnis durchforschte, wo ich dies mir bekannte Gesicht schon gesehen hatte, gab mir der Namensaufruf Antwort: Es war Graf Moltke, der auch zu den gelegentlichen Besuchern meiner Gottesdienste gehört hatte. Im grünen Polizeiwagen gerieten wir nebeneinander, und da er in der dünnen Zuchthauskleidung fror, gab ich ihm meine Decke zum Wärmen.
Nach der Ankunft in Tegel wurden wir in einen verschließbaren Raum gebracht, um die weiteren Formalitäten abzuwarten. Einer jener kleinen menschlichen Zwischenfälle trat ein, wie sie nur bei ganz altem, bewährten Beamtentum möglich sind, das die Grenze der Routine kennt; der Aufsicht führende Justizwachtmeister ließ uns einige Zeit allein, um uns das verbotene Rauchen und die ebenso verbotene Unterhaltung zu ermöglichen. Für viele unter uns, auch für mich, war es die erste Möglichkeit, zu näherer Information nach langen Wochen strengster Abgeschiedenheit. Moltke, Steltzer und ich saßen für eine Weile zusammen. Mir machte die ruhige Sicherheit Eindruck, mit der Moltke auf Steltzer und einige andere einsprach: «Machen Sie sich nichts vor – wenn Sie das getan haben, was Sie eben berichtet haben, werden Sie gehängt!» Mit einer Ruhe, die alles andere als stoisch war, weil sie aus einer fast heiteren Gelöstheit stammte, redete er uns die weichlichen Illusionen über unser Schicksal aus und forderte uns auf, uns auf den Tod zu rüsten.
Er selber tat das auf eine vorbildliche Weise. Ohne die leiseste Selbsttäuschung über sein wahrscheinliches Ende lebte er in einer heiteren Klarheit der Seele, das leuchtendste Beispiel einer ungebeugten Haltung aus Glauben. Als Christ war er der klarste und selbstverständlichste unter uns. In ihm war noch die volle Substanz des Glaubens gegenwärtig; es gab bei ihm jene Skepsis nicht, die auch der Reifste und Gläubigste zuzeiten nur durch Kampf und Anstrengung überwindet. Bei ihm vollzog sich, was es wohl nur an der Grenze des Todes geben kann: Der Kampf lag hinter ihm, keine Wolke der Anfechtung trübte seine Glaubenszuversicht. Ich muss ihm bezeugen, dass ich ihn nur heiter und gelassen gesehen habe. Als am Tage vor seiner Hinrichtung der Wachtmeister noch einmal seine Zelle betrat mit der Nachricht: «Morgen noch einmal Vernehmung – fertigmachen!», sagte er nur mit völligem Gleichmaß der Seele: «O ich weiß – die Hinrichtung!», und las weiter in meiner Auslegung des letzten Buches der Bibel, die als Lektüre seine letzten Tage ausgefüllt hatte.

Wunderbar sind in ihrer Gewissheit und Klarheit seine Briefe aus der letzten Zeit. Bis zuletzt war er innerlich völlig frei, freundlich, hilfreich, umsichtig – ein richtiger freier Mensch von innerem Adel mitten unter den Larven der Grausamkeit.[15]

Nach langem Warten und zweimaliger Verschiebung wurden die Termine des Prozesses gegen die Kreisauer auf den 9. und 10. Januar 1945 festgesetzt. Erst am 8. Januar wurden ihnen die Anklageschriften ausgehändigt. Am Morgen des 9. Januar stiegen sie zusammen in eine «Grüne Minna»: Moltke, Delp, Gerstenmaier, Fugger von Glött, Steltzer, Haubach, Sperr und Reisert. Vor dem Gebäude in der Bellevue-Straße 15, in dem der Volksgerichtshof untergebracht war, stiegen sie aus. Der Präsident dieses politischen Gerichts, Roland Freisler, war allen als Inbegriff eines nationalsozialistischen Richters bekannt. Sie wussten, was auf sie zukam. Freislers Devise war: «Der Richter soll in erster Linie die autoritative Willenskundgebung des Führers und die im Parteiprogramm der NSDAP enthaltenen Grundforderungen als Ausdruck des gesunden Volksempfindens anschauen; tut er das, wird er nicht fehlgehen können.»[16] Noch am selben Tag wurde der Prozess mit einer Erklärung Freislers eröffnet. Der Staatsanwalt, Landgerichtsdirektor Schulze, verlas die Anklage, wie sie im Haftbefehl vom 11. Oktober 1944 formuliert worden war. Es folgte das Verfahren gegen Delp, der sich gut auf den Prozess vorbereitet hatte. Doch kam es kaum zu einem zusammenhängenden Beitrag seinerseits, da Freisler ihn immer wieder mit seinen Interpretationen oder mit neuen Fragen unterbrach. Er wollte zunächst wissen, wie er Trott, Yorck und Moltke kennen gelernt habe und wie die Besprechungen in Berlin und später in Kreisau verlaufen seien. Dass Delp seine Wohnung in München für Treffen Moltkes mit bayerischen Verschwörern zur Verfügung gestellt habe, selbst aber weggegangen sei, zeigte für Freisler:

Gerade dadurch dokumentieren Sie ja selbst, dass Sie genau wussten, dass da Hochverrat getrieben wurde. Aus dem Sie gerne das Köpfchen mit der Tonsur, den geweihten heiligen Mann heraushalten wollten. Der ging derweil wohl in die Kirche, um dafür zu beten, dass das Komplott auch in Gott wohlgefälliger Form gelänge.[17]

Es war schnell zu erkennen, dass es dem «braunen Mann in der roten Robe» nicht so sehr um Delps Rolle bei der Vorbereitung eines Staatsstreichs, um sein Treffen mit Stauffenberg und um die Kenntnis des Attentats ging, sondern um einen frontalen Angriff auf Delp als katholischen Christen und Jesuiten. Wie hemmungslos und aggressiv Freisler gegen ihn vorging, zeigt eine von Poelchau überlieferte Tirade:

Sie Jämmerling, Sie pfäffisches Würstchen – und so was erdreistet sich, unserem geliebten Führer ans Leben zu wollen. [...] Eine Ratte – austreten, zertreten sollte man so was. [...] Jetzt sagen Sie mal, was Sie als Priester dazu gebracht hat, die Kanzel zu verlassen und sich mit eirem Umstürzler wie dem Grafen Moltke und einem Querulanten wie diesem Protestanten Gerstenmaier in die deutsche Politik einzumischen? Los, antworten Sie![18]

Über die Polemik Freislers gegen die katholische Kirche und die Jesuiten schrieb der Berichterstatter Lorenzen für den Reichsleiter Bormann im Führerhauptquartier:

Freisler hatte schon gestern, bei der Vernehmung des Jesuitenpaters Delp, aus seiner ablehnenden Haltung gegenüber den christlichen Kirchen kein Hehl gemacht. Er hatte den Jesuitenorden als die Verkörperung des Bösen an sich hingestellt, von dem uns eine eisige Wand trennen müsse. Er hatte mehrfach sarkastische Vergleiche zwischen dem gegenwärtigen Prozess und Hexenprozessen des Mittelalters gezogen. Er hatte Delp gefragt, ob er sich den Zusammenbruch des Nationalsozialismus etwa so vorstelle, dass die Nationalsozialisten, getreu den Lehren der Kirche, das Kinderkriegen als Sünde ansehen und demgemäß aussterben würden.

Lorenzen fragte, «ob eine solche Verhandlungsführung im Sinne des geltenden Burgfriedens liegt» (SB 705). Delp schrieb am 10. Januar an Franz Tattenbach:

Der Prozess war eine große Farce. Sachlich wurden die Hauptanklagen: Beziehung zum 20.7. und Stauffenberg, gar nicht erhoben. Sperr hat seine Aussage sehr gut korrigiert. Es war eine große Beschimpfung der Kirche und des Ordens. Ein Jesuit ist und bleibt eben ein Schuft. Das alles war Rache für den abwesenden Rösch und den Nicht-Austritt. Beim Strafantrag wurde eigens die Intelligenz und Tatkraft eines Jesuiten als erschwerend hervorgehoben. Die Verhandlung strotzte von Beschimpfungen der Kirche und ihrer Einrichtungen, Skandale, wie Bischöfe, die Kinder hätten, etc., die lateinische Sprache, das jesuitische Kupplertum usw. waren jedes zweite Wort. Sachlich konnte ich sagen, was ich wollte: Einem Jesuiten glaubt man nicht, da er grundsätzlich ein Reichsfeind und vor allem ein Feind der NSDAP ist. [...] Was ich bei der Gestapo schon erfahren habe, war hier wieder spürbar: diese dichte Intensität des Hasses gegen Kirche und Orden. So hat die Sache wenigstens noch ein echtes Thema bekommen. (Dp 4, 98)

Während der Vernehmung stand Delp vor einem langen Tisch, ihm gegenüber saßen Freisler, der Berichterstatter und drei ehrenamtliche Beisitzer. Moltke und Haubach saßen getrennt durch Polizisten hinter Delp in der ersten Stuhlreihe, Gerstenmaier und Steltzer in der zweiten, Reisert und Sperr in der dritten und Fugger in der vierten. Moltke konnte Delp

Eugen Gerstenmaier (1906–1986) vor dem Volksgerichtshof. Rechts hinter ihm Helmuth James von Moltke.

Alfred Delp (1907–1945) vor dem Volksgerichtshof

und den brüllenden und wild gestikulierenden Freisler aus nächster Nähe beobachten.

In der Mittagszeit wurde Haubach mit einer Gallenkolik aus dem Gericht getragen. Sein Verfahren und das von Steltzer wurden abgetrennt. Verhandelt wurde noch am selben Tag gegen Sperr, Reisert und Fugger. Moltke berichtete von einer Auslassung Freislers gegenüber Sperr:

Warum haben Sie nicht angezeigt? Sehen Sie, wie wichtig das gewesen wäre: Der Moltke-Kreis war bis zu einem gewissen Grade der Geist des «Grafen-Kreises», und der wieder hat die politische Vorbereitung für den 20. Juli gemacht; denn der Motor des 20. Juli war ja keineswegs Herr Goerdeler, der wahre Motor steckte in diesen jungen Männern. (MB 612 f.)

Immer wieder nannte Freisler in den Verhören des ersten Tages den Namen Moltke. Dieser spürte, dass er zur Hauptfigur des Prozesses wurde. Ihm war schon am ersten Verhandlungstag klar, dass er angesichts der von Freisler verkündigten «Rechtsgrundsätze» umgebracht werden würde (MB 612).

Moltke saß seinem Richter auf gleicher Augenhöhe gegenüber. Zunächst verlief seine Befragung in ruhigen Bahnen. Als die Sprache auf seine Besprechung mit Goerdeler kam und er den Einwand machte, Polizei und Abwehr hätten davon gewusst,

«bekam F. Tobsuchtsanfall Nr. 1. [...] Er hieb auf den Tisch, lief an so rot wie seine Robe und tobte: «So etwas verbitte ich mir, so etwas höre ich mir gar nicht an.» [...] Da ich ohnehin wusste, was rauskam, war mir das alles ganz gleich: Ich sah ihm eisig in die Augen, was er offenbar nicht schätzte, und plötzlich konnte ich nicht umhin zu lächeln. (MB 614)

Dieses Lächeln, das Freisler als Provokation und Verachtung auffassen musste, brachte diesen noch mehr in Rage. Er kam auf Moltkes «Defätismus» und die Einrichtung von Landesverwesern zu sprechen. Als Moltke diese Pläne mit dienstlichen Überlegungen in Zusammenhang brachte, kam der nächste Tobsuchtsanfall. Moltkes Pflicht wäre es gewesen, «selbständig den Siegesglauben zu verbreiten» (MB 614) und nicht über die Zeit nach einem verlorenen Krieg nachzudenken und ein «Auffangprogramm» aufzustellen. Der Berichterstatter des Sicherheitsdienstes meldete:

M. versuchte bis zum Schluss, seinem «unfassbar unanständigen Treiben» (Freisler) ein moralisches Mäntelchen umzuhängen. Vom Defätismus völlig zerfressen, dabei ein ungewöhnliches Charakterschwein. Niederdrückend nur, dass er Graf Helmuth von Moltke hieß. (SB 704)

Helmuth James von Moltke vor dem Volksgerichtshof:
Er wird bewacht vorgeführt (links oben), spricht mit seinem Anwalt (Mitte links), darf sich sitzend
verteidigen (links unten, rechts).

Auffallend ist, dass Lorenzen in seinem Bericht den großen Disput zwischen Richter und Angeklagten über Nationalsozialismus und Christentum nicht erwähnt. Dieser nimmt in Moltkes Brief über die Verhandlung den größten Raum ein. Zunächst höhnte Freisler über die Zusammensetzung des Kreisauer Kreises:

Wer war denn da? Ein Jesuitenpater! Ausgerechnet ein Jesuitenpater! Ein protes-
tantischer Geistlicher. Drei Leute, die später wegen Beteiligung am 20. Juli zum
Tode verurteilt worden sind! Und kein einziger Nationalsozialist! Kein einziger!
Und da will ich doch nur sagen: Nun ist aber das Feigenblatt ab! (MB 614 f.)

Hier lag für Moltkes Darstellung der eigenen Rolle im Kreisauer Kreis vor
Freisler natürlich ein Schwachpunkt: Yorck, Gerstenmaier, Trott und
Haeften hatten sich eindeutig Stauffenberg zur Verfügung gestellt. Für
Freisler war dies ein Indiz dafür, dass zumindest ein Teil der Kreisauer zum
Kern der «Verschwörerclique» gehörte. Aus den Verhörprotokollen wusste er, dass sich Moltke nach den Aussagen vieler, die vernommen worden
waren, immer gegen ein Attentat ausgesprochen hatte. Ihm eine aktive
Rolle im «Komplott» gegen den Führer nachzuweisen, war schwer. Hätte
Freisler Kenntnis von Moltkes Gespräch mit Stauffenberg gehabt, so wäre
für ihn seine Beweiskette gegen Moltke geschlossen gewesen. So war er
gezwungen, sich auf eine Analyse des Kreisauer Kreises im Ganzen einzulassen. Da er die besondere Rolle von Moltke und Delp erkannt hatte,
setzte er bei diesen an. Genüsslich ließ er seinem Sarkasmus freien Lauf:

Ein Jesuitenpater, und ausgerechnet mit dem besprechen Sie Fragen des zivilen
Widerstandes! Und den Jesuitenprovinzial kennen Sie auch! Und der war auch
einmal in Kreisau! Ein Jesuitenprovinzial, einer der höchsten Beamten von
Deutschlands gefährlichsten Feinden, der besucht den Grafen Moltke in Kreisau!
Und da schämen Sie sich nicht! Kein Deutscher kann doch einen Jesuiten auch
nur mit der Feuerzange anfassen! Leute, die wegen ihrer Haltung von der Ausübung des Wehrdienstes ausgeschlossen sind! [...] Und der andere Geistliche, was
hatte der dort zu suchen? Die sollen sich ums Jenseits kümmern, aber uns hier in
Ruhe lassen. – Und Bischöfe besuchen Sie! Was haben Sie bei einem Bischof, bei
irgendeinem Bischof, verloren? Wo ist Ihre Befehlsstelle? Ihre Befehlsstelle ist der
Führer und die NSDAP! Für Sie so gut wie für jeden anderen Deutschen, und wer
sich seine Befehle in noch so getarnter Form bei den Hütern des Jenseits holt, der
holt sie sich beim Feind und wird so behandelt werden. (MB 615)

Für Freisler war allein die Tatsache der Kreisauer Gespräche schon «Vorbereitung zum Hochverrat». Moltke wusste, dass Freisler so dachte, aber
er hatte nicht damit gerechnet, dass die Gegensätze derart zugespitzt werden würden. Dieser Wendung konnte Moltke letztlich etwas Gutes ab-
gewinnen:

Letzten Endes entspricht diese Zuspitzung auf das kirchliche Gebiet dem inneren
Sachverhalt und zeigt, dass F. eben doch ein guter politischer Richter ist. Das hat

den ungeheuren Vorteil, als wir nun für etwas umgebracht werden, was wir a. getan haben und was b. sich lohnt. (MB 616)

In Moltkes Augen hatte Freisler die eigentliche Ebene der Auseinandersetzung betreten und ausgesprochen, was die Kreisauer von Anfang an gesehen hatten: dass der Nationalsozialismus die historische Alternative zur bisherigen europäisch-christlichen Tradition sein wollte und nur aus taktischen Gründen Kompromisse mit den alten Religions- und Bildungsmächten geschlossen hatte.

Wir haben nur gedacht, und zwar eigentlich nur Delp, Gerstenmaier & ich, die anderen galten als Mitläufer und Peter & Adam als Verbindungsleute zu Schulenburg etc. Und vor den Gedanken dieser drei einsamen Männer, den bloßen Gedanken, hat der NS eine solche Angst, dass er alles, was damit infiziert ist, ausrotten will. Wenn das nicht ein Kompliment ist. Wir sind nach dieser Verhandlung aus dem Goerdeler-Mist raus, wir sind aus jeder praktischen Handlung heraus, wir werden gehenkt, weil wir zusammen gedacht haben. Freisler hat recht, tausendmal recht; und wenn wir schon umkommen müssen, dann bin ich allerdings dafür, dass wir über dieses Thema fallen. [...] Und dann bleibt übrig ein Gedanke: Womit kann im Chaos das Christentum ein Rettungsanker sein? Dieser eine einzige Gedanke fordert morgen wahrscheinlich fünf Köpfe und später noch die von Steltzer & Haubach und wohl auch Husen. Aber dadurch, dass in dieser Verhandlung das Trio eben Delp, Eugen, Moltke heißt und der Rest nur durch «Ansteckung» [dies trägt?] dadurch, dass keiner dabei ist, der etwas anderes vertrat, keiner, der zu den Arbeitern gehörte, keiner, der irgendein weltliches Interesse betreute, dadurch dass festgestellt ist, dass ich großgrundbesitzfeindlich war, keine Standesinteressen, überhaupt keine eigenen Interessen, ja nicht einmal die meines [Landes?] vertrat, sondern menschheitliche, dadurch hat Freisler uns unbewusst einen ganz großen Dienst getan, sofern es gelingt, diese Geschichte zu verbreiten und auszunutzen. Und zwar m. E. im Inland und draußen. Durch diese Personalzusammenstellung ist dokumentiert, dass nicht Pläne, nicht Vorbereitungen, sondern der Geist als solcher verfolgt werden soll. Vivat Freisler! (MB 616 f.)

Die Kreisauer Gespräche und Entwürfe hatten an vielen Stellen die Frage nach einer neuen Bedeutung des Christentums für eine demokratische Zukunft gestellt. Schon allein diese Frage aufgeworfen und Umrisse für eine neue Ordnung sowie für ein neues, menschliches Selbstverständnis entwickelt zu haben, wurde vor dem Volksgerichtshof zu einem todeswürdigen Verbrechen. Und ein Weiteres kam hinzu: Die Kreisauer hatten keine Standes- oder Klasseninteressen, sondern «menschheitliche» Interessen vertreten. Für die Werte einer freiheitlichen und solidarischen Menschheit zu sterben, darin konnte Moltke Sinn für die Lebenden und für die Kommenden erkennen. Deshalb bat er seine Frau, den Verlauf des Prozesses unter evangelischen und katholischen Kirchenleuten durch eine Abschrift seines Abschiedsbriefs bekannt zu machen. Er warnte sie: «Kommt es raus, dass Du diesen Brief empfangen und weitergegeben hast, so wirst Du auch umgebracht» (MB 617), und deshalb machte er ihr Vorschläge, wie das Risiko zu verringern sei. So könnte Tattenbach den Brief so umschreiben, dass er als Brief von Delp gelten könnte. Die ihm bekannten katholischen Bischöfe müssten unterrichtet werden. Dazu meinte er: «Wenn sie nicht gänzlich [verschreckt?] sind, sollten sie aus unserem Tode nett Kapital schlagen.» (MB 618) Mit Poelchau wollte er noch selbst sprechen, wie der Inhalt des Briefs an Wurm oder Pressel aussehen könne. Es musste bekannt gemacht werden, dass dieser Prozess gegen die Kreisauer ein Tribunal gegen bekennende Christen und gegen ihre Kirchen war. Die Welt und alle Christen sollten wissen, dass Freisler Menschen wegen ihres Glaubens und wegen ihrer sittlichen Überzeugungen in den Tod schickte.

Selbst in dieser Situation, in der Delps und sein Schicksal so eng miteinander verbunden waren, verlor Moltke nicht seinen Humor:

Aber dass ich als Märtyrer für den heiligen Ignatius von Loyola sterbe – und darauf kommt es letztlich hinaus, denn alles andere war daneben nebensächlich –, ist wahrlich ein Witz, und ich zittere schon vor dem väterlichen Zorn von Papi, der doch so antikatholisch war. Das andere wird er billigen, aber das? Auch Mami wird wohl nicht ganz einverstanden sein. (MB 616)

Es ist ein einmaliges Ereignis in der deutschen Geschichte, dass ein Protestant und ein Jesuit gemeinsam zur Zielscheibe staatlicher Verfolgung wurden und gemeinsam starben. Die nationalsozialistische Verfolgung bestätigte auf ihre Weise den Charakter des Kreisauer Kreises als einer Ökumene des gemeinsamen Leidens und des gemeinsamen Widerstands. Freisler wurde für Moltke zur Symbolfigur für das, was in diesem Prozess eigentlich zur Debatte stand. Moltke resümierte in einem Brief an Freya:

Das Dramatische an der Verhandlung war letztes Endes Folgendes: In der Verhandlung erwiesen sich alle konkreten Vorwürfe als unhaltbar, und sie wurden auch fallen gelassen. Nichts davon blieb. Sondern das, wovor das dritte Reich solche Angst hatte, [...] ist letztes Endes nur Folgendes: ein Privatmann, nämlich Dein Wirt, von dem feststeht, dass er mit zwei Geistlichen beider Konfessionen, mit einem Jesuitenprovinzial und mit einigen Bischöfen, ohne die Absicht, irgendetwas Konkretes zu tun, und das ist festgestellt, Dinge besprochen hat, «die zur ausschließlichen Zuständigkeit des Führers gehören». Besprochen was: nicht etwa Organisationsfragen, nicht etwa Reichsaufbau – das alles ist im Laufe der Verhandlung weggefallen, und Schulze hat es in seinem Plädoyer auch ausdrücklich gesagt («unterscheidet sich völlig von allen sonstigen Fällen, da in den Erörterungen von keiner Gewalt und keiner Organisation die Rede war»), sondern besprochen wurden Fragen der praktisch-ethischen Forderungen des Christentums. Nichts weiter: Dafür allein werden wir verurteilt. Freisler sagte zu mir in einer seiner Tiraden: «Nur in einem sind das Christentum und wir gleich: Wir fordern den ganzen Menschen!» Ich weiß nicht, ob die Umsitzenden das alles mitbekommen haben, denn es war eine Art Dialog – ein geistiger zwischen F. und mir, denn Worte konnte ich nicht viel machen –, bei dem wir uns beide durch und durch erkannten. Von der ganzen Bande hat nur Freisler mich erkannt, und von der ganzen Bande ist er auch der Einzige, der weiß, weswegen er mich umbringen muss. (MB 622)

Moltke sah die Konfrontation mit Freisler als Fügung an, als «Dokumentation» Gottes am Ende seines Lebens:

Und dann wird Dein Wirt ausersehen, als Protestant vor allem wegen seiner Freundschaft mit Katholiken attackiert und verurteilt zu werden, und dadurch steht er vor Freisler nicht als Protestant, nicht als Großgrundbesitzer, nicht als Adliger, nicht als Preuße, nicht als Deutscher – das alles ist ausdrücklich in der Hauptverhandlung ausgeschlossen [...], sondern als Christ und als gar nichts anderes. [...] Zu welch einer gewaltigen Aufgabe ist Dein Wirt ausersehen gewesen: All die viele Arbeit, die der Herrgott mit ihm gehabt hat, die unendlichen Umwege, die verschrobenen Zickzackkurven, die finden plötzlich in einer Stunde am 10. Januar 1945 ihre Erklärung. Alles bekommt nachträglich einen Sinn, der verborgen war. (MB 624)

Moltke glaubte, dass Gott ihn bestimmt habe, vor dem Thron der Mächtigen die Wahrheit des christlichen Glaubens zu bekennen und dafür zu sterben. Das gab ihm die Kraft, den «Abschiedsschmerz und die Todesfurcht und die Höllenangst» (MB 624) durchzustehen.

Schon länger lasen die Freunde in ihren Zellen regelmäßig den zweiten Korintherbrief des Apostels Paulus. Eine Stelle (4,7–11) war Moltke so wichtig, dass er sie seiner Frau brieflich mitteilte:

Und was haben wir, mein Lieber, gestern Schönes gelesen: «Wir haben aber solchen Schatz [gemeint ist die Erkenntnis der «Herrlichkeit Gottes in dem Angesicht Jesu Christi»] in irdenen Gefäßen, auf dass die überschwängliche Kraft sei Gottes und nicht von uns. Wir haben allenthalben Trübsal, aber wir ängstigen uns nicht. Uns ist bange, aber wir verzagen nicht. Wir leiden Verfolgung, aber wir werden nicht verlassen. Wir werden unterdrückt, aber wir kommen nicht um. Und tragen allezeit das Sterben des Herrn Jesu an unserem Leibe, auf dass auch das Leben des Herrn Jesu an unserem Leibe offenbar werde.» (MB 619 f.)

Hinzu kamen – meistens von Gerstenmaier vorgeschlagen – Bibelstellen zu besonderen Anlässen. Vor dem Transport in den Volksgerichtshof lasen sie die Geschichte vom Fischzug des Petrus mit der Aufforderung Jesu, in seine Nachfolge zu treten (Lukas 5,1–11). Am 10. Januar, nach dem ersten Verhandlungstag, war die Geschichte von Jesus und dem sinkenden Petrus auf dem See Genezareth (Matthäus 14,22–33) an der Reihe, die mit dem Bekenntnis schließt: «Du bist wahrhaftig Gottes Sohn.» Und am 11. Januar, dem Tag der Urteilsverkündung, der meistens mit der Urteilsvollstreckung endete, lasen sie am Morgen den 118. Psalm. Mit diesem Zuspruch in Kopf und Herz fuhren sie am 11. Januar zum letzten Verhandlungstag. Gegen 16 Uhr wurden die Urteile verkündet:

Helmuth Graf von Moltke wusste von Goerdelers Verrat. Zwar lehnte er seine Mitarbeit scharf ab, warnte auch seine politischen Freunde vor Goerdeler, aber er meldete sein Wissen nicht.
Er selbst, in Defätismus befangen, bildete einen Kreis, der für den Fall eines Zusammenbruchs unseres Reiches mit Nichtnationalsozialisten die Macht ergreifen sollte. Durch dies alles ist er für immer ehrlos geworden.
Er wird mit dem Tode bestraft.
Der Jesuitenpater Alfred Delp arbeitete sehr eng und intensiv mit Helmuth Graf von Moltke zusammen, vermittelte ihm auch ein wichtiges informierendes Gespräch mit dem Bischof von Fulda und stellte ihm seine Münchener Wohnung zu Verratsbesprechungen zur Verfügung.
Auch er hat sich dadurch für immer ehrlos gemacht und wird mit dem Tode bestraft. (DP 4, 411)

Gerstenmaier bekam sieben, Reisert fünf Jahre Zuchthaus, Fugger drei Jahre Gefängnis; Sperr wurde zum Tode verurteilt. In der Begründung des Urteils wurde ausführlich die Arbeit des Kreises um Moltke geschildert (Dp 4, 412 ff.). Das Fazit: «Alles, was Graf Moltke damit getan hat, ist Hochverrat, Hochverrat mitten im Kriege.» Als «Knecht unserer Kriegsfeinde» und für das «Nichtmelden» des Hochverrats der Goerdeler-Gruppe verdient er den Tod.

Es war üblich, dass die zum Tode Verurteilten sofort zur Hinrichtungsstätte im Gefängnis Plötzensee gefahren wurden. Zu ihrer großen Überraschung wurden Moltke und Delp jedoch ins Tegeler Gefängnis zurückgebracht. Am gleichen Tag schrieb Moltke in einem Abschiedsbrief an seine Frau:

Du bist nämlich nicht ein Mittel Gottes, um mich zu dem zu machen, der ich bin, du bist vielmehr ich selbst. Du bist mein 13. Kapitel des ersten Korintherbriefes. Ohne dieses Kapitel ist kein Mensch ein Mensch. Ohne Dich hätte ich mir Liebe schenken lassen, ich habe sie z. B. von Mami angenommen, dankbar, glücklich, dankbar, wie man ist für die Sonne, die einen wärmt. Aber ohne Dich, mein Herz, hätte ich «der Liebe nicht». Ich sage gar nicht, dass ich Dich liebe, das ist gar nicht richtig. Du bist vielmehr jener Teil von mir, der mir alleine eben fehlen würde. Es ist gut, dass mir das fehlt; denn hätte ich das, so wie Du es hast, diese größte aller Gaben, mein liebes Herz, so hätte ich vieles nicht tun können, so wäre mir so manche Konsequenz unmöglich gewesen, so hätte ich dem Leiden, das ich ja sehen musste, nicht so zuschauen können und vieles andere. Nur wir zusammen sind ein Mensch. Wir sind, was ich vor einigen Tagen symbolisch schrieb, ein Schöpfungsgedanke. Das ist wahr, buchstäblich wahr. Darum, mein Herz, bin ich auch gewiss, dass Du mich auf dieser Erde nicht verlieren wirst, keinen Augenblick. Und diese Tatsache, die haben wir schließlich auch noch durch unser gemeinsames Abendmahl, das nun mein letztes war, symbolisieren dürfen.

Ich habe ein wenig geweint, eben, nicht traurig, nicht wehmütig, nicht weil ich zurück möchte, nein, sondern vor Dankbarkeit und Erschütterung über diese Dokumentation Gottes. Uns ist es nicht gegeben, ihn von Angesicht zu Angesicht zu sehen, aber wir müssen sehr erschüttert sein, wenn wir plötzlich erkennen, dass er ein ganzes Leben hindurch am Tage als Wolke und bei Nacht als Feuersäule vor uns hergezogen ist und dass er uns erlaubt, das plötzlich, in einem Augenblick, zu sehen. Nun kann nichts mehr geschehen. (MB 624 f.)

Der sogenannte «Schuppen» der Haftanstalt Plötzensee.
An den Eisenhaken des Querbalkens wurden zahlreiche Widerstandskämpfer hingerichtet.

Vor seiner Hinrichtung konnte Moltke seine Frau noch einmal sehen. Am Vormittag des 23. Januar wurde Moltke in die Justizvollzugsanstalt Plötzensee gebracht. Harald Poelchau schreibt in seinen Erinnerungen von 1949:

Helmuth hat unter der Spannung gelitten, leben zu wollen und auch immer noch an eine gewisse Chance für eine Begnadigung glauben zu können und zugleich stündlich für den Tod bereit zu sein; auf der einen Seite machte er Pläne für weitere Gesuche und Interventionen bei Himmler und seinen Leuten, auf der anderen Seite hatte er den Abschied vollzogen und vollzog ihn ständig in all den täglichen Briefen, die er mit Freya wechselte. Eine Spannung, die im Laufe der langen Zeit fast über das hinausging, was ein Mensch ertragen kann. Zweimal kamen auch als Reaktion schwere Depressionen, aber er überwand sie und wurde darin nur reifer und tiefer. Er wuchs ja in diesen Monaten immer tiefer in das Christentum hinein und kämpfte sich immer wieder durch, das, was Unglück, Politik oder menschliche Bosheit heißen konnte, als Gottes Hand zu sehen und so innerlich zu überwinden. Er las in den letzten Monaten kein anderes Buch als Bibel und Gesangbuch. Besonders in diesem entdeckte er wahre Schätze an Tiefsinn und Trost und ließ Freya daran teilheben.
Am 23. Januar war ich noch gegen elf Uhr bei ihm und tauschte Briefe – als ich dann gegen ein Uhr noch einmal rasch in seine Zelle hineinschauen wollte, wie ich es meistens tat, war die Zelle leer. Man hatte ihn plötzlich nach Plötzensee übergeführt. Als ich gleich dort anrief, war er noch nicht da, wurde aber jeden Augenblick erwartet, und mein katholischer Kollege Buchholz erklärte sich gleich bereit, in das Todeshaus hinüberzugehen. Er konnte ihn noch grüßen und hat Freya dann berichtet, dass er ganz gefasst, ja mit einer inneren Heiterkeit seinen letzten Weg gegangen ist, fertig zum Sterben, fertig mit dem Abschied von seinen so sehr geliebten Söhnchen und von Freya.[19]

Moltke wurde laut Verzeichnis der Justizvollzugsanstalt Plötzensee am 23. Januar um 14 Uhr «hingerichtet». Mit ihm zusammen wurde im Schuppen von Plötzensee sein Freund Theodor Haubach gehängt. Am 15. Januar 1945 waren er und Theodor Steltzer zum Tode verurteilt worden. In der Urteilsbegründung für Haubach wurde darauf verwiesen, dass er an zwanzig bis fünfundzwanzig Besprechungen im Kreisauer Kreis teilgenommen hatte, über die Kontakte zu katholischen Bischöfen Bescheid wusste, über die Attentatspläne durch Leber informiert war und Kontakte zu dem Österreicher Gleissner unterhalten hatte. Steltzer wurden seine Kontakte zu Yorck und Moltke sowie zum Goerdeler-Beck-Kreis als Hochverrat ausgelegt. Steltzers Hinrichtung wurde aufgrund von Fürsprachen aus dem skandinavischen Raum durch Himmler persönlich aufgehoben.

Mit den beiden Kreisauern Moltke und Haubach zusammen starben der Sozialdemokrat Ludwig Schwamb, der christliche Gewerkschafter Nikolaus Groß, der Zentrumspolitiker Eugen Bolz, der Monarchist Franz Sperr und der Staatssekretär a. D. Erwin Planck. Diese Namen symbolisieren das weite politische Spektrum des deutschen Widerstands. Delps Gnadengesuche wurden abgelehnt; er starb am 2. Februar den Tod durch den Strang.

Himmler hat in seiner Rede auf der Gauleitertagung in Posen am 3. August 1944 gesagt:

Ich habe dann den Befehl gegeben, dass die Leichen verbrannt wurden und die Asche in die Felder gestreut wurde. Wir wollen von diesen Leuten, auch von denen, die jetzt hingerichtet werden, nicht die geringste Erinnerung in irgendeinem Grabe oder an einer sonstigen Stätte haben. Der Reichsmarschall meinte sehr richtig: «Über den Acker ist zu anständig, streuen Sie sie über die Rieselfelder.» (UF XXI, S. 503)

So geschah es mit der Asche von Helmuth James von Moltke, von Theodor Haubach und den anderen hingerichteten Mitgliedern des Widerstands.

Epilog:
Die Stimme einer Amerikanerin

Es hat lange gedauert, bis die deutsche Nachkriegsöffentlichkeit den deutschen Widerstand zur Kenntnis genommen und gewürdigt hat. Im Fall von Helmuth James von Moltke war es eine Amerikanerin, die schon im Jahre 1945 auf diese Ausnahmegestalt hingewiesen hat.

Während der US-Geheimdienst vom Anfang des Krieges an primär an einer Funktionalisierung des deutschen Widerstands für die Kriegsführung der USA interessiert war und in der Regel politische Signale der deutschen Opposition an die US-Regierungsstellen nicht weitermeldete, gab es unter den amerikanischen politischen Journalisten eine Frau, die unentwegt dafür eintrat, zwischen Nationalsozialisten und nichtnationalsozialistischen Deutschen einen Unterschied zu machen. Sie wollte, dass die Existenz eines deutschen Widerstands nicht nur zur Kenntnis genommen, sondern in die Strategie der Alliierten integriert wird. Diese Frau war Dorothy Thompson.[1]

Moltke hatte sie im Wiener Schwarzwaldkreis 1926 kennen gelernt und mit ihr seit ihrer Zeit als politischer Korrespondentin in Berlin kontinuierlichen Kontakt. 1934 musste sie nach der Publikation einer kritischen Darstellung Hitlers das Land verlassen. Nach ihrer Rückkehr in die USA engagierte sich Dorothy Thompson neben ihrer beruflichen Arbeit intensiv für Emigranten aus Deutschland. Von ihren Artikeln und Rundfunkbeiträgen hob sich eine Sendefolge mit dem Titel *Listen Hans* (von März bis September 1942) ab, da mit dem hier Angeredeten – auch nach ihrer eigenen Erklärung – Helmuth James von Moltke gemeint war.

Hans, mein lieber Freund, die ersten Jahre des Blitzkrieges der Nazis sind vorüber. Bete dafür, dass wir und unsere Führer während all der bevorstehenden Leiden unsere Ziele klar vor Augen behalten. Und ich verspreche Dir, dass ich auch weiterhin für ein neues und besseres Weltsystem kämpfen werde.[2]

Hans, ich mache mir Sorgen um Dich, denn Gott allein weiß, wie lange man Dir noch erlauben wird zu leben [...]. Ich bete darum, dass es keinen Hitler mehr gibt, wenn unsere Soldaten in Europa einmarschieren, aber immer noch ein Deutschland.[3]

Der Krieg war noch kein halbes Jahr vorüber, als Dorothy Thompson im September 1945 wieder nach Deutschland kam. Sie wollte Recherchen über den deutschen Widerstand anstellen. Diese fasste sie in einem Aufsatz mit dem Titel «Deutsche, die Hitler bekämpften» zusammen, um in ihrem Land mehr Verständnis für die Menschen im Widerstand zu wecken.[4] Am Ende stellte sie allen Ermordeten ein außergewöhnliches Zeugnis aus, das als publizistisches Denkmal gelten kann:

Nichts hatte diese tapferen Männer vereinigt außer Patriotismus, moralisches Ekelgefühl und die Empörung gegen Willkürherrschaft, Terror, legitimiertes Verbrechen und Angriffskrieg. Was sie miteinander verband, war eine europäische und humanistische Weltanschauung. Sie glaubten an Sozialismus und an Privatunternehmen, waren Adelige und Angehörige der Gewerkschaften, aber sie gehörten zusammen durch ihre gemeinsame Leidenschaft für Freiheit und Menschenrechte. Sie wollten die Dinge wieder erringen, welche die westliche Kultur so lange besessen hatte, dass sie ihr selbstverständlich geworden waren, und man vergaß, dass man sie in Strömen revolutionären Blutes errungen hatte. Sie wollten eine Volksvertretung und eine verantwortliche Regierung. Sie wollten Gerichtshöfe, die Gerechtigkeit mit Gnade üben. Sie wollten die Wiederherstellung einer legalen Verteidigung und gerechte Prozesse, zum Schutz ihres persönlichen Lebens und ihres ehrlich und gesetzlich erworbenen Eigentums.
Diese Männer, die an Galgen in Deutschland starben, weil sie das Hitler-System stürzen und Frieden machen wollten, hatten sich nicht verschworen, um irgendeine «Neue Ordnung» zu begründen. Sie hatten sich verschworen, um die Zivilisation wiederherzustellen. Durch die Wiedereinsetzung der Grundsätze von Gerechtigkeit, Gesetz, Anstand, Ehrlichkeit und Humanität wollten sie ihr Land aus dem Abgrund emporheben, in welchen die Nazis es gestürzt und in welchen es ganz Europa nachgerissen hatte.
Die meisten von ihnen waren durch einen tiefen Glauben an Gott und alle durch den Glauben an eine moralische Ordnung ausgezeichnet. Dieser Glaube veranlasste den gefolterten Kiep, sich in seinem letzten Brief an seine Frau diese Frage vorzulegen: «Habe ich die Aufgabe erfüllt, die Gott mir zugewiesen hat?»
Wie immer die Geschichte sie beurteilen mag – alles hängt davon ab, wer die Geschichte dieser Männer, die einen Versuch unternahmen, der misslang, schreiben wird. Wenn wir Amerikaner klug wären, sollten wir die Augen des deutschen Volkes auf sie richten, damit Deutsche wieder auf Deutsche stolz sein können. Denn kein Volk kann ohne Helden leben, und die Völker werden zu dem, was sie anbeten. Niemals kann ein Volk «demokratisch», «friedensliebend» und «gut» gemacht werden durch selbstgerechte Predigten der Sieger, die von Gott niemals zu seinen höchsten Richtern auf Erden ernannt worden waren. Das wissen alle Menschen, wenn nicht der Hass sie ihres Verstandes und ihrer normalen Vernunft beraubt. [...]

Die Liste der Hingerichteten wurde vernichtet, damit das deutsche Volk nicht eines Tages und irgendwo entdecke, dass diese Leute Patrioten und keine Verbrecher gewesen waren. Sie waren Deutsche und weder eingeschüchterte Opfer noch gleichgültige Zuschauer oder gar Teilnehmer an den Verbrechen.[5]

Und über Helmuth James von Moltke schrieb Dorothy Thompson:

Er sorgte sich sehr um Deutschland, um die innere Uneinigkeit und die Verschlechterung der wirtschaftlichen Lage am Ende der zwanziger Jahre. Als Hitler zur Macht kam, war er in Verzweiflung und dachte in den nächsten Jahren daran, Deutschland zu verlassen. Aber am Ende tat er es doch nicht. Er sagte: «Ich bin der älteste Sohn der Familie, und ich bin Deutscher. Ich kann nicht einfach vor der Verantwortlichkeit ausrücken. Ich weiß nicht, was ich tun kann und ob ich überhaupt etwas tun kann, um dieses Regime zu vernichten. Aber der Sturz müsste aus dem Inneren Deutschlands kommen, und ich werde dabei gebraucht werden. Auf jeden Fall wird eines Tages – vielleicht in dreißig Jahren – in Deutschland wieder das Gesetz herrschen. Ich hoffe einer der Leute zu sein, die helfen werden, dieses Gesetz zu schaffen.»
Während der Jahre nach Kriegsbeginn dachte ich oft an den hübschen, ernst blickenden Jüngling und späteren Mann. Er war über sechs Fuß groß, niemals sehr fröhlich, als ob er stets eine Last zu tragen gehabt hätte, die für seine Jahre zu schwer wäre.[6]

Helmuth James von Moltke:
Wie alles war, als ich klein war

Kurz nach seiner Verhaftung am 19. Januar 1944 schrieb Helmuth James von Moltke im Gestapo-Gefängnis in der Prinz-Albrecht-Straße vom 28. Januar bis zum 5. Februar einen Brief an seine beiden Söhne Helmuth Caspar und Konrad, die damals sechs und zwei Jahre alt waren. Auf fünf eng beschriebenen Seiten erzählte er ihnen seine eigene Kindheit und Jugend. Kurz vor seiner Verlegung in das Konzentrationslager Ravensbrück am 11. Februar konnte er den Brief seiner Frau mitgeben (MBF 9–28).

An Caspar und Konrad

Meine Lieben,
da ich gerade Zeit habe, will ich Euch erzählen, wie alles war, als ich klein war, denn vielleicht findet Ihr das schön. Als ich geboren wurde (11.3.1907), da sah Kreisau [in Schlesien] ganz anders aus als jetzt im Jahre 1944. Mein Vater und meine Mutter, die wir Papi und Mami nannten, lebten im großen Schloss und bewohnten es auch ganz. Es gab eine Menge Mädchen, eine Mamsell, zwei Diener, einen Jäger in Parade-Uniform, mehrere Kutscher unter Herrmann als ihrem Chef und einen ganzen Stall voll Reit- und Kutschpferde. Hinter dem Schloss fing gleich der Park an, der sich die ganze Peile entlang bis zur Grenze mit Schweng-feld hinzog. Die Peile schlängelte sich in Windungen entlang, und ihr ganzer Lauf war mit vielen Bäumen bestanden, sehr schönen Bäumen zum Teil; mancherlei gut ausgesuchte Bäume, die der Feldmarschall (1800–1891) zwischen einen ohnehin vorhandenen Baumbestand ge-setzt hatte. Auf den dazwischen liegenden Wiesen standen Baumgruppen und Einzelbäume, und in manchen der Baumgruppen auf Sockeln Gips-figuren nach antiken Vorbildern, so der Dornenauszieher, und Märchen-gestalten. Die waren alle weiß angemalt, und eine Märchengruppe war etwas entzwei, und in dem Beinstumpf saß ein Hornissennest. Durch den Park führte ein unkrautfrei gehaltener Fahrweg auf der der Peile ent-fernten Seite der Wiese, und auf der der Peile nahen Seite ein Wiesen-weg. Diese Wege fuhr und ritt man häufig entlang. Auch die Wege über den Kapellenberg, durch den Wierischauer Busch und durch den Langen

Busch waren schön gepflegt, so dass man auf ihnen vierspännig entlangfahren konnte.

Der Garten war so eingeteilt, dass im vorderen Glashaus Maréchal-Niel-Rosen und Weintrauben waren und die Topfpflanzen, die gerade nicht gebraucht wurden, dort sich erholten auf einem riesigen Gestell, das treppenartig bis an die hintere Wand reichte. Der vordere Garten war ein Blumengarten mit schönen Rabatten, rechts und links Rasen mit runden Beeten in der Mitte. Am Ende des vorderen Gartens war ein Tennisplatz. Die beiden hinteren Gärten bis zur Schule hin waren die Gemüsegärten, in denen auch das Treibhaus für Wintergemüse und für Winterblumen stand. Blumen gab es immer und zu jeder Zeit in Massen. Zweimal die Woche kamen am frühen Morgen die Gärtner ins Schloss und brachten neue Topfpflanzen für das ganze Haus.

Papi und Mami wohnten im Hochparterre, wenn man in die Halle kommt gleich rechts. Von der Halle aus kam man in die Bibliothek. Abends saßen da häufig Leute und spielten etwas. Morgens aber frühstückten Papi und Mami allein in der Bibliothek. Dann kam Mamis Schlafzimmer. In dem Erker, der zwei Fenster zur Peile hin hatte, stand zwischen den beiden Fenstern ihr Schreibtisch, an der Wand zur Bibliothek war der große Wäscheschrank für das ganze Haus, an der gegenüberliegenden Wand stand das Sofa, das Freya jetzt benutzt, und daneben Mamis Frisiertisch. Neben dem Wäscheschrank war ein hellgrauer großer Kachelofen, zwischen Frisiertisch und Kachelofen hing eine Portière, die den Erker richtig abschloss, obwohl sie gar nicht zu war. An der Wand zur Treppe stand das riesige Bett, in dem Mami geschlafen hat und in dem ich oft kuscheln kommen durfte, in der Mitte dieses Zimmerteils stand ein runder Tisch mit einer Marmorplatte, auf dem ich oft gesessen habe, wenn Mami sich anzog. Auf der anderen Seite des Korridors wohnte Papi, und in dem kleinen Zimmer daneben habe ich mal einige Jahre als Schulkind gewohnt.

In Mamis Bett wurde ich also geboren, und die arme Mami hat es mit mir sehr schwer gehabt. Von der ersten Zeit weiß ich natürlich nichts. Ich soll aber über und über behaart gewesen sein. Jedenfalls gab es zu meiner Taufe ein großes Fest, obwohl Mami noch nicht auf der Höhe war. Ich hatte eine englische Nurse, Miss Chalmers, und ein deutsches Mädchen, Lydia, und Lydia hat mir mehrfach das Leben gerettet. Das erste Mal, da war ich noch ganz klein. Irgendein kleines Mädchen, das bei uns zu Besuch war, fuhr mich im Leiterwagen spazieren. Ich werde wohl so vier Jahre gewesen sein. Als sie über einen kleinen Steg am Mühlbach kam, kippte der Leiterwagen um und trieb mit mir, der ich fest darin eingepackt war, die Räder nach oben schnell den Mühlgraben hinunter. Lydia sprang hinterher und holte mich wieder raus. Inzwischen war das kleine Mädchen nach Hause gelaufen und hatte heulend erzählt, was passiert war. Darauf war Miss Chalmers zum Ort des Unfalls gelaufen, hatte gesehen, dass ich dort herausgeholt worden war, allerdings noch voll Wasser steckte, das Lydia versuchte, aus mir rauslaufen zu lassen. Sie eilte nach Hause und rief der gerade aus dem Haus tretenden Mami entgegen «he's found»; die aber verstand «he's drowned» und bekam einen fürchterlichen Schreck. Es ging aber schließlich gut aus.

Meine ersten Erinnerungen stammen aus dem Berghaus, wo ich immer hinging, um Handarbeiten mit Schönchen zu machen. Ich fing damit mit fünf Jahren an und habe sehr viel auf dem Berghaus gearbeitet, als Mami und Papi in Amerika waren. Das muss wohl 1912 während der ganzen zweiten Hälfte des Jahres gewesen sein. Ich wohnte damals auch auf dem Berghaus, und zwar in demselben Zimmer, in dem ich jetzt wohne. Daneben in Freyas Zimmer wohnte Tante Luise und daneben Schönchen. Aber jetzt muss ich erst einmal von dem Berghaus erzählen. Da wohnte zu jener Zeit Tante Luise, die Schwester meines Großvaters Wilhelm Moltke – Vattel. Sie war eine herrliche Tante. Sie liebte alle ihre Neffen und Nichten abgöttisch, all die alten Onkels kamen immer sie besuchen, es gab herrlich bei ihr zu essen, und sie wackelte immer mit ihrem Kopf voller kurzer weißer Locken. Ich habe sie einmal als kleiner Junge furchtbar reingelegt. Es wurde nämlich nur mittags vor Tisch gebetet, und als ich sie fragte, «warum nur mittags?», wurde sie ganz verwirrt und gab mir zur Antwort, «weil es abends weniger gibt». Mir hat das damals allerdings eingeleuchtet, und ich habe mich nur später sehr über diese Antwort amüsiert. Das Haus führte Schönchen, die unermüdlich den ganzen Tag damit beschäftigt war, es allen Leuten angenehm zu machen. Sonst gab es dort noch Taetz, den Kutscher, und Ernestine, die Köchin.

1911 war ich schon viel auf dem Berghaus arbeiten gewesen, aber 1912 zog ich ganz hin, als Mami und Papi wegfuhren, und das war für mich eine herrliche Zeit. Alle verwöhnten mich sehr, und Schönchen arbeitete mit mir, wann immer sie Zeit hatte. So erinnere ich mich vor allem an die Vorbereitung für Weihnachten 1912. Mami und Papi, die in Washington blieben, bekamen einen ganz fertig geschmückten kleinen Weihnachtsbaum geschickt, der, wohl verpackt, auch richtig ankam. Außerdem hatte ich für beide ganz schön Laubsägearbeiten gemacht. Die Hauptfreude war aber die Vorbereitung der verschiedenen Weihnachtsfeiern. Damals gab es immer fünf Feiern: eine auf dem Berghaus für die Armen der Gemeinde, eine in der Spielschule für die Spielschulkinder, eine im Schloss für die Hofeleute und dann zwei Familienfeiern am Heiligabend, eine im Schloss und eine im Berghaus. Weihnachten 1912 haben nur Schönchen und ich bei allen drei Vorfeiern mitgeholfen und vor allem die Berghausfeier allein gemacht. Wir haben den ganzen Weihnachtsbaumschmuck für den Baum in der Spielschule und den Baum im Berghaus selbst gemacht: Die Spielschule bekam weiße Lilien aus Glanzpapier mit Silberfaden darin, und das Berghaus bekam Rosen aus rosa Seidenpapier. Es waren wunderschöne Bäume, über und über geschmückt mit unserem Zierat. Und dann bemalten wir große braune Tüten. Wir pausten Zeichnungen von Busch, Bilder vom Weihnachtsmann und vom Christkind durch und bemalten diese Bilder dann mit Tuschfarben. Ich glaube übrigens, dass wir nicht durchpausten, sondern nachmalten, weil die Bilder ja groß sein mussten. Und so hatten wir diese Weihnachten für alle drei Bescherungen lauter bunte Tüten, die, mit Äpfeln, Nüssen und Pfefferkuchen gefüllt, die Tische schon sehr schön machten. Ich musste zu Weihnachten auch aufsagen an allen drei Festen.

Bald nach Weihnachten fuhren wir drei Kinder, denn inzwischen waren Jowo und Willo auch erschienen, nach Southampton, um uns dort mit den Eltern zu treffen und mit ihnen weiter nach Kapstadt zu den Großeltern zu fahren. Willo reiste in einem Wäschekorb, wir beiden anderen reisten meist in einer Hängematte.

An die Reise nach Kapstadt erinnere ich mich nur vage. Ich weiß noch, dass wir große Kinderspiele machten, mit Eierlauf und Kartoffellesen. Zwei Preise habe ich gewonnen und war darauf recht stolz. Dann gab es eine Äquatortaufe, die ich in schrecklicher Erinnerung habe, denn ich musste durch einen Schlauch kriechen, während von der vorderen Seite, also in mein Gesicht, ein dicker Strahl kalten Wassers gepustet wurde. An Kapstadt erinnere ich mich nur wie an ein angenehmes Märchen. Nur, als ich später hinkam, fiel mir manches wieder ein: der Strand, das Haus der Großeltern, das warme Licht und eine besondere Sorte roter Fisch. Außerdem erinnere ich mich, dass ich einmal auf einem Felsblock liegend von der Flut überrascht wurde, plötzlich nur Wasser um mich sah und einen fürchterlichen Schreck bekam. Dann weiß ich noch, wie Papi auf einem Fels stehend fischte, immer wieder seine Angel weit hinaus ins Meer schleuderte. Die kleinen Fische bekam ich dann, um sie wieder ins Meer zu werfen, die großen tat ein Fischer in den Korb; etwas links von unserem Felsen war ein Leuchtturm. Dann erinnere ich mich an das Auto der Großeltern, ein Wagen, der noch die Figur eines Pferdewagens hatte und in dem Granny und Mami immer sehr stattlich in wehenden Schleiern fuhren. Sonst habe ich von da wenig behalten.

Als ich fünf war, bekam ich ein Pony geschenkt und einen kleinen Wagen. Das Pony war sehr wild und jung, kastanienbraun mit dunkler, fast schwarzer Mähne und ebenfalls dunklem Schweif. Der Wagen war zweirädrig. Man stieg hinten ein, der Kutscher saß gleich rechts, und die Mitfahrer saßen rundherum. Es war ein sehr schöner Wagen, in dem ich kutschieren gelernt habe, und ein sehr gutes Pony, auf dem ich reiten lernte. Seit ich fünf Jahre alt war, habe ich dann bis tief in den Krieg hinein, also wohl sicher bis 1915, jeden Werktag, an dem ich in Kreisau war, mindestens eine Stunde reiten müssen; allerdings tat ich es meist gerne. Und dazu kamen dann die großen Ausritte. An schönen Tagen, besonders wenn Gäste da waren, gab es große Ausritte, manchmal zu sechs oder mehr Reitern. Ich ritt dann mit meinem Pony vorweg, und der hatte es gar nicht gerne, sich überholen zu lassen, und auf den Galoppstrecken, auf denen die ganze Kavalkade einen angemessenen richtigen Galopp ritt, sprengten wir beide immer im gestreckten Galopp vorneweg. Eine dieser ständigen Galoppstrecken war die Tonschachtwiese entlang mit einem kleinen Sprung über den Graben, der sie an der Stelle kreuzt, wo die Wiese eine Kurve macht, und wenn wir uns dieser Strecke näherten, dann war mein Pony immer schon gar nicht mehr zu halten. Abgesehen von diesen Ausritten in Kreisau gab es auch Tagestouren zu Pferde, so auf den Zobten oder über den Ludwigsdorfer Forst nach der Talsperre, durch den Goldenen Wald. Manchmal allein mit Herrmann, manchmal als Begleitung einer Wagenpartie. Es wurde nämlich sehr viel Wagen gefahren: zweispännig, zweispännig Tandem und vierspännig, und, da Papi sehr gut kutschierte, auch vierspännig immer die halsbrecherischsten Wege. Papi hat uns auch einmal vierspännig beim Fahren auf dem Kapellenberg umgeworfen, unten in der ersten Linkskurve. Mein schönster Tagesausritt war der zum großen Kaisermanöver. Mami konnte nicht mit, denn sie nährte Carl Bernd noch (1913 geboren), Muttel, Papis Mutter, fuhr mit den älteren Gästen in zwei Wagen, einem offenen grünen Landauer und einem Jagdwagen. Wir anderen ritten um fünf Uhr los, kreuz und quer über das Manöverfeld und kamen dann schließlich an den Feldherrnhügel nördlich von Ludwigsdorf zwischen den beiden Chausseen Ludwigsdorf–Essdorf und Ludwigsdorf–Weistritz. Über dem Hügel stand ein Fesselballon. Ich fand das alles rasend aufregend und war entsprechend todmüde, als wir am Nachmittag nach Hause kamen.

Inzwischen hatte ich angefangen, Schule zu haben. Ich glaube, zuerst hatte ich Privatunterricht bei unserem Dorfschullehrer, Herrn Hoffmann, der einen großen Kaiserbart hatte (wie Wilhelm II.). Bald aber kam Fräulein Krome aus Berlin, die sehr nett war. Leider lernte ich da nicht, was ich sollte, nämlich gründlich schreiben, lesen und rechnen, sondern Gedichte. Ich habe rasend viel dadurch auswendig gelernt, den halben Echtermeyer: die Glocke, den Taucher usw. Mit Fräulein Krome war ich Anfang 1915 einmal sechs Wochen in Berlin, um bei Herrn Schramm, dem Zahnarzt der ganzen Familie, meine Zähne repariert zu bekommen. Diese Zahngeschichte habe ich noch als schrecklich in Erinnerung, aber der Aufenthalt bei Fräulein Kromes Eltern gefiel mir sehr gut. Ich war übrigens damals nicht etwa das erste Mal in Berlin, denn meine Eltern zogen früher im Winter immer nach Berlin. Papi war Mitglied des Herrenhauses und musste dort zu den Sitzungen, und so hatten wir eine Wohnung in Berlin. Zuerst in dem Hause in der Königin-Augusta-Straße, an dessen Stelle, ich glaube 1910, angefangen wurde, das Kriegsministerium zu bauen und das 1939 das Oberkommando der Kriegsmarine beherbergte. Als wir da rausmussten, mieteten Papi und Mami ein Haus im Grunewald, ich glaube, nicht weit von dem Bahnhof Halensee. Jedenfalls erinnere ich mich noch, wie ich immer auf der Brücke stehen blieb, um die Züge unter mir durchfahren zu sehen. In dieser Wohnung bin ich das erste und, glaube ich, einzige Mal von Papi mit der Reitpeitsche verhauen worden, weil ich, so meinte er, gelogen hätte. Ich glaube aber, dass er sich damals geirrt hat und dass ich die Prügel unschuldig bekam. An diese Wohnung habe ich noch eine sehr unangenehme Erinnerung: Papi war sehr streng über Tischmanieren. Und da ich mich nicht besserte, wurde mir ein Spiegel vor den Platz gestellt, damit ich sähe, wie grässlich ich aß. Wütend nahm ich den Spiegel und warf ihn gegen die Wand, mit Folgen, die für mich unangenehm waren, an die ich mich aber nicht mehr genau erinnere. Wenn wir lange genug in Berlin blieben, kam auch Herrmann mit Pferd und Wagen nach, und ich erinnere mich noch an meinen Stolz, als mich Herrmann einmal unsere schönsten Rappen mit ihrem schönsten Geschirr und dem besten Wagen den Kurfürstendamm entlangfahren ließ.

Dann kam der Krieg. Ich erinnere mich noch, wie Papi abfuhr. Alles stand unten an der Treppe, auch die ganzen Mädchen und Mamsell waren erschienen. Er stieg in das Auto, das wir damals hatten, einen offenen grauen Wagen, ich glaube ein Mercedes. Mami umarmte ihn, dann fuhr er ab, und damit fing der Krieg an. Der Krieg, dessen zweite Hälfte ich im Gymnasium in Schweidnitz erlebte, war für mich nur teilweise eine begeisternde, zum Opfermut anfeuernde Angelegenheit, denn ich hatte im Ganzen genommen das Gefühl, wir würden den Krieg verlieren. Dazu war es so gekommen. Ziemlich bald nach Kriegsbeginn waren wir zu einer Herrenhaussitzung in Berlin und gingen zu Onkel Helmuth [Großonkel Moltke], der damals Chef des Generalstabes war, und Tante Liza zum Essen in den Generalstab […] Onkel Helmuth verspätete sich etwas, und als er reinkam, lief ich ihm entgegen und sagte: «Nun, Onkel Helmuth, wann gewinnen wir den Krieg?» Was er mir geantwortet hat, weiß ich nicht, aber ich erinnere mich an das Gefühl der Betroffenheit, das mich überfiel: Ich fühlte plötzlich, dass man ja Kriege auch verlieren kann und dass wir diesen verlieren würden. Das Gefühl hat mich dann bei aller Begeisterung über Siege und bei aller Lektüre der Bücher über Heldentaten nie verlassen.

Zweimal wöchentlich kamen die ganzen Frauen des Hofes ins Schloss, und dann wurde in dem Saal gesungen, vaterländische und geistliche Lieder. Alle tauschten Nachrichten über ihre Männer aus, außerdem wurde gestrickt, und wir halfen dabei, indem wir Wolle wickelten und Ähnliches taten. Einige Zeit vor Weihnachten 1914 kam Papi mit der Meinung wieder, die Russen würden in Schlesien einfallen und man würde Schlesien nicht mit allen Mitteln verteidigen. Er packte die ganzen Trothas [Vettern], die bei Kriegsausbruch gerade da waren, und Jowo, Willo, Carl Bernd und Mami in ein Auto, und ab fuhren sie nach Ziethen. Ich blieb mit Fräulein Krome allein zurück, riesig stolz über diese Ehre. Es kam alles anders, und Mami fuhr kurz vor Weihnachten im Auto zu Papi nach Tschenstochau, kam dann zurück, lud mich auf, und wir fuhren zusammen nach Schleinitz, wo wir alle Weihnachten feierten, nachdem zuvor die Bescherungen in Kreisau gewesen waren.

Die vier Trotha-Jungen wurden während des ganzen Krieges mit uns zusammen erzogen. Meist waren wir alle in Kreisau […]

Ostern 1916 kam ich nach Schweidnitz in die Sexta mit Carl Dietrich Trotha zusammen, und da ergab sich sehr bald, dass Carl Dietrich bei Le Lehmann genug gelernt hatte, ich aber bei Fräulein Krome nicht annähernd genug. Fräulein Krome war inzwischen weggegangen, ich glaube, weil sie heiraten wollte. Und da kam Tilla Gaffron und machte Tag für Tag mit mir Schularbeiten. Ich wohnte damals in dem kleinen Zimmer links neben der Treppe von der Halle in den Saal, und ich erinnere mich noch an die tägliche Qual, wenn ich mit Tilla gleich nach der Vesper, die es in der Halle gab, in dieses Zimmer gehen musste. Ich hatte nämlich nicht gelernt, zu arbeiten und mich zu konzentrieren. Dass ich damals nicht sitzen geblieben bin, verdanke ich nur Tilla. Mit Mühe kam ich in die Quinta. Tilla blieb 1917 auch noch, und als ich in die Quarta kam, da war ich soweit, dass ich ruhig mitlaufen konnte, und Tilla zog wieder nach Hause an ihren Starnberger See.

Jowo und Willo hatten inzwischen Unterricht bei Fräulein Dietze, die neu gekommen war, die ich aber überhaupt nicht ausstehen konnte, während Jowo sie liebte. Jowo und ich hatten aus diesem und aus anderen Gründen immer Streit und hieben uns wacker, während Willo bösartig und hinterhältig war und immer nur kniff, wenn es niemand merkte und erwartete oder wenn man sich aus irgendwelchen Gründen nicht wehren konnte. Willo hatte auch für Fräulein Dietze nichts übrig, und jedes Mal, wenn sie zum Schrank ging, um ihren Rohrstock herauszuholen, den sie als Erziehungsmittel sehr schätzte, fing er an, gellend zu schreien, so dass man es im ganzen Hause hörte, da das Schulzimmer für diese beiden das kleine Zimmer neben dem Saal war, während wir in dem daneben liegenden großen Zimmer alle drei schliefen, übrigens glaube ich, dass auch Asta (1915 geboren) dort schlief. In dem Zimmer habe ich auch geschlafen, als ich klein war, und in diesem Zimmer habe ich von Mami beten gelernt. Das weiß ich noch ganz genau, wie sie abends kam, mich zudeckte und dann als Letztes am Tage mit mir betete.

Als Carl Dietrich in die Schule nach Schweidnitz musste, nahm Tante Ete [verwitwete Trotha, geb. Moltke] ein Haus in der Kletschkauerstraße und zog dorthin. Aber die vier Jungen waren viel bei uns und immer die ganzen Ferien. Ich aber fuhr täglich mit Pferd und Wagen in die Stadt. Da das Pony nicht schnell genug war, fuhr ich meist mit einem sehr schnellen jungen Apfelschimmel, der Araberblut hatte, in einem kleinen zweirädrigen Wagen, genannt Spinne. Das ging sehr schnell, der Hinweg dauerte meist weniger als zwanzig Minuten, der Rückweg etwas länger. Das Unangenehme war aber, dass ich ab Mitte 1916 selbst anspannen und ausspannen musste, und das verlängerte die Fahrzeit erheblich. So bin ich jahrein, jahraus erst allein, dann mit Jowo und schließlich mit Jowo und Willo diesen Weg gefahren bis zum Ende der Obertertia, also bis Ostern 21. Manchmal war das sehr anstrengend, besonders in dem kalten Winter 16/17, wo ich einmal wegen Wind und Verwehung drei Stunden von Schweidnitz bis nach Hause gebraucht habe, weil ich uns immer wieder habe herausschaufeln müssen, d. h. den Schimmel und den Wagen, denn damals fuhr ich ja noch allein. So kam ich manchmal vollkommen erledigt und erfroren zu Hause an.

Inzwischen war vieles schlechter geworden. Es gab wesentlich weniger zu essen, besonders wenig Butter. Wir bekamen 1918 schließlich nur ein Kügelchen Butter in der ganzen Woche, und das aßen wir am Sonntag. Das Brot war schlecht. Es gab Sägemehl darin und Zeitungspapier. Ich erinnere mich, einmal einen ganzen noch lesbaren Fetzen Zeitungspapier aus meinem Brot geholt zu haben Es gab 1916 sehr wenig Licht. Im Winter gingen wir von fünf Uhr an spazieren, um Licht zu sparen, und nach dem Abendbrot gab es auch nur eine Lampe für alle. Es gab keinen Zucker, sondern zu allem nur grässlichen Süßstoff. Daraufhin stahlen wir Zucker wie rasend. Ich erinnere mich dabei an eine wenig schöne Geschichte von mir. Ich hatte in der Anrichte Stückzucker geklaut und hatte die Taschen damit voll, als ich ins Esszimmer kam und dort Jowo entdeckte, der gerade aus der Streuzuckerdose auftauchte und Gesicht und Finger voll Streuzucker hatte. Ich rief ihn sofort laut an und verpetzte ihn. 1917 und 1918 wurde alles gesammelt: altes Eisen, es wurden Karten und Fähnchen zu Geldsammlungen verkauft, wir mussten Kriegsanleihe absetzen; wir haben im Schweidnitzer Stadtwald Blätter gesammelt, ich glaube, es sollten Buchenblätter sein.

Ein sehr schönes Ereignis im Krieg war auch die Anlage des elektrischen Lichts. Papi hatte für den ganzen Hof eine elektrische Anlage gekauft, die mit dem Mühlwasser in der Mühle getrieben wurde, die Papi für diesen Zweck von Herrn Schmolke erworben hatte. Kurz nachdem das fertig war, kam Papi einmal auf Urlaub, und nun sollte ihm zu Ehren das ganze Haus strahlen. Wir wurden nun angestellt, an alle Fenster Licht zu bringen, nach vorne und auch nach hinten, damit ihm das Haus entgegenscheinen sollte, wenn er die Kirschallee entlangkäme. Das war wohl im Winter 1916/17. So groß war die Freude an diesem elektrischen Licht, dass wir auch elektrische Kerzen für den Weihnachtsbaum hatten, da es ja nur wenig Kerzen gab. Das war aber eigentlich nicht schön, nur war es amüsant, sie anzumachen, was meine Aufgabe war. Denn wenn es irgendwo in der Leitung, an der immer zugleich achtzehn Kerzen hingen, nicht klappte, dann ging die ganze Beleuchtung nicht.

Die Kriegsweihnachten habe ich eigentlich in sehr guter Erinnerung. Wir waren immer mindestens neun Kinder. Dann kamen häufig noch Kinder von Verwandten. Der Weihnachtsbaum stand oben im Saal. Wenn man die Mitteltreppe heraufkommt ganz rechts an den Fenstern. Es war immer ein sehr schöner prächtiger Baum. In der Mitte des Saales waren immer die hauptsächlichen Erwachsenen und rechts und links zwei Tischreihen für Trothas und uns. Das war immer schön. Gesungen wurde auf der Treppe, dann kam unten im Kellergeschoss die Einbescherung der Dienstboten. Damals gab es unten keine kleinen Zimmer auf der Seite zum Hof, vielmehr war da eine große Halle, die das Leutezimmer war. Und dann wurde geklingelt, und wir konnten hinauf. Das Aufregendste war, dass wir in dem Glas der Tür zum Balkon immer schon etwas sich abspiegeln sahen.

Außer uns neun Schlosskindern gab es natürlich noch viele andere Kinder, mit denen wir spielten. Von denen waren besonders beliebt die beiden Eulig-Söhne. Eulig war damals unser Gärtner. Außerdem war mein bester Freund Max, der älteste Sohn von Herrmann, dem Kutscher. Wir zogen als riesige Schar durch die ganze Gegend, und besonders während der Ferien betrachteten wir ganz Kreisau als einen riesigen Spielplatz: der Langebusch, der Steinbruch, der Tonschacht, die Sandgrube, das alles waren besonders beliebte Spielmittelpunkte. Von diesen Spielen erinnere ich mich nur noch an die Unfälle: In der Sandgrube bin ich zweimal verschüttet und nur gerade noch herausgeholt worden, und im Tonschacht bin ich einmal im Indianerkostüm mit Federbusch auf dem Haupt um ein Haar erstickt, weil ich langsam, aber stetig an einer weichen Stelle einsank und kein Mensch in der Nähe war oder kam. Ich hatte mich nämlich durch den Tonschacht anschleichen wollen. Schließlich, als ich so tief drinsteckte, dass ich die Arme flach auf den Ton auflegen konnte, kam Lydia, die ausgeschickt war, mich zu suchen, nahm eine Planke, legte sich darauf und holte mich so wieder heraus.

Wir hatten auch unser eigenes Gärtchen, rechts hinter dem Glashaus an der Mauer zur Stillergasse. Dort hatten wir eine Laube, und in einer Umzäunung waren zuerst drei und später vier Gärtchen abgeteilt, die wir auch ganz schön pflegten. Unsere Gartenprodukte verkauften wir Mami. Als ich sieben war, bekam ich von Mami ein kleines Taschengeld, nämlich 25 Pfg. wöchentlich, die ich meist in einem der schönen 25-Pfg.-Stücke bekam. Ich musste aber über meine Einnahmen und Ausgaben genau Buch führen, und dieses Buch musste ich Mami alle Woche vorlegen. Wie oft habe ich auf dem Sofa ihrem Schreibtisch gegenübergesessen, während sie rechnete, zitternd, ob ich mich wohl verrechnet hätte. Später wurde dieses Taschengeld auf eine Mark erhöht, aber ich musste davon auch meine Schulmaterialien kaufen.

In den Ferien habe ich oft mit eingefahren oder beim Heu geholfen und wurde dann dafür bezahlt, wie die anderen Schuljungen auch. Das fand ich immer besonders schön und ging riesig stolz am Sonnabend zum In-

spektor, um mir meinen Lohn zu holen. Wir waren auch Häderich-Ausrau-
fen, Distel-Stechen, Steine-Lesen. Ich kann mich aber nicht erinnern, je
Rüben gehackt oder geeinzelt zu haben. In dieser Zeit habe ich auch viel
in der Tischlerei geholfen, wo wir einen Russen, Iwan, hatten, der mit den
anderen russischen Kriegsgefangenen zusammen im Gutshaus Nieder-
Gräditz wohnte, aber allein in der Stellmacherei arbeitete. Iwan liebte ich
sehr, bekam von ihm auch mehrfach russische Heiligenbilder geschenkt.

Als der Krieg zu Ende ging, war ich elf Jahre. Ich erinnere mich nur noch
an die allgemeine Depression über den Ausgang, verbunden mit der Erleichterung, dass es nun vorbei sei. Es gab eine Revolte der russischen
Kriegsgefangenen im Büro gegen Papi, wobei einer auf ihn schoss, aber
der [landwirtschaftliche] Assistent, Herr Herford, fiel ihm in den Arm,
und so ging der Schuss in den Boden. Das Büro war zu jener Zeit unten im
Schloss eingerichtet, wo in dem Kellergeschoss vom Eingang rechts drei
kleine Stuben eingebaut worden waren: In einer, der großen, war das Büro,
in einer wohnte Herr Herford, und in einer wohnte die Mamsell. Die Kanonen vor dem Schloss verschwanden und wurden heimlich vermauert,
Herrn Jungnitsch pachtete Wierischau, und Papi begann Kreisau selbst zu
bewirtschaften. Muttel, Papis Mutter, zog in das «Torhaus», das jetzt Ver-
walterhaus und Büro ist. Wie diese Ereignisse zeitlich aufeinander folgten,
weiß ich nicht mehr.

Im Winter 1918/19 bekamen wir von Aletta Jacobs, einer der Leiterinnen
des holländischen Roten Kreuzes, die Nachricht, dass Mamis Eltern, Granny und Daddy, [von Südafrika] nach Holland kommen wollten und dass
wir auch die Einreisegenehmigung bekommen würden, um sie dort zu treffen. Soweit ich weiß, sind wir kurz vor Ostern 1919 gefahren, jedenfalls
wusste ich schon, dass ich nach der Untertertia versetzt werden würde, und
bekam drei Monate Schulurlaub. Die Vorbereitungen auf die Reise waren
herrlich. Ich habe besonders in der Klasse lauter Wünsche gesammelt, was
ich alles mitbringen sollte: Schmetterlinge, Muscheln, Briefmarken, Geld-
münzen. Dann ging es also los: Mami, Frl. Dietze, Gertrud Hartmann (Kindermädchen) und wir fünf Kinder, zusammen also acht Personen. Wir fuhren im Wagen nach Breslau und stiegen da in den Zug nach Berlin. Das war
schon dramatisch, denn die Züge fuhren damals selten und waren überfüllt.
Ich erspähte ein offenes Fenster und sprang hinein, machte rasch das Fenster hoch, so dass zunächst niemand nachkommen konnte, und setzte mich
dann auf die Bank und stemmte die Füße fest gegen den Türgriff, bis ein

zweiter von uns kam, Mami oder Gertrud. Die ließ ich dann rein, stemmte mich wieder gegen die Tür, und in der Zwischenzeit wurde dann alles durchs Fenster eingeladen. So musste ich es auf der Reise jedes Mal machen. In Berlin machten wir eine kleine Pause und fuhren zu Tante Lenos [verwitwete Hülsen, geb. Moltke] Wohnung, die in der Nähe des Savignyplatzes war. Beim Umsteigen aber war ich nicht mitgekommen, denn die Stadtbahn, die damals mit hohen Personenwagen fuhr, wartete nicht, bis unsere Kavalkade eingestiegen war. Mami drehte aber in der nächsten Station um und fand mich glücklich am Bahnhof Zoo noch stehen.

An der Grenze nach Holland musste in Bentheim alles aussteigen, und nun begann eine fürchterliche Untersuchung. Alles wurde durchwühlt. Wir alle mussten in eine Kabine zur Leibesvisitation, und das alles dauerte schrecklich lange. Einer dicken älteren Rote-Kreuz-Dame passierte dabei etwas Schreckliches. Sie hatte im Zug ein gewisses Örtchen aufsuchen müssen, und da das nicht sehr sauber war, hatte sie den Rand mit Zeitungen ausgeschlagen und sich daraufgesetzt. Die Zeitungen waren aber damals mit schlechter Druckerschwärze gedruckt, und so hatte sie den Inhalt der Zeitung in Spiegelschrift auf den Leib gedruckt bekommen. Als sie nun in Bentheim zur Leibesvisitation musste, wurde das entdeckt, und die Unglückliche wurde unter dem Verdacht, eine Spionin zu sein, festgehalten, bis die Sache sich aufklärte.

Dann ging es bis Oldenzaal. Dort war die genauso gründliche holländische Grenzkontrolle. Aber Oldenzaal habe ich doch in herrlicher Erinnerung, denn Mami kaufte uns da Mohrenköpfe und Apfelsinen. Beides hatten wir noch nie mit Bewusstsein gesehen, oder ich erinnerte mich nicht mehr, und wir nahmen, während Mami bezahlte, beides, Mohrenköpfe und Apfelsinen, und rollten sie durch den Wartesaal, weil wir doch dachten, es seien Bälle. Wir lernten aber das Essen dieser Sachen sehr schnell und waren damit so beschäftigt, dass ich nicht rechtzeitig auf dem Bahnsteig war, als der Zug einlief. So bekamen wir zum einzigen Mal kein Abteil für uns, vielmehr mussten wir sehen, wie wir Platz bekamen. Mami bekam mit Asta einen Platz, den ihr ein sehr netter Mann aus Jena einräumte, der sich auf dieser Fahrt so mit uns anfreundete, dass er später in Kreisau Assistent wurde. Jowo und ich, wir zogen uns ins Klo zurück, wo wir uns einschlossen und trotz aller Proteste der draußen Stehenden nicht aufmachten. Abends kamen wir in Den Haag an, wo uns Frau Dr. Jacobs erwartete und uns in das Parkhotel in Scheveningen brachte, wo wir wohnen sollten. Zum ersten Essen kam der Besitzer und sagte Mami, er würde vorschlagen, dass wir alle immer nur halbe Portionen bekämen, bis wir uns an das gute Essen gewöhnt hätten, denn alle Deutschen bekamen sonst Magenzustände.

Das Traurige war, dass Granny und Daddy noch nicht da waren und dass es noch mehrere Tage dauerte, bis sie kamen, während deren wir sehr besorgt warteten, weil es ja überall noch schwimmende Minen gab. Schließlich aber hieß es, das Schiff sei in Hoek van Holland angekommen, und wir fuhren im Auto hin, sie zu holen, d. h., ich glaube, dass Mami allein fuhr. Diese Zeit mit den Großeltern war himmlisch. Wir machten Touren, wir gingen an den Strand. Später konnten wir auch baden; wir fuhren mit der kleinen holländischen Bahn durchs Land. Als wir kamen, war gerade Schlagsahne verboten worden, aber Anfang Mai wurde sie erlaubt, und wir feierten Willos Geburtstag in Leiden mit einem herrlichen Schokolade-Schlagsahne-Ausflug. Wir spielten viel im Park und gingen auch eine Menge allein umher oder mit Gertrud, besonders natürlich an den Strand, wo es immer etwas zu sehen gab, auch einmal eine angespülte Treibmine, die größer war als ich.

Ende Mai oder Mitte Mai mussten die Großeltern wieder weg, und wir hätten auch zurückfahren sollen. Aber Papi schrieb, es sei alles so unruhig und ungeklärt, und so blieben wir länger und blieben schließlich, bis der Friedensvertrag von Deutschland ratifiziert worden war. Als die Friedensbedingungen bekannt wurden, waren übrigens Granny und Daddy noch da, denn ich erinnere mich wohl an Daddys Entsetzen über diese Bedingungen. Als sich herausstellte, dass wir länger bleiben sollten, da wurde ich in eine Art deutsche Privatschule getan, in der einige deutsche Kinder und einige Diplomatenkinder unterrichtet wurden. Ich weiß nur noch, dass es da sehr roh zuging, dass wir einen riesig rohen Lehrer hatten, die älteren Jungen alle sehr gut waren und dass der Hauptaugenmerk auf Boxen und Ringen gelegt war. Gelernt habe ich dort gar nichts. Das einzig Angenehme an der Schule waren ein paar nette Jungen und die himmlischen Butterbrote, die ich immer mitbekam, nämlich ein Weißbrot mit Rosinen und ein Weißbrot mit Feigen.

Für die Heimfahrt wurden wir mit herrlichen Sachen ausgerüstet, für die Mami auch eine Mitnahmegenehmigung bekam und die wir in einem gesonderten großen Korbkoffer transportierten. Zwei riesige holländische Käse, Butter, viele Tafeln Schokolade, Tee, Kaffee, Kondensmilch usw., alles unerhörte Kostbarkeiten. Außerdem hatten wir noch Berge von Gepäck, denn wir waren auch von den Großeltern mit allem reichlich ausgestattet worden, hatten lauter neue Anzüge und Wäsche bekommen und auch einen Riesenkorb mit Teekocher und Essgeschirr. So zogen wir los.

Nun passierte etwas, was mich diebisch freute: Mami hatte extra angeordnet, dass nichts geschmuggelt werden durfte, aber Fräulein Dietze hatte doch einen weißseidenen Blusenstoff mitgenommen und ihn unter die Schulbücher gesteckt. Als nun die Grenze kam und alle unsere Sachen durchkamen ohne viel Aufhebens, weil Mami ja die Grenzempfehlung hatte, wurde Fräulein Dietzes Koffer aufgemacht und der erste Griff war unter die Schulbücher. Ich sehe noch Fräulein Dietzes Gesicht, als sie sagte: «Ach, das ist nur ein alter Lappen!» und der Zollbeamte darauf erwiderte: «Na, dann können wir ihn ja auch hier behalten.»

Die Rückreise habe ich in grässlicher Erinnerung. Wir mussten schon bis Berlin mehrfach umsteigen; an einer Station, ich glaube in Westfalen, mussten wir stundenlang im Freien stehen; ein Teil unserer Schokolade wurde uns geklaut. Das Einzige, was wir immer hatten, war ein Abteil für uns. Wir waren, glaube ich, sehr lange unterwegs, kochten in der Zwischenzeit immer wieder Tee, wobei mir einmal, als der Zug plötzlich hielt, das kochende Wasser über die Hände lief. Wir konnten uns aber nicht waschen. Irgendwo hinter Hannover standen wir wieder einmal stundenlang, um einen Zug vorbeizulassen, angeblich den Zug mit den Mitgliedern der deutschen Delegation, die den Friedensvertrag unterzeichnet hatten. In Berlin herrschten auch ganz wilde Zustände, und nach Schlesien gab es, soweit ich mich erinnere, nur Personenzüge. Nun, wie immer es gewesen sein mag, schließlich landeten wir glücklich zu Hause.

Nun hatte ich wohl fast sechs Monate Schule verpasst, und es wurde mir sehr schwer, den Anschluss wieder zu finden, zumal mir nach dem freien Leben in Holland die Enge der Schule gar nicht passte. Die Zensuren waren und blieben schlecht, aber irgendwie gelang es mir, den ganzen Ernst der Lage vor meinen Eltern zu verbergen, während ich selbst davon überzeugt war, ich müsste sitzen bleiben. Am Tage der Zensurenausgabe, die immer für die ganze Schule am letzten Tag vor den Osterferien in der Aula stattfand und bei der alle Versetzungen verlesen wurden, hatte ich solche Angst, dass ich behauptete, krank zu sein, und im Bett blieb. Ich stand aber zum Essen auf, und nun kam und kam Jowo nicht von der Schule zurück. Bei jedem Wagen, den ich hörte, hoffte ich, dass nun das Ende meiner Qual erreicht sei. Papi und Mami hatten inzwischen natürlich gemerkt, was mit mir los war. Wie groß war meine Erleichterung, als Jowo kam und sagte, wir seien beide versetzt, und wie verhältnismäßig gleichgültig war es mir, dass er erzählte, beim Verlesen der Versetzungen nach Obertertia sei schon Schluss gewesen, ohne dass mein Name genannt worden sei, dann aber habe der Direktor gesagt, «und wegen seiner langen Abwesenheit probeweise Helmuth von Moltke». Das war meine größte, aber auch meine letzte Schulklippe gewesen. Bis dahin war ich immer eher ein schlechter Schüler gewesen [...] Von Obertertia an wurde ich zwar kein guter Schüler, blieb aber immer in der besseren Hälfte meiner Klasse, und das genügte schließlich.

Nun kamen zwei schöne Jahre, 1920 und 1921, Tertia und Obersekunda. Ich lernte leicht, das Fahren strengte mich nicht mehr so an, ich hatte viel freie Zeit, ich lernte schießen und bekam eine sehr schöne Jagdflinte, ich hatte Konfirmandenunterricht beim Pastor und war damit riesig beschäftigt und hatte stets große Disputationen mit ihm. Es kam dann meine Konfirmation, die ein großes Fest war, ich ritt viel auf dem gleichen Schimmel, mit dem ich auch in die Stadt fuhr. es war ein gutes Pferd und sehr temperamentvoll; wir waren eine große Schar Kinder, und ich war so der Anführer. Dann fuhr ich oft mit Papi über die Felder, und in den zwei Jahren habe ich überhaupt und ganz besonders und vor allem meine Heimat lieben gelernt, so sehr, dass ich nur sehr ungern auch für Stunden wegfuhr. Dabei gab es auf diesem Gebiet damals sehr viel: Wir fuhren nach Wernersdorf zu Onkel Ludwig [Großonkel Moltke], davon einmal immer zur Kirsch- und Erdbeerzeit; ich habe auch einmal einen Geburtstag von Schönchen und mir bei Onkel Ludwig gefeiert, hatte dort auch sehr gute Freunde, vor allem den Sohn des Dieners Franz, der aber später starb. Wir fuhren nach Konradswaldau und Saarau und nach Gorkau, nach Hennersdorf, wo damals Lieres wohnten, nach Kuchendorf zu Zedlitzens. Überall gab es nette Freunde und Spielkameraden. Ich lernte damals auch Bridge spielen und musste manchmal mit Muttel im Torhaus Bridge spielen, die immer vom späten Nachmittag ab einen Bridge verlangte. So wurde ich auch in die Kreise der Erwachsenen hereingezogen. In der Zeit kam auch eine langwierige Einquartierung, die für mich nur schön war, nämlich der Stab des Generals Graf von der Goltz, der aus Finnland und vom Baltikum zurückkam. Ach nein, ich glaube, das war noch früher. Nun, wie dem auch sei; dann habe ich es doch vergessen. Das ganze Haus war voll netter Soldaten, unter denen ich den Grafen Luckner am liebsten hatte. Die saßen alle immer mit bei Tisch, und so war immer eine große Tafel zu decken. Das alles fand ich herrlich. Die Soldaten nahmen mich auch immer mit, wenn sie zu irgendwelchen Amüsements ausfuhren, so z. B. regelmäßig zu ihren Fußballwettspielen. Sie haben mich auch gelehrt, ein Maschinengewehr zu bedienen, und wir lagen manchmal hinter dem Schloss und schossen mit Platzpatronen, während die Gänse vor den Maschinengewehren

«Wir waren eine große Schar Kinder, und ich war so der Anführer.»
Von rechts: Helmuth James von Moltke, Carl Dietrich von Trotha, Joachim Wolfgang von Moltke, Thilo und Wilhelm von Trotha, Wilhelm Viggo von Moltke, N. N., Claus von Trotha, Carl Bernhard von Moltke in Wernersdorf, 1919

umherliefen. Alles das fand ich herrlich. Dann kam die Zeit der Oberschlesischen Insurgentenkämpfe und der Oberschlesischen Abstimmung. Das alles fand seinen Niederschlag bei uns. Carl Viggo [Moltke, ein Onkel] und Hans Carl [Hülsen, ein Vetter] waren Mitglieder eines Freikorps, und Hans Adolf [Moltke, ein Onkel] war deutscher Vertreter [bei der gemischten Kommission für die Abstimmung in Oberschlesien]. Kämpfe fanden in unmittelbarer Nähe von Bankau, Muttels Heimat, statt, und so kam das alles in romantischer Verkleidung zu mir. Als die Transporte mit den Abstimmungsberechtigten aus dem Reich nach Oberschlesien rollten, da wurden wir nach Königszelt geschickt, um dort an die Durchreisenden Essen und Getränke auszuteilen. So hatte ich denn durchaus das Gefühl, irgendwo an dem Abstimmungserfolg beteiligt gewesen zu sein.

Im Winter spielten wir immer Theater, und vom 15. Dezember bis Mitte Januar gab es eigentlich allabendlich irgendwelche Aufführungen, wenn nicht Weihnachtsfeiern waren. Alles spielte mit, Groß und Klein. Ich war schauspielerisch gar nicht begabt, sondern hatte meist die Regie zu besorgen, also zu sehen, dass alles zur Stelle war, die Kleider zu beschaffen, die Bühne, die Lichteffekte, die Kulissen zu arrangieren. Mamis Wohnzimmer, das große Zimmer, wenn man die Treppe heraufkommt rechts vom Saal nach vorn, war meist ganz dem Theater gewidmet, und das kleine Zimmer dahinter, in dem normalerweise Jowo schlief, war ganz Requisitenkammer. Wir Kinder spielten immer, und die Erwachsenen spielten bei den großen Sachen mit , so bei Faust I, Tor und Tod, Hamlet. Nicht alle Aufführungen waren gleich gut, aber eine ganze Menge waren doch sehr gut. Meine Glanzleistung auf dem Gebiet der Regie war Faust I, wo sich der Vorhang nicht nach rechts und links öffnete, sondern nach hinten hochzog und dann zugleich das Himmelgewölbe bildete. Papi war Faust, Hans Carl Mephisto, Le Lehmann Gretchen. Ein weiterer Effekt bei jener Aufführung war mir in der Beleuchtung gelungen, da ich vor die gesamte Beleuchtung einen Wasserwiderstand geschaltet hatte, so dass ich die Lichter einzeln oder im Ganzen langsam dunkler werden lassen konnte.
Außer dem Theater gab es noch eine Laterna magica und Gesellschaftsspiele aller Art: Lesen mit verteilten Rollen und sehr viel Charaden. Wenn wir mal im Winter allein waren, was sehr selten geschah, dann las Papi uns vor [...] In diese Zeit fiel auch ein sehr trauriges Ereignis, das mich damals sehr erschreckt hat. Am Fuß des Mühlbergs stand damals unsere Feldscheune, und eines Herbsttages, als ich mittags von Schweidnitz kommend den Grunauer Berg hinabfahre, sehe ich diese Scheune in hellen

Flammen stehen, und die ganze Kreisauer Ernte verbrannte. Es war das erste Mal, dass ich auf den Gedanken kam, dass wirtschaftlich vielleicht nicht alles so gesichert sei, wie es nach außen erscheine, denn ich erinnere mich Papis und Mamis bestürzter Miene. Ein anderes trauriges Ereignis aus jener Zeit war Onkel Ludwigs Tod. Er starb im Herbst und wurde in Wernersdorf eingesegnet und dann auf einem Totenwagen nach Kreisau gefahren, der von Berittenen begleitet war. Wir überholten den Wagen, als wir nach Hause fuhren, und es war mir riesig traurig. Dann kam eine wunderschöne Feier auf dem Begräbnisplatz in Kreisau. Der Sarg war umrahmt von einer Girlande dunkelroter Eichenblätter. Mit Onkel Ludwig habe ich ein gut Teil meiner Kindheit begraben, obwohl ich es damals nicht wusste.

Ihr werdet erstaunt sein, dass ich schon so viel erzählt habe, und alle möglichen Leute sind darin vorgekommen, Miss Chalmers und Lydia, Fräulein Krome und Fräulein Dietze, Gertrud und Herrmann, die Eulig-Jungen und Max und viele andere, aber Mami ist fast gar nicht vorgekommen. Das ist aber gar nicht so erstaunlich, denn Mami war eben die Hauptperson, und das muss jeder wissen, und von der redet man nicht. Ich will aber doch versuchen, Euch etwas von ihr zu erzählen, denn sonst ist alles andere ein bisschen unzusammenhängend.

Da will ich nun ganz am Anfang beginnen. Mami ist in Südafrika geboren und war das einzige Kind von Granny und Daddy [Jessie und James Rose Innes], die ja schon vorgekommen sind. Als sie achtzehn war, im Jahre 1902, fuhr Granny längere Zeit mit ihr nach Europa, damit sie eine höhere Ausbildung bekäme, als es in Südafrika, das damals ja noch ein ganz kleines Land war, möglich war. Sie kamen nach London, lebten längere Zeit in Paris und in Dresden, und dort entdeckte Granny eine Anzeige, wonach ein schlesischer Landhaushalt Paying Guests nehmen würde, falls diese Bridge spielten. Granny dachte sich das ganz nett, und so kamen sie in Muttels Haus nach Kreisau, denn Muttel hatte aus irgendeinem Spleen diese Anzeige aufgegeben. Muttel war rasend abergläubisch, und einer ihrer Spiritisten hatte ihr gesagt: Es wird ein Mädchen mit einer blauen Kette um den Hals ins Haus kommen, und die wird großes Glück bringen. Und als Mami aus dem Wagen stieg, ein junges, nett aussehendes Mädchen mit dunklem Haar und wunderschönen braunen Augen, da hatte sie die blaue Kette um, die jetzt im Schrank mit ihren Büchern hängt. Und was immer man von Prophezeiungen halten mag, diese jedenfalls war eingetroffen.

Die Absichten von Papi und Mami, sich zu heiraten, war weder Vattel, Papis Vater, recht, noch vor allem Granny und Daddy, denn es hieß ja, dass ihr einziges Kind durch eine damals vierwöchige Seereise von ihnen getrennt leben würde. Die Geschichte ging hin und her, und als Granny mit Mami gerade von London nach Afrika wieder abreisen wollte, starb Vattel, Papi wurde damit Majoratsherr und ganz unabhängig, fuhr sofort nach London, und schließlich wurde auch der Widerstand von Granny und Daddy überwunden. Denn sie beide haben Mami so geliebt, besonders Daddy, dass er für sie alles zu opfern bereit war und für ihr Glück auf das Glück ihrer Gegenwart in Afrika verzichtete.

Am 18. Oktober 1881 hatten Granny und Daddy geheiratet, am 18. Oktober 1905 Mami und Papi, am 18. Oktober 1931 Freya und ich. Anfang 1906 waren Papi und Mami dann in Kreisau eingezogen. Mami sprach damals fast gar kein Deutsch, aber sie hatte es trotzdem leicht, sich mit allen Menschen zu verständigen, weil sie so lieb und klug war. Sie kam aus dem Haushalt ihrer Eltern, wo sie zu dritt gelebt hatten, in einen sehr großen Landhaushalt. Ich kann mich erinnern, dass wir selbst in den viel ärmeren Zeiten der Nachkriegszeit selten weniger als vierzehn Personen zu Tisch waren und sehr oft mehr als zwanzig. Immer waren Gäste da. Kreisau war ja der Familienmittelpunkt, und alle Familienmitglieder hatten und benutzten das Recht, jederzeit zu kommen. Außerdem kamen häufig Freunde, hauptsächlich Musiker, und Leute, die mit Christian Science etwas zu tun hatten. So war Mami in einen Strudel von Menschen gestellt, die ihr alle mehr oder weniger fremd waren, deren Sprache sie nur sehr unvollkommen, deren Sitten sie gar nicht kannte, und war zugleich von all ihren Jugendfreunden getrennt, und der Mann, den sie liebte, der war nie mit ihr allein. Mami hat mir einmal erzählt, dass sie in jener ersten Zeit viel geweint hat, oft verzweifelt war und dass Papi das gar nicht verstand. Das heißt, dies Letzte hat sie nicht so laut ausgedrückt, nein absolut nicht, aber so habe ich es verstanden. Dieser Schmerz, diese Trennung von allem, womit sie aufgewachsen war, das machte sie aber mit sich ab. Für alle Menschen war sie immer lieb, immer geduldig, immer bereit, nie war ihr etwas zu viel.

Im Handumdrehen hatte sie die Herzen aller erobert. Die damals junge Generation hing an ihr, vor allem Tante Ete, all die nachfolgenden Kinder der nächsten Generation, von Hans Carl angefangen, nicht weniger. Die ältere Generation, Onkel Ludwig in Wernersdorf, die Berghäusler, Onkel Eugen und Tante Marie Kulmiz, sie alle liebten sie glühend. Muttel, Papis Mutter, war eine sehr starke, ausgesprochen lebensbejahende, lebenslustige und etwas oberflächliche Frau gewesen, die dem Kreisauer Haus den Ruf eines gastfreien, großen Landhauses, in dem es lustig und etwas genial zuging, eingetragen hatte. Das war keine leichte Erbschaft für Mami. Aber in weniger als einem Jahr hatte das Haus ihren Stempel bekommen. Es war alles geblieben, was es gewesen war, es hatte nichts verloren, aber es atmete eine weitere, tiefere und echtere Liebe und hatte jeden Schatten von Frivolität verloren. Alle, die kamen, waren dort zu Hause, nicht weil es nett und lustig war, sondern weil in dem Haus eine so tiefe menschliche Wärme herrschte, die alle umgab. In dieser Wärme, meine lieben beiden Kleinen, sind wir aufgewachsen, und wer diese Wärme mitbekommen hat, dem wird nie wieder kalt ums Herz werden.

Papi war dabei ein schwieriger Ehemann. Er war, eben weil er nicht warm aufgewachsen war, weil er als Jüngling schwer krank gewesen war, ein Egoist, dabei weich, gutmütig und voller freundlicher Gedanken. Aber er hatte eben nur dann freundliche Gedanken, wenn es ihm passte. Außerdem war er manchmal plötzlich cholerisch, verfolgte irgendein ihm gerade wichtig erscheinendes Ziel mit aller Kraft, ohne rechts und links zu sehen und ohne auf seine Mitmenschen zu achten, auch nicht auf seine Frau. Er hat in vielem ein sehr schweres Leben gehabt, weil er eben in seiner Jugend unterdrückt, verzogen und nicht aufgeschlossen worden war und danach viel Geld hatte, ohne es verdient zu haben. Er hat trotzdem vieles geschafft, er hat an sich immer gearbeitet, aber dass er es getan hat und dass er es tun konnte, verdankte er eben seiner Frau. Alle seine Launen, all seinen Missmut hat sie abgefangen und gemildert und so erreicht, dass die schroffen Seiten dieses schwierigen Mannes immer von ihr verdeckt waren.

Im Hof und im Dorf war Mamis segensreicher Einfluss auch bald zu spüren. 1906 wandte sie einen Teil ihres eigenen Geldes dazu an, an die Kinderspielschule, die der Feldmarschall gegründet hatte, eine Krippe anzubauen und anzugliedern. Und 1907 kam die Diakonisse aus Frankenstein, die ihr auch noch kennen gelernt habt, Schwester Ida Hübner, die in der sozialen Arbeit in Hof und Dorf durch 28 Jahre mit Mami zusammengearbeitet hat. Zusammen haben sie die Frauenarbeit, die Arbeit an den Kindern, die Arbeit an der Fürsorge während des Krieges besprochen und die Rollen unter sich verteilt.

Als der Krieg kam und Mamis Eltern und ihre Jugendfreunde auf der feindlichen Seite waren, hat Mami keinen Augenblick gezweifelt, dass ihre Gefühle bei ihrer neuen Heimat sein mussten, sie hat den Schmerz verdaut und hat bei aller Liebe für ihre Geburtsheimat doch als Deutsche das

Schicksal getragen, das uns auferlegt worden war. So ist sie den Kreisauer Frauen, denen sie als Engländerin ja auch hätte ein Stein des Anstoßes sein können, eine Stütze und eine Hilfe in den schweren Jahren gewesen. Dann kam die Nachkriegszeit, und Mami hat viel eher als Papi gesehen, dass wir arm geworden waren, dass wir uns hätten einschränken müssen. «Oh, wie ich diese Schuldenwirtschaft hasse», hat sie mir in den zwanziger Jahren häufig gesagt. Sie missbilligte den Kauf eines großen, teuren amerikanischen Autos im Frühjahr 26. Sie hat den allmählichen Niedergang viel eher gesehen als sonst irgendeiner. Sie hat versucht, in dem großen Haus zu sparen, was ja ganz einfach nicht ging bzw. nur auf Kosten ihrer Gesundheit gehen konnte. Und so war es ihr eine rechte Erleichterung, als wir 1928 auf das Berghaus zogen

Ich habe zweimal mit Mami zusammengelebt; einmal als Kind, bis ich Ostern 1922 nach Schöndorf kam, und einmal 1928 bis 1931, bis Freya und ich heirateten. Während der ersten Zeit, 1907–1922, war Papi im Kriege von 1914–1919, und während der zweiten Zeit war Papi überhaupt nicht da, sondern wohnte in Berlin und kam nur sehr selten, fast wie ein Gast, nach Kreisau. Vielleicht erzähle ich noch, wie es dazu kam, jetzt aber will ich Euch erst von Mami weitererzählen. Wie warm geborgen ich in der ersten Periode bei Mami gewesen war, das wusste ich damals ja gar nicht, vielmehr bemerkte ich es erst, als ich nicht mehr da war, und meine Liebe zu meiner Mutter und zu meiner Heimat waren ganz in eins verschmolzen. Das alles wurde mir erst viel später klar, nur als ich nach Schondorf in die Schule kam, da habe ich vor Heimweh so gut wie jede Nacht, viele Monate lang, geweint. Es war aber nicht nur Heimweh, sondern Sehnsucht nach meiner Mutter.

Während der zweiten Periode, 1928–1931, da wusste ich natürlich ganz genau, was ich an meiner Mutter hatte. Wir waren damals sehr arm, hatten gar kein Geld. Mami bekam von ihren Eltern einen Betrag von RM 4000.– im Jahr. Das war ursprünglich als Taschengeld gedacht. Außerdem zahlte die Stiftung noch RM 4000.– jährlich, ein Betrag, den ich für Mami durchgesetzt hatte. So hatten wir RM 8000.–, und davon lebte die ganze Familie mit Ausnahme von Papi, der unabhängig in Berlin verdiente. Das war rasend wenig Geld, denn Jowo studierte damals, erst in Berlin und dann in München, und bekam 2400.– von den 8000.–. Willo hatte gerade seine Schule beendigt und machte ein praktisches Jahr in Schweidnitz als Maurer vor seinem Studium. Carl Bernd war nicht gut in der Schule in Reichenbach und musste immer Nachhilfestunden haben. Wir nahmen im Sommer Paying Guests auf, um etwas mehr Geld zu haben, aber es war eben immer wieder sehr, sehr knapp. Diese Sorge um die täglichen Bedürfnisse, diese Mühen um Lappalien, das alles hat Mami gar nichts angehabt. Sie war nicht weniger liebevoll, warm und besorgt, wenn es eben mal wieder besonders schwierig war. Mami wohnte damals in Freyas Zimmer und ich nebenan in meinem jetzigen Zimmer, und wir haben häufig Diskussionen über Geldangelegenheiten haben müssen, wo ich ihr sagen musste, sie müsste noch etwas sparen oder irgendetwas, was sie gerne gehabt hätte, ginge nicht. Wir haben auch im Jahre 1930, wo ich eine große Rückzahlung an unsere Gläubiger versprochen hatte, Möbel und Silber verkauft, auch Sachen, an denen Mami sehr hing. Das alles spielte gar keine Rolle. Wir hätten noch viel, viel ärmer sein können, und es hätte dank Mami an der friedlichen, zufriedenen, glücklichen Atmosphäre des Hauses nichts geändert. Diese Gewissheit, dass Mami bereit war, alle Opfer zu bringen, die notwendig waren, um Kreisau aus seinen Schulden wieder herauszuretten, die ist eine der Grundlagen gewesen, die es überhaupt ermöglicht haben, aus diesem Chaos herauszukommen.

Und all diese Jahre ist der Geist von Granny und Daddy immer bei uns gewesen. So fest Mami sich in Kreisau verankert hatte, so wenig verlor sie irgendetwas von dem Schatz, den sie von Hause mitgebracht hatte. Jede Woche kam ein Brief von Daddy und Granny, und jede Woche ging ein Brief von Mami an ihre Eltern. Jedes Postschiff, das zwischen Capetown und Southampton verkehrte, trug einen Brief für jeden in jeder Richtung, und alle diese Briefe sind verwahrt und werden Euch hoffentlich einmal noch erfreuen, denn Mamis Liebe war gleich groß zu ihren Eltern, ihrem Mann und zu ihren Kindern. Wir haben alle davon gezehrt, und keiner ist zu kurz gekommen.

Im Juni 1931 kam ich aus dem Rheinland zurück mit dem Entschluss, Freya zu heiraten. Ich war abends angekommen, und am nächsten Morgen stand ich früh auf und ging zu Mami, setzte mich auf ihren Bettrand und sagte es ihr. Ich hatte damals zwar Kreisau wieder auf den Weg der Genesung gebracht, war aber selbst nur Referendar und hatte nichts. Mami wandte ein, dass ich ja nicht gut auf nichts heiraten könnte. Als ich ihr aber sagte, wir könnten ja erst einmal hierherziehen und Freya müsste ja auch leben, wenn sie nicht heiratete, da verstand sie es sofort, und damit hatte dies ihren Segen. Wir haben dann eine kurze Zeit im Berghaus zusammengelebt. Freya hat Mami vertreten, als sie Anfang 1932 in Südafrika war, am 1. Oktober 1932 sind Freya und ich nach Berlin gegangen, wo ich arbeiten musste, und damit hörte die Zeit, die ich mit meiner Mutter zusammengelebt habe, auf. Wir haben uns in Berlin viel gesehen, wir haben alle Weihnachten zusammen gefeiert bis auf eines, wir haben auch im Sommer häufig im Berghaus gewohnt, aber in diesen letzten Jahren ihres Lebens lebte Mami wieder mit Papi zusammen, und die schönste Zeit meines Lebens mit Mami war damit zu Ende.

Vielleicht ist es gut, ein Wörtchen über Granny und Daddy hier anzuflicken. Daddy war südafrikanischer Justizminister gewesen und wurde dann Richter, schließlich Chief Justice of the Union of South Afrika [Oberster Richter der Südafrikanischen Union]. Das ist dort ein sehr hohes Amt, gleich im Rang mit den Ministern. Er war ein sehr bedeutender Jurist, dessen Urteile weit über die Grenzen der Südafrikanischen Union Beachtung gefunden haben. Außerdem war er einer der Männer, die sich mit aller Energie für einen englisch-burischen Ausgleich nach dem Burenkrieg eingesetzt haben. Und schließlich, und besonders gegen Schluss seines Lebens, hat er für die Rechte der Neger gekämpft und war so der alte, weise Berater all derjenigen, die den Negern einen besseren Status innerhalb Südafrikas einräumen wollten. Er war der rechtlichste Mann, den man sich denken kann, und der kleinste technische oder moralische Fehltritt war ihm fürchterlich. Von ihm hat mal ein anderer Südafrikaner gesagt: «There goes Rose Innes; he is so straight that he is bent backward.»

Dieser Mann liebte also seine Tochter über alles in der Welt, und es war für ihn das größte Opfer seines Lebens, sie nach Deutschland heiraten zu lassen. Ihr Tod [1935] hat ihm einen Bruch gegeben, den er nie ganz überwunden hat. Er war ein bedeutender Mann, der die Bescheidenheit liebte und der es hasste, wenn man von ihm etwas hermachte. Auch die Armut seiner Tochter in den letzten Jahren ihres Lebens und die Notwendigkeit für sie, sich einzuschränken, hat ihn sehr geschmerzt. Granny hingegen war eine vor allem lebensbejahende, starke Frau, die zwar sehr strenge moralische Auffassungen in wesentlichen Dingen hatte, aber im Gegensatz zu Daddy immer bereit war, bei Kleinigkeiten sieben gerade sein zu lassen. Während Daddys Vorfahren alle Priester und Lehrer gewesen waren, waren Grannys Vorfahren Farmer, Kolonisten, und eigentlich entsprachen sie beide den Typen ihrer Vorfahren. Granny war immer optimistisch. Es gab keine schlechte oder gar hoffnungslose Lage für sie. Sie liebte Gärten. Eines Tages stand sie am Fenster ihres gerade neu bezogenen Hauses, neben ihr stand ihre Schwägerin, Aunt Minnie, und sie sahen beide in den winterlichen, umgegrabenen, noch nicht bepflanzten Garten, in dem kein Hälmchen war, als Granny voll Stolz sagte: «Minnie aren't we neat?» Dieser Optimismus, in dem sie immer wieder sagte: «Well, if I cannot yet see it, I can visualize it», der war bezeichnend für Granny.

Sie hat Mami auch sehr geliebt, aber nicht so bedingungslos wie Daddy es tat, jedenfalls nicht in der Zeit vor dem Weltkrieg. Dann aber kamen sie sich immer näher, und Mamis Tod, den Freya ihr mitteilen musste, als Granny zur Kur in Glotterbad war, war für sie sehr schwer. Sie kam dann mit nach Kreisau, nahm am Begräbnis teil und schenkte ihre Liebe, die nun den einen Gegenstand verloren hatte, sofort und bedingungslos ihren Enkeln. Sie ist nach Mamis Tod noch einmal, im Winter 38/39, in Deutschland und vor allem in Kreisau gewesen. Sie hat glühenden Anteil an unserem Ergehen genommen, sie hat mit großer Freude und Genugtuung die allmähliche Besserung der wirtschaftlichen Lage von Kreisau erlebt, sie hat ihr Herz auch noch Caspar, den sie gekannt hat, und Konrad geschenkt, sie hat Jowos Hochzeit miterlebt, und sie hat, als der neue Krieg kam, gewartet und gehofft und wieder gewartet und wieder gehofft, dass sie uns noch würde sehen können, bis zu ihrem Tode (1943).

So meine lieben Beiden, das gibt Euch vielleicht, wenn es mir gelungen sein sollte, eine kleine Vorstellung von drei ganz großen liebenden Herzen, denen ich unendlich viel schulde.

Nun habe ich eigentlich nur noch einen Schluss zu berichten, denn nach Versetzung in die Obersekunda (1923) kam ich weg, und zwar in das Landerziehungsheim Schondorf am Ammersee. Mami und Papi meinten, ich würde zu sehr verbauern und verschlesiern, wenn ich immer in Kreisau blieb, und es sei nötig, dass ich wegkäme, um etwas anderes zu sehen. Mit der Abreise nach Schondorf, wohin ich von Mami gebracht wurde, war meine eigentliche Kindheit zu Ende, jene schöne Zeit, die mir nachträglich wie vergoldet erscheint, wie ein unerschöpflicher Born von Liebe und anhänglichen Gedanken, von Erinnerungen und Heimatgefühlen. Ich weiß ganz genau, dass es damals auch Schmerzen gab, Trauer und Verzweiflung, aber alle diese schmerzlichen Gefühle spielten sich doch sozusagen in einem großen Rahmen des Behütetseins und der zärtlichen Fürsorge ab, und so wurden sie Teil eines schönen Bildes. Alles, was mir mein Elternhaus in diesen ersten vierzehn Jahren gegeben hat, das brauchte ich nur aufzunehmen, das verstand sich für mich von selbst.

Mit dem Einzug in Schondorf wurde es anders. Ich fand andere Jungen, die ich überwiegend nicht mochte. Ich fand einen sogenannten «Landheimgeist», den ich verabscheute. Ich habe anfangs nicht gewusst, was ich daran verabscheute, und habe das erst viel, viel später erkannt, als es mir das dritte und vierte Mal begegnete.

Wie dem auch sei, ich habe von Anfang an in einer Gegnerschaft zu der Masse der Mitschüler gestanden. Es gelang einigen Gleichgesinnten und mir, wenigstens in unserer Klasse erfolgreich gegen diesen Landheimgeist anzukämpfen, und einer meiner Freunde und ich, wir waren immer abwechselnd Vertreter unserer Klasse im Schülerrat, wo wir als ständiger Vorwurf gegen die Heuchelei und die Hohlheit des Landheimgeistes wirkten. Das konnte nicht lange gut gehen. Wir beide wurden zunächst von unseren Genossen getrennt und in das Haus des Direktors gelegt, wo wir ein sehr schönes Zimmer im ersten Stock bewohnten, unter uns der Direktor und rechts und links von uns je ein Lehrer. Auch das half nichts. Die Schülerversammlung beschloss, mich in «Verschiss zu tun», d. h., vierzehn Tage lang durfte keiner mit mir reden. Unsere kleine Gruppe erklärte sich mit mir solidarisch und teilte mit, dass wir zehn Jungen auf jeden weiteren Verkehr mit dem Rest der Schülerschaft verzichteten. Daraufhin wurde eine Exekution beschlossen, und die Schülerschaft erschien mehr oder minder geschlossen in unserem Zimmer, um uns zu verdreschen. Das geschah, wobei wir uns zur Enttäuschung der Beteiligten nicht wehrten. Dabei wurde mir ein Trommelfell zerschlagen, und ich bekam eine Mittelohrentzündung. Mit dieser als Erpressungsmittel habe ich dann erreicht, dass wir zehn in das Haus des einzigen von uns wirklich geschätzten Lehrers gelegt wurden, wo wir schließlich allein kochten und aßen und nur noch zu den Schulstunden mit den anderen zusammenkamen. Im Juni 1923 sind wir alle geschlossen abgezogen. Zu dieser Gruppe von zehn gehörte Freyas Bruder Carl [Deichmann], und durch ihn habe ich schließlich auf vielen Umwegen Freya kennen gelernt. So hatte also auch das seinen Sinn.

Damit war der erste große Konflikt ausgekämpft. Ich ging nach Potsdam, wo ich schließlich das Abitur gemacht habe. In diesen achtzehn Monaten in Potsdam habe ich bei Mirbachs [Max und Julima, Onkel und Tante 2. Grades] gewohnt, bin aber viel in Berlin gewesen, bin dort ausgegangen und habe zugleich für zwei amerikanische Journalisten, Vertreter des *Christian Science Monitor*, Übersetzungen gemacht und bei Unterhaltungen gedolmetscht.

Dann kam meine Studienzeit, die ich hauptsächlich den ersten Arbeitslagern und den Schwierigkeiten von Waldenburg gewidmet habe. Gelernt habe ich damals rasend wenig. Das, was ich für meine Examen brauchte, habe ich beim Repetitor in kurzer Zeit eingepaukt. Ehe ich nach dem Referendar noch recht wusste, was ich denn tun wollte, kam die große Pleite in Kreisau, und am 1.10.29 habe ich die Verwaltung in Kreisau übernommen und bis Juli 1930 nichts anderes gemacht, als Kreisau zu sanieren. Vom Juli 30 an habe ich dann meinen Vorbereitungsdienst als Referendar gemacht, habe aber den Hauptteil meiner Arbeitskraft weiter Kreisau gewidmet. Am 18. Oktober 1931 haben Freya und ich geheiratet, und damit begann dann der dritte Teil meines bisherigen Lebens, zu dem Ihr, meine beiden jetzt noch Kleinen, gehört […]

Anhang

Anmerkungen

1. *Creisau (1907–1925)*

[1] Siehe Leonhard Radler: Der Fideikommiß der Grafen von Moltke in Kreisau, Gräditz, Wierischau, in: Jahrbuch für Schlesische Kirchengeschichte, Bd. 62, 1983.

[2] Zu Helmuth von Moltke vgl. Helmuth Karl Bernhard von Moltke, Leben und Werk in Selbstzeugnissen: Briefe, Schriften, Reden, ausgewählt und eingeleitet von Max Horst, 2., völlig umgearbeitete Auflage, Birsfelden bei Basel 1956, Generalfeldmarschall von Moltke. Bedeutung und Wirkung, hrsg. von Roland G. Foerster, München 1991.

[3] Zu James Rose Innes vgl. Michael Stolleis: Juristen. Ein biographisches Lexikon. Von der Antike bis zum 20. Jahrhundert, München 1995, S. 312 f.; James Rose Innes: Autobiography, hrsg. von B. A. Tindall, Kapstadt 1949.

[4] Zu Christian Science vgl. Karl Holl: Der Szientismus, in: Gesammelte Aufsätze zur Kirchengeschichte, Bd. 3, Tübingen 1928, S. 460 ff.; zur «First Church of Christ Scientist»: Ulrich Bunzel: Die Neben- und Gegenkirchliche Bewegung in Schlesien in der Nachkriegszeit, Breslau 1932, S. 94 ff.; Paul Scheurlen: Die Sekten der Gegenwart, Stuttgart, 3. Auflage 1923, S. 100 ff.; Helmut Obst: Außerkirchliche religiöse Protestbewegungen der Neuzeit, Berlin 1990, S. 76 ff.; Handbuch religiöse Gemeinschaften, hrsg. von Horst Reller u. a., Gütersloh, 4. Auflage 1993, S. 359 ff.

[5] MBF 29. Zu Hardtke: geb. 1879, Studium der Theologie und Philosophie, erster sozialdemokratischer Oberschulrat in Preußen, 1933 entlassen, vom Volksgerichtshof zu drei Jahren Zuchthaus wegen Nichtanzeige einer «hochverräterischen Unternehmung» verurteilt, nach 1945 Pädagogik-Professor in der DDR, gest. 1966.

2. «*Ich fühle mich verpflichtet*» (*1925–1929*)

[1] Zur Geschichte Breslaus: Norman Davies/Roger Moorhouse: Die Blume Europas. Breslau – Wrocław – Vratislavia. Die Geschichte einer mitteleuropäischen Stadt, München 2002.

[2] Zu Eugenie Schwarzwald vgl. Hans Deichmann: Leben mit provisorischer Genehmigung. Leben, Werk und Exil von Dr. Eugenie Schwarzwald (1872–1940). Eine Chronik, Berlin u. a. 1988; Eugenie Schwarzwald und ihr Kreis, hrsg. von Robert Streibel, Wien 1996; Renate Göllner: Kein Puppenheim. Genia Schwarzwald und die Emanzipation, Frankfurt a. M. 1999.

[3] Angaben nach dem Vorlesungsverzeichnis der Universität Wien für das

Wintersemester 1926/27. Alfred Verdross hatte gerade herausgebracht: Die Verfassung der Völkerrechtsgemeinschaft, Wien 1926; Hans Kelsen: Allgemeine Staatslehre, Berlin 1925; zu Hans Kelsen: Rudolf Aladár Métall: Hans Kelsen, Leben und Werk, Wien 1969; Alfred Rub: Hans Kelsens Völkerrechtslehre, Zürich 1995.

⁴ Siehe Karl Ohle: Der Kreis Waldenburg im niederschlesischen Industriegebiet in Vergangenheit und Gegenwart, Breslau 1927, sowie Georg Keil: Das niederschlesische Industriegebiet. Seine Entwicklung und Notlage, Berlin 1935.

⁵ Vgl. Gespräch und Aktion in Gruppe und Gesellschaft 1919–1969, Freundesgabe für Hans Dehmel im Auftrage des Boberhauskreises, hrsg. von Walter Greiff u. a., Frankfurt a. M. 1970; Jürgen Trappen: Die Schlesische Jungmannschaft in den Jahren von 1922 bis 1932, Diss. Essen 1996.

⁶ In: Das Arbeitslager. Berichte aus Schlesien von Arbeitern, Bauern, Studenten, hrsg. von Eugen Rosenstock und Carl Dietrich von Trotha, Jena 1931, S. 28 f.; Georg Keil unter Mitarbeit von Hans Dehmel, Richard Gothe und Hans Raupach: Vormarsch der Arbeitslagerbewegung. Geschichte und Erfahrung der Arbeitslagerbewegung für Arbeiter, Bauern, Studenten 1925–1932, Berlin, Leipzig 1932.

⁷ Eugen Rosenstock: Werkstattaussiedlung. Untersuchungen über den Lebensraum des Industriearbeiters, Berlin 1922; zu Eugen Rosenstock: Ulrich Jung: Eugen Rosenstocks Beitrag zur deutschen Erwachsenenbildung der Weimarer Zeit, Frankfurt a. M. 1970.

⁸ Siehe Das Arbeitslager. Berichte aus Schlesien von Arbeitern, Bauern, Studenten, hrsg. von Eugen Rosenstock und Carl Dietrich von Trotha, Jena 1931, S. 30 f.

⁹ Siehe ebd., S. 29.

¹⁰ Siehe Carl Zuckmayer: Als wär's ein Stück von mir. Horen der Freundschaft, Frankfurt a. M. 1982, S. 73 f.

¹¹ Siehe Das Arbeitslager. Berichte aus Schlesien von Arbeitern, Bauern, Studenten, hrsg. von Eugen Rosenstock und Carl Dietrich von Trotha, Jena 1931, S. 35 ff.

¹² Ebd., S. 39 ff.

¹³ Siehe ebd., S. 56 ff.

¹⁴ Ostern 1927 hat der Engländer Rolf Gardiner mit herausgegeben: Ein neuer Weg. Offene Aussprache zwischen deutscher und englischer Jugend zum gegenseitigen Verständnis in politischen Fragen, Potsdam 1927. 1931 gab der Franzose Pierre Viénot heraus: Ungewisses Deutschland. Zur Krise seiner Bürgerlichen Kultur. Beide Bücher sind Indizien für einen gesamteuropäischen Dialog.

¹⁵ Eugen Rosenstock schrieb in einem Brief an Ger van Roon vom 23. Februar 1963 über den Zusammenhang zwischen den Schlesischen Arbeitslagern und dem späteren Kreisauer Kreis: «In Moltkes Bewusstsein hat kein Zusam-

menhang zwischen Arbeitslagern und Kreisauer Kreis bestanden.» (In: Archiv des Instituts für Zeitgeschichte München, Bestand Roon, ZS/A 18, Bd. 6) – Das dürfte jedoch eine Verkürzung sein.

[16] Siehe MBF 39.

[17] Siehe Protokoll der Tagung Universität und Volkshochschulen, Universitätsbibliothek Heidelberg, Signatur: D VI 119.

[18] Vgl. Sozialisation und Bildungswesen in der Weimarer Republik, hrsg. von Manfred Heinemann, Stuttgart 1976.

3. Ehemann – Gutsherr – Homo politicus (1929–1939)

[1] Siehe Freya von Moltke: Die Kreisauerin. Gespräch mit Eva Hoffmann in der Reihe «Zeugen des Jahrhunderts», hrsg. von Ingo Hermann, Göttingen, 2. Auflage 1993, S. 25.

[2] Ebd., S. 26.

[3] Siehe Levin von Trott zu Solz: Hans Peters und der Kreisauer Kreis. Staatslehre im Widerstand, Paderborn u. a. 1997, S. 64 ff.

[4] Siehe Ulrich Scheuner: Die staatsrechtliche Bedeutung des Gesetzes zur Behebung der Not von Volk und Reich, in: Leipziger Zeitschrift für Deutsches Recht 1933, erneut abgedruckt in: Recht, Verwaltung und Justiz im Nationalsozialismus, hrsg. von Martin Hirsch u. a., Köln 1984, S. 113.

[5] Siehe Carl Schmitt: Staat, Bewegung, Volk, Hamburg 1933, S. 115.

[6] Siehe UF IX, S. 283 ff.

[7] Ebd., S. 491.

[8] Siehe MBF 62.

[9] Zu Walther Schücking vgl. Wolfgang Kohl: Walther Schücking, in: Streitbare Juristen: eine andere Tradition, hrsg. von Jürgen Seifert, Baden-Baden 1988.

[10] Vgl. Freya von Moltke: Beglaubigung und öffentlicher Glaube. Zur Auslegung des § 1155 BGB, in: Archiv für die Zivilistische Praxis, H. 2, 1936.

[11] Lionel Curtis (1872–1955), Gründer des Royal Institute of International Affairs, hrsg. von «Survey of International Affairs».

[12] Vgl. Lionel Curtis: Civitas Dei, 3 Bde., London 1934–1937; World War: Its Cause and Cure, London 1945.

[13] Vgl. Richard Lamp: Das Foreign Office und der deutsche Widerstand 1938–1944, in: Großbritannien und der deutsche Widerstand, hrsg. von Klaus-Jürgen Müller u. a., Paderborn 1994, S. 53 ff.; Jörg Später: Vansittart. Britische Debatten über Deutsche und Nazis 1902–1945, Göttingen 2003.

[14] Vgl. zum Ganzen: Armin Boyens: Kirchenkampf und Ökumene, Bd. 1: 1933–1939, Bd. 2: 1939–1945, München 1969 u. 1973.

[15] Zu Theodor Heckel vgl. Rolf Ulrich Kunze: Theodor Heckel 1894–1967. Eine Biographie, Stuttgart 1997; zu den frühen ökumenischen Kontakten 1933 vgl. Günter Brakelmann: Hans Ehrenberg. Ein judenchristliches Schicksal in Deutschland, Bd. 2, Waltrop 1999, S. 186 ff.

[16] Vgl. Willem A. Visser't Hooft: Die Welt war meine Gemeinde, München 1974.

[17] In: Josef H. Oldham: Kirche, Volk und Staat, Genf 1936, S. 9.

[18] Für einen Überblick zur Judengesetzgebung vgl. Joseph Walk: Das Sonderrecht für die Juden im NS-Staat, Heidelberg 1981.

[19] Zu Werner von Fritsch vgl. Horst Mühleisen: Generaloberst Werner Freiherr von Fritsch, in: Hitlers militärische Elite, hrsg. von Gerd R. Ueberschär, Bd. 1, Darmstadt 1998, S. 61 ff.; zu Blomberg: Samuel W. Mitcham: Generalfeldmarschall Werner von Blomberg, in: ebd., S. 28 ff.

[20] In: Max Domarus, Hitler: Reden und Proklamationen 1932–1945. Kommentiert von einem deutschen Zeitgenossen, Wiesbaden 1973, 1. Halbbd., S. 824.

[21] Siehe Konferenzen und Verträge: Vertrags-Ploetz. Ein Handbuch geschichtlich bedeutsamer Zusammenkünfte und Vereinbarungen, hrsg. von Helmuth K. G. Rönnefarth u. Heinrich Euler, S. 157 f.

[22] Ebd., S. 160 f.

[23] Vgl. Klaus-Jürgen Müller: Der nationalkonservative Widerstand 1933–1940, in: Klaus-Jürgen Müller (Hg.), Der deutsche Widerstand 1933–1945, Paderborn 1986, S. 40 ff.

[24] Zum Ganzen vgl. Klemens von Klemperer, Die verlassenen Verschwörer. Der deutsche Widerstand auf der Suche nach Verbündeten 1938–1945, Berlin 1994, S. 77 ff.

[25] Text in: Konferenzen und Verträge: Vertrags-Ploetz. Ein Handbuch geschichtlich bedeutsamer Zusammenkünfte und Vereinbarungen, hrsg. von Helmuth K. G. Rönnefarth u. Heinrich Euler, S. 180 ff.; siehe Günter Brakelmann: Der deutsch-russische Nichtangriffspakt vom 23. August 1939 und der Überfall Deutschlands auf Polen am 1. September 1939, in: ders., Für eine menschlichere Gesellschaft, Bd. 1, Bochum 1996, S. 145 ff.

4. Kriegsgegner und Kriegsverwaltungsrat (1939)

[1] Zu Hans Adolf von Moltke vgl. Johannes Dulfer: Hans Adolf von Moltke (1884–1943) – Botschafter des Deutschen Reiches in Warschau und Madrid. Ein Lebensbild, Bonn 1994 (Magisterarbeit).

[2] Zu Admiral Canaris vgl. Heinz Höhne: Admiral Wilhelm Canaris, in: Hitlers militärische Elite, hrsg. von Gerd R. Ueberschär, Bd. 1, Darmstadt, 1998, S. 53 ff.; Michael Mueller: Canaris. Hitlers Abwehrchef. Eine Biographie, Berlin 2006.

[3] Zu Hans Oster vgl. Romedio Graf von Thun-Hohenstein: Der Verschwörer. General Oster und die Militäropposition, München 1984.

[4] Zu Hans von Dohnanyi vgl. Marikje Smid: Hans von Dohnanyi – Christine Bonhoeffer. Eine Ehe im Widerstand gegen Hitler, Gütersloh 2002.

[5] Zu Berthold von Stauffenberg vgl. Alexander Meyer: Berthold Schenk Graf von Stauffenberg (1905–1944). Völkerrecht im Widerstand, Berlin 2001.

[6] Vgl. Grundfragen des Seekriegsrechts, hrsg. von Walter Gladisch und Berthold Widmann, Berlin 1944; darin Walter Gladisch: Seekrieg und Seekriegsrecht; Berthold Widmann: Der deutsche Prisenkrieg; Curt Eckhardt: Der deutsche Wirtschaftskrieg zur See.

[7] In: Hitlers Weisungen für die Kriegführung 1939–1945, hrsg. von Walther Hubatsch, Koblenz, 2. Auflage 1983, S. 32.

[8] Zum nationalsozialistischen Europa-Gedanken vgl. Nationale Wirtschaftsordnung und Großraumwirtschaft, Jahrbuch 1941, hrsg. von der Gesellschaft für Europäische Wirtschaftsplanung und Großraumwirtschaft, Dresden 1941; Europäische Wirtschaftsgemeinschaft, hrsg. vom Verein Berliner Kaufleute und Industrieller und der Wirtschaftshochschule Berlin, Berlin 1942; Paul Kluke: Nationalsozialistische Europaideologie, in: Vierteljahrshefte für Zeitgeschichte, 1955, S. 240 ff.; Lothar Gruchmann: Nationalsozialistische Großraumordnung, Stuttgart 1962; Hans Werner Neulen: Europa und das Dritte Reich. Einigungsbestrebungen im deutschen Machtbereich 1939–1945, München 1987.

[9] Siehe George F. Kennan: Memoiren eines Diplomaten, Stuttgart 1968, S. 126.

[10] Ebd., S. 127.

5. Im Kreisauer Kreis (1940–1941)

[1] Zu Peter Yorck von Wartenburg: RN, S. 76 ff., Wh, S. 21 ff., Br. 1, S. 51 ff., Br. 2, S. 183 ff.; Marion Yorck von Wartenburg: Die Stärke der Stille. Erzählung eines Lebens aus dem deutschen Widerstand, Köln 1984.

[2] Vgl. Detlef von Schwerin: Die Jungen des 20. Juli 1944, Berlin 1991.

[3] Ebd., S. 262; vgl. Albrecht von Kessel, Verborgene Saat. Aufzeichnungen aus dem Widerstand 1933–1945, hrsg. von Peter Steinbach, Berlin 1992.

[4] Vgl. zu Martin Gauger: «Die Entscheidung konnte mir niemand abnehmen», bearbeitet von Boris Böhm, Dresden 1997.

[5] Siehe Einleitung von Ger van Roon, in: Wh, S. 1 ff.

[6] Zu Hans Peters: RN, S. 109 ff., Wh, S. 72 ff., Br. 1, S. 89 ff.; Text in: Levin von Trott zu Solz: Hans Peters und der Kreisauer Kreis. Staatslehre im Widerstand, Paderborn u. a. 1997, S. 161 ff.

[7] Ebd., S. 163 f.

[8] Zu Hermann Josef Abs: Lothar Gall: Der Bankier. Hermann Josef Abs, München 2004.

[9] Siehe Ernst Forsthoff: Der totale Staat, Hamburg 1933, S. 42.

[10] Manuskript im Privatarchiv Brakelmann.

[11] Zu Otto Heinrich von der Gablentz: Wh, S. 60 f., Br. 1, S. 61 ff.; zu Berneuchen: Das Berneuchener Buch. Vom Anspruch des Evangeliums auf die Kirchen der Reformation, hrsg. von der Berneuchener Konferenz, Hamburg 1926, Neudruck Darmstadt 1978.

[12] In: Die Kirche Christi und die Welt der Nationen, Frauenfeld u. Leipzig

1938, S. 67 ff.; Die Kirche und die internationale Krisis, in: Armin Boyens, Kirchenkampf und Ökumene. Darstellung und Dokumentation, Bd. 1: 1933–1939, München 1969, S. 397 ff.

[13] Fälschlicherweise schreibt Ger van Roon einige Briefe, die Gablentz an Moltke geschrieben hat, Yorck zu.

[14] Zu Horst von Einsiedel: RN, S. 88 ff., Wh, S. 38 ff., Br. 1, S. 60 f.

[15] Zu Adam Trott: RN, S. 141 ff., Wh, S. 26 ff., Br. 1, S. 54 ff.; Clarita von Trott zu Solz: Adam von Trott zu Solz. Eine Lebensbeschreibung, Berlin 1994.

[16] Zu Carl Dietrich von Trotha: RN, S. 94 ff., Wh, S. 35 ff., Br. 1, S. 58 ff.; zu Adolf Reichwein: RN, S. 100 ff., Wh, S. 40 ff., Br. 1, S. 63 ff.

[17] Vgl. zu Fritz-Dietlof von der Schulenburg: Ulrich Heinemann: Ein konservativer Rebell. Fritz-Dietlof Graf von der Schulenburg und der 20. Juli, München 1994.

[18] Vgl. Marikje Smid: Hans von Dohnanyi – Christine Bonhoeffer. Eine Ehe im Widerstand gegen Hitler, Gütersloh 2002, S. 225 ff.

[19] Zu Klaus Bonhoeffer vgl. Emmi Bonhoeffer: Essay – Gespräch – Erinnerung, Berlin 2004; zu Ernst von Harnack: Ernst von Harnack, Jahre des Widerstands 1932–1945, hrsg. von Gustav-Adolf von Harnack, Pfullingen 1989; zu Ernst Strassmann: Horst Sassin: Liberale im Widerstand, Hamburg 1993.

[20] Vgl. zum Ganzen: Peter Hoffmann: Widerstand, Staatsstreich, Attentat. Der Kampf der Opposition gegen Hitler, München, 2. Auflage 1970, Kap. IV u. V, S. 69 ff.; zu Franz Halder: Christian Hartmann: Halder. Generalstabschef Hitlers 1938–1942, Paderborn 1991; Gerd R. Ueberschär: Generaloberst Franz Halder, in: Hitlers militärische Elite, hrsg. von Gerd R. Ueberschär, Bd. 1, Darmstadt 1998, S. 79 ff.; zu Walther von Brauchitsch: Samuel W. Mitcham/Gene Mueller: Generalfeldmarschall Walther von Brauchitsch, in: ebd., S. 45 ff.

[21] «Unternehmen Barbarossa». Der deutsche Überfall auf die Sowjetunion. Berichte, Analysen, Dokumente, hrsg. von Gerd R. Ueberschär u. Wolfram Wette, Paderborn 1984, S. 312.

[22] Ebd., S. 314.

[23] Vgl. zu Karl Ludwig von und zu Guttenberg: Maria Theodora von dem Bottlenberg-Landsberg: Karl Ludwig Freiherr von und zu Guttenberg 1902–1945, Berlin 2003.

[24] «Die Geschichte vom Antichrist» erschien in Deutschland 1914 und 1935, «Krieg und Frieden» erstmals in deutscher Sprache 1885.

[25] Siehe Carlo Schmid: Erinnerungen, Bern u. a. 1979, S. 198 ff.

6. Arbeit an der Neuordnung Deutschlands (1941–1942)

[1] Vgl. Walter Lipgens: Europa-Föderationspläne der Widerstandsbewegungen 1940–1945, München 1968.

[2] Vgl. Daniela Rüther: Der Widerstand des 20. Juli auf dem Weg in die Soziale Marktwirtschaft. Die wirtschaftspolitischen Vorstellungen der bürgerlichen Opposition gegen Hitler, Paderborn 2002.

[3] Zu Hans Bernd von Haeften: RN, S. 151 ff., Wh, S. 31 ff., Br. 1, S. 70 ff.; Barbara von Haeften: «Nichts Schriftliches von Politik». Hans Bernd von Haeften – ein Lebensbericht, Tutzing 1997.

[4] Zu Theodor Steltzer: RN, S. 132 ff., Wh, S. 62 ff., Br. 1, S. 68 ff.

[5] Zu Harald Poelchau: RN, S. 160 ff., Wh, S. 54 ff., Br. 1, S. 72 ff.

[6] Zu Konrad von Preysing vgl. Walter Adolph: Kardinal Preysing und zwei Diktaturen, Berlin 1971; Stephan Adam: Die Auseinandersetzung des Bischofs Konrad von Preysing mit dem Nationalsozialismus in den Jahren 1933–1945, St. Ottilien 1996; Wolfgang Knauft: Konrad von Preysing: Anwalt des Rechts, Berlin 1998.

[7] Vgl. Antonia Leugers: Gegen eine Mauer bischöflichen Schweigens. Der Ausschuß für Ordensangelegenheiten und seine Widerstandskonzeption 1941 bis 1945, Frankfurt a. M. 1996.

[8] Vgl. etwa den Hirtenbrief vom 13. Februar 1938, die Information des Deutschen Episkopats durch den Bischof von Berlin über die Lage der Katholisch-Kirchlichen Presse im Sommer 1938, das Schreiben an den Reichsminister für Volksaufklärung und Propaganda vom 29. August 1938, den langen Beschwerdebrief über die Behauptungen des «Schwarzen Korps», die Hirtenbriefe vom 3. Mai 1939 und vom 8. September 1941 sowie die Predigt über die Heiligkeit jeden Lebens vom 2. November 1941. In: Dokumente aus dem Kampf der katholischen Kirche im Bistum Berlin gegen den Nationalsozialismus, hrsg. vom Bischöflichen Ordinariat, Berlin 1946.

[9] Ebd., S. 114 ff.

[10] Ebd., S. 118; Text auch in: Walter Adolph, Kardinal Preysing und zwei Diktaturen, Berlin 1971, S. 171 ff.

[11] Zu Theophil Wurm vgl. Landesbischof D. Wurm und der nationalsozialistische Staat 1940–1945, hrsg. von Gerhard Schäfer, Stuttgart 1968.

[12] Siehe Eugen Gerstenmaier: Streit und Friede hat seine Zeit. Ein Lebensbericht, Berlin 1981, S. 151; vgl. Daniela Gniss: Der Politiker Eugen Gerstenmaier 1906–1986. Eine Biographie, Düsseldorf 2005.

[13] Schreiben vom 9. Dezember 1941 in: Heinrich Hermelink: Kirche im Kampf. Dokumente des Widerstands und des Aufbaus in der evangelischen Kirche Deutschlands von 1933 bis 1945, Tübingen u. Stuttgart 1950, S. 539 ff.

[14] Ebd., S. 551 ff.

[15] Ebd., S. 553 ff.

[16] Zu Carlo Mierendorff: RN, S. 123 ff., Wh, S. 47 ff., Br. 1, S. 76 ff.; Richard Albrecht: Der militante Sozialdemokrat Carlo Mierendorff 1897–1943, Berlin u. Bonn 1987.

[17] Zu Wilhelm Leuschner: Br. 1, S. 91 ff.

[18] Zu Hermann Maaß: Br. 1, S. 93 ff.

[19] Zu Augustin Rösch: RN, S. 75 ff., Wh, S. 75 ff., Br. 1, S. 81 f.

[20] Zu Alfred Delp: RN, S. 170 ff., Wh, S. 80 ff., Br. 1, S. 83 ff.; zu Lothar König: RN, S. 200 ff., Wh, S. 77 ff., Br. 1, S. 82 f.

[21] vgl. Anm. 7.

[22] Zum Widerstand in München vgl. Marion Detjen: «Zum Staatsfeind ernannt …». Widerstand, Resistenz und Verweigerung gegen das NS-Regime in München, München 1998.

[23] Zu Eugen Gerstenmaier: RN, S. 189 ff., Wh, S. 57 ff., Br. 1, S. 75 ff.; zu Paulus van Husen: RN, S. 195 ff., Wh, S. 69 ff., Br. 1, S. 88 f., vgl. Frank Schindler: Paulus van Husen im Kreisauer Kreis, Paderborn 1996.

[24] Zu Hans Lukaschek: RN, S. 116 ff., Wh, S. 66 ff., Br. 1, S. 86 ff.; vgl. Hans-Ludwig Abmeier: Die Rolle von Hans Lukaschek im deutschen Widerstand, in: Nationalsozialismus und Widerstand in Schlesien, hrsg. von Lothar Bossle u. a., Sigmaringen 1989, S. 159 ff.

[25] Zu Julius Leber: RN, S. 204 ff., Wh, S. 51 ff., Br. 1, S. 95 ff.

[26] Vgl. Franz Josef Furtwängler, Graf Helmuth von Moltke, in: ders.: Männer, die ich sah und kannte, Hamburg 1951.

[27] Siehe Albrecht von Kessel: Verborgene Saat. Aufzeichnungen aus dem Widerstand 1933–1945, hrsg. von Peter Steinbach, Berlin 1992, S. 209 f.

[28] Zu Albrecht Haushofer vgl. Ursula Laack-Michel: Albrecht Haushofer und der Nationalsozialismus. Ein Beitrag zur Zeitgeschichte, Stuttgart 1974.

[29] Zu Caesar von Hofacker vgl. Wilhelm von Schramm: Der 20. Juli in Paris, Bad Wörishofen 1953; Ulrich Heinemann: Caesar von Hofacker – Stauffenbergs Mann in Paris, in: «Für Deutschland» Die Männer des 20. Juli, hrsg. von Klemens von Klemperer u. a., Frankfurt a. M. u. Berlin 1994, S. 108 ff.; Friedrich Freiherr Hiller von Gaertringen: Cäsar von Hofacker, in: Zeugen des Widerstands, hrsg. von Joachim Mehlhausen, Tübingen 1996, S. 65 ff.

[30] Siehe Kap. 4, Anm. 1.

[31] Zu Botho von Wussow siehe Detlef von Schwerin, Die Jungen des 20. Juli 1944, Berlin 1991, S. 46 ff.

[32] Hans Schlange-Schöningen: Am Tage danach, Hamburg 1946, S. 193 f.; zu Schlange-Schöningen vgl. Günter J. Trittel: Ein vergessener Politiker der «ersten Stunde», in: Vierteljahrshefte für Zeitgeschichte 35 (1987), H. 1, S. 25 ff.

7. Konspirative «Staatsreisen» (1940–1942)

[1] Zu Otto Kiep vgl. Otto Carl Kiep: Mein Lebensweg 1886–1944. Aufzeichnungen während der Haft, hrsg. von Hildegard Rauch und Hanna Clements, München 1982.

[2] Vgl. Hans-Jürgen Döscher: Das Auswärtige Amt im Dritten Reich. Diplomatie im Schatten der «Endlösung», Berlin 1987.

[3] Zu Alexander von Falkenhausen vgl. Wilfried Wagner: Belgien in der deut-

schen Politik während des Zweiten Weltkrieges, Boppard am Rhein 1974;
siehe «Falkenhausen. Stationen eines tragischen Lebens. Nach handschrift-
lichen Aufzeichnungen», in: «Christ und Welt» vom 12., 19., 26. Oktober
und 2. November 1950; Hsi-Huey Liang: The Sino-German Connection.
Alexander von Falkenhausen between China und Germany 1900–1941, As-
sen 1978.
4 Zu Eivind Berggrav vgl. Sven Stolpe: Eivind Berggrav. Bischof von Norwegen, München 1951; Alex Johnson: Eivind Berggrav. Mann der Spannung,
Göttingen 1960; Die öffentliche Verantwortung der Evangelisch-Luthe-
rischen Kirche in einer Bekenntnissituation. Das Paradigma des norwegischen Kirchenkampfes, hrsg. von der Lutherakademie Ratzeburg, Erlangen 1984; Arnd Heling: Die Theologie Eivind Berggravs im norwegischen
Kirchenkampf. Ein Beitrag zur politischen Theologie im Luthertum, Neu-
kirchen 1992 (Lit.); Gunnar Heiene: Eivind Berggrav. Ein Biographie, Göttingen 1997; zu Kontakten der Kreisauer zu Norwegen vgl. RN, S. 324 ff.
5 Zu Dietrich Bonhoeffer siehe die beiden Biographien: Eberhard Bethge:
Dietrich Bonhoeffer. Theologe – Christ – Zeitgenosse, München 1967,
S. 844 f.; Ferdinand Schlingensiepen: Dietrich Bonhoeffer 1906–1945. Eine
Biographie, München 2005.
6 Siehe Eberhard Bethge, Dietrich Bonhoeffer. Theologe – Christ – Zeitgenosse, München 1967, S. 847.
7 Vgl. Schilderung in: Willem Visser't Hooft, Die Welt war meine Gemeinde,
München 1974, S. 188 ff.
8 Ebd., S. 192 f.
9 Vgl. Freya von Moltke: Die Kreisauerin. Gespräch mit Eva Hoffmann in der
Reihe «Zeugen des Jahrhunderts», hrsg. von Ingo Hermann, Göttingen
1992; dies.: Erinnerungen an Kreisau 1930–1945, München 1997.

8. *Konflikte und Krisen (1942–1943)*

1 Siehe die biographische Skizze über Carlo Mierendorff in: Br. 2, S. 299 ff.;
Richard Albrecht, Der militante Sozialdemokrat Carlo Mierendorff 1897–
1943, Berlin u. Bonn 1987, S. 102 ff.
2 Siehe Ulrich von Hassell: Die Hassell-Tagebücher 1938–1944. Aufzeichnungen vom Andern Deutschland, Berlin 1988, S. 340.
3 Zu Ludwig Beck vgl. Klaus-Jürgen Müller: Generaloberst Ludwig Beck, in:
Hitlers militärische Elite, hrsg. von Gerd R. Ueberschär, Bd. 1, S. 9 ff.; Wilhelm von Schramm: Beck und Goerdeler. Gemeinschaftsdokumente für den
Frieden 1941–1944, München 1965.
4 Zu Carl Friedrich Goerdeler vgl. Gerhard Ritter: Carl Goerdeler und die
deutsche Widerstandsbewegung, Stuttgart 1954; Politische Schriften und
Briefe Carl Friedrich Goerdelers, hrsg. von Sabine Gillmann und Hans
Mommsen, 2 Bde., München 2003.

⁵ Zu Ulrich von Hassell vgl. Gregor Schöllgen: Ulrich von Hassell 1881–1944. Ein Konservativer in der Opposition, München 1990.

⁶ Zu Johannes Popitz vgl. Gerhard Schultz: Johannes Popitz, in: 20. Juli. Porträts des Widerstands, hrsg. von Rudolf Lill und Heinrich Oberreuter, Düsseldorf u. Wien 1984, S. 237 ff.

⁷ Zu Jens Jessen vgl. Günter Schmölders: In memoriam Jens Jessen (1895–1944), in: Schmollers Jahrbuch, 1. Halbbd., Berlin 1949, S. 3 ff.; Klaus Scholder: Die Mittwochsgesellschaft. Protokolle aus dem geistigen Deutschland 1932–1944, Berlin 1982.

⁸ Siehe Ulrich von Hassell: Die Hassell-Tagebücher 1938–1944. Aufzeichnungen vom Andern Deutschland, Berlin 1988, S. 347.

⁹ Ebd., S. 418.

¹⁰ Siehe Eugen Gerstenmaier: Streit und Friede hat seine Zeit. Ein Lebensbericht, Berlin 1981, S. 169.

¹¹ Text in: Konferenzen und Verträge: Vertrags-Ploetz. Ein Handbuch geschichtlich bedeutsamer Zusammenkünfte und Vereinbarungen, hrsg. von Helmuth K. G. Rönnefarth u. Heinrich Euler, S. 209 ff.

¹² Siehe Stauffenberg-Zitat in: Christian Müller: Oberst i. G. Stauffenberg. Eine Biographie, Düsseldorf 1971, S. 216.

9. Reisen im Dienst des «anderen Deutschland» (Frühjahr 1943)

¹ Die folgenden Zitate Berggravs aus Wh, S. 232 ff.

² Vgl. Klemens von Klemperer: Die verlassenen Verschwörer. Der deutsche Widerstand auf der Suche nach Verbündeten 1938–1945, Berlin o. J. (1985), S. 259 f.

³ Zu anderen Ergebnissen kommt heute Stephan Malinowski: Vom König zum Führer. Deutscher Adel und Nationalsozialismus, 2. Auflage, Frankfurt a. M. 2004.

⁴ Vgl. Norman Davies: Aufstand der Verlorenen. Der Kampf um Warschau 1944, München 2004.

⁵ Text in: Konferenzen und Verträge: Vertrags-Ploetz. Ein Handbuch geschichtlich bedeutsamer Zusammenkünfte und Vereinbarungen, hrsg. von Helmuth K. G. Rönnefarth u. Heinrich Euler, S. 216; vgl. Robert H. Keyserling: 1. November 1943: Die Moskauer Deklaration – Die Alliierten, Österreich und der zweite Weltkrieg, in: Österreich im 20. Jahrhundert, hrsg. von Rolf Steininger und Michael Gehler, Bd. 2, Wien u. a. 1997, S. 9 ff.; Günter Bischof: Die Planung und Politik der Alliierten 1940–1954, in: ebd., S. 107 ff.; vgl. zum österreichischen Widerstand: Erika Weinzierl: Der österreichische Widerstand 1938–1945, in: Das neue Österreich. Die Geschichte der Zweiten Republik, hrsg. von Erika Weinzierl, Wien 1975, S. 11 ff.; dies.: Widerstand, Verfolgung und Zwangsarbeit 1934–1945, in: Österreich im 20. Jahrhundert, hrsg. von Rolf Steininger und Michael Gehler, Bd. 1, Wien

u. a. 1997, S. 411 ff.; W. Neugebauer: Der Widerstand in Österreich, in: Europäischer Widerstand im Vergleich. Die Internationalen Konferenzen Amsterdam, hrsg. von Ger van Roon, Berlin 1985, S. 141 ff.; Harry Slapnikka: Heinrich Gleißner. Vom Arbeitersohn zum ersten Mann Oberösterreichs, Wien 1987; Karl Gruber: Ein politisches Leben. Österreichs Weg zwischen den Diktaturen, Wien u. a., 1976; Ernst Harnisch: Franz Rehrl. Sein Leben, in: Franz Rehrl, Landeshauptmann von Salzburg 1922–1938, hrsg. von Wolfgang Huber, Salzburg 1975; Lois Weinberger: Tatsachen, Begegnungen und Gespräche. Ein Buch um Österreich, Wien 1948.

[6] Vgl. RN, S. 329 ff., Wh, S. 170 ff.

[7] Zu Alexander von Falkenhausen vgl. die Kurzcharakteristik von Klemens von Klemperer: Die verlassenen Verschwörer. Der deutsche Widerstand auf der Suche nach Verbündeten 1938–1945, Berlin 1994, S. 321 f.

[8] Ulrich von Hassell: Die Hassell-Tagebücher 1938–1944. Aufzeichnungen vom Andern Deutschland, Berlin, 1988, S. 385 f.

[9] Carlo Schmid: Erinnerungen, Bern u. a. 1979, S. 198 ff.

[10] Ebd., S. 201.

[11] Ebd., S. 199.

[12] Zu Karl-Heinrich von Stülpnagel vgl. Friedrich-Christian Stahl: General Karl-Heinrich von Stülpnagel, in: Hitlers militärische Elite, hrsg. von Gerd R. Ueberschär, Bd. 1, Darmstadt 1998, S. 240 ff.

[13] Vgl. Walter Bargatzky: Hotel Majestic. Ein Deutscher im besetzten Frankreich, Freiburg 1987.

10. Letzte Entwürfe und letzte Reisen (Sommer und Herbst 1943)

[1] Vgl. Hans Mommsen: Carlo Mierendorffs Programm der «Sozialistischen Aktion», in: Freiheit gestalten, Festschrift für Günter Brakelmann, hrsg. von Dirk Bockermann Göttingen 1996, S. 322 ff.

[2] Siehe Eugen Gerstenmaier: Streit und Friede hat seine Zeit. Ein Lebensbericht. Berlin 1981, S. 173 f.

[3] Alle Thesen in: Klemens von Klemperer: Die verlassenen Verschwörer. Der deutsche Widerstand auf der Suche nach Verbündeten 1938–1945, Berlin 1994, S. 496.

[4] Zu Alexander von Falkenhausen: Wh, S. 172.

[5] Zu Caesar von Hofacker vgl. Friedrich Freiherr Hiller von Gaertringen, Cäsar von Hofacker, in: Zeugen des Widerstands, hrsg. von Joachim Mehlhausen, Tübingen 1996, S. 65 ff.; Gerd R. Ueberschär: Cäsar von Hofacker und der deutsche Widerstand gegen Hitler in Paris, in: Frankreich und Deutschland im Krieg, hrsg. von Stefan Martens und Maurice Vaisse, Bonn 2000.

[6] Zu Werner Best vgl. Ulrich Herbert: Best. Biographische Studien über Radikalismus, Weltanschauung und Vernunft, 1903–1989, Bonn 1996.

[7] Hitler-Anordnung, in: «Führer-Erlasse» 1939–1945, hrsg. von Martin Moll, Stuttgart 1997, S. 362.

[8] Zu Alexander Rüstow vgl. Jan Hegner: Alexander Rüstow: ordnungspolitische Konzeption und das wirtschaftspolitische Leitbild der Nachkriegszeit in der BRD, Stuttgart 2000; von Alexander Rüstow selbst siehe: Ortsbestimmung der Gegenwart, 3 Bde., 1950–1957, gekürzte Fassung 2005.

[9] Vgl. USA und deutscher Widerstand. Analysen und Operationen des amerikanischen Geheimdienstes im Zweiten Weltkrieg, hrsg. von Jürgen Heideking und Christof Mauch, Tübingen u. Basel 1993; Petra Marquardt-Bigman: Amerikanische Geheimdienstanalysen über Deutschland 1942–1949, München 1995.

[10] Zu Gustav Adolf Steengracht vgl. Hans-Jürgen Döscher, Das Auswärtige Amt im Dritten Reich, Berlin 1987, S. 190 f.

[11] Vgl. Bodo Scheurig: Freies Deutschland. Das Nationalkomitee und der Bund deutscher Offiziere in der Sowjetunion 1943–1945, Köln 1984.

[12] Text in: Konferenzen und Verträge: Vertrags-Ploetz. Ein Handbuch geschichtlich bedeutsamer Zusammenkünfte und Vereinbarungen, hrsg. von Helmuth K. G. Rönnefarth u. Heinrich Euler, S. 219.

[13] Vgl. Jürgen Heideking/Christof Mauch: Das Herman-Dossier. Helmuth James Graf von Moltke, die deutsche Emigration in Istanbul und der amerikanische Geheimdienst Office of Strategic Services (OSS), in: Vierteljahrshefte für Zeitgeschichte 40 (1992), S. 567 ff.

[14] Siehe Eugen Gerstenmaier: Der Kreisauer Kreis. Zu dem Buch Gerrit van Roons «Neuordnung im Widerstand» in: Vierteljahrshefte für Zeitgeschichte 15 (1967), S. 239.

[15] Brief von Alfred Schwarz, in: USA und deutscher Widerstand. Analysen und Operationen des amerikanischen Geheimdienstes im Zweiten Weltkrieg, hrsg. von Jürgen Heideking und Christof Mauch, Tübingen u. Basel 1993, S. 56 ff.

[16] Ebd., S. 58.

[17] Ebd., S. 64 f.

[18] Siehe Jürgen Heideking/Christof Mauch: Das Herman-Dossier. Helmuth James Graf von Moltke, die deutsche Emigration in Istanbul und der amerikanische Geheimdienst Office of Strategic Services (OSS), in: Vierteljahrshefte für Zeitgeschichte 40 (1992), S. 594.

[19] Ebd., S. 592.

[20] Ebd.

[21] Ebd., S. 597 ff., Zitat S. 598.

[22] Ebd., S. 609 ff., Zitat S. 611.

[23] Ebd., S. 621 ff.; USA und deutscher Widerstand. Analysen und Operationen des amerikanischen Geheimdienstes im Zweiten Weltkrieg, hrsg. von Jürgen Heideking und Christof Mauch, Tübingen u. Basel 1993, S. 66 f., Zitat S. 67.

[24] Siehe Jürgen Heideking/Christof Mauch: Das Herman-Dossier. Helmuth James Graf von Moltke, die deutsche Emigration in Istanbul und der amerikanische Geheimdienst Office of Strategic Services (OSS), in: Vierteljahrshefte für Zeitgeschichte 40 (1992), S. 615 ff.; Zitat S. 616.

[25] Ebd., S. 616 ff.

[26] Ebd., S. 616.

[27] Siehe: USA und deutscher Widerstand. Analysen und Operationen des amerikanischen Geheimdienstes im Zweiten Weltkrieg, hrsg. von Jürgen Heideking und Christof Mauch, Tübingen u. Basel 1993, S. 77 ff.

[28] Ebd., S. 68.

[29] Siehe Jürgen Heideking/Christof Mauch: Das Herman-Dossier. Helmuth James Graf von Moltke, die deutsche Emigration in Istanbul und der amerikanische Geheimdienst Office of Strategic Services (OSS), in: Vierteljahrshefte für Zeitgeschichte 40 (1992), S. 583, Anm. 72.

11. «Das Gefühl eines vollständigen Stillstandes überall» (Herbst und Winter 1943–1944)

[1] Siehe Wilhelm Wengler: Völkerrecht, 2 Bde., Berlin 1964, S. X f.; Kolloquium der Hans-Seidel-Stiftung zum 80. Geburtstag «Zur Rechtslage Deutschlands – innerstaatlich und international», München 1987.

[2] Vgl. Wilhelm Wengler: Vorkämpfer der Völkerverständigung und Völkerrechtsgelehrter als Opfer des Nationalsozialismus, H. J. von Moltke, in: Die Friedens-Warte 1948, S. 297 ff.

[3] Siehe Dorothea Beck: Julius Leber. Sozialdemokrat zwischen Reform und Widerstand, München 1994, S. 182 ff.

[4] Zum Verhältnis zwischen Stauffenberg und Moltke vgl. Christian Müller: Oberst i. G. Stauffenberg. Eine Biographie, Düsseldorf 1971, S. 366 ff.

[5] Siehe Eugen Gerstenmaier: Streit und Friede hat seine Zeit. Ein Lebensbericht, Berlin 1981, S. 222 f.

[6] Vgl. Hermann Bösch: Heeresrichter Dr. Karl Sack im Widerstand, München 1967; Manfred Messerschmidt: Die Wehrmachtjustiz 1933–1945, Paderborn 2005.

[7] Zu Eduard Waetjen vgl. Walter Laqueur/Richard Breitman: Der Mann, der das Schweigen brach, Frankfurt a. M. u. Berlin 1986.

[8] Zu Hanns Lilje vgl. Harry Oelke: Hanns Lilje. Ein Lutheraner in der Weimarer Republik und im Kirchenkampf, Stuttgart 1999.

[9] Vgl. Andreas Hillgruber/Gerhard Hümmelchen, Chronik des Zweiten Weltkrieges, Düsseldorf 1978, S. 105.

12. «Helmuth ist verreist» (1944–1945)

[1] Siehe Hanns Lilje: Im finstern Tal, Nürnberg 1947, S. 11 ff., Neudruck Hannover 1999, S. 30 ff.

[2] Zum Solf-Kreis vgl. die kurze Übersicht in: Lexikon des Deutschen Widerstandes, hrsg. von Wolfgang Benz u. Walter H. Pehle, Frankfurt a. M. 1994, S. 298 ff.

[3] Vgl. Isa Vermehrens Schilderungen über Ravensbrück in: dies.: Reise durch den letzten Akt, Hamburg 1947; vgl. Bernhard Strebel: Das KZ Ravensbrück. Geschichte eines Lagerkomplexes, Paderborn 2003.

[4] Dieses und die folgenden Zitate stammen aus Briefen an Freya von Moltke aus der Haft in Ravensbrück, die bisher nicht publiziert sind. Freya von Moltke hat sie ebenso wie ein Tagebuch aus dieser Zeit freundlicherweise für diese Biographie zur Verfügung gestellt.

[5] Briefen und Tagebüchern zufolge las er: Deutsche Auslegung des Vaterunsers (1519), Ein Sermon von der Bereitung zum Sterben (1519), Vierzehn Tröstungen für Mühselige und Beladene (1520), An den christlichen Adel deutscher Nation (1520), Von der Babylonischen Gefangenschaft der Kirche (1520), Warum des Papstes und seiner Jünger Bücher von D. M. Luther verbrannt sind (1520), Von weltlicher Obrigkeit, wie weit man ihr Gehorsam schuldig sei (1523), Daß eine christliche Versammlung oder Gemeine Recht und Macht habe, alle Lehre zu beurteilen (1523), Vorreden zum Neuen Testament (1522), Vorreden zum Alten Testament (1523), Vom unfreien Willen (1525), Wider die himmlischen Propheten (1525), Verantwortung Dr. Martin Luthers auf das Büchlein wider die räuberischen und mörderischen Bauern (1525), Ob Kriegsleute auch in seligem Stande sein können (1526), Deutsche Messe und Ordnung des Gottesdienstes (1526), Vom Kriege wider die Türken (1529), Der große Katechismus (1529), Vermahnung zum Sakrament des Leibes und Blutes unseres Herrn (1530), Die Schmalkaldischen Artikel (1537) sowie die von Luther übersetzten Fabeln des Äsop.

[6] Walter Künneth: Theologie der Auferstehung, München 1933.

[7] Brief in Kopie durch Freya von Moltke.

[8] Karl Neuhaus wurde 1940 in Frankfurt a. M. promoviert mit dem Thema «Der Begriff des Volkstums in der evangelisch orientierten Wissenschaft»; siehe Eugen Gerstenmaiers Erfahrung mit Karl Neuhaus in: Eugen Gerstenmaier: Streit und Friede hat seine Zeit. Ein Lebensbericht, Berlin 1981, S. 203 ff.

[9] Siehe Marion Yorck von Wartenburg: Die Stärke der Stille. Erzählung eines Lebens aus dem deutschen Widerstand, Köln 1984, S. 83; Harald Poelchau. Pfarrer am Schafott der Nazis. Der authentische Bericht des Mannes, der über 1000 Opfer des Hitler-Regimes auf ihrem Gang zum Henker begleitete, hrsg. von Werner Maser, Rastatt 1982 S. 131.

[10] Eugen Gerstenmaier: Streit und Friede hat seine Zeit. Ein Lebensbericht, Berlin 1981, S. 204 f.

[11] Isa Vermehren: Reise durch den letzten Akt, Hamburg 1947, S. 28.

[12] Zu Peter Buchholz vgl. Peter Buchholz, der Seelsorger von Plötzensee, hrsg. von Anton Gundlach und Albert Panzer, Meitingen 1964; Viktor von Gostomski/Walter Loch: Der Tod von Plötzensee. Erinnerungen – Ereignisse – Dokumente 1942–1944, Frankfurt a. M. 1993.

[13] Brief an Ida Hübner als Kopie im Privatarchiv Brakelmann.

[14] Siehe Eugen Gerstenmaier: Streit und Friede hat seine Zeit. Ein Lebensbericht, Berlin 1981, S. 215 f.

[15] Siehe Hanns Lilje: Im finstern Tal, Nürnberg 1947, S. 61 f.

[16] In: Deutsches Recht, 1942, S. 149, zitiert bei: Diemut Majer: Grundlagen des nationalsozialistischen Rechtssystems, Stuttgart u. a. 1987, S. 108.

[17] Zitiert in: Roman Bleistein: Alfred Delp. Geschichte eines Zeugen, Frankfurt a. M. 1989, S. 376.

[18] Ebd., 377 f.

[19] Harald Poelchau: Die letzten Stunden. Erinnerungen eines Gefängnispfarrers, aufgezeichnet von Graf Alexander Stenbock-Fermor, Berlin 1949, S. 143 f.

Epilog: Die Stimme einer Amerikanerin

[1] Siehe die Einleitung von Jürgen Schebera in: Dorothy Thompson: Kassandra spricht, Wiesbaden 1988, S. 5 ff.

[2] Siehe «Hör zu, Hans!», in: ebd., S. 280.

[3] Siehe «Hör zu, Hans!», in: ebd., S. 274.

[4] Siehe «Deutsche, die Hitler bekämpften», in: Deutsche innere Emigration. Antinationalsozialistische Zeugnisse aus Deutschland, gesammelt und erläutert von Karl O. Paetel, New York 1946.

[5] Ebd., S. 26 f.

[6] Ebd., S. 21.

Literatur

Texte von Helmuth James von Moltke (chronologisch)

Youth Looks In and Out, in: *The Survey*, Sonderausgabe Februar 1929.

Zur Rechtsstellung der Dominions im Britischen Reich, in: *Zeitschrift für Öffentliches Recht und Völkerrecht 5* (1935), S. 935 ff.

Verfassungsrechtliche Fragen des Empire im Zusammenhang mit dem Thronwechsel, insbesondere in der Süd-Afrikanischen Union, in: *Zeitschrift für Öffentliches Recht und Völkerrecht 7* (1937), S. 634 ff.

Verteilung der gesetzgeberischen Zuständigkeit zwischen Dominion und Provinzen in Kanada, in: *Zeitschrift für Öffentliches Recht und Völkerrecht 7* (1937), S. 638 ff.

Die Lossagung Großbritanniens, Frankreichs, Australiens, Neuseelands, Südafrikas und Indiens von den Verpflichtungen der Fakultativklausel, Art. 36 des Statuts des Ständigen Internationalen Gerichtshofes, in: *Zeitschrift für Öffentliches Recht und Völkerrecht 9* (1939/1940), S. 620 ff.

Die britische Order in council vom 17. November 1939 über die Beschlagnahmung deutscher Ausfuhrverfahren, in: *Zeitschrift für Öffentliches Recht und Völkerrecht 10* (1940/1941), S. 110 ff.

Letzte Briefe aus dem Gefängnis Tegel 1945, Berlin 1951 (spätere Ausgaben erschienen unter dem Titel *Bericht aus Deutschland im Jahre 1943. Letzte Briefe aus dem Gefängnis Tegel 1945*, Zürich 1997).

Briefe an Freya 1939–1945, hrsg. von Beate Ruhm von Oppen, München 1988 (Neuausgabe München 2007).

Weitere Texte (chronologisch) in:

Curtis, Lionel: *A German of the Resistance. The last letters of Count Helmuth James von Moltke*, in: *Round Table 38* (1945/1946), S. 213 ff.

Roon, Ger van: *Neuordnung im Widerstand. Der Kreisauer Kreis innerhalb der deutschen Widerstandsbewegung*, München und Oldenburg 1967, S. 475 ff.

Schultz, Hans-Jürgen (Hrsg.): *Der 20. Juli – Alternative zu Hitler?*, Stuttgart und Berlin 1974, S. 96 ff.

Roon, Ger van (Hrsg.): *Helmuth James Graf von Moltke. Völkerrecht im Dienste der Menschen u. Dokumente*, Berlin 1986 (eine spätere Ausgabe erschien in der Reihe *Deutscher Widerstand 1933–1945. Zeitzeugnisse und Analysen*, hrsg. von Karl Otmar von Aretin, Ger van Roon und Hans Mommsen, München 1994).

Winterhager, Wilhelm Ernst: *Der Kreisauer Kreis. Porträt einer Widerstandsgruppe*, Berlin 1985, S. 215 ff.

Brakelmann, Günter: *Der Kreisauer Kreis. Chronologie, Kurzbiographien und Texte aus dem Widerstand*, 2. Auflage, Münster 2004.

Texte von Freya von Moltke (chronologisch)

Die letzten Monate in Kreisau. Ein Bericht von Freya von Moltke aus dem Jahre 1961, in: MB, S. 620 ff.

Freya von Moltke/Annedore Leber: *Die Männer des Widerstandes vor dem Volksgerichtshof*, Berlin und Frankfurt am Main 1960.

Freya von Moltke/Annedore Leber: *Für und wider. Entscheidungen in Deutschland*, Berlin 1961 (11. Auflage Berlin und München 1970).

Freya Moltke/Michael Balfour/Julian Frisby: *Helmuth James Graf von Moltke 1907–1945. Anwalt der Zukunft*, Stuttgart 1973 (Neuausgabe Stuttgart 1982).

Aus dem Kreisauer Kreis, in: *Widerstand und Verweigerung in Deutschland 1933–1945*, hrsg. von Richard Löwenthal und Patrik von zur Mühlen, Berlin 1982, S 173 ff. (Neuausgabe Bonn 1997).

Gespräch mit Freya von Moltke, in: *Mit dem Mut des Herzens. Die Frauen des 20. Juli*, hrsg. von Dorothee von Meding, Berlin 1992, S. 127 ff. (Neuausgabe München 1997).

Die Kreisauerin. Gespräch mit Eva Hoffmann in der Reihe «Zeugen des Jahrhunderts», hrsg. von Ingo Hermann, Göttingen 1992.

«Ich wusste immer, daß es auf Leben und Tod geht». Gespräch mit Annemarie Cordes und Ludwig Mehlhorn, in: *Menschen im Widerstand. Helmuth James von Moltke, 11. März 1907–23. Januar 1945. Dokumentation der Tagung am 22. und 23. Januar 1995*, red. von Ludwig Mehlhorn, Berlin 1995.

Erinnerungen an Kreisau 1930–1945, München 1997 (Neuauflage München 2003).

Die Verteidigung europäischer Menschlichkeit. Rede am 19. Juli 2004 in Berlin, in: *Aus Politik und Zeitgeschichte* 27 (2004), S. 3 ff.

Über Helmuth James von Moltke und den Kreisauer Kreis

Andreas-Friedrich, Ruth: *Der Schattenmann*, Berlin 1947 (2. Auflage Berlin 1986).

Bärenbrinker, Franz: *Welches Europa?*, in: *Jahrbuch/Kulturwissenschaftliches Institut 1997/1998*, Essen 1998, S. 120 ff

Blackwell, Leslie: *Helmuth James von Moltke*, in: *Murder, Mystery and the Law*, Cape Town 1963.

Brakelmann, Günter: *Der Kreisauer Kreis*, in: *Widerstand gegen die nationalsozialistische Diktatur 1933–1945*, hrsg. von Peter Steinbach und Johannes Tuchel, Berlin 2004, S. 358 ff.

–: *Der Kreisauer Kreis. Chronologie, Kurzbiographien und Texte aus dem Widerstand*, 2. Auflage, Münster 2004.

–: *Die Kreisauer: folgenreiche Begegnungen. Biographische Skizzen zu Helmuth James von Moltke, Peter Yorck von Wartenburg, Carlo Mierendorff und Theodor Haubach*, 2. Auflage, Münster 2004.

—: *Helmuth James von Moltke (1907–1945)*, in: *Zeugen einer besseren Welt. Christliche Märtyrer des 20. Jahrhunderts*, hrsg. von Karl-Joseph Hummel und Christoph Strohm, Leipzig 2000, S. 297 ff. (4. Auflage 2002).

—: *Helmuth James von Moltke und Alfred Delp*, in: *Der 20. Juli 1944 und das Erbe des deutschen Widerstands*, hrsg. von Günter Brakelmann und Manfred Keller, Münster 2005, S. 129 ff. (4. Auflage 2002).

—: *Kein theologischer Satz ist politisch unschuldig. Harald Poelchau in der Zeit der Weimarer Republik und des nationalsozialistischen Systems*, in: *Ohr der Kirche, Mund der Stummen: Harald Poelchau. Eine Tagung zu seinem 100. Geburtstag*, hrsg. von Ludwig Mehlhorn, Berlin 2004, S. 14 ff.

—: *Protestanten im Widerstand. Der Kreisauer Kreis um Helmuth James von Moltke*, in: *Für eine menschlichere Gesellschaft. Reden und Gegenrede*, Bd. 1, Bochum 1996, S. 89 ff.

Curtis, Lionel: *A German of the Resistance, the last letters of Count Helmuth James von Moltke*, in: *Round Table 38* (1945/1946), S. 213 ff.

Doering-Manteuffel, Anselm/Mehlhausen, Joachim (Hrsg.): *Christliches Ethos und der Widerstand gegen den Nationalsozialismus in Europa*, Stuttgart u. a. 1995.

Dohna, Lothar Graf zu: *Vom Kirchenkampf zum Widerstand. Probleme der Widerstandsforschung im Brennspiegel einer Fallstudie*, in: *Deutschland und Europa in der Neuzeit. Festschrift für Karl Ortmar Freiherr von Aretin*, hrsg. von Ralph Melville u. a., Stuttgart 1988, S. 857 ff.

Dönhoff, Marion Gräfin: *«Um der Ehre willen». Erinnerungen an die Freunde vom 20. Juli*, Berlin 1994 (3. Auflage Berlin 2003).

Finker, Kurt: *Der Kreisauer Kreis aus Sicht der bisherigen DDR-Forschung*, in: *Deutscher Widerstand – Demokratie heute: Kirche, Kreisauer Kreis, Ethik, Militär und Gewerkschaften*, hrsg. von Huberta Engel, Bonn u. a. 1992, S. 179 ff.

—: *Graf Moltke und der Kreisauer Kreis*, Berlin 1978 (Neuauflage 1993).

Furtwängler, Franz Josef: *Graf Helmuth von Moltke*, in: *Männer die ich sah und kannte*, Hamburg 1951, S. 217 ff.

Gerstenmaier, Eugen: *Der Kreisauer Kreis. Zu dem Buch Gerrit van Roons «Neuordnung im Widerstand»*, in: *Vierteljahrshefte für Zeitgeschichte 15* (1967), S. 221 ff.

—: *Helmuth James Graf von Moltke*, in: *20. Juli. Porträts des Widerstands*, hrsg. von Rudolf Lill und Heinrich Oberreuter, Düsseldorf und Wien 1984, S. 191 ff. (Neuauflage Düsseldorf 1995).

—: Streit und Friede hat seine Zeit. Ein Lebensbericht, Frankfurt/Main, 1981 (2. Auflage 1982).

Jarlert, Anders: *Europabilder der kirchlichen Widerstandsbestrebungen*, in: *Kirchliche Zeitgeschichte 12* (1999), S. 244 ff.

Jonca, Karol: *Der «Kreisauer Kreis» um Helmuth James von Moltke und der deutsche Widerstand aus polnischer Sicht (1940–1944)*, in: *Deutscher Widerstand – Demokratie heute: Kirche, Kreisauer Kreis, Ethik, Militär und Gewerkschaften*, hrsg. von Huberta Engel, Bonn u. a. 1992, S. 275 ff.

Karpen, Ulrich (Hrsg.): *Europas Zukunft. Vorstellungen des Kreisauer Kreises um Helmuth James Graf von Moltke*, Heidelberg 2005.

−/Schott, Andreas (Hrsg.): *Der Kreisauer Kreis. Zu den verfassungspolitischen Vorstellungen von Männern des Widerstandes um Helmuth Graf von Moltke*, Heidelberg 1996.

Kessel, Albrecht von: *Verborgene Saat. Aufzeichnungen aus dem Widerstand 1933−1945*, hrsg. von Peter Steinbach, Berlin 1992.

Klemperer, Klemens von: *Glaube, Religion, Kirche und der deutsche Widerstand gegen den Nationalsozialismus*, in: *Vierteljahrshefte für Zeitgeschichte* 28 (1980), S. 293 ff.

−: *Naturrecht und der deutsche Widerstand gegen den Nationalsozialismus. Ein Beitrag zur Frage des deutschen «Sonderwegs»*, in: *Vierteljahrshefte für Zeitgeschichte* 40 (1992), S. 323 ff.

Leber, Annedore (Hrsg.): *Das Gewissen steht auf. Lebensbilder aus dem deutschen Widerstand 1933−1945*, Frankfurt am Main 1954 (Neuausgabe Mainz 1984).

Mann, Golo: *Helmuth James von Moltke*, in: *Zwölf Versuche*, Frankfurt am Main 1973, S. 187 ff.

Mehlhorn, Ludwig (Red.): *Menschen im Widerstand: Helmuth James von Moltke. 11. März 1907−23. Januar 1945. Dokumentation der Tagung am 22. und 23. Januar 1995*. Berlin 1995.

Melnikow, Danill: *Der Kreisauer Kreis und die Gruppe Stauffenberg*, in: *Blätter für deutsche und internationale Politik* 10 (1965), S. 585 ff.

Moltke, Albrecht von: *Die wirtschafts- und gesellschaftspolitischen Vorstellungen des Kreisauer Kreises innerhalb der deutschen Widerstandsbewegung*, Köln 1989.

Moltke, Dorothy von: *Ein Leben in Deutschland: Briefe aus Kreisau und Berlin*, hrsg. von Beate Ruhm von Oppen, München 1999.

Moltke-Stiftung Berlin (Hrsg.): *Moltke-Almanach, Bd. 1: Die Herkunft der Mitglieder des engeren Kreisauer Kreises. Das biographische und genealogische Bild einer Widerstandsgruppe*, Berlin 1984.

Mommsen, Hans: *Der deutsche Widerstand gegen Hitler und die Überwindung der nationalstaatlichen Gliederung Europas*, in: *Nation und Gesellschaft in Deutschland. Historische Essays. Hans-Ulrich Wehler zum 65. Geburtstag*, hrsg. von Manfred Hettling und Paul Nolte, München 1996, S. 65 ff.

−: *Der Kreisauer Kreis und die künftige Neuordnung Deutschlands und Europas*, in: *Vierteljahrshefte für Zeitgeschichte* 42 (1994), S. 361 ff.

−: *Gesellschaftsbild und Verfassungspläne des deutschen Widerstandes*, in: *Der deutsche Widerstand* (1966), S. 73 ff. (auch in Hans Mommsen: *Alternative zu Hitler. Studien zur Geschichte des deutschen Widerstands*, München 2000)

−: *Kreisauer Vorstellungen als Antwort auf die Herausforderung des Nationalsozialismus*, in: *Bevölkerung, Wirtschaft, Gesellschaft seit der Industrialisierung. Festschrift für Wolfgang Köllmann*, hrsg. von Dietmar Petzina und Jürgen Reulecke, Dortmund 1990, S. 398 ff.

−: *Neuordnungspläne der Widerstandsbewegung des 20. Juli 1944*, in: *50. Jahrestag des Attentats vom 20. Juli 1944*, Bonn 1994, S. 19 ff.

−: *Verfassungs- und Verwaltungsreformpläne der Widerstandsgruppen des 20. Juli 1944*, in: *Der Widerstand gegen den Nationalsozialismus. Die deutsche Gesellschaft und der Widerstand gegen Hitler*, hrsg. von Jürgen Schmädeke und Peter Steinbach, München und Zürich 1985, S. 570 ff.

Poelchau, Harald: *Die Ordnung der Bedrängten. Erinnerungen des Gefängnisseelsorgers und*

Sozialpfarrers (1903–1972). Autobiographisches und Zeitgeschichtliches seit den Zwanziger Jahren, Berlin 1963 (Neuausgabe Teetz 2004).

—: *Pfarrer am Schafott der Nazis. Der authentische Bericht des Mannes, der über 1000 Opfer des Hitler-Regimes auf ihrem Gang zum Henker begleitete*, hrsg. von Werner Maser, Rastatt 1982 (Neuauflage Rastatt 1986).

—: *Die letzten Stunden. Erinnerungen eines Gefängnispfarrers*, aufgezeichnet von Graf Alexander Stenbock-Fermor, Berlin 1987 (Neuausgabe Köln 1991).

Ringshausen, Gerhard: *Die Begründung des Staates und der Stellenwert der Kirche*, in: *Deutscher Widerstand – Demokratie heute: Kirche, Kreisauer Kreis, Ethik, Militär und Gewerkschaften*, hrsg. von Huberta Engel, Bonn u. a. 1992, S. 203 ff.

Roon, Ger van: *Neuordnung im Widerstand. Der Kreisauer Kreis innerhalb der deutschen Widerstandsbewegung*, München und Oldenburg 1967.

—: *Graf Moltke als Völkerrechtler im OKW*, in: Vierteljahrshefte für Zeitgeschichte 18 (1970), S. 12 ff.

— (Hrsg.): *Helmuth James Graf von Moltke: Völkerrecht im Dienste der Menschen. Dokumente*, Berlin 1986.

—: *Der Kreisauer Kreis und das Ausland*, in: Aus Politik und Zeitgeschichte 50 (1986), S. 31 ff.

—: *Der Kreisauer Kreis. Neuordnung und Widerstand*, in: Geschichte in Wissenschaft und Unterricht 39 (1988), S. 142 ff.

—: *Der Kreisauer Kreis zwischen Widerstand und Umbruch*, Berlin 1985 (2. Auflage Berlin 1988).

Ruchniewicz, Krzysztof: *Das politische Denken des «Kreisauer Kreises» aus polnischer Sicht. Ausgewählte Probleme*, in: *Via Silesia. Beiträge der Gemeinschaft für deutsch-polnische Verständigung* (1999), S. 129 ff.

Ruhm von Oppen, Beate: *Helmuth James Graf von Moltke – Anführer der Jüngeren*, in: «Für Deutschland». Die Männer des 20. Juli, hrsg. von Klemens von Klemperer u. a., Frankfurt am Main und Berlin 1994, S. 169 ff.

Sarges-Köhler, Jochen: *«Es ist mir peinlich, daß ich mich von den Ereignissen so habe beeindrucken lassen». Zur Urteilskraft im Chaos*, in: Ludwig Mehlhorn (Red.): *Menschen im Widerstand: Helmuth James von Moltke. 11. März 1907–23. Januar 1945. Dokumentation der Tagung am 22. und 23. Januar 1995*. Berlin 1995, S. 5 ff.

Schlingensiepen, Ferdinand: *Die letzten Tage des Grafen Helmuth James von Moltke*, in: Deutsches Pfarrerblatt 102 (2002), S. 396 ff.

Schmölders, Günter: *Personalistischer Sozialismus. Die Wirtschaftsordnungskonzeption des Kreisauer Kreises der deutschen Widerstandsbewegung. Demokratische Existenz heute*, Bd. 17, Köln und Opladen 1969.

Schwerin, Franz Graf von: *Helmuth James von Moltke. Im Widerstand Zukunft denken. Zielvorstellungen für ein neues Deutschland*, Paderborn u. a. 1999.

Senat der Freien und Hansestadt Hamburg (Hrsg.): *Helmuth James Graf von Moltke: Reden anläßlich des 80. Geburtstages im Kaisersaal des Hamburger Rathauses am 11.3.1987*, Hamburg 1987.

Steinbach, Peter: *«Sie sind wie Chamäleons …». Helmuth James Graf von Moltke in den Wochen vor der «Wannseebesprechung» des 20. Januar 1942*. in: *Preußens Himmel breitet seine*

Sterne .... *Beiträge zur Kultur-, Politik- und Geistesgeschichte der Neuzeit. Festschrift zum 60. Geburtstag von Julius H. Schoeps*, hrsg. von Willi Jasper und Joachim H. Knoll, Hildesheim u. a. 2002, Bd. 2, S. 787 ff.

—: «*Wir werden gehenkt, weil wir gedacht haben*». *Ansprache zum Gedenken*, in: Ludwig Mehlhorn (Red.): *Menschen im Widerstand: Helmuth James von Moltke. 11. März 1907–23. Januar 1945. Dokumentation der Tagung am 22. und 23. Januar 1995*, Berlin 1995, S. 34 ff.

—: *Der Kreisauer Kreis in seiner historischen Bedeutung*, in: *Demokratie heute: Kirche, Kreisauer Kreis, Ethik, Militär und Gewerkschaften*, hrsg. von Huberta Engel, Bonn u. a. 1992, S. 161 ff.

—: *Die totalitäre Weltanschauungsdiktatur des 20. Jahrhunderts als Ausdruck «Politischer Religion» und als Bezugspunkt des antitotalitären Widerstands*, in: *Kirchliche Zeitgeschichte* 12 (1999), S. 20 ff.

—: *Helmuth James Graf von Moltke*, in: *Der 20. Juli 1944. Gesichter des Widerstands*, München 2004, S. 55 ff.

Steltzer, Theodor: *Sechzig Jahre Zeitgenosse*, München 1966.

—: *Von deutscher Politik. Dokumente, Aufsätze und Vorträge*, Frankfurt am Main 1949.

Thompson, Dorothy: *Deutsche, die Hitler bekämpften*, in: *Deutsche innere Emigration. Antinationalsozialistische Zeugnisse aus Deutschland*, hrsg. von Karl O. Paetel u. a., New York 1946, S. 9 ff.

—: *Listen, Hans*, Boston 1942. Deutsche Übersetzung in: Thompson, Dorothy: *Kassandra spricht. Antifaschistische Publizistik 1932–1942*, Wiesbaden 1988, S. 241 ff.

Tomberg, Friedrich: *Weltordnungsvisionen im deutschen Widerstand. Kreisauer Kreis mit Moltke – Goerdeler Gruppe – Honoratioren – Stauffenbergs weltanschauliche Motivation*, Berlin 2005.

Vermehren, Isa: *H. J. Graf von Moltke. Eine Skizze*, in: *Vom Widerstand lernen. Von der Bekennenden Kirche bis zum 20. Juli 1944*. hrsg. von Regina Claussen und Siegfried Schwarz, Bonn 1986, S. 87 ff.

—: *Reise durch den letzten Akt*. Hamburg 1946 (Neuausgabe unter dem Titel *Reise durch den letzten Akt. Ravensbrück, Buchenwald. Dachau: eine Frau berichtet*, Hamburg 2005).

Wasmund, Klaus: *Staat und Politik in der Gedankenwelt des Kreisauer Kreises*, in: *Jahrbuch der Schlesischen Friedrich-Wilhelm-Universität zu Breslau* 10 (1965), S. 386 ff.

Webersinn, Gerhard: *Helmuth James Graf von Moltke*, in: *Schlesische Lebensbilder* 5 (1968), S. 187 ff.

Websky, Wolfgang von: *Helmuth James Graf von Moltke*, in: *Große Deutsche aus Schlesien*, hrsg. von Herbert Hupka, 3. Auflage München 1985, S. 336 ff. (Erstausgabe München 1969).

Wengler, Wilhelm: *Vorkämpfer der Völkerverständigung und Völkerrechtsgelehrter als Opfer des Nationalsozialismus, H. J. von Moltke* in: *Die Friedens-Warte* 1948, S. 297 ff.

Winterhager, Wilhelm Ernst: *Der Kreisauer Kreis. Porträt einer Widerstandsgruppe*, Berlin u. a. 1985.

—: *Politischer Weitblick und moralische Konsequenz. Der Kreisauer Kreis in seiner Bedeutung für die Zeitgeschichte*, in: *Geschichte in Wissenschaft und Unterricht* 38 (1987), S. 402 ff.

Weitere Literatur zum Widerstand (Auswahl)

Albrecht, Richard: *Der militante Sozialdemokrat Carlo Mierendorff 1897–1943*, Berlin und Bonn 1987.

Benz, Wolfgang/Pehle, Walter H. (Hrsg.): *Lexikon des Deutschen Widerstandes*, Frankfurt am Main 1994 (2. Auflage 2004).

Bleistein, Roman: *Alfred Delp. Geschichte eines Zeugen*, Frankfurt am Main 1989.

Boveri, Margret: *Der Verrat im 20. Jahrhundert*, 4 Bde., Hamburg 1956–1960 (einbändige Gesamtausgabe 1976).

Buchheim, Hans/Schmitthenner, Walter (Hrsg.): *Der deutsche Widerstand gegen Hitler. Vier historisch-kritische Studien von Hermann Graml, Hans Mommsen, Hans Joachim Reichhardt und Ernst Wolf*, Köln und Berlin 1966.

Buchstab, Günter u. a. (Hrsg.): *Christliche Demokraten gegen Hitler. Aus Verfolgung und Widerstand zur Union*, Freiburg 2004 (die Erstausgabe erschien unter dem Titel *Verfolgung und Widerstand 1933–1945. Christliche Demokraten gegen Hitler*, Düsseldorf 1986).

Dulles, Allan Welsh: *Die Verschwörung in Deutschland*. Mit einem Geleitwort von Wolfgang von Eckardt, Zürich 1948 (Kassel 1949).

Engel, Huberta von (Hrsg.): *Deutscher Widerstand – Demokratie heute: Kirche, Kreisauer Kreis, Ethik, Militär und Gewerkschaften*, Bonn und Berlin 1992.

Fest, Joachim: *Staatsstreich. Der lange Weg zum 20. Juli*, Berlin 1994 (5. Auflage 2004).

Finker, Kurt: *Der 20. Juli 1944. Militärputsch oder Revolution?*, Berlin 1994.

Gisevius, Hans Bernd: *Bis zum bittern Ende*, Zürich 1946 (Neuauflage München u. a. 1982).

Graml, Hermann (Hrsg.): *Widerstand im Dritten Reich. Probleme, Ereignisse, Gestalten*, Frankfurt am Main 1984 (Neuausgabe 1994).

Hammer, Walter: *Theodor Haubach zum Gedächtnis*, Frankfurt am Main 1955.

Harnack, Ernst von: *Jahre des Widerstands 1932–1945*, hrsg. von Gustav Adolf von Harnack, Pfullingen 1989.

Hassell, Ulrich von: *Die Hassell-Tagebücher 1938–1944. Aufzeichnungen vom Andern Deutschland*. Nach der Handschrift revidierte und erweiterte Ausgabe, hrsg. von Friedrich Freiherr Hiller von Gaertingen, Berlin 1988 (2. Auflage 1989).

Heideking, Jürgen/Mauch, Christof: *Das Herman-Dossier. Helmuth James von Moltke, die deutsche Emigration in Istanbul und der amerikanische Geheimdienst Office of Strategic Services (OSS)*, in: *Vierteljahrshefte für Zeitgeschichte* 40 (1992), S. 567–623.

–: USA und deutscher Widerstand. Analysen und Operationen des amerikanischen Geheimdienstes im Zweiten Weltkrieg, Tübingen/Basel 1993.

Henk, Emil: *Die Tragödie des 20. Juli 1944. Ein Beitrag zur politischen Vorgeschichte*, Heidelberg 1946.

Hettling, Manfred/Nolte, Paul (Hrsg.): *Nation und Gesellschaft in Deutschland. Historische Essays*, München 1996.

Hildebrand, Klaus: *Die ostpolitischen Vorstellungen im deutschen Widerstand*, in: *Geschichte in Wissenschaft und Unterricht* 29 (1978), S. 213 ff.

Hoffmann, Peter: *Claus Schenk Graf von Stauffenberg und seine Brüder*, Stuttgart 1992 (Sonderausgabe 2004).

—: *Widerstand, Staatsstreich, Attentat. Der Kampf der Opposition gegen Hitler*, München 1969 (4., neu überarbeitete Auflage 1985).

Hoh, Tobias: *Widerstand und Internationale Beziehungen. Die außenpolitischen Initiativen von Adam von Trott für die deutsche Opposition 1937–1944*, Marburg 2003.

Hürten, Heinz: *Verfolgung, Widerstand und Zeugnis*, Mainz 1987.

Jens, Inge (Hrsg.): *Hans Scholl – Sophie Scholl: Briefe und Aufzeichnungen*, Berlin 1987 (8. Auflage Frankfurt am Main 2003).

Kershaw, Ian: *Hitlers Freunde in England. Lord Londonderry und der Weg in den Krieg*, München 2005.

Klemperer, Klemens von: *Glaube, Religion, Kirche und der deutsche Widerstand gegen den Nationalsozialismus*, in: *Vierteljahrshefte für Zeitgeschichte* 28 (1980), S. 293 ff.

—: *Die verlassenen Verschwörer. Der deutsche Widerstand auf der Suche nach Verbündeten 1938–1945*, Berlin 1994.

—/Syring, Enrico/Zitelmann, Rainer (Hrsg.): *«Für Deutschland». Die Männer des 20. Juli*, Frankfurt am Main und Berlin 1994.

Kopp, Otto (Hrsg.): *Widerstand und Erneuerung. Neue Berichte und Dokumente vom inneren Kampf gegen das Hitler-Regime*, Stuttgart 1966.

Kosthorst, Erich: *Die Geburt der Tragödie aus dem Geist des Gehorsams. Deutschlands Generäle und Hitler – Erfahrungen und Reflexionen eines Frontoffiziers*, Bonn 1998.

Leber, Annedore (Hrsg.): *Das Gewissen steht auf. 64 Lebensbilder aus dem deutschen Widerstand 1933–1945*, Berlin und Frankfurt am Main 1954 (neu hrsg. von Karl Dietrich Bracher, Mainz 1984).

Leverkühn, Paul: *Der geheime Nachrichtendienst der deutschen Wehrmacht im Kriege*, Frankfurt am Main 1957 (Neuausgabe 1964).

Lill, Rudolf/Oberreuter, Heinrich (Hrsg.): *20. Juli. Porträts des Widerstands*, Düsseldorf und Wien 1982 (aktualisierte und überarbeitete Neuauflage 1994).

Lindgren, Henrik: *Adam von Trotts Reisen nach Schweden 1942–1944. Ein Beitrag zur Frage der Auslandsverbindung des deutschen Widerstandes*, in: *Vierteljahrshefte für Zeitgeschichte* 18 (1970), S. 274 ff.

Löwenthal, Richard/Mühlen, Patrick von zur (Hrsg.): *Widerstand und Verweigerung in Deutschland 1933–1945*, Berlin und Bonn 1982 (Neuausgabe 1997).

Maier, Hedwig: *Die SS und der 20. Juli*, in: *Vierteljahrshefte für Zeitgeschichte* 14 (1966), S. 299 ff.

Militärgeschichtliches Forschungsamt (Hrsg.): *Das Deutsche Reich und der Zweite Weltkrieg*, 10 Bde., Stuttgart 1979 ff.

Mommsen, Hans: *Alternative zu Hitler. Studien zur Geschichte des deutschen Widerstandes*, München 2000.

—: *Der Nationalsozialismus und die deutsche Gesellschaft. Ausgewählte Aufsätze*, Hamburg 1991.

—: *Die Stellung der Sozialisten in der Bewegung des 20. Juli 1944*, Bochum 2002.

—: *Von Weimar nach Auschwitz. Zur Geschichte Deutschlands in der Weltkriegsepoche*, Stuttgart 1999 (Neuausgabe Berlin 2001).

Mueller, Michael: *Canaris. Hitlers Abwehrchef.* Biografie, Berlin 2006.

Mühlen, Bengt von zur/Bauer, Frank (Hrsg.): *Der 20. Juli in Paris. Verlauf – Hauptbeteiligte – Augenzeugen*, Berlin 1995.

Müller, Christian: *Oberst i. G. Stauffenberg. Eine Biographie*, Düsseldorf 1970.

Müller, Klaus-Jürgen (Hrsg.): *Der deutsche Widerstand 1933–1945*, Paderborn 1986 (2., durchgesehene und erweiterte Auflage 1990).

–/Dilks, David N. (Hrsg.): *Großbritannien und der deutsche Widerstand 1933–1944*, Paderborn 1994.

Pechel, Rudolf: *Deutscher Widerstand*, Zürich 1947.

Ramm, Arnim: *Kritische Analyse der Kaltenbrunner-Berichte über die Attentäter vom 20. Juli 1944. Ein Beitrag zur Geschichte des militärischen Widerstandes*, Marburg 2003.

Ramm, Hans-Joachim: *«… stets einem Höheren verantwortlich …». Christliche Grundüberzeugungen im innermilitärischen Widerstand gegen Hitler*, Stuttgart 1996.

Ringshausen, Gerhard/Voss, Rüdiger von (Hrsg.): *Die Ordnung des Staates und die Freiheit des Menschen. Deutschlandpläne im Widerstand und Exil*, Bonn 2000.

Ritter, Gerhard: *Carl Goerdeler und die deutsche Widerstandsbewegung*, Stuttgart 1954 (4. Auflage 1984).

Roon, Ger van: *Wilhelm Staehle. Ein Leben auf der Grenze 1877–1945*, München 1969 (Nachdruck Neuenhaus 1986).

–: *Widerstand im Dritten Reich. Ein Überblick*, München 1979 (7., überarbeitete Auflage 1998).

– (Hrsg.): *Europäischer Widerstand im Vergleich. Die internationalen Konferenzen Amsterdam*, Berlin 1985.

Rothfels, Hans: *Die deutsche Opposition gegen Hitler. Eine Würdigung*, Krefeld 1949 (Neuausgabe Zürich 1994).

–: *Zwei außenpolitische Memoranden der deutschen Opposition (Frühjahr 1942)*, in: *Vierteljahrshefte für Zeitgeschichte* 5 (1957), S. 388 ff.

–: *Trott und die Außenpolitik des Widerstandes*, in: *Vierteljahrshefte für Zeitgeschichte* 12 (1964), S. 300 ff.

Salewski, Michael/Schulze-Wegener, Guntram (Hrsg.): *Kriegsjahr 1944. Im Großen und im Kleinen*, Stuttgart 1995.

Sandkühler, Thomas (Hrsg.): *Europäische Integration. Deutsche Hegemonialpolitik gegenüber Westeuropa 1920–1960*, Göttingen 2002.

Scheurig, Bodo: *Deutscher Widerstand 1938–1944*, München 1969 (2. Auflage 1984).

Schlabrendorff, Fabian von: *Offiziere gegen Hitler*, Berlin 1984 (neue, durchgesehene und erweiterte Auflage München 1994).

Schmädeke, Jürgen/Steinbach Peter (Hrsg.): *Der Widerstand gegen den Nationalsozialismus. Die deutsche Gesellschaft und der Widerstand gegen Hitler*, München 1985 (3. Auflage 1994).

Schneider, Reinhold: *Gedenkwort zum 20. Juli*, Stuttgart 1946 (Freiburg 1947).

Scholl, Inge: *Die Weiße Rose*, Frankfurt am Main 1952 (11. Auflage 2005).

Schramm, Wilhelm von: *Der 20. Juli in Paris*, Wörishofen 1953 (spätere Auflagen erschienen unter dem Titel *Der Aufstand der Generäle. Der 20. Juli in Paris*, München 1978).

Schulz, Gerhard von (Hrsg.): *Geheimdienste und Widerstandsbewegungen im Zweiten Weltkrieg*, Göttingen 1982.

Sösemann, Bernd (Hrsg.): *Der Nationalsozialismus und die deutsche Gesellschaft. Einführung und Überblick*, Stuttgart und München 2002.

Steinbach, Peter/Tuchel, Johannes (Hrsg.): *Lexikon des Widerstandes 1933–1945*, München 1994 (2. überarbeitete und erweitere Auflage 1998).

–/Tuchel, Johannes (Hrsg.): *Widerstand in Deutschland 1933–1945. Ein historisches Lesebuch*, München 1994 (3., durchgesehene Auflage 2000).

–: *Widerstand im Widerstreit. Der Widerstand gegen den Nationalsozialismus in der Erinnerung der Deutschen. Ausgewählte Studien*, Paderborn u. a. 1994 (2., wesentlich erweiterte Auflage 2001).

–/Tuchel, Johannes (Hrsg.): *Widerstand gegen die nationalsozialistische Diktatur 1933–1945*, Berlin 2004.

–: *Der 20. Juli 1944. Gesichter des Widerstands*, Berlin 2004.

Ueberschär, Gerd R. (Hrsg.): *Der 20. Juli 1944. Bewertung und Rezeption des deutschen Widerstandes gegen das NS-Regime*, Köln 1994.

– (Hrsg.): *Der deutsche Widerstand gegen Hitler. Wahrnehmung und Wertung in Europa und den USA*, Darmstadt 2002.

–: *Stauffenberg. Der 20. Juli 1944*, Frankfurt am Main 2003.

–: *Für ein anderes Deutschland. Der deutsche Widerstand gegen den NS-Staat*, Darmstadt 2005 (Neuausgabe Frankfurt am Main 2006).

Weisenborn, Günther (Hrsg.): *Der lautlose Aufstand. Bericht über die Widerstandsbewegung des deutschen Volkes 1933–1945*, Hamburg 1953 (Neuauflage Hamburg 1981).

Zimmermann, Peter: *Theodor Haubach (1896–1945). Eine politische Biographie*, München und Hamburg 2004.

Zeittafel

11. März 1907	Geburt in Creisau als erstes von fünf Kindern von Helmuth von Moltke und Dorothy von Moltke, der Tochter von Jessie und Sir James Rose Innes aus Südafrika.
1912	Reise mit Eltern und Brüdern über England nach Kapstadt zu den Großeltern.
1913–1916	Unterricht durch Hauslehrer.
1916–1922	Besuch des Gymnasiums in Schweidnitz.
1919	Treffen mit den Großeltern in Holland.
1922–1923	Im Landerziehungsheim Schondorf am Ammersee.
1923–1925	Schulbesuch und Abitur am 20. März 1925 am Realgymnasium in Potsdam.
1925	Im Sommersemester Beginn des Studiums der Rechts- und Staatswissenschaften in Breslau.
1925–1926	Studium in Berlin.
1926–1927	Studium in Wien, Begegnungen im «Schwarzwaldkreis» in Wien und am Grundlsee.
1927	Über Ostern Praktikum bei Karl Ohle im Landratsamt Waldenburg.
1927–1928	Mitarbeit im «Schlesischen Arbeitslager» (Löwenberger Arbeitsgemeinschaft).
1927–1929	Abschluss des Studiums in Breslau.
1928	Umzug der Familie vom Schloss ins Berghaus.
1928–1929	Zahlreiche Reisen in Europa.
1929	Juristisches Referendarexamen in Breslau. Im Sommer am Gundlsee erste Begegnung mit Freya Deichmann aus Köln. Im Herbst kurze Tätigkeit in der Statistischen Abteilung der Berliner Handelsgesellschaft.
14. Okt. 1929	Generalbevollmächtigter des Vaters. Beginn einer langsamen wirtschaftlichen Konsolidierung des Guts zusammen mit dem neuen Gutsinspektor Adolf Zeumer.
1930–1932	Referendar an den Amtsgerichten in Reichenbach und Schweidnitz.
18. Okt. 1931	Heirat mit Freya Deichmann in Köln.
1931–1932	Aufenthalt in Kreisau.
ab Okt. 1932	Zweitwohnung in Berlin.

1932–1933	Praktikum bei den Rechtsanwälten Erich Koch-Weser und Alfred Carlebach, Tätigkeit als Gerichtsreferendar am Kammergericht Berlin.
1933/1934	Schulungslager für Juristen in Jüterbog.
10. Febr. 1934	Juristisches Assessorexamen.
Febr.–Sept. 1934	Reise mit Freya nach Südafrika, Rückreise über England.
März/April 1935	Informationsreise nach Bern, Genf, Paris, Den Haag und London.
11. Juni 1935	Tod der Mutter.
Juni 1935	Juristische Promotion von Freya von Moltke.
1935–1938	Gemeinsames Anwaltsbüro mit Karl von Lewinski in Berlin.
1935–1938	Mehrwöchige Aufenthalte in London im Rahmen der Ausbildung zum Barrister.
2. Nov. 1937	Geburt des Sohnes Helmuth Caspar.
5. Okt. 1938	Abschlussexamen in London.
1938–1939	Tätigkeit im Anwaltsbüro von Paul Leverkühn.
1938–1939	Kontaktaufnahme zu den späteren Mitgliedern des Kreisauer Kreises Horst von Einsiedel, Hans Peters, Adolf Reichwein, Theodor Haubach, Otto Heinrich von der Gablentz und Hans Lukaschek.
Febr. und Juni 1939	Besuche in London, um eine teilweise Übersiedlung vorzubereiten.
27. März 1939	Tod des Vaters.
1939	Erste kleine Schriften: «Bemerkungen zur Theorie der Selbstverwaltung», «Bemerkungen zur Hochschulbildung», «Arbeitsplan über Raum und Grenzen der Selbstverwaltung», «Die Kleinen Gemeinschaften».
22. Aug. 1939	Beginn der Briefe an Freya.
Sept. 1939	Dienstverpflichtung ins Amt Ausland/Abwehr des OKW als Kriegsverwaltungsrat und Sachverständiger für Völkerrecht, internationales Recht und Kriegsrecht.
1939–1942	Kontakte zu amerikanischen Journalisten und den Botschaftern Alexander C. Kirk und George F. Kennan.
16. Jan. 1940	Besuch bei Marion und Peter Yorck von Wartenburg in der Hortensienstraße 10, Beginn der Zusammenarbeit.
9.–11. Aug. 1940	Autofahrt mit dem Abteilungsleiter im Amt Ausland der Abwehr, Otto Kiep, nach Brüssel, Nordfrankreich und Paris. Erste Kontaktaufnahme mit General Alexander Freiherr von Falkenhausen, dem Militärbefehlshaber in Belgien und Nordfrankreich.
20. Okt. 1940	Denkschrift «Über die Grundlagen der Staatslehre».

1941–1943	Erweiterung des Kreisauer Kreises um Adam von Trott zu Solz, Hans Bernd von Haeften, Harald Poelchau, Theodor Steltzer, Augustin Rösch, Alfred Delp, Carlo Mierendorff, Lothar König, Paulus van Husen und Eugen Gerstenmaier.
24. April 1941	Denkschrift «Ausgangslage, Ziele und Aufgaben».
4. Juli 1941	Beginn der Zusammenarbeit mit Carlo Mierendorff.
25. Juli 1941	Denkschrift zu «Fragen der Wirtschaftspolitik».
5. Sept. 1941	Erster Kontakt zu dem Berliner Bischof Konrad von Preysing (bis November 1943).
23. Sept. 1941	Geburt des zweiten Sohnes Konrad.
Sept.–Dez. 1941	Kontakt zum militärischen Widerstandskreis um Ludwig Beck, Hans Oster und Hans von Dohnanyi.
11./12. Okt. 1941	Erste agrarpolitische Tagung auf dem Gut von Ernst und Barbara von Borsig in Groß-Behnitz.
13. Okt. 1941	Erster Kontakt zu dem Jesuiten Augustin Rösch.
15. Dez. 1941	Erster Kontakt zum Leiter des illegalen gewerkschaftlichen Widerstandskreises, Wilhelm Leuschner, der sich später von seinem Mitarbeiter Hermann Maaß vertreten ließ.
8. März 1942	Treffen mit dem Jesuiten Alfred Delp in München.
13.–16. März 1942	Zweite agrarpolitische Tagung in Groß-Behnitz.
3.–6. April 1942	Vorbereitungsgespräche für die erste Kreisauer Tagung.
10.–18. April 1942	Reise mit Dietrich Bonhoeffer nach Oslo und Stockholm.
22.–25. Mai 1942	Erste Kreisauer Pfingsttagung. Grundsatzerklärungen zu den Themen Kirche und Staat, Schule sowie Universitäten und Hochschulen.
24. Juni 1942	Beginn der Gespräche mit dem evangelischen württembergischen Landesbischof Theophil Wurm.
25.–27. Juli 1942	Dritte agrarpolitische Tagung in Groß-Behnitz.
15.–21. Sept.	Dienstreise nach Oslo, Kopenhagen und Stockholm. Kontakte durch Theodor Steltzer, der im Generalstab des Befehlshabers der Wehrmacht in Norwegen tätig ist, zu ökumenischen Kreisen in Skandinavien.
Herbst 1942	Arbeit an einer Schrift über «Das europäische Verfassungsproblem».
16.–18. Okt. 1942	Zweite Kreisauer Tagung, Grundsatzerklärungen zu den Themen Staatsaufbau und Wirtschaft.
8./9. Jan. 1943	Gespräch zwischen dem Goerdeler-Beck-Kreis und dem Kreisauer Kreis in der Hortensienstraße in Berlin.

10. Jan. 1943	Gespräch mit Mitgliedern des konservativen bayerischen Widerstandskreises um Franz Sperr in München.
6.–7. Febr. 1943	Vierte agrarpolitische Tagung in Groß-Behnitz.
7.–17. Febr. 1943	Dienstreise nach Brüssel und Paris.
16.–27. März 1943	Dienstreise über Kopenhagen nach Oslo. Zusammen mit Steltzer Gespräche mit Vertretern des norwegischen Widerstands.
18./19. März 1943	Nachtgespräch mit dem Osloer Bischof Eivind Berggrav.
20.–28. März 1943	In Stockholm und Sigtuna Gespräche zusammen mit Steltzer bei der «Sigtuna-Gruppe».
30. April–3. Mai 1943	Reise über Wien und Warschau nach Pulawy zu Friedrich Christiansen-Weniger, dem Leiter der «Landwirtschaftlichen Forschungsanstalt des Generalgouvernements».
30. Mai–10. Juni 1943	Dienstreise nach Holland (Hilversum, Den Haag), Belgien (Brüssel) und Frankreich (Lille und Paris).
12.–14. Juni 1943	Drittes Kreisauer Treffen, Grundsatzerklärungen zur Außen- und Wirtschaftspolitik der Nachkriegszeit sowie zur Bestrafung deutscher Verbrechen gegen die Menschen- und Völkerrechte.
5.–10. Juli 1943	Dienstreise nach Istanbul, Gespräche mit den Emigranten Hans Wilbrandt und Alexander Rüstow.
23. Juli 1943	Zweiter Entwurf zur Regelung der Bestrafung von «Rechtsschändern» durch deutsche Gerichte und durch die Völkergemeinschaft.
4. Aug. 1943	Übertritt der Gewerkschafter Leuschner und Maaß zum Goerdeler-Beck-Kreis. Kontaktaufnahme mit Julius Leber.
9. Aug. 1943	Der Kreisauer Kreis verabschiedet «Grundsätze für die Neuordnung» und Weisungen an die Landesverweser.
1.–4. Okt. 1943	Dienstreise nach Kopenhagen und Oslo.
24. Nov. 1943	Zerstörung der Wohnung in der Derfflingerstraße, Unterkunft bei dem Ehepaar Yorck von Wartenburg.
11.–16. Dez. 1943	Dienstreise nach Istanbul. Wilbrandt und Rüstow verfassen den sogenannten Herman-Bericht, der den Amerikanern eine militärische Kooperation mit Teilen der Wehrmacht und eine politische Zusammenarbeit mit Widerstandskreisen vorschlägt.
30. Dez. 1943	Gespräch mit Claus Graf Schenk von Stauffenberg.
19. Jan. 1944	Verhaftung im Amt, Einlieferung in das Gestapo-Gefängnis in der Prinz-Albrecht-Straße 8.

11. Febr. 1944	Verlegung in das Konzentrationslager Ravensbrück, Treffen mit Freya in der Polizeischule in Drögen.
Aug. 1944	Aufdeckung der Widerstandsarbeit des Kreisauer Kreises.
15. und 16. Aug. 1944	Einzelverhöre.
17. und 18. Aug. 1944	Verhöre zusammen mit Theodor Haubach und Julius Leber in Drögen.
19. Aug. 1944	Aufhebung der Schutzhaft.
19. Aug.–28. Sept. 1944	Einzelhaft im Konzentrationslager Ravensbrück.
28. Sept. 1944	Verlegung ins Gefängnis Berlin-Tegel.
9. und 10. Jan. 1945	Prozess vor dem Volksgerichtshof und Verurteilung zum Tode.
23. Jan. 1945	Hinrichtung im Gefängnis Plötzensee.

Bildnachweis

Personenregister

Kursive Seitenzahlen verweisen auf Abbildungen

Abs, Hermann Josef 141, 155, 172, 189 f.
Abs, Inez 155
Albrecht, Legationsrat 121
Allesch, Ea 248
Alvensleben, Werner von 328
Ambesser, Axel von 248
Anderson, Ivar 228, 244
Asbeck, Frederik Mari Baron van 251
Asmussen, Hans 87
Astor, Lord Waldorf 106
Auguste Viktoria, dt. Kaiserin 38
Augustinus 319

Bach, Johann Sebastian 74
Badoglio, Pietro 274
Balfour, Grizel 53, 92
Balfour, Michael 11, 53, 92, 109, 217, 219, 228, 246 f.
Ballestrem, Gräfin 328
Bamler, Rudolf 226 f.
Bargatzky, Walter 258
Beck, Josef 199
Beck, Ludwig 101, 122, 141, 148, 156, 159 f., 193, 234–237, 251, 255, 295, 302, 309, 311, 330 f., 335, 346, 360
Becker, Carl Heinrich 44, 55, 57, 155
Beethoven, Ludwig van 74
Bell, George 86 f., 214, 241, 247
Beneš, Edvard 92, 95
Berggrav, Eivind 184, 214–217, *215*, 228, 241–244, 280, 334
Bergsträsser, Arnold 54
Bernstorff, Albrecht Graf von 315, 328

Best, Werner 278 f.
Bethge, Eberhard 219
Bielenberg, Peter 112
Bismarck, Gottfried von 338
Bismarck, Fürst Otto von 149, 318
Björkquist, Manfred 228, 334
Blau, Helga 248
Blessing, Karl 141, 277
Blomberg, Erna, geb. Gruhn 91
Blomberg, Werner von 91, 94, 141
Blumenthal, Graf 338
Boehm, Admiral 118
Bolz, Eugen 361
Bonhoeffer, Dietrich 87, 90, 116, 161 f., 214–217, 219–221, *220*, 248
Bonhoeffer, Julie, geb. Tafel 116
Bonhoeffer, Klaus von 156, 161
Bonnesen, Kim 228, 277 f., 280
Bonnesen, Merete 228, 241, 277, 280, 292
Bormann, Martin 216 f., 329, 336, 349
Borsig, Arnold von 101
Borsig, Barbara von 173, 204, 249
Borsig, Ernst von 140, 173, 204 f., 206 f., 249
Brahms, Johannes 74
Brandt, Karl 293
Brauchitsch, Walther von 91, 120–122, 156
Braun, Otto 66
Brecht, Bertolt 36
Brentano, Bernard von 43, 68
Breslauer, Katharina 82, 111
Brodersen, Arvid 244, 280 f.
Brüning, Heinrich 44, 55, 69, 207

Bruns, Viktor 108, 110 f., 115 f., 277, 300

Brunstäd, Friedrich 186, 319

Buber, Martin 55

Buchholz, Peter 338 f., 360

Bülow, Karl von 213

Bürkner, Leopold 113, 123, 125, 128, 132, 158, 284, 298, 300, 322

Burt, Marie *siehe* Moltke, Marie von

Butler, Colonel 297

Canaris, Wilhelm 111, 113, *113*, 116, 120 f., 126, 128, 155, 158, 215–217, 271, 282, 284, 295, 298, 330, 335

Canetti, Elias 36

Carlebach, Alfred 66

Carroll, Lewis 318

Chalmers, Miss 19, 366 f., 382

Chamberlain, Arthur Neville 92 f., 95, 97, 99, 106, 154

Christiansen, Friedrich 253 f.

Christiansen-Weniger, Friedrich 47, 205, 207, 249 f.

Churchill, Winston Spencer 92, 221 f., 225, 238, 274, 286

Coudenhove-Kalergi, Richard Nicolaus Graf 33

Coulondre, Robert 113

Craushaar, Harry 255, 257, 273

Cripps, Sir Stafford 222, 225

Curtis, Lionel 77, 84, *85*, 86, 97–100, 102, 217 f., 244, 246 f., 262, 264, 296, 337

Dahrendorf, Gustav 328

Daladier, Edouard 92 f., 99

Dehmel, Hans 44

Deichmann, Ada 61, *64*, 72, 209, 259, 275

Deichmann, Carl 28, 111, 129, 212, 251, 285, 311, 389

Deichmann, Carl Theodor 61, 65

Deichmann, Hans 61, 63, 112, 310 f.

Delbrück, Justus 161 f., 311

Delp, Alfred 169, 175, 194–198, 229, 232 f., 237, 250, 260, 329 f., 332, 334 f., 338 f., 344, 346, 348, *350*, 354–356, 358, 361

Deuel, Mary 294

Deuel, Wallace 104, 112, 134–136, 287, 294 f.

Dietz, Johannes Baptist 195, 197 f., 335, 358

Dietze, Constantin von 206

Dietze, Fräulein 372, 375, 378, 382

Dippe, Ingeborg von 105

Diwald, Otto 271 f.

Dohna-Schlodien, Dagmar Gräfin zu 234

Dohna-Tolksdorf, Heinrich Graf zu 277

Dohnanyi, Christine von, geb. Bonhoeffer 158, 248

Dohnanyi, Hans von 112 f., 155–160, 162, 164, 215, 220, 248, 271, 307

Dönitz, Karl 127, 239

Donovan, William 291–294

Duckwitz, Georg Ferdinand 278

Dulles, Allen W. 295 f.

Dulles, John Foster 268

Durant, Will 130

Echtermeyer, Theodor 370

Eddy, Mary Baker 24

Ehrenberg, Hans 87

Ehrensberger, Otto 137

Ehrlich, Ermittlungsrichter 342

Einsiedel, Horst von 39 f., 42, 44, 47, 101, 107 f., 112, 137, 149, 151, 153, 169, 171 f., 175, 189, 192, 205 f., 214, 229, 231, 233, 239, 260, 267, 311, 337

Eisenhower, Dwight D. 268, 274

Erdberg, Robert von 45

Etscheid, Alfred 315

Hapig, Marianne 338 f.
Harbou, Bodo von 210 f., 274
Hardtke, Oberschulrat 29
Harnack, Adolf von 181
Harnack, Ernst von 156, 181, 301
Harster, Wilhelm 252 f., 272
Hartmann, Gertrud 375–377, 382
Hartog, Oberstleutnant 257
Hase, Paul von 141
Hassell, Ulrich von 160, 234–237, 303, 328
Haubach, Theodor 44, 101, 137, 188, 229, 234, 265 f., 304, 322, 329 f., 338, 342, 346, 348 f., 351, 355, 360 f.
Hauptmann, Gerhart 43 f.
Haushofer, Albrecht 199
Headlam, Arthur Carley 86 f.
Heckel, Theodor 86 f., 186
Hegel, Georg Wilhelm Friedrich 38, 152 f.
Heidegger, Martin 194
Hellpach, Willy 44, 57
Henderson, Sir Neville 106, 109, 113
Henlein, Konrad 92
Henssel, Karl Heinz 105
Hentsch, Oberstleutnant 213
Hercher, Wolfgang 339
Herdan, Alice 36
Herford, landwirtschaftlicher Assistent 375
Hermes, Andreas 328
Heusinger, Adolf 296
Heydrich, Reinhard 239
Himmler, Heinrich 214, 216 f., 254, 257, 296, 340, 360 f.
Hindenburg, Paul von 40, 44, 55, 69
Hitler, Adolf 44, 66, 68–70, 74–77, 86 f., 91–93, 97, 100 f., 104, 106 f., 109, 115, 118–120, 122 f., 126–129, 133 f., 143 f., 146, 149 f., 154, 159, 161, 186–188, 199, 201, 203, 207, 215, 219, 224 f., 235, 238 f., 242–244, 256–258, 266,

274, 276, 279, 283 f., 288 f., 294–296, 302, 335–337, 340, 342, 348 f., 354, 356, 362 f.
Hofacker, Caesar von 137, 199, 275, 295, 330, 334
Hoffmann, Dorfschullehrer 370
Hofmannsthal, Hugo von 36, 55, 372
Holl, Karl 319
Hötzendorf, Conrad von 22
Hübner, Ida 341, 384
Huessy, Margret 47
Hülsen, Editha von 308
Hülsen, Hans Carl von 112, 308, 380 f., 383
Hülsen, Leonore (Leno) von, geb. von Moltke 112, 376
Huppenkothen, Walter 315
Husen, Paulus van 139, 198, 234, 260, 262–264, 301, 311, 335, 338, 355

Jäckh, Eugen 57
Jacobs, Aletta 375 f.
Jaenicke, Günther 112, 117, 130, 158, 299, 314
Jaspers, Karl 55
Jessen, Jens Peter 235, 303, 334
Jochum, Veronica 105
Joest, August von 206
Johansson, Harry 244, 247
Jungnitsch, Pächter 375

Kaiser, Jakob 186, 232 f., 330, 335
Kaltenbrunner, Ernst 237, 239, 251, 314, 329–332
Kant, Immanuel 38, 145, 150 f., 322
Kanter, Ernst 278–280, 307
Kaufmann, Erich 203
Kayser, Hermann 118
Keitel, Wilhelm 91, 111, 116, 126, 158 f., 284, 298, 310
Kelsen, Hans 36, 38
Kempinski, Hans 312
Kennan, George F. 112, 114, 135 f.

Kessel, Albrecht von 112, 137, 140, 155, 198 f., 222
Kiep, Hanna, geb. Alves 363
Kiep, Otto Carl 110, 132, 163, 209 f., 212 f., 311, 314 f., 327, 333, 363
Kirk, Alexander Comstock 104, 107. 113 f., 134 f., 283, 285 f., 291–293
Kleist, Ewald Heinrich von 328
Kleist-Schmenzin, Ewald von 338
Klemperer, Klemens von 247
Koch, Karl 87
Koch-Weser, Erich 66
Kokoschka, Oskar 36
König, Lothar 175 f., 182 f., 195–198, 229, 233, 237, 276, 301, 334, 338
Körber, Normann 111 f.
Kordt, Erich 106
Kordt, Theodor 106
Kraus, Karl 36
Krome, Fräulein 370 f., 382
Krüger, Hans 140, 206
Kuenzer, Richard 315, 328
Kulmiz, Eugen 383
Kulmiz, Marie 383
Künneth, Walter 321

Lange, Leo 315, 328
Langer, William L. 293 f.
Lazar, Maria *siehe* Strindberg-Lazar, Maria
Leber, Julius 234, 301–306, 302, 311 f., 328–330, 334, 360
Leeb, Ritter von 120
Lehmann, Le 371, 381
Lehndorff, Heinrich Graf von 276 f.
Lenbach, Franz von 49
Leo XIII., Papst 175
Leopold III., Kg. von Belgien 130
Letterhaus, Bernhard 334 f.
Leuschner, Wilhelm 188–190, 192–194, 196–198, 229, 232–234, 295, 301, 305, 312, 330 f., 334, 346
Leverkühn, Paul 110, 112, 153, 282, 322

Lewinski, Karl von 82, 109
Lewis, Sinclair 53
Lilje, Hanns 87, 309 f., 314, 338, 347
Lipski, Josef 199
Löbbecke, von 226
Löbe, Paul 40
Loewe, Adolf 47
Loos, Adolf 36
Lorenzen, Berichterstatter 349, 351, 363
Lossberg 226, 335
Lothian, Lord Philip Henry 84, 106, 154
Loucheur, Louis 40
Louis Ferdinand von Preußen 29
Loyola, Ignatius von 356
Luckner, Graf 379
Lüders, Maria 57
Ludwig, Emil 38
Lukaschek, Hans 47, 101, 137, 198, 335, 346
Lüninck, Ferdinand Freiherr von 330
Luther, Martin 61, 140, 162, 319–322

Maaß, Hermann 193 f., 196–198, 229, 233 f., 260, 301, 312, 328, 330, 334, 336, 346
Macfarland, Lanning 284, 291–294
Maginot, André 213
Mair, Erich 250
Mann, Thomas 244
Märkert, Ida («Mamsell»)19, 367, 372, 377
Marshall, George C. 291
Matuschka, Graf 335
Mau, Gutsinspektor 51
Michaelis, Karin 36, 38, 42 f., 71, 76
Mierendorff, Carlo 44, 172, 174, 181, 187–192, 194–196, 198, 230–232, 234, 250, 262, 265 f., 265, 300 f., 303–306, 330, 335, 346
Milner, Lord Alfred 84